U0636191

南开大学历史学院教育基金资助（范曾先生捐赠）

南开大学中外文明交叉科学中心资助

南开史学家论丛

第四辑

20世纪的中国乡村

王先明 著

中华书局

图书在版编目(CIP)数据

20世纪的中国乡村/王先明著. —北京:中华书局,2021.11
(南开史学家论丛. 第四辑)
ISBN 978-7-101-15349-1

Ⅰ.2… Ⅱ.王… Ⅲ.农村-研究-中国-20世纪
Ⅳ.C912.82

中国版本图书馆CIP数据核字(2021)第187984号

书　　名	20世纪的中国乡村
著　　者	王先明
丛 书 名	《南开史学家论丛》第四辑
责任编辑	吴冰清
出版发行	中华书局 (北京市丰台区太平桥西里38号　100073) http://www.zhbc.com.cn E-mail:zhbc@zhbc.com.cn
印　　刷	北京市白帆印务有限公司
版　　次	2021年11月北京第1版 2021年11月北京第1次印刷
规　　格	开本/920×1250毫米　1/32 印张19　插页2　字数561千字
印　　数	1-1500册
国际书号	ISBN 978-7-101-15349-1
定　　价	88.00元

《南开史学家论丛》（第四辑）编辑委员会

冯尔康 王敦书 范 曾 李治安

陈志强 杨栋梁 常建华 王先明

主编: 江沛（常务） 余新忠

出版说明

新世纪伊始，南开大学历史学科魏宏运、刘泽华、张国刚等先生与著名国画大师范曾先生商定，设立“范伯子史学基金”，资助出版《南开史学家论丛》第一辑，一为纪念南开史学的奠基一代，二为总结南开史学文脉一系，三为传承郑天挺、雷海宗等先生的教泽。第一辑收录了郑天挺、雷海宗、杨志玖、王玉哲、杨生茂、杨翼骧、来新夏、魏宏运等先生的文集（中国日本史、亚洲史研究的开拓者吴廷璆先生，因文集另外出版故暂未收入），九位先生可谓南开史学在 20 世纪 50 年代崛起的奠基一代，令人高山仰止。第一辑于 2002 年由中华书局出版后，产生了良好的学术和社会反响，形成了南开史学的品牌效应。

2003 年，《南开史学家论丛》第二辑出版，收录刘泽华、冯尔康、俞辛焞、张友伦、王敦书、陈振江、范曾先生的文集。七位先生是 20 世纪 80—90 年代南开史学持续提升的学术带头人，可谓一时风流。

2007 年，《南开史学家论丛》第三辑出版，收录南炳文、李治安、李喜所、陈志强、杨栋梁、王晓德六位先生的文集。确定入选者朱凤瀚、张国刚、李剑鸣先生此时调离南开，王永祥先生英年早逝，四位先生的文集未及编辑。诸位先生皆是南开史学崛起的股肱帅才。

《南开史学家论丛》第一至三辑，共收录了自郑天挺、雷海宗先生以下二十一位南开历史学科著名学者的文集，大致可分为三代学人，他们或治中古史、或修中近史、或览欧美文化、或观东洋史实。三代衣钵相继，奠基、传承、发扬，对相关学术方向皆有重要贡献，享誉史林，才有了南开史学近百年的无上荣光。这是一份能激动人心的史学积淀，一份能催人奋进的学脉遗产。

有鉴于此，南开大学历史学科学术委员会决定继续出版此套丛书的第四辑，委托江沛教授主持编务，以持续梳理南开史学的学术史，总结学科名家的高水平成果，向2023年南开史学的百年华诞献礼。

《南开史学家论丛》第四辑入选学者是：中国史学科的郑克晟、白新良、赵伯雄、张分田、杜家骥、乔治忠、许檀、王先明、常建华，世界史学科的杨巨平、李卓教授。十一位学者在各自领域皆有公认的学术成就，其学术活跃期多在20—21世纪之交前后三十年间，是南开史学第四代的代表性学者。

从四辑的入选学者名单可以看出，南开史学历经百年发展，先有梁启超、蒋廷黻、刘崇鋐、蔡维藩等先生筚路蓝缕，继有郑天挺、雷海宗先生代表的第二代深耕根基，再经刘泽华、冯尔康先生领衔的第三代发扬光大，继有多为20世纪50年代出生学者扛鼎的第四代学人守正创新，终于成就蔚然之史学重镇。

如今，南开史学百余名教师，秉承"惟真惟新、求通致用"的院训，以高水准的人才培养、求真创新的学术成果，打造出一支公认的实力雄厚、享誉全球的史学群体，努力为探寻中华传统文化、构建人类命运共同体而全力拼搏。

2019年，南开大学提出"4211"发展战略，其中一个"1"，即是建立十个交叉科学中心，努力实现跨学科融汇，强调人文与自然科学两大学科间贯通、协同发展，以服务于国家战略及社会发展需求，这是中外文明交叉科学中心的宗旨所在。在文科率先成立的中外文明交叉科学中心，依托历史学科建设。《南开史学家论丛》第四辑，是一个学术品牌的延续，也是中国史、世界史两大学科成果的总结，凝结了对中外历史与文明的比较及思考。故而第四辑的出版，得到了南开大学中外文明交叉科学中心的资助。

在《南开史学家论丛》第四辑出版之际，特作此说明并衷心祝贺，希望早日迎来第五、六辑的持续出版，让南开史学始终站在历史学的潮头，共同迎接中华民族的伟大复兴。

南开大学历史学科学术委员会

2020年12月12日

目　录

第一章　近代中国社会史研究的新走向

中国近代社会史研究评述（1986—2017）

20世纪80年代开始，社会史内容进入了中国近代史研究领域。三十多年来，社会史已经成为中国近代史研究中一个十分重要的研究方向，并从一定意义上改塑了以往中国近代史研究的基本格局。在新时期中国近代史学的历史进程中，社会史研究的学术成就及其发展趋向，有着学术新时代的典型特征。以下本文将分两个时期，即兴起与发展（1986—2007）、拓展与深化（2008—2017），略述其要。

一　兴起与发展时期

（一）三个阶段

1986年10月，由南开大学、天津人民出版社、《历史研究》编辑部等单位共同发起，在天津召开了第一届中国社会史研讨会。这次会议大致上可以看作学术界有计划地恢复社会史研究活动的开始。会后《历史研究》集中刊发了一组讨论"中国社会史研究对象和研究范围"的论文，并且还发表了《历史研究》评论员文章《把历史的内容还给历史》。这在学术界引起了很大震动和反响，标志着中国历史学研究理论和方法的新转向。当时，中国近现代史学者是倡导和推动社会史研究的主要力量。由此开始，中国近代社会史研究日渐兴盛繁荣，成为中国近现代史领域中最令人瞩目和最富于活力的方向。概括起来，三十多年来的中国近代社会史研究历程可分为三个阶段：

1. 学科复兴阶段（1986—1990）。1986 年 10 月第一届中国社会史学术讨论会召开，宣告了中国社会史学科的诞生。此后，在各方面共同努力下，不间断地举行每两年一届的全国性研讨活动，使得社会史研究稳步扎实地持续发展，取得了令人欣喜的成就。20 世纪 80 年代后期以来，中国人民大学、中国社会科学院近代史研究所和历史研究所、南开大学、山西大学、南京大学等机构所先后组织了一批社会史研究课题，或建立了研究室，不少高校开设了社会史课程。社会史学科开始获得学术界的基本认同而得以复兴。

1986—1990 年，天津人民出版社率先推出《社会史丛书》4 种。1989 年起浙江人民出版社与南京大学合作，前后历时 7 年，组织出版了《中国社会史丛书》全套 20 种。据粗略统计，仅 1986—1994 年间出版的中国社会史图书就有一百二十多种，同期发表论文七百多篇，其中中国近代社会史 240 篇。

总体而言，社会史复兴的第一阶段，其成就主要体现为对“社会史学科对象及其研究范围”形成了相对的共识。1986 年 10 月中国社会史研讨会的主题是围绕着社会史学科的基本问题展开，即“中国社会史的研究对象、范畴”，“社会史与其他学科的关系”，“开展社会史研究的意义以及若干属于社会史研究范畴”等。这次会议将社会史定位为专门史或一个流派，在研究方法上提出要借鉴社会学、民俗学、人类学等学科的理论与方法，可以看作学术界有计划组织地推动社会史研究活动的开始，对重建和复兴中国社会史研究工作意义重大。其后三次学术会议，虽然主题略有不同，但对社会史研究对象、社会史的学科特征和研究方法的讨论仍很热烈。对这些问题的讨论持续到 20 世纪 90 年代初，它也构成了这一阶段中国近代社会史研究的主要课题。关于这些问题的基本成果可以概述为以下几点：

第一，认为社会史研究历史上人们社会生活的运动体系，亦即以人们的群体生活与生活方式为研究对象，以社会组织、社会结构、人口社会、社会生活方式、物质与精神生活习俗为研究范畴，揭示其在历史上的发展变化及其在历史进程中的地位和作用。

第二，认为社会史是一种整体的历史。因为真正能够反映一个过去了的时代全部面貌的应该是通史，而通史总是社会史。史学研究应当注意人们在生产中形成的，与一定生产力发展程度相适应的生产关系的总和。因而,由此延伸出来的以经济活动为基础的种种人际关系都应成为社会史研究的对象。

第三,认为社会史的专门研究领域是社会,即是不包含政治、经济、文化等在内的所有社会生活。此种观点认为,社会史的内容应当包括三个层次,即社会构成、社会生活、社会功能。近似的观点认为社会史的研究领域包括社会环境、社会构成、社会关系、社会意识、社会问题、社会变迁等方面。

第四,认为社会史不是一个特定的史学领域,而是一种新的视角,新的路径,亦即一种自下而上地研究历史的史学范式。

第五,认为社会史是以人为轴心的历史。它应当注意自觉地造就人,准确地把握人,真实地再现人,合理地批评人,强烈地感染人。还有人指出,社会史以人为核心,不是指某个具体的人,而是作为某个阶级、阶层或集团的整体意义的人的历史的演变。

对这些问题的讨论学术界至今也还未能达成完全一致的认识,但却在学科理论层面上却形成了大致认可的范围。通过对社会史定义、研究对象和范畴的阐释,在广泛争论的基础上,学界形成了相对稳定的专史说、通史说、范式说、视角说等观点,由此掀起了社会史研究的一次高潮。上述问题的提出和争论,对于推进中国近代社会史的研究具有重要意义。

2. 体系建构阶段(1991—2000)。20世纪90年代以后社会史研究呈现更加强劲的势头,专题性的中国近代社会史研究成果层出不穷,成为成果丰硕的学术方向之一。如关于中国近代秘密社会史的研究就有蔡少卿的《中国近代会党史研究》,秦宝琦的《清前期天地会研究》,周育民、邵雍的《中国帮会史》,李世瑜的《现代华北秘密宗教》,濮文起的《中国民间秘密宗教》等著作出版。在中国近代社会生活和社团研究方面有严昌洪的《中国近代社会风俗史》、桑兵的《清末新知识界的社团与活动》、李良玉的《动荡时代的知识分子》等著作。在中国近代社会结构史方面有姜涛的《中国近代人口史》、王先明的《近代绅士——一个封建阶层的历史命运》、马敏的《官商之间——社会剧变中的近代绅商》、贺跃夫的《晚清士绅与近代社会变迁:兼与日本士族比较》等著作。1998年前后,上海文艺出版社、江苏人民出版社等,也相继出版社会史丛书近二十种。似乎可以说,中国近代社会史研究走向繁荣的阶段已经开始。

虽然专题性的中国近代社会史研究成果颇多，但真正对于学科发展具有影响意义的，却是社会史学科体系研究的成果。1992 年《中国近代社会史》（乔志强主编）出版，同年陈旭麓《中国近代社会的新陈代谢》也出版。其后，龚书铎主编的 8 卷本《中国社会通史》（山西教育出版社 1996 年版）问世。这些著作，为当时的社会史研究划出了一个相对明晰的研究范围，并且把理论架构与史实相结合，使社会史的学科特征得到相对完整的体现。它们的出版标志着中国近代社会史学科体系的初步形成。

《中国近代社会史》一书提出社会史的学科体系主要包括三个方面：即"社会构成、社会生活、社会功能等"。与《中国近代社会史》所持专史说不同，陈旭麓则提出社会史实际上就是通史，他认为"经济史、文化史毕竟以专史为归属，其议旨和范围都有限度，真正能够反映一个过去了时代全部面貌的应该是通史，而通史总是社会史"。这一阶段社会史学科体系研究呈现出以下一些特色：第一，在研究时段上，大多选取了变化剧烈的近代社会作为研究对象，近代社会史在中国社会史复兴与研究中扮演了重要角色。第二，中国近代社会史的理论建构，更多地借鉴和运用了社会学的理论和方法，"社会学化"倾向一定程度上导致了史学特征的失落。第三，近代社会史理论构架虽有分歧且特点各异，但从总体理论构筑上却有惊人的相似性。首先，都是以"社会"来观照内容，并把近代社会史析分为三个方面，并赋予其具体的内容。其次，都是从历史上的社会（横断面）而不是从社会的历史（纵剖面）来确定整体的理论体系。对此，我称之为"三板块结构"，即近代中国社会嬗替变迁的总体历史进程，在"社会构成、社会生活、社会功能（或社会意识）"的社会学化理论体系中根本无法凸显，导致社会史变为了"社会学的历史投影"。这等于是从三个侧面表现的历史的社会，而不是"社会的历史"。中国近代社会史的理论架构具有将社会学理论简单移植的倾向，导致了历史学的社会学化的趋向，应该引起学术界的重视①。

①王先明：《中国近代社会史研究的理论思考——兼论历史学的社会学化》，《近代史研究》1993 年第 4 期。

3. 稳步发展阶段(2001年以后)。关于中国近代社会史学科体系的讨论,在世纪末已经趋于消寂,不再成为学界关注的话语。学术研究的兴趣更多地集中在专题社会史方面,或者说更着重于问题意识的凸显和新领域的开拓,由此推动着中国近代社会史走上稳步发展的轨道。就这一阶段的研究特点而言,当可关注以下几个方面:

第一,问题意识的突出。21世纪以来的中国近代社会史研究更加突出问题意识。这在20世纪末就已经达成共识,即不再继续讨论宏观性的学科对象和范畴,而坚持以问题为导向,使社会史研究逐步走向深入。1998年苏州第七届研讨会将"家庭、社区、大众心态变迁"确定为会议主题;2002年上海会议主题为"国家、地方民众互动与社会变迁";2004年厦门会议主题为"仪式、习俗与社会变迁"。社会史学术讨论会对"问题"的凝练,使得全国学者能够相对集中地从不同角度和知识背景对同一问题展开研究,相对而言,既可避免学术研究中的"自言自语"(因为学术话语不同,研究课题不同,无法展开讨论和对话——社会史学界称之为自言自语),也能促使研究课题的深化。而且这些"问题"的集合事实上就揭示着社会史研究逐步走向深入的历史进程。

第二,研究领域的扩展。近代区域社会史研究的兴盛、近代城市史、乡村史以及近代灾荒史研究的发展等,极大地扩展着中国近代社会史研究的领域。特别需要关注的是,社会史学界开始注意研究基层社会空间的构造及其转换问题,以区别于以往史学界对上层政治空间与制度安排的单纯关注,使社会史研究在方法论意义上实现了区域转向。区域社会史逐渐成为中国社会史研究的主流,在学术界约定俗成地出现了诸如"华北模式""关中模式""江南模式""岭南模式"等研究范式。

第三,历史人类学的兴起。随着社会史的深入发展和区域社会史的兴起,人类学的方法对社会史研究的影响越来越大,在具体研究中得到了较为普遍的运用。勒高夫曾在《新史学》中指出历史学要"优先与人类学对话",新史学的发展"可能是历史学、人类学和社会学这三门最接近的社会科学实行合作"。勒高夫称之为"历史人类学"。一批中青年学者一方面开始注意建立具有自己特色的人文社会科学研究的方法体系和学术范畴;另一方面,重视民间文献和口述资料的收集和整理。它标志着人类学与历史学，尤其是与社会史学科整合的一种努力。

（二）社会史研究新走向

中国近代社会史研究在20世纪90年代后期进入持续稳定的发展状态，其研究领域和选题呈现着日趋强劲的走势，其研究理论和方法在某些方面也走向成熟。中国近代社会史研究的新成果不断涌现，为新时期中国史学发展做出了新的学术贡献。它所呈现出的时代趋向主要是：

1. 区域社会史研究成果突出，其理论研究也日趋深化。20世纪90年代以后，区域社会史研究日见繁盛，并呈现出中国社会史研究路向选取的区域化特征。区域史研究成果的丰富多样和千姿百态，对于史学研究传统取向的转换、研究问题的深入展开和基本研究格局的改变，具有显而易见的作用。因而，区域史研究构成中国近代社会史研究的主要方面。

王笛的《跨出封闭的世界：长江上游区域社会研究（1644—1911）》（中华书局2001年版）是较早的有代表性的区域社会史研究会专著。王著分别从自然地理与经济地理，人口、耕地与粮食，农村经济与农业发展，区域贸易与市场网络，手工业与工业，政治结构与地方社会秩序，新旧教育体制的变动，社会组织及其功能的变化，社区、社会阶层与社会生活，传统文化与近代意识等方面，对长江上游区域的近代化进程作了整体的研究。江南区域社会史研究的成果相对集中，段本洛的《苏南近代社会经济史》（中国商业出版社1997年版）、马俊亚的《混合与发展——江南地区传统社会经济的现代演变（1900—1950）》（社会科学文献出版社2003年版）、小田的《江南乡镇社会的近代转型》（中国商业出版社1997年版）等，分别从区域—经济社会的现代演变、乡镇社会转型进程方面，对近代江南区域社会进行了比较深入的研究。李学昌主编的《20世纪南汇农村社会变迁》（华东师范大学出版社2001年版）也是特色鲜明的著作，它从历史典籍、民间文献与实地调查入手，围绕社会变迁的主要层面和变数，追踪和描述了南汇农村社会变迁轨迹，并提出了区域社会变迁的理论认识。

华北区域社会史研究也是近年来研究比较集中的领域。乔志强主编的《近代华北农村社会变迁》(人民出版社1998年版)、苑书义等著的《艰难的转轨历程——近代华北经济与社会发展研究》(人民出版社1997年版)、郑起东著的《转型期的华北农村社会》(上海书店出版社2004年版)等著作,推动着近代华北区域社会史研究走向深入。苑著主要立足于经济因素,从农业与农村、城市经济与社会结构、政治制度的变迁几方面入手,探讨近代华北经济与社会发展的相关性。郑著则以专题展开,从农村权力结构、社会组织、国家对农村的征派、农村经济生活要素、农民物质生活状况方面讨论了近代华北区域社会变迁问题。相对而言,乔书的视野更为广阔,它以十九章的篇幅从人口、婚姻、家庭、宗族、阶级、阶层、市场交换、城市化与城乡关系、物质生活、社会风俗、民间信仰、社会心理、人际关系、乡村教育、基层政权、地方自治、灾荒救治、社会问题以及社会变迁诸多方面,对这一区域社会变迁进行了系统研究。而且此书力求在社会史的"知识体系"中寻找"一条主线贯穿其中",并以"传统社会向近代社会的演化"作为其"主线"(见乔书"绪论"第17页)。魏宏运主编的《二十世纪三四十年代太行山地区社会调查与研究》(人民出版社2003年版)从自然环境与社会制度,小农社会的农业变革,农村商业集市,工矿业的兴起,村落、家庭与家族的变迁,农村新文化与新风尚等多角度,对这一区域的乡村社会变迁作系统的研究。张利民等著的《近代环渤海地区经济与社会研究》(天津社会科学院出版社2003年版),是国内第一部研究环渤海区域社会现代化的专著。作者不仅探讨了农业经济、沿海贸易、农村市场、交通体系、工业体系在区域社会发展中的作用,而且也着重描述了区域市场网络、区域现代化进程以及社会流动、社会生活、社会结构的近代变动,并力求揭示区域社会近代化的特点。

伴随着近代区域社会史专题研究的深入,区域社会史研究的理论指向也十分明显。李文海认为,研究区域史首先要着重发现和揭示这个区域同其他区域不同的特色;其次要树立全局观念,不能就区域谈区域;第三要有综合观念,要揭示区域内各种要素的相互联系;第四要特别强调学科的交叉①。就此问题,《学术月刊》2006年以专

①李文海:《深化区域史研究的一点思考》,《安徽大学学报(哲学社会科学版)》2007年第3期。

栏形式发表一组集中讨论的论文：唐力行认为从事区域史研究必须要在三个层面上拓宽视野：其一是要注意区域与周边地区的关系；其二是要进行区域比较研究；其三是区域史的研究要与整体史相结合①。王先明提出，研究问题的空间特征决定了区域史研究的选择，而不是人为的空间取舍形成区域史研究，即将研究对象简单地域化或地方化。因此，可以这样把握区域史研究，即一定时空内具有同质性或共趋性的区域历史进程的研究②。张利民提出了区域史的空间范围界定问题，认为科学地规范和界定区域的空间是最基本的，是区域史研究不能回避的基础问题。区域史研究对空间的界定应该是理性的，如果随意地冠名区域史，既有失偏颇，也影响区域史的科学性和严谨性，不利于区域史的深入开展和各学科的交叉研究③。吴宏岐认为，区域史研究已经成为中国历史学科各主要分支学科研究中的一个新取向，但其碎化现象也引起了不少学者的担忧。区域化的中国社会史研究要避免碎化现象，回归整体史研究的正途，必然要借鉴社会科学其他相关学科的成果、视角和理论方法来实现自我建设和理论创新④。

杨念群针对目前区域史研究多趋向于探讨宗族和庙宇功能的现状，提出跨区域研究的角度，认为应该在尊重既有地方史研究成果的基础上，重新理解政治变迁的跨地方性逻辑的问题⑤。徐国利认为，区域史（学）就是研究社会历史发展中由具有均质（同质）性社会诸要素或单要素有机构成的、具有自身社会历史特征和系统性的区域历史，进而揭示区域历史发展系统性和独特性的史学分支学科⑥。

---

①唐力行：《从徽学研究看区域化的中国近代史研究》，《学术月刊》2006 年第 3 期。

②王先明：《“区域化”取向与近代史研究》，《学术月刊》2006 年第 3 期。

③张利民：《区域史研究中的空间范围界定》，《学术月刊》2006 年第 3 期。

④吴宏岐：《历史地理学视野下的中国近代社会史研究》，《学术月刊》2006 年第 3 期。

⑤杨念群：《“地方性知识”、“地方感”与“跨区域研究”的前景》，《天津社会科学》2004 年第 6 期。

⑥徐国利：《关于区域史研究中的理论问题——区域史的定义及其区域的界定和选择》，《学术月刊》2007 年第 3 期。

近代区域社会史研究在江南区域和华北区域方面取得了突出的成绩，不仅成为学界特别关注的领域之一，并且在研究内容和理念上也引起了学界的一些新思考。面对中国广阔的区域，近代区域社会史进一步拓展的空间相当宽阔，未来的研究无论在地域范围还是在理论方法上，都会有持续的发展。

2. 近代乡村史研究方兴未艾，走向深入。乡村社会变迁始终是中国历史变迁的主体内容，这不仅因为在区位结构中乡村占绝对的优势，而且因为乡村的生活模式和文化传统从更深层次上代表了中国历史的传统。近代乡村史也成为近年来学界主要关注的课题。王先明著文《开展二十世纪的中国乡村史研究》(《光明日报》2000年12月1日)，不久又主持了第一次中国近代乡村史研讨会。特别是当“三农问题”构成制约中国社会发展和实现现代化进程的突出问题时，对它的关注和寻求解决之路的现实需求，催促着我们不得不对其进行学理或学术层面的分析。近年来的近代中国乡村史研究突出表现在以下几个方面：

其一，乡村社区及历史研究。王庆成对明代以降，河北、山东等地华北村落的人口构成及其历史来源、村落规模与结构特征等，作了相当深入和系统的研究，认为华北的镇，不一定是商业聚落，不少镇人口不多，又无商店市集，只是一般村庄。村镇户均人口多在五人左右，入学者只占人口之百分之一二。穷民、残疾、节孝等类人员在人口中占有相当比例，老年人口比例偏低，性比例普遍严重失衡，就人口年龄分配而言基本上是稳定的人口类型①。还有学者利用田野调查所搜集的水井碑刻及访问材料，研究了水井在建构乡村社区空间、规定社会秩序、管理社区人口、营造公共空间、影响村际关系等方面有重要作用②。

其二，乡村土地关系、阶级关系与权力结构研究。对土地产权中

---

①王庆成：《晚清华北乡村：历史与规模》，《历史研究》2007年第2期；《晚清华北村镇人口》，《历史研究》2002年第6期；《晚清华北村落》，《近代史研究》2002年第3期。

②胡英泽：《水井与北方乡村社会——基于山西、陕西、河南省部分地区乡村水井的田野考察》，《近代史研究》2006年第1期。

不同性质的永佃权问题的研究有所深化。曹树基认为从1927年后浙江省推行“二五减租”实践过程看，尽管浙江各地区大都存在一田二主现象，但是，由于土地来源不同，田面田的性质亦有不同。由于两种田面田的地租率不同，所以，在政府推动的减租过程中，拥有相对的田面田的田主积极推动“二五减租”，而公认的田面田田主则反对“二五减租”，后者成为浙江“二五减租”的最大障碍①。李德英对成都平原的租佃制度研究表明，近代成都平原的押租制度（押租与押扣）并非如有关学者所说的仅仅是加强剥削的手段，它们有着更广泛的内涵，是该地区自然生态和社会生态环境的产物，“缴纳押租，佃农不仅获得了土地的佃种权，而且通过押扣的方式使自己交出去的押租金获得了一定的利息。从制度上看，租佃双方的经济关系比清代以前更趋平等”②。李氏更详尽的研究体现在其《国家法令与民间习惯：民国时期成都平原租佃制度新探》（中国社会科学出版社2006年版）专著中。

黄道炫对20世纪30年代的革命与土地关系之间的相关性问题作了探讨，认为江西、福建是1930年代中国南方苏维埃运动的中心区域，从当时各种调查材料提供的数据综合看，这一地区地主、富农占地约30%，贫雇农占地约20%。在什么情况下发生革命，在什么地方形成革命中心，并不一定必然和当地的土地占有状况相联系③。徐畅以抗战前湖南、湖北、江西、安徽、江苏和浙江六省农村为中心，以农家负债和地权异动为视角，从农户土地典押借贷比例，由土地典押借贷到丧失地权的可能性与现实性，农户因土地典押借贷引起地权丧失的实况，中、微观和宏观多个层面的地权变化等方面，论证抗战前长江中下游地区地权处于集中时期；并由此说明20世纪30年

①曹树基：《两种“田面田”与浙江的“二五减租”》，《历史研究》2007年第2期。

②李德英：《民国时期成都平原的押租与押扣——兼与刘克祥先生商榷》，《近代史研究》2007年第1期。

③黄道炫：《一九二〇—一九四〇年代中国东南地区的土地占有——兼谈地主、农民与土地革命》，《历史研究》2005年第1期。

代前期中国农村所面临的前所未有的严峻形势①。

在乡村雇工阶层研究上，胡成认为，近代江南农村的工价持续上涨，但比照实际购买和扣除通货膨胀的因素，雇工收入仍然偏低，从而导致雇工短缺。该区经营式农场未能发展起来的原因，不在于小农转向更为便宜的家庭劳动力，而在于这时发生了单纯依靠农业已无法维持生存，不得不重新配置资源的近代转型②。王先明认为，20世纪前期山西乡村雇佣关系有较大发展，但雇佣关系的社会构成涉及乡村社会各主要阶层，雇主和雇工双方角色并不完全固化。雇佣关系的普遍化是通过雇工身份的非固化或雇佣角色的互换性得以实现的。山西乡村社会的雇佣关系，是一种多重身份、地位和角色交叉的"网型构造"，对于雇工群体的时代性认识，有必要置于当时乡村社会普遍贫困化的事实中进行研究③。

新旧制度的更易导致了乡村士人阶层的剧烈变动。关晓红通过区域性的比较考察认为，科举停废虽导致传统意义的"士"阶层消失，但多数旧学出身者通过各种渠道重新分化组合，直至清末民初仍然占据社会权势的重要位置。清廷虽为士子多方宽筹出路，可是无法遏止中年士人文化心理的失衡及青年学生对国家命运的关注④。徐茂明《江南士绅与东南社会(1368—1911)》(商务印书馆2004年版)以一章的内容对近代社会变迁中的东南士绅作了专门探讨，并提出一些具有新意的见解。

此外，渠桂萍与王先明的论文从乡土资源的角度提出了乡村民众的社会分层问题，认为20世纪20—40年代初，华北乡村民众在接受阶级概念之前，对于自身生活社区的层级结构有一整套内生的评价标准与区分体系。这种社会分层的维度是植根于乡村文化脉络的

①徐畅:《农家负债与地权异动——以20世纪30年代前期长江中下游地区农村为中心》,《近代史研究》2005年第2期。

②胡成:《近代江南农村的工价及其影响——兼论小农与经营式农场衰败的关系》,《历史研究》2000年第6期。

③相关论述参见本书第二章《20世纪前期山西的乡村雇工》一节内容。

④关晓红:《科举停废与近代乡村士子——以刘大鹏、朱峙三日记为视角的比较考察》,《历史研究》2005年第5期。

"乡土资源"①。

关于乡村权力结构的研究，有李怀印的《晚清及民国时期华北村庄中的乡地制——以河北获鹿县为例》（《历史研究》2001 年第 6 期）、邱捷的《民国初年广东乡村的基层权力机构》（《史学月刊》2003 年第 5 期）等。李文认为，晚清及民国时期河北省获鹿县的乡地，属半官方人员，由村民轮任，负责催征或代垫粮银及地方治安等事务。这种以村民集合体为特色的乡地制在获鹿一带流行。乡地制使当地的权力关系格局，既区别于华北多数地方涣散无力的自耕农社会，又不同于华南强大的士绅。宗族统治，应视作这一时期国家与乡村关系的第三种形态。邱文探讨了民国初年广东乡村基层权力重建中的问题，认为由于广东政局动荡，省、县政府对乡村往往不能充分行使权力，乡村基层权力机构获得很大的独立性。国民政府成立后，广东实行新县政，但民国初年形成的乡村基层权力机构的格局，在不少地区一直延续到 20 世纪 40 年代末。

其三，农村社会经济与农民生活问题研究。近年来，有关近代华北农村社会的研究存在着一种引人注目的倾向即"素来被认为是衰落破败的华北农村，被不少学者描述出农村资本主义自由发展的耀眼图景"。对此，夏明方在注重定量分析和系统调查基础上提出了完全不同的意见②。温锐的《民间传统借贷与农村社会经济——以 20 世纪初期（1900—1930）赣闽边区为例》一文认为，20 世纪初期即苏区革命前赣闽边农村民间传统借贷关系具有普遍性，利息也不是学术界长期所认定的那么高，而且它对当地农村社会经济运行与发展具有不可或缺性。民间借贷不是需要不需要的问题，而是政府如何加以规制与调控的问题③。李金铮对此问题作了专门研究，其专著《借贷关系与乡村变动——民国时期华北乡村借贷之研究》（河北大

①渠桂萍、王先明：《乡村民众视野中的社会分层——以二十世纪二十至四十年代初的华北乡村为例》，《人文杂志》2004 年第 6 期。

②夏明方：《发展的幻象——近代华北农村农户收入状况与农民生活水平辨析》，《近代史研究》2002 年第 2 期。

③温锐：《民间传统借贷与农村社会经济——以 20 世纪初期（1900—1930）赣闽边区为例》，《近代史研究》2004 年第 3 期。

学出版社2000年版)、《民国乡村借贷关系研究》(人民出版社2003年版)分别对华北和长江中下游区域的乡村借贷作了比较详实和深入的考察,从一个侧面揭示了近代乡村经济社会演变进程中的新旧借贷关系与农民的生存状况。李金铮的另一部著作《近代中国乡村社会经济探微》(人民出版社2004年版),则汇集了他对近代中国乡村社会经济研究的主要成果,从乡村区域研究理论与方法、近代华北与长江中下游地区的农家经济与生活、华北抗日根据地与解放区的农业经济与社会发展等几方面,作了微观的区域研究。

学者们也关注到近代乡村工业化问题。张思认为,19世纪末,直鲁农村手工纺织业在外国棉制品的冲击下经历了一个严重衰落的低谷,也迎来与国内发达地区并驾齐驱、与机器棉制品比肩竞争的发展转机。一些学者关于洋布、洋货未能打入华北内地,甚至纠缠于"帝国主义是现实还是神话"的看法值得商榷,"封建、落后"的农村经济在突来的冲击面前所表现出的强韧性和对抗能力,在机遇面前所显示出的与时俱进的品质以及对新技术和新生产方式的持续容纳能力也同样值得关注①。彭南生则提出了半工业化问题,认为多元共存的生产形式使半工业化在市场波动时具有较大的灵活性。半工业化是一种在落后国家和地区所存在的既不同于农村传统手工业,也不同于原始工业化的一种现象,需要更加深入的研究②。

黄正林主要依据地方档案资料对陕甘宁边区的农村市场、经济与社会发展作了研究,认为在市场构成、专业市场的形成等方面,既有全国农村市场的共性,也有西北区域市场的特性。"晚清以来,周期性的社会动荡和自然灾害,以及地方军阀的横征暴敛,造成人口锐减,农村经济凋敝,农民日益贫困,购买力低下,农村市场衰退。同时,由于鸦片的大量种植,导致了西北农村市场畸形发展,出现了专门的鸦片市场。这些现象直到解放前夕也没有多大改观。"③同时,

①张思:《遭遇与机遇:19世纪末中国农村手工业的曲折经历——以直鲁农村手工纺织业为例》,《史学月刊》2003年第11期。

②彭南生:《半工业化:近代乡村手工业发展进程的一种描述》,《史学月刊》2003第7期。

③黄正林:《近代甘宁青农村市场研究》,《近代史研究》2004年第4期。

他也对这一区域的经济财政、社会变迁和社会风尚等问题作了探讨，这方面的成果集中在他《陕甘宁边区乡村的经济与社会》（人民出版社 2006 年版）一书中。

此外，一些学者还对农民离村问题、农村分家行为以及役畜等问题作了研究①。

3. 社会性别史的发端与研究。社会性别史也在最近几年进入人们的视野，并在突破妇女运动史前提下生成新的研究理念。李细珠对民初女子参政作了研究，认为民初女子参政权案是男性权势对女性政治诉求的整体压抑与排斥，体现了鲜明的性别歧视面相。民初女子参政权运动的失败，不能简单地仅仅归咎于以袁世凯为代表的封建专制势力的阻碍与破坏②。夏春涛则对太平军中的婚姻与两性关系作了新的探讨③。然而，值得关注的问题却正如李伯重所说，20 世纪末期受国际学坛风气的激荡，此项研究也成为中国史坛上一个值得注意的新动向④。研究者显然不再拘泥于以前妇女运动史的立场，而具有全新的社会性别史和历史人类学的特征。所以定宜庄认为“妇女史是在社会史的大背景之下产生”的一个新的研究领域⑤。如杨兴梅不仅关注到“在对近代四川反缠足运动的历史进程进行重建时，也可看出清季官绅权力的调适与再分配的一些面相，以及禁罚方式的确立对民国反缠足努力的影响”⑥，而且也从社会观念

①王印焕：《1911—1937 年冀鲁豫农民离村问题研究》，中国社会出版社 2004 年版；王跃生：《20 世纪三四十年代冀南农村分家行为研究》，《近代史研究》2002 年第 4 期；王建革：《役畜与近代华北乡村社会》，《社会科学研究》2006 年 2 期。

②李细珠：《性别冲突与民初政治民主化的限度——以民初女子参政权案为例》，《历史研究》2005 年第 4 期。

③夏春涛：《太平军中的婚姻状况与两性关系探析》，《近代史研究》2003 年第 1 期。

④李伯重：《问题与希望：有感于中国妇女史研究现状》，《历史研究》2002 年第 6 期。

⑤定宜庄：《妇女史与社会性别史研究的史料问题》，《历史研究》2002 年第 6 期。

⑥杨兴梅：《从劝导到禁罚：清季四川反缠足努力述略》，《历史研究》2000 年第 6 期。

上观察到对“缠足”形成的“两个世界”问题:“由于近代社会变动导致从价值取向到生存竞争方式都有较大的差异的‘两个世界’的存在,多数不能受教育的女性很难享受与‘新世界’相伴随的社会待遇,缠足实际成为保障她们婚姻成功的一个基本条件;这样的社会因素又反过来强化了这一‘世界’小脚美的观念。”①

(三)社会史研究的学科影响

社会史研究方向的开拓和日趋繁盛的态势,一定程度上改塑了中国近代史研究的基本格局,其学术影响值得关注。其学术贡献在三个方面表现明显:

1. 突破教条,重构体系。以往的中国近代史研究,政治史范式代表了主流方向。作为基本线索和基本理论分析框架,它具体表现为一条线索、两个过程、三次高潮、八大事件的革命史叙事脉络。在一个特定的历史时期,两个过程或许是中国近代史研究的最佳视角,但中国近代社会变革的全面性、复杂性显然未能全部纳入这一研究框架。况且,要全面理解中国革命的过程,不研究这一时期社会演变的诸侧面也是不全面不深透的。所以,如何适度突破已有的研究模式,建构新的研究框架,这是中国近代社会史研究兴起之初面临的首要问题。

1980年代中国近代社会史的复兴,是在对旧有研究模式的反思、改革开放形势的转变、国外社会史理论的引入以及中国社会史的复兴与重建这样一种大背景下进行的。开展社会史研究适应了学术发展的需要,也顺应了时代发展的潮流,社会史复兴之初的主要目标是“把历史的内容还给历史”。在近代社会史研究成果的推动下,中国近代史的研究理念、研究视角和研究方法均发生了根本性变化,简单化、教条化的革命史和阶级斗争史模式已经被突破,使中国近代史的内容获得了重新建构的新的知识体系,并由此丰富、深化、扩展了中国近代史的内容。这应该是具有时代性的变化。

2. 汲取新知,更新方法。社会史的兴起一开始就体现着一种高度的学科开放性特征。作为“新史学”的社会史实际上是在历史学和

---

①杨兴梅:《观念与社会:女子小脚的美丑与近代中国的两个世界》,《近代史研究》2000年第4期。

社会学的交叉渗透基础上产生的新学科，因而，社会学概念、范畴、理论方法的植入似无可非议。“在所有的社会科学中，社会学和人类学在观点上与历史学最为接近。当代社会与过去社会之间的分界线是微妙的，不断变动的，而且是人为的。”①社会学的理论、范畴、方法大量引入历史学，显然是从社会史开始的。而且，“从严格的逻辑意义上说，社会科学家使用的唯一证据——无论其研究领域多么特殊——只能是历史的证据”②。因而，“新术语滔滔不绝地涌向历史科学，它们更一般、更抽象和更严谨，其性质与传统历史概念迥然相异。这一科学术语向历史科学的‘大迁徙’绝对是一个进步过程”③。由此，“不管历史学家愿意与否，社会学将成为史料外知识中的一个重要组成部分，历史学家缺此将无法应付任何最具体的研究”④。正是从社会史的兴起开始，中国近代史研究的理论和方法呈现出日新月异之势，并大量引入西方学者的理论模式，如施坚雅的“区域经济理论”、萧公权与周锡瑞等的“士绅社会”理论、罗威廉的“市民社会”分析、黄宗智的“经济过密化”分析、杜赞奇的“权力的文化网络”及乡村基层政权“内卷化”的研究、吉尔兹的“地方性知识”、艾尔曼的“文化资本”解释方法等。近年来，中国学者提倡“新史学”或“新社会史”的研究，试图在引入过程中建构起“本土化”的解释体系。

社会史在坚持历史学基本方法的同时，主要还是较多借用了社会学、民俗学、历史地理学等学科的方法。随着社会史的深入发展和区域社会史的兴起，人类学的方法对社会史研究的影响越来越大，在具体研究中得到了较为普遍的运用，如张佩国的《近代江南乡村地权的历史人类学研究》(上海人民出版社 2002 年版)。当代史学变动的突出趋向是，一方面在研究内容上表现出“社会化”，另一方面在理论和方法上呈现出“社会学化”倾向，以社会学的理论模式和术语去说

①[英]杰弗里·巴勒克拉夫著、杨豫译:《当代史学主要趋势》，上海译文出版社 1987 年版，第 76 页。

②[英]杰弗里·巴勒克拉夫著、杨豫译:《当代史学主要趋势》，第 76 页。

③[苏]米罗诺夫著、王清和译:《历史学家和社会学》，华夏出版社 1988 年版，第 32 页。

④[苏]米罗诺夫著、王清和译:《历史学家和社会学》，第 97 页。

明历史。这种趋向某种程度上也体现着社会史学科的高度开放性。

3. 三大转向，完成转型。社会史的兴起，对于中国近代史研究或者说对于整个中国历史学而言，具有划时代的意义。我认为它使得中国的历史学研究内容实现了三大转向：

首先，由精英的历史转向普通民众的历史。传统史学所关注的大多是历史舞台上的主角，虽然新中国的史学在唯物史观指导下，学者们大都接受了"人民群众创造历史"的历史观，但即使在以农民战争为主线的史著中，也仍然是以农民起义英雄、领袖为中心，而对真正意义上的社会大众——农民的研究却并不深入。社会史倡导研究普通人的历史，试图通过对社会大众日常生活的探讨揭示出英雄们借以出演的历史正剧的社会内容，从而全面而深刻地揭示社会历史运动的必然规律和基本趋向。许多与普通人相关的内容如贱民、娼妓、太监、游民、流民、乞丐、妇女，秘密社会，都成为社会史学者的研究课题。社会史导致的研究对象的日趋下层化或大众化，是它的时代特征之一。

其次，由政治的历史转向日常社会生活的历史。人类社会的历史规律决不外在于日常社会生活。不论社会变革最终爆发的形式和烈度如何，事实上它的爆发力量和变动趋向，早就在社会生活的一般进程中缓慢聚积着和体现着。传统史学格外关注历史事变的最终结果或重大的事变本身，而相对漠视事变酝酿孕发的不经意的历史过程。新时期的社会史则相反。与以往的历史著述侧重于政治事件不同，社会史研究密切关注的是同社会大众日常生活相关的内容，诸如民俗风情、历史称谓、婚丧嫁娶、灾荒救治以及衣、食、住、行等社会物质生活和精神生活的历史演变，这使得历史学研究内容带有了浓郁的生活气息。

其三，由一般历史事件转向了重大的社会问题。社会史崛起伊始，就以强烈的社会责任感着力于人口问题、灾荒问题、流民问题、社会犯罪等专题的研究，试图从历史的纵向探索中为现实社会问题的化解提供历史借鉴，并借以强化史学的社会功能。

正是在这一历史性转向中，实现了中国近代史研究由革命史向整体史或社会史的转型。如果说革命史代表了20世纪80年代之前的中国近代史研究的主流趋向的话，那么，社会史就标志着新时期中国近代史研究的主要方向和发展趋势。

（四）社会史研究的新态势

社会史以高度开放的姿态形成了自己独有的学科特色。跨学科的交叉渗透，多学科理论方法的汲取，为社会史的创新和发展提供了深广的学理基础和诱人的前景。但是，这种特性也为学科的发展带来一些与生俱来的问题，有必要引起我们的重视。

首先，就中国近代社会史学科体系而言，基本上还局限于“三板块”——社会构成、社会生活、社会功能（社会意识）的结构体系之中。这其实是一个典型的社会学的知识框架，与历史学旨在揭示纵向变迁及其内在动因的主旨并不完全相符。历史学的价值和意义在这种社会学化理论体系中根本无法凸显，导致社会史变成了社会学的“历史投影”。“三板块”结构的近代社会史，实际上是分别从不同角度叙述的近代人口史、婚姻史、家庭史、衣、食、住、行史，以及灾荒史、教养史等等。“三板块”之间以及“三板块”所叙具体内容之间，缺少了体现学科理论体系中最主要的一种内存关联。这等于是从三个侧面表现的历史的社会，而不是社会的历史。

单纯的“社会学化”取向将导致历史学学科特征的失落，使之远离史学而趋近于历史社会学。毫无疑问，作为综合性很强的新兴的近代社会史，在当代社会科学的相互渗透、扩散中，理应积极吸取社会学的理论成果。问题在于，近代社会史的学科本位却只能是历史学而不能是社会学，如果在学科渗透中失落了史学特征，那么社会史就会日渐失去其独立存在的学科意义。

其次，新的理论方法的引入，有利于近代史研究领域的扩展和传统模式的突破。但另一方面，非规范性的引入和运用也导致了近代史研究的失范化与破碎化。比如区域化取向就造成了历史学研究的失范。任何研究都有自己的特定的规范性，区域史研究亦然。但是，大量的研究者及其成果，并不遵循区域史的规范要求，而只是在追逐时流中张扬着区域史的旗号。一些专门性很强的主题，如资源史、环境史研究等，也以省区的限定挂上了区域史研究招牌，而无视其学科本身的规范性要求。那么，何谓规范的区域划分？作为区域史研究的基本规范是什么？这些最基本的问题并没有在研究中有所关照，以至于形成极为泛化的区域化取向。

区域化取向造成了近代史研究的碎化。在作为研究对象的区位选择方面呈现出严重的不平衡性，有跨省区的大区域史研究，有省区史研究，更有县域史研究，还有村域史研究等等。如果没有可以相对认同的标准，研究的区域单元似乎可以无限的细分下去，不仅可以划到村域，甚至可以划分到家族界域。这种趋向不仅割裂了历史演进的整体性，也背离了"区域社会史把特定地域视为一个整体"的研究宗旨。如上等等，表明中国近代社会史研究还存在许多亟待注意和解决的问题。

中国近代社会史的理论构建不能依循社会学化的单一偏向发展，应该在保持历史学的学科本位基础上进行社会史的理论创建。作为动态性很强的近代社会史，必须从社会变迁运动的历史过程上着眼构建自己的理论体系。

中国近代社会史研究走过了三十多年的历程，取得了令人瞩目的成绩，至今仍保持着强劲的发展趋势。从目前的发展景况不难预见，中国近代社会史研究将在以下几个方面获得新的拓展：

多学科的交叉融通使得社会史研究拥有着持久的活力和研究领域的创新力。近年来的社会史研究因应着时代的需求，不断在摄取新的学科理念和方法中扩展着自己的研究领域，形成了新的学科丛。

其一是社会生态史或环境社会史。近来，随着环境史和社会史研究的深入发展，两者逐渐对接和互渗，越来越多的研究者认识到：社会史研究不仅需要考虑各种社会因素的相互作用，而且需要考虑生态环境因素在社会发展变迁中角色和地位；不能仅仅将生态环境视为社会发展的一种背景，而是要将生态因素视为社会运动的重要参与变量，对这些变量之于社会历史的实际影响进行具体实证的考察①。

社会生态史是以一种新的社会史学理念为基础，认为人类社会首先是一个生物类群，是地球生物圈内的一个特殊生命系统，与周围环境存在着广泛的物质、能量和信息交流，始终受到生态规律的支配和

---

①李玉尚：《地理环境与近代江南地区的传染病》，《社会科学研究》2005年第6期；余新忠：《清代江南的卫生观念与行为及其近代变迁初探——以环境和用水卫生为中心》，《清史研究》2006年第2期。

影响。因此，社会的历史也就存在着采用生态学理论方法加以考察的必要性与可能性。近年来，中国生态史（或称环境史）成果引人瞩目，预示着一个崭新分支——生态史学或环境史学正在逐步建立之中。

其次是医疗社会史。这也是“新史学”向纵深发展而产生的一门社会史分支学科。最近几年，这方面的研究成果十分令人关注，如梁其姿《麻风隔离与近代中国》（《历史研究》2003 年第 5 期）、李玉尚《近代中国的鼠疫应对机制——以云南、广东和福建为例》（《历史研究》2002 年第 1 期）、焦润明《1910—1911 年的东北大鼠疫及朝野应对措施》（《近代史研究》2006 年第 3 期）、余新忠《咸同之际江南瘟疫探略——兼论战争与瘟疫之关系》（《近代史研究》2002 年第 5 期）等。相关的专著则有余新忠的《清代江南的瘟疫与社会：一项医疗社会史研究》（中国人民大学出版社 2003 年版）、张大庆的《中国近代疾病社会史（1912—1937）》（山东教育 2006 年版）等。这些论题的问题意识十分强烈，而且提示着近代社会史乃至整个中国近代史研究的一个新的群体和发展方向的生成。

无论从社会史研究中心议题的深入研讨，还是从新研究领域的拓展来看，社会史仍然展示出诱人的发展前景。而社会史的发展又始终与其特有的学术关怀与强烈的问题意识密切相关。“使历史研究的内容更为丰富”①，这应该成为当代社会史学及其社会史学家们的追求。

二　拓展与深化时期

（一）近十年来研究概况

2008—2017 年间，中国近代社会史研究仍然是史学发展中令人关注的领域。其整体状况可从以下几个方面加以概括：2008—2017 年论文有二百多篇论文，著作有近三百部（包括旧版重印），举办会议有四十多场次。从论文分布来看：1. 社会史理论方法方面 61 篇（包括史料、田野调查与社会史研究方面 4 篇），2. 社会文化史方面 17 篇，3. 区域社会史 5 篇，5. 社会生活史方面 8 篇，6. 乡村史方面 72

①王先明：《社会史的学术关注与问题意识》，《人民日报》2006 年 2 月 24 日。

篇,7. 城市史方面28篇,8. 环境史方面10篇,9. 医疗史方面6篇,10. 其他方面32篇,总计239篇。

相关的近代社会史著作出版情况,我们按14个专题内容统计,大致有284种,分别为,社会史理论与方法(包括通史)20种、社会文化史17种、区域社会史20种、社会生活史18种、乡村史59种、城市史14种、社会群体27种、灾荒与慈善救济31种、宗教与秘密社会史20种、性别社会史8种、医疗史12种、环境史17种、法律社会史5种以及其他16种。

上述所列研究成果的主题分布,大体可以展现近十年研究的基本趋势和走向。

其间,各大学和研究院所举办近代中国社会史学术会议近四十场次。相对密集的社会史学术会议活动,一方面体现社会史学术机构近年主要的研究着力点,另一方面也展示或代表相关研究团队(或力量)的活跃态势。其中南开大学中国社会史研究中心主办3次,参与合办2次,论题主要集中在近代交通社会史、中国日常生活史、近代乡村社会史、华北历史地理与社会变迁以及生态环境史等方面。中国社会科学院近代史所主办与参与合办会议十余次,论题分别为:近代中国都市与乡村、社会文化与近代中国社会转型、中国历史上的生命、生计与生态、华北城乡与近代区域社会、中国历史上的国计民生等。首都师大举办(并参与合办)5次,主题分别为:近现代社会文化史、近代中国的社会保障与区域社会、西方新文化与中国社会文化史的理论与实践等。此外还有南京大学、中山大学、山东大学、华中师范大学以及山西大学相关社会史研究机构举办学术会议。

在近十年来史学研究中,近代社会史研究仍然占主导性地位,不仅论文和著作发表总量持续稳定增长,而且研究主题也不断深化并拓展延伸;其学术的活跃状态和发展趋势依然令人瞩目。

(二)研究热点与问题聚焦

就上述呈现的研究状况而言,不难发现中国近代社会史研究的基本特征和发展趋向。从发表的学术论文和出版的学术著作两大项看,乡村史仍然是学者们相对集中关注的领域,分别占到了论文的30%以上和著作的20%以上,远远高于其他主题内容。2000年以来近代中国乡村史研究就逐步聚集了一批学者,在各自的研究领域和论题上都取得了许多令人瞩目的成果。这一研究态势仍在持续发展，且有更为深入的拓展和提升。

当然，乡村史研究论题方面也有了新的话语或新视野的拓展，譬如乡村治理成了新的关注点。任吉东的《近代华北乡村社会治理的双重话语——以获鹿县为例》一文认为，传统的获鹿县乡村治理是通过一种经过长期演变产生的内生制度而实现的，进入近代后，乡村社会治理出现了原生态组织与嵌入性机构并存的局面，出现了地方话语权与行政话语权的双重存在与动态平衡，成为近代乡村治理形式中独特的一幕①。彭澎在《近代乡村治理的法权结构变革与法制转型研究》论文中提出，国家治权、乡村权威与乡民主体之间的关系是影响近代乡村治理法权结构变革的主要因素，三者关系的协调可以为解决和处理当代农村基层治理问题提供认识论视角与方法论参考②。

也有学者是在传统论题基础上融入了乡村治理理念。潘洵、李桂芳的《卢作孚与中国近代乡村现代化的"北碚现象"》一文认为，对经济、文化、环境和人的重视，是卢作孚乡村现代化最鲜明的特色。他关于建设"生产的、文化的、游览的区域"的理想与规划，以治理社会秩序为先导，以经济建设为中心，全面开展文化建设和社会公共建设的乡村现代化模式，以及以人为本，延揽和培养乡村建设人才的用人方略，是北碚乡村现代化取得成功的最重要的因素③。张霞、邹进文在《乡镇财政的早期近代化：立足于清末的考察》中提出，事权与财权是密不可分的，公共权力的下移必然要求财权的下移，随着乡村治理的近代转型，清末乡镇财政也开始了近代性变迁。由于诸多复杂因素的影响，清末乃至中国近代乡镇财政的转型不仅没有稳固基层

①任吉东：《近代华北乡村社会治理的双重话语——以获鹿县为例》，《中国农史》2009年第2期。

②彭澎：《近代乡村治理的法权结构变革与法制转型研究》，《湖湘论坛》2017年第2期。

③潘洵、李桂芳：《卢作孚与中国近代乡村现代化的"北碚现象"》，《重庆师范大学学报（哲学社会科学版）》2011年第5期。

政权，反而动摇了政府的统治根基①。鞠忠美重新评价梁漱溟乡村治理模式，认为他在肯定中国传统文化作用的同时，通过融合中华传统文化与近代西方文化、时代主题，希望在乡村建设一种新的文化，以推动乡村复兴，并进而实现中国复兴②。

此外，现代治理理念也成为博士生学位论文的选题，如马欣荣的《中国近现代乡村治理结构研究》（西北农林科技大学博士学位论文2012年），邓云山的《现代化视野下中国共产党的乡村改造思想及实践研究（1921—1937）》（湖南大学博士学位论文2012年），周祥林的《梁漱溟乡村建设伦理思想与实践研究》（中南大学博士学位论文2011年）等。

乡村史之外，相对集中的研究主题是社会史理论与方法，而且在论文和著作两个方面都是分布比较均衡。但是就论文研究内容来看，实际上多集中于当代社会史领域的拓展方面，如李文的《学术研讨与题研究共推学科发展：2016年中国当代社会史研究扫描》（《河北学刊》2027年第5期）和《国史中的社会史：内容和框架结构》（《中国地方志》2011年第1期），宋学勤、李晋的《思想“在场”：当代中国社会史研究的基点》（《史学理论研究》2017年第4期），江沛的《以社会史的视野推动当代中国史研究》（《社会科学》2013年第6期），朱汉国的《中国当代社会史研究之我见》（《史学集刊》2012年第5期），李金铮的《借鉴与发展：中国当代社会史研究的总体运思》（《河北学刊》2012年第4期），田居俭的《中国当代社会史研究要重视理论指导》（《河北学刊》2012年第2期），李文海的《发展与推进中国当代社会史研究》（《河北学刊》2012年第2期），姚力的《中国当代社会史研究的学术视野与问题意识》（《中共党史研究》2011年第1期）和《中国当代社会史研究的基本问题》（《当代中国史研究》2010年第1期），宋学勤的《当代中国史视角下的社会史研究》（《当代中国史研究》2010年第6期）等。此外，还有相当一部分属于社会史研究综述

①张霞、邹进文：《乡镇财政的早期近代化：立足于清末的考察》，《中国经济史研究》2009年第4期。

②鞠忠美：《在创新中传承：传统文化的现代出路——梁漱溟乡村文化建设的启示》，《山东社会科学》2017年第1期。

和阶段性研究总结类的文章,如常建华的《传承与创新:中国社会史研究综述的制作及其意义》(《吉首大学学报(社会科学版)》2013 年第 4 期),唐仕春的《中国近代社会史研究扫描:2014》(《河北学刊》2015 年第 5 期),李长莉的《中国近代社会史研究三十年发展趋势与瓶颈》(《南京社会科学》2017 年第 1 期)和《三十年来中国近代社会史研究范式之转换》(《河北学刊》2018 年第 2 期),王先明的《新时期中国近代社会史研究评析》(《史学月刊》2008 年第 12 期)等。

也有相当多的论文在质疑、反思中力求就问题意识、研究方法和视野方面提出新的看法。闵杰在《学术批评之中国近代社会史》一文中认为:近代社会史研究成果丰富,却雷同较多,总体上浅薄之作多,深析之著少;研究社会生活、关注新因素新现象的多,而讲旧因素旧现象的少;此外,史料准备不足,论述概念化也很突出。社会史研究应该在这些方面力求突破①。对此,李长莉也持相同的立场,认为社会史的多数研究成果知识停留在学科内部,甚至更小范围的知识交流,具体缺陷为碎片化和记叙性;她提出以后的研究应该注重综合法、理论法、跨学科法②。小田提出:社会必须强调整体史的学术使命,即思维方式的更新,包括历史理念、知识结构、观察视角、史料样式等。整体史的构建是在不断改变要素以适应整体的机构性更新③。俞金尧对新文化史激进倾向的不满,认为社会史学正进行一种"实践的历史"的新探索,这一走向值得注意④。王先明提出,应该从两个方面拓展中国近代社会史研究,既要强化内涵提升,也要注重

①闵杰:《学术批评之中国近代社会史》,徐秀丽主编:《过去的经验与未来的可能走向——中国近代史研究三十年(1979—2009)》,社会科学文献出版社 2010 年版,第 185—188 页(下文简称《过去的经验与未来的可能走向》)。

②李长莉:《社会史研究瓶颈如何突破》,《中国社会科学报》2009 年 10 月 15 日。

③小田:《构建整体社会史的学术使命》,《徐州师范大学学报(哲学社会科学版)》2011 年第 1 期。

④俞金尧:《书写人民大众的历史:社会史学的研究传统及其范式转换》,《中国社会科学》2011 年第 3 期。

外延拓展①;还在《"新史学"的开拓与建构——评余新忠〈清代卫生防疫机制及其近代演变〉》一文中,在对当代新史学演变趋势的梳理中,提出了社会史学科建构中值得关注的问题②。宋学勤、李晋则提出:为避免思想性缺位导致的"故事性"学术成果,应秉持总体史的问题意识,以发掘区域研究意义为目的,审视"人"的主体性,寻求可资对话的"中层理论"③。

值得关注的一个趋向是日常生活史开始成为近十年近代社会史研究中相对聚焦的论题。常建华多次提出加强日常生活史研究以拓展社会史研究内涵,认为日常生活应当成为文化史、社会史、历史人类学研究的基础,应更明确地把日常生活史作为社会文化史研究的基本内容④;同时,生活史的研究带来视角与方法的变化,可以从习以为常发现历史,从日常生活来看国家,挑战传统史料认识,从生活方式的转变可以考察民族关系与进行不同文明比较,阐述社会变迁⑤。余新忠提出,应该积极从日常生活理论和国际新史学思潮中汲取思想和观念,以人为中心,挖掘史料⑥。日常生活史也是近年来社会史学术会议研讨的中心问题,如2011年9月由南开大学中国社会史研究中心主办的"中国日常生活史的多样性"国际学术研讨会,2012年12月由南京师范大学抗日战争研究中心、《抗日战争研究》编辑部、南京历史学会共同举办的"抗战时期都市民众日常生活"研讨会,2015年1月由上海大学历史系、《近代史研究》编辑部主办的"抗日战争时期的社会生活"学术研讨会,2016年10月由中国社会

①王先明:《内涵提升与外缘扩展双向互动:拓展中国近代史研究再思考》,《河北学刊》,2015年第1期。

②王先明:《"新史学"的开拓与建构——评余新忠〈清代卫生防疫机制及其近代演变〉》,《近代史研究》2017年第2期。

③宋学勤、李晋:《思想"在场":当代中国社会史研究的基点》,《史学理论研究》2017年第4期。

④常建华:《日常生活与社会文化史——"新文化史"观照下的中国社会文化史研究》,《史学理论研究》2012年第1期。

⑤常建华:《中国社会生活史上生活的意义》,《历史教学》2012年第2期。

⑥余新忠、郝晓丽:《在具象而个性的日常生活中发现历史——清代日常生活史研究述评》,《中国社会科学评价》2017年第2期。

史学会、武汉大学、三峡大学、中国社会科学院近代史研究所合办的“中国历史上的国计民生”（第十六届中国社会史学会年会）等。

区域社会史以及区域史视野下交通社会史、生态环境史等也是学术研讨中较为集中的问题。

学术著作与论文有所不同，更多地体现着既往学术研究成果的积累或总结，从另一角度展示着社会史学术发展的境况。系统性的社会史著作不断推出，一定程度上诠释了这一学科具有的时代影响和学科价值。张静如主编的《中国当代社会史》5 卷（湖南人民出版社 2011 年版），具体而系统地诠释了他一贯坚持的社会史乃通史的主张。尽管各分卷章节设计各有不同，如文化部分有称之为科技文化，也有分列为教育与科技，文化、体育和卫生事业者等；分卷中有专列外交一章者，有特设交通和电信一章者；社会结构内容方面各分卷也略有不同，如分为阶级阶层、社会组织、婚姻与家庭或人口婚姻家庭等；社会生活、社会事业、社会保障、社会意识、社会问题等各分卷所设章节均有明显差异，但这套当代中国社会史丛书整体上仍然大致按经济、政治、文化、社会四大部分来结构具体内容。这是社会史研究延伸到当代史或者可以说是当代史研究的社会史取向的重要成果之一，尽管在体例和学科建设上仍有值得商榷的问题。

乡村史研究的系列性著述有王先明主编的《20 世纪中国乡村社会变迁丛书》8 册（人民出版社 2009 年后陆续出版）。以专题论述形式集中地探讨 20 世纪前期乡村社会的历史变迁问题，主要有王先明的《变动时代的乡绅——乡绅与乡村社会结构变迁（1901—1945）》、罗朝晖的《富农与新富农——20 世纪前半期华北乡村社会变迁的主角》、李伟中的《20 世纪 30 年代县政建设实验研究》、熊亚平的《铁路与华北乡村社会变迁（1880—1937）》、渠桂萍的《华北乡村民众视野中的社会分层及其变动（1901—1949）》、郝锦花的《新旧学制更易与乡村社会变迁》、曾耀荣的《南京国民政府时期的农业贷款问题研究》、魏本权的《农村合作运动与小农经济变迁——以长江下游地区为中心》等。在近代乡村史研究的取向中，为了突破乡村史与城市史研究领域的人为区隔，王先明又主编了《20 世纪之中国：乡村与城市社会的历史变迁》丛书 10 卷本（山西人民出版社 2013 年版），分别为安宝的《离乡不离土：20 世纪前期华北不在地主与乡村变迁》、柳敏的《融入与疏离：乡下人的城市境遇——以青岛为中心(1927—1937)》、张彦台的《落日挽歌：华北牙商研究(1912—1949)》、任金帅的《聚同道于乡野：华北乡村建设工作者群体研究(1926—1937)》、付燕鸿的《窝棚中的生命：近代天津城市贫民阶层研究(1860—1937)》、张启耀的《民生维艰：田赋负担与乡村社会变迁——以20世纪前期的山西为范围》、朱军献的《因革之变：中原区域中心城市的近代变迁》、丁芮的《管治京城：北洋政府时期京师警察厅研究》、杨东的《乡村的民意：陕甘宁边区的基层参议员研究》、杨红运的《复而不兴：战前江苏省保甲制度研究(1927—1937)》①。此外，王先明还相继出版了《走近乡村——20世纪以来中国乡村发展论争的历史追索》(山西人民出版社2012年版)、《乡路漫漫——20世纪前期之中国乡村(1901—1949)》(社会科学文献出版社2017年版)等，由此形成了一个相对稳定和持续发展的以南开大学为主导的近代中国乡村史研究团队。

在综合性研究方面，李长莉等人所著的《当代中国近代社会史研究》(中国社会科学出版社2017年版)值得特别关注。这是《当代中国近代史研究系列》丛书之一，它分为12个专题(以章的形式)系统总结了2015年之前的中国近代社会史研究状况并予以学术评析，是我们了解和认识社会史学科理论、学术研究发展演变的重要资料。至于近代社会史专题研究的著述，总体上比较深入，多是此前研究内容的深化和拓展，如张思的《侯家营：一个华北村庄的现代历程》(天津古籍出版社2010年版)、王笛的《茶馆：成都的公共生活和微观世界(1900—1950)》(社会科学文献出版社2010年版)、李金铮的《传统与变迁：近代华北乡村的经济与社会》(人民出版社2014年版)、唐力行的《延续与断裂：徽州乡村的超稳定结构与社会变迁》(商务印书馆2015年版)、刘家峰的《中国基督教乡村建设运动研究(1907—1950)》(天津人民出版社2008年版)等，但专著的论题相对比较分散，恕不一一评析。

---

①这一系列研究项目于2012年列入"十二五"国家重点图书出版规划增补项目，2013年入选新闻出版总署国家出版基金资助项目，2013年入选出版总署出版改革发展项目。丛书出版后引起了学术界关注。

（三）问题与反思

新的问题意识和研究视野的拓展令人欣喜，持续性地展示了社会史学科的活力和发展前景。社会史学科的开放性、包容性以及引领性，在21世纪以来已经形成学科生长点的环境史（或生态环境史）和医疗社会史研究中再次获得确证。与政治史、文化史鼎足而立的社会史，已经显示了更为强劲的发展活力。当然，在对其学术成就的研判和思考与中，我们也不难体察到社会史学科发展中的一些缺憾。

譬如，就新近兴起的环境史而言，它还主要侧重于自然（生态）史的取向。我们认为，没有社会环境史的历史，将不是完整的社会历史；同样，没有社会环境史的内容，也建构不起真正完整的环境史学。环境是人类生存和活动的场所，环境是人类赖以生存和发展的物质条件，它包括自然环境和社会环境。真正的环境史学不能不包含这两个方面。在这里，环境史的自然史取向与社会史取向同样不可或缺。

社会建设作为我们现代化进程中"科学发展观"的内容之一，当然也基于对于社会环境治理和建设的现实需要；没有良好、健康的社会环境，社会建设及其相关的内容也就无从谈起。社会环境问题，是人类社会形成以来一直与人的生存、发展相关的重要主题之一，更是现代化进程中十分突出的问题之一。因此，日渐成为学术热点的环境史研究乃至历史学研究中对于社会环境史的取向，既是以人为主体的历史学学科发展的内在要求，也是史学面对现代社会需求，实现其学以致用的学科功能的重要体现。

社会史与政治史的融通问题，或者说日常生活与重大历史事件的内在关联问题，也应该成为社会史研究走向深层发展的论题。当代中国历史学的研究成果斐然，已经赢得人所共知的赞誉。同时，它也在奋进中显示出自己的缺憾，其发展进向也足让人警醒。其中一个显而易见的问题是，社会史研究日渐聚焦于日常生活，而完全回避了对重大历史事件和社会运动的关注；日渐深入解析群体生活的样态风情，而无视精英或社会运动领袖的行为与选择。值得我们深思的问题是，社会史一旦失去对重大历史事变和社会运动发展的关注和解释能力，它还是社会的历史么？如果只在琐碎的生活中爬梳出生活的雅趣，而完全规避了对于社会运动领袖或英雄人物的探讨和洞察，史学还能保持并弘扬其通鉴古今的功用么？

面对历史研究中在日常生活与历史事变的张力，现代史学两位大师的取向和经验值得我们珍记。

日常生活成为史学研究的主题是当代历史学的主导趋向，这无可置疑。马克思说过，人类历史的第一个前提就是日常生活，即衣食住行，然后再从事其政治、军事等上层建筑活动。走进日常生活也是年鉴派史学大师布罗代尔史学研究鲜明的特征之一。他说过，“我认为人的生活一大半淹没在日常琐事中。无数的行为都是自古继承下来的，无章无序积累的，无穷无尽重复的，直至我辈”①。

但是，走进日常生活并不能局限于日常琐碎，而应该“再走出来”。因为“存活的往昔注入了当今的时代，就像亚马逊河将其混浊的洪流泻入大西洋一样”，面对大量的琐碎的事实和史料，“必须进行筛选”。一边是日常生活本身的运行，显得刻板、钝滞，一边是活生生的，强有力的运动；一边是完全自给自足的与外界隔绝的乡村生活，一边是伸展着的市场经济。他们相互作用，“一点一点地铸造着并且已经预示着我们今天生活的世界”。总之，在布罗代尔的视域里，日常生活与重大历史事变，虽然是“两个天地，两种陌生的生活，而其各自的实体却又互成因果”②。因此，在这里，社会生活的日常与历史事变的非常的内在相关共构了历史进程。真正的历史学研究视野，既不应该将重大历史事件视为盲区，也不能不体察日常生活中看似平静实际执着地指向未来的力量。“确切一点说，在大问题的‘因’与‘果’之间，更容易看‘果’。当然，惟其如此，历史学家才更执着于发现事物之‘因’，而深深开发成本又抓不到它，并且受它的嘲弄。”③

马克思将日常生活作为历史研究的第一个前提，同时也擅于从日常生活平静的演进态势中把握历史事变的趋向，而不是将日常生活与历史事变割裂。关于历史事变研究的视角，马克思曾经以路

①[法]费尔南・布罗代尔著、杨起译：《资本主义的动力》，生活・读书・新知三联书店1997年版，第5页。

②[法]费尔南・布罗代尔著、杨起译：《资本主义的动力》，第4、5页。

③[法]费尔南・布罗代尔著、杨起译：《资本主义的动力》，第53页。

易·波拿巴政变为例提到两个显著的例子，一是维克多·雨果著的《小拿破仑》，一是蒲鲁东著的《政变》。雨果的《小拿破仑》“只是对政变的负责发动人作了一些尖刻的和俏皮的攻击。事变本身在他笔下却被描绘成了晴天的霹雳。他认为这个事变只是一个人的暴力行为。”马克思评论说，“他没有觉察到，当他说这个人表现了世界历史上空前强大的个人主动作用时，他就不是把这个人写成小人而是写成伟人了。”那么蒲鲁东呢？“他想把政变描述成以往历史发展的结果。”“但是，他对这次政变所作的历史的说明，却不知不觉地变成了对政变主人公所作的历史的辩护。这样，他就陷入了我们的那些所谓客观历史家所犯的错误。”那么，马克思是如何研究和描写这次政变的？他说：“我则是说明法国阶级斗争怎样造成了一种条件和局势，使得一个平庸而可笑的人物有可能扮演了英雄的角色。”①

这些先贤们的治史心语告诉我们，既不可驻足于日常生活的表象铺陈和史实排列，又不至于被轰轰烈烈的历史事件迷离自己的眼睛，做到真正洞察历史丰富而复杂表象背后鲜为人知的社会哲理和启人心智的学理，才是当代历史家的学术使命。正是基于这一深刻的省思，我们要坚持一个贯通日常生活与历史事件研究的史学诉求，期望突破社会史聚焦于日常生活，事件史或革命史注目于社会运动和历史事件的区隔。史学之所以为史学，尤其是新史学，其价值与功能当在创造中继承，当在创新中发展。史学研究应该有终极性关怀，应该究天人之际，通古今之变，明人文之常，求民生之利。

更值得我们进一步思考的问题是，新时期以来的史学发展是以新史学话语来诠释自己的时代价值的。其成就突出体现在两个方面：社会史、文化史领域的新开拓；跨学科研究领域的新建构。新史学发展中形成一个主导趋向，就是求新。新时期以来，新社会史、新文化史、新革命史、新清史等试图标领史学潮向的诉求，为我们划出了一条着意求新的当代史学演进轨迹。但当代史学风尚在刻意求新的追求中，似乎疏离了史学求真的学科特质。

①《马克思恩格斯选集》第1卷，人民出版社1972年版，第599页。

问题在于,“一味忙于求新,忙于引进,来不及消化、来不及思考”,“除了在史学理论界留下了思想的足迹之外,并没有引导中国史学产生一个实质性的改变”①。很多以新史学为名的史著,只是在既成的西方理论框架中添加中国史料,结构出一个所谓新的成果。这样的成果再多,实质上无助于史学的进步。正如严耕望所批评的那种史学取向:“中国史书极多,史料丰富,拿一个任何主观的标准去搜查材料,几乎都可以找到若干选样的史料来证成其主观意念,何况有时还将史料加以割裂与曲解。”②更为突出的问题是,“现在历史学的学位论文、学术论文和专著,动辄引用西方学者(那怕是二三流学者)的论点展开自己的论述,而不再引用马克思主义经典著作的论点,是新时期的一个特点,几乎成了新的教条主义”③。

近代以来,在西学的强势引力作用下,“社会科学方法治史一经引进,就成为史学界的新动向!”④晚近以来的史学发展多染此习尚,竟有束书高阁,游谈无根之流波。为何“求新”?何谓“求新”?又新在何处?在新的概念新的名词新的术语之外,有多少超越被视为“旧史学”的学理成果?仍然是值得深入思考的一个问题。

如何超越新史学发展中“系统性的缺失”,从而将“理论追求上的浅尝辄止与见异思迁”的流风导向整体性关照与系统理论建构,无疑是新史学能够最终获得属于自己时代价值的方向性变革。对于一个时代的学术使命而言,学理诠释体系的建构,远比对以往体系的“解构”更为重要。

当代史学风尚在刻意求新的追求中,似乎疏离了史学求真的学科特质。求真乃史学之所以为史学的根本宗旨。史学研究的唯一诉求是求真。正是在不断探求史料之真、史实之真,史识之真和史理之真的基石上,建构了史学的本质特征,奠定了“历史研究是

---

①李振宏:《当代史学平议》,社会科学文献出版社 2015 年版,第 344 页。

②严耕望:《治史三书》,世纪出版集团、上海人民出版社 2008 年版,第 145—146 页。

③张海鹏:《当代中国历史科学鸟瞰》,张海鹏主编:《中国历史学 30 年(1978—2008)》,中国社会科学出版社 2008 年版,第 4 页。

④严耕望:《治史三书》,第 147 页。

一切社会科学的基础，承担着‘究天人之际，通古今之变’的使命”的学科地位。

（原载张海鹏主编:《中国历史学40年(1978—2018)》，中国社会科学出版社2018年版）

中国近代社会史研究的理论思考

——兼论历史学的社会学化

社会史的形成和把它划分为科学历史知识的独立领域都发生在20世纪上半期。当代史学领域内这一巨大变动，推动了历史研究的日趋下层化和大众化。社会史的兴起，既是当代社会对于史学研究的一种时代呼唤，也是史学对这一时代要求的自觉回应。从1986年开始，中国近代社会史也暗合着这一时代节拍，登上了近代史研究的殿堂。

任何新的研究领域的开辟和新学科的创建，都意味着一种新的理论框架的确立，这是科学研究理性思维的必然过程。应该说，新的理论范式是中国近代社会史研究课题的那串“多米诺骨牌”的首张。因而，以一种科学的态度来审视中国近代社会史的理论范式及其相关问题，对于近代社会史学科的建设和发展，均有裨益。

一　体系构建:两个模式

历史学研究总是要以一定的思想理论作指导，没有科学系统的理论规范，包括社会史在内的历史学就不可能获得健康发展。尽管有些学者提出:“目前社会史研究刚刚起步，不宜过多地去考虑建构体系和框架。”但是，如果没有一定的理论规范，即使是不甚完善的理论体系，具体的社会史研究就根本无从入手。在历史研究中，哪怕是极其微观的课题，也很难设想是在一种“理论真空”中进行的。“每个企图脱离思想的人,最终只会滞留在一些感觉上。”(约·沃·歌德语)因而,无论承认与否,在中国近代社会史研究过程中,客观上已经形成了区别于以往史学规范、具有鲜明新学科理论的知识体系或思维模式,虽然这种体系或模式本身还十分粗疏和极不完善。

新的理论框架的建立,是中国近代史研究由专注于政治、事件转向社会的观念方面的必要条件,也是学者们由传统史学研究的视角和方法移转趋新的理论前提。1986 年乔志强先生在《中国社会史研究的理论模式》(《光明日报》1986 年 8 月 13 日)一文中初步勾勒了关于中国近代社会史研究的理论模式,继而在他主编的《中国近代社会史》一书中,基本完成了他的“中国近代社会史的理论体系”。从总体上看,乔著的理论基点是:“中国社会史以中国历史上的社会为研究对象”,因为“历史唯物主义从社会存在决定社会意识这一基本原理出发,考察生产力和生产关系,经济基础和上层建筑的社会矛盾在社会发展中和决定作用”。同时也十分重视“研究社会生活的各个方面”①。基于此,他认为作为马克思主义历史学重要组成部分的社会史,尽管“它所包括的内容比较复杂,但也是一个有序的系列”。所以,他的社会史的“有序的”理论体系构架为:

1. 社会构成,包括人口、婚姻、家庭等最基本的社会元素和细胞;

2. 社会生活,包括物质生活和精神生活以及各错综复杂的社会诸关系,它们组成了社会的主要网络式的内容;

3. 社会功能,它包括教育、教养、社会控制、调节以及社会病态及其防治等。

与乔著略有不同的是陈旭麓先生的观点。1989 年陈先生提出了自己关于中国近代社会史研究的理论模式,他不认为社会史是历史学的一个分支或专史,主张“真正能够反映一个过去了时代全貌的应该是通史,而通史总是社会史”。“马克思主义研究社会,所注重的是人们在生产中形成的,与一定生产力发展程度相适应的生产关系的总和。由此延伸出来的以经济活动为基础的种种人际关系都应当

---

①见乔志强:《中国近代社会史》,人民出版社 1992 年版,“序论”。

成为社会史研究的对象。"①虽然陈先生力主"研究近代史的每一个问题,都应当放在半殖民地半封建化的过程来认识理解",要从社会历史发展的纵向过程中来思考和探索,但在近代社会史研究的理论架构上却依循着横向思维模式。他认为中国近代社会史研究主要有三个方面:

1. 社会结构。近代社会除政治结构以外,还有具有普遍意义的社会结构如行会、家族、会党等,要研究社会结构在百年近代历史中的嬗递变迁。

2. 社会生活。社会生活有着更广泛的内容,除直接关系和影响着最大多数人民生活的清代"四大政"外,更值得注意的是人们衣食住行在一百一十年间的变化。

3. 社会意识。不是从精英的意识,而是从民众的社会意识着手去研究近代社会历史。

近代社会史理论架构既是学者们对近代社会历史长期探研的理论结晶,也是近代社会史领域开拓发展的理论条件。近年来的中国近代社会史研究就在这种初始形成的理论思路中起步发展,同样,近代社会史的理论模式也就在近代社会史的具体研究中形成和不断改善、完备。理论研究和史学实践本是一个不可分割的辩证统一的思维过程。

细析有关中国近代社会史的理论框架,不难发现其共同之处是十分明显的,如图:

乔著模式	社会构成:人口、婚姻、宗教等	← →	近代社会	← →	社会结构:政治结构与行会、家庭、会党等社会结构	陈文模式
	社会生活:衣食住行、物质生活与信仰、人生、娱乐等精神生活	← →		← →	社会生活:"四大政"及衣食住行	
	社会职能:教养、控制、社会问题及防治等	← →		← →	社会意义:大众意识	

图1-1 中国近代社会史理论框架比较图

---

①陈旭麓:《略论中国近代社会史研究》,《华东师范大学学报》1989年第5期。

尽管在具体阐述上，乔著与陈文的近代社会史理论构架有较多的分歧和各自的特点，但在总体理论构筑上却有惊人的相似处或相近性。第一，都以“社会”来观照内容，并把近代社会史析分为三个方面，并赋予其具体的内容。第二，都是从历史上的社会（横断面）而不是从社会的历史（纵剖面）来确定整体的理论体系。作为一部新学科或新领域的创建，乔、陈的近代社会史理论架构开先河的意义功不可没，它也确曾推动了中国近代社会史研究的初步发展。但是从严格的学科理论体系的高度来看，这两种理论架构都失之粗疏，而且在理论体系内部还存在着较多的缺漏和理论误偏。

二　社会学化问题

社会史的产生，某种程度上受示于当代社会学的影响。“在所有的社会科学中，社会学和人类学在观点上与历史学最为接近。当代社会与过去社会之间的分界线是微妙的，不断变动的，而且是人为的。”①西方社会史的崛起毫无疑问是伴随着社会学的概念、理论、方法、术语向历史学“大迁徙”而完成的，以至于使得历史学和社会学的关系密不可分。社会史学家布洛赫不止一次地声称：“历史学和社会学之间并没有真正的差别。”②就此而言，中国近代社会史的形成同西方相比并无二致，至少在现象上是如此。中国近代社会史的理论建构中也弥漫着浓重的社会学的理论特色：

第一，引入了大量的社会学的范畴和词语，如人口结构、社会流动、社会功能、社会组织、社会群体、社会控制、社区等，而且它们具有替代历史学传统范畴和术语的趋向。

第二，无论是乔著的“社会构成、社会生活、社会功能”架构，还是陈文的“社会结构、社会生活、社会意识”架构，从学科理论体系上看，这其实完全类似于一个社会学的结构。社会史无可避免地成为社会

①[英]杰弗里·巴勒克拉夫著、杨豫译：《当代史学主要趋势》，第76、64页。

②[英]杰弗里·巴勒克拉夫著、杨豫译：《当代史学主要趋势》，第76、64页。

学的历史投影的这一事实，被一些学者赞颂为“社会学化：历史学的方向”①。

当然，在近代社会史研究中引入社会学理论，或可深化历史研究的内容，甚至使许多旧有的历史课题取得了新的进展；或在历史分析中运用社会学方法，“将有可能揭示出历史文献中资料的潜在内容”②，有助于理论视野的扩展和研究方法的改进。然而，社会史理论体系单一的社会学化，终究会造成史学特征的失落，使史学不成其为史学。因而，从理论上思考这一学科发展进程中的社会学化现象的得失，对于中国近代社会史研究的前程是至关紧要的。

首先，尽管社会学和历史学有着较多的共同之处，但毕竟属于两面个不同的学科，其研究对象、研究方法、学科特征都有显著的差别。“将社会学的概念、观念、理论和方法机械地引入历史学，只会加重困难。”③而不能从根本上确立近代社会史的科学理论体系。从理论上而言，社会学最重要的概念——社会集团、社会流动、社会化、社会结构、社会角色等等，“只有赋之以历史内容，确定它们与传统的历史概念之间的联系条件下，才可以运用于历史研究”④。单一的社会学化恰恰是忽略了从史学意义上对社会学概念进行科学的整合。“当人们需要重要的原则时，就从各种各样的来源中借用概念，但很少合并为一种史学家自己的、开放的、内部一致的概念结构。”⑤这种学科理论结构上的误偏，曾经使西方社会社会史进入困惑之中。“把社会学概念不加鉴别地用于历史这一普遍倾向总是隐藏着具体理论工作中的明显缺陷，就此而言，是没有用理论说明意识形态的问题。”⑥此外，单纯引进社会学的理论、概念，而不从历史学方面进行科学整合，进行学科理论的重新锻造，结果造成了将理论“彩球”抛给予了社会

---

①周德钧：《社会学化：历史学的方向》，《社会学研究》1989年第5期。

②[苏]米罗诺夫著、王清和译：《历史学家和社会学》，第97页。

③[苏]米罗诺夫著、王清和译：《历史学家和社会学》，第144页。

④[苏]米罗诺夫著、王清和译：《历史学家和社会学》，第144页。

⑤[美]伊格尔斯著，陈海宏、刘文涛、李玉林等译：《历史研究国际手册》，华夏出版社1989年版，第74页。

⑥[美]伊格尔斯著，陈海宏、刘文涛、李玉林等译：《历史研究国际手册》，第78页。

学家的局面，使历史学尤其是社会史学陷入理论创造和发上的被动与贫乏。因而，我们必须高度重视西方社会史发展进程中的历史教训。《历史研究国际手册》就一再声明："对理论漠不关心的最后一种形式——或是对某些方法和分析习惯在理论上混乱的结果，涉及力图使用社会学概念，但没有仔细权衡一下可能的弊病和不利条件。"①

其次，完全移植社会学的理论框架来重建近代社会史，使社会史的历史学特征失落。近代中国社会嬗替变迁的总体历史进程，在社会构成、社会生活、社会意识（以下称其为"三板块"结构）的社会学化理论体系中根本无法凸现，导致社会史变为了社会学。"三板块"结构的近代社会史，实际上是分别从不同角度叙述的近代人口史、婚姻史、家庭史、衣食住行史以及灾荒史、教养史等。"三板块"之间以及"三板块"所叙具体内容之间，缺少了体现学科理论体系中最主要的一种内存关联。这等于是从三个侧面表现的历史的社会，而不是社会的历史。它的史学实践结果是背离了建造整体社会史的学术初衷。诚如罗朗·穆斯尼埃颇具辛辣的讽喻的那样："社会并非一系列立方块，而是一个有机体。"②

从一个断代史的横剖面来透视这一社会史的理论架构，似乎很难发现它的理论缺陷，因为一个相对稳定的社会历史片断具有社会学技术上的可操作性，它一定程度上遮掩了社会史史学特征的失落和社会学化的趋向。但是，作为一个系统的理论体系，理应经得起一个完整的社会历史的检验。那么，如果从近代社会的视角放大来观照，这种理论架构就无法适应中国社会史研究实践的需要。也就是说，面对几千年中国社会历史的变动发展过程，"三板块"体系根本无从措其手足。整个中国社会史无法借助与社会结构、社会生活、社会功能（或社会意识）并列的"三板块"结构而建构起来。这至少表明，"三板块"结构的近代社会史理论架构本身仍待于修正、完善。

---

①［美］伊格尔斯著，陈海宏、刘文涛、李玉林等译：《历史研究国际手册》，第77页。

②［美］伊格尔斯著，陈海宏、刘文涛、李玉林等译：《欧洲史学新方向》，华夏出版社1989年版，第76页。

其实,单纯的社会学化只能失落历史学本身的学科特征,使之远离史学而趋近于历史社会学。毫无疑问,作为综合性很强的新兴的近代社会史,在当代社会科学的相互渗透、扩散中,理应积极吸取社会学的理论成果,况且西方的年鉴学派也曾经“树立了社会学和历史学相互交流的榜样”①。问题是,近代社会史的主体却只能是历史学而不能是社会学,如果在学科渗透中失落了史学特征,那么社会史就会日渐失去其独立存在的学科意义。

要而言之,中国近代社会史的理论构建不能依循社会学化的单一偏向发展,而只能在保持历史学特征的前提下实行双向整合,既从事历史学的社会学化也进行社会学的历史学化的系统的理论创建。卡尔说过:“历史学变得越来越社会学化,社会学变得越来越历史学化,这样对两者有更多的益处。让社会学与历史学之间的边界保持更加广阔的开放态势,以便双向沟通。”②唯此,近代社会史才能以一个新的系统的学科赢得社会,独立于学术文化之林。当然,前提是保持历史学边界的存在。这与我曾经提出的双向整合,是同一立场。

三 双向的学科整合

对于社会学化的问题,许多学者也从不同角度提出质疑。这一问题与学科整合问题是同一个问题的两个方面,因此,有必要在此作一特别解说。

关于社会史学科建构的社会学化问题,笔者曾多次论及③。这一观点后来被许多学者认同并被广泛引述,同时也受到一些学者的质疑。如赵世瑜认为,“目前中国的社会史研究的确不存在过分社会学化的问题”④。常建华在一篇综述中也提出,“社会学与社会史在研究对象上极为相似,历史学借鉴社会学的理论方法是社会史学者

①[英]杰弗里·巴勒克拉夫著、杨豫译:《当代史学主要趋势》,第65页。

②[英]E. H. 卡尔著、陈恒译:《历史是什么?》,商务印书馆2008年版,第162页。

③王先明:《走向社会的历史学——社会史理论问题研究》,河南大学出版社2010年版,第139—141页。

④赵世瑜:《狂欢与日常——明清以来的的庙会与民间社会》,生活、读书、新知三联书店2002年版,第465页。

的共识,其重要性是不言而喻的”。王先明也曾“把社会史学作为社会学与历史学的交叉,可知是多么重视社会学对于社会史的影响,几年后他又指出,大量借用社会学理论、概念、范畴、方法使旧有的史学理论陷入‘失范’状态。前后论述似有矛盾之处,或可视为作者观点的修正”。与此相应的是常宗虎的观点:“近代社会史研究中绝大多数的论著根本不存在过分社会学化的问题。”①在 1994 年的中国社会史学术年会上,也有学者针锋相对地说,在社会史研究中,社会学的理论、概念的运用不是多了,而是太少了,以此来回应笔者提出的社会学化论。

但是,上述学者对社会学化的理解显然有误。笔者指出的社会史研究中出现的历史学的社会学化并不是基于社会学概念、理论、范畴引入的多与少的问题。且不说任何一个学科移借“他学”概念、范畴并无确定的量的标准,自然无所谓多与少的问题;更何况,社会科学领域(甚至部分自然科学)中运用的概念,很多也并非某一专门学科所特有或独享,如社会结构、社会阶级、社会阶层等,我们并不能将其简单地划归某一学科(如社会学)所特有,它们应该是面向整个社会科学的。社会学化问题并不立足于此。社会史理论建构中的社会学化问题,指的是社会学理论模式(或社会学知识结构)先行的取向原则,即以先验的社会学知识模式来填充特定时段的史料,借以结构出社会史的体系;而并不是在对社会历史运行本身作符合历史学学科规范的研究基础上,与社会学理论、范畴进行双向学科整合而形成的社会史体系。

我们知道,中国近代社会史的兴起是对既有的革命史、阶级斗争史为主线的中国近代史模式的反思,某种意义上也是一种否定。它出现的认识前提是传统的中国近代史不足以反映近代中国社会发展的全貌,“将历史的内容排挤出了历史”。那么,中国近代社会史时段分界应该建立在中国社会变迁或社会发展的历史特征具有时代转折意义的基础上,亦即中国古代社会与中国近代社会(无论从社会结构角度还是从社会生活内容来看)的历史分界的标志是什么?这是必须进行研究的理论前提。“历史是根据历史重要性

①常建华:《中国社会史研究十年》,《历史研究》1997 年第 1 期。

进行选择的一种过程。”历史作为一个“选择的体系”，“不仅是对现实认识的选择体系，而且是对现实原因、取向的选择体系……历史意义的标准是：历史学家能使这些因果关系适合其合理说明与解释模式的能力”①。我们可以肯定的是，一个学科的存在与否，或者一个学科发展的前景，很大程度上取决于是否建构起“合理说明与解释模式”。

第一，作为社会史的近代分界何以与通史（或政治史）的分界完全同一？即使坚持中国近代社会史以1840年为界，也应当作出必要的“社会史”分期的学科理论解说，而不能是不言而喻的当然设定。因为“把历史划分为不同的时期，这不是事实，却是一种必要的假设或思想的工具，只要这种划分仍旧能够说明问题便为正当，而它的正当性是建立在解释之上的”②。作为一个学科建立的基点，这是根本上无法逃避的首要问题。因此，这一体系首先而且必须进行学科理论解说的是，1840年何以决定了社会史意义上的近代与古代的历史分界。就中国近代社会史与中国古代社会史的分界而言，它不是一个简单的时间标志，而是关系到整个中国社会史理论认识和体系建构的重要关节点，亦即作为历史界标的划分中国古代社会与近代社会的事件和时间是什么？它事实上体现着社会史之不同于政治史、通史的理论内核。对此，现有的中国近代社会史分界仍守定于1840年，即中国近代史的分界。这里不能不引起的学科思考是：

首先，社会史是在批判革命史理论模式前提下催生的，其认知前提在于建构有血有肉的历史，以此超越革命史内容过于干瘪的全面的历史；其理论预设是对革命史理论模式的一定意义上的否定；然而，作为研究起点却又坚守革命史的历史分期。这种在理论模式（即社会学）与历史分期（即革命史）上的随意选择，并毫无解说地将二种不同的理论组合在近代社会史体系中，岂非理论元点上的矛盾？

其次，作为革命史模式下的中国近代史分界及其分期，是一个具

---

①[英]E. H. 卡尔著、陈恒译：《历史是什么？》，第205页。

②[英]E. H. 卡尔著、陈恒译：《历史是什么？》，第155页。

有自身内在逻辑的体系,在其规范之内,理论认知和解说至少在其逻辑范畴内是合理的,可以说明问题的。中国近代史以 1840 年为起点,在于它标志了或者说揭示了中国社会矛盾和中国人民斗争任务的时代性变化,即由此发生了从反封建到反帝反封建的根本性变化。由于反帝反封建就成为中国近代史的时代主题,从而它具有了革命史体系下的时代划分的意义。而且,以此为逻辑起点、同时也是历史起点的中国近代史内容的展开,也必须遵循同一的理论原则(如三次革命高潮、一个主线以及旧民主主义与新民主主义革命阶段的划分的历史认识的形成等)。既然社会史是不同于革命史的体系,那么革命史设定的 1840 年何以成为社会史的分界?如果史学的体系可以如此简单取舍,那么,中国近代人口史、中国近代气象史、中国近代环境史、中国近代交通史等等,是否都可以以此设定?再则,难道能够标志反帝反封建革命任务转折的 1840 年是一个万能的年代?难道它可以不加任何解说地就成为中国人口、中国环境、中国气象、中国交通发生了近代性转变的划时代标志?

第二,作为历史学的社会史,如何揭示和展现社会本身的历史进程和趋向?中国近代社会史理论建构中的社会学化突出表现为它只是一个历史上的社会的知识体系,即近代时段内的社会结构、社会生活、社会功能(或其他不同的内容设计),这不是现代社会学(知识结构)的历史移借么?在这一体系内,并没有真正说明或揭示近代社会演变的历史规律、历史特征或基本历史趋向的理论预设。理论模式中缺失了揭示整体社会纵向演变的历史学的学科功能,而只是体现了社会学的理论知识结构,不过就是将现代社会学转变成近代社会学罢了——按照社会学术语,就是历史社会学。这当然是历史学的社会学化取向,舍此之外,难道还有更准确的术语能表达这一现象吗?

正是由于对社会学化的根本性误断,一些学者对笔者提出的:"新的理论范式是中国近代社会史研究课题那串'多米诺骨牌'的首张","如果没有一定的理论规范,即不甚完善的理论体系,具体的社会史研究就根本无从入手"①,以及当前"社会史研究不成熟之处在

①王先明:《走向社会的历史学——社会史理论问题研究》,第 135 页。

于忽视对于学科体系和基本规范的理论研究"①的观点也提出诘难。他们认为我所谓"只有先建立体系然后才能开展研究"是不合研究常规的。常宗虎就针对性地指出:"没有哪一门学科在提出研究对象的同时就能勾勒出学科的理论框架。"②常建华也指出,"目前有关社会史的理论文章,没有一篇不受到社会学理论的影响。社会学理论框架对于写作社会史概论、断代社会史、社会史通史最有参考价值,近年出版的几部断代社会史都程度不同地打上了社会学的烙印。然而,社会史研究不在于套用社会学的理论模式,而在于从中国社会历史事实和过程中总结出与理论的契合点,以建立起中国社会史理论体系。因此,先建立理论体系再搞具体研究,不免失之偏颇"③。然而吊诡是,社会史研究中的社会学化,恰恰是"先建立理论体系再搞具体研究"的一种取向,不过是以一种先验的社会学知识体系来重新结构近代史料而已。

当代社会科学发展的动向表明,在未来的历史进程中,"社会史对传统社会学理论的依赖要长期存在下去"。然而,也正是由于此,才使得一个学科宏观理论思考成为最为紧迫的课题。"只有当这些精致而新奇的设想受到某种仔细的批判思想支配时,追求理论知识的社会历史才能真正开始。"④近代社会史的系统理论构建,只有在近代历史研究的实践检验和不断的理论辩驳中,才能摆脱初始阶段的缺憾而走向成熟和完美。为此,我们认为,作为历史学的社会史理应强化它的史学特征而弱化社会学的特征。

首先,必须从理论上和学术实践上在学科对象上同社会学划清界限。社会学研究的是社会,它侧重于社会的共时态,社会史研究的是社会的历史,它侧重于历时态。当然侧重并非割裂,社会本身就是历时态和共时态的辩证统一体,而且严格意义上的现实社会只存在

---

①王先明:《中国社会史学的历史命运》,《天津社会科学》1995年第5期。

②常宗虎:《也论中国近代史的理论研究——与王先明同志商榷》,《历史教学》1995年第9期。

③常建华:《中国社会史研究十年》,《历史研究》1997年第1期。

④[美]伊格尔斯著,陈海宏、刘文涛、李玉林等译:《历史研究国际手册》,第81页。

于极为短暂的瞬间。过往的一切均是历史。因而，社会学和历史学相互感应和渗透是势之必然，理之必当。但是作为科学研究，我们又“应该清醒地认识到，在历史学中运用社会学，虽然有助于但却不能保证找到真理。况且社会学理论本身正处于不断发展的过程之中”①。

其次，近代社会史的理论构建必须从总体上具有展示近代社会历史变迁及其内在规律的功能。近代社会史固然不同于近代史，它不可能按照传统的一个主线，两个过程以及四个阶梯来构筑自己的理论体系。但是，近代社会史同近代史一样，又都是关于中国近代历史发展的学科，应该具有纵向表现近代社会急剧变化发展的史学特征。“三板块”结构的近代社会史体系事实上只是注重了近代历史上的社会，而缺漏了社会的近代史。正是这种缺漏，使之滑入了历史社会学。恰如丹尼斯·史密斯所指明：“历史社会学是对去进行研究，目的在于探寻社会是如何运作与变迁的。”正是在“历史社会学”（而不是社会史学，笔者）视野下，“社会科学与历史学之间根本没有可以设想出的逻辑上的、甚或是方法论上的区别。这两门学科可以被结合成‘一个单一的、统一的分析程序’”②。但是，作为历史学科的社会史理论体系及其模式，一定要在不断变化的一套社会关系的框架里观察所有社会现象和历史事件。这种变化不是自发的、由独立于人的意识而起作用的规律所决定，也不仅仅由人的意志所决定，而是“人与自然界都参与的一个过程的结果”③。正因为历史并不是由“抽象而孤立的个人”，而是被一种“社会关系的总和”中生活和行动的人们所创造的，所以“这一社会关系的总和不仅具有内部结构，而且包含着内在变化趋势”④。作为“动态性”很强的近代社会史，必须

①[苏]列瓦达：《历史认识与科学方法》，《历史科学的哲学问题》，第186、224页，转引自[苏]米罗诺夫著、王清和译：《历史学家和社会学》，第145—146页。

②[英]丹尼斯·史密斯著、周辉荣、井建斌译：《历史社会学的兴起》，上海人民出版社2000年版，第4页。

③《资本论》第1卷，《马克思恩格斯全集》第23卷，人民出版社1972年版，第201页。

④[美]伊格尔斯著，陈海宏、刘文涛、李玉林等译：《欧洲史学新方向》，第43—44页。

从社会变迁运动的历史过程上着眼来构建自己的理论体系。将研究对象或体系建构仅仅定位于“历史上的社会”，那它就根本无法区别于历史社会学，因为这正好就是西方历史社会学的目标：“它追寻社会自身得以变化与延续的机制，探求使一些人类抱负受阻、同时又使另一些人类抱负得以实现的深层社会结构。”①按照贝尔（Henri Berr）在1900年《综合历史评论》创刊号上的说法，“社会学要成其为一个学科，就必须首先研究什么是历史上的社会；我们认为它的出发点必须是具体的历史资料”②。

社会史的学科对象应该是历史的社会和社会的历史。

然而，如何从近代的社会和社会的近代史双重基点上构建社会史的理论体系，却是一个理论和实际操作上的死结。但是死结必须化解，回避问题终究不是科学的态度。作为一种理论探讨的尝试，为了凸显近代社会史的史学特征，是否可以把社会结构、社会生活、社会功能（社会意识）等置于近代中国历史运动过程中，依据自身演变规律加以探讨并揭示其三者之间的内在联系，而不是相反，在相互平列的意义上，叙述“三板块”各自的历史演变过程。

第一，社会结构、社会生活、社会功能（或社会结构、社会生活、社会意识）在近代社会历史发展轨迹中，并不是同步运动的，在整体历史变迁系统中，他们之间应该有一个前后相继，互为因果的内在关联。因而，这就为我们从历史运动过程中架构近代社会史理论提供了认识的基点。在“三板块”结构中，社会生活是最富于动态性的，其变动最为迅捷。经典作家早已揭示了社会生活在人类历史中的地位：“历史破天荒第一次被安置在它的真正基础上，一个很明显而以前完全被人忽略的事实，即人们首先必须吃、喝、住、穿，就是说首先必须劳动，然后才能争取统治，从事政治、宗教和哲学等等。”③因而，

---

①[英]丹尼斯·史密斯著、周辉荣、井建斌译：《历史社会学的兴起》，第2页。

②[英]丹尼斯·史密斯著、周辉荣、井建斌译：《历史社会学的兴起》，第57页。

③《卡尔·马克思》，《马克思恩格斯选集》第3卷，人民出版社1972年版，第41页。

社会生活的变动发展应该成为近代社会史着眼的基点和重要线索。

第二，社会结构的变动相对于社会生活要较为迟缓。但是，社会结构却又体现着社会生活变动的力度和深度。近代社会结构的变化及其形成，以一定的社会生活的变动为条件，同时，近代社结构又是社会生活变动的文化累积或制度化。近代社会结构的形成体现了近代社会整体变动的特征。从历史时序来看，二者并非同步发生变化。鸦片战争后首先发生变化的是社会生活方面，是人们日常社会生活最先融入了近代的因素。而社会结构的近代意义的变动及其近代社会结构的形成则要晚出许多。直到 20 世纪初年，中国近代社会才发生了结构方面的全面的变化。

第三，社会功能则伴随着社会结构的变动而变化。社会结构不同，其社会功能也不同。而且在新的社会结构的形成过程中，体现其内在功能的社会功能本身也还需要一个相当长久的调适、稳定过程。

基于上述，近代社会生活、社会结构、社会功能之间本身就体现着一个历史发展的必然程序。科学地揭示这个必然程序及其内在联系就可以使近代社会史的理论建构避免单纯的社会学化而再现历史学的特征与功能。

基于此，我们试图这样建构近代中国社会史的理论框架：

1. 以 1840 年为起点，首先揭示传统中国社会结构、社会生活、社会意识、社会功能的历史特征，再现中国步入近代历史时期的立体社会图景。

2. 以 1840—1900 年为历史阶段，以近代社会生活的动态演进为主线，揭示人们日常生活、生活方式方面的深刻变化；揭示由此而引起的社会关系、阶级关系、传统社会功能的失调等诸多变化，以及和社会生活相关切的人口、流民、鸦片等重大的社会问题。

3. 以 1900—1919 年为历史阶段，主要揭示近代社会结构的形成过程，近代社会结构与社会生活发展的内在联系及其特征，揭示传统社会结构向近代社会结构转型中社会功能的变动特点，新的社会弊端的产生及其防治等(这是近代社会结构的成型时期)。

毋庸置疑，这是一个极为粗疏的理论框架。它的主要特点是力求摒弃近代社会史的社会学化和保持其应有的史学特征，实现社会史研究历史的社会和社会的历史的双重目标。只要在总体上符合近代社会史学科的发展趋向，随着史学实践和理论探研的发展，它完全可以获得细化和充实。

（原载《近代史研究》1993年第1期，现有修订）

"新史学"的开拓与建构

——评余新忠《清代卫生防疫机制及其近代演变》

余新忠所著《清代卫生防疫机制及其近代演变》①一书(以下称余著),笔者几乎是在出版的第一时间即获阅读。粗略翻阅之后,情不自禁又反复品读,终于有了一种想写点文字的冲动。在新时期以来新史学的发展进程中,这确属一部难得的上乘之作。从某种角度看,新时期以来的史学发展是以新史学话语来诠释自己的时代价值的,它以不同以往的新领域、新视角、新理论、新方法甚至新话语等,标示了一个史学发展的新阶段。在这一时期,刻意求新的史学成果林林总总,难以确数,在张海鹏主编的《中国历史学30年(1978—2008)》和曾业英主编的《当代中国近代史研(1949—2009)》(中国社会科学出版社2014年版)等总结性史著中,分别已有一个基本状况的展示。一定意义上说,新史学的开拓与建构是新时期史学所获功绩的主要方面。

新史学的内涵与外延极具争议性。学界据以讨论这一问题的时间与范围几乎可以涵盖近代以来历史学的大部;其释义之宽狭、内容

---

①余新忠:《清代卫生防疫机制及其近代演变》,北京师范大学出版社2016年版。

界说之淆乱，因人因事而歧异纷呈①。本文不拟纠结于概念本身之争，只是从问题的学术聚焦和学术讨论的可操作性出发，以两个视角来限定这一学术用语的基本义涵，即新时期以来史学演进的新走向或新态势。如此，20 世纪 80 年代以来相继出现的社会史、文化史、环境史、医疗社会史、区域史以及新社会史、新文化史、新革命史等等，均可一概目之为新史学之范围。

一　开拓中的多向发展与问题聚焦

“学术发展史告诉我们，任何一种学术，任何一个学科，只有存在着巨大的社会需求，并且这种客观需求越来越深刻地为社会所认识和了解时，才可能得到迅猛的发展和进步。社会条件和社会需求是推动学术发展和繁荣的最有力的杠杆。”②20 世纪 80 年代以社会史为趋向的新开拓（既是研究领域，也是研究方向或视野的开拓），一经出现就带来了极富时代性的感召力。《历史研究》评论员以《把历史的内容还给历史》为题旨，传递了这一开拓性研究的学理依据，认为依据马克思主义唯物史观原理，应该将人们的日常生活的历史纳入研究视野③。

对此，《历史研究》刊发的《开拓研究领域　促进史学繁荣——中国社会史研讨会述评》作了简要而明确的概括：第一，开拓史学研究领域，改变史学研究现状。第二，推动其他相关学科的发展。第三，

---

①它既用以指称 20 世纪之初梁启超的新史学及其传承的史学走向，也特指 20 世纪 80 年代以来史学发展的新走向、新态势，甚至还被用以指称新世纪以来的所谓新社会史、新文化史、新革命史乃至于生态环境史、医疗社会史以及具有后现代主义特征的新新史学之类。如“在中国现阶段，社会史也好、文化史也罢，包括新兴的生态环境史、医疗疾病史、女性史、概念·文本·叙事的所谓‘后现代史学’等，都是新史学的重要组成部分。”参见梁景和主编：《中国社会文化史的理论与实践续编》，社会科学文献出版社 2015 年版，第 142 页。夏明方：《导论：历史的生态学解释——21 世纪中国史学的新革命》，夏明方主编：《新史学（第六卷）：历史的生态学解释：世界与中国》，中华书局 2012 年版，第 2—3 页。

②张海鹏主编：《中国历史学 30 年（1978—2008）》，“序言”第2 页。

③《把历史的内容还给历史》，《历史研究》1987 年第 1 期。

开展社会史研究，可以为消除现实社会生活中的种种陈规陋习、封建主义残余和为建设社会主义精神文明做出贡献。① 一大批新领域被开辟，构成了新时期"一次了不起的学术飞跃"②。近年来，标举着历史人类学的旗帜，研究者又开辟出很多新领域：生态环境史、日常生活史、水利社会史、医疗疾病史、性别社会史，新革命史③等等，不一而足。30 年来，正是开疆拓土的奋力进取成就了新时期的新史学，"有关文化史、社会史、经济史、思想史、中外关系史、民族史、边疆史以及历史地理学的研究方面，甚至人口史、灾荒史等都有了很大的进展"④。

从基本学术取向或路径看，与大多数新史学著者不同，余著并不着力于研究方向的开拓，而是着眼于学术问题的聚焦。正如作者所坦陈的那样，从 2003 年始就开始对清代的卫生概念、防疫和检疫等卫生问题做过初步的探讨⑤。在作者的视野里，卫生并非一个独特的研究领域或研究方向，而是既关乎"个人的健康和幸福，同时也承载起了民族繁荣强盛的大义"⑥的学术问题。作为具有学术价值的问题，它是与整个历史演进的广度和深度密切相关的课题，因为由"卫生"而承载了"复杂而丰富的社会文化意涵以及权力关系的象征"。因此，作者透过诸多历史现象和丰厚史料最终所聚焦的问题，一是中国社会在引入和推行现代卫生机制过程中的必要性和合理性问题；二是中国社会所推行的现代卫生制度背后的权力关系、现代卫生行政与现代身体之间的关系等问题⑦。余著的学术立意十分清

---

①宋德金：《开拓研究领域　促进史学繁荣——中国社会史研讨会述评》，《历史研究》1987 年第 1 期。

②《始终引领当代中国史学的前进方向》，《历史研究》编辑部编：《〈历史研究〉六十年论文选编》，中国社会科学出版社 2014 年版，第 2—3 页。

③梁景和主编：《中国社会文化史的理论与实践续编》，第 141 页。

④张海鹏：《当代中国历史科学鸟瞰》，张海鹏主编：《中国历史学 30 年(1978—2008)》，第 4—5 页。

⑤余新忠：《清代卫生防疫机制及其近代演变》，第 20 页。

⑥余新忠：《清代卫生防疫机制及其近代演变》，"绪论"第 29 页。

⑦余新忠：《清代卫生防疫机制及其近代演变》，"绪论"第 28—29 页。

晰,即“利用‘后见之明’去发现和分析当时之人忽略或无法看到的问题”①。法国年鉴学派史学家布洛赫提出:“有时候揭示问题本身比试图解决它们更为重要。”②在当代新史学拓疆开域的多向扩展中,由于缺乏学术问题的聚焦,所造成的碎片化状况令人诟病③。尽管就碎片化本身学界尚有不同认识,但由此所形成的学术研究的窒碍却也引起了普遍的关注。如“在社会史研究内部,诸如其内涵到底为何之类的大量根本性问题都尚未达成共识,这就难免给人造成一种‘大杂烩’的印象。只要稍微仔细审视一下就可以发现,当下社会史研究的阵容固然貌似鼎盛,实际上其中却收容了不少争扛大旗的散兵游勇”④。梳理三十多年来的新史学的进程不难发现,研究领域的平面扩展和研究方向的多向伸延令人眼花缭乱,但纵向深度的学术问题讨论却浅尝辄止,始终不能形成梯度性推进,更遑论对某些重要学术问题的根本性解决,从而也就难以在历史的接续中真正完成一个时代的学术命题。新史学在不停歇的开拓中,少了学理层面的建设和把论题引向深入并将学科建设最终导向时代高度的努力。就此而言,余著的努力和所取得的成功令人欣喜。

余著没有刻意标注新社会史或新文化史名号,只是将自己的论旨落实在“传统与现代视域中的卫生现代性问题”上。而且这一问题并非仅仅是一个医疗社会史问题,而是关涉到传统社会向近代社会的演变的时代性论题。本书所聚焦的问题是在学术发展脉络中存在的问题,也是学术发展进程中必须面对并亟待探讨的问题。

其一,“以往诸多对近代社会转型的研究,存在着对传统的严重误读。在很多研究中,落后且僵化的传统不过是学者们借以表达近代变动的起点或背景而已”。作者正是在对此问题的省思中,提出了自己的问题意识。作者认为:“那可能不过只是一种‘想象的传统’”。

---

①余新忠:《清代卫生防疫机制及其近代演变》,“绪论”第29页。

②[法]布洛赫著,余中先、张朋浩、车耳译:《法国农村史》,商务印书馆1997年版,第1页。

③李红岩:《中国马克思主义史学的三个三十年》,徐秀丽主编:《过去的经验与未来的可能走向》,第57页。

④朱浒:《新社会史能否演生范式意义》,《中华读书报》,2005年12月11日。

其二,传统并不意味着落后,也不是停滞的同义语。作为历史研究的学术视野而言,我们应该着力探讨"近代中国的转型中传统与现代是如何榫接的,在榫接的过程中,传统以及中国传统自身变动的意义何在"①。

其三,西方的思想观念和制度之所以能够引起中国社会的关注并被接受,从而引发中国社会的转型,应该有其自身的基础和根据。本书正是从一个具有新意的视角,深入解析这个重要的"基础和根据"②。在史料爬梳过程中,作者已经有所领悟:19 世纪后半叶,尚处发展之中的西方公共卫生观念和制度传入,并在上海、天津等地获得认可和推崇,并非仅仅是外力刺激所致。"中国社会变迁中自有的'现代性'"③更值得深入探究。正是在此意义上,作者并不认同"西方模式"为"近代化的唯一标准",中国社会演进中自在的"现代性"特征及其要素远未被揭示和认识。

余著具有很强的问题导向。全书分为八章的论题展开形成严密的逻辑关联,从卫生概念、观念入手,逐次引申讨论,最终聚焦在清代防疫机制及其现代性公共卫生制度的转型上。余著以问题的聚焦为切入口,以历史长程的探究为路径,以学理性探索和学科性的建构为导向,在新史学惊人总量的成果中成为卓然独立的著作。

二　多元理论、方法的引入与历史学的学理诉求

"多学科方法引入历史研究,是 20 世纪 80 年代史学方法论研究的最大亮点。"④三十多年来,伴随着新史学大幅扩展的就是新理论、新方法的不断涌现和植入。"大量翻译、引进了西方国家历史学领域的理论研究成果……所谓新康德主义、新黑格尔主义、西方马克思主义、自由主义、生命派的历史理论、分析的历史哲学等,所谓文化形态史观、现代化史观、全球化史观、环境生态史观,所谓实证主义史学、年鉴派史学、社会经济学、历史人类学、比较史学、计量史学、心理史

①余新忠:《清代卫生防疫机制及其近代演变》,第 31—32 页。
②余新忠:《清代卫生防疫机制及其近代演变》,第 32 页。
③余新忠:《清代卫生防疫机制及其近代演变》,"绪论"第 33 页。
④李振宏:《当代史学平议》,第 339 页。

学、社会史学，以及以系统论为代表的自然科学研究在史学研究上的应用，乃至后现代史学等。”①20世纪80年代之际，不仅仅是西方史学方法的广泛引入推介，甚至当代自然科学的系统论、控制论和信息论即“三论”也成为重新建构历史学的“‘新的理论层次’、‘新的历史精神’，并以之改造‘唯物史观’重新构筑中国历史的解释体系，甚至重新改写中国通史”。一时间，“‘三论’热潮以咄咄逼人的态势席卷了整个史学界，构成对既有历史研究模式的最大威胁”②。

20世纪90年代后虽然在史学方法论方面相对沉寂，但却有新的转向。口述史学及其口述史学方法，被认为是亮点之一；相继而出的区域史理论与方法、历史人类学理论与方法等③也成为新史学追求的新景象。

“衡定一个时代历史学的进步可以有多项标准……一个更为本质的大标准，这就是史学观念或史学思想。这是一种深刻的力量，任何一个时代的历史学都是通过观念和思想达成了自己所属时代的史学目标，并因此而形成了史学史上的起伏、变化和进步。”④新史学在方向开拓和体系建构的进程中，对于理论与方法的热衷和努力已经留下了深深的印记。“可以肯定的是，在社会科学的研究中从来不缺少丰富的理论来了解和揭示自然和社会的关系。”⑤新近的环境史的兴起也如此，被“视之为历史研究的新视野、新范式，也就是一种‘新史学’。”有学者认为这将“催生出中国史学的新革命”⑥。甚至声称

①张海鹏：《当代中国历史科学鸟瞰》，张海鹏主编：《中国历史学30年(1978—2008)》，第5页。

②邹兆辰、江湄、邓京力：《新时期中国史学思潮》，当代中国出版社2001年版，第39页。

③李振宏：《当代史学平议》，第347页。

④李振宏：《当代史学平议》，“序”第1页。

⑤[美]杰森·摩尔著、赵秀荣译：《现代世界体系就是一部环境史？——生态资本主义的兴起》，夏明方主编：《新史学(第六卷)：历史的生态学解释：世界与中国》，第5页。

⑥夏明方：《导论：历史的生态学解释——21世纪中国史学的新革命》，夏明方主编：《新史学(第六卷)：历史的生态学解释：世界与中国》，第2—3页。

"21 世纪的新史学,则以天、人合一肇其始"①。

问题在于,新时期以来历史学理论的基本态势端在于:"一味忙于求新,忙于引进,来不及消化、来不及思考","除了在史学理论界留下了思想的足迹之外,并没有引导中国史学产生一个实质性的改变"②。很多以新史学为名的史著,只是在既成的西方理论框架中添加中国史料,结构出一个所谓新的成果。这样的成果再多,实质上无助于史学的进步。正如严耕望所批评的那种史学取向:"中国史书极多,史料丰富,拿一个任何主观的标准去搜查材料,几乎都可以找到若干选样的史料来证成其主观意念,何况有时还将史料加以割裂与曲解。"③更为突出的问题是,"现在历史学的学位论文、学术论文和专著,动辄引用西方学者(哪怕是二三流学者)的论点展开自己的论述,而不再引用马克思主义经典著作的论点,是新时期的一个特点,几乎成了新的教条主义"④。

余著的视野当然也追索到国际史学发展动向,并对其新的理论方法予以关注。正如其"绪论"所言:"进入 21 世纪后,随着国际新学术思潮和理念的不断引入与实践,特别是医疗史研究日渐兴盛",我们的卫生史研究成果才逐步丰富起来⑤。但是余著并没有刻意地在理论或话语上逐新求异,也没有以丰富的中国卫生史料去填充或诠释西方理论模式的倾向,反而对既有的理论说教保持着足够的警醒。他认为,大多数西方学者的研究,"无不隐含着近代(或者说西方)话语和文化的霸权以及复杂的权力关系"。它们不仅"无视卫生现代化的复杂性及其背后的社会文化意涵,也基本都未能跳脱'现代化'的学术理论和叙事模式"。尤其是由于其"过于注重对意义的探析,反而影响了对具体历史经验的呈现"⑥。作者强调"引入新的学术理

①夏明方:《导论:历史的生态学解释——21 世纪中国史学的新革命》,夏明方主编:《新史学(第六卷):历史的生态学解释:世界与中国》,第 21 页。

②李振宏:《当代史学平议》,第 344 页。

③严耕望:《治史三书》,第 145—146 页。

④张海鹏:《当代中国历史科学鸟瞰》,张海鹏主编:《中国历史学 30 年(1978—2008)》,第 4 页。

⑤余新忠:《清代卫生防疫机制及其近代演变》,"绪论"第 20 页。

⑥余新忠:《清代卫生防疫机制及其近代演变》,"绪论"第 28 页。

念,在‘新史学’的脉络下进一步推动史学界的疾病医疗史研究的发展”。但同时对这种“理解并不一致的”“新文化史”谨慎地保持适当的距离。他特别提示:“尽管我对历史研究中话语的解读、意义的追寻和诠释等的重要性深为认同,但也并不愿意就此放弃对呈现一定限度内的‘真实’历史经验和过程的努力”,因为即使在这一看似新向的医疗卫生史领域,旧有的“社会结构和制度依然是理解意义和文化不可或缺的因素”。在作者的学术理路中,理论方法的新与旧并没有特别的优劣之分(并非像一些学者刻意两分对立的那样),而力主“打破两者的藩篱,以一种新的学术理念去呈现历史经验和脉络,省思话语的权力,追寻意义的解构和诠释”①。

在著述结构和叙事风格上,作者没有落入时流中刻意社会科学化的窠臼②,而以实证性方法从溯源寻踪为入手处;尤其对卫生概念本身的研究,从卫生语义起源入手,就其基本内涵的演变,历史性变动的开端、时代性变动的深化,以及近代卫生概念的确立③等作了清晰而扎实的梳理。我们可从中溯其渊源,辨其流绪,明其趋向。

此外,整个著作的架构和研究理念中,还体现了多学科视野和方法的综合。余著的论题所及跨越诸多学科,在医疗史与社会史之外,还涉及制度史、观念史;即使卫生概念本身,在观念的演进过程中,它与公共卫生理念与机制的形成与建构,更多地与社会经济、制度以及城市化、现代化也密切相关。因此,无论从研究范畴还是方法运用,乃至于资料的选取和解读,多学科范畴与方法的融通与整合,至为紧要。“更多地引入疫病和公共卫生社会、文化因素,立足社会,多学科、多部门、全方位、协同式地来解决卫生问题”④,不仅是作者对于现实问题的呼吁,一定程度上也体现了该论著的研究视野和研究方法的取向。

---

①余新忠:《清代卫生防疫机制及其近代演变》,“绪论”第31页。

②在当代新史学研究中,有许多著作只是移借社会科学的理论架构,将特定历史时段的资料填入,从而形成所谓“某某史”。此所谓创新,实际是将历史学变成了某种社会科学的历史投影,或者沦入某种社会科学既有理论模式的历史注解。

③余新忠:《清代卫生防疫机制及其近代演变》,第39—71页。

④余新忠:《清代卫生防疫机制及其近代演变》,第411页。

近代以来,在西学的强势引力作用下,"社会科学方法治史一经引进,就成为史学界的新动向!"①晚近以来的史学发展多染此习尚,竟有束书高阁,游谈无根之流波。余著以谨严的实证为根基,坚持"理论出于史事研究,不能让史事研究为某一种既定的理论所奴役"②的史学诉求,在史实的梳理和史料的辨析中,表达并建构了自己独到的学理识见。

三 超越与建构:新史学走出困境的历史转向

新时期的史学发展面相各异,理论与方法取向多元。在如此纷繁复杂的表象下,其实也有着一个相对主导的诉求,即对以往史学体系或理论诠释框架的解构——当然,有些是"无意"的解构。已有学者深刻地指出:"近年来,具有后现代色彩的'解构主义'充斥盛行,对一切事物都要下番'解构'的工夫……导致史学研究的'无形化',即导致研究客体整体形态的支离破碎,以至消失。"因此,尽管"过去30年,学者在理论方法的追求上做足了功夫,西方各种人文社会科学的理论接踵而至,新的研究方法层出不穷,让人目不暇接"③。甚至在不断解构的过程中,倡言以新革命史范式以取代革命史范式,"三十年来各路中国学者的不懈努力正是这一新革命潮流当然的组成部分"④。但其史学努力的实践效果并没有赢得学界的认同。一方面,"过去30年学界对西方新理论方法的追求,也大多仅仅借取了几个看似时髦的名词概念……'最新最好'的理论方法未学到手,近代新史学兴起以来形成的实证主义史学传统以及新中国成立头30年形成的马克思主义史学传统,却统统丢失"⑤。另一方面,后现代范式"一定程度上又构成对新史学的反动。这与后来教条化的革命史如

---

①严耕望:《治史三书》,第147页。

②严耕望:《治史三书》,第147页。

③杨天宏:《系统性的缺失:中国近代史研究现状之忧》,徐秀丽主编:《过去的经验与未来的可能走向》,第120—121页。

④夏明方:《中国近代历史研究方法的新陈代谢——新革命范式导论》,徐秀丽主编:《过去的经验与未来的可能走向》,第30页。

⑤杨天宏:《系统性的缺失:中国近代史研究现状之忧》,徐秀丽主编:《过去的经验与未来的可能走向》,第120—121页。

出一辙，只不过在后者的历史叙述中其精英的面孔换了一副新模样，即‘革命精英’”①。

如何超越新史学发展中“系统性的缺失”，从而将“理论追求上的浅尝辄止与见异思迁”②的流风导向整体性关照与系统理论建构，无疑是新史学能够最终获得属于自己时代价值的方向性变革。对于一个时代的学术使命而言，学理诠释体系的建构，远比对以往体系的“解构”更为重要。基于此，将余著置于整个新史学发展走向中加以观察，自会发现其独到之处。

其一，超越碎片化取向，建构系统性诠释。就卫生这一论题而言，很可能被细碎化而沦入“无关大义的个人自由选择”，致使研究者无可避免地掉入碎片化的窠臼。余著以独特的眼界凝练命题，发现的是“卫生”所“承载的复杂而丰富的社会文化”内涵，着力探讨的是观念、制度、机制的内在关联以及由此生成和发展着的现代文明体系建构的历史进程③。就卫生论题的史料而言，显然也具有零散、细碎的特征，如果被这一特征所牵绊，研究视野的偏狭和浅陋几乎无可脱逃。然而令人欣喜的是，余著“通过细致搜集整理散见于方志、文集、笔记、小说、日记、游记和档案等料中的相关记载”，通过精心的整合避免了研究的碎片化，从而在“社会自身变迁的脉络中考察近代医疗卫生机制的转型”，以整体的格局来诠释“中国社会变迁中自有的‘现代性’”④。这一超越时流的学术建构是成功的。

其二，超越区域化取向，建构历史演进理论的整体视域。余著直言“并没有采用当下流行的地域史研究路径，将清代的卫生置于特定的地域脉络中来展开”。著者探究的对象显然主要集中于江南的苏、沪、杭、宁和华北的京、津都市地区（这既有研究者自身学术积累的因素，也有资料相对集中的因素），但其研究的视野却是整体性的。正

---

①夏明方：《中国近代历史研究方法的新陈代谢——新革命范式导论》，徐秀丽主编：《过去的经验与未来的可能走向》，第 27 页。

②杨天宏：《系统性的缺失：中国近代史研究现状之忧》，徐秀丽主编：《过去的经验与未来的可能走向》，第 120 页。

③余新忠：《清代卫生防疫机制及其近代演变》，“绪论”第 29 页。

④余新忠：《清代卫生防疫机制及其近代演变》，“绪论”第 35 页。

如作者所说，“当时的江南和华北的京津地区是全国政治、经济和文化中心，引领国内发展潮流，相对具有示范意义”。而且，就清代卫生防疫机制而言，虽然不免地域的差异，但从学术研究的积累而言，还谈不上“值得从地域的角度来加以论辩的一般性叙事”。地域研究取向，“势必会弱化对卫生这一专题系统而全面的探究”①。在具体研究的展开过程中，著者特别警示自己力求避免学界流行的区域化取向，因为这类对于区域历史特性的简洁归纳，难免会陷入学术上的“假问题”之中，常常是把水越搅越浑②。类似的区域化研究取向，对于真正的学术研究的提升实际上难有贡献③。此外，作者还自觉地从研究方法上避免对史料的片段性取舍和主观性择取，认为“以‘选精’、‘集粹’，甚至断章取义的方法从众多的史料中挑选出自己所需，以此勾勒了疾病、医疗的发展史或其中的某一面相，并将其视为客观的实在。对资料的来源和背景几乎不作考订和分析，更不能认识到自己的勾勒其实不过是自己带有某种观念的重构和解释”④。因此，余著旨在超越地域与城乡差异，而注目于“卫生观念和行为及其发展趋势在中国社会的相对一致性”⑤。正是在超越区域化的“碎片”取向中，社会文化的共性特征和历史演进趋势，得以整体地呈现和揭示出来。

其三，超越传统与现代的人为区隔，建构社会历史演变的自然分期。诚如作者所言：“中国社会的近代演变是我一直以来着力关心的议题”，从其首部著作(《清代江南的瘟疫与社会——一项医疗社会史的研究》)开始，他就将“明清社会的发展列为全书思考的重点”。不同以往许多论著的是，余著并不拘泥于“现成的”历史解释构架，在既定的古代与近代分期(即革命史分期标准)中结纳史料，从而展开自己的论题。他敏锐地提出，“以往诸多对近代社会转型的研究，存在

①余新忠：《清代卫生防疫机制及其近代演变》，第34页。

②陈春声：《历史的内在脉络与区域社会经济史研究》，《史学月刊》2004年第3期。

③余新忠：《清代卫生防疫机制及其近代演变》，第34页。

④余新忠：《海峡两岸中国医疗社会史研究述论》，《清代卫生防疫机制及其近代演变》，第286页。

⑤余新忠：《清代卫生防疫机制及其近代演变》，第34页。

着对传统的严重误读”。将传统与近代截然对立，并加以简单化的区隔，“不过是学者们借以表达近代变动的起点或背景而已”。在作者研究的论题中，“传统虽然可能多有问题，却并不停滞，而且也未必一定落后”。从社会变迁的长程来观察，“许多今人将其视为传统的东西”，实际是“明清时期出现的新事物、新现象”。因此，“打通古代史和近代史藩篱”，并突破“以西方的模式为近代化的唯一标准”，从而“在中国近世社会自身变迁的脉络中考察近世卫生观念和机制的转型”，探寻中国社会变迁的自有的“现代性”①，就成为该书最具思想性的学术建构了。

四　新世纪的新期待

新史学当然不是那个个人随心所欲的产物，而是在面对史学危机的现实困境中寻求突破的历史性结果。三十多年来的高歌猛进，可谓是新史学发展态势的一个形象描述。新时期以来持续推进的新史学朝向，对于史学的基本面貌、理论模式和学理架构的冲击几乎是全方位的，它使得既有的史学样貌发生了根本性改塑。从破与立的两相作用上看，它以解构既有史学理论模式的方式形成了“破”的效应，却在“立”的方面未成功业。除了不时呈现的新概念、新话语、新标签外，新史学并未推出属于自己时代的典范之作，也未在学术命题的辨识与争论中形成奠基性进步。就此而言，颇有点类似于梁启超对于近代新学的定评：“我们闹新学闹了几十年，试问科学界可曾有一两件算得世界的发明，艺术家可曾有一两种供得世界的赏玩，出版界可曾有一两部充得世界的著述？哎，只好等第三期以后看怎么样罢。”②

因此，进入新世纪之际人们更多地在反思中再度寻求新的转向。一方面，“愈来愈多的学者不满足于简单照搬西方的史学理论和方法，开始转向将其与中国历史实际相结合的研究”；另一方面，“由大

①余新忠：《清代卫生防疫机制及其近代演变》，“绪论”第32—33页。

②梁启超：《五十年中国进化概论》，李华兴、吴嘉勋编：《梁启超选集》，上海人民出版社1984年版，第835页。

多数以主要精力关注历史细节的研究转变为同时兼顾历史大视野的研究”①。余著的出版,可视为新史学发生转向的一个代表作。它立足于学理性建构,以坚实的史料为根基,超越了单纯的西学移植或概念移借,完成了历史逻辑和本土话语密切结合的建构努力。

如前所述,余著立足于学术问题导向。但真正的学术问题其实也是重要的社会问题,而社会问题从来就不是孤立存在的问题,它与整个社会存在及其社会机体、制度、文化共生共存。如果深入思考并刻意寻求瑕疵的话,我们也不难发现还有些相关性论题未能论及或在书中深入展开。

首先,在整个国家制度体系中,防疫机制只是其中的次级结构。如何将其置于整体制度中明晰其定位,并在整体制度演进中呈现这一机制本身的变动轨迹,余著未做进一步的深入讨论。事实上,晚清国家制度和地方制度变动较大,这一历史性变动对防疫机制究竟产生什么具体影响,值得深入挖掘的内容还很多。比如公共卫生与警察制度问题。《申报》曾载文称:“我国之警察制度,虽由民政部一再更订,分咨各省遵照办理,然于实际上颇有混乱而不划一之象。内部之制度,姑不深论,即就警察服制一端而论,往往此省与彼省异,省城与府城、县城异,甚至此府县与彼府县亦异。形式尚未划一,遑论精神之统一。”甚至在制度上有卫生警察之设置:“卫生警察关系颇重要,举凡清理道路,检查饮食物,防制时疫流行等,均为不容缓办之事。”②此外,在晚清地方自治制度建设中,地方公共卫生事项又明确为“向归绅董办理”,即“凡旧有之施医局、施药局及现有之清道夫、戒烟局等,均应归入卫生一类”③,纳入地方自治绅董管辖范围。如何将清代防疫机制与上述警制建构、地方自治制度建设结合起来考察,应该是值得深入讨论的问题。

其次,关于近代变迁中传统与近代的关系问题,是余著讨论较深

---

①曾业英主编:《当代中国近代史研究(1949—2009)》,中国社会科学出版社2014年版,第32页。

②《论我国警察之弊及整顿之方》,《申报》1909年9月22日。

③《湖南地方自治筹办处第三次报告书》,李铁明主编:《湖南自治运动史料选编》,湖南师范大学出版社2012年版,第2页。

入且颇有新见之处。作者特别强调:“从搜集呈现传统时期相关公共卫生规制的资料入手,除了进一步思考传统与近代的连接外,也通过对以清洁和检疫为主要内容的晚清卫生行政引建过程的系统的梳理”,从而阐述历史变迁进程中传统要素的价值。但是,一个在地方治理体系中始终发挥主体作用,并在由传统向近代转型中承接历史传承力量的绅董问题却挖掘不够。从传统时代“州县地大事繁,不能不假手于绅董”①的规制,到晚清之际各种善堂、义冢、街道清污等卫生事务中“费诸绅董之心设法整治”②的条规,甚至于在西式医院管理体系中,也有着绅董活跃③的身影等等,我们不难发现:尽管清代历史经历了传统向近代的社会转型和制度变迁,但无论在传统体制还是在现代体制中,绅董却始终是基层社会治理体系的主体力量。这一问题的讨论,事实上有助于余著论旨的展开和深化,也应是该书的题中之义。在晚清制度演进的链条中,可见西学的强力影响。同样,本土社会力量的周转及其变身,是承接这一历史递进的主体力量。推土机可以引进,那么填充材料呢?制度及理念可以引进,生命主体和社会存在却只能根扎于本土。

再次,现代卫生观念与制度的变迁,实际上也是与工业化、城市化和现代化进程密切相关的问题。在分散聚居的乡村社会中,卫生问题一般不会呈现为公共问题(瘟疫流行时除外),而在人口迅速集聚的快速城市化进程中,公共卫生则凸显为社会问题。这一历史性变动更多地聚焦于上海、天津、青岛、汉口、广州等沿海沿江通商口岸城市,具有现代性的公共卫生机制和理念的生成与发展也相对聚焦于此。工业化、现代化、城市化依次展开或交相递进的历史轨迹,与现代公共卫生机制演进的线索形成怎样的相关性?在整体的历史发展坐标中,如何清晰地描其图式述其征象,还有很大的探讨余地。以这样的视角切入,或许会为余著的论题形成更广阔的讨论空间,也有

①阮本焱:《求牧刍言(附谁园诗篇稿)》卷1,沈云龙主编:《近代中国史料丛刊》第27辑,台北文海出版社1966年版,第77页。

②《论善堂义冢切宜深理事》,《申报》1872年7月15日;《论沪城街道污浊宜修洁事》,《申报》1873年4月19日。

③《港督阅医院》,《申报》1878年2月23日。

助于整个论题的提升。

每一个时代都会成就自己时代的学术，史学亦然。“在20世纪开始的时候，中外的历史学家都曾经把他们所期待的新世纪的历史学称为‘新史学’。”①历史学伴随着巨大的时代之变，自己也发生了前所未有的变化，以此建构属于自己的时代。新时期以来新史学的努力，显然旨在于此。在这一轮新史学变革的历史进程中，余著以自己的努力创新诠释了新史学的新路向。正如余著《后记》中所讲：在未来的学术道路上，将实现一个现代性省思超越现代化叙事的模式转换，这将是作者新的研究课题的展开。我们相信，作者的这一期待亦与学界的期盼相合：“21世纪的史学，将是中国史学史上从未出现过的真正的新史学。”②

（原载《近代史研究》2017年第2期）

①邹兆辰、江湄、邓京力：《新时期中国史学思潮》，第179页。

②邹兆辰、江湄、邓京力：《新时期中国史学思潮》，第179页。

第二章　蜕变:20 世纪前期乡村社会的阶层结构

地主:从物权概念到阶级概念的历史转变

——现代中国历史的建构与展开

现代中国历史,实质上就是围绕着地主及其阶级而展开的一个革命运动或社会重构进程,它几乎可以构成这一惊心动魄历史的主体内容——虽然不能是全部内容。甚至直到今天,当地主的称谓在人们现实生活中成为比较疏远的话语时,在关于土改历史的文本中它仍然是争执的中心论题,也是引发思想争论和立场冲突的核心概念①。它已是历史,但又不仅仅属于历史。

揆诸历史则不难发现,作为阶级概念的地主,或者说以地主—农

---

①21 世纪以来,学术界和理论界关于地主的研究讨论已经从多个方面形成对其历史诠释和历史定位的解构。参见陆衡:《百年地主造型的演变及其意义》,《学术论坛》2006 年第 4 期;王任宏:《地主:一个百年难尽的话题》,《书屋》2010 年第 8 期。《今天与昨天——中国社会历史问题散论》文章提出,用地主和农民的对立解释不了中国秦汉之制下的基本社会分野,然而人们却一直人云亦云地唠叨这种说法。笔者认为这一问题早在 50 年前王亚南《中国官僚政治研究》中已经作过透彻的分析(《博览群书》1998 年第 1 期)。刘昶的论文《在江南干革命:共产党与江南农村,1927—1945》(黄宗智主编:《中国乡村研究》第 1 辑,商务印书馆 2003 年版)和杨奎松的论文《新中国土改背景下的地主问题》(《史林》2008 年第 6 期)都从不同角度呈现了地主生存状况的复杂性。但是,对于地主从物权概念向阶级话语转变的历史境况,并持久地影响现代中国历史进程的问题,学界还未曾深入展开。

民的阶级范畴而指称中国农村社会乃至于整个中国社会结构，只是伴随着现代历史进程而形成的事实。此前，在通常情况下或者在日常生活中，人们并不以地主一农民这一对范畴指称乡村社会群体，即使民国时期也是这样。譬如："故我国治农业者，只有小农而无大农，农业遂无发达之望……自当极力提倡，使大农、小农互相提携以臻于发达。盖不提倡大农，则不能得耕种、汽机及灌溉工事之备，而不能收改良之效果；不维持小农，则小农之生命财产必将为大农所吸收，积渐而富者益富贫者益贫，国民生计必且陷于不可收拾之地位。"①传统时代的农村社会分层，通常立足于生活水平或财富占有程度划分为大农、中农和小农。实际上，以地主为中心概念的历史建构是相当晚出的，直到1930年代时，中共党内很多干部对农村阶级的分界也并不十分明晰。毛泽东曾针对性地解释说："同志们给我的问题中，有问到什么是富农。我以为地主是以收租为主；富农是以雇工为主，自己参加劳动；中农是以不出卖劳动力为主，经营自己的土地；贫农是一定要出卖劳动力，靠自己的土地不够生活；雇农完全出卖劳动力，没有土地。当然，这是指它们的主要指标。"②因此，系统地梳理作为阶级概念的地主及其范畴形成的历史，既是我们认识中国现代历史的重要理论问题，也是迫切需要总结提炼的一个具有学理深度的学术论题。

一 地主：土地权属指称

传统中国之所谓阶级，或"沿魏晋门阀之制"或"沿明清奴仆之制"，欲得"立法之平，莫若泯主仆之称，使世之乏资财者，悉行作工自由之制"③。此处之阶级实指为身份等级制度，并非现代意义上的阶级概念。事实上，马克思主义阶级理论传入中国并被接纳之前，社会生活中并没有形成地主阶级的话语，人们通常以绅户、民户区分社会

---

①《赵总理颂词》，陶昌善等编：《全国农会联合会第一次纪事》，沈云龙主编：《近代中国史料丛刊》第87辑，台北文海出版社1966年版，第49—50页。

②《关于农村调查》，《毛泽东农村调查文集》，人民出版社1982年版，第24页。

③《论中国阶级制度》，《东方杂志》1904年第1卷第6期。

存在实体，如丁日昌所称："江北漕价，向有绅户、民户之别，又有城户、乡户之别。"①咸丰年间冯桂芬在《均赋说劝绅》中亦称乡村居民向有绅户、民户之别或大户、小户之分②，无有地主与农民之谓。对于土地占有者，一般称之为田主、产主。庚子之后，江西因支付赔款实行亩捐，"田主力不能支，辗转典质而承空粮，佃夫力不能支，相率逃徙而营他业"③。

在官方正式文献中，人们被分划为民户、军户、灶户、渔户等类别④，而民间则常以上户、下户或富户、贫户以为分别。龚自珍言及道光时期的社会情状：自乾隆以来，官吏士民狼艰狈蹶，"自京师始，概乎四方，大抵富民变贫户，贫户变饿者，四民之首，奔走下贱，各省大局，岌岌乎皆不可以支月日……"⑤包世臣在分户等差中说："计其家每人得田六亩者，为上户。得田四亩者，为中户。人得二亩者，为下户。人不及一亩者，为贫户。"⑥此亦以占有土地之多少分为上、中、下户，而无特别分判为地主之说。直到光绪时期，人们也仍大体沿用这种话语："孙家庄（直隶望都县，笔者）共有民户四十余户，地一千余亩。其中上户每户有地六七十亩，下户有地三至五亩。"⑦光绪年间的《申报》记载江苏民情称："极贫之户，赁田而种，有无赋可纳者；有佃户产主各完一半，即所谓田底田面者。各省办法不同，而多纳银米者为上户，则天下一致。""上户断不无力缴纳，下户则为数有

①李文治编：《中国近代农业史资料》第1辑，生活·读书·新知三联书店1957年版，第344页。

②冯桂芬：《均赋说劝绅》，《显志堂稿》卷9，沈云龙主编：《近代中国史料丛刊续编》第79辑，台北文海出版社1974年版，第929页。

③胡思敬：《退庐疏稿》卷3，沈云龙主编：《近代中国史料丛刊续编》第45辑，台北文海出版社1970年，第323页。

④李文治编：《中国近代农业史资料》第1辑，第1页。

⑤《西域置行省议》，《龚自珍全集》，上海人民出版社1975年版，第106页。

⑥包世臣著、潘竟翰点校：《齐民四术》卷4上，《说保甲事宜》，中华书局2010年版，第129页。

⑦李文治编：《中国近代农业史资料》第1辑，第749页。

限，但使年谷顺成，亦绰乎有余。”①

在具有一定法律规范的契约文书上，围绕土地权属转移的主人，通常称之为原业主、失主、弃主，或得主、买主、业主等②。地主，或以地主为中心的一套概念并未进入人们的认知系统。即便拥有相当数量的土地所有者，也不曾是后来革命话语中指称的那种强横样态。如庚子赔款加重百姓负担，“近闻政府欲修西潼铁路乏款，复议加收亩捐，以故渭北各州县人心惶惶，以有地为累，争先贱售，甚至连阡累陌有不索一钱而甘心送人耕种者，此亦足见秦人之苦况也”③。民国《澧县志》所载地主的苦况和衰败也可为互证之一：“近地主、佃农皆有不能述之苦衷，田地所收，无论丰歉，地主既取三分之一，工资耗缴所余，有几卖不得价用，复不省亏累，退庄势所必至……地主无他经营者，所恃者租耳。无论门户大小，每年从最低预算止有此物，而亏累随之，盖入不敷出、相逼要求者源此而来，称贷以应，日朘月削，鲜有不败者。澧之著名粮户今皆落寞。”④

伴随着近代革命话语的生成和演进，地主这一概念开始出现并逐步流行。孙中山在《中国同盟会革命方略》（1906 年）中谈到平均地权问题时说：“其现有之地价，仍属原主所有；其革命后社会改良进步所增之价，则归于国家，为国民所有。”⑤此处所论也无地主之谓而以原主相称。此后，孙中山多次强调民生主义，宣讲平均地权主张。是年 12 月在《东京〈民报〉创刊周年庆祝大会的演说》中，他再次谈到地价问题时使用了“地主”一词。但这里所称之“地主”也不具有特定阶级的指属。他进而解释说，有人说民生主义是“夺富人之田为己有，这是他未知其中道理，随口说去”；“因为核定地价后，涨价归公，

①李文治编：《中国近代农业史资料》第 1 辑，第 339 页。

②卖地人在契约上写明的是卖主、失主、弃主、原主或原业主，买地人称为买主、得主或业主。李文治编：《中国近代农业史资料》第 1 辑，第 51 页。

③《华字汇报》1906 年第 474 号，李文治编：《中国近代农业史资料》第 1 辑，第 319 页。

④张之觉修、孟庆暄纂：民国《澧县志》卷 3，《实业志·农业》，民国二十八年（1939）铅印本，第 75—76 页。

⑤《中国同盟会革命方略》，广东省社会科学院等编：《孙中山全集》第 1 卷，中华书局 1981 年版，第 297 页（本书编者不再出注）。

不属地主”①。显然，这里的地主与富人概念基本同义。

1912年后，孙中山革命话语体系中的地主概念出现频次逐步增多。他认为民族民权革命成功后，社会革命当须展开，以防绝贫富分化之苦。其基本方略则为“若能将平均地权做到，那么社会革命已成七八分了”。实行平均地权之始，“必将各地主契约换过，此实历代鼎革时应有之事……从前人民所有土地，照面积纳税，分上中下三等。以后应改一法，照价收税……贵地收税多，贱地收税少。贵地必在繁盛之处，其地多为富人所有，多取之不为虐。贱地必在穷乡僻壤，多为贫穷人所有，故非轻取不可”②。这里的地主，则指权属意义上的土地所有者，虽然有穷富之别。在孙中山民生主义思想体系中，地主不具有明确的阶级指称，而是具有相对宽泛含义上的物权归属者的意义。

首先，它是与业主等同的概念。孙中山认为，革命成功后实行民生主义，土地收回，就地抽税，“则国家即变成一大业主，何等富厚”③。针对这些占有土地的业主刻意报价而谋暴利之举，其对策是：“如防业主以贵报贱，由省会定一条件，如国家开铁路、马路或建一大工场等，可以随时收归国有，则以贵报贱之弊，可无虑矣。”④

其次，地主与资本家并无特别的阶级分属，而都是所谓富者，其区别则在于获利途径不同。“而地主多有承先人之遗业，不耕不织，无思无维，而徒成巨富者。是地主以地增价而成资本家，资本家以工业获利而成大地主。城市之地，固尽不此辈所垄断……工业愈进步，商业愈发达，则资本家与地主之利愈大，而工人则穷苦矣。”⑤

再次，中国并没有两极分化意义上的大地主，而只有勤俭持家的小地主(即小农)。“中国工业未发达，地价亦尚未增加，故尚少大地主……遂可以核定地价之法，避贫富分化之苦。”“其定价之法，随业

---

①《在东京〈民报〉周年庆祝大会的演说》，《孙中山全集》第1卷，第329页。

②《在南京同盟会会员饯别会的演说》，《孙中山全集》第2卷，中华书局1981年版，第320页。

③《在广州行辕对议员记者的演说》，《孙中山全集》第2卷，第371页。

④《在广州行辕对议员记者的演说》，《孙中山全集》第2卷，第372页。

⑤《三民主义》，《孙中山全集》第5卷，中华书局1981年版，第193页。

主所报以为定，惟当范围之以两条件：一、所报之价，则以后照价年纳百分之一或百分之二以为地税。二、公家以后用其地，则永远照此价收买，不得增加；至若私相卖买，则以所增之价，悉归公有，地主只能得原有地价，而新主则照新地价而纳税。”①

因此，“中国土地之问题，自废井田而后，以至于今，无甚大变者也”。一以贯之的是小农业主占主体的社会，所谓“则人人得为小地主，则农民之勤俭者，均有为小地主之希望，而民生之路未尽绝也”。这是与欧美全然不同的社会结构：“欧美则分化，欲由小农而成小地主，由小工而成小资本家，为万不可能之事。”②

二　大革命进程中的地主

随着大革命风潮的涌起，农民运动推演为革命中心。“农民问题是目前中国社会问题的中心；一切革命理论的斗争，也大都以农民问题为斗争的进点。”③国民党曾致力于召唤农民从事国民革命以实现自己的政治诉求：“国民革命之运动，必恃全国农夫工人之参加，然后可以决胜，盖无可疑者。”基于此，“国民党一方面助力于农夫工人之运动，一方面对于农夫工人参加国民党相与为努力”④，以保进国民革命运动之进行。国民党第一次全国代表大会明确其宗旨为：“农民是我们中国人民中有最大多数，如果农民不参加革命，就是我们革命没有基础。国民党这次要改组，要加入农民运动，就是要用农民来做基础，要农民来做本党的基础。”⑤并宣称：“国民革命，质言之即是农民革命。吾党为巩固国民革命之基础，惟有首先解放农民；无论政治的或经济的运动，均应以农民运动为基础。党之政策，首先着眼于农民本身之利益；政府之行动，亦须根据于农民利益而谋其解放。因农

①《三民主义》，《孙中山全集》第5卷，第193页。

②《三民主义》，《孙中山全集》第5卷，第194—195页。

③《农民问题与中国之将来》，《东方杂志》1927年第24卷第16期。

④“中央宣传委员会”编：《中国国民党第一二三四次全国代表大会汇刊》，沈云龙主编：《近代中国史料丛刊》第98辑，台北文海出版社1996年版，第56—57页。

⑤“中央宣传委员会”编：《中国国民党第一二三四次全国代表大会汇刊》，沈云龙主编：《近代中国史料丛刊》第98辑，第56—57页。

民苟得解放，即国民革命大部分之完成，而为吾党三民主义实现之根据。”①那么，在需要一个“农村的大变动”的国民革命运动中，地主是否就成为大革命的对象？其实不然！

1926年国民党第二次宣言中，明确国民革命的对象是军阀、官僚、买办、土豪。他们“既为帝国主义之工具，以为摧抑农工阶级之势力”，因此革命的对象“首为军阀，次则官僚买办阶级土豪”②。这与《湖南省第一次农民代表大会决议案》(1926年12月)中将贪官污吏、土豪劣绅列为革命的对象基本一致③。中国国民党中央执行委员会农民部主办的《中国农民》第1—5期上关于农民与国民革命的论述，集中陈述的革命对象并没有指向“地主”这一特定阶级，而是将斗争的矛头聚焦于绅士：“绅士与农民既然变成了死敌。”④而且绅士是中国一切罪恶势力即军阀、官僚和贪官污吏基础，中国革命历经第二次第三次之所以不能功成，就在于“下层的土豪劣绅依然没有动摇的原故”⑤。尽管绅士中也不乏地主，但二者事实上不能等同，因为绅士群体成分远远超出了地主范围及其属性。它是一个混合体：“都市的绅士，他们大都是失意军人、政客，或前清遗老、买办阶级。”而乡村的绅士，“他们的成分大概是：恶地主、劣土棍、无聊的半知识分子”⑥。在国民革命语境中，国民党所标示的革命对象是“具有剥削性质的特殊阶级：劣绅、土豪、局董、团总、族长等，以及贪官污吏”⑦。

---

①《中国国民党第二次全国代表大会农民运动决议案》，人民出版社编：《中国现代革命史资料丛刊·第一次国内革命战争时期的农民运动资料》，人民出版社1983年版，第32页(下文简称《第一次国内革命战争时期的农民运动资料》)。

②人民出版社编：《第一次国内革命战争时期的农民运动资料》，第84页。

③《湖南省第一次农民代表大会决议案》，人民出版社编辑：《第一次国内革命战争时期的农民运动资料》，第403页。

④甘乃光：《绅士民团县长何以反对农会》，《中国农民》1926年第10期。

⑤克明：《绅士问题的分析》，《中国农民》1926年第10期。

⑥邓良生指明都市的绅士大都是失意军人、政客、前清遗老、买办阶级；乡村绅士则为恶地主、劣土棍、无聊的半知识分子。邓良生：《农民运动的障碍——绅士阶级》，《中国农民》1926年第10期。

⑦人民出版社编辑：《第一次国内革命战争时期的农民运动资料》，第10页。

与此前略有不同的是，国民党的第三次宣言将“封建地主阶级”列为国民革命的对象，即“封建地主阶级，乃帝国主义军阀贪官污吏及一切反革命派之真实的基础……在农民方面，几千年来被统治于封建地主政权之下，不推翻封建地主在乡村的政权，则一切经济斗争如减租减息等等简直无从说起”①。这一提法显然与中共的立场相关②，它的表述几乎与当时毛泽东的观点一致。在1926年广州农民运动讲习所时，毛泽东提出：“农民问题乃是国民革命的中心问题，农民不起来参加并拥护国民革命，国民革命不会成功；农民运动不赶速地做起来，农民问题不会解决；农民问题不在现在的革命运动中得到相当的解决，农民不会拥护这个革命。”因此，以农民革命为主体的大革命的“对象是乡村宗法封建阶级（地主阶级）”。这个农村宗法封建阶级，是国内统治阶级和国外帝国主义之唯一坚实的基础③。值得注意的是，这里指称的“封建地主阶级”并不是一般意义上的地主，而是特指土豪劣绅和贪官污吏，“中国革命的形势只是这样：不是帝国主义、军阀的基础——土豪劣绅、贪官污吏镇压住农民，便是革命势力的基础——农民起来镇压住土豪劣绅、贪官污吏”④。其实，这与国民党反复强调的革命对象“首为军阀，次则官僚买办阶级、土豪”⑤的认识并无本质上的不同。

毫无疑问，在以“打倒绅士阶级”⑥为焦点的国民革命语境中，一般意义上的地主及其“阶级”并未被建构为大革命的敌对力量。事实上，在整个国民革命时期，地主并未成为一个特定的阶级概念范畴，

---

①《中国国民党第二届中央执行委员会第三次全体会议对农民宣言》，人民出版社编辑：《第一次国内革命战争时期的农民运动资料》，第46页。

②“这个决议是由林祖涵、毛泽东、陈公博、还有一个姓王的五个人所组织的委员会起草的”。除陈公博外，“其余四人都是共产党员”。见朱新繁：《中国农村经济关系及其特质》，新生命书局1930年版，第2页。

③《国民革命与农民运动——〈农民问题丛刊〉序》，《毛泽东文集》第1卷，人民出版社1993年版，第37页。

④《毛泽东文集》第1卷，第38页。

⑤“中央宣传委员会”编：《中国国民党第一二三四次全国代表大会汇刊》，沈云龙主编：《近代中国史料丛刊》第98辑，第84页。

⑥邓良生：《农民运动的障碍——绅士阶级》，《中国农民》1926年第10期。

尽管国共两党对于地主的认识和区分显有不同。

首先，1927年前后在国民党的话语体系中，地主不是作为一个特定阶级，而只是作为农民整体构成的一部分而存在。《中国国民党中央执行委员会农民部土地委员会报告》(1927年6月)发布的《全国土地占有概况》表述得非常清楚：全国农户5600万(地主在内)，平均以6人计，共3.36亿人；而在3.36亿农民中，有土地的农民(有一亩起以至大地主)在1.2亿—1.5亿人；全体农民3.36亿人中，减去有地的农民1.5亿人及无地的雇农3000万人，游民兵匪等2000万人，剩下1.36亿人，则是无地而租人田地的佃农①。亦即，地主家庭属于农户，地主属于农民——其义涵即指占有土地的主人——且无论占有多少亩数；而且明确指陈有地之农民(即地主)，占到农民总数的45%。

其次，地主只是农民阶级中的一个分层，而非一个独立的阶级，尤其是敌对阶级。“我们要注意的，就是农民阶级的分化。这种分化，大致可分为五种：即地主、自耕农、半自耕农、佃农、雇农或苦力”②。《农民运动的方法》中所列“各地农民分析之多寡”划分中，也只是按大农、中农、小农与苦农四类别加以区分③，并无地主的特别指称。此时，“所谓‘农民’这一个名词”，是一个“包括了大农，小农，自作农，佃农与雇农等”④的集合概念。

实际上，此时的共产党亦未将地主与农民分判为对立的阶级力量。“现在农民协会的组织，尚不能带有阶级色彩(如单独提出雇农组织或佃农的组织)，不能明确的指出有若干亩田地者不能加入(因为不易定出一个适当标准)，只能比较概括的指出下之两种人，不准加入农民协会：一、不耕种而拥有多数田地者；二、重利盘剥者”⑤。甚至一般情况下，地主还是农民运动中团结的对象：“我们的政策是

①人民出版社编辑：《第一次国内革命战争时期的农民运动资料》，第3页。

②吴铁峰编：《非常时期之农民》，中华书局1937年版，第4页。

③国藩：《农民运动的方法》，人民出版社编辑：《第一次国内革命战争时期的农民运动资料》，第600页。

④《农民问题与中国之将来》，《东方杂志》1927年第24卷第16期。

⑤人民出版社编辑：《第一次国内革命战争时期的农民运动资料》，第37页。

用全体农民联合的口号，团结佃农、自耕农与中小地主，使不积极作恶的大地主中立，只攻击反动的大地主，如成为劣绅土豪者。不可简单的提出打倒地主口号，以打倒劣绅土豪的口号，事实上打倒大地主。”①

三 阶级革命话语下的地主

在国共合作最大公约数的前提下，国民革命中的地主既未被建构为一个阶级，当然也不可能被建构为革命的敌人。“两党都未能将农民阶级的‘利益’糅入把地主阶级当作民族敌人的政治策略中。在早期共产党人的战略思考中，地主阶级的超额地租、对习惯权力的滥用，以及不受约束的地方权威，远不如他们在另一个方面的潜在价值重要，即联合其佃农一起反对军阀。”②不仅国民党对于阶级或地主阶级一词的“确切涵义的理解仍有混乱”③，中共也强调：“农村中阶级关系极其复杂，故不必提出‘农民阶级’字样，此时只宣传‘全体农民起来反抗贪官污吏劣绅土豪，反抗军阀政府的苛税勒捐’这一口号。”④

但是，剧烈的国民革命内在地存在着走向分化的因素。“1925年以前的革命被认为主要是政治性的，而五卅运动之后的革命越来越呈现一种社会性的向度。”⑤共产党主张的“阶级革命”与国民党坚持的“国民革命”的分野随着大革命持续展开不仅日趋明显，而且随着两党公约数的消减而走向必然的分裂。“恰恰是这个向度的发展最后导致了国共的分裂，使中国革命再次陷入‘政治向度’——两大政党之间的斗争。”⑥“社会革命或‘阶级斗争’在 20 世纪 20 年代国

---

①人民出版社编辑：《第一次国内革命战争时期的农民运动资料》，第 33 页。

②[澳]费约翰著，李恭忠、李里峰等译，刘平校：《唤醒中国：国民革命中的政治、文化与阶级》，上海三联书店 2004 年版，第 265 页。

③[美]阿里夫·德里克著、翁贺凯译：《革命与历史：中国马克思主义历史学的起源，1919—1937》，江苏人民出版社 2005 年版，50 页。

④人民出版社编辑：《第一次国内革命战争时期的农民运动资料》，第 38 页。

⑤[美]阿里夫·德里克著、翁贺凯译：《革命与历史：中国马克思主义历史学的起源，1919—1937》，第 49 页。

⑥[澳]费约翰著，李恭忠、李里峰等译，刘平校：《唤醒中国：国民革命中的政治、文化与阶级》，第 119 页。

民革命中的开始，标志着国民党人和共产党人的路线分裂。”①

辛亥革命时期的理论家朱执信曾对政治革命与社会革命的不同有过论说：“凡政治革命主体为平民，其客体为政府。社会革命之主体为细民，其客体为豪右。”②这里提示着，政治革命的官民对立与社会革命的阶级对立之不同。因此，当国民革命之后共产党人将中国革命导向以阶级革命为主导的社会革命时，以土地私人占有为标识的地主必然成为革命的客体。

也正是在阶级革命话语中，地主才成为这一时代历史建构的焦点。“阶级斗争的引入将中国革命导向一个新的取向。”③1927年5月《中国共产党第五次全国代表大会关于“土地问题议决案”》中开始特别指明，“中国农村的经济生活，大半尚在封建的关系之上。大部分的田地（约百分之六十六）为收租的大地主所占有。中国田地只有百分之三十四属于农民……井田之制久已消灭，惟所谓公有田产之管理制度尚遗留于乡村间，作为乡村中宗法社会政权之基础。此等田地的主有权，已为乡绅所篡夺，耕田者反而失却享有的权利，乡绅等变为地主，更利用此种权利，以行使其宗法社会的威权及统治”④。在“阶级革命”的导向下，会议提出“必须要在平均享用地权的原则之下，彻底将土地再行分配，方能使土地问题解决。欲实现此步骤必须土地国有……土地国有确系共产党对于农民问题的党纲上的基本原则”⑤。“中国革命现时的新阶段之主要的特点”就是阶级革命，它是超越了国民革命属性的新的历史阶段的“乡村中农民反抗豪绅地主的阶级斗争”⑥性质的革命。

“阶级是一根红线似的把各种政治现象贯串起来的。如果把政

①［美］阿里夫·德里克著、翁贺凯译：《革命与历史：中国马克思主义历史学的起源，1919—1937》，第24页。

②朱执信：《论社会革命与政治革命并行》，邵元冲编：《朱执信文存》，沈云龙主编：《近代中国史料丛刊》第66辑，台北文海出版社1973年版，第12页。

③［澳］费约翰著，李恭忠、李里峰等译，刘平校：《唤醒中国：国民革命中的政治、文化与阶级》，第500—501页。

④人民出版社编辑：《第一次国内革命战争时期的农民运动资料》，第49页。

⑤人民出版社编辑：《第一次国内革命战争时期的农民运动资料》，第54页。

⑥人民出版社编辑：《第一次国内革命战争时期的农民运动资料》，第57页。

治和阶级分开了来观察，那便无论如何不能得到政治现象之真正理解。”①在“阶级革命”的话语（而不是一般的“革命”话语）中，阶级斗争成为历史建构的主线，成为中国道路选择的基点。“实际上阶级矛盾的内在作用，正是开动历史的机括，社会发展的原动力。”②因此，在以农民革命为主体的中国现代历史进程中，地主及其阶级必然被建构为革命的敌对阶级。“地主阶级与农民阶级的矛盾是中国民族落后社会停滞的原因。农民在历次革命运动中表现出极大的力量。”③将农民与地主重新定义并分划为对立的两种阶级力量，就成为国民革命后继续推进的“阶级革命”（抑或共产革命）的时代主题。

“农民阶级是指从事土地生产的劳动者而言。那些不劳而获的地主及农场所有者，不在其列。”“尤其在封建制度及大地主阶级未曾消灭的国土，所谓农民运动与农民革命，几乎就是专指土地运动与土地革命而言。”④尤其在中共“八七”会议后，中共将发动农民与武装保卫政权结合，明确宣告：“地主田地，农民收种，债不要还，租不要送。”⑤地主及其阶级开始成为中国革命的敌对力量。

以地主阶级为革命首要敌人的理论认识，在中共革命诉求过程中，也是较晚才形成的。我们发现，李大钊在《我的马克思主义观》中虽明确表示“接受了阶级斗争思想”，坚持“凡以前存在的历史，都是阶级竞争的历史”，并将马克思的阶级理论视为唯物史观内容；但他对于阶级斗争学说却持有质疑。他说，“马氏把阶级的活动归在经济行程自然变化以内。但虽是如此说法，终究有些牵强矛盾的地方”⑥。在李大钊的理论体系中，还没有形成农民与地主尖锐对立的阶级意识，而只是有一个模糊笼统的阶级（实际是分层）观念：“从前是贵劳心者，贱劳力者；贵君子，贱野人；贵阀阅，贱平民；贵男性，贱女性；是纵的组织。现代劳力者阶级联合起来，为横的组织，以反抗

①邓初民：《新政治学大纲》，上海书店出版社 1989 年版，第 25 页。

②邓初民：《新政治学大纲》，第 28 页。

③邓初民：《新政治学大纲》，第 47 页。

④《农民问题与中国之将来》，《东方杂志》1927 年第 24 卷第 16 期。

⑤1929 年 1 月红军第四军司令部布告，见《毛泽东文集》第 1 卷，第 52 页。

⑥李大钊：《我的马克思主义观》，《守常文集》，上海书店出版社 1990 年版，第 124 页。

劳心者阶级，野人阶级反抗君子阶级，女性阶级反抗男性阶级。”①

在《独秀文存》中，也只有《贫民的哭声》《劳动者底觉悟——在上海船务栈房工界联合会演说》等文论，分别谈及中国社会的贫富分化与社会革命之关系与劳工阶级问题，所表述的仍是带有传统文化特色的“劳心者”与“劳力者”的社会分层概念②，还不曾有鲜明的阶级理论，更没有地主及其阶级的理论阐释。

在中共历史上，最早形成阶级斗争理论并以地主为革命对象的领导人是毛泽东。他在《关于农村调查》一文中说，1920年代他第一次看了考茨基著的《阶级斗争》，陈望道翻译的《共产党宣言》和一个英国人作的《社会主义史》后，“才知道人类自有史以来就有阶级斗争，阶级斗争是社会发展的原动力，初步地得到认识问题的方法论”③。即使如此，也还没有形成关于中国社会阶级结构及其分层清晰认识，他说，马克思主义阶级斗争经典理论还不曾落实在中国社会革命的实践进程中；因为“这些书上，并没有中国的湖南、湖北，也没有中国的蒋介石和陈独秀。我只取了它四个字‘阶级斗争’，老老实实地来开始研究实际的阶级斗争”。从而，他开始深入中国农村调查和分析社会阶级实况。“中央要我管理农民运动。到湖南调查了长沙、湘潭、湘乡、衡山、醴陵五县”④。正是在大量调研基础上，尤其是通过20世纪30年代的《寻乌调查》《兴国调查》后，才创造性地建构了关于中国社会尤其是农村社会阶级分析模式，形成了中国革命的理论体系，并最终“确定哪些阶级是革命斗争的主力，哪些阶级是我们应当争取的同盟者，哪些阶级是要打倒的”⑤。地主——原本在物权范畴上归属于农民的分层——被建构为农民的敌对阶级，甚至连小地主(即半富农性地主)，也被认定为“农村中最恶劣的敌人阶级，在贫农眼里是没有理由不把他打倒的”⑥。

---

①李大钊:《由纵的组织向横的组织》,《守常文集》,第190页。

②见陈独秀:《独秀文存》卷1,外文出版社2013年版,第613、449页。

③《关于农村调查》,《毛泽东农村调查文集》,第22页。

④《关于农村调查》,《毛泽东农村调查文集》,第22页。

⑤《反对本本主义》,《毛泽东农村调查文集》,第5—6页。

⑥《寻乌调查》,《毛泽东农村调查文集》,第131页。

在阶级革命语境中，地主这一概念才获得时代性诠释，它几乎成为一个时代命题的中心词。从而，以农民，尤其是以贫农为革命先锋，以地主为革命对象的阶级革命的历史进程，就此展开。

四 地主阶级与现代历史

"朝为田舍郎，暮登天子堂；将相本无种，男儿当自强。"①梁漱溟认为中国社会阶级分化对立不强烈、不固定，"根本分不出阶级（只有家族观念，而无阶级观念）"②。这是1938年年初访问延安时，他与毛泽东阶级革命理论争辩的基本理据。多年后在中共革命取得胜利的情况下，梁漱溟承认了阶级革命理论"结果显赫，分明不虚"，"一个全国统一稳定的政权竟从阶级斗争中而建立，而屹立在世界的东方"③。因此，将物权属性的地主概念建构为一个具有独特意义的阶级概念，这成为中共阶级革命运动历史展开的根本性前提。

"理论一经掌握群众，也会变成物质力量。"④毛泽东深谙其理，以"谁是我们的敌人，谁是我们的朋友"的论断，简约而通俗地建构了革命的首要问题。在对中国社会现状调研基础上，他从纷繁复杂的阶级、阶层结构中，将中共革命的敌人定位于地主及其阶级：中国现阶段革命的对象就是"帝国主义和封建主义"，具体而言"就是帝国主义国家的资产阶级和本国的地主阶级"⑤。毛泽东进而论证说，"地主阶级是帝国主义统治中国的主要的社会基础，是用封建制度剥削和压迫农民的阶级，是在政治上、经济上、文化上阻碍中国社会前进而没有丝毫进步作用的阶级。因此，作为阶级来说，地主阶级是革命的对象"⑥。由此中共主导的现代中国革命（阶级革命）的历史就获得了明确的

---

①汪东林编：《国共在重庆政治协商 梁漱溟呼吁停止内战》，http://china.com.cn，截止日期：2007年11月13日。

②梁漱溟、侯子温：《中国社会构造问题》，《乡村建设》1936年第6卷第3期。

③汪东林编：《梁漱溟问答录》，湖北人民出版社2003年版，第158页。

④《〈黑格尔法哲学批判〉导言》，《马克思恩格斯选集》第1卷，第9页。

⑤《中国革命和中国共产党》，《毛泽东选集》第2卷，人民出版社1991年版，第633页。

⑥《中国革命和中国共产党》集中讲述"中国革命的对象"问题。见《毛泽东选集》第2卷，第638页。

指向性。

的确，对于地主及其阶级的理论认知和行为实践，在中共革命历史进程中也存在着不确定性的摆动（如或“左”或右的不时调适）甚至误判。“凡在土地斗争已经深入的地方，则发生‘左’倾观点，给许多中农甚至贫农胡乱带上地主、富农等项帽子，损害群众利益。”①更为极端的是1929年湖北黄安苏维埃政权规定：“五亩以上之农家，即视为富农而须没收，而农民弃其田者甚多。县北乡则变田之形，去其旧有境界，而重新并合，以实行所谓均田政策。农民一方面被迫弃其原有田地，他方面对于公共经营之田地，因利害关系较浅，自不努力……致田地大半荒芜。”②

如何确切地界定地主，显然成为革命运动进程中极其重要而又复杂艰难的课题。实践中常常出现的混乱当然不仅仅是政策掌握的界限问题，而与理论概念的元典释义相关。“在农村中按户数计算，地主、富农只占百分之八左右，中农、贫农、雇农合占百分之九十，这个阵线不能混乱，许多同志对此没有确定的观念。”③然而，无论基于怎样的统计口径估算地主的数量④，在以农为本的中国社会中，其数量都是少数或极少数，按毛泽东的说法是“中国有百分之八十的人口是农民，这是小学生的常识”。这就决定了打倒地主阶级的革命目

①《在土地改革中注意纠正“左”倾错误》，《毛泽东文集》第4卷，人民出版社1996年版，第322页。

②张思曾：《一个匪区农况变迁之描述》，《益世报·农村周刊》1934年11月24日。

③《在杨家沟中共中央扩大会议上和讲话》，《毛泽东文集》第4卷，第322页。

④各种关于地主调查统计数字出入很大，却并不可靠。“因为调查的时候富农往往隐瞒地亩，或者故意说近五年来出卖田产；而贫农所报告的往往倒是比较正确的数字。”见行政院农村复兴委员会编：《河南省农村调查》，商务印书馆1944年版，“凡例”第25页。陶希圣在《中国社会之史的分析》中也有记述：“依据谭平山在汉口土地委员会公布资料称：百分之五的农户要占百分之四十二的土地，而一亩至十亩的农户，虽然居全农户的百分之四十四，却只占百分之六之土地！但随后公孙先生指出这个统计完全是假造的。而日本东亚同文会的估计与共产党史的统计恰恰相反，它说十亩以下的农户占土地百分之四十二，而百亩以上的农户占百分之六。”见陶希圣：《中国社会之史的分析》，新生命书局1929年版，第43—44页。

标，具有动员绝大多数农民群众走向革命的天然基础。“因此农民问题，就成了中国革命的基本问题，农民的力量，是中国革命的主要力量。”从而，“剥夺地主财产和消灭地主阶级就成为唤起民众的阶级革命的前提”①。因为它决定了“这个革命是能够获得百分之八十以上人民的拥护和赞助的”②。

作为革命理论的实际运行，消灭地主的历史实践也有随时调适的策略空间。因为地主及其阶级的标准实难清晰标示，即使毛泽东自己基于调查而形成的认识，也“是一种历史材料，其中有些观点是当时的意见，后来已经改变了”③。而这一改变虽然也有着理论认知的成分，显然更突出的是针对性策略，即“地主作为整个阶级来说是要消灭的，但作为个人还要分别情况不同对待”④。将地主的物权属性提升为阶级属性，并建构为一个时代的革命对象，本身就蕴含着动员最大多数农民与极少数敌人——地主，发生阶级斗争的策略指向。“我们调查工作的主要方法是解剖各种社会阶级，我们的终极目的是要明了各种阶级的相互关系，得到正确的阶级估量，然后定出我们正确的斗争策略，确定哪些阶级是革命斗争的主力，哪些阶级是我们应当争取的同盟者，哪些阶级是要打倒的。我们的目的全在这里。”⑤

消灭地主土地私有制是这一革命进程必经的历史阶段，“我们斗争的目的是要从民权主义转变到社会主义”。“由这种斗争的发展，跟着就要执行社会主义革命的任务。”⑥在急风暴雨般的革命实践中，对于地主及其土地占有方式的革命就以最简单也是最有效的方式展开：“至于没收土地的宣告，用不着再有什么文字形式的宣告了……一个‘平’字就包括了没收、分配两个意义。”⑦

问题在于，这一理论诠释和历史实践不仅本质上契合于中共

---

①《新民主主义论》，《毛泽东选集》第 2 卷，第 692 页。

②《关于农村调查》，《毛泽东农村调查文集》，第 26 页。

③《〈农村调查〉的序言和跋》，《毛泽东农村调查文集》，第 15 页。

④《在杨家沟中共中央扩大会议上和讲话》，《毛泽东文集》第 4 卷，第 335 页。

⑤《反对本本主义》，《毛泽东农村调查文集》，第 6 页。

⑥《反对本本主义》，《毛泽东农村调查文集》，第 7 页。

⑦《寻乌调查》，《毛泽东农村调查文集》，第 173 页。

革命的终极目的——消灭私有制①，而且亦与中国历史上始终存在的“均平”理念有着相对一致的诉求：“中国历代农政常行社会主义之政策，盖防贫富之悬隔，除兼并之弊害，固中国施政者唯一之要点也。而其精神，究可谓之井田法养成也。”②朱执信也曾提出，“就土地国有论之，则此观念亦于中国自古有之。地税至唐称租，即显国家为地主之义。而其称有土者，不过有永耕作权者而已”③。某种意义上而言，这一理论建构具有获得社会认同和广泛理解的历史文化之基。

然而，革命语境下的地主及其阶级释义的有效性，当然地被限定在革命的逻辑体系之内；在一般社会认知（或者学术逻辑）语境中，它无法获得基本认同。“用‘地主’和‘农民’的对立解释不了中国秦汉之制下的基本社会分野。”④亦即，脱离“阶级革命”语境下的地主也只是在土地权属意义上的一个社会存在，即占有土地的农民而已。“我们要注意的，就是农民阶级的分化。这种分化，大致可分为五种：即地主、自耕农、半自耕农、佃农、雇农或苦力。”⑤

地主属于农民阶级之一种，仍然是当时社会认知的常识。1931年《天津市农业调查报告》关于地主及其社会分层统计情况笔者列表如下：

---

①中国共产党第五次大会明确必须要在平均享用地权的原则之下，彻底将土地再行分配，方能使土地问题解决；欲实现此步骤必须土地国有。土地国有确系共产党对于农民问题的党纲上的基本原则。人民出版社编：《第一次国内革命战争时期的农民运动资料》，第 54 页。

②经济学会编译：《中国经济全书》，商务印书馆 1910 年版，第 23 页。

③朱执信：《论社会革命与政治革命并行》，邵元冲编：《朱执信文存》，沈云龙主编：《近代中国史料丛刊》第 66 辑，第 25 页。

④李瑜：《官民对立：他看透了秦汉之制——读王亚南的〈中国官僚政治研究〉》，《博览群书》1998 年第 1 期。

⑤吴铁峰编：《非常时期之农民》，第 4 页。

表 2-1　天津乡村土地占有及社会分层情况表

村落	农户土地占有概况	社会分层	租佃制度或佃农分成
东于王庄		该村多系自耕农，并无地主佃户之分	即有耕种他人之地者，亦多系坟地，借种地所得，而有看坟之代价，并不纳租，赋税仍由地主完纳
徐胡圈村	14 家农户占地最多者 5 亩，最少者 1 亩	地主 1 户，自耕农 9 户，佃农 4 户	分成：地主二成，佃户八成
八里台村及五窑村	耕地最多者 50 亩，最少者 2 亩，无地主	农户 20 家，自耕农 5 户，佃农 15 户	佃户有永佃权与非永佃权。所谓永佃权者，盖因地主之地均为荒地，由佃户自动开辟，许以永佃权，且租价亦不许任意伸缩，更不许更佃。佃户方面，反可另租与他人，故地主有收租权，而佃户有产权
小刘庄	佃户刘桂林，有田 227 亩	雇工经营，长工全年工价 50—60 元，短工日工 8 角—1 元。	
唐家口			地主与佃户之关系，俗称为“三大堆”即地主得三分之一，佃户得三分之二
墙子上公园后		农民自耕农仅 1 户，余皆为佃户	佃户内有与地主共耕种者 1 户，不纳租金，耕种费用平均负担，其收获量各占其半
金钟河沿炮台庄	农民平均每户可有地三亩余，往年收获甚利，每亩全年作物可值洋百元，除种子、肥料、租金及雇工约三十余元外，尚可余七十余元	正户 326 户，副户七百余，内农户凡 24 户。农户多为佃农，自耕农仅 1 户	佃户缴租亦每年两次，每亩纳租 6—13 元，普通租价在 7 元左右。种菜，每亩可值 20—50 元，收获丰富时，尚可较此多出一倍也

资料来源：《天津市农业调查报告》，第 8—34 页。

这项调查资料表明，在其文献所及范围内，地主不仅并不构成一个阶级，而且也不存在对于农民（佃户）的制度性剥削和压迫；在各种租利的分成上，地主所获甚至低于租佃者。基于学术的立场，人们已经认识到地主阶级概念所承载内容的困惑："如果地主阶级是指拥有田产数百亩或上千亩的人家，则经过几百年的巨大人口压力，地主人家大都自然地消失不见。而残存的几家，为数很少，不成其为一个阶级。"①20世纪的中国农村社会中，"严格说来中国已经没有几家大地主，农田是分散在中小业主手中，70%以上的农田是由业主自耕……中国农村日趋贫穷，而这种贫穷是普遍性的，佃农如此，自耕农也是如此"②。因此，《非常时期之农民》一书认为，地主其实就是农民之一类，甚至是受到压迫的一个阶层：列强的经济侵略，"引起资本的集积和整个农民阶层的分化"，"无论是地主也罢，是农民也罢，在帝国主义的操纵和宰割下，只有同归于尽了"③。

通常的社会调查统计仍然是在物权意义上认同地主的，如《江西农业情形》记载："农民生活程度虽低，而租税繁重，不堪其苦。地主有田一亩，所得之收获量约与佃户均分。除完粮折漕，实得收获量四分之一。以故江西人赴各省经商者多，生计所迫，不得不尔。近因劳力缺乏，田地荒芜，地主至有求佃户而不得之势。目下非从租税改革入手，农民无所聊生矣。"④在此，农民群体中包括了地主。

在此类农村社会调查统计资料中，地主并不作为阶级，尤其是剥削压迫阶级而存在。如《湖北农业情形》描述农民阶层："可分为三，曰小作农，曰自作农，曰分益农。三者之中，以小作农为最多数，自作农次之，分益农又次之……耕种等费全由佃户担任，亦无押租金，收获时地主佃户双方均分其收获物而已。"⑤

①赵冈、陈钟毅：《中国土地制度史》，新星出版社2006年版，第179页。

②赵冈、陈钟毅：《中国土地制度史》，第314页。

③吴铁峰编：《非常时期之农民》，第2—3页。

④陶昌善等编：《全国农会联合会第一次纪事》，沈云龙主编：《近代中国史料丛刊》第87辑，第48页。

⑤陶昌善等编：《全国农会联合会第一次纪事》，沈云龙主编：《近代中国史料丛刊》第87辑，第59页。

在国民政府行政院系统的调查资料中，对于农民或农户的统计通常是按“富力而分”，在这一分类中地主也基本归属于土地所有者之义项，如河南辉县：“地主所有田亩向高阶段集中（三十亩以上的绝对户数从九户增为十三户，相对数也增加 12.17%）……富农五十亩以上的户数减少 12.41%，特别增加得多的是 30—49.9 亩这一阶段。中农所有田亩五十亩以下的户数一般地增加，特别是 10—19.9 亩这一阶段，增加了 3.54%；五十亩以上的本来也有十三户，现在减为十户，少了 4.19%。贫农所有田亩在二十亩以下的户数增加了 3.65%，在二十亩以上的户数减少 3.65%。”①依照土地占有量情况，所言地主是 30 亩以上，富农 50 亩以上，中农也有 50 亩以上者，这根本无法从阶级属性上得到解释，地主只是农民之一种：“假若地主是一个自耕农的话——因为自己的能力薄弱而雇佃农的自作农，——佃农与地主之间，百分之八十都是一种平等的关系。”②

据《清乡区经济概况调查报告》资料，1940 年代初的江苏吴县地区的租佃关系，通常也表现为相沿已久的历史关系。首先，虽然口头契约已经废止，但书面契约却“形式亦甚简略，由业主与佃户双方互相订定”，官方概不介入，“相沿成习，今昔皆然”③。虽然因田面权和田底权之不同，有佃户缴“花厘米”④者，也属于一般经济利益权衡的考量，并无制度性剥削的特性。其次，业佃间常有历史关系，故有感情颇好者，每逢季节，佃户送业主各种田产，“业主亦送回佃户银钱以作礼尚往来”。即使普通业佃，“大多以不欠租即已足矣，并无其他特

---

①行政院农村复兴委员会编：《河南省农村调查》，第 30 页。

②吴炳若：《淮河流域的农民状况》，《东方杂志》1927 年第 24 卷第 16 期。

③清乡委员会经济设计委员会：《清乡区经济概况调查报告》，中文仿宋印书馆 1942 年版，第 42 页。

④“花厘米”实系无田面权之佃户所缴于业主除租以外之米之名称（亦多改作银圆）。例如某 1 亩田其田底价为 100 元，其田面权价为 80 元，此 1 亩之田底田面之产权均为某业主所有，若佃户按照普通纳租，则该业主无形中受有损失（因该业主多出 80 元购其田面权，而普通佃户纳租之田，其田面权均系佃户所有，若纳租时二者无区别，则极为不公）。“花厘米”者，即为补偿业主此种损失而有。见清乡委员会经济设计委员会：《清乡区经济概况调查报告》，第43 页。

殊关系”①。

在社会学家冯紫岗主编的《兰溪农村调查》中，关于地主的经济生活状况的记载如下：

1. 住房情况。地主兼自耕农平均每家约有12间，地主平均每家约有7间，自耕农平均每家约有6.5间，半自耕农平均每家约有5间，佃农平均每家约有3间，佃农兼雇农平均每家约有2.5间，雇农平均每家只有1.5间强②。

2. 土地资本。以地主兼自耕农平均每家之5211元为最多，地主平均每家2446元次之，自耕农平均每家1437元，半自耕农平均每家589元又次之。佃农平均每家23元，佃农兼雇农平均每家18元，雇农平均每家17元为最少③。

3. 收入情况。地主多不自行经营农业，故植产特少，30家地主，平均每家为3.96元；田租收入，外加钱租收入190.09元。再加畜产，副业等，地主平均每家全年收入为263.97元，田租收入占到72.01%④。

在综合收入开支核算后，调查资料表明，“地主几无盈余，每家亏损为67.58元，除地主兼自耕农平均每家盈余62.19元外，各阶层皆为亏损。地主、自耕农、半自耕农、佃农、佃农兼雇农、雇农分别亏损为67.58元、12.61元、95.70元、59.62元、18.21元、11.17元”⑤。这里的地主与贫农之间，体现不出两极分化的阶级对立关系，而且在其农民类分项下，显然是包括地主、耕农、佃农、雇农等等与农相关的各属分层——这里没有从阶级属性上分划出地主阶级⑥。

深入考究现代中国历史进程，我们理当清晰地明辨这一基本事实：地主及其阶级属性的理论建构只是在革命话语体系中才获得了特定的时代意义，并在付诸实践的过程中建构了一个新时代的历史

①清乡委员会经济设计委员会：《清乡区经济概况调查报告》，第43页

②冯紫岗编：《兰溪农村调查》，浙江大学1935年印行，第85页。

③冯紫岗编：《兰溪农村调查》，第99页。

④冯紫岗编：《兰溪农村调查》，第116页。

⑤冯紫岗编：《兰溪农村调查》，第123页。

⑥冯紫岗、刘端生编：《南阳农村社会调查报告》，黎明书局1934年版，第38页。

进程。但是，它与生俱来的土地权属特性却无法被湮灭，在历史与现实中与其阶级属性形成不时地冲突与紧张。我们需要思考的是，当阶级属性渐次退隐并被消解，物权属性回归于地主——土地所有者后，这一论题探研的空间将足够充分——无论在学术理论方面，还是在现实价值方面。它是一个基于历史，也本源于历史，又终将超越历史的时代性论题！

（原载《清华大学学报（哲学社会科学版）》2021 年第 1 期）

20 世纪三四十年代华北乡村富农的社会流动

在对于社会结构或社会阶层的动态研究中，社会流动①理论与方法无疑是一个重要且有效的分析维度。社会流动是指社会中的个人或群体在社会地位上的变动，即他们从已有的地位向新的地位的转化过程；是社会结构变迁过程中的一个既能绝对也能相对度量(measure)的基本指标，"前者参照的是那些从任何一个阶级流入或流向另一个阶级的比率，而后者参照的是一个阶级成员与另一个阶

---

①社会流动是西方社会学研究中的一个重要领域。西方社会科学对代际流动的讨论，其部分目的就是要看这一社会的现代性和自由程度如何。所谓社会流动，根据《大英百科全书》(*Encyclopedia Britannica Article*)的定义，指："个人、家庭或者群体在社会等级(hierarchy)或者分层(stratification)系统中的运动。如果这一流动只牵涉到位置，特别是职业(occupation)的改变，而没有改变社会阶层(class)，那么它就被称为'水平运动'(horizontal mobility)。而如果这一流动牵涉到了社会阶层的改变，那么它就被称为'垂直流动'(vertical mobility)。这一流动又涉及'上行流动'(upward mobility)和'下行流动'(downward mobility)。"对社会流动理论起到奠基作用的是著名社会学家 Pitirim Sorokin，他在 1927 年出版著作《社会流动》(*Social Mobility*)。对该书的评论和批评可参见 Rudolf Heberle 的书评，"Social Mobility，by Pitirim Sorokin"，*American Journal of Sociology*，Vol. 34，No. 1，1928，pp. 219—225.

级流动的相对的机会”①。本文以乡村富农的社会流动作为研究基点，主要基于两方面考虑：

其一，在近代社会变迁进程中，富农阶层的地位及其理论认知始终是一个焦点性问题。早在 20 世纪初就有富农既是“农村资产阶级”，也是封建的“地主化”的认识②；在早期的革命理论中，富农被视为革命的对象，如“在中国革命中，应该联合小农阶级来与地主阶级及富农斗争，这是毫无疑义的”。因为“这些富农，就不可避免的变成最坏的剥削者”，而小农“群众都半饿半饱的生活在极小的土地之上”。“中国的富农——大多数是小地主，用更苛刻更残酷的方式来剥削农民的主要群众。”“关于富农问题，是目前的主要理论争执点之一，而这个问题是很重要的，所以特别值得我们注意！”“有一部分人主张中国革命应该联合富农……富农的地位是受地主阶级的压迫，所以富农必然反抗地主阶级”，反对者则认为“中国富农有他的特殊的性质，这种特殊的性质，使他成为无产阶级的决定的敌人”③。因此，对于这一问题所“纠结”的任何方面的突破，都是具有重要学术价值和理论认知意义的一种努力。

其二，关于近代富农阶层的研究成果甚多，但多数基于社会分层的固态研究（即关于其阶级属性、历史地位与作用的讨论，以及在不

①Mike Savage, “Social Mobility and Class Analysis: A New Agenda for Social History?”, *Social History*, Vol. 19, 1994, p. 69.

②余霖：《中国农业生产关系底检讨》，《中国农村》1935 年第 1 卷第 5 期；洪钟：《农村中反富农的斗争》，《红旗》1929 年第 62 期。新中国建立后，也将“消灭富农”作为社会主义革命的重要任务，所以“党和国家绝不允许富农经济无限制地发展”。见何载编著：《谈消灭富农经济》，《延安的光辉》，陕西人民出版社 1993 年版，第 140 页。

③朱新繁：《中国农村经济的关系及其特质》，新生命书局 1930 年版，第 267、257、259、243、256—257 页。

同历史时期中共的政策变动研究等)①,尚未有从社会流动角度展开的学术探讨。其实,早在民国年间廖士毅已经著文涉及这一问题,提出了"农业阶梯"的攀登说(即社会流动的另一表述)。他根据当时美国学者的理论提出:所谓农业阶梯是解释一个典型的农民,最先从农业工人开始工作,在他的父亲或他人的农场赚取工资,当他已经积蓄了可以自行经营农场的资本时,便攀上了农业阶梯的第二级,变为佃农,继续耕种若干时候,他得到充足的资本来买农场所,便攀上了自耕农的地位。他认为,"它是阶级社会中的一种,具有流动的性质";"它变动的速率,取决于社会经济制度,许多农业社会学者、农业经济学者常用这个概念来描述农民之社会的和经济的地位及其变动情形,藉此来表示农业社会中之社会经济的制度"。并以此对当时中国农村社会结构的动态特征作了概括:即由雇农上升为佃农的有7%的可能性,上升为半自耕农的有1.6%的可能,再升为自耕农的就只有0.6%了。"由此可知我国农民的攀登农业阶梯是非常困难

①相关研究有:区延佳:《略论第二次国内革命战争时期党对富农的政策》,《近代史研究》1982年第2期;何秉孟:《论土地斗争中党对富农的政策》,《近代史研究》1986年第1期;王建科:《党在各时期富农政策的演变》,《江苏社会科学》1992年第2期;徐秀丽:《50年代中国共产党的富农政策》,中国社会科学院近代史研究所编:《时代的转折——"1949年的中国"国际学术讨论会论文集》,四川人民出版社2002年版。关于共产党不同历史时期富农政策的研究还有:王国洪:《试论第二次国内革命战争时期党对富农的政策》,《齐鲁学刊》1981年第4期;李少明:《略论土地革命时期的中农与富农问题》,《中国社会经济史研究》1987年第4期;须立:《论我党在土地斗争中对富农的策略》,《安徽史学》1988年第4期;鲁荣顺:《富农问题初探》,《苏州大学学报(哲学社会科学版)》1989年第4期;叶德先:《试论土地革命战争时期党对富农政策的转变》,《内蒙古师范大学学报(哲学社会科学版)》1990年第4期;林素兰:《试论我党富农政策的演变》,《杭州大学学报(哲学社会科学版)》1994年第4期;秦宏毅:《四个阶段的中国共产党富农政策》,《求索》2005年第1期;杨菲蓉:《毛泽东关于富农概念的使用及其界说(1925—1933)》,《毛泽东思想研究》1997年第4期等。相关的学位论文有:王好军:《中国共产党对富农阶层的认识及政策演变》,吉林大学硕士学位论文2005年;杨松:《土地革命时期中国共产党关于富农的理论政策》,西南交通大学硕士学位论文2004年等。

的"①。但是,这一研究取向没有得到继续或被承接下去。其中的原因固然很多,但阶级理论的扩展,以及立足于诠释现实政治选择的研究取向占主导地位,使这一纯然的学术路径湮没不彰,或为主要的因素。因而,借助于社会流动的分析路径,或可以进一步揭示特定历史时期富农阶层的动态特征和一般情状,从而为富农阶层的理论认知和历史定位提供一个新的视角。

系统资料的缺乏显然是研究富农阶层社会流动的困难之一。我们尝试借助河北省磁县档案馆藏"四清"时期的《阶级成分登记表》(下称《登记表》)作为参照资料②,结合其他乡村社会调查资料,力求对 20 世纪三四十年代中国乡村富农阶层的社会流动作出动态性分析。按《登记表》记载的时间推算,户主这一代为 1940—1960 年代,父辈应为 1930—1950 年代左右,祖父辈为 1920—1940 年代。当然这仅是一个大致的时间范围。为便于分析,我们抽取了磁县 8 个公社 50 个大队 120 户富农家庭作为分析样本。需要特别说明的是,这里所说的富农是指土地改革时对农户的阶级划分,这与学术研究中涉及的富农并不一定完全一致。但不可否认,土改时的阶级划分一个很重要的依据就是家庭的经济状况,因而通过阶级成分可以大体把握一个家庭土改之前的经济水平。因此阶级划分中的富农,相对而言是农村社会中占有一定数量的土地、房屋、耕畜和其他生活工具的富裕农户。这些登记表,"能显示每一个具体家庭从土改前的 1940 年代初、甚至 1930 年代以来不同时期家庭人口和经济状况的变动。从中可以对一个家庭从 1920 至 1960 年代中期的演变历史面貌有所把握"③。资料涉及的 120 个样本户中,依据户主的年龄可分为 20 岁以下 10 户,21—30 岁、31—40 岁、41—50 岁、51—60 岁和 61—70 岁各 20 户,71 岁以上 10 户;依据户主的受教育程度,可分为

①廖士毅:《中国之农业阶梯》,《农报》1947 年第 12 卷第 3 期。

②笔者收集了部分"四清"运动时期的《阶级成分登记表》,这些资料基本上是 20 世纪 60 年代中期完成的,登记表是以一家一户为单位,要求对当时家庭的经济状况进行详细登记,并在"家史简述"中对祖父辈、父辈的情况进行登记。虽然内容较为简略,但可大致反映出家庭代际发展变化的脉络。

③王跃生:《冀南农民家庭子女数量变动考察:1930—1990 年代》,黄宗智主编:《中国乡村研究》第 3 辑,社会科学文献出版社 2005 年版,第 102 页。

文盲、初小、高小、初中、高中；根据农户家庭耕地面积，大致分为 30 亩以下、31—50 亩、51—100 亩和 100 亩以上，如下表：

表 2-2　河北省磁县 120 户富农家庭样本情况表

样本家庭		样本数(户)	所占比例(%)
性别	男	107	89.2
	女	13	10.8
年龄	20 岁以下	10	8.2
	21—30 岁	20	16.7
	31—40 岁	20	16.7
	41—50 岁	20	16.7
	51—60 岁	20	16.7
	61—70 岁	20	16.7
	71 岁以上	10	8.3
文化程度	文盲	32	26.7
	初小	50	41.7
	高小	26	21.7
	初中	10	8.3
	高中	2	1.6
占有耕地面积	30 亩以下	22	18.3
	31—50 亩	35	29.2
	51—100 亩	31	25.8
	100 亩以上	32	26.7

资料来源：《阶级成分登记表》，河北省磁县档案馆藏阶级档案，档案号：95—12—13—7—8。

借助于对 120 户样本家庭的分析，以户主为一代，可上溯祖父辈、父辈，下及子辈四代人的社会流动规模与状况，由此可从侧面揭示其社会流动的一般趋向和时代特征。

一　富农阶层的代内流动趋向

代内流动是通过个人一生中社会地位的变动所表现的社会流动

状况。由于时间跨度较短，在反映社会结构变化趋势方面有一定局限性，但代内流动能比较详细地表现出具有不同背景和特征的个人的机会结构分布和社会选择机制的运作。在一个既定的社会阶层结构中，如果流动的方向是由较低社会地位流动到较高社会地位，可称为上向或上升流动，反之，则称为下向或下降流动。

(一)上向流动情况

在小农经济社会中，追求富裕和发展是农民或农村社会经济发展的内驱力。勤于劳动、善于经营成为农民走向富裕的条件之一，这在传统农业社会及其文献中被概括为“力农(田)致富”。如河北暖水屯的顾涌和其兄揽长工，受了 48 年的苦，把血汗洒在荒瘠的土地上，“他们由于不气馁的勤苦，慢慢的有了些土地，而且在土地上抬起头来了”①，变成了村上的富农。磁县 120 户样本家庭表明，村民上升为富农的情况并不鲜见，如下表：

表 2-3　河北省磁县 120 户家庭上升为富农情况表

上向流动的原因	祖父辈(样本数 90 户)		父辈(样本数 120 户)	
	样本数(户)	百分数(%)	样本数(户)	百分数(%)
做长工积累	8	15.1	1	2.2
务农兼做短工	33	62.3	17	37.8
务农兼经商	4	7.5	3	6.7
务农兼副业	6	11.3	19	42.2
过继给富户	2	3.8	1	2.2
放债得利			4	8.9
总计	53	100	45	100
向上流动户数/样本户	58.9%		37.5%	

资料来源：《阶级成分登记表》，河北省磁县档案馆藏阶级档案，档案号：95—12—13—7—8。

统计显示，与父辈相比，祖父辈的代内流动是相对开放的，后致性因素起一定作用，主要表现为长工等阶层可以经过勤劳努力和不

①丁玲：《太阳照在桑干河上》，花山文艺出版社 1995 年版，第 6 页。

断积累逐步达到富裕程度，从而流动进入较高的阶层。祖父辈的代内流动占到样本数的58.9%。这一代人以勤苦劳动积累奠定了上升的基础。他们进入富农阶层的原因（或者说途径）中最多的是务农兼做短工。他们自己耕种少量的土地，并在农忙时兼做短工，省吃俭用，攒钱买地，生活逐步富裕。南开河乡张保的爷爷，年轻时家里很穷，只能靠打短工维持生计，逐步买地耕种，40岁以后才发家致富①。其次是做长工，通过做工的积累，使家境改善。北来村姚国均的爷爷带着全家要饭到这里，做长工维持生活，家中逐渐少有积蓄②。两项合计，竟占到上升富户户数的77.4%。此外，务农兼副业上升的占11.3%。对于一般农户而言，务农的同时兼营副业，主要是家庭手工业类如纺织、开豆腐坊、轧花等，可以增加改善家境的机会。务农兼商业的农户只占到7.5%。林坦乡梁双叶的爷爷务农稍有积蓄，便去彭城、李兵庄等地经商十余年，生活上升。除上述几种途径外，还有少数人依靠过继给富农，或是给富农作义子。北来村胡长春的祖父，家中贫寒，仅有2亩耕地，后过继给本村的富户，改善了生产境遇③。北来村八里铺的辛秋芳，爷爷是从山东逃难过来，先给村中的富户做长工，后来又当了该富户的义子，当时得到土地13亩，生活有了保障，此后不断发展持续上升④。

父辈一代时，农民上向流动的原因则是以发展副业，特别是种植经济作物获利为主，这一项占到上升农户的42.2%。因务农兼做短工而上升的占到37.8%。此外，放债得利而致富的占8.9%。在上一辈积累的基础上，第二代已有农户以放贷取息而扩大收入。少部分农户则通过务农兼经商等途径向上发展。

在农户的上向流动中，除家产继承等先赋性因素外，个人成就因

---

①《阶级成分登记表》，河北省磁县档案馆藏阶级档案，档案号：95—12—13—8。

②《阶级成分登记表》，河北省磁县档案馆藏阶级档案，档案号：95—12—13—7。

③《阶级成分登记表》，河北省磁县档案馆藏阶级档案，档案号：95—12—13—7。

④《阶级成分登记表》，河北省磁县档案馆藏阶级档案，档案号：95—12—13—7。

素主要包括务农兼短工、或兼业、或经商，均是上升为富农的途径。如兴县、临县5村的富农上升的仅有9户，其中由于劳动积极的3户，种棉特产的4户，发展副业的2户①。可见个人的勤俭和努力是农民上升的主要途径之一。“少数幸运的自耕农甚至佃农，依靠自己的辛勤劳动和精打细算，有所盈余，逐渐上升为比较富裕的农户，不是不可能的。”②因此，“中国农村中无特贫特富的事情，自然也没有太悬殊的阶级，于农民的阶级，也并不能固定了。今日是小康的农家，隔日便流于破产了；或今日是赤光的贫农，数年后却是中等农家，或上等农家了，这是在中国农村里是常常看得到的”③。

(二)下向流动情况

20世纪20—30年代，伴随着乡村社会危机的加深，富农的下向流动有日益加速的趋势。磁县富农家庭的下向流动情况(见下表)：

表2-4　河北省磁县120户富农家庭下向流动原因分析表

下向流动的原因	祖父辈(样本数90户)		父辈(样本数120户)	
	样本数(户)	百分数(%)	样本数(户)	百分数(%)
赌博			2	11.1
抽大烟	2	20	6	33.3
分家和经营不善			3	16.7
战乱、天灾等	8	80	7	38.9
总计	10	100	18	100
向下流动户数/样本户	11.1%		15%	

资料来源：《阶级成分登记表》，河北省磁县档案馆藏阶级档案，档案号：95—12—13—7—8。

其中，祖父辈的下向流动率为11%，战乱、赌博等因素导致部分

①《兴县、临县5村阶级关系及土地占有的变化》，山西省档案馆藏晋冀鲁豫边区交通局档案，档案号：A90　2　199　1。

②章有义：《中国农业资本主义萌芽史料问题琐议》，章有义编著：《明清及近代农业史论集》，中国农业出版社1997年版，第273页。

③顾诗灵：《中国的贫穷与农民问题》，群众图书公司(出版时间不详)，第108页。

家庭下向流动，下降为贫农阶层。父辈的下向流动率约为15%，其中赌博、抽大烟等挥霍是下向流动的主要原因，仍以自由流动（或个体性的流动）为主。这显然不仅仅是区域性问题，可参考河南、陕西乡村富农的下向流动情况（见下表）：

表2-5 20世纪20—30年代河南、陕西富农下向流动情况表

地区	1928年富农数（户）	1933年富农数（户）	下降户数占原有富农数的百分比（%）
许昌县5村	22	19	13.6
辉县4村	39	31	20.5
镇平县6村	19	16	15.8
渭南县4村	15	8	46.7
凤翔县5村	15	5	66.7
绥德县4村	9	8	11.1

资料来源：行政院农村复兴委员会编：《河南省农村调查》，第18—20页；行政院农村复兴委员会编：《陕西省农村调查》，商务印书馆1934年版，第4、43、80页。

不同地区的富农下向流动的情况并不相同，但总体来看，下向流动的趋势仍然占有不小比例。上表的统计表明，最少的是绥德县4村，大约11%左右的富农下降；最多的是凤翔县5村，近67%的富农下降为中农、贫农，甚至破产。在渭南县4村中，1928年有富农15户，到1933年时分家成为20户，除8户仍为富农外，全部下向流动（6户成为中农，4户为贫农，1户为其他）。渭南县5年来80%以上的富农呈下向流动的态势。此外还有1户成为出租地主，“因为户主是女人，而且男儿和儿媳都年幼无能，所以将土地出租”。这种所谓的上升，只是生产方式从雇工经营转变为出租经营，并不意味着经济的增长和财富的增加。这种生产方式的转换背后，是家庭生产力的绝对减少和对农业生产决策能力的丧失，因此并不能视为上升，相反，在实质上当属于下向流动。事实上，在华北村庄，有地百亩以上的农户如果“躺在地租上”生活，那不是兴旺发达，而是败家的象征。如山西晋中，“那里的农作是近于粗放农业，成本和人工的费用是比较小，而捐税的负担很大。所以与其租给人家，还不如自己经营比较有利些，除了自己缺少壮丁的农家，是不肯租给人家种的”。在这里“做地主的差不多是男人出外营商或是只有女人小孩子的小户农家；而做承佃者的，反而是当地的大地户”①。

二　富农阶层的代际流动状况

代际流动主要是研究亲代与子代在两个时点上的社会地位的变动情况。同代内流动一样，农民通过辛勤劳作和积累可以实现自己的致富梦想。“满铁”在河北省昌黎县侯家营村调查时发现，“1900年该村有几家拥有200—300亩土地的大地主，但到1942年这些家庭都成为穷人，出现了一个新的拥有100—180亩土地的土地集团。这些大地主中的大部分是通过在东北做短工或在村庄以外的地方经营店铺获得收入的。在存了一笔钱后，他们回到他们家乡的村子里购买土地”②。他们通过做工或经商积累财富，并通过买田置地而实现财产的聚集和增进。下表即是河北省黎县侯家营村通过代际流动上升为富农家庭的具体情况表：

表2-6　河北省昌黎县侯家营村代际间上向流动情况表

姓名	父辈	代际上升流动的原因	1941年家庭财产情况
侯庆昌	只有10亩地贫农	在东北工作，回村买地	有地180亩，出租100亩
侯宝廉	贫农	在东北劳动，回村买地	有地117亩，出租6亩
侯元文	生活较贫穷	在东北工作，回村买地	有地30亩，出租10亩
侯全五	生活较贫穷	过去跟官时存钱，逐渐买地	有地30亩，出租10亩
侯元宏	生活较贫穷	在东北多年，存钱买地	有地30亩，出租10亩

①张稼夫：《山西中部一般的农家生活——替破产中的农家清算的一笔账》，千家驹编：《中国农村经济论文集》，上海书店出版社1989年版，第380页。

②［美］马若孟著、史建云译：《中国农民经济：河北和山东的农业发展(1800—1949)》，江苏人民出版社1999年版，第261页。

（续）

姓名	父辈	代际上升流动的原因	1941年家庭财产情况
侯元来	贫农兼小贩	在东北劳动，回村买地	成为富人，将土地出租经营
侯允中	中等财力	在东北多年，存钱买地，并通过农业收入增加土地	自耕土地
刘斌奎	富户	经商，逐渐买地	有地170亩，出租30亩

资料来源：[美]马若孟著、史建云译：《中国农民经济：河北和山东的农业发展(1800—1949)》，第262页。

可见，外出做工是贫苦农民发家致富的另一条途径，这种“淘金式”的方式可以在较短时间内积累到一笔钱财，从而迅速完成代际间的上向流动。山东某氏，1901年到东北四平某县城经营商业。初至该县时，以13元现金建立小铺；以后次第发展，1915年经营杂货兼杂粮，已购置土地一千八百余亩；1920年兼营油坊业，土地已增为3500亩；1922年改营粮栈兼当铺；至1939年调查时，已在该县21个村庄内置田13663亩，在县城内很有地位①。当然，现实中更多的可能不是诸如此类的豪富，而外出做工却是农民向上流动的一种相对快捷的方式。“务农不是生财之道，有野心的村民必须在农业之外去闯荡他们的运气。”②在“满铁”调查中，河北、山东9个村的20个富户中，除了5户是继承祖业外，其余都是在本人或者父辈才开始致富的，其中有几户是通过在关外经商工积蓄钱财，更多的是通过勤勉耕作获利③，详情如下表：

①章有义编：《中国近代农业史资料》第2辑，生活·读书·新知三联书店1957年版，第303—304页。

②周荣德：《中国社会的阶层与流动——一个社区中士绅身份的研究》，学林出版社2000年版，第246页。

③黄宗智：《华北的小农经济与社会变迁》，中华书局2000年版，第74—78页。

表 2-7　河北、山东 5 村 12 户富农代际间上向流动情况表(单位:亩)

村庄	1890—1900 年		1910—1920 年		1930—1940 年		向上流动原因
	姓	拥有地	姓	拥有地	姓	拥有地	
大北关			张	86	张	145	耕作获利
			张	150	张	243	耕作获利
			张	150	张	218	耕作获利
沙井村			×		张	110	都市就业
米厂	董	46	董	86	董	130	耕作获利
	董	20	董	150	董	157	耕作获利
	董	93	董	120	董	100	耕作获利
前梁各庄			傅	90	傅	118	耕作获利
	王	40	王	40	王	104	东三省就业
侯家营			×		侯	150	东三省经商
			×		侯	114	东三省经商
			×		侯	160	官员手下任职

资料来源:黄宗智:《华北的小农经济与社会变迁》,第 75—77 页。
说明:富户是指拥有土地 100 亩以上的农户。"×"表示这一代没有富户。

通常情况下,拥有的土地亩数是衡量一个家庭经济状况好坏的标准。"农村家庭的兴盛主要是通过购买土地实现的,衰落也是由被迫卖出土地的突发事件引起的。"①因此,农家占有土地的变化情况可以视为上升或下降的一个量化标准。在上述列举的 12 户富农中,上向流动是在第一代时开始积累,至第二代时多数已经发展,少部分家庭至少是维持了上一代的规模,第三代时,家庭继续购置土地,扩大经营,成为乡村中的富农。而他们持续上升的主要原因是辛勤耕作,不断积累。

黄宗智根据"满铁"调查,统计出 14 户富农代际间下向流动情况表,并将分家视为主要原因。

①[美]杨懋春著、张雄等译:《一个中国村庄:山东台头》,江苏人民出版社 2001 年版,第 129 页。

表2-8　河北、山东6村14户富农下向流动情况(单位:亩)

村庄	1890—1900年		1910—1920年		1930—1940年		向下流动原因
	姓	拥有地	姓	拥有地	姓	拥有地	
后夏寨	王	500	王	100			分家,3兄弟
			刘	140			分家,自己和2子
	王	150	×				分家,5兄弟
大北关	郭	160	×				分家,3兄弟
	郭	230	×				分家,3兄弟
	张	172	×				分家,2兄弟
	张	180	×				分家,2兄弟
沙井	李	200	李	100			分家,5兄弟
	杨	270	×				分家,3兄弟
寺北柴	徐	200	徐	100			分家,3兄弟
米厂	董	150	×				分家,2兄弟
	董	165	×				分家,3兄弟
吴店	禹	100	×				分家,3兄弟
	赵	200	×				分家,4兄弟

资料来源:黄宗智:《华北的小农经济与社会变迁》,第75—77页。

表中所示,第一代的富户维持到第二代时已经减少到一半以下,第三代时已没有一户拥有100亩以上的富户,基本上都衰落了。黄宗智的分析中有两个观点值得商榷:第一,将拥有100亩土地的农户视为富户是研究者的一个设定,与现实生活中的富裕农户尚有不同,并不符合实际;第二,将乡村中富户的下向流动的原因全部归结为分家,也有待进一步讨论。黄宗智认为,富户所谓的"富",只是相对于周围的为生存而挣扎的小农而言,农业生产的有限积累,很难抵挡住分家析产的压力。富农分家的特点,其一,分家前的家庭经济状况富裕。富裕农户与一般的农户相比,分家之前经济状况较为殷实,或者说,是可供分配的资本量足够大,基本上可以保证子辈中等以上的生活水平,分家后小家庭仍然具有一定的生产经营规模。在此规模之上，子辈的经营状况是决定这个家庭再度分家时的经济基础。而事实上，俗话说“分家三年显高低”，明确分家之后小家庭的发展是有高有低的，因个人能力、经营环境等因素，分家后是可以继续发展的。因此，分家是为后代提供一个生存发展的基础，如果分家后只有衰落到消亡的结局，那岂不是从根本上违背了分家的本意。其二，分家前一个大家庭的财富和分家后诸个小家庭的财富之和并没有什么不同。从人均角度上看，更是如此。分家所带来的财富差异主要是因为子辈从父辈那里平均分得的财产，由于子辈家庭儿女数量的多少不同而产生了小家庭人均财富水平的高低之别。其三，从家庭财富的绝对规模上看，分家后的确降低了家庭在村落中财富的等级或水平，如土地、耕畜和其他生产资料的减少，但同时，相应地家庭支出也会随着人口的减少而减少。分家后，由于勤惰之别、经营方式的不同等原因，兄弟们虽然是平均分配家产，但分家之后各自的经济状况却可能发生变化。善于经营的兄弟不仅能保持原有的生活水准，而且会进一步积累财富，提高生活水平；相反，不善经营者则会坐吃山空，家境没落下去。因此分家后小家庭生活质量上升和下降并不是绝对的。

从对河北磁县 120 户富户的代际流动分析中可以看到，父辈为富裕农户的家庭，其子辈有近 60%的农户保持着富农的阶层和地位，其原有家产基本上继自父辈。其中有明确记载富农的父辈占有土地亩数的 22 户中，35—50 亩的 3 户，51—100 亩的 11 户，100 亩以上的 8 户，其中最多的 1 户为 300 亩。分家前经济状况相对比较殷实的家庭，父亲在世时尚可将诸子维系在一起。然而“或许这类比较富裕家庭的各个兄弟对分家的预期比较高：自己可以成为一家之主，又不会降低生活条件。因而父亲去世往往成为推动兄弟分家的契机”①。大家庭分家之后，财富总量的大而变为析产后的小，并由此导致各个家庭生产方式的变化和家庭经济状况的改变。有的家庭非但没有下降，反而有所上升。沙井村李广志家，占有耕地 84 亩，家中有 5 个劳动力，等于每人耕地 17 亩。但他在父亲的农场上工作比较懈怠，尤其喜欢上集，或是到当地的寺庙挤人群看热闹。但后来弟

①王跃生：《20 世纪三四十年代冀南农村分家行为研究》，《近代史研究》2002 年第 4 期。

兄们分家，每人得地27亩。这时的李广志才尽最大努力工作。他骄傲地回忆说，他耕种27亩地，每年只需雇20个工，而获得的产量不低于村中任何人①。磁县庆有庄村朱正盛一家，有地110亩，1马1驴，以自耕为主，农忙时雇佣短工。兄弟3人分家后，朱正盛分得土地34亩和1头驴，后逐步发展，买地23亩，开始雇工生产，并放债谋利，生活更加富裕②。磁县林坦村张万琴父亲在时，有地三百余亩，2头骡，1牛1驴。兄弟6人，家中有劳力7人，土地基本上自耕，农忙时雇短工。分家后各户得土地50亩，张万琴一家经数年发展，购进土地30亩，大车一辆，雇佣长工，生产扩大③。可见，分家析产之后，一些条件较好的小家庭选择相对合理的经营方式，不辞劳苦，勤奋努力，在经历数年的积累之后发展起来，有的甚至将农场面积扩大到分家时的数倍之多。

其实，多数富农分家后基本上可以保证子辈中等以上的生活水平，在一定意义上分家增加了小家庭对财产和经营的自主权，由于家庭成员的能力和品行的不同，一些家庭会得到发展，成为更大的富裕家庭。因此，将富农的下向流动归结为分家，似不全面。

杨懋春通对山东台头村的研究，概括出一个家庭几代之间的流动状况，“通常，一个家庭辛勤劳动、节俭生活，然后开始买地；第二代成员继续努力，结果家庭有了更多的土地，成了富裕家庭；第三代成员只顾享乐，花得多挣得少，不再买地，渐渐开始卖地；第四代卖掉更多的地，到最后家庭陷于贫穷。这个周期甚至不到100年就循环一次”④。从流动的趋势上讲，杨懋春的估计大体不错，但这里却有一个明显的问题，那就是把一个家庭从兴盛到衰败的原因归结为“只顾享乐，花得多挣得少”，则过于简单化。一个富裕的家庭会遭遇各种因素阻滞家庭的积累和发展。外部原因包括政策、战乱、天灾等因

---

①黄宗智：《华北的小农经济与社会变迁》，第174页。

②王跃生：《社会变革与婚姻家庭变动：20世纪30—90年代的冀南农村》，生活·读书·新知三联书店2006年版，第309页。

③《阶级成分登记表》，河北省磁县档案馆藏阶级档案，档案号：95—15—7—8。

④[美]杨懋春著、张雄等译：《一个中国村庄：山东台头》，第129页。

素,内部原因包括自身的努力、经营条件等。更多时候,富农家庭的衰败是内外两种合力的结果。

以上是富农家庭代际间的垂直流动情况。那么富农家庭代际水平流动(即在同一社会职业阶层内的横向流动,也包含在同一地区的不同工作群体或组织之间的流动)情况如何?以河北磁县 120 户富农家庭作为分析样本,以家庭的户主为中心,双向追溯其祖父辈—父辈、父辈—户主、户主—子辈之间的地位变动,以分析四代人之间的流动特点与规模,详见下表:

表 2-9 河北省磁县 120 户家庭的代际水平流动情况表

父代地位	样本(户)	百分比(%)	子代地位							
			职业流动					农业阶梯		
			公务人员	教师	医生	工匠	商人	富农	中农	贫农
雇工	8	9.4				1		2	5	
贫农	5	5.9				1		4		
中农	24	28.2		1	1		1	14	6	1
富农	47	55.3	2	5	2		2	28	3	5
商人	1	1.2						1		
总计	85	100	2	6	3	2	3	49	14	6

说明:富农、中农、贫农并非阶级划分中的概念,而是以其生活水平作区分标准,大体划分为富裕、中等和贫困三个层级。

上表显示了父代地位的不同阶层,其中以中农和富农为最多。对于富农和中农而言,他们往往是村庄社会生活的中坚力量,勤苦的耕作,合理的安排,持续不断的节俭,如果没有大的变故,可以获得攀升,成为村民们向往的“财主”①。

父代是雇工和贫农的较低阶层,其子代地位的获得往往是通过自身的勤劳和努力,整体呈现向上流动的特点。父代地位为中农,其

①卢晖临:《革命前后中国乡村社会分化模式及其变迁:社区研究的发现》,中国社会科学院社会学研究所编:《中国社会学》第 3 卷,上海人民出版社 2004 版,第 118 页。

子代除25%基本保持原有地位外，58.3%上升为富裕农民；另有3人，成为教师、医生和商人；仅有1户下降，成为贫农。父辈为富农子辈的向下流动占16.7%；59.6%保持了基本相同的原有地位；11户成为其他职业，包括公务人员、教师、医生和商人。上表显示，富农的流入率为42.9%，流出率为40.4%。这一时期的代际流动，80%以上都是在农民阶级内部的流动，10%左右的流动属于职业的变动。

富农在从事经商、或教师、医生之职时，大多数并没有脱离农业劳动，从这个意义上讲，这并不是完全意义上的水平流动。越是富裕农民，越无法割舍自己的土地。一个家庭的一个或几个人脱离农业，去经商或是从事其他非农业工作，但这个家庭的根还是深深地扎在土地上。富裕农民经商或从事其他职业后，大多数会投资在家乡买田置地，如果说他们是为了剥削佃农的地租，获取地租利润，不如说他们是为自己留着一条退路。一旦商场受挫，工作无保，便可以退回乡村，依靠土地生活，甚至可以重新积蓄资产。事实上，不少富裕农民向外流动后多又返回乡村。

三　富农阶层社会流动的类型与特征

下表显示，几代人的代内流动的时代性差异是明显的，祖辈上向流动率为52.2%，父辈则降为29.2%，户主辈又降为26.7%，其总流动率和上向流动率均呈下降趋势，上向流动率与下向流动率之比也是逐代下降。这似乎表明，富农阶层整体性的衰落。我们还可以从120户样本户的变动情况表来进一步分析富农阶层流动的类型与特征。

表2-10　河北省磁县120户样本家庭代内流动情况表

样本户数		祖辈	父辈	户主		子辈
		90户	120户	120户		105户
				土改前	土改后	
总流动	样本(户)	53	45	41	0	0
	百分比(%)	58.9	37.5	34.2	0	0
不流动	样本(户)	37	75	77	120	120
	百分比(%)	41.1	62.5	65.8	100	100

（续）

样本户数		祖辈	父辈	户主		子辈
		90 户	120 户	120 户		105 户
				土改前	土改后	
向上流动	样本(户)	47	35	32	0	0
	百分比(%)	52.2	29.2	26.7	0	0
向下流动	样本(户)	6	16	24	120	120
	百分比(%)	6.7	13.3	20	100	100
向上流动率/向下流动率		7.8	2.2	1.3	0	0

资料来源:《阶级成分登记表》,河北省磁县档案馆藏阶级档案,档案号:95—12—13—7—8。

首先,代内流动是一个历史过程,这一过程在一定意义上揭示着时代进程的历史特征。华北地区富农的代内流动形成了几个阶段:第一阶段,1930 年代中期之前。这一时期富农代内流动具有以下几个特点:一是流动率高。总体来看,流动率高于不流动率。在 90 户样本户中,流动率为 58.9%,说明祖父辈这一代多处于流动状态。二是上向流动率高于下向流动率。富农的上向流动,只是一个方向性的趋向,表现为占有财富的增加和社会地位的上升。就样本户统计,上向流动率为 52.2%,下向流动率为 6.7%,二者之比值为 7.79,上向流动明显高于下向流动。这说明户主在向上追溯的祖父辈一代,已经开始财富积累,成为家业的起步阶段。当然,不可否认,有相当一部分农户(样本统计为 41.1%),其财富的获取是从更早的一代获得的。三是先赋性因素和后致性因素共同作用,决定着富农代内流动。一方面,部分富农地位的获得是由于既有的家庭经济地位,另一方面,后致性因素在代内流动中起着较为主要的作用。通过后致性因素,即通过个人后天的努力奋斗,可以实现上升流动到更高层次的社会地位。在我们统计祖父辈上向流动的 90 个样本家庭中,除 37 户是继承了上辈的财产和 2 户是以过继和当义子的途径外,其余 51 户都是通过个人努力实现上升的,占到样本户总数的 56.7%。后致性因素的作用愈大,愈说明社会的流动相对开放,个人可以通过自身奋斗得到上升,在客观上

有助于社会生产的发展。与祖父辈的上向流动相比，父辈的代内流动规模缩小，上向流动减少，下向流动率增加，

第二阶段，1930年代中期至1940年代中期土地改革前，富农代内流动特点主要表现为流动缩减，不流动率增大，在富农经济地位的获取中，先赋性因素比后致性因素起到更大的作用，近2/3的富农是由于其父辈的经济地位而取得。

第三阶段，土地改革后至中华人民共和国成立初期，富农阶层的代内流动呈现出整体下向直至停滞的特征。土地改革后，户主一代与子辈的下向流动率均为100%，这种整体性的下向流动，或可称为强制性流动。土地改革中，对富农进行了土地及其他生产工具的无偿剥夺，使乡村社会中富农的经济力量整体下降。同时伴随着阶级身份的标签固定化，富农的政治地位一落千丈，经济力量甚至无法与乡村社会中的贫农相比。磁县《阶级成分登记表》中的家庭成员，主要是16岁以上的成人登记，15岁以下的孩子只作为家庭人口计数，并不单独填写，但这并不影响对"子代"流动状况的基本把握。1950年代后期，富农的子弟除了从事农业劳动外，在其他非农业领域已无发展的空间。抽取的120户样本家庭中，子辈绝大多数从事农业生产，虽以富农标示阶级成分，但生活境况并非经济上的富户，因而是整体下降，代内流动基本停滞。

20世纪上半期，富农阶层的社会分化和流动过程的实际状态间有一定差异性。总体而言，富农代内流动的规模由小而大，从个别到整体；流动原因中政策和制度的因素逐步突出，流动性质从自由流动转为结构性流动①。

其次，上向流动表现为多样性和复杂性。如何认识富农上向流动的含义？富农是指富裕的农民，如果从这一宽泛的概念上去理解富农的上向流动，那么应当包括两个层面：一是富农发展为生产规模更大的经营式农场主。这里所说的更大的生产规模，是指拥有更多

---

①自由性流动是指主要由于特殊原因而造成的个人社会地位的变动。结构流动是指由于生产技术和社会变革、革命而引发的大规模阶级、阶层结构或人口地区分布的变化。王先明：《中国近代绅士阶层的社会流动》，《历史研究》1993年第2期。

的生产资料，包括土地、耕畜、农具等，在此基础上，富农的雇佣劳动扩大，成为更大的经营。二是富农的上向流动，脱离农民阶级，成为政府的公务人员。在城乡关系不断扩大的同时，城乡关系事实上已经成为剥夺与被剥夺的关系。农民处于社会的最底层，因而作为在乡村社会中较富裕的阶层，脱离农村，进入相对稳定或扩大收入的阶层，应当是一种上向发展。

经营式农场主，相当于阶级划分中的经营地主。对于这一阶层，和富农一样，共产党的认识也是有变化的：1942年，指出经营地主应当视作为资本主义的，应当和富农归为一类；1950年颁布《土地改革法》又明确决定将经营地主归并为地主。阶级划分主要针对的是一个阶层的生产资料的占有方式，是剥削阶级还是被剥削阶级。但从生产资料的占有数量上讲，经营式农场主与富农均属于乡村社会中富裕的农民阶层。黄宗智对华北小农经济的研究中，认为“那些富有的农户，实际上并不是地主而是我称之为‘经营式农场主’的农户——他们雇佣了3到8个雇农耕种100到200亩土地（这要与只雇佣1或2人的富农区分开来）”①。黄宗智将富农与经营地主进行区分，并强调二者并不相同，其根本区别在于前者是农场式生产，后者是家庭式生产。在近代中国农村，所谓的经营地主仍然是以家庭为经营单位。从黄宗智的表述中，二者的区分是根据雇佣人数的多少不同。以量定质不是不可以，但无法认定一个农户雇佣2名雇工与雇佣3名雇工的质的差别是什么。笔者认为，二者的相同之处在于，其一，均以家庭为基本经营单位；其二，均已突破了家庭成员经营的界限，采取了雇工经营；其三，二者的发展规模虽有差距，但并不足以突破质的差别，且均与“农村的资产阶级”相距甚远。所以与其强调二者的不同性质，不如将其作为在量的积累过程中富裕农民的不同阶段。因此，富农经营规模的扩大，首先也一定是表现在雇佣工人的增加上，当然不仅仅是农业上的雇工，富农因从事副业和工商业，同样需要一定数量的雇工。因此，富农与经营地主的区别只是量的区分，而非质的差

①黄宗智：《中国革命中的农村阶级斗争——从土改到文革时期的表达性现实与客观性现实》，黄宗智主编：《中国乡村研究》第2辑，商务印书馆2003年版，第74页。

异。富农阶层的上向流动未必达到跨越阶层界限的程度，但却正是这个上升的空间赋予每个农户向上攀升的希望。

在一些农村调查资料中，将富农到地主的变动过程视为是一种上向流动，这种认识并不全面。当然这一问题必然会涉及一个根本性的问题就是什么是地主。在此笔者并不打算探讨地主的称谓，从其经营方式上来分析，有完全出租土地和雇工经营土地的两种基本方式，也就是阶级划分中指出的地主包括出租地主和经营地主。以租佃方式经营土地的地主是否是富农向上发展一个阶层，还值得商榷。但从富农到更大的经营式农场主经营是规模的扩大，当视为富农的上升。

其三，由自由流动突变为结构性流动。如果对富农的流动规模做一简单的分期，那么以抗战前后为界，可以大致分为自由流动(或个体性流动)为主和以结构性流动为主两个阶段。抗战之前，华北富农的流动是以个体性流动为主。传统的乡村社会是承认贫富差距的，因而对于农民的流动有着自己的认识。他们将富农个人的流动视为勤劳、节俭，祖上的阴德，甚至是好的运气，以此作为自己努力的方向，或是教育子女的榜样。山东台头村的农民们把获得成功的人比作冬小麦，冬小麦优于其他谷类，因为它经历了最严寒的冬天。所以当一个人通过艰辛和自我克制获得成功和好运时，他会被喻为小麦，所有认识他的人都很钦羡他①。同时，这些富农也成为榜样，农民教育孩子“如果(他们)不拼命干活，全家人就吃不饱”。他们“竭力仿效村里富裕户的行为，这些富裕户拼命工作节省下钱来买地和牲畜……人们教育孩子们勤劳和俭朴与财富的积累紧密相关，培养他们不要接受命运，安于贫困，而是要竞争，获得与村里的富户同样的地位和财富”②。河北省临城县农民对那些祖上留下来财富的家庭，认为是“因为他们先祖勤俭所积，为他们遗留下些金钱”③。在农民看来，财主、东家并非革命者眼中生活腐化的代名词，土地越多、财富越大反而“成了道德高尚

①[美]杨懋春著、张雄等译:《一个中国村庄:山东台头》,第36—37页。

②[美]马若孟著、史建云译:《中国农民经济:河北和山东的农业发展(1800—1949)》,第146页。

③远:《河北省一个农村经济的调查》,《中国经济》1934年第2卷第7期。

的证明”①。对于农民的下降和衰落,也更多地归结为不会经营或是挥霍败家。河北郎五庄村民刘凤兰说:“那时候真不容易,要饭吃也不跟别人借一升一碗。斗地主,分粮食,给我家扛去,我还给他送回去,一个线头儿都不要,我不能给孩子们留下话把儿,说是坑人坑的。我们家穷是因为老当家的(公爹)又好吃又要钱闹的。人家富是自己过的。”②富农经济稳定性差,农民不断有个体通过努力或是好的机会而上升,或是由于灾祸、个人能力等因素而下降。近代以来,乡村社会普遍的贫困化,导致富裕农民不断向更低的阶层流动。因此,上向流动规模小。

抗战后,中共在解放区渐次进行土地改革。在革命主导下以变革社会结构和权力结构为目标的社会改造运动巨浪迭起,富农阶层由此发生了的结构性流动。土地改革过程中,富农多余的甚至是全部的土地、房屋和其他生产资料被剥夺(详见下文)。父辈对子辈地位获得的影响是负面的,子辈承袭了上一代的“富农”阶级身份,政治地位和经济地位均为乡村社会中最为低下者,先赋性因素却对子代社会地位具有决定性的影响,后致性因素对这一境况的改变基本上无能为力。

四 富农的历史命运:面对历史的思考

20世纪后的华北农村战乱频仍,灾害不断,且社会持续动荡,经济破产严重,农民生活呈普遍贫困化趋向③。对于富裕农民而言,能保持既有的生产规模和生活状况虽属不易,却仍有发展空间。通常情况下,富农代际间流动是经常性的,但是代际间的流动总体趋势却是下向流动。富农上向流动,成为政府公职人员的记载非常少。在传统社会中,科举功名是农民上升的重要途径。1905年科举制度的废除,割断了乡村社会与官僚制国家的制度性联系,而新学教育制度

①[美]韩丁、韩倞等译:《翻身——中国一个村庄的革命纪实》,北京出版社1980年版,第52页。

②雷滇、洪尘:《孙大午:为农民而生——一个农民企业家的努力与反思》,中国社会科学出版社2004年版,第43—44页。

③王先明:《20世纪前期的山西雇工》,《历史研究》2006年第5期。

一定程度上也具有类似性的功能替代，如下表：

表 2-11　河北省磁县 120 户家庭中部分农民受教育情况表

子辈姓名	父辈职业	祖父辈家境情况	父辈受教育情况
樊爱莲	银行工作人员，后升为行长	雇佣长工，农忙时雇短工	自幼上学，后参加工作
辛全香	水利部门工作人员		自幼上学，中秀才，后在城里做官
胡全兴	教师	地 90 亩，房 50 间	从小上学，当教师数十年
马给伯	教师	地 61 亩，全部租给佃农	自幼上学，后教书
杨永方	教师	家中雇 2 个长工	从小上学，后教书
岳振远	教师	地 1 顷，房五十多间，雇 2 个长工	从小上学，高小毕业后，教书十余年
薛明轩	教师		自幼上学，毕业后教书
袁荣寿	医生		上学，后参加农业劳动，40 岁后当医生
胡广兴	兽医	地近百亩，房五十多间	自幼上学，后参加工作
杨营	商人		8—24 岁上学，后开花店
苗生花	商人	生活很坏	开店赚钱，由此发家

从磁县 120 户样本家庭中部分农民的受教育情况表中可以看出，在 11 户富农的代际流动中，农民向其他职业的流动与受教育情况有着一定的关联，而其受教育的程度又与家庭的经济状况是有关系的。11 户中除 1 户家庭经济条件较差，4 户没有记录外，6 户的家庭经济状况均为富裕，子代受教育的时间较长和程度相对较高，对职

业的流动具有重要的影响。富裕农民家庭成员受教育程度往往高于其他阶层，又有扩大经营的能力，因此在一定意义上，教育为他们提供了上升的渠道。磁县 120 户样本家庭中有此记载的 2 户。辛石普是科举考试中了秀才，后“到城里当官，管水利工作”。另一户樊爱莲的父亲也是读书后参加工作，在城里银行工作，后来做到银行行长之职①。教育为农民的社会分化和流动提供了一条最基本的途径，而且对乡村社会开放性流动机制的形成具有催化作用。但总体上看，对于富农而言，由于缺乏上升为公职人员的制度性流动渠道，这种向上发展的可能微乎其微。在革命主导下的社会变动中，单纯用先赋—后致规则来观察和分析 20 世纪富农阶层的社会流动是不够的。通过对富农阶层代内和代际间的流动状况分析，可以看出，除以往社会学研究中提出的先赋性因素和后致性因素之外，政治或制度性因素的意义尤为突出。以阶级理论为指导的共产党在乡村社会的改造中，致使各阶层流动的原因由以先赋性和后致性两个因素为主转变为以政策性、制度性因素为主。

(一)土改前富农的下向流动

土地改革之前，华北部分根据地已经进行了减租减息和增资的斗争，通过累进税的征收，使一些富户不得不以出卖等方式减少土地数量或是缩减雇工以逃避负担，其经济或生活水平已呈下降态势，详见下表：

表 2-12　1940 年代晋察冀部分地区富农下向流动情况表

年份	地区	原有富农（户）	下向流动（户）	所占比重（%）
1941	晋察冀边区 12 县 32 村	355	152	42.8
	平山县 4 村	71	16	22.5
1942	武乡、辽县 5 村	102	21	20.6
	黎城、平顺 5 村	76	19	25.0

①《阶级成分登记表》，河北省磁县档案馆藏阶级档案，档案号：95—12—13—7。

（续）

年份	地区	原有富农（户）	下向流动（户）	所占比重（%）
1944	兴县、临县5村	56	15	26.8
1945	晋绥9县	101	48	47.5
1945	延家川7乡	11	10	90.9
1946	河北保定地区	173	40	23.1

资料来源：魏宏运主编：《晋察冀抗日根据地财政经济史稿》，档案出版社1990年版，第187页；《太行根据地土地问题材料初集》，山西省档案馆藏中共太行区党委档案，档案号：A 1—9—3；晋绥分局调研室：《晋绥分局阶级关系及土地占有的变化》，刘欣、景占魁主编：《晋绥边区财政经济史》，山西经济出版社1993年版，第107页；晋绥分局调查研究室：《农村土地及阶级变化材料》，山西省档案馆藏中共中央晋绥分局档案，档案号：A 21—3—14 —1；《义合、延家川西区土地问题调查材料》，陕西省档案馆藏陕甘宁边区政府建设厅档案，档案号：6—3—30；陈翰笙等：《解放前后无锡、保定农村经济（1929—1957年）》，《当代中国农业合作化》编辑室编：《中国农业合作史资料》1988年增刊2，第104页。

对于以务农为主的富农而言，土地的减少就意味着财产的减少和生活的下降，如上表所示，最少的也有20%左右的富农下降，甚至有如延家川7乡，90%的富农都呈下降态势。

“四清”档案的填写时间是1960年代初，可以大致推定户主这一代为1940—1960年代。这一时期是乡村社会发生巨大变革的时期，土地改革成为影响富农阶层流动的重大事件。土改之前，富农阶层仍以个体性流动为主。尽管这一分析是建立在选取的样本户是以户主的阶级成分为“富农”的基础之上，但通过分析，还是可以找出下向流动的户数。因为档案资料是以表格的形式填写的“家史简述”，仅有对家庭经济状况变动原因的个别记录，一些家庭下降原因并未注明，但可以通过对户主所处的1940—1960年代的时间段进行分析，减租减息政策的推行、因逃避负担而分家，以及战乱等因素，应是这一时期富农下降的主要原因。

这在 1939—1945 年晋绥 9 县富农的变动情况中得到印证。① 1939 年 9 县共有富农 101 家，占人口数的 13.5%，占全部土地 22.8%；至 1945 年时，减少到 48 户，占人口总数的 6%，占土地的 10%左右。具体来说，富农土地减少的原因如下：

表 2-13 晋绥 9 县 20 村富农下降的原因分析表

时间	土地减少数量(亩)	土地减少的原因(%)				
		负担过重	减租	清债	增资	家务、经营等其他原因
1939 年	200	50				50
1940 年	6				100	
1942 年	12		100			
1943 年	405	46.4	16.9	—	3.7	33
1944 年	328	47.9	24.8	2.9	6.1	18.3
1945 年	1056.5	29.3	28.8	13.4	9.8	18.7

资料来源：晋绥分局调查研究室：《农村土地及阶级变化材料——根据老区九县二十个村调查》，山西省档案馆藏中共中央晋绥分局档案，档案号：A21—3—14—1。

从上表可见，富农在 6 年时间中所转出的土地近 2000 亩，其主要原因：负担过重，占 6 年转出总数近半；减租、清债及增资 3 项合在一起，占转出总数的近 1/3；家务原因，其中包括换产、经营及其他居。若将家务的原因视为富农自身的因素所造成的，则富农土地的减少和富农下向流动的主要原因是外部因素造成的，即减租减息政策对富农经济一定程度的限制。

1940 年代冀中地区富农下降的原因大致也可归为以下几类："下降的原因是由多方面造成的。第一，战争影响是主要的；第二，清算、献田；第三，为了缩小目标，辞了长工，缩小经营或分家；第四，出

①晋绥分局调查研究室：《农村土地及阶级变化材料——根据老区九县二十个村调查》，山西省档案馆藏中共中央晋绥分局档案，档案号：A21—3—14—1。

当土地；第五，我政策之某些影响，如负担政策、减租政策。”①同1940年代中期以前一样，清算、增加负担等政策成为富农下向流动的一个主要因素。此外，战争造成了社会的动荡与普遍的贫困，是导致富农经济发展缓慢的原因。减租减息政策使地主、富农的负担增加，如方山县农民的公粮负担由70%减为30%，地主、富农则由30%增加到70%②。

中共的减租减息、清债和增资政策的推行，加速了富农土地的减少。在乡村社会中，土地是农民贫富的天然标尺，土地的逐年减少，一方面说明富农阶层的下降流动的趋向，另一方面也表明，在这种流动中强制性的外力起了主导作用。解放区的负担政策，对富农征收35%以上的累进税，使富农以土地为累，造成土地减少。

(二)土地改革后富农的下向流动

1947年7月，中共制定了彻底平分土地的《中国土地法大纲》，规定“废除一切地主的土地所有权”，“乡村中一切地主的土地及公地，由乡村农会接收，连同乡村中其他一切土地，按乡村全部人口，不分男女老幼，统一平均分配，在土地数量上抽多补少，质量上抽肥补瘦，使全乡村人民均获得同等的土地，并归各人所有”，标志着党在农村的土地政策由有偿转移过渡为平分土地。政权以强制力量将地主、富农，包括新富农的土地财产完全无偿地让渡。以冀中35县为例，在土改前富农阶层约占总户数的3.84%，土改后仅为1.97%，其中，“原有富农仍保持富农成分者占9.69%，下降为富裕中农者占55.15%，下降为一般中农者占25.45%，下降为贫苦中农者占7.88%，下降为贫农者占0.67%，变为孤寡者占1.16%”③。可以看出，仅有10%左右的富农仍可以称之为“富农”，但由于土地和其他生产资料的无偿剥夺，其生活状况已是今非昔比，大不如前，而另外

①冀中行署：《土地改革后冀中农村阶级情况及各阶层负担情况的初步考察》，河北省档案馆藏冀中区行署档案，档案号：5—1—672—1。

②吕梁地区地方志编纂委员会：《吕梁地区志》，山西人民出版社1989年版，第111页。

③冀中行署：《土地改革后冀中农村阶级情况及各阶层负担情况的初步考察》，河北省档案馆藏冀中区行署档案，档案号：5—1—672—1。

90%以上的富农下降为中农和贫农①。根据1946年冀中冀晋7县9村土地改革后的统计，原有富农中，保持富农成分者仅占9.7%，降为中农80.6%，降为贫农8.5%，降为孤寡者1.2%②。山西武乡县户地、主富由1935年的1894农下降为852户，下降了55%③。随着土地改革的深入发展，乡村中的“富农经济”基本消亡。富农既不再是经济意义上富裕农民，也不再是社会分层中的一个阶层（而只是作为“分子”残存）。

在社会变革时期，制度性因素可以使全体社会成员的地位获得重新洗牌。1930年代后，随着共产党政策在华北乡村社会的推行，富农为减轻负担，大多缩减生产规模，停止放贷，辞退雇工，甚至将土地出卖。1940年代后期以“平均化”为目的的土地改革，特别是1949年后合作化运动，对富农阶层的土地等生产资料进行了剥夺，意味着整体性的下降。上升流动同样如此。土地革命和土地改革后出现的新富农群体，大多数是贫苦农民上向流动的结果。在数年的时间里，由贫苦农民上升为富农，正是因为这些贫苦农民参加了土地革命并从中受益，换言之，是革命的果实铺垫了他们上向流动的平台，因此他们不必像别的地区的贫苦农民那样，往往要经过几代人的积累才能实现上向流动，而是在代内便可以完成的。当然其中一个基本的事实是，农民的辛劳耕作和努力经营是上升流动的根本性原因。

社会流动就其流动方向可分为上向流动和下向流动。上向流动存在两种基本形式：一是个体从一个较低的社会阶层渗透进入一个原有的较高阶层；二是由这些个体重构一个新的社会群体，并且这个群体进入一个较高的社会阶层，取代这个阶层的原有群体或者成为与这个阶层原有群体相平行的群体。前者如贫农或雇农等个体上向流动进入富农阶层，后者如新富农群体的产生。下向流动也有两种

①冀中行署：《土地改革后冀中农村阶级情况及各阶层负担情况初步考察》，河北省档案馆藏冀中区行署档案，档案号：5—1—672—1。

②晋察冀边区财经办事处：《冀中冀晋七县九村国民经济人民负担能力调查材料》，陕西省档案馆藏陕甘宁边区税务总局档案，档案号：8—6—18。

③山西省档案馆编：《太行党史资料汇编》第3卷，山西人民出版社1994年版，第125页；武乡县县志编纂委员会办公室编：《武乡县志》，山西人民出版社1986年版，第295页。

形式：一是个体从较高的社会位置下降到原有的较低的位置，但他们所属的较高的群体并没有下降或解体；二是体现为一个社会集团整体性的下降，作为一个阶层，与其他阶层相比地位下降，甚至解体。前者如个别富农在天灾人祸或经营不善等因素作用下，造成下向流动，从经济地位较高的阶层下降到经济地位低下的贫农或是雇农；后者则以土地改革后，富农作为一个阶层整体地位的下降最为典型。对此，格伦斯基作了一个颇为形象的比喻：第一种情况的"下沉"指的是个人从船上掉下来；第二种情况指的是船本身和船上所有的人都下沉了，或者说因为失事，船本身变成了碎片①。

对乡村中的富农其实很难确切定义，"且不说单纯按占地多寡划分阶级是不合理的，尤其无视地区差异，采用同一标准，更加不合理"②。即使在革命话语的逻辑体系里，也复如此。如毛泽东在1949年为中共七届二中全会写的结论中就曾提到，共产党内"对什么是'中农'和什么是'富农'，就还有不同的了解"③。显然，富农经济程度的差异甚大④，其分层的依据其实也并无统一标准，关于富农与富裕中农，甚至与地主的分别，在现实中是难以清晰分判的。陈翰笙《现代中国的土地问题》中说："中国的富农已经变成部分的地主。但是因为土地的分散、赋税的繁重、谷价的激落，使他们不能趋向于资本主义化。在无锡有五八家富农，把他们土地的百分之一八．七六，出租与贫农。"在长江流域，"多数的富农皆租出土地，以收地租"，

①[美]格伦斯基编、王俊等译：《社会分层》，华夏出版社2005版，第264页。

②章有义：《二十世纪二三十年代中国地权分配的再估计》，章有义编著：《明清及近代农业史论集》，第79页。

③《毛泽东选集》第4卷，人民出版社1991年版，第1441页。

④田文彬《崩溃中的河北小农》(千家驹编：《中国农村经济论文集》，第253页)中说："有地五十亩以上的富农和地主"，其中，关于保定(1930年中央研究院和北平社会调查所联合调查)10个代表村中调查说："富农每户均占土地56亩，地主户均58.5亩。贫农和雇农平均不到7亩。"汪疑今在《江苏的富农和它的营业》(《中国经济》1936年第4卷第7期)中说，"五十亩以上者为富农"。而山西屯留县调查资料中却显示：380户富农户占地3.8万亩，即户均占地100亩(高苗：《山西屯留县农村经济实况》，千家驹编：《中国农村经济论文集》，第576页)。

而在北方“富农往往由贫农之手，租入许多田地”①。在政策规定方面则更是如此，如 1933 年《关于土地改革中一些问题的决定》，1948 年对于富农和富裕中农界限新的规定，1950 年“补充决定”等②。但是，富农作为一个社会存在“实体”，无疑是一个乡村社区中相对富裕的一个群体，其经济水平和生产水平居于同一乡村社区的平均线之上，“生活状况，较中农为好或佣工耕作或有较多耕畜者”③。它的生成及存在，对于乡村社会乃至整个社会而言，始终是既具有内驱力也具有引领性的社会力量。1909 年间，河北高阳农业乡村棉织手工业的兴盛，得力于“散机居间人”，而他们的身份“大半系乡村中的富农或地主，各有其密系之农家足资其直接统制与指使”④。1930 年代之际，在经济相对发展的江苏农村中，“富农与小农，已达到不相排挤而互相依存的地位：即小农民无产化，以其小土地私有或佃有的限制，不得不依于富农而存在；富农则以其经营的缺乏劳动力，和需要商品市场，不得不留住小农于农村。富农与小农，通过了农业经营，工业经营，商业及高利贷等而互相依存着”⑤。当时，江、浙一带乡村各类专业合作组织表明，“脱离了旧形式的富农营业之一，如合作社，表面上是以小农为中心构成成分，但其经济作用上，实以富农为支配的重心”⑥。这种“在大经营与小经营之外创造了合作经营”的“富农的经营，依于都市与工业的发展而必然发展的”⑦经营形式，不仅体现了经济的进步，也蕴含着社会进步的趋向。

即使经过革命后的根据地，1940 年代后仍然崛起了新富农阶层。“这一新崛起的社会精英阶层，大多为出身贫苦，但通过勤劳致

---

①冯和法编：《中国农村经济论》，上海书店出版社 1989 年版，229 页。

②见章有义：《中国农业资本主义萌芽史料问题琐议》，章有义编著：《明清及近代农业史论集》，第 278—279 页。

③行政院农村复兴委员会编：《江苏省农村调查》，商务印书馆 1933 年版，“凡例”第 2 页；行政院农村复兴委员会编：《陕西省农村调查》，“凡例”第 1 页。

④厉风：《五十年来商业资本在河北乡村棉织手工业中之发展进程》，《中国农村》1934 年第 1 卷第 3 期。

⑤汪疑今：《江苏的富农和它的经营》，《中国经济》1936 年第 4 卷第 7 期。

⑥汪疑今：《江苏的富农和它的营业》，《中国经济》1936 年第 4 卷第 7 期。

⑦汪疑今：《江苏的富农和它的营业》，《中国经济》1936 年第 4 卷第 7 期。

富而上升为新富农或者富裕中农。”“雇有两个长工和一个拦羊娃，农忙时还雇短工”的翻身农民吴满有，成为“吴满有方向”——富农方向①。这种“靠农业积累资本”的乡村发展道路——“富农经营自己土地，并雇长工”②的经济形式，仍然在革命条件下顽强地呈现着历史发展的必然规则。对于乡村社会中的村民而言，富农是他们最为现实的流动（发展）方向，“富农是中农特别是富裕中农的‘旗杆’”。“中农说富农有所谓‘三好’（牲畜好、农具好、经营好），有所谓‘三会’（会说，会写、会算）。”③富农或者可称之为走向富裕的农民，无疑是乡村民众最现实也最直接的选择和向往。因此，历史上“农业生产养家，副业生产发家、发财致富”的农民发展的动机，与今天乡村中大多数农民的发展动机与路径，存在着天然的一致性。“在贫乏的农村基础上推行‘富农经济’，目的是要造成富足的农村”；这种富是“均富”，“是无背于‘均’的‘富’，是民生主义的实现，也就是社会主义的实现”④。

百年来的历史进程中，乡村富农阶层的命运遭际，可谓起伏跌宕。它从一个侧面深刻地诠释着近代中国社会—政治演进的路向与轨迹。虽然，在大的制度变迁和社会变革背景下，富农的命运显得“被动”而“屈从”，但一旦社会回归常态后，富农阶层自然崛起并成为乡村社会发展的导向力量，则无声地揭示出社会或经济演进的一般规则和趋势。历史的深层探索，会使我们获得更多也更清醒的理性认识！

（原载《近代史研究》2012 年第 4 期）

①李放春：《北方土改中的“翻身”与“生产”——中国革命现代性的一个话语—历史矛盾溯考》，黄宗智主编：《中国乡村研究》第 3 辑，第 249 页。

②《发展新式资本主义》，《张闻天晋陕调查文集》，中共党史出版社 1994 年版，第 324 页。

③何载编著：《谈消灭富农经济》，《延安的光辉》，第 141 页。

④林笙：《论“富农经济”》，上海《中建》1948 年第 3 卷第 14 期。

20世纪前期山西的乡村雇工

依循雇佣关系的发展脉络探寻资本主义生产关系的产生与演进轨迹，其理论意义已被西欧典型的资本主义历史所验证。但历史认识的合理性只能存在于“合理的”历史进程之中。以往对于近代中国乡村雇工的研究，也是将其作为具有资本主义趋向的农业生产关系的产物而论及，意在印证阶级对立和阶级分化的论题。近年来的研究开始突破这一思维模式。有论者指出“雇佣关系与商品经济和社会分工的发展几乎没有什么关系”，“对盛行多年的商品化必然导致资本主义的经典理论提出了挑战”①。论者认为，“从世界历史角度来看，雇佣关系的兴起不等于资本主义萌芽。资本主义萌芽与商品经济的兴起也不等于向资本主义过渡。在劳动力被牢固附着在土地上的西欧，自由劳动力的出现肯定是资本主义经济发展的前提之一。但在农村劳动人口过剩、基层结构较松的中国，则不缺乏具有相对人

①相关研究有：黄宗智：《华北的小农经济与社会变迁》；《长江三角洲小农家庭与乡村发展》，中华书局1992年版。刘克祥：《二十世纪二三十年代中国农业雇佣劳动数量研究》，《中国经济史研究》1988年第3期。秦晖：《封建社会的“关中模式”——土改前关中农村经济研究之一》，《中国经济史研究》1993年第1期；钞晓鸿：《本世纪前期陕西农业雇佣、租佃关系比较研究》，《中国经济史研究》1999年第3期。

身自由的劳力”①。也有学者把乡村雇工认定为“属于半封建的雇役劳动”,“带有前资本主义痕迹”②,并不具有近代的性质。这固然有助于廓清雇工与商品经济或资本主义必然关联的教条化迷失,但却无助于对雇工群体的时代成因和特征的认识,也不足以说明时代演变进程与乡村雇工群体的历史关联。而学界对于雇工群体社会关系的深入探讨则更为少见。显然,在超越“进步与落后”“封建与资本”的二元价值评判,深入认识20世纪前期乡村雇工群体的社会关系及其社会分层方面,尚需拓展和挖掘的内容尤多。

本文选取20世纪前期山西乡村为研究范围,一方面是因为笔者获取了相对比较集中的山西地方文献资料,具有可以深入分析的条件;另一方面也因为以往相关研究成果(即使以华北为范围)甚少涉及山西③,从社会史角度对于山西雇工的研究仍付阙如。当然,本文虽以山西乡村为研究基点,但视野所及乃至资料的运用并不完全局限于山西。笔者以为,将某些省区与山西的相关资料或数据进行比对,不仅可以印证山西乡村雇工的特性,还可能提示着区域差异(即使基于习俗、文化传承乃至经济水平形成的区域差异)背后的同质性结构和共趋性意义。

一 乡村雇工概况

在既往的研究中,雇工认定的标准并不一致,或按户主职业而定,户主为长工者即为雇工,或以全无土地的雇农为雇工,或把自己不经营土地而出卖劳动力的农户(包括无地户和有地而出租与人的农户)都算作雇工。也有以农具之有无来定雇工者:“佃农自身未拥

---

①罗荣渠:《现代化新论——世界与中国的现代化进程》,商务印书馆2004年版,第261页。

②章有义:《中国农业资本主义萌芽史料问题琐议》,章有义编著:《明清及近代农业史论集》,第281—282页。

③见黄宗智:《华北的小农经济与社会变迁》;[美]杜赞奇著、王福明译:《文化、权力与国家:1900—1942年的华北》,江苏人民出版社2010年版;[日]内山雅生著,李恩民、邢丽荃译:《二十世纪华北农村社会经济研究》,中国社会科学出版社2001版。

有尺寸耕地，雇农则并农具亦无之。”①本文所论及的雇工包括“不占有土地、耕畜、农具，出卖自己的劳动力的雇农和占有少量土地、农具等，自己劳动，同时又出卖一部分劳动力的自耕农”②。由于出卖劳动力不一定用于耕种，故本文研究范围特指旧文献中所述“受雇耕田者谓之长工，计日佣者谓之短工”③的农村雇工；也即毛泽东所言的农业雇工，“是指长工、月工、零工等雇农而言，此等雇农不仅无土地，无农具，又无丝毫资金，只得营工度日”④。至于众多在农村或小城镇被雇从事喂养牲畜、账房伙计、油坊、纸坊等手工业和服务性行业的长期或短期工作者则不在考察之列。

已有研究说明，“雇农数则自甲午战争后即见增长，20世纪后加速”⑤。在20世纪前期中国社会剧烈变动进程中，与“农村破产”趋势相伴随的现象之一即是雇佣关系的普遍化和雇工群体的活跃，所谓“自作农日渐减少……地主也渐渐的增大……雇农也与之俱增”⑥。显见增长的雇佣关系成为农村中最基本的社会关系之一。许涤新估算1930年代雇农约占3000万⑦。在华北，“有田五百亩以下的人家多数自己经营耕种，不将农田出租。他们往往雇用了通常的年工和短工，来进行规模较大的经营。这样，一方面雇工经营成分在华北就占较大的比重，同时农村各阶级中农业劳动者的成分也较

①祁之晋：《“土地村有”下之晋北农村》，《国闻周报》1934年第13卷第11期。

②任弼时：《土地改革中的几个问题》，晋绥边区财政经济史编写组、山西省档案馆编：《晋绥边区财政经济史资料选编（农业编）》，山西人民出版社1986年版，第444页。

③祁寯藻：《马首农言注释》，中国农业出版社1999版，第79页。

④《中国社会各阶级的分析》，《毛泽东选集》第1卷，人民出版社1991年版，第8页。

⑤许涤新、吴承明主编：《中国资本主义发展史》第3卷，人民出版社2003年版，第299页。

⑥汪适夫：《各地农民状况调查·江苏靖江》，《东方杂志》1927年第24卷第16期。

⑦许涤新：《农村破产中底农民生计问题》，《东方杂志》1935年第32卷第1期。

中南部为多”①。据 1930 年代的一项估计，黄河、长江、珠江三大流域雇工占农村人口的百分比分别为 11.4%、9.3%、8.1%②。近年的研究认为，河北清苑雇佣关系是农村“最基本的剥削关系，远比租佃关系普遍得多。各调查村，地主可以不出租土地，但很少有不雇工的，富农当然更是依靠雇工剥削。农民各阶层中，一部分中农和贫农在农忙时也雇佣人工”③。1928 年山西 11 个县的雇工调查统计情况可参见下表。

表 2-14　1928 年山西各县自耕、半自耕、佃农、雇农比例

县份	自耕农(%)	半自耕农(%)	佃农(%)	雇农(%)
交城	49.25	31.10	9.81	9.80
文水	64.19	22.45	8.73	4.52
岚县	43.36	27.89	14.87	13.78
兴县	49.48	24.1	13.8	12.58
汾阳	30.11	21.69	32.53	18.67
孝义	62.6	14.77	15.9	6.73
监县	38.84	20.33	20.5	10.78
石楼	62.46	17.53	17.04	3.17
离石	57.38	30.62	5	7
方山	80.01	5.98	6.99	7.01
中阳	28.85	32.69	17.31	21.15
平均	51.5	21.15	15.22	10.48

资料来源：吕梁地区地方志编纂委员会编：《吕梁地区志》，第 109 页表。

①陶直夫：《中国农村经济现阶段性质之研究》，冯和法编：《中国农村经济论》，第 200 页。

②《中国大百科全书·经济学》，中国大百科全书出版社 1992 年版，第 1327 页。

③史志宏：《20 世纪三四十年代华北平原农村的租佃关系和雇佣关系——以河北省清苑县 4 村为例》，《中国经济史研究》2003 年第 1 期。

上表显示1928年山西雇工占农户平均比例是10.48%。当然，因为统计范围之不同，所见雇工平均比例数也略有出入，如1933年南京中山文化馆调查山西43县雇工占农户总数则为10.29%①。据《中国实业志》(山西省，1935年)记载，"1935年山西省1829836户，其中，出卖劳动力的雇农为170803户，占总户数的9.33%"②。所以，仅就统计数字看，山西雇工人数似呈递减趋势。但这只是一个理论上的平均数值(且因调查范围不同，不具有直接的可比性)，仅具参照价值。事实上雇工在农户中所占的比例，受多重因素的影响，区域差异甚大。山西阳高在"辛亥革命之前，这里自耕农确占最高优势。至于富有的地主以及赤贫的雇农与佃农，简直微乎其微"。但到1930年代初，"佃农、雇农已占农户总数的41.9%，其中雇农占到总数的15%"③。晋北三县(天镇、大同、阳高)"无地的佃农及雇农等竟占户口总数底百分之三十一"④。1930年代后期山西雇工有11县占20%以上，这些县大部分是棉麦区或垦荒区，如棉麦产区的永济县雇农占总户数的34.24%，垦荒较多的静乐县雇农占总户数的23.72%⑤。

需要说明的是，增长明显的是短工群，虽然构成农村雇佣关系中的主要成分，可能没有完全列入统计之内(大多将其列入自耕农或佃农之中)。如晋西北兴县黑峪口村，"这里富农常常雇佣些短工，没有统计在内"⑥。保德一些乡村的佃农、贫农也"常佣出一部分劳动"⑦。一项以晋北和晋东南乡村的比较调查说明："半自耕农，自己

①陈正谟：《各省农工雇佣习惯及需供状况》，第58页，转引自严中平等编：《中国近代经济史统计资料选辑》，科学出版社1955年版，第263页。

②中共山西省委党史研究室、山西省档案馆编：《太行革命根据地土地问题资料选编》，山西省档案馆1983年版，第7页。

③范郁文：《现阶段阳高农村经济的鸟瞰》，《新农村》1935年第20期。

④范郁文：《晋北边境三县农民生活概观》，《新农村》1935年第24期。

⑤中共山西省委党史研究室、山西省档案馆编：《太行革命根据地土地问题资料选编》，第7页。

⑥《黑峪口土地使用》，山西省档案馆藏档案，档案号：A141—1—99—2。

⑦《抗战以来阶级关系的变化》，《保德县段家沟自然村调查报告》，山西省档案馆藏档案，档案号：A137—1—3—1。

所有之土地，多不足以自给，因其余力兼种他人之土地，藉以补助，则雇佣长工者必少，工农住户自然亦少矣。”①这里的“工农住户”即专指长工而不及短工。河南的一项调查资料也表明，贫农中出外为短工的“几乎比纯粹雇农要多两倍。辉县贫农兼雇农的更多……以纯粹的雇农十二家来比，差不多是四与一之比”②。社会的动荡和生活的无助，造成贫农、佃农与雇农间的流动，“贫农则时时有变为佃农或雇农的可能，佃农又时时有变为雇农的可能”③，所以乡村雇工群体的候补人数，在农村中是有增无减的。如保德县段家沟村，“1937年前雇农占全村户口比例为13.63％，到1942年为7.46％”④，但是，该村以佣短工的人数却不断增长：1936年有7户，1938年为9户，1942年为10户。打短工者多是贫农或自耕农，“这里给人雇工的，多半是贫农，他们除给自己工作外，剩余劳动力很多（土地少不够做），抽空便给人家打短工（走口外的除外）”⑤。此外，该村“小商”大都是口外回来的雇工，“他们对于土地都非常羡慕，所以在可能条件下，还要种些土地，因为农业生产比经商作工可靠”⑥。而这些“雇工”只是列入贫农和商户统计之中。此外，有些乡村并“不宣布雇佣关系。雇工（无论长短），多是雇主亲戚，名义上作客或帮忙，实际乃是雇佣关系”⑦。这类情况也很难统计在内。

除一般的长工（也叫年工）、短工（俗称打短儿）之外，山西乡村社会中还活跃着其他形式的雇工。如季工，又称月工，俗称包月子：“营

---

①刘容亭：《山西高平、陵川、神池三县十六个乡村概况调查之比较》，《新农村》1934年第9期。

②西超：《河南农村中底雇佣劳动》，《东方杂志》1934年第31卷第18期。

③周谷城：《中国近代经济史论》，复旦大学出版社1987年版，第110页。

④《保德县段家沟自然村调查报告》，《阶级关系变化表》，山西省档案馆藏档案，档案号：A137—1—3—1。

⑤《保德县段家沟自然村调查报告》，《借贷与押地》，山西省档案馆藏档案，档案号：A137—1—3—1。

⑥《土地占有与使用的分配和发展》，《保德县段家沟自然村调查报告》，山西省档案馆藏档案，档案号：A137—1—3—1。

⑦《统一战线政策材料汇集》，《晋西北的阶级》，山西省档案馆藏档案，档案号：A21—3—37。

生够一个月时，就要雇一个包月子”，“每阶段的佣工期限是一两个月以至三个月……总计多不过五六个月而已”，其性质和长工相似，不过时间较短，是断断续续的。一般来说，月工是“当耕种、中耕及收获等农业劳动紧张底各时期，临时雇佣的”①。当时还有一种说法，即“半月以上为月工，半月以下为日工”②；如长做短算，即长久的短工。是短工的性质，和短工做一样的工作，做一日算一日，不过连作的期间比短工要长，只适用本村人，如果雇主想随时雇人，双方可约定时间随时来做活，其待遇与短工相同或稍高。时局不稳雇工难求时，雇主多采取短工之特殊形式③。又如冬工，长工在冬季三个月做工即是冬工，多事育牲口（育牛较多）、驮炭、家中什役、支差、背破柴、打围等，一般为大户人家使用，其工资当是平常工资的一半；此外还有半工（即半个长工的工作期限，也叫一份份工）、份工（双份份工）等④。

以上这些类型的雇工大体多活跃于 1930 年代前后，从总体上展示出乡村雇工群体的扩展趋势。无疑，拘泥于户口统计意义上的雇工（雇农）比例，远不足以反映乡村社会生活的实况。“然无工农住户，不能即断定其无工农。”“农家人力多而土地不足者，须有数人在自己家中务农，数人分往别人家佣工，但此种现象，仅其家中人有一部分为农工者，非纯粹工农住户也。”⑤照这种情况看，乡村雇工的数量其实远多于雇工的户口统计。

雇工在农业劳动中的比重，虽受多种因素的影响和制约，却主要与农业经营规模关系密切。1920 年代以后山西发展垦殖，雇佣劳动的需求增大，但由于农户经营规模狭小和经济能力脆弱，雇佣人数一

①范郁文：《晋北边境三县农民生活概观》，《新农村》1935 年第 24 期。

②吕梁地区地方志编纂委员会编：《吕梁地区志》，第 110 页。

③《为适当改善雇工生活促进雇工生产我们提议实行一五分红》，《晋西北区档案资料》，山西省档案馆藏档案，档案号：A88　3　23　3。

④《为适当改善雇工生活促进雇工生产我们提议实行一五分红》，《晋西北区档案资料》，山西省档案馆藏档案，档案号：A88—3—23—3。

⑤刘容亭：《山西高平、陵川、神池三县十六个乡村概况调查之比较》，《新农村》1934 年第 9 期。

般不会太多,“使用雇工的人数一般是二个至三个,此外还用些短工”①。左权县大岩村雇工,“最强的劳动力能种十五亩地,平均每人种十亩地,最低的劳动力种六亩地,平均种五亩,有牲畜的能种十七亩,无牲畜能种九亩”②。根据山西农村“七紧、八慢、九逍遥”的俗语(意即每亩地要用7到9个工),“按每人全年在地里劳动8个月计算,每人平均种30亩地(畜工除外)就够照护了”③。“神池县每壮农可耕作一百垧。其永和县每壮农可耕一百二十亩。”④。另外,农户雇佣劳动比重,既因地区而异,更随农户经济状况而定,由于大多数农户是按家庭成员的耕作能力和生活需要确定经营规模的,农业中因为小经营的广泛存在,再加上人多地少、资金短缺等原因,一般农户所使用的雇工数量也十分有限。

按照学术界的综合研究估计,1930年代“北方地区完全或主要靠雇工经营的土地约占20%—30%”⑤。而根据1929－1933年金陵大学农业经济系的调查得知,山西雇工劳动占农业劳动总数的15%—20%,以此与其他省区相比,在被调查省份中属中等水平⑥。“根据武乡、五台等县的统计,农业经营中雇佣劳动的比重分别为

①中国人民大学农业经济系主编:《中国近代农业经济史》,中国人民大学出版社1980年版,第9页。

②《左权县工农青妇救国联合会大岩村雇工调查》,山西省档案馆藏档案,档案号:A7—1—12—9。

③李长远主编:《太岳革命根据地农业史资料选编》,山西科技出版社1991年版,第442页。

④陈正谟:《各省农工雇佣习惯之调查研究》,《中山文化教育馆季刊》1934年创刊号。按,山地以垧计,读音如“赏”,农民书写时,或从“土”(垧),或从“日”(晌),按从“土”之意,以其为土地之名,而从“日”之意,说者以为含有每日需一个人工之意,即每人每日所工作之土地面积为一垧也。每垧亩数在各地不同,或即因各地每个人工每日所工作之亩数不同也。山西西北部土地贫瘠,若一律以亩计算,则相差甚远,盖西北部农田一垧之产量,仅能抵他县一亩之产量。人工亦省,他处一亩所需之人工在西北一带即足以经营一垧。神池县农田面积,普通以五亩为一垧计算。

⑤汪敬虞主编:《中国近代经济史》中册,人民出版社1997版,第1021页。

⑥[英]戴乐仁等著、李锡周编译:《中国农村经济实况》,北平农民运动研究会1928年版,第123、170、120页

27%和 26.5%,略高于全国平均比例的 25%”①。

农村雇佣关系的活跃,也表现为雇工市场的活跃。劳动力市场在北方称人市、工市、工夫市,交易对象通常为日工和月工。短工雇佣具有较强的时效性。1934 年对山西 65 个县的调查表明,有 35 个县有相对稳定的雇工市场②,占总数的 53.84%,无市场的 30 县,占总数的 46.15%③。大多数短工是同时耕种自家田地的小农,不可能离家很远。因市场时间和空间范围都受约束,所以人市是季节性市场、地方性市场。人市一般是在较大村庄定期举行,即“一定时间集合于一定场所”。有的人市出现较早,据载乾隆年间“山西阳高县,有农民都到市寻活作”④。盂县西烟镇人市从明清一直延续到 1937 年。人市在一般村庄中通常清晨开市,最迟到中午便散去,“每天早晨五点左右,雇主就到短工集中地点,双方商定”⑤,《退想斋日记》云:“刈稻之工人日未东出即到刈稻之村,盖恐迟则无人用之矣。”⑥有较大集镇的市场有时持续一整天,因需要连续雇佣,直到本季农事结束,所以在中午、下午与农工定约,第二天再上工。

一个短工市场可供给周围十个左右村庄的短工需求。人市规模视村庄大小、季节及收成情况等而定,有时多至几百名农工待雇,但有时可能只有二三十人。从西烟镇人市看,“在锄苗、秋收季节,上市的短工每天竟达两千余人,各处来此者络绎不绝。人数除西烟镇及属村的贫困农民外,大部分来自临县,南面寿阳、阳曲,北面五台、定

①徐松荣主编:《近代山西农业经济》,中国农业出版社 1990 年版,第 272 页。

②陈正谟:《各省农工雇佣习惯之调查研究》,《中山文化教育馆季刊》1934 年创刊号。

③章有义编:《中国近代农业史资料》第 3 辑,生活·读书·新知三联书店 1957 年版,第 771 页。

④李文治、魏金玉、经君健:《明清时代的农业资本主义萌芽问题》,中国社会科学出版社 1983 年版,第 66 页。

⑤中国人民政治协商会议山西省盂县委员会文史资料研究委员会编:《盂县文史资料》第 1 辑,1986 年版,第 89 页。

⑥刘大鹏遗著、乔志强标注:《退想斋日记》,山西人民出版社 1990 年版,第 263、398 页。

襄，东面阳泉、平定，西面忻县、崞县”①。即使小规模人市也有附近村庄的短工及雇主参与，据刘大鹏所记：“里中豫让桥为佣工之市，凡佣工皆在其上。”“稻秫成熟，业已开镰刈之，今朝见有多人，荷担持镰寻觅刈稻之家，询系外县之人。”人市雇佣时多时少：“今朝有二百余人被西镇、花塔、硬底等村农家雇去，未留一人。”但有时人市没有雇工：“今朝市上无一雇工之人，雇人者皆苦无人，不得在田作……乃到别处雇下三人。”②虽然刘大鹏日记中只是零星的记载，却为研究乡村雇工市场提供了生动的例证。

人市上的劳动力价格，一般是日出前工价高，日出后工价则低，工资由雇主与雇工双方协定。根据陈正谟的调查，山西65县，全无中人说价，有雇主喊出农事种类、工价以求雇工者，倘无人应征则增加工资，同样也有雇工喊价求雇主的。劳动力价格受供需关系的影响，也受粮价及气候的影响。“山西孝义、左云各县日工工资亦随粮价涨落”③。有些雇工市场禁止雇工与雇主商议雇佣价格，市场中每日都标有日工资的价格表，此表多由雇工市场所在村村长，或寺庙僧侣决定。当雇工与雇主认为价格不合理，他们就与村长或僧侣商议，最终由其决定。这样在人市上逐步形成了统一的劳动力市场价格。但也有雇主把持行市，使雇工没法搞价，如民谣所唱：“打短工，不说价，人家干啥咱干啥；商量好，不会差，家家工钱一般大。”④

雇佣劳动力市场在山西的分布相当普遍，但并不意味着劳动力必须上市交易。在距离市场较远或没有劳动力市场的地方，往往是成群结伙的上门求雇或预定。如山西隰县，“有扎工组织，农工每十人一组，内有领工一人”⑤，由领工帮助揽工。汾西有数十人组成的

---

①中国人民政治协商会议山西省盂县委员会文史资料研究委员会编：《盂县文史资料》第1辑，第89页。

②刘大鹏遗著、乔志强标注：《退想斋日记》，第263、458、477页。

③陈正谟：《各省农工雇佣习惯之调查研究》，《中山文化教育馆季刊》1934年创刊号。

④太行革命根据地史总编委会：《太行革命根据地史料丛书之五——土地问题》，山西人民出版社1987年版，第159页。

⑤陈正谟：《各省农工雇佣习惯之调查研究》，《中山文化教育馆季刊》1934年创刊号。

"农工团",内有工头一人,与雇主接洽工作与工资。这其实是一种准雇工市场的状况。短工的雇佣已经很少受到限制,虽然某些地方短工交易中存在中间人,但既不普遍,更没有形成制度,只是一种习俗而已,其约束力也只发生在雇主与雇工达不成一致时。

以上是短工的交易场所和交易方式,至于长工几乎没有像短工那样经由人市受雇。长工的雇佣,或雇主与雇工直接商洽,或通过中人介绍。其中还有较多的私人关系,没有中间人的介绍与牵线,长工一般不可能找到工作,经他人介绍后,在雇主家作为雇佣地点而议定雇佣价格及其他条件,并达成口头协议,有雇工找保人担保。

准雇工市场普遍存在以及长工无市场的情形表明,山西乡村社会中的劳动力市场相对发展不足,在空间上也还受到一定限制。

二　乡村雇佣关系辨析

雇工、雇主及雇佣市场的存在共同构成乡村雇佣关系的要件。从雇佣倾向来看,长工和短工的取向主要取决于双方经济或劳动力的需求,并不明显地受制于制度或身份的强制性作用。1936 年的一项调查表明,意向选择长、短工的雇工分别占 52.46%和 19.67%,另有 27.87%的雇工选择"因环境而异"①。这在一定程度上显示了雇工的受雇倾向,但并不能完全说明愿当长工者一定比愿当短工者多,它只是在某时内的表现。究竟是做长工还是短工,依具体情况而定。据当时的抽样调查统计可知,愿当长工者的主要原因是无家室(2 例),无田地(11 例),生活安定(31 例),共 44 例;选择愿当短工的主要原因为:有家室(2 例),有田地(28 例),多挣钱(7 例),共 37 例②。显然,决定其选择长工与短工的主要因素是田地与生活安定两项,而有稳定做工机会的生活安定因素显然又是最主导的原因。

雇工的生活境况和经济估价也是制约因素:"当长工能积蓄总数钱,不易零星挥霍;当短工挣的零星小宗钱,容易挥霍。当长工虽按全年日数平均起来比短工的工钱少,但不论闲忙都有工钱;短工在忙

---

①费畊石:《雇农工资统计及其分析》,《内政统计季刊》1936 年第 1 期。

②陈正谟:《各省农工雇佣习惯之调查研究》,《中山文化教育馆季刊》1934 年创刊号。

时虽挣的钱多,一至闲月,即无雇主,是以不愿当短工。”①另外,“因出外营工,农人以为是望风扑雨,能否赚钱发财,还是问题。若专靠附近村里做些短工,但机会很少,所以多愿当长工。既可靠准赚钱,复可代做家务及耕种自己之田地”,表明愿当长工是因为“天灾人祸,农村破产,做工的人供过于求,工资常有更变……以其工资确定,而堪保险也”②。另一部分人是由于地少劳力多,劳动力的过度闲置而当长工。而选择短工是因短工较自由,雇主往往对长工有不平等待遇,且长时雇佣,田地不能耕种,所以做工不敢约定日期长,愿意打短,做一天算一天③,长工多是负债太多而不能谋生,但短工能谋生④。

从雇主方来看,选择雇长工的原因是,“短工没有长工受苦大,长工天不亮就起床了,短工上工迟,下工早,短工只在地里受苦,家里苦不做”⑤。其次“短工没把握,今天有人做工,明天也许没有人”;“长工负责任,短工和短算不负责”;“家里没有贴苦人,一切营生都由长工计划安排,长工是常年受苦,一切事务,全凭长工”⑥。因此,雇主才能省心。刘大鹏曾记述说:“王老五为吾家做长工于今第四年矣,田中一切农务均能了解,予一为指挥,即能应声而往办,予得多日不赴田也。”⑦当然,雇短工也有益处:只在工作太忙时才雇人,这样可不浪费工资和伙食钱,且可使工作效能增大,即“一个短工能做出一天半的工作(一个人锄五天,雇短工三天就锄完了)”⑧。然而,由于雇主资产有限及其他原因,雇短工的农户远多于雇长工者。1930年

①《杨家坡雇工调查会记录》,山西省档案馆藏档案,档案号:A88—3—32—1。

②陈正谟:《各省农工雇佣习惯之调查研究》,《中山文化教育馆季刊》1934年创刊号。

③《雇工零碎材料》,山西省档案馆藏档案,档案号:A88—3—34—6。

④陈正谟:《各省农工雇佣习惯之调查研究》,《中山文化教育馆季刊》1934年创刊号。

⑤《杨家坡雇工调查会记录》,山西省档案馆藏档案,档案号:A88—3—23—1。

⑥《杨家坡雇工问题》,山西省档案馆藏档案,档案号:A88—3—32—2。

⑦刘大鹏遗著、乔志强标注:《退想斋日记》,第322页。

⑧《雇工零碎材料》,山西省档案馆藏档案,档案号:A88—3—34—6。

代费肼石对山西61县的调查统计表明：多雇长工之县为26县，占42.62%；多雇短工之县为35县，占57.38%①。

农业生产的季节性使劳动力在一部分时间内急需，一部分时间内闲置，这引起劳动力供求关系的矛盾。在最佳农时，总是“佣工之人到处皆缺，工资虽大，而觅工不易”。刘大鹏记曰：“雇工甚缺，工资甚大，欲雇一长工不能。”“雇工无人，予欲麦中勾谷，昨晚寻佣，奈无一人，受苦者抑何若是之缺耶?”尤其在“春秋正忙”季节，“人工甚缺，由于戒烟紧急，一切佣工受苦之人逃之他处者半，拘留者半，农家受此之害，而为政之人并不虑及于斯也”②。据1930年代的一项调查，山西各县农工劳动力供需状况大体是：过剩者为20县（占36%）；适中者11县（占20%），缺乏者24县（占44%）③，劳动力仍是山西乡村劳务市场的主导方。因此，在雇佣关系上雇工的选择似更为主动，“解雇与退工，只要有正当的理由，解雇与退工都是随便的。一般的雇工退工的时候多，雇主解雇的时候少。饭食不好，雇工就退了，俏皮的雇工在作工三个月后夏天到了，为挣大钱也辞退了。雇主则以长工退了仍得雇，但工资既大，人也难雇，所以多不愿意解雇”④。

那么，在乡村社会发生着的雇佣关系，亦即主雇之间是否形成了一种相对稳定的、分层明确的、边界清晰的标示其不同地位、身份和角色的社会关系呢? 这是我们正确认识乡村社会结构的基本前提之一。

首先是雇主。一般而言富农与雇农是雇佣关系中基本对立的两极，“然而在农村经济劳动紧张的时节，往往不仅是大部分自耕农，甚至连一部分佃农及贫农，也临时以雇主的资格而出现……同时，在雇主方面，要绝对除外地主，也是事实上不允许的”⑤。所以几乎所有寻找工作的人，都有可能受雇，几乎任何出得起工钱的雇主都可雇工。富农、地主是当然的雇主阶层。中农雇人主要是短期内人力有限，“雇长工的均因劳动力不足，有的经营商业，但多数是一些劳动力

①费肼石：《雇农工资统计及其分析》，《内政统计季刊》1936年第1期。
②刘大鹏遗著、乔志强标注：《退想斋日记》，第308页。
③费肼石：《雇农工资统计及其分析》，《内政统计季刊》1936年第1期。
④《杨家坡村雇工问题》，山西省档案馆藏档案，档案号：A88—3—32—2。
⑤范郁文：《晋北边境三县农民生活概观》，《新农村》1935年第24期。

或出外参军或出外工作的缘故，因之常喊苦小不够"①。贫农雇佣是因为自己劳动不足，再加上自己负担的工价的原因才雇工，这一阶层的雇佣主要是由于农事紧急引起的。佃农"有的是由于家庭劳动力不足，或是遇到疾病变故……也有的是因为他们所营农业的规模超过了家庭劳动力可能耕作的限度，求之于雇工"②。然而佃农雇人的情况少之又少。

雇长工者多集中于富农和地主阶层。据有关调查材料，武乡县大有镇有大地主1户，雇有长工9人；经营地主1户，雇长工5人；富农20人，雇长工24人；商人17户，雇长工2人；中农、贫农、雇农、手工业者等78户，没有一户雇用长工③。"山西寿阳、应县、左云、平定、武乡等，是富户雇长工，非富户不能雇长工，其安邑、晋城、灵石等县则是中等以上之农户雇长工。"④长工的多少基本由经营土地的多少决定。受经济状况的制约，山西各村地主户雇佣长工人数一般2—3人，富农户雇佣长工1—2人，少数中农雇佣长工的多只1人，个别的还不到1人(与人合雇)。兴县(抗战前)每农户(富农)平均雇佣不到一个半雇工。据神府县、兴县8村雇佣关系调查，雇主在各阶层(共26户)中的分布情况为：富农1户，富裕中农12户，中农10户，贫农2户，小商人1户⑤。可见，乡村短工雇主构成更为广泛，只是穷人没有富人雇的多，也没有其雇的时间长而已(富裕中农与中农雇得最多，时间最长)。据1941年晋西北杨家坡雇工调查资料，雇短工的10户中，地主与中贫农各占5户⑥。当然，一般地区地主雇佣天数最多，富农、中农、贫农依次递减，"全年各类雇主雇佣短零工合

①《任家湾底人口、劳动力、雇佣劳动(四)》，山西省档案馆藏档案，档案号：A141—1—118—1。

②许涤新、吴承明主编：《中国资本主义发展史》第1卷，人民出版社2003年版。

③《武乡县大有镇土地调查材料总结》，山西省档案馆藏档案，档案号：A181—1—44—1。

④陈正谟：《各省农工雇佣习惯之调查研究》，第363页。

⑤张闻天：《神府县、兴县农村调查》，人民出版社1986年版，第46页。

⑥《晋西北的阶级》，《统一战线政策材料汇集》，山西省档案馆藏档案，档案号：A88—3—32—3。

计总户均天数为 59—68 天,即相当于两个月或稍多一些”①。“短工通常平均每年受雇约 40—50 天。”②

其次是雇工。失去土地的农户是农村中天然的被雇对象,但雇佣劳动却并不限于“农村无产者”,贫农也一般要出卖小部分的劳动力。有关不同阶层做雇工的原因,可参见下表:

表 2-15 各阶层做雇工原因分析表

	雇农	贫农	中农	贫民
做长工的	没财产,久做工的	有些地不够种,有余力	有余劳力,为挣钱,为买地、买牛	
做短工的*	没找上长工,懒汉	没找上长工,为自由,没吃的,没耕牛,有少量余力	有余劳力,没耕牛,买布、帽等	木匠、石匠等
做包月子的	由长工退工的	找不上长工,没耕牛,不够吃,有余劳力	有余力,无耕牛,买布、帽等	
做半工的	捎种地(租的),缺吃、没吃的,找不上长工的,并租地,并种地	捎种自己地,不够种;缺吃、没吃的;找不到长工的;为自由;并种地;租地	有余劳力,为自由	
做冬工的	勤劳的,没办法的	勤劳的,没吃没穿的	勤劳的	
长做短算的	找不上长工的,为自由	找不上长工,为自由		
双份份工	捎种租地的,并种地的,找不上长工的,缺吃的	捎种自己地,捎种租地,并种地,缺吃的,找不上长工		

资料来源:《雇工零碎材料》,山西省档案馆藏档案,档案号:A88—3—34—6。

* 此外,短工中还多为地痞、流氓,为挣钱,好不受苦。

①史志宏:《20 世纪三四十年代华北平原农村的租佃关系和雇佣关系——以河北省清苑县 4 村为例》,《中国经济史研究》2003 年第 1 期。

②黄宗智:《华北的小农经济与社会变迁》,第 80 页。

上表显示，虽然原因各不相同，长工、短工的主体则为雇农，但也有中农、贫农、贫民。需要说明的是，贫农占有土地要比中农少得多，如果不另求生计就无以维生，打短工对他们来说十分普遍。他们一方面喊“地不够种”或“没有地种”，一方面则要另寻营生，“在农村中打短的，弹花的，干〔擀〕毡甚至一份份或两份份长工的，也正是这些人”①。因他们有小块耕地，既不能远离家门谋生，又不足维持生计，不得不出卖劳力来补充家庭收入。因此，实际上贫农兼雇工的远比纯粹的雇农要多，“贫农是劳动力买卖的主要供给者”②。因土地缺乏，劳动力差不多普遍的剩余，而土地养活不了自己，便只有苦力佣工。“有许多家父亲在家种地，儿子当长工，或哥哥种地，弟弟当长工。”③

在雇工群体的构成上，长工基本都是雇农阶层；贫农更多的是当短工。短工的“构成分子非常复杂，可以包括了劳动农民群众中各成分底全体”④，尤其是佃农和雇农之分别并不十分明确。佃农“他们完全没有土地，他们之所得，一部分是由于相当于工资的租种田地的报酬，一部分是藉帮工或从事手工业得之收入”⑤。“中国佃农的收入，不够支持他们一家生活的，他们除了耕作土地以外，不得不兼营雇佣劳动者的生活或者兼营手工业及小贩等生涯，补救生活上的不足。”⑥按1946年中共《怎样划分农村阶级成分》的规定，雇工“是农村的无产阶级”。他们没有土地，“他们的生活主要靠揽工打短，出卖自己的劳动力，给人家地里受苦”。但事实上，在其文献所举三例雇

---

①《任家湾底人口、劳动力、雇佣劳动(四)》，山西省档案馆藏档案，档案号：A141—1—118—1。

②柴树藩、于光远、彭平：《绥德、米脂土地问题初步研究》，人民出版社1979年版，第111页。

③西超：《河南农村中底雇佣劳动》，《东方杂志》1934年第31卷第18期。

④范郁文：《晋北边境三县农民生活概观》，《新农村》1935年24期。

⑤翟克：《中国农村问题之研究》，中山大学1933年版，第91页。

⑥[日]长野朗、陆璞译：《中国土地制度研究》，新生命书局1933年版，第395页。

工中也都分别有不同形式的土地经营(如租种、伙种,自有,全佣等)①。所以,事实上"雇农也常是有家庭及私产的,假如一无所有,恐怕早已不再滞留于农村而漂泊到通都大邑去了"②。

在打短工的人群中,贫农最多,其次是中农、贫民和雇农。中农、贫农常常既属雇主又属雇工的双重角色,然其出雇日远多于雇入日。可以看出,雇佣关系的社会构成涉及乡村社会各主要阶层,雇主和雇工双方角色并不完全固化。中农、贫农、少数佃农和雇农可同时兼有雇工和雇主角色,只是雇工和雇主不断相互易位,形成一种循环式交互雇佣。

在以家庭为主的农业经营中,以完全雇佣劳动为主的经营还异常的稀少,普通雇佣者只是当作家庭劳动的补充。"小农户具有的按亩计算的劳动力几乎要比大农户多两倍"③,多数贫农因耕地缺乏,劳力多有剩余,往往于农忙时临时受雇于人,把出卖劳力作为家庭重要副业之一,而成为兼业的雇佣劳动者。这使农村中缺乏真正的纯粹雇工,而存在大量季节性兼业雇工。可见,乡村社会雇佣关系的普遍化是通过雇工身份的非固化或雇佣角色的互换性得以实现的。

三 工资与工食:雇工收益问题

雇主为雇工支付工资,也是雇佣关系构成的要件之一。民国时期雇工工资问题细琐繁乱,支付形式和地域差别也很难一概而论,然综其大势或有两种趋向;而这两种趋向之形成与演变,恰恰又与雇工社会地位与角色密切相关。

第一,区域差异中的趋近性。据《中国实业志》(山西省)载:晋西北区域内一个男工年工资各县略有差别:交城、文水、孝义为50元,

---

①晋绥边区财政经济史编写组、山西省档案馆编:《晋绥边区财政经济史资料选编(农业编)》,第337页。弗里曼对河北饶阳五公村的研究表明,1936年时"有33个村民被雇作长工","95人被雇为短工,几乎全是自己有地的农户"。见[美]弗里曼等著、陶鹤山译:《中国乡村,社会主义国家》,社会科学文献出版社2002年版,第40页。

②李树青:《中国农民的贫穷程度》,《东方杂志》1935年第32卷第19期。

③[美]德·希·帕金斯、伍丹戈译:《中国农业的发展(1368—1968)》,上海译文出版社1984年版,第140页。

兴县、汾阳为40元，临县、石楼、中阳为30元，岚县24元，方山22元，离石20元①。造成这种地域差别是由于“徒手劳动，农业劳动的方法，土地使用的分散，劳动市场之不发达”等因素②。然雇工年工资的相对平均数大概为40元，因当时折算其购买力时也是按40元计算的（雇工年工资40元，可买小麦1000斤，小米1600斤，高粱2000斤，玉茭1800斤，土豆7000斤，鸡蛋400斤）③。榆次、阳曲、太原三县1937年前后男工年工资分别是40元、36元、36元，这也说明了同样的问题。此外，作业技术高低也是影响工资的主要因素。吉县长工“工价由双方议定，会摇耧、入草（铡草时往铡口送草）、拔寄子（麦秸寄），场里活、地里活全会做的，算好把式，工价最高”，但似乎也是波动于40元上下，“抗战前最高不超过五十元，次者四十元，也有三、二十元”④。杨家坡雇工调查资料也表明，雇工工资“战前最高50元，最低30元，普遍35元”⑤。

中国学者与日本“满铁”对河北清宛县调查表明，1930年代当地雇工的年平均工资也定位于40元左右⑥；而国府统计局调查结果显示，不仅是河北92县雇工工资平均为43元，而且全国22省679个县的雇工年工资也都平均为41.7元⑦。在资料对比中可以发现，这

①见吕梁地区地方志编纂委员会编：《吕梁地区志》，第111页。

②［匈］马札亚尔著，陈代青、彭桂秋译：《中国农村经济研究》，神州国光社1934年版，第403页。

③见吕梁地区地方志编纂委员会编：《吕梁地区志》，第111页。

④刘存仁、吕奇：《旧社会吉县的土地租佃和高利贷》，中国人民政治协商会议山西省委员会文史资料研究委员会编：《山西文史资料》第42辑，1985年版，第152页。

⑤《杨家坡雇工调查》，《统一战线政策材料汇集》，山西省档案馆藏档案，档案馆：A88—3—32—4。

⑥吴知估算1930年代清宛长工工资平均为40元左右。吴知：《乡村织布工业的一个研究》，商务印书馆1936年版，第142页。卞乾孙：《河北省清宛县事情》，新民会中央指挥部1938年版，第156页。

⑦陈正谟：《各省农工雇佣习惯及需供状况》，转引自侯建新：《20世纪三四十年代冀中人口流动与雇工》，《东北师大学报（哲学社会科学版）》2002年第3期。

是具有相当普遍性的、而非仅仅属于山西区域性的工资水平①。无论地域间具体工资数额如何变动，其市场制衡的力量都会在波动中寻求到一个基本均衡值。诚如古尔诺所说："经济学家所说的市场，并不是指任何一个特定的货物交易场所，而是指任何地区的全部，在这个地区中，买主与卖主彼此之间的往来是如此自由，以此相同的商品价格有迅速相等的趋势。"②雇工工资的区域性差异不能不受劳动力市场"迅速相等"规则的制约，在波动中呈现出大体相等或相近的趋势；而这一工资价格迅速相等的规则，其实又是农家平均生活水平所制约的结果，因为当时"即以华北而论，平均每人不过四亩左右田地，全年所获不过四十元左右"③。

第二，增长趋势中的低值性。"近来雇农工资在表面上似曾增加一倍，然粮食和土布以及日常费用，于此数年中价增尚不啻一倍！麦子……二十年间实不啻两三倍！故近年工资之增加，只为名义工资而已，实际工资反有减少之倾向。"④史志宏的研究也说明，"纵向来看，工资的总水平是趋向于逐渐提高的：雇入雇出合计计算，长工工资1930年为60.79元，1936年为62.32元，1946年为71.78元。以1946年与1930年相比，约提高18.1%。这种变化，应主要与通货膨胀有关，不一定是实际工资水平的提高"⑤。马若孟所描述的冀鲁乡村的情况也大体相类：1901—1925年，"农业工人的年均工资约与商品价格同幅增长……20世纪20年代末可以看到工资急剧上升，这肯定是由于内战造成了劳动力的缺乏。役畜的价格趋势与工资趋势

---

①见《各地农民状况调查》，《东方杂志》1927年第24卷第16期。可知，安徽当涂、河北井陉、江苏武进等地乡村雇工工资大都在40元左右。

②[英]马歇尔著、陈璧良译：《经济学原理》，商务印书馆1965年版，第19页。

③李景汉：《华北农村人口之结构与问题》，《社会学界》1934年第8卷。

④尹天民：《安徽宿县农业雇佣劳动者的生活》，《东方杂志》1935年第32卷第12期。

⑤史志宏：《20世纪三四十年代华北平原农村的租佃关系和雇佣关系——以河北省清苑县4村为例》，《中国经济史研究》2003年第1期。

相同……地价差不多与农村一般物价以同样的趋势和同样的速度上升"①。

晋中士绅刘大鹏在日记中较详细地记述了1903—1941年间雇工(主要是短工)工资变动情况②,据此可知将近四十年的雇工工资呈明显的增长趋势,尽管其间表现出升涨跌落的巨大反差,但并不影响其总的增长势态。然而,影响雇工工资增长的因素却主要是粮食等生活必需品价格的暴涨。1930年,省钞急剧贬值,"每现洋一元可换'省钞'二十元之谱",遂致"山西人民购买力的加速衰退"③。刘大鹏日记表明1931年工资升幅为最高,但这一年当地粮价涨幅也达到了历史的最高点④。作为雇主的刘大鹏都深受物价飞涨之困,说(1931年9月)"百物腾贵,达乎极点",导致雇工"工资甚大",以至于"予因不多雇工,暂作农人,虽不能抵一个工,抑且能抵半个工……斯正薪桂米珠之际,粒食维艰"⑤。雇工工资受制于粮价波动的变动,即使绝对数量升幅明显,也只能被动地在粮价变动的曲线之下运行。晋北三县也是如此,"固然在去年及本年两年间,工资底数量,一般的是提高了,每日平均可得二角之谱;但别方面粮价底高涨,又跑在工资底前头"⑥。因而,"名义工资增加,实际工资减少",雇工生活水平仍日趋下滑。

---

①[美]马若孟著、史建云译:《中国农民经济:河北和山东的农业发展(1800—1949)》,第157—158页。

②《退想斋日记》记述其历年支付雇工(短工)工资情况:1903年110文,1916年180文,1917年350文,1918年200文,1919年150文,1926年600文,1927年700文,1929年450文,1930年1500文,1932年850文,1939年600文,1941年1200文。此为农忙季节刘氏所雇农工日均工资演变之情况,可反映工资演变之长久趋势。

③悲笳:《动乱前夕的山西政治和农村》,《中国农村》1936年第2卷第6期。

④据《退想斋日记》记述,各年米价为:1916年2000文,1917年1800文,1918年2500文,1921年2700文,1923年1700文,1926年3360文,1930年1.9元,1931年3元,1932年1元,1933年1.1元,1934年3.5元,1936年1.5元。按当时比价,将1930年后米价折元为文以便比较。

⑤刘大鹏遗著、乔志强标注:《退想斋日记》,第430、431页。

⑥范郁文:《晋北边境三县农民生活概观》,《新农村》1935年第24期。

“量入为出，古有明训，然佣农实以所入者有限，所出者繁多。”① 那么，按当时基本生活水平估算，雇工收入的供养能力究竟如何？“好受苦人，工资是不足养一个半人（除自己衣服外）。”②据保德、兴县、朔县、临县、河曲等五县调查资料显示，“抗战前，年工工资每年除自己不计外，可养活两个人以上；月工工资，每月除自己不计外，可养活两个人；日工工资每日除自己由雇主管吃不计外，可养活半个人到一个半人”③。但总的来说，长工在晋西北，“通常每年受雇八个月到十个月，故每年所得工钱，或实物各工资，须补助两个月或四个月的失业（有时以其它劳动变换饭钱，如冬天背炭、当小贩等），实际只能养活一个左右的人，自己生活用费不计”④。一般雇工家庭是四五口人，也有七口人，或两三口人的，“大半武乡雇工家里总有五六口人，这样的家庭不少”⑤。无疑，雇工“提供了最大的劳动力以及部分底农具，而结果得到底工资，犹不足维持其最寒苦的家庭生活”⑥。

当然，“工资的增减，意味着无酬劳动的增减”⑦。但对于并非资本支配的农业社会而言，“雇工在这里不是或主要地不是作为劳动力商品，而是作为劳动的自然形态来使用的”。对于雇主言，固然“在这种情况下劳动力就不会被作为成本要素而在农户的‘核算’中考虑，劳动力的使用也不受边际劳动报酬递减与比较效益原则的制约，而是在劳动者的‘苦役感’所能承受的限度内只要粗产出大于零就会被使用”⑧。雇工工资低值性趋向与实际供养力低下，使得乡村社会中

---

①冯和法编：《中国农村经济资料》，黎明书局1935版，第507页。

②《晋西区党委综合类　兴县高家村调查材料（二）》，山西省档案馆藏档案，档案号：A22—1—18。

③《晋西区党委统一战线政策材料汇集（二）结语》，山西省档案馆藏档案，档案号：A22—4—3—2。

④《晋西区党委统一战线政策材料汇集（二）结语》，山西省档案馆藏档案，档案号：A22—4—3—2。

⑤《武乡雇工调查材料》，山西省档案馆藏档案，档案号：A7　1—12—5。

⑥范郁文：《晋北边境三县农民生活概观》，《新农村》1935年第24期。

⑦［德］马克思：《资本论》第3卷，人民出版社1953年版，第679页。

⑧夏明方：《近代华北农村市场发育性质新探》，黄宗智主编：《中国乡村研究》第3辑，第88页。

以工资表现的劳动支付形式难以获得充分发展，因此，工食的支付对于雇工的生存而言并不亚于工资的支付。

一般说长工都供食住，而短工之饮食也构成其劳动支付的重要内容①。1933—1934 年山西各县雇工食宿供养统计如下表：

表 2-16　山西雇工供食住待遇之县数

县数	工种	供膳宿（县）	供膳不供宿（县）	供宿不供膳（县）	不详之县
60	长工	55	3		2
	月工	52	5		3
	日工	33	18		9
37	长工	24	3		10
	月工	27	5		5
	日工	21	14		2
55	长工	50	1		4
	月工	44	5		6
	日工	29	15		11

资料来源：国民政府主计处统计局编：《中华民国统计提要》，商务印书馆 1936 年版，第 496—503 页。

看来，山西大部分地区都为雇工提供吃住，其中尤以长工为多。由此，长工与雇主的关系也比短工复杂。伙食好坏因雇主家生活条件而不同，为工人提供的生活设施及用品如被褥也不同；有的属于惯例，有的则因雇主而不同，无固定标准。

工资和工食都是劳动报酬，但雇工对二者的支配权却不相同。货币工资则完全由雇工自由支配，工钱"是一个双方议定的价值量"②。伙食则由雇主提供，伙食的多寡和好坏也主要取决于雇主，雇工只是相对被动地接受。长工的伙食无一定标准，因雇主而定：辽西雇工一般吃得不错，而且"每顿饭必吃在雇主之先"，因雇主知"哄

①刘大鹏《退想斋日记》中记载的短工大都供给饮食。

②许涤新、吴承明主编：《中国资本主义发展史》第 1 卷，第 75 页。

肚皮”之理①。寿阳长工都由雇主供给饭食，“食料以豆面、窝窝头、小米为主”②。兴县高家村“在通常饭食中平常与雇主一样，早上三条腿窝窝或炒面、稀饭，午也一样是窝窝、稀饭，晚上是稀饭、炒面，在吃的好时候就不一样了”③。1937 年前襄垣“雇主和雇工是两锅饭，中等雇主则一般是一块吃，但要吃小锅饭，有一半的工人则是雇主来时吃的坏，走了吃的好，雇主与雇工有亲戚关系者则吃的一样”④。吉县在吃喝上，“宽厚一些的小地主，主人和长工吃的是一样的饭食，早饭有时有一个半斤重的白馍，午饭调剂白面、豆面面条等，苛刻的地主，长工的饭食就以杂粮为主了。但是不管饭好饭赖，都能吃饱”⑤。伙食也因农事而犒劳，有的在“锄到地”“耕到地”“秋到地”都要有一次慰劳。有时因短工“受苦时苦大，故经常吃干的”。而在夏秋两季农事忙碌时候因整日劳动，仍以原来的食品不足以支持的缘故，所以一日三餐“大都要更以较优一等的不另掺糠或竟毫不带糠的食物了”。“以白面、细粮作午餐，而不是玉米、高粱等粗粮，已算是厚待了”⑥。伙食在一天中的次数因季节而变化，一般在农忙吃三顿，在农闲吃两顿。

短工的伙食状况，一般由主雇双方议定，而且相对要好。从刘大鹏所记太原晋祠一带看，“(1926 年 10 月)早午晚三餐每人食饭必须七百文”(而每人每月工资当时一千文)。“(1927 年 5 月)早晚两餐

---

①《辽西县长城镇土地问题调查总结》，山西省档案馆藏档案，档案号：A166—1—59—1。

②凉农：《山西寿阳县燕竹村的枯竭景象》，《新中华》1934 年第 2 卷第 9 期。

③炒面：把高粱、豆子先炒熟，磨成面粉，比较好的还有把干枣和着炒熟的高粱、豆子一起磨成粉，然后抓一把，用水和稀饭拌入即可吃。吃时，有时还和着菜类一起吃。炒面吃法最便利，而且耐饿，故农民在农忙时，都带着炒面到地里去，当午饭吃。《晋西区党委综合类　兴县高家村调查材料(二)》，山西省档案馆藏档案，档案号：A22—1—18。

④《晋冀豫区总工会农业工人调查材料》，山西省档案馆藏档案，档案号：A7—1—11—1。

⑤刘存仁、吕奇：《旧社会吉县的土地租佃和高利贷》，中国人民政治协商会议山西省委员会文史资料研究委员会编：《山西文史资料》第 42 辑，第 153 页。

⑥黄宗智：《长江三角洲小农家庭与乡村发展》，第 64 页。

尚不甚论，其午餐必须油糕，酒肉”①。这种现象并不少见，但总体上短工的伙食要比长工好。

在雇工的工酬中，工资所占份额十分有限。即使在长江三角洲乡村，黄宗智的研究也证明工食与工资在雇工的工酬中也居于同等地位②。因此，仅仅限于工资本身的分析，诚不足以说明雇工的经济地位，更无法揭示主雇之间复杂多样的社会关系及其特性。

雇工们常说：“挣钱不挣钱，落个肚儿圆。”③在粮价持续高涨的情况下，支付的工食价格常常不低于甚或高于工资的价格。“米面高贵，每日三餐，每人亦须五六角之米面。”（每日工资六角）④如果说中农打短是为了“劳动力有剩余，挣取额外收入”。那么“贫民打短是因为‘饿的慌’”⑤。有些“贫农因为饿的慌，不能不荒着自己的地，出去给人家打短”。甚至在土改中分得的土地，“对于他们不是幸福的源泉，而是极大的累赘”⑥。

“我国各地农家每家全年平均食品费约占所有费用60%，加上燃料费10%以上，共为70%左右，他们终年辛苦，几完全为着‘吃饭’一个问题。”⑦这决定了雇工工食的选择优于工资的选择。甚至“多卖力气须多吃饭”也会成为雇工“不卖力气”的理由⑧。故此，雇工维持劳动力生存的饭食要求往往大于工资的要求。

基于同样的原因，对于雇工而言，即使是工资的支给，尽管议定的是白洋，也多愿领取粮食或油、盐、布匹等实物。“工资底支领，大部分是由雇主支给食粮或由商店转贩来底布匹及其他日用商品。”⑨

---

①刘大鹏遗著、乔志强标注：《退想斋日记》，第21、353、341页。

②黄宗智：《长江三角洲小农家庭与乡村发展》，第65页。

③柴树藩、于光远、彭平：《绥德、米脂土地问题初步研究》，第120页。

④刘大鹏遗著、乔志强标注：《退想斋日记》，第558页。

⑤《张闻天晋陕调查文集》，第47页。

⑥《张闻天晋陕调查文集》，第48页、61页。

⑦言心哲：《农村家庭调查》，李文海主编，夏明方、黄兴涛副主编：《民国时期社会调查丛编（二编）乡村社会卷》，福建教育出版社2009年版，第603页。

⑧杨汝南：《北平西郊六十四村社会概况调查》，李文海主编，夏明方、黄兴涛副主编：《民国时期社会调查丛编（二编）乡村社会卷》，第282页。

⑨范郁文：《晋北边境三县农民生活概观》，《新农村》1935年第24期。

雇主多愿支付货币，而雇工则愿意领取小米。因时局不稳，货币贬值严重，如 1930 年省钞倒闭，雇主仍依旧例出钞票，“雇工吃了大亏，等于白作一年。而且雇工要钱也得买粮，因为误不起工到城里或集市上买，也是要买雇主的”。因此，“农村雇工虽有一定收入，但并没有变成完全依靠市场购买生活资料的消费者”①。雇工及其家属的日常必需品，大半都是取于雇主，“雇主真好象是雇工的消费合作社，取用什物、粮食，都按当时市价折合扣除工资。春天粮贵，秋天粮便宜，雇主秋天不愿给粮，春天愿给粮，穷人正是春天缺粮，所以只吃亏”。正如民谣所唱：“秋做活，春开价，秋天能买三升米，春天只能买升半。”②

单纯从价格体系来看，有的雇主对雇工消费品“折合的物价比市价还高……但雇工仍不能不向唯一的雇主光顾”。表面上这似乎是浸润着温和乡情意义的主雇家庭关系的扩展，其实对于雇工家庭而言“经济上合理的盘算”仍是主导的制约因素。因为，“到市集购买就要误工，而且工资不能预支”③，所以，在严峻的生存压力下，雇工劳动时间的选择当然优于市场商品价格的算计。“雇佣工人的双脚都站在市场经济中，价格体系既决定了他们的劳动工资，又决定了其工资的购买力。”④

同时，工食对于劳动的支付形式也必然减损主雇双方的市场属性而强化其人身依附性。“虽然他们出卖的劳动力，但实际是出卖身体，俗谓‘吃人家一碗，由人家日挽(随便使唤，笔者)，吃人家一口，由人家日吼’，并说，住长工是‘当蛮儿’。”⑤然而，这种依附性是一种生存压力的经济性依附，而不是封建身份性依附，“伙计常留主家，非在法理上处于农奴地位，也非出于农庄经济合理性的考虑，而只是习俗

①阎万英、尹英华：《中国农业发展史》，天津科技出版社 1992 版，第 167 页。

②太行革命根据地史总编委会：《太行革命根据地史料丛书之五——土地问题》，第 159 页。

③《杨家坡雇工问题》，山西省档案馆藏档案，档案号：A88—3—32—2。

④[美]詹姆斯·C. 斯科特著，程立显、刘健等译：《农民的道义经济学：东南亚的反叛与生存》，译林出版社 2001 年版，第 77 页。

⑤《关于农村工人工作材料的总结和研究》，山西省档案馆藏档案，档案号：A7—1—2—1。

如此而已。对伙计来说,与其说是一种束缚,更多的是某种保护,然而此情形在近代逐渐退缩”①。而且,在大多数交互雇佣关系中,雇主“他们之对待工人,如同对待朋友一样,因为雇佣工人者和雇佣工人二者都是佃农”②。一方面,工资或准工资形态的工食事实上体现着主雇之间的契约关系,是主雇双方“所有权”在商品社会中的交换,即“支出是所有权的让与,收入是所有权的取得”③。一方面,主雇之间“无严格之分别……雇主待遇雇农,极为平等,与奴仆绝异”④的人格平等关系,至少说明身份性或制度性束缚并不是民国乡村雇佣关系中的常态。所以,才有张闻天调查时(1949年5月)所发现的这样的事实:即使土改后雇工拥有了自己的土地,“一部分贫雇农……仍愿留在农村当雇工”⑤。

正是维持自身生存基本需求的工食成为雇工在低值工资状态下普遍存在和发展的一个重要原因。同时,它实际上也是雇主与雇工互换性关系中一个“共利”性的经济因素。

四 社会分层中的雇工

有研究者指出,“雇农是乡村中社会地位最低、生活最悲惨的一个群体。从经济收入看,常常自顾不暇,难以娶妻成家,事实上许多雇农都是终生过着鳏居孤独的生活”⑥。困苦终日,不得温饱是雇工家庭物质生活的常态。对于乡村大量雇工的出现及其日渐恶化的生活状况,以往人们多以两极分化论加以解释,认为是土地高度集中、两极分化的结果。因为“有小商品生产者,就会有分化,就会从小商

---

①杨念群主编:《空间·记忆·社会转型》,上海人民出版社2001年版330页。

②[匈]马札亚尔著,陈代青、彭桂秋译:《中国农业经济研究》,第320页。

③[美]约翰·康芒斯著、于树生译:《制度经济学》,商务印书馆1997年版,第95页。

④《各地农民状况调查:安徽当涂》,《东方杂志》1927年第24卷第16期。

⑤《关于农村工作的三个问题》,《张闻天选集》,人民出版社1985年版,第447—448页。

⑥侯建新:《20世纪三四十年代冀中人口流动与雇工》,《东北师大学报(哲学社会科学版)》2002年第3期。

品生产者中产生富人和穷人，雇主和雇工”①。而近代以来，“军阀割据加剧了土地的兼并与集中……迫使不堪重负的佃农沦为雇农”②。然而，这种“灰色”的理论预设，面对鲜活的历史事实时不得不处于十分尴尬的境地。有学者通过对清康熙年间起直到民国时止的一批地籍档册的分析，发现在关中，“二三百年间土地分配状况虽然是因时因地而有各异，但地权分散这一特征是较明显的”③。即使在江南地区，“由康熙初年（五一十五年）至 1949 年，二百七十八十年间，地主同自耕农占地的比率几乎稳定在 65:35。看来人们设想的地主所有制支配下地权不断集中的必然性，在这里没有得到证实”④。郭德宏依据大量不同统计资料对 1925—1949 年的土地占有情况作过精详分析，确认“无论按哪种方法计算，土地占有在旧中国几十年间总的来说是趋于分散，而不是趋于集中了”⑤。与全国土地占有趋势相比，“山西土地固不如他省之集中，地主势力尚小”⑥。如抗战时期的一项统计表明（为 1937 年前后情况）⑦，在各区县中，晋西北地主、富农土地占有比例最高，为 60.8%，达到或略高于上述全国的平均水平；

①厉以宁：《资本主义的起源——比较经济史研究》，商务印书馆 2003 年版，第 14 页。

②罗荣渠：《现代化新论——世界与中国的现代化进程》，第 331 页。

③秦晖、苏文：《田园诗与狂想曲——关中模式与前近代社会的再认识》，中央编译出版社 1996 年版，第 80 页。

④章有义在《二十世纪二三十年代中国地权分配的再估计》文中强调：“从 18 世纪到 20 世纪初，以至二三十年代，200 年间，地主阶级同农民阶级之间的地权分配比率，没有发生多大变化。”见章有义编著：《明清及近代农业史论集》，第 90 页。

⑤郭德宏：《中国近现代农民土地问题研究》，青岛出版社 1993 年版，第 62 页。

⑥杨木若：《山西农村社会之一斑》，《新农村》1933 年第 2 期。

⑦据山西省史志研究院编：《山西通史》第 8 卷，山西人民出版社 2001 年版，第 555—556 页。内容：平定、盂县部分村庄调查：地主、富农占地 31.5%；灵丘、广灵等 101 村调查：地主、富农占地 27.85%；晋西北兴县等 9 县 20 村调查：地主、富农占地 60.8%；太行区黎城、潞城等县 123 村调查：地主、富农占地 20.24%；晋中祁县、太谷等 5 县部分村庄调查：地主、富农占地 15.5%；晋南万泉、曲沃等 4 县 20 村调查：地主、富农占地 24.36%。

其余地区地主、富农占地平均比例最高者为31.5%(平定、盂县),最低者为15.5%(太谷、祁县等地),远远低于上述全国土地集中水平。因而,事实上在土地改革之前,即使在土地相对集中的晋西北兴县等地,“土地的占有关系已在发生变动”,变动的“确定和必然的趋势”恰恰是“地主土地总数的减少与中农、贫农土地数量的增加”①。这在一定意义上可以断定,“地权的转移,在未经土地革命的地区,是通过表面自由买卖实现的”②。正如当年张闻天调查所见:“整个社会经济的变动,也是朝着地权细分、自耕农群体和质量都增大这个方向发展的。”③这一事实显然与“土地集中”所致的“两极分化论”相去甚远。

从物质生活层面的比较而言,两极分化论诠释的基点是社会阶层贫富之间的强烈反差及其扩展趋势。但档案资料显示乡村各阶层的物质生活差异的“两极分化”趋势并不显著④,如在粮、油、盐、肉等必需品消费总量上,临县雇工家庭与贫农家庭的生活水平完全一致,与中农家庭略有区别,与地主、富农家庭的消费有较大差别,但也是程度之差。就其消费质量(即主食种类)而言,乡村社会阶层之间的物质生活差异是显而易见的(如1937年晋西区之保德、林遂,晋东南之武乡)⑤,不过,各阶层之间的差别主要体现为粗、细粮或有无肉食(且地主之家也仅年节时偶有肉食)和食盐之别。地主家庭的日常生活无疑优越一些,但从调查资料看,其特别之处体现在两个方面:即平日里地主本人有白面吃(但媳妇吃谷窝窝);过年节有白面饺子吃

---

①[美]周锡瑞:《“封建堡垒”中的革命:陕西米脂杨家沟》,冯崇义、古德曼编:《华北抗日根据地与社会生态》,当代中国出版社1998年版,第42、43页。

②[美]周锡瑞:《‘封建堡垒’中的革命:陕西米脂杨家沟》,冯崇义、古德曼编:《华北抗日根据地与社会生态》,第43页。

③《张闻天晋陕调查文集》,第95页。

④《晋西区党委统一战线政策材料汇集(二)人民生活负担》,山西省档案馆藏档案,档案号:A22—4—2—1。

⑤《晋西区党委统一战线政策材料汇集(二)人民生活负担》,山西省档案馆藏档案,档案号:A22—4—2—1。

而已①。山西乡村大多数家庭的物质生活都“极其简朴，极其节约，达到了非常苍白的程度”②。中共晋西区党委在兴县赵村的调查资料显示，乡村各阶层之间的日常生活并无太大悬殊，“群众平日不吃菜，吃起菜时就做一大锅，尽够吃（不论贫富都如此）”③。就衣物层面而言，农家衣被材料的支出不大，从各阶层全年消费布料对比情况看，雇农与中农家庭的年用布量差别微小，人均相差仅 2 尺；与富农家庭相差 7 尺④。武乡县东沟村在抗战前各阶层衣物消费在地主、富农、中农与贫雇农间的差别也并不十分突出⑤。

雇工家庭与中农家庭的衣用情况相差无几；地主、富农较为富足，也不过年均衣物各季两套罢了。对于大多数乡民，“通年仅换两次衣，最多不过三次而已”⑥。

作为维持人类最基本生存条件的衣食状况，构成社会成员分享社会地位的基本前提。衣食消费上量与质的差异及其殊分趋向，是判定社会分化与否以及分化程度的主要指标之一。但差异并不等于分化。资料表明，乡村社会各阶层之间的差异并不特别悬殊，即使在地主、富农与贫雇农之间存在着较大的差别，却并未形成“两极分化”的巨大反差，它所呈现的是一种“普遍贫困化”的乡村生活情景。1936 年《中国农村》描述山西中路农村的境况说，“一片片的废墟荒丘，便会呈现在你的视野中”。“据调查，太谷县北堡村在六十年前村中有一千三百户人家，三十六家大小商号，房屋有一小部分是瓦房，其余多是楼房。街道上两边密密地排着人家……而今呢！只有从废墟中找人家。共计只有六十户。”作者调查的另一个村落，“现存三百

①《各阶层每户生活变化举例》，《晋西区党委统一战线政策材料汇集（二）人民生活负担》，山西省档案馆藏档案，档案号：A22—4—2—1。

②范郁文：《晋北边境三县农民生活概观》，《新农村》1935 年第 24 期。

③《中共晋西区党委（1942 年 1 月），兴县实验支部赵村的了解》，山西省档案馆藏档案，档案号：A22—1—4—1。

④《晋西区党委统一战线政策材料汇集（二）人民生活负担》，山西省档案馆藏档案，档案号：A22—4—2—1。

⑤《武乡县东沟群众生活概况对敌斗争》，山西省档案馆藏档案，档案号：A181—1—36—1。

⑥凉农：《山西寿阳县燕竹村的枯竭景象》，《新中华》1934 年第 2 卷第 9 期。

余家。当嘉庆时代，户数本来是五千以上的”①。这与刘大鹏日记中所载太谷县里满庄败落情形几乎完全相同：“昔年……该庄富户甚多，通共二千户，高楼大厦金碧辉煌……迄今里满庄大败，现在仅有对开百来户，率多贫困，拆卖楼阁亭台而度日者十之八九，无一富户。”②显然，这种整体败落的“触目皆凄怆之象”，更集中地发生在富贵的大户人家。“近数年来……农民逃村数不断的增加，荒芜土地每年有扩大的倾向……引起了全省经济生活一般的停滞，更弄得贫乏化的农民越发无法以对付。”③阎锡山在给国民政府的呈文(1935年)中也描述说，“年来山西农村经济整个破产……以至十村九困，十家九穷”④。适在此年，刘大鹏日记记述本地乡村衰败的惨景：“‘农家破产’四字是现在之新名词，谓农家颓败不得保守其产也。当此之时，民穷财尽达于极点，农业不振，生路将绝。”特别值得体味得是，刘氏叹息道：“即欲破产而无人购产，农困可谓甚矣。”⑤“无人购产”现象充分揭示出，这不是两极分化所展现的财富转移的集中，而是整体意义上的败落。整体败落的普遍贫困化⑥与两极分化显然是两种不同的演进趋势，虽然都可以造成乡村弱势群体——雇工生活状态的日趋恶化。

20世纪前期的中国乡村社会分化并不充分，这直接导致乡村雇工群体的“非纯粹化”。“这里给人雇工的，多半是贫农。他们除给自己工作外，剩余劳动力很多，抽空便给人家打短工。”“所以佣短工的户数……还是发展的。”故而，“兼雇工”的总人数远比纯粹雇农的数

---

①荫萱：《山西中路农村经济底现阶段》，《中国农村》1936年第2卷第11期。

②刘大鹏遗著、乔志强标注：《退想斋日记》，第491页。

③马松玲：《敬告十年建设计划诸君》，《新农村》1933年第6期。

④山西省史志研究院编：《山西通史》第7卷，山西人民出版社2001年版，第238页。

⑤刘大鹏遗著、乔志强标注：《退想斋日记》，第477页。

⑥关于20世纪前期中国乡村普遍贫困化的致因，笔者将撰文另作研究。

量要多①。而本文前述“乡村社会雇佣关系的普遍化是通过雇工身份的非固化或雇佣角色的互换性得以实现”，显然也是普遍贫困化趋势演变的历史结果。这自然也关涉到乡村雇工群体的社会分层问题。

首先，乡村社会分化不充分，使乡村雇工并不构成一个相对独立的社会阶层。当时一些农村社会调查资料就指出，中国乡村没有剧烈的阶级分化，大地主并不多，其现状是“大地主虽少，而中小地主的人数却很多”②。同样，“雇农可以说同‘大粮户一样的稀少，其中大都是由佃农中分化而来的……”因此，不仅常常把“‘日工雇农’……归纳在上列佃农的百分比中了”③。而且在很多地方，雇农与佃农、自耕农之间的界限既不分明，也是随时而变动的。“雇农可以变为佃农，佃农可以变为半自耕农，半自耕农可以变为纯粹自作农，同时自作农也可往下变去。土谚说：‘千年田八百主’，可以想象这个变化的迅速了。”④所以，“雇农有时可以作佃农，佃农有时也可以变为雇农，不是永久不变的，他们的分界也极细微的”⑤。尤其是短工群体，“这个日工底构成分子非常复杂，可以包括了劳动农民群众中各成分底全体”⑥。甚至有些乡村出现多重身份的农户，“中农变为雇工，而同时又兼为富农。把他家的人抽出一人去作年工，而自己雇上一个半年工，对别人亦能应付，而自家收入又能增多”⑦。

毗邻山西的河北省井陉，“本县农民，绝对没有产业的，居最少数。那有产业不够一家人耕种的，便给人家做长工，将自己田地租与了，或带地做长工，便成了工人。也有因为自己地少，租典人家些的，

①《保德县段家沟自然村调查报告》，山西省档案馆藏档案，档案号：A137—1—3。并见西超：《河南农村中底雇佣劳动》，《东方杂志》1934 年第 31 卷第 18 期。

②《农民问题与中国之将来》，《东方杂志》1927 年第 24 卷第 16 期。

③黄孝先：《海门农民状况调查》，《东方杂志》1927 年第 24 卷第 16 期。

④严促达：《湖北西北的农村》，《东方杂志》1927 年第 24 卷第 16 期。

⑤孤芬：《浙江衢州的农民状况》，《东方杂志》1927 年第 24 卷第 16 期。

⑥范郁文：《晋北边境三县农民生活概观》，《新农村》1935 年第 24 期。

⑦《一九四一年平北县合理负担总结》，山西省档案馆藏档案，档案号：A—191—1—39—1。

便又成了佃户。或者也不做长工，也不成佃户，只等着农事忙迫时候，急速把自己的工作完毕，去给人家作‘找工’，也算一种投机作法了”①。长工、佃农、找工不同角色和身份的转换，既昭示出村民身份的“自由”特征，也揭示着雇工角色与其他角色“胶合”难分的特征。这其实也是当时“农村社会调查者”无法确认“雇工”身份及其数量的主要原因了②。

还有所谓“半佃农和佃农——实际是指‘在东家土地上干活的雇农’，他们收成的百分之二十五到五十归自己，其余百分之五十到七十五归地主——东家。最能说明雇农状况的是他们的工钱：东家管伙食，每年挣二十到五十元”③。因而，我们从 1930 年代末平北迴源头村雇工身份的转换中也可以观察到这种情况：贫农将地租出，自己去当雇工；中农变为雇工，而同时又兼为富农，即把他家的人抽出一人去作年工，而自己雇上一个半年工④。同样，雇工转化为贫农也并不一定意味着其经济地位的上升⑤。所以，仅仅依凭雇佣关系恐不足以对乡村社会关系的性质作出有效的解释。因为，我们常常发现，本来是典型的自耕农（中农），只是由于劳动力短缺成为“其使用雇佣劳动的主要原因”，从而使得这些“中农向富农的发展，也只是在劳动力缺乏的情况下经营方式的某种改变，而在经济上并没有新的扩

①赵德华：《井陉农民生活状况》，《东方杂志》1927 年第 24 卷第 16 期。

②南方也有如此情况者，如江苏武进县：“七十万农民中，有自作农，自作农而兼佃农所谓半佃农，佃农及雇农等，界限既然不很清楚，即调查数目亦难于准确。”《各地农民状况调查・江苏武进》，《东方杂志》1927 年第 24 卷第 16 期。

③［苏］A. B. 巴库林著，郑厚安、刘功勋、刘佐汉译：《中国大革命武汉时期见闻录（1925—1927 年中国大革命札记）》，中国社会科学出版社 1985 年版，第 32 页（下文简称《中国大革命武汉时期见闻录》）。

④《一九四一年平北县合理负担总结》，山西省档案馆藏档案，档案号：A191—1—39—1。

⑤如唐家吉村雇工原为 4 户，有 2 户因敌人“扫荡”无人雇用，转化为贫农，其生活反而受到影响。见《唐家吉阶级关系及其变化》，山西省档案馆藏档案，档案号：A141—1—118—2。

大"①。20世纪初期,乡村雇工是一个正处于急剧演变之中的、尚未形成相对独立阶层的一个社会群体。

其次,雇工与雇主之间的社会关系构型复杂,地富—雇农的两极化阶级关系模式并不足以反映当时乡村社会关系的实况。事实上,雇佣关系并不仅局限于地主、富农之间,雇农常常"被雇用于自作农与佃农"②。作为乡村社会相对自由的劳动力出卖者,雇农全部"分寄附于地主及自作农两方面"。虽然,大地主雇工自种比较普遍,但"自作农家田产稍多的尽有常年男妇雇一两个或两三个不等,有许多雇农都从佃农中招雇来的",也正由于这层关系,要精确制定乡村农户分配的比例,"事实上也很不容易"③。自作农的雇工经营既是乡村雇佣关系普遍化,也是乡村社会普遍贫困化的符合逻辑演化的历史进程:"自作农所有之田,不能悉数耕种,势非用雇工不可,故大半雇农,为自作农所雇。"④所以,"自作农与雇农有密切之关系……此种自作农,未有不用雇农者"⑤。

在山西中部一些地区,所谓雇工经营的地主,其实是缺少男性劳力的小户人家,甚或是大的佃户:"做地主的差不多是男人出外营商或是只有女人小孩子的小户农家,而承佃者的,反而是当地的大地户。"⑥类似的情况也出现在江苏松江地区⑦。因此,由雇工而发生

---

①如1936年时唐家吉村两户中农因各有一子参军,劳动力紧张,前曾常雇短工,自去年起开始雇佣长工,就上升为富农了。《唐家吉阶级关系及其变化》,山西省档案馆藏档案,档案号:A141—1—118—2。

②剩澄:《各地农民状况调查·安徽当涂》,《东方杂志》1927年第24卷第16期;黄孝先:《海门农民状况调查》,《东方杂志》1927年第24卷第16期。

③黄孝先:《海门农民状况调查》,《东方杂志》1927年第24卷第16期。

④龚骏:《各地农民状况调查·江苏武进》,《东方杂志》1927年第24卷第16期。

⑤龚骏:《各地农民状况调查·江苏武进》,《东方杂志》1927年第24卷第16期。

⑥张稼夫:《山西中部一般的农家生活——替破产中的农家清算的一笔账》,千家驹编:《中国农村经济论文集》,第380页。

⑦丘宗义:《各地农民状况调查·江苏松江叶榭乡》,《东方杂志》1927年第24卷第16期。该调查说:"需要这种雇农的,除非他们——自作农和佃农——田亩太多,自家不能照料照顾,或他们自家没有男人。"

的社会关系并不是简单地表现为两极分化的阶级对立情势,"一般地看出来,租佃关系——地主与佃农的对立形势,在当地是非常模糊的"①。因为,不仅"雇主待遇雇农,极为平等,与奴仆绝异",而且"自作农与地主,无严格之分别"②。雇主与雇工之间阶级的判别既不分明,虽然不免有当时乡村调查者主观认识的迷失,但其阶级鸿沟尚未出现明晰分野,恐怕也是一个客观存在。"自作农有或为地主,有或为雇农。雇农有或为自作农,有或为佃农。佃农的或为自作农,有或为雇农。"③因而,由雇工而发生的社会关系是一个多重复杂的网状构造,而不是简单的两极对立结构。诚如时人所析:"农民这不过是笼统的名词,他们正可以分为地主,自作农,佃农,雇农四个区别。在地主方面,多属于殷富的人们和大资本的商人。雇农,则属于自作农和佃农的范围下工作",并与地主、自作农、佃农,以及地主兼自作农、佃农兼自作农直接发生关系,成为乡村社会关系网络中的交结点④。

因而,"雇农对于他们的雇主"虽"也有一种苦处",却"没有阶级的裂痕"⑤。甚至,传统社会里雇工家庭的子弟也曾有"受地主的栽培读书"而成为举人的⑥。至少,"在这里底雇佣关系中,现象底复杂混乱,确是难以把握,易入迷途"⑦。主雇之间阶级的分层和对立冲突并不十分明晰。如此,作为地方士绅的刘大鹏对曾离开自家已十余年的雇工的"出葬"也颇在心,谓"适遇出葬,即行送丧"⑧。有些长

①张稼夫:《山西中部一般的农家生活——替破产中的农家清算的一笔账》,千家驹编:《中国农村经济论文集》,第380页。

②剩澄:《各地农民状况调查·安徽当涂》,《东方杂志》1927年第24卷第16期。

③巫宝山:《各地农民状况调查·江苏句容》,《东方杂志》1927年第24卷第16期。

④田庚垣:《各地农民状况调查·安徽合肥》,《东方杂志》1927年第24卷第16期。

⑤田庚垣:《各地农民状况调查·安徽合肥》,《东方杂志》1927年第24卷第16期。

⑥《寻乌调查》,《毛泽东农村调查文集》,第227页。

⑦范郁文:《晋北边境三县农民生活概观》,《新农村》1935年第24期。

⑧刘大鹏遗著、乔志强标注:《退想斋日记》,第501页。

期受雇的老长工，“曾换得了主人家的微薄优待，吃饭和家人一样，不另外做”，以至于“老长工的心意曾和主人的心意一样无二致”①。乡村社会发生的雇佣关系，其实是一种多重身份、地位和角色交叉的网型构造，呈现了利益与情感原则并重的运行特征：“雇工有戚谊者，论戚谊，无戚谊者，家长对雇工称名，雇工对家长或叔或伯或兄之视年岁为定，衡无贫富阶级，亦无主仆名分，故相交以诚。”②主雇之间“有理由或双方感情不合时，可以随时解退”③。在这里，“互惠准则和生存权利”同样“坚实地蕴涵于农民生活的社会模式”中，“而这些社会模式将其力量和延续性归之于农民能够施加的道德认可的力量”④。

20 世纪前期之中国乡村社会，被强制性制度变迁和以工业化、城市化为导向的社会变迁牵引着发生了前所未有的变动。乡村雇工群体生活状况的劣化只是整个乡村社会变动过程中的一个面相而已。但这个面相事实上又与乡村社会诸多关系相交融、相胶合，其复杂多重的社会关联，昭示出这个时代演变的基本特征。对于雇工群体的时代性认识，不应当从农业资本主义发展模式或由土地集中和两极分化趋向中求得，而只能从当时乡村社会普遍贫困化的事实中求得。而社会分化不充分，既是雇佣关系普遍化和雇工身份非固化的导因，也是雇工群体不能构成一个相对独立阶层的根本原因。

（原载《历史研究》2006 年第 5 期）

---

①《杨家坡村雇主调查》，山西省档案馆藏档案，档案号：A88—3—32—3。

②刘清如主纂：《馆陶县志》卷 6，《礼俗志・风俗》，民国二十五年（1936）铅印本，转引自张佩国：《近代山东农村的土地经营方式：惯行描述与制度分析》，《东方论坛》2000 年第 2 期。

③《晋西北的阶级》，《统一战线政策材料汇集》，山西省档案馆藏档案，档案号：A—88—3—32—3。

④[美]詹姆斯・C. 斯科特著，程立显、刘健等译：《农民的道义经济学：东南亚的反叛与生存》，第 215 页。

20 世纪三四十年代晋绥边区乡村土地关系与社会结构变动①

近代中国农村经济日形凋敝,社会危机日趋严重。中国共产党领导的土地改革运动,是实现其改造农村,进而改造中国社会的革命性内容之一。中国乡村社会的区域特征十分明显,因历史条件、社会环境和社会结构的差异甚大,各地土地改革进程与特征也不尽相同。晋绥边区既是“华北各抗日根据地的枢纽,是前后方的交通要道,是华北五大战略要地之一”,同时也是“中国共产党利用战时环境动员农民、知识分子和地方士绅的试验场”②。本文拟以晋绥边区土地关系的变革为切入口,进行乡村社会的个案分析,以展示 20 世纪三四十年代的乡村土地关系与社会结构变动的历史实况和中国共产党对于乡村社会改革、发展所做得努力与试验,并力求揭示(隐含于个案之中)中国乡村社会变革的历史趋向与时代特征。

---

①晋绥边区是中国共产党在抗日战争时期开创的主要根据地之一,解放战争时期称晋绥解放区。它包括晋西北、晋西南和绥远大青山地区。《战斗中成长的晋绥边区》,晋绥边区财政经济史编写组、山西省档案馆编:《晋绥边区财政经济史资料选编(总论编)》,山西人民出版社 1986 年版,第 16 页。

②冯崇义:《农民、知识分子与晋绥抗日根据地的民主建设》,冯崇义、古德曼编:《华北抗日根据地与社会生态》,第 193 页。

一 乡村社会结构状况

晋绥边区的社会历史条件和社会结构状况，是中共抗日民主政权从事农村社会改革、调整土地关系，并具体落实自己战略方针和政策的主要依据。根据调查统计(1941年晋绥区18县百余行政村、近千个自然村的统计)，该区占人口总数2.85%的地主，占有14.6%的土地；5.5%的富农，占12.5%的土地；31.6%的中农，占45%的土地；而51%的贫农，只占25.5%的土地①。就土地集中和阶级结构的分化状况来看，比之于华南、华中各省的统计，即10%左右的地主、富农占70%以上土地的状况，区域间的差别是十分明显的。可以说，这一地区受外界社会变动影响较小，“在清末民初仍保持其一向的自给自足的封建形态，居民与外界往来甚少”②。“因此一般说还保持着封建地主经济的原貌”③，其传统社会经济与结构特点是：

1. 乡村社会经济带有浓厚的封建性，虽然没有大地主，但土地集中趋向也非常明显。据兴县、河曲、保德、宁武4县17个自然村的调查，“地主出租自己所有土地的百分之八十，富农出租三分之一”，“全部土地的三分之一，发生着租佃关系”。以土地为纽带，乡村的主要社会关系结构表现为租佃关系(地主与佃农)、雇佣关系(富农与雇农)与协作关系(自耕农与自耕农等)。当地的地租率水地、平地最高达60%—70%，山地稍低，但平均也在30%—40%之间。“农民收获中之很大部分，以地租形式交给地主，自己只能维持半饥饿状态。”④农民生活极度贫困化，“愈益需求高利贷的救济”，因而农民的负债率很高。据定襄东力等5村调查，负债农户已占总户数的70%。故

---

①韦文:《晋西北的土地问题》，晋绥边区财政经济史编写组、山西省档案馆编:《晋绥边区财政经济史资料选编(农业编)》，第63页；山西省史志研究院编:《山西通志·土地志》，中华书局1998年版，第218页。

②冯和法编:《中国农村经济资料》，第884页。

③李向前:《抗日战争与中国西北农村社会的变动——兼谈张闻天的“新式资本主义”观点》，冯崇义、古德曼编:《华北抗日根据地与社会生态》，第42页。

④《晋绥革命根据地建立初期经济状况及土地关系的变化情况》，晋绥边区财政经济史编写组、山西省档案馆编:《晋绥边区财政经济史资料选编(农业编)》，第84—85页。

“农民愈不能不屈服于更苛刻的条件之下”①，生活水平每况愈下。

表 2-17　山西定襄东力等 5 村农户负债数量表

村名	农户总数	负债农户	百分数(%)
东力村	132	89	66.66
智村	213	187	87.79
南王村	187	123	65.77
史家岗	67	51	76.12
神山村	143	97	67.83

资料来源：毕任庸:《山西农业经济及其崩溃过程》,《中国农村》1935 年第 1 卷第 7 期。

2. 家庭农场规模不大，经营水平和生产技术极为低下。据兴县 26 个行政村 7142 家农户的调查，一般农民的农场状况如下表：

表 2-18　山西兴县农民家庭经营规模(单位:亩)

阶层	每户平均所有地	平均每户租入地	平均每户租出地	平均每户农场面积
富农	213	6.3	48	171.3
中农	76.5	28.5	8.1	96.9
贫农	38.4	15.9	0.54	53.76
雇农	7.8	3.9	0.45	11.25

资料来源：韦文:《晋西北的土地问题》,晋绥边区财政经济史编写组、山西省档案馆编:《晋绥边区财政经济史资料选编(农业编)》,第 65 页。

单纯从地亩数量看，平均每户的农场面积也是相当可观的，但事实上平均每户拥有的土地生产能力却很低下。第一，每户所有地中包含了一部分荒地，而且兴县山地土质瘠薄，10 亩地的收入尚不及平原地的 1 亩。第二，从耕种畜力来看，地主平均每户有牲畜为 1.5

①毕任庸:《山西农业经济及其崩溃过程》,《中国农村》1935 年第 1 卷第 7 期。

头，富农为1.25头，中农为0.86头，贫农则4户才达1头。家庭农场的生产力十分低下，“经营方式也是落后，直到今天为止，他们的耕作器具主要还是用手扶单犁，犁头甚小，只能入土五六寸深”①。对于多数自耕农而言，“得不到畜力底供给的，还占经营者底多数。例如由四五个人协力，共挽一架犁耕地的，是可以见到不少的”②。

3.土地价格波动较大，地权关系持续变动，并且直接受战争的影响，形成了相反的土地转移流向。抗战前晋绥边区的土地呈现集中化趋向，“土地日益从贫苦农民之手，向地主、富农方向转移”。但战争爆发后，“富者逃之夭夭，无暇顾及集积土地，一时地价大跌”，土地开始向农民阶层转移。据1941年兴、临、忻、保4县村庄的抽样调查，出卖土地户数中，地主、富农占77.9%，中农占14.3%，贫农占7.5%；而买地户数则地主、富农只占10%，而中农、贫农却占到86.3%③。乡村土地关系开始由集中而趋于分散，尽管这种转移过程比较缓慢。这一状况与张闻天在延安时的“晋陕农村调查”情况基本一致，即当时兴县地区“除了作为一个阶级而存在的地主和他们所代表的租佃关系外，整个社会经济的变动，也是朝着地权细分、自耕农群体和质量都增大这个方向发展的”④。因此，该地区乡村社会的总体境况是“农业衰落，农村手工业破产，整个农村经济向着衰颓的道路”⑤。

晋绥边区民主政权对于乡村地权关系和阶级结构调整、改革的重大试验，就是在这一具体社会历史场境中展开的，并且，它所要解决的两大主要任务：即发动与壮大群众力量，巩固扩大农村统一战线；调整农村生产关系，提高各阶层生产积极性，改善群众生活等，都

①韦文：《晋西北的土地问题》，晋绥边区财政经济史编写组、山西省档案馆编：《晋绥边区财政经济史资料选编（农业编）》，第66页。

②《晋西北边境三县农民生活概观》，《新农村》1935年第24期。

③韦文：《晋西北的土地问题》，晋绥边区财政经济史编写组、山西省档案馆编：《晋绥边区财政经济史资料选编（农业编）》，第68—69页。

④《张闻天晋陕调查文集》，第95页。

⑤《晋绥革命根据地建立初期经济状况及土地关系的变化情况》，晋绥边区财政经济史编写组、山西省档案馆编：《晋绥边区财政经济史资料选编（农业编）》，第83页。

与解决和调整土地问题的基本政策密切相关。就历史进程而言，这一基本政策的落实大体分为两个时期：即抗战时期的减租减息和解放战争时期的土地改革。

抗日战争全面爆发后，中共中央公布《抗日救国十大纲领》，提出将没收地主土地改变为减租减息，作为抗日战争时期解决农民问题的基本政策，以进一步巩固和扩大抗日民族统一战线。早在1938年秋和1939年夏秋，中国共产党领导的“牺盟会”“农救会”发动群众在晋绥边区石楼、灵西（现交口县）、方山县（现属吕梁地区）开始了减租减息运动。1939年12月“晋西事变”后，各县相继建立了民主政权，共产党领导的抗日民主政府从1942年始将边区减租减息运动普遍推广并走向深入。到1945年抗日战争胜利，山西各抗日根据地实行减租减息的村庄占72%，其中减租减息较为彻底的占全部村庄的51.12%；边缘区开展过减租减息斗争的村庄占73%①。晋绥各抗日根据地积极贯彻执行中共中央关于减租减息的系列决定，一方面扶助农民实行减租减息，削弱封建剥削，改善群众生活，提高农民抗日和生产的积极性；另一方面，在减租减息之后，实行交租交息，既保障地主对土地和财产的所有权，又保障佃权的相对稳定。晋西北行署于1940年4月20日颁布了《山西省第二游击区减租减息单行条例》，规定：对地主之土地收入，不论租佃、年种（伙种地、伴种地），一律照原租减收25%，并取消一切附加；新欠、旧债年利一律不超过10%；严禁扣租、现扣利；严禁剥削皮利，印子钱、高利贷。在执行过程中，二地委反映，此规定有的条文不切合实际，原因是晋西北的山地实际产量下降30%左右，许多农民都按收成的情况酌量交租，每石交7斗左右，如果按条例减租后得交租7.5斗，农民不愿接受②。故此，晋西北行署于1941年4月1日重新公布修正后的《山西省第二游击区减租减息暂行条例》，规定：减租额为25%，且地租不得超过耕地正产物收获总额的37.5%；钱息、粮息无论年利、月利均不得超过15%，并禁止现扣利、利滚利等高利贷及赌博债③。

---

①山西省史志研究院编：《山西通志·土地志》，第218页。
②山西省史志研究院编：《山西通志·土地志》，第214页。
③贾维桢等主编：《兴县志》，中国大百科全书出版社1993年版，第567页。

在总结减租减息工作的基础上，1942年9月20日，晋西北行署颁布《晋西北减租交租条例》，规定：山地以战前原租额，先以七五折算，再减去25%；伙种地出租人投资部分不减租，先以总产量中除去投资部分，然后按照战前原分配中在出租人分得内减25%；对少数鳏寡孤独因缺少劳动力出租少量土地以维持生活者，地主中有抗日烈士或家庭成员因抗战牺牲，致使生活困难者，其租佃关系应以区别对待，予以少减或不减①。此条例保障了地主或农民的地权，稳定了租佃关系，提高了农民的生产热情。同年11月6日，晋西北临时参议会修正通过了《晋西北减租交租条例》和《晋西北减息条例》，于是减租减息运动普遍展开。据晋西北1941年统计，17个县有20987户佃户共减租17716石，平均每户减租8斗多，其中12个县减息8842元②。随着形势的发展，减租减息运动不仅在老区深入进行，在新开辟的地区和游击区也逐渐开展起来。

以减租减息为主的调整农村土地关系的政策，是在保障农民佃权，改善农民生活前提下实施的，虽然并不触及封建地主土地所有制，但它同样带来了深刻的社会经济变革：

首先，贫苦农民的经济生活有所改善，基本生活得到了保障。据河曲县20个行政村的统计，经过减租的租出户共602户，地主占33%，富农占30%，其他农民阶层占37%。经过减租的佃户共1535户，除富农占2.5%外，97.5%都是农民，而且80%都是贫农③。晋绥边区减租减息“着重的是地主与农民之间的租佃关系”，其原则是“削弱封建剥削与改善农民生活”。农民生活改善的情况从表2-19可知一二：

---

①山西省史志研究院编：《山西通志·土地志》，第217页。

②山西省史志研究院编：《山西通志·土地志》，第218页。

③《减租交租工作在河曲》，晋绥边区财政经济史编写组、山西省档案馆编：《晋绥边区财政经济史资料选编(农业编)》，第45页。

表 2-19　减租减息农民受益情况

<table>
<tr><th colspan="2">项目
区域</th><th>退出租粮（石）</th><th>退出农民币（万元）</th><th>地租息较前减少（%）</th><th>回赎土地（亩）</th><th>收回窑洞（孔）</th><th>农民重获土地（亩）</th><th>其他</th></tr>
<tr><td colspan="2">兴县</td><td>4841.9</td><td>27.728</td><td>50</td><td>2890</td><td>52</td><td>125366</td><td>退出其他实物折价1220万元，抽旧契约11990张，销毁旧账薄292本，其中包括粮食122760石，银圆85313元，铜钱888489吊，银子1738.5两</td></tr>
<tr><td colspan="2">临县</td><td>8434</td><td>46.7</td><td>50</td><td>186800</td><td>436</td><td>127930</td><td>退出银圆3500元，其他实物折价2836.8万元，抽旧契约3389张，销毁账簿386本</td></tr>
<tr><td rowspan="2">县</td><td>六区52村</td><td>100</td><td></td><td></td><td>1909</td><td></td><td></td><td>调剂土地1118亩，互借粮30石</td></tr>
<tr><td>四区小相村</td><td>362.25</td><td></td><td>50—68</td><td></td><td></td><td>400</td><td>订新旧租约165份，使111户农民佃权有保障，15户雇工工薪增加25%—30%，借债率减少60%—70%</td></tr>
</table>

（续）

项目 区域	退出租粮（石）	退出农民币（万元）	地租息较前减少（%）	回赎土地（亩）	收回窑洞（孔）	农民重获土地（亩）	其他
交东县（交城县一部分）	313	1313		1040.5垧	67		政府规定豁免1921年前的旧债和1941年前的欠租，抽回被抵押房契地契。全县1173农户、2928债户减租免债；收回钱钞17613元、牲畜156头、衣物38件，被没收财产的地主329户、债主721户
文水县（水乐、下曲等15个村）	279.3			3585	17		新订租约120张，保佃3—5年的土地达3000亩以上，49名佃户增加工资，增加工粮97.4石
备注	1. 其他各县因资料短缺，无法统计整理，但所举各例仍可反映全区基本情况 2. 所引资料来源：《吕梁地区志》，第112页；《临县志》，第129页；《交城县志》，第163页；《兴县志》，第106页；《汾阳县志》，第139—140页						

减租减息运动一定程度上调整了租佃关系，使贫苦农民的生活获得一定保障，经济生活有所改善。

其次，地权关系有所调整，土地关系乃至阶级结构发生了一定程度的变动。据晋绥边区1944年6月对兴县2个村，临县3个村的调查，各阶级的土地变动情况如表2-20：

表2-20 1944年晋绥边区各阶级占有土地变化(单位：亩)

各阶层土地变动	地主	富农	中农	贫农	雇农	其他
卖出	5606	2310	1284	642	49	66
典出	2583	554	164	90		
被赎	415	157	118	98		
小计	8604	3012	1566	830	49	66
买进	30	739	1963	6535	280	162
典进			357	2239	396	32
赎回		62	60	578	191	
小计	30	801	2380	9352	867	194

资料来源：山西省史志研究院编：《山西通志·土地志》，第219页。

表2-20中的5个村，在减租减息前后各阶级占有土地比重的变化情况为：减租前地主占30.3%，富农占24.8%，中农占27.5%，贫农占16.3%，雇农占0.85%；减租后，地主占9.0%，富农占17.5%，中农占49%，贫农占23.5%，雇农占0.4%(减租前系1940年，减租后系1944年前)①。据临县、临南、离石3县的13个村的调查，以开始减租的1942年与减租深入的1945年相比，各阶层土地占有比重变化为：地主由23.4%下降到6.5%；富农由19.9%下降为13.5%；中农由35.5%上升到51.15%；贫农由20.9%增加到26.5%，户均占有地由14.7亩增加到31.3亩②。

在减租减息较为彻底的地方，封建土地制度已经不占统治地位，

①山西省史志研究院编：《山西通志·土地志》，第220页。

②吕梁地区地方志编纂委员会编：《吕梁地区志》，第112页。

土地由集中走向分散的趋势加快；中农、贫雇农获得了较大的利益。当然，在多数地方，土地占有状况虽然有所改善，却并未从根本上改变封建土地制度，但是，由于地权关系的变动，农村阶级结构也发生了明显变动，主要表现为农村阶级两极差距的缩小，中农阶层的明显扩大。据晋绥边区兴县、临县 5 个村的调查，各阶级户数占农村总户数比重的变化（减租前后）为：地主由 3.8％下降为 2.4％；富农由 10.8％下降为 4.2％；雇农由 5.2％下降为 2％①。另据临县、临南、离石 3 县 13 个村的调查，以开始减租的 1942 年与减租深入的 1945 年各阶级户数占总户数的比重相比：地主由 3.9％下降为 2％；富农由 6.7％上升为 7.1％；中农由 17.6％上升为 51.2％；贫农由 61％下降为 40.3％②。“晋绥根据地的财产关系发生了深刻的变化，总的趋势是中农（自耕农）在农村人口所占比重激增，其他阶层包括地主、富农和雇农都减少。”③就中农阶层而言，“现在比原有户数增加百分之七十三，成为农村中最大的阶层”④。

再次，减租减息政策以巩固和发展抗日民族统一战线为前提，适当照顾到农村各阶层的利益，提高了农村各阶层的生产积极性。“农民于进行减租斗争胜利后，莫不喜形丁色，纷纷集议明年生产事宜，决心努力增加生产。”⑤当然不仅仅是“获得胜利果实”的贫苦农民阶层拥有“增加生产”的热情，即使是农村中的富有阶层，也恢复了生产的信心。“这一政策的认真执行下，不仅中贫农的生产积极性大大提高了，就是地主富农的生产情绪也大大提高了。”⑥特别是 1940 年 12 月后，由于边区政权及时纠正了“左”的错误，坚持党的抗日民族统一战线政策，“恢复了社会秩序，使各阶层都能安心生产”。并把“地主

---

①山西省史志研究院编：《山西通志・土地志》，第 221 页。

②吕梁地区地方志编纂委员会编：《吕梁地区志》，第 112 页。

③李伟森：《农民在解放中——解放区农村阶级关系的变化》，《群众》1935 年第 10 卷第 19 期。

④此为兴县、临县 5 个村的调查情况。见晋绥分局调研室：《阶级关系及土地占有的变化》，晋绥边区财政经济史编写组、山西省档案馆编：《晋绥边区财政经济史资料选编（农业编）》，第 107 页。

⑤《兴县减租运动开展》，《解放日报》1943 年 12 月 21 日。

⑥林枫：《坚持敌后抗战的晋西北根据地》，《解放日报》1943 年 7 月 8 日。

老财的裂痕基本上弥补了,使他们的生产情绪更加提高”。据兴县二区9个士绅统计,1940年种地342垧,1941年种地779垧。大多数逃亡地富返回根据地,从事生产①。有些地方出租的地主,也逐渐变为雇人耕种的富农。因此,与抗战初期大批雇农被解雇的情况相比,“由于新政权下经济建设的逐渐开展,雇农数目已有些增加,例如四一年临北三个区的长工比四零年增加百分之六十四点八”②。

到1942年,晋绥边区不仅使战前趋于衰退的农业经济逐步恢复,“促成了根据地的生产运动的发展”,而且“工业生产也有很大的发展”。“素称贫瘠晋绥边区,人民逐渐走向丰衣足食的境地”③,为抗日民主政权建设和军事斗争奠定了较有利的经济基础和社会基础。

二　土改的三种类型

减租减息只是中国共产党在抗日战争特定的历史条件下调整农村土地关系的政策,“彻底消灭中国存在几千年的封建半封建的剥削制度”,通过平分土地,实行耕者有其田,“使千千万万的中国农民翻了身”才是中国共产党农村土地革命的基本目标。

抗日战争胜利后,随着解放战争的发展和减租减息运动的深入,各解放区的农民“在反奸、清算、减租减息斗争中,直接从地主手中取得土地,实现‘耕者有其田’”④,对土地的要求更加强烈。为了适应农民群众运动的需要并指导这一运动的方向,1946年5月4日,中共中央发出《关于清算减租及土地问题的指示》(即“五四指示”),决定将减租减息政策改为没收地主阶级的土地,分配给无地、少地农民的政策。1946年5月12日,晋绥分局向县区以上单位传达了“五四

①《农业生产调查》,晋绥边区财政经济史编写组、山西省档案馆编:《晋绥边区财政经济史资料选编(农业编)》,第694页。

②韦文:《晋西北的土地问题》,《解放日报》1942年4月20日。

③《战斗中成长的晋绥边区》,晋绥边区财政经济史编写组、山西省档案馆编:《晋绥边区财政经济史资料选编(总论编)》,第25—26页。

④《中国共产党中央委员会关于清算减租及土地问题的指示》,晋绥边区财政经济史编写组、山西省档案馆编:《晋绥边区财政经济史资料选编(农业编)》,第320页。

指示”，6 月 19 日召开了历时一个月的县区以上和军队主要负责人参加的会议。会议决定在推进新解放区反奸清算的同时，积极准备将老解放区的减租减息运动转变为土改运动。会后分局派出工作组调查农村阶级关系和土地占有情况，制定了《怎样划分农村阶级成分》的文件，并有计划地培训了一批干部。随后分局抽调大批机关、部队干部组成土改工作团，陆续开赴农村开展土地改革试点工作。晋绥分局三地委的试点在临县郝家坡三联村，各县的试点村为：兴县的蔡家崖村，临县的甘泉、龟峁、安业、张家湾、白文、南庄、成家村，离石县的东相王、西相王村，方山县的糜家塔、高家庄村，中阳县的金罗、上桥村，岚县的斜坡村①。后来晋绥分局陆续发出《关于发动群众解决土地问题的总结提纲》以及《补充指示》，对土改中农民应该取得什么等问题作具体解答。

土改初期至 1947 年春，主要是清算封建剥削，要求没收地主的土地财产，富农交出多余的土地财产。在思想认识和工作方法上，存在着不敢放手发动群众，由土改工作组和干部包办的情况。在分配土地财产上，对解决少数无地农民顾虑较多，存在着不经群众评议而由干部批派，以致出现分配不均等现象。后来在中共中央工作委员会书记刘少奇的屡次指导、督促下，晋绥分局改正了右倾做法。随后，在康生、陈伯达的具体指导下，又出现了“左”倾行为，并使“左”倾错误进一步扩大化。他们制定了错误的阶级划分标准，扩大了地主成分比例；同时将农会的权力无限扩大以至于取代了党对基层政权的领导。1947 年 9 月 24 日《告农民书》发布，提出“农会完全可以代替政权”，使晋绥解放区的土改工作出现严重脱离党的领导，侵犯中农利益和工商业者的情况。

从 1947 年 12 月到 1948 年 2 月，在中共中央和毛泽东、叶剑英的多次指示和帮助下，晋绥分局于 1948 年连续发布了六个指示，使“左”倾错误得到迅速纠正，到 1948 年底，晋绥分局基本完成了老区、半老区的土改，并颁发了土地证书。

晋绥边区现属吕梁地区参加老区土改的完整县有兴县、临县、岚县、方山、离石、中阳、石楼 7 县，在部分村庄进行土改的有汾阳、文

---

①吕梁地区地方志编纂委员会编：《吕梁地区志》，第 113 页。

水、交城、孝义4县。据《1949年2月16日晋中二分区第一期老区、半老区结束土地改革整党工作报告》记载:汾阳、交城、孝义3县共有老区村庄856个,1947年冬经过彻底土改的村庄有566个,经过彻底调剂土地的村庄236个,未调剂的村庄50个①。

老区、半老区的土地改革分三种类型:即土地改革比较彻底的地区,土地改革尚不彻底的地区和土地改革很不彻底的地区。根据不同地域的特点采取了不同的土地改革方案,对前两类地区主要采取从地主、富农(包括新旧富农)、部分中农和占有较多土地财产的干部家庭中抽补调剂的办法,使贫农和雇农增加土地和财产;对第三类地区则完全采取"平分土地,彻底消灭封建土地制度"的方针。据晋绥解放区1946年底统计,有百万农民获得土地370万亩,得到土地的人口占全部人口的三分之一,每人平均3.9亩。其中,1946年7月以后,有106万亩土地转移到农民手里,平均每人近2亩②。老区、半老区土改实践,获得了许多成熟的经验和深刻的教训,为新区土地改革的顺利完成奠定了基础。

新区土改在1948年12月至1950年3月展开,现属吕梁地区内有汾阳、孝义、交城、文水4县参加,基本按照华北局批准的《关于晋中地区土地改革的决定》进行。在土地关系已被"兵农合一"打乱的地区,只实行按人口平均分配,在未实行"兵农合一"的地区,按照《中国土地法大纲》(下文简称《大纲》)进行。新区土改是在老区土改成熟经验的指导下进行的,未出现"左"右偏差,进展速度较快也较顺利。到1952年底结合清丈土地,颁发了土地证,新区土改完成。由此,该区域内的土改运动全部结束。

土地改革的制度性对象是乡村社会中历史久远的地主土地所有制,其改革内容之深刻,利益调整主体之广泛,社会集团间利益冲突之剧烈,具体情况之复杂,都是前所未有的。由于各村、县经济、社会条件和历史习俗的差异,土改的进程和具体运作状况很难一致,所

①彭明主编:《中国现代史资料选辑》第6册补编,中国人民大出版社1993年版,第439页。

②山西省史志研究院:《中国共产党山西历史(1924—1949)》,中央文献出版社1999版,第684页。

以,我们择取离石县五区的田家会村和离石县四区全区的土改资料进行对比分析,以求从不同层面认识和把握乡村土地关系与社会结构变动的具体进程和实践状况。

田家会村是晋绥边区离石县五区的一个较有规模的行政村,包括3个自然村,共374户1330口人。该村土改前"曾经过两度清算斗争和减租减息",虽然土地关系有所变动,但土地转移微弱,"封建土地制度依然存在","各阶层土地占有悬殊基本上并未改变"①。

表2-21 田家会村土改前各阶层土地占有情况表

阶层	土地(亩)	人均(亩)	产量(石)	人均产量(石)
地主	428.8	12.61	144.649	4.254
富农	891.7	9.29	258.742	2.695
中农	3724.4	6.03	865.881	1.403
贫雇农	746.65	1.71	138.573	0.318
商人贫民	118.1	0.8	58.515	0.4

资料来源:《离石县五区田家会分配土地确定地权工作报告》,山西省柳林县档案馆藏,档案号:1—15—12。

如表2-21所示,占全村人口9.8%的地主、富农,拥有全村22.4%的土地,而且地主、富农占有的土地质量较好,因此产量份额更高,占到全村总产量的27.5%,因而农民对于剥夺地富土地的要求也十分强烈。田家会村的土改开始于1948年2月11日,由于该村土改是在中央纠"左"以后,"紧接着改正错订成分之后"开始的,成熟的经验使得该村的土改比较顺利和稳妥。其基本步骤和进程是:首先,宣传动员,选举评议分配委员会,并从组织上确定评议分配委员会的工作归属于行政村代表委员会领导,具体分地方法原则上经代表会讨论,农民大会通过;其次,丈量土地和评定产量;第三,抽补分配土地;第四,修改、补充和调整。田家会村的土改至3月5日正式结束,并将整个工作转入春耕生产。这场"暴风骤雨"式的革命前

①《离石县五区田家会分配土地确定地权工作报告》,山西省柳林县档案馆藏,档案号:1—15—12。

后费时近一个月。

土地不仅仅是乡村居民生活和生存的基本资源，而且也是村民社会地位的主要标志或获得乡村社区成员资格的首要条件。土地改革涉及乡村社会各阶层的切身利益，利益集团之间的冲突在所难免。但是由于地主、富农被确定为革命对象，面对强大的革命政权力量威慑和声势浩大的群众运动的历史潮流，地主、富农只是被动地服从于“历史”的需要。在田家会村的土改进程中，主要的冲突和纠葛并不(至少不是公开地)表现在地主、富农与贫雇农的阶级对立上，而是集中在不同的村社群体之间。

首先是村民与外来户及商民的利益冲突与调整。“在确定商人、贫民分地人口时，争论很大”，商人大都是外迁的，虽然已经久居于村落之中，但只是村中居住者，却难以融入村社群体之中，而成为真正意义上的村民。田家会是小市镇，外来经商户很多，全村有四五十户，因此，田家会村在土改中出现“驱逐外来户现象非常严重”的情况①。尽管工作团做了大量劝解工作，村社的贫雇农仍一意要求赶走外来的商户，“农委会甚至擅自给 11 户外来商户写了介绍信让走”，即使是被选为土地评议分配委员的商户，“大家也要赶走”。为此，村民与土改工作团几乎形成“对立”②。

其次是自然村之间的利益冲突与调整。田家会村包括田家会、上楼桥和王家塔 3 个自然村，由于土地被山川沟壑分割为山地、平地和水地等不同质级，而且又十分分散，土地的丈量和产量评定比较困难。为了尽快并适当地完成土地丈量，“大多是采取评议办法”即“以入种时三升麦籽为一亩地作标准”，进行评估测算。结果，自然村之间对于土地估量数意见颇大，“反映田家会丈地把亩缩小了，有问题”。为此“田家会也走了两天弯路”③。为协调自然村之间的土地

①《离石县五区关于田家会分配土地确定地权工作报告》，山西省柳林县档案馆藏，档案号：1—15—12。

②《离石县五区关于田家会分配土地确定地权工作报告》，山西省柳林县档案馆藏，档案号：1—15—12。

③《离石县五区关于田家会分配土地确定地权工作报告》，山西省柳林县档案馆藏，档案号：1—15—12。

矛盾，由土改工作团专门"召开全行政村代表大会，并邀请和田家会土地有关的附近各村派代表参加"，经过艰苦的协调工作，才使矛盾得以化解。

为时一个月的"土地革命"，使田家会村土地占有状况发生根本性变动，如表2-22：

表2-22 田家会村土改后各阶层土地拥有情况

阶层	地主	破产地主	富农	中农	贫雇农	商人贫民
人均土地(亩)	3.43	4.52	4.72	5.48	4.88	0.72
人均产量(石)	0.968	1.577	1.142	1.286	1.38	0.33

资料来源:《离石县五区关于田家会分配土地确定地权工作报告》,山西省柳林县档案馆藏,档案号:1—15—12。

地主、富农占有土地大幅下降，由土改前的人均12.61亩和9.29亩减为3.43亩和4.72亩。各阶层中，中农占有土地最多，贫雇农占有土地虽然量上不及中农，但其土地质量较好，产量却显然高于中农，因此土改后的土地占有状况比之于土改前而言呈"倒宝塔型"结构。剧烈的土地革命过后，田家会村的社会结构形成了一个"颠倒过来的"新社会。

离石县四区的土改工作从宣传动员到确定地权，整个过程为半年时间(1948年1月初至7月中)。该区共有14个行政村，118个自然村，7159户，28967口人；共有水地12814亩，旱地12213亩，山地180834亩，合计为205861亩①。四区各村的社会历史状况不同，其中10个行政村属于半老区，4个行政村属于老区，因而不同类型的乡村，土地占有关系和阶级结构也有区别。半老区的土地关系很少经过民主政权的调整，土地占有状况的阶级差别很大，"地主比贫雇农的土地的平均数大过八倍多，富农大过约四倍"，而且赤贫户也不

①《离石县四区关于土改问题工作的总结》，山西省柳林县档案馆藏，档案号:1—9—8。

在少数①。老区各村从1940年即建立了民主政权，曾经过减租减息和清算斗争，土地关系已经进行过调整，“因而地富土地及其它财产，均有大量的转移”②。但地主、富农土地的平均数仍超过贫雇农将近一倍，中农与贫农的土地占有数相差不多。全区总体情况是：

1. 老区封建势力受到削弱，地主、富农土地转移到农民手中，时间较长，地权亦已确定；半老区地主、富农土地转移有限，时间较短，且多为调剂性质，农民没有地权。

2. 老区农民获得土地较早，不少贫农确实已经翻身，上升为“新中农”。半老区翻身农民很少，没有出现“新中农”阶层。

3. 老区已经没有无地农民，半老区无地户或仅有极少土地的农户，尚有十分之一左右。

因此，根据上级党组织土地改革的精神，四区针对老区、半老区不同类型的乡村，分别实行“土地抽补”和“平分土地”的不同政策。

经过半年多时间的艰苦工作和复查、纠错与反复，四区的土改运动至7月中全部结束。虽然因为社会历史条件的不同，各村实施土改的具体方案不同，但最终结果却基本一致，即在基本平均占有土地的前提下，以剥夺地主、富农的利益和抽动中农的利益来优先保障贫雇农的利益，实现穷人翻身的目的。全区抽动土地的户数占到35.4%，补地户占到56.8%，不动户仅为6.3%，运动所触及的社会阶层是相当广泛的。土改之后，全区各阶层占有土地的情况如表2-23。

表2-23　离石县四区土改后各阶层土地占有情况表(单位:亩)

阶级成分	土改前情况		土改后情况		备考
	土地	人均	土地	人均	
地富	10757	10.5	10703	6.63	
中农	88357	8.5	78337	7.5	

①《离石县四区关于土改问题工作的总结》，山西省柳林县档案馆藏，档案号:1—9—8。

②《离石县四区关于土改问题工作的总结》，山西省柳林县档案馆藏，档案号:1—9—8。

（续）

阶级成分	土改前情况		土改后情况		备考
	土地	人均	土地	人均	
贫雇农	36737	5.2	58073	8.2	
其他	1068	2.6	718.3	1.7	有其他副业
合计	142919	7.34	147831.3	7.6	
地富	5632	8.5	4523	6.4	
中农	29045	5.7	29157	6.4	
贫雇农	12391	4.7	16951	6	
合计	47068	6.3	50661	6.3	
备注	土改前土地缺坪头村的土地数；半老区土改前后土地数不同，有些地方有“黑地”，有丈量扣余地等；半老区缺两个自然村资料				

《离石县四区关于土改问题工作的总结》，山西省柳林县档案馆藏，档案号：1—9—8。

如上表所示，土改消灭了土地占有的阶级悬殊，各阶层的土地占有基本达到平衡。“全区已无一户无地农民，农民已完全有了翻身的基础。”①

田家会村和离石四区的土改和社会结构的变动并不只具有个案的意义，它们其实是晋绥边区整体社会结构变动中不同层面的典型。村落和县区的社会变动或许在具体操作层次上各有特点，但其所达至的目标和发展趋向却与整个晋绥边区的社会变动总体特征相一致。

土地改革是中国共产党以废除封建地主土地所有制并消灭地主阶级，实行耕者有其田为目标的革命运动，它所导致的乡村社会变革既是剧烈的也是深刻的：

其一，晋绥边区乡村传统的土地制度被彻底摧毁，土地关系发生根本性变革。经过土地改革平分了地主的土地，征收了富农多余的土地，无地或少地的农民由此获得足额土地，生活得到了基本保障。据计，在三分区以北，老区、半老区约210万人口的地区中，约有70

①《离石县四区关于土改问题工作的总结》，山西省柳林县档案馆藏，档案号：1—9—8。

万—105万无地缺地农民，即占人口33.4%—50%的人口获得了约270万亩土地，并满足了土地要求。在土地改革中，土地转移约占总面积的9.5%①。由于缺少完整的资料，以下只能采取抽样统计分别表示老区、半老区和新区土改后各阶层占有土地的情况：

表2-24 土改后老区、半老区各阶层占有土地抽样调查情况

	老区土改后各阶层占有土地情况				半老区土改后各阶层占有土地情况			
	地主	富农	中农	贫雇农	地主	富农	中农	贫雇农
土地(亩)	4436.8	11837.6	106755.7	75174.6	2013	4501.4	39942.9	31435.7
人均(亩)	7.50	12.70	11.50	11.40	2.60	5.20	5.40	4.34
占总数(%)	2.21	5.91	53.40	37.50	2.50	5.20	5	40
产量(石)	620.10	1416.7	15066.60	10763	712.60	1012.8	9772.8	9021.50
人均(石)	1.05	1.52	1.62	1.63	0.92	1.16	1.32	1.24
占总数(%)	2.20	5	53	38	3.45	4.87	47.20	43.70
说明	1. 老区为7个县10个行政村又3个自然村统计。表内富农实际包括新富农，中农也包括新中农 2. 半老区为8个行政村又3个自然村统计。个别村子的统计数字略有出入							

资料来源：《晋绥边区老区、半老区一些村庄土改前后土地占有情况统计表》，晋绥边区财政经济史编写组、山西省档案馆编：《晋绥边区财政经济史资料选编(农业编)》，第429—430页。

表2-25 新区汾城县6个村庄土改前后各阶层人均占有土地情况

	土改以前					土改以后				
	地主	富农	中农	贫雇	全村计	地主	富农	中农	贫雇	全村计
地(亩)	10.60	10.70	6.87	2.80	6.75	6.60	7.40	6.6	6.35	6.56
占比(%)	15.80	7.20	45.60	18.80	100	6.50	4.87	45.60	42.50	100

①《中共中央晋绥分局关于土改工作与整党工作基本总结提纲》，晋绥边区财政经济史编写组、山西省档案馆编：《晋绥边区财政经济史资料选编(农业编)》，第495—496页。

（续）

	土改以前					土改以后				
	地主	富农	中农	贫雇	全村计	地主	富农	中农	贫雇	全村计
产（石）	3.55	2.37	1.26	0.44	1.23	1.05	1.18	1.23	1.21	1.19
占比（%）	18.50	8.70	4.60	15.70	100	5.50	4.40	45.30	44.60	100
附注	1. 数字完全根据原材料，其中略有不符处 2. 土改前全村土地及产量包括公社地数字									

资料来源：晋绥边区财政经济史编写组、山西省档案馆编：《晋绥边区财政经济史资料选编（农业编）》，第 431 页；《一九四八年的晋绥解放区》，晋绥边区财政经济史编写组、山西省档案馆编：《晋绥边区财政经济史资料选编（总论编）》，第 652 页。

在老区、半老区，由于民主政权对于土地关系变动发生了较大和较长时期的作用，贫雇农和中农上升为新中农和新富农者较多，因此土改过程中中农和富农的利益得到了保障。从人均占有土地状况来看，中农和富农占有明显的优势。从表 2-25 显示的新区情况看，虽然地主、富农占有土地的数量高于中农和贫雇农，其数量排序为富农（人均 7.40 亩）、地主（6.60 亩）、中农（6.60 亩）、贫雇农（6.35 亩），但其土地质量却明显低于中农与贫雇农，因为从产量排序看则为中农（1.23 石）、贫雇农（1.21 石）、富农（1.18 石）、地主（1.05 石）。因此，地主、富农的财产和土地被剥夺，贫雇农的社会地位获得大幅提升，中农的地位得到一定保障，整个乡村社会的土地关系与社会结构已全然改变。"到 1948 年，晋绥广大农村的面貌便为之焕然一新"，在包括 210 万人口的地区内，"彻底废除了地主阶级的土地财产所有权，消灭了封建半封建剥削的土地制度，真正解决了土地问题"①。

其二，贫农阶层获得了乡村社会的支配地位，乡村社会阶级结构发生剧烈变动。"土地改革的结果，是要使雇农贫农最最得利，使每一个无地少地的农民都得到土地，解决土地问题，最大限度的满足其

①《一九四八年的晋绥解放区》，晋绥边区财政经济史编写组、山西省档案馆编：《晋绥边区财政经济史资料选编（总论编）》，第 652 页。

土地要求……使农民从地主的封建剥削下解放出来。”①土地改革的结果，使乡村社会各阶层在土地占有上发生了结构性变动，形成不同于旧时代的“倒宝塔型”结构。如临县“各村平分的结果，不仅在土地的质量和距离的远近上，照顾了贫雇农，以至在数量上亦形成为倒宝塔形的情况，即雇贫农每口人的土地占有量最大，中农次多，富农较少（以上各级之间，每口人的土地差额，一般都在三斗产量上下），地主和破产地主就更少到显然无法可以维持生活的境地”②。这虽然是被后来发现为“左”的错误，却是当时农村土改中社会阶级关系变动的实况。据晋绥老区、半老区5个村对土地抽补搭配情况统计，各阶层抽出的土地占原有土地数的比例和补地户占本阶层比例如表2-26：

表2-26　各阶层抽地和占地百分之比

阶层	地主	富农	中农	贫雇农	其他
抽出地占原土地比例(%)	44	42.5	8.63	2.06	12.3
补地户占本阶层的比例(%)	10.6	6.15	19.2	80	41

资料来源：山西省史志研究院：《中国共产党山西历史(1924—1949)》，第698—699页。

分配后平均每人占有土地为1.13亩，其中各阶层人均占有土地为：地主0.82亩，富农1.09亩，中农1.29亩，贫雇农1.17亩，其他阶层0.5亩③。

贫雇农是土地改革运动中最大的获益阶层。“农民喜气洋洋，新年春节，红火的秧歌出现在街头，每个人脸上都露出了笑容。”④正如李井泉在兴县二区农民代表会上所讲：“贫雇农从前给人看不起，这

①《坚持平均的公平合理的分配土地》，《晋绥日报》1947年4月5日。

②《关于最近分配土地中的几个问题》，《晋绥日报》1948年1月24日。

③山西省史志研究院：《中国共产党山西历史(1924—1949)》，第698—699页。

④《东胡土地改革的几点经验》，《晋绥日报》1947年2月20日。

次斗地主，建立了贫农团，敢说话敢提意见了，贫雇农在旧社会被人家称为穷鬼，新政权以后……经济上分到东西，政治上敢说话，有些当了干部、代表，领导农会，这很好。”①

经济上翻身后的贫农，政治上开始居于乡村社会的核心地位，“乡村贫农团或贫农小组，在运动中起了很大作用。在许多地方，他们成为革命先锋”②。乡村社会权力结构也发生根本性变革，“贫农团即使人数不占大多数，也自然成为领导核心。乡村中一切工作，特别关于土地改革中的一切问题，必须先经贫农团启发和赞成，否则就不能办”③。以“贫农阶层为核心”的乡村社会阶级和权力关系的结构性变动，将持久而深远地影响着中国农村社会发展的路向。

三　阶级划分与“左”倾影响

在乡村社会中，土地关系始终是社会结构关系中最基本的关系。“农村各阶层，都未脱离土地关系”，“农业生产是各阶层生活的主要决定因素”④。调整和改革土地关系是改造乡村社会，重构农村阶级关系的一个内容深刻的社会革命运动，它所面对的问题十分广泛和深刻。在晋绥边区的土地改革历史进程中，关涉全局性的同时也影响到以后中国农村社会发展方向的问题，至少有农村阶级成分的划分和如何保障中农阶层利益的两大问题值得关注。

（一）关于土改中农村阶级成分划分问题。1946 年晋绥边区接到“五四指示”后，于 9 月份制定了《怎样划分农村阶级成分》的文件，比较具体地确定了划分农村阶级成分的三个标准：一是根据剥削关

①《土改通讯》第 9 期，晋绥边区财政经济史编写组、山西省档案馆编：《晋绥边区财政经济史资料选编（农业篇）》，第 469 页。

②《中共中央晋绥分局关于土改工作与整党工作基本总结提纲》，晋绥边区财政经济史编写组、山西省档案馆编：《晋绥边区财政经济史资料选编（农业篇）》，第 497 页。

③《中央工委关于树立贫雇农在土改中的领导及召开各级代表会等问题给晋绥分局的指示》，晋绥边区财政经济史编写组、山西省档案馆编：《晋绥边区财政经济史资料选编（农业篇）》，第 382 页。

④《晋西北群众工作总结》，晋绥边区财政经济史编写组、山西省档案馆编：《晋绥边区财政经济史资料选编（总论篇）》，第 172 页。

系和剥削的性质；二是财富多少，家当大小，生活好坏，剥削和受剥削的轻重；三是来历和历史。文件针对农村社会阶级结构的复杂性、多样性和不平衡性特点，特别提出三个标准“不是相等的”，“顶重要的当然还是第一个标准”的意见。鉴于在农村阶级成分划分中常犯的错误，文件还特别列举了划分“农村阶级成分”的实例，认为从社会阶级或社会阶层结构层面上看，农村存在着两大阶级（地主阶级和农民阶级）和十八个阶层（地主、经营地主、破落地主、富农、中农、贫农、雇农、工人、产业工人、手工业工人、学徒、手工业者、作坊主、商人、自由职业者、贫民、流氓无产者、其他）①。后来的实践反复证明，这是一份符合农村社会阶级结构实际，且具有较强操作性的指导性文件。然而，这一文件的基本精神却未能真正地贯彻实施下去，晋绥边区的土改运动半年后很快走向了“左”倾。

1947年5月7日，晋绥分局在临县郝家坡召开地委书记和各地土改工作团负责人参加的土改经验交流会，会议认为前一阶段的土改过于右倾，未能放手发动群众，存在着“富农路线”；会议重新确定划分阶级的成分要联系历史“查三代”“看铺摊大小”“看政治态度和思想”等标准；确定成分要注意“化形地主”，“要根据群众的意见来定，不能让群众服从咱们的意见，而是咱们服从群众的意见”。会后将以前发表的《怎样划分农村阶级成分》的小册子收回销毁②。根据此次会议的极左精神，各分区农村阶级成分的划分严重失控，对当时乃至后来的工作造成了极大损害。据任弼时《土地改革中的几个问题》报告所引蔡家崖行政村资料可知：全村（缺岔儿上自然村）共552户居民，评定为地富的为124户，占总户数的22.46%。后来分局重新纠评后，全蔡家崖（连岔儿上共579户）地富降为71户，占总户数的12.26%（注：蔡家崖是当地地主、富农比较集中的村落）③。据离石县一区统计，全区2356户中原定地主为73户，破产地主55户，富

①《怎样划分农村阶级成分》，晋绥边区财政经济史编写组、山西省档案馆编：《晋绥边区财政经济史资料选编（农业篇）》，第329—339页。

②贾维桢等主编：《兴县志》，第571页。

③彭明主编：《中国现代史资料选辑》第6册补编，第437页。

农151户，重新划定成分后，地主为32户，破产地主10户，富农91户①。兴县一区划为地主、富农的达21%，二区达27.6%，五区达24.5%。临县58400总户数中，地主、富农达9557户，占总户数的16.3%，错定4844户，占总户数的8.3%②。阶级成分的错误划分导致很大一部分本属于自己阵营里的人，被强行推出了自己的营垒，造成了阶级阵线的错乱和思想上的混乱。

中共中央于1948年及时发现了晋绥边区土改中的极左行为，于1月12日发出《关于划分阶级成分的问题的指示》，指出划分阶级成分要依据人们对于生产资料关系的不同来确定，由对生产资料占有与否、占有多少、占有什么、如何使用而产生的各种不同剥削、被剥削的关系就是划分阶级的唯一标准③。晋绥分局根据指示，迅速纠正了错划的阶级成分，退还了错误没收的财产，使土改得以顺利进行。

（二）关于保护中农利益的政策问题。《大纲》规定："乡村中一切地主的土地及公地，由乡村农会接收，连同乡村中其他一切土地，按乡村全部人口，不分男女老幼，统一平均分配。"晋绥边区在实行这一政策的过程中，许多地区未能正确贯彻执行抽多补少，抽肥补瘦，中间不动两头平的原则，而发生了机械平分，绝对平分错误，侵犯了中农的利益。

据老区临县等三县统计，共抽出土地359478亩，其中有49%是从地主、富农手中接收的，20.8%属各种公地，29.6%却是从中农手中抽出的，其中临县抽动中农的土地数占总抽出数的37.5%。在机械平分偏向较大的兴县等3县所抽动土地来源中，中农抽出土地一般占土地来源的45%以上。据半老区方山等8县统计，共抽出土地957913亩，其中54%是从地主、富农手中接收，36.1%是从中农手中抽出④。在离石县四区的部分村庄采用了阶级等差的分配方法，地主、富农、中农、贫农、雇农每一级差一二斗，因而地主、富农所分土地

---

①《中共离石县委一区关于成分问题、整党工作材料总结》，山西省柳林县档案馆藏，档案号：1—9—12。

②山西省史志研究院编：《山西通志·土地志》，第234页。

③彭明主编：《中国现代史资料选辑》第6册补编，第432—434页。

④山西省史志研究院编：《山西通志·土地志》，第233页。

太少,太坏,不足以维持生活,中农利益也受到很大的侵害①。同时机械地执行平分政策,把各种土地切割碎化,从而造成土地经营和管理成本的过度浪费,群众对此意见很大②。在所抽动土地来源中,半老区西相王等 8 个自然村共抽出 5481 亩土地,其中 33.2%是从地主、富农手中抽出,61.5%是从中农手中抽出。老区崇里等 8 个自然村共抽出土地 1445 亩,其中 22.4%是从地主、富农手中抽出,70%是从中农手中抽出③。

中农即自耕农,是这一区域社会中的主要力量,尤其是经过减租减息运动后,许多贫农和一些富农在土地关系的调整中流向了中农阶层,使中农阶层成为乡村社会结构中的主体。离石四区的土改资料表明,“中农在分配土地中,是一个特殊的阶层”,“这个阶层在农村中数量很大”,“以离石四区来说,中农人口就占了全人口 54.2%”④。中农阶层不仅在社会结构要素上占有绝对优势,而且在农业生产、政府公粮负担诸多方面,都居于极为重要的地位。离石四区 5 个行政村产量统计有助于说明中农阶层在生产中的作用:

表 2-27　5 个行政村中农产量情况表

行政村	总户数	总人口	总产量(石)	中农		中农产量	
				户数	人口	产量(石)	占比(%)
大武	657	2447	2630	212	998	1440	54.8
店坪	504	2071	2368	288	1298	1565	66.2
白家山	567	2255	2662	309	1259	1840	69

①《关于土改问题工作的总结》,山西省柳林县档案馆藏,档案号:1—9—14,第 11 页。

②《关于土改问题工作的总结》,山西省柳林县档案馆藏,档案号:1—9—14,第 17 页。

③《关于土改问题工作的总结》,山西省柳林县档案馆藏,档案号:1—9—14,第 34 页。

④《离石县四区关于土改问题工作的总结》,山西省柳林县档案馆藏,档案号:1—9—12,第 21 页。

（续）

行政村	总户数	总人口	总产量（石）	中农		中农产量	
				户数	人口	产量（石）	占比(%)
崇礼	499	2108	2400	169	769	7100	45.8
相当村	138	501	642	75	327	441	68.7
合计	2359	9382	1072	1053	4681	6389	59.6
备考	1. 产量以粗粮计;2. 相当村系1个自然村的材料						

资料来源:《离石县四区关于土改问题工作的总结》,山西省柳林县档案馆藏,档案号:1—9—12,第21页。

从5村统计看,中农阶层的生产,在乡村各阶层生产总量中占到60%,这也就决定了中农阶层自然成为根据地政权公粮负担的主体力量。据1948年度公粮负担统计表可知,中农公粮负担占总负担的56.4%。

表2-28　1948年度中农公粮负担表

行政村	公粮负担总数（石）	中农负担总数（石）	中农占负担总数比(%)
大武	209	101.4	48.5
店坪	194	120.5	62.1
白家山	178	113	63.5
崇礼	119	61	51.3
相当村	50	27	54
合计	750	422.9	56.4

资料来源:《离石县四区关于土改问题工作的总结》,山西省柳林县档案馆藏,档案号:1—9—12,第21页。

此外,在兵役、军勤方面,中农负担也分别占到总数的60.5%和50%以上。

在整个晋绥边区中,中农阶层所占比例更高,达到农村人口的

90%以上，户数的 92%以上①，因此，晋绥边区在土改中出现的以侵犯中农的利益来满足贫雇农要求的现象，引起了中农阶层的恐慌和不满，从而对土地革命的深入和顺利发展产生障碍。这显然与废除封建性和半封建剥削为目的，保障农民阶级利益的方向有所偏差，而且此举制造了贫雇农与中农之间的矛盾，削弱了革命的力量，危及乡村社会秩序的稳定。

四　乡村土改的历史鉴戒

其实，无论是阶级成分的划分还是对中农利益的侵犯，都是“左”倾错误导致的结果。而且，晋绥边区老区土改中的“左”倾问题，一直贯穿于土改始终，对边区的土改工作造成了危害。对于晋绥边区而言，除了来自上级领导错误影响外，“左”倾错误的形成及其蔓延还有着具体的原因：

第一，领导土改的干部素质与土改工作不适应。土改的开展需要相当熟悉土改工作的干部对这场变革给以指导，具体把握方向和各项政策的尺度。在派往第一线做土改工作的工作队中，党的高级干部和以前搞过土改的干部微乎其微，又受到当时存在的急于求成、宁“左”勿右思想倾向影响，使土改中出现了不少过急过左行为。

1947 年 2 月，中央派遣康生、陈伯达来到晋绥解放区指导土改工作。康生到临县五区郝家坡行政村搞土改试点，在试点中将当过地主的工商业者定为“化形地主”，提出“追历史”“挖底财”等主张，在试点上出现了乱整乱斗和打人的情况。在郝家坡经验交流会上，中共中央社会部部长康生大谈其“挖底财”的经验，由晋绥分局主要负责人亲自指导的兴县木兰岗土改工作组，提出了错误的阶级划分标准。这次会议使土改走向了“左”倾。接着在康生、陈伯达指导的蔡家崖会议上又提出“采取打‘落水狗’”的办法彻底消灭地主的主张。这次会议从组织上对当已经发生的“左”倾偏向予以肯定，使“左”的

①《中共中央晋绥分局关于土改工作与整党工作基本总结提纲》，晋绥边区财政经济史编写组、山西省档案馆编：《晋绥边区财政经济史资料选编（农业篇）》，第 503 页。

错误进而扩大化。

第二，以《大纲》为代表的政策上的疏漏。《大纲》较之“五四指示”，就废除封建半封建性剥削的土地制度而言是彻底的，但《大纲》作为指导大规模土改运动的基本文件，其本身亦有疏漏。首先，《大纲》中没有明确规定划分阶级成分的标准。虽然中国共产党在 1933 年就发布过《怎样分析农村阶级》的文件，积累了一定的土地革命经验，但 1947 年的土改是在执行了减租减息的土地政策，又贯彻了一年多“五四指示”以后进行的，所面对的历史条件和乡村社会具体情况都有所不同，更需要明确解决划分农村阶级的大问题，然而对此《大纲》没有明确的规定和说明。晋绥边区在康生等人的指导下按照“左”的理解来划分阶级、确定成分，以联系历史“查三代”等为执行标准，由此造成成分和阶级划分的混乱。据统计，在兴县“后木兰岗经验”的影响下，兴县划分地富成分的一区达 21%，二区达 27.6%，五区达 24.5%。在临县 58400 总户数中，地富达 9557 户，总户数的 16.3%，错定 4844 户，占总户数的 8.3%①。

其次，《大纲》对保护中农利益没有明确规定，这是政策上发生“左”倾错误的又一重要原因。保护中农利益是党的一贯政策，但《大纲》对此却出现了疏漏，《大纲》第六条规定了“按乡村全部人口”“统一平均分配”土地的政策，必然侵犯中农的利益。如晋西北临县等 3 县，平分中农的土地竟占全部土地来源的比重达 30% 左右②。

再次，《告农民书》提出了许多极左口号，使土改走向群众运动的极端。晋绥边区农会临时委员会发布的《告农民书》提出“彻底平分土地”的绝对平均主义、“彻底发扬民主，并且有权审查一切组织和干部”、“群众要怎办就怎么办”、“由农会监督和改造各级党政军机关”的主张，助长了一种以片面的贫雇农路线代替党的阶级路线的错误认识。这种鼓动性很强的主张传播迅速，很快激励了农民群众中乱批斗行为的恶性发展③。土改工作出现了严重脱离党的领导，侵犯

①山西省史志研究院编：《山西通志 · 土地志》，第 113 页。

②山西省史志研究院编：《山西通志 · 土地志》，第 113 页。

③贾维桢等主编：《兴县志》，第 573 页。

中农利益和工商业者的情况，个别地方还出现乱打乱杀的恶性事件。据兴县 1948 年 6 月 22 日统计，全县在土改中打死 1151 人，其中地主 384 人，富农 382 人，中农 345 人，贫雇农 40 人①。

晋绥边区的土地改革引发了农村社会结构的深层变革，无论是对革命者还是被革命者而言，它持久深远的影响远非经济利益的调整和制度的变革所能囊括。暴风骤雨式的土改运动，特别是"左"倾错误，给农民阶层在经济发展和社会结构定位的心理上造成的影响是难以磨灭的："有的人实在小心，怕上升富农就变了质(由贫农而发家致富，笔者)"②，"甚至有些人还在所谓熬成分或认为'穷比富好'"。所谓"房住小，地种少，留个老牛慢慢搞"，就是很有代表性的农民思想。"在土改后的农村经济发展中，是否允许'冒尖'？所谓'冒尖'就是指新式富农经济，这种经济在新民主主义阶段是允许的"，"这种齐头并进的说法，实质上是农业社会主义思想的反映"③。然而，如何消除农民的这种顾虑，显然不仅仅是一个思想认识问题。

土改中的"左"倾是一个长久的反复出现的倾向，即使在土改完成后，它对乡村社会阶层心理的震撼仍然具有强势影响。"土改左偏的影响还或多或少，或明或暗存在，如果不解决这方面的问题，农民的生产情绪就难以提高，同时农业中劳力、土地、资本这三方面的结合，也会受到妨碍和困难。"④直到 1949 年 3 月，党的经济财政政策仍难以贯彻，原因之一就是"左"倾对农民阶层所造成的伤害难以消除，"农民对我党的生产发家、劳动致富政策还有各种顾虑"，如"土地以后分不分？劳动致富会不会再受打击？出租土地以后会不会定为

---

①山西省史志研究院编：《山西通志・土地志》，第 235 页。

②《晋绥边区生产会议总结》，晋绥边区财政经济史编写组、山西省档案馆编：《晋绥边区财政经济史资料选编(总论篇)》，第 723 页。

③《晋绥边区生产会议总结》，晋绥边区财政经济史编写组、山西省档案馆编：《晋绥边区财政经济史资料选编(总论篇)》，第 723 页。

④《晋绥边区生产会议总结》，晋绥边区财政经济史编写组、山西省档案馆编：《晋绥边区财政经济史资料选编(总论篇)》，第 826 页。

地富成分？雇人种地会不会被当作地富斗争？借贷会不会成了高利贷？”①等等，甚至形成了“穷光荣，富危险”②的社会心理。

其实，这些问题既是简单的也是深刻的。之所以简单，是因为它是直接与农民生存和发展相关的日常生活问题，是每一个农民（包括贫农和地主、富农）都必须面对的问题。其深刻之处则在于，它同时也是涉及中国农村和农民发展道路的重大的理论问题和现实问题。因为，通过平分土地来消灭乡村社会的剥削制度，在起点上为农民创造了一个相对平等的生活条件。但即使起点相同，发展过程的复杂性和参与要素的差异，也会形成结果的不平均，边区里新富农阶层的出现已充分预示了乡村社会结构两极化发展的必然趋势。这一历史发展结局，并非出人意料，所以，1949年4月17日，中共中央发布了《关于新旧富农的划分问题的指示》，并特别指明晋绥边区因其特殊的历史条件应与陕甘宁边区的新富农阶层的划分标准不同，认为，“只有在民主政权成立后，雇农、贫农、中农分子因民主政权的政策之执行获得利益，而上升起来的富农者，才订为新富农”③。

新富农是共产党土地改革后在“平分土地”条件下成长起来的乡村社会新阶层，是各社层劳动者垂直性社会流动的结果。因此，它所带来的更深层次的问题即是：在共产党执政的社会里，在农村经济发展过程中，能否允许贫富两极分化？既然雇农被视为地主剥削的一个标准，那么扩大的土地经营规模没有雇工又如何实现？显然，边区党的组织在土改的总结回顾中已触及这一问题：“要鼓励与组织任何形式的较大规模的经营，在不违反法令政策的原则下，应允许其顺利发展。有钱多雇几个长工，是好并不是坏，是进步并不是落后。富农的产品如收获特别好时展览会上应同样给予奖励。特别是由贫农上

①《关于四八年财经工作的检讨及四九年财经工作的任务与方针问题》，晋绥边区财政经济史编写组、山西省档案馆编：《晋绥边区财政经济史资料选编（总论篇）》，815页。

②山西省史志研究院编：《山西通史》第9卷，山西人民出版社2001年版，第392页。

③《中共中央关于新旧富农的划分问题的指示》，晋绥边区财政经济史编写组、山西省档案馆编：《晋绥边区财政经济史资料选编（农业篇）》，第404页。

升中农、由中农上升富农，更要大大鼓励。”①以后的历史进程，曾以极高的代价反复证明乡村社会结构这一演进方向的必然性。

晋绥边区属于华北地区较为典型的乡村社会区域，这一区域内的土地集中过程相对缓慢，乡村社会中的两极分化和阶级冲突（以及阶级意识）不像华南、华中农村那样尖锐和突出。在共产党政权进入晋绥边区之前，乡村社会文化受外界影响较小，属于相对闭锁的一个社会生活环境。在缺乏文化基础、也特别缺乏社会现代化动力的乡村社会，从事触动几千年传统的土地制度革命，其困难程度是不难想象的。晋绥边区的共产党政权既面临着如何动员农民群众形成彻底消除封建土地剥削制度的社会动力问题，同时也必然面临着农民群众一旦动员起来后又如何将其纳入正确的轨道，保持土地革命正确方向的问题。更为重要的问题是：“平均化”的土地改革之后，如何面对和引导乡村社会阶层“不平均化”的必然发展趋势，并在制度创新的框架中最大限度地解放和发展生产力，使农民阶层总体上走向富裕，使乡村社会走向现代化。晋绥边区的土地改革运动，呈现出较大的反复与波动，甚至也造成一些严重的后果，与晋绥边区党组织对这一方向的认识和把握情况不无关联。对社会革命正确方向的认识与把握，既不可能先验地获得，也无法以一个既定的模式来复制，而只能在社会革命实践（试验）的历史周折中获取。

晋绥边区的土改是中国共产党在特定历史时期依据中国特殊情况领导农民进行的一场农村土地革命，其间经历了许多反复和曲折。然而，土改使农村土地关系由封建地主所有制变为“耕者有其田”的农民所有制，土改的完成，实现了“耕者有其田”的乡村社会革命目标，提高了农民生产积极性，保证了农民对粮食的基本要求，激发了农民的生产和政治参与热情，促进了抗日战争、解放战争的顺利发展，并且为农村的社会主义改造和大规模的计划经济建设创造了初步条件和积累了有益的经验，同时也获取了富有社会哲学意义的深刻的历史鉴戒。

（原载《中国农史》2003年第1期）

---

①《晋绥边区生产会议总结》，晋绥边区财政经济史编写组、山西省档案馆编：《晋绥边区财政经济史资料选编（总论篇）》，第723页。

第三章　演化:近代乡村社会的权势力量变动

近代绅士阶层的社会流动

不论社会变革最终爆发的形式和烈度如何，事实上，它的爆发力量和变动的历史趋向，早在社会生活的一般进程中缓慢聚积着和适度体现着。人类社会的历史规律从来也不会外在于日常社会生活。重大的历史事变和社会变革只是社会生活一般进程的发展趋向和力量聚合的必然结果。尽管人们常常格外关注历史事变的最终结果或重大的事变本身，而相对漠视事变酝酿孕发的不经意的历史过程；但思想者，旨在彻悟历史发展的未来方向的历史学者理应坚信：只有通过对日常社会生活及其社会关系的演化变迁的详尽考察，才有可能真正把握人类永恒追求着的历史规律的脉搏。

社会流动所揭示的恰恰是日常社会生活中，人们社会地位和社会关系不断变动的，最为普遍的一种社会现象。借助于对近代绅士阶层社会流动形式和内容的分析，我们将从一个新旧时代转折的具体历史过程中，获得对于近代中国社会运演规律及其时代特征更为丰厚也更为深刻的认识。

一　传统的社会流动

社会的存续和发展都是一个动态的历史演变过程。这一历史过程不仅仅表现为转折时代社会形态的剧烈更替，而且还表现为更为常见的社会现象——社会流动。社会流动指的是人们在社会结构体系中从一个地位向另一个地位的转移，它包括了人们的身份、职业、阶级、阶层关系的变动。由于社会关系空间与地理空间具有难以分割的密切联系，因此理论上把人们在地理空间的流动也归于社会流动。不过，社会学中常说的社会流动，主要是用以描述和分析人们的社会关系空间变动的学术概念。有些学者认为，这个由英文 Social mobility 翻译过来的学术名词，不能准确地反映或表达它所包含的实在内容，而称之为“社会位移”①，也有人称之为“社层流动”②。由于学者们对这一概念称谓的分歧，并不曾影响它所指的具体内容，因此，笔者拟按照中国社会学者最普遍的用法仍称之为“社会流动”。

需要说明的是，社会流动作为社会关系结构的一个变量，与阶级关系的变动有着历史发展的因果联系，尤其与阶级分化相关性甚强。但二者并不相同，也不能互相取代。阶级关系是特定历史阶段里社会关系中的基本关系，却不是唯一的关系；人们在社会关系中地位的变化也并不完全表现为阶级关系的变动，或者说并不经常地表现为阶级关系的变动，如科举时代秀才向举人、进士的流动；庶民地主向绅士阶层的流动等。因而，用以揭示人们社会地位变动过程的社会流动概念的涵盖面要比阶级分化或阶级变动概念宽泛得多。从其内涵来讲，阶级分化的特定含义是指同质的社会阶级分解为不同质的两级对抗性的阶级或阶层，如西欧的市民阶层分化为资本家阶级和工人阶级；中国合作化时期农村阶级分化过程中形成的贫富两极对立趋向等等。然而，标示着个人社会地位转移的社会流动，并不一定就要意味着形成对抗性的两极分化，如绅士阶层与官僚阶层的相互对流，近代农民向城市的流动等。

此外，社会流动是任何一个社会结构在任何历史时期都存在的，极为普遍的社会现象；只要有社会存在，只要有社会分工、社会差别以及由此形成的社会分层，就必然要出现社会流动，尽管社会流动的形式、规模和特征因时代变化而各有不同。阶级分化则不然，它通常

①［苏］T. B. 里亚布什金、奥西波夫主编，陈一钧、哈余灿译：《苏联社会学》，中国社会科学出版社 1986 年版，第 461 页。

②宋林飞：《现代社会学》，上海人民出版社 1987 年版，第 406 页。

只出现在社会结构或社会关系发生巨大变动的特殊历史时期，发生在社会历史的转折时期。因而，从社会历史发展的纵向上考察，阶级分化是具有特殊性和阶段性的社会现象，社会流动却是具有普遍性和共时性的社会现象，故此，仅仅运用具有特殊性的阶级分化概念，显然无法准确、完整地分析和揭示关于人们社会地位频繁变动这一具有广泛性和普遍性的社会历史现象。不容否认，概念并不产生社会历史，相反，它只能是人类认识、理解社会历史的产物；它也只能随着人类对社会历史认识的不断深化而形成、而消亡、而更新。所以，社会流动概念向史学领域的渗透就成为社会史学科发展的必然要求。

当然，社会流动与阶级分化或阶级关系的变动并不是截然两分的，正像社会生活的历史进程是一个有机的统一的机体一样，它们在现实生活中也表现为相互关联相互作用的统一的动态进程。通常，自由性社会流动只是特定社会结构稳定状态下，调节人们社会关系确定人们社会地位的一种运动过程，它不会引起阶级关系的重大变动；但是，在社会生产力或社会制度变革作用下形成的结构性社会流动，却常常以强制力量促使某一阶级或阶层大规模地流向别的阶级或阶层，它不仅会造成两极殊分的趋势——由此导致剧烈的阶级分化，而且也将最终使旧有的社会结构发生根本性变动。显然，阶级分化又是结构性社会流动的最终结果。

事实上，社会流动是人类社会发展所生成的一种内在机制，借助于这一机制使得社会阶级、阶层结构得以不断平衡和调适，它使社会结构在动态流动中获得了自我调节的功能。同样，社会阶级结构也制约和影响社会流动的性质。在人类跨入文明时代以后，社会阶级结构便决定着每个社会成员和社会群体在社会关系体系中的地位、身份乃至职业，并从根本上影响个人的生活方式和整个社会秩序。在不同的社会阶级结构中，必然形成特征不同的社会流动模式。印度的种姓社会在婆罗门、刹帝利、吠舍、首陀罗、贱民各种姓之间严禁通婚和任何形式的交往，种姓之间既无代际流动，也无社会关系空间上的流动，社会流动只能局限于各种姓之间的水平流动，形成一种极度封闭性的社会流动模式。

在中国封建社会阶级结构中，社会流动模式是混合型的。这是一种适度型封闭（而不是极度封闭）的社会流动，它既严格限制垂直流动在任何阶级、阶层间自由发生，如贵族以血亲和特殊功勋形成世袭的特权等级，不轻易允许较低级阶层向贵族流动；贱民的上升流动也从法律上加以限制。同时，它又保证一定范围内的上升性流动，如在平民阶层和绅士阶层之间，既有水平流动也有垂直流动。

况且，在任何社会阶级结构中处于不同地位的社会成员都存在一个代际间的社会继替问题。步入社会的新的成员都是在特定的社会结构中不断追寻着自己所能够获取到的社会位置（地位）并由此归属于某一阶级、阶层或集团。实际上，社会阶级、阶层和社会集团成员的变动和代际更替通常都是通过社会流动机制来实现的。而且在基本阶级结构、社会结构不变的情况下，由于劳动生产率的变化和其他自然、社会因素的影响，也会在各阶级、阶层之间出现明显的成员的流出和流入现象，“这些也都是通过社会流动来实现的”①。社会流动机制一方面为个人或家族提供了获取地位和改善地位的社会渠道，另一方面，又调适了社会阶级、阶层结构的动态性平衡。所以，即令是在闭锁的封建社会结构中，社会关系的调节、平衡和稳定，很大程度上也是通过社会流动机制来实现的。尽管社会流动和阶级分化内涵不同，视角不同，但在社会历史运动过程中二者的内在相关性却甚为紧密。因而，借助于社会流动概念分析社会历史现象，不仅不违背阶级分析观点，而且会使阶级分析本身拥有更加丰富、充实和细化的社会内容。无疑，通过社会流动这一中介来观察社会结构，会看到社会变动的另一番历史景观。

通常，社会流动的性质由社会结构本身所制约。在封建社会结构中，“绅为一邑之望，士为四民之首”的社会等级规范的作用，启动着整个社会非身份的平民作出向绅士阶层流动的意向和努力。在相对闭锁和稳定的封建社会结构中，社会流动的形式被长期累积的封建文化的价值指向所约定，并最终由封建制度所给定。

《荀子·儒效篇》中所谓由贱而贵，由贫而富的“唯学”道路，同后世社会“学而优则仕”的人生箴言，就是对那个时代社会流动形式的

①《社会学概论》编写组：《社会学概论》，天津人民出版社 1984 年版，第 149 页。

最高概括。它的稳定化和制度化的流动渠道就是科举制。科举制度作为封建时代社会流动的基本途径，从表象上看的确是十分公正的，因为它形式上一般是排除贫富、门第、血缘等先赋性因素的。事实上，历史上也并不乏由贫寒之士荣登榜首而富贵天下的实例。在科举制度下，“生员由童生考取，读书子弟除极少数属于所谓倡、优、隶、卒等户外，都可应考，因此都有机会登上科举入仕的荣显之途。”①儒家文化尽管推崇和维系身份社会，但同时又侧重以个人成就因素决定身份。这一似若矛盾的学说，通过科举制度得以统一在现实的社会生活中。正是在文化或生活的矛盾运转中，这一制度性流动形式，既成就着个人和家族的前程和地位，也成就着封建帝国社会秩序的平衡和文明的运行。据何炳棣先生统计，有的州县在明代约有四分之三的生员，清代约有二分之一以上的生员出身寒微，祖上乃至未曾有过生员。明、清两代的进士，平均也有百分之四十多出身于从未有过功名的家庭。封建社会本来就不像资本主义社会那样，以赤裸裸的金钱货币来维系人的社会关系，尤其在以“仁义礼智信”为精神支柱的中国封建社会里，在人的社会关系和社会结构形成过程中，更是过多地罩上一层温情脉脉的帷幕。

然而，科举制度形式上的平等被它所具有的严格的淘汰规则和漫长的竞争路途所限制，要求踏入此途的成员必须具备基本的条件：足够的土地或其他经济来源；一定的家庭文化教育背景。因此，“在绝大多数情况下，中榜登科的还是士绅阶层的子弟”②。大多数农民和平民阶层事实上很少参与这一纵向流动。根据《道光甲辰恩科直省同年录》的抽样统计，其祖、父有功名身份的举人所占比例占绝对的多数：

表 3-1　道光甲辰恩科同年家庭身份情况表

地区	中举总人数	祖、父有功名者	百分比
山东	69	60	86.9%
山西	60	33	55%

①王德昭：《清代科举制度研究》，中华书局 1984 年版，第 67 页。

②张德胜：《社会原理》，巨流图书公司 1984 年版，第 282 页。

（续）

地区	中举总人数	祖、父有功名者	百分比
四川	60	23	38.3%
广东	71	48	67.6%
广西	45	31	68.9%
云南	54	34	63%
贵州	40	5	12.5%
顺天	239	168	69.5%

资料来源:《道光甲辰恩科直省同年录》,光绪刻本。

通过科举制进行上升性社会流动的集团力量,主要限于具有功名身份的绅士或绅士家庭。虽然科举制度具有明确的人才甄拔作用,但同样以等级累造的科举功名体系,注定只有极少数绅士可以博得进士、举人等中高级功名而跻身于官僚阶层。道光甲辰(1844)恩科中举者为1010人,而其中上升流动为进士者仅有209人,占举人的20%①。在咸丰元年(1851)的科试中,全国(广西除外)中举者1789人,上升流动为进士者249人,占3.9%,后实授官职者317人,占举人(考取进士者不计)的20.6%,候补者72人,占4.9%,两者合计共占25.3%,尚有74.4%②,仍处于"社会沉淀"状态。对于大多数绅士而言,他们最终都无法成就"学而优则仕"的社会垂直流动和实现封建社会人生追求的夙愿,对此,通过湖北和山西一些县份的科举统计情况可知一二:

表3-2 清末湖北、山西科举情况统计表

地区	进士	举人	贡生	生员	说明
湖北	257	1369		47310	咸丰十年至光绪三十一年

①据《道光甲辰恩科直省同年录》光绪刻本统计。

②据《咸丰辛亥恩科十八省乡试同年录》清咸丰二年(1852)刻本统计。

（续）

地区	进士	举人	贡生	生员	说明
山西太谷	12	85	105	920左右	道光二十一年至宣统三年生员按每次取20名计之
山西安泽		2	76	920左右	
山西虞乡	1	10	52	920左右	

资料来源：据《湖北通志》和民国《太谷县志》《安泽县志》《虞乡县志》资料统计。

因此，通过科举制度完成社会垂直流动的绅士仅占3%—4%左右。当然，这不能完全归咎于科举制度本身。因为任何社会都有内在的调节功能，社会流动必然受到封建社会结构的制约。“一个社会中社会流动的程度取决于两个因素：可以获得的地位的多少，以及人们从一种地位向另一种地位移动的难易程度”①。因而，在以身份等级为主要结合方式的封建社会中，较高的身份和等级地位必然受到制度性的严格限制。按清朝官制，全国的官僚大约只有两万名文官和七千名武官，在职的官吏人数甚少。与此相应的另一情况是，在任何时候都只能有少数合格的功名获得者：举人共有18000名左右，进士2500名左右，翰林650人左右②。况且，在19世纪中期以后，清王朝出于财政的需要广泛采用了捐纳制度。由此，“官有定价，可以报捐实官与花样。实官可以捐至府道，而花样则有所谓捐花翎，捐升衔，捐尽先补用，捐单双月，捐免验看，捐封典等等……名器之滥至此而极……是直同贸易矣”③。虽然社会上对捐纳制度的舆论批评不绝如缕，然而，作为附丽于封建政治制度腐烂机体的捐纳制度，如同扼杀生命的癌病一样迅速地生长蔓延着。据计，在太平天国前捐官

①[美]伊恩·罗伯逊著、黄育馥译：《社会学》上册，商务印书馆1990年版，第305页。

②[美]费正清、刘广京编：《剑桥中国晚清史(1800—1911年)》上卷，中国社会科学出版社1985年版，第16页。

③凌惕安：《咸同贵州军事史》第2册，沈云龙主编：《近代中国史料丛刊》第13辑，台北文海出版社1973年版，第46—47页。

的总人数为 3.5 万人，而在 19 世纪最后 30 年中，捐官人数达到 53.4 万人①。1860 年以后，通过捐官途径的四品到七品的地方官竟多于通过科举的正常途径得官的人数②。在官吏和有官衔的人当中，捐纳的比例高达百分之六十六③。因而，在漫长而艰难的科举路途上得以鱼跃龙门者，对于每个个体而言偶然因素或许起着重要的作用，但对于绅士阶层整体而言，历史的必然性最终起着决定性的作用。

舍此以外，通过办理团练、兴办军务而膺获保举，也是绅士上升性流动的途径。“从前三省教匪滋事，尽有由义勇出身擢至大员者。”④在叶名琛当政广东期间，香山团练首领绅士林福盛因“表现十分突出，从一名普通士绅屡保至知府衔”⑤。特别是在战争期间，由保举而晋升的绅士所在尤多。据计，仅在湘军集团中“以此邀富贵而幸功名，所在亦不乏”⑥，由保举而官至督抚的各类功名之士就达到 26 人之多⑦。由此形成“发捻平后，保案累牍，世职云起浸浸乎有官多于民之势”⑧。但是，军功保举究竟不是常规性制度流动方式，而且由此流动的人数相对于数量庞大的绅士阶层是微不足道的，它不会从根本上影响科举制度流动本身而仅为其补充。因而，我们确信，科举制度或封闭型社会流动，除了其明确的官僚选拔作用外，它的隐形作用就是使 96％左右的绅士“沉淀”下来，形成封建社会结构中一

①张仲礼著、李荣昌译：《中国绅士——关于其在 19 世纪中国社会中作用的研究》，上海社会科学院出版社 1991 年版，第 103—111 页（下文简称《中国绅士》）。

②[美]费正清、刘广京编：《剑桥中国晚清史（1800—1911 年）》下卷，中国社会科学出版社 1985 年版，第 617 页。

③张仲礼著、李荣昌译：《中国绅士》，第 116—117 页。

④齐思和等整理：《筹办夷务始末（道光朝）》第 3 册，中华书局 1963 年版，第 1316 页。

⑤[澳]黄宇和、区鉷译：《两广总督叶名琛》，中华书局 1984 年版，第 51 页。

⑥郑献甫：《补学轩文集》卷 4，沈云龙主编：《近代中国史料丛刊》第 2 辑，台北文海出版社 1974 年版，第 18 页。

⑦罗尔纲：《湘军兵志》，中华书局 1984 年版，第 56—65 页表。

⑧刘锦藻撰：《清朝续文献通考》卷 84，《选举一》，中华书局 1986 年版，第 8423 页。

个相对稳定的社会集团力量。

流动中的“社会沉淀”基本以生监为主，他们构成地方绅士的主体，并以高于平民的社会地位，成为基层社区的控制力量。这在动荡时期崛起的地方团练中表现得尤为突出。如在川、楚白莲教大起义时期，各地团练领袖的出身情况如下表：

表3-3　白莲教起义时各地团练领袖出身情况表

出身	进士		举人		贡生	廪生	监生	生员		捐职	平民	总计
	文	武	文	武				文	武			
人数	0	0	4	9	8		32	18	13	5	11	103
%			3.9	8.7	7.8	2.9	31.1	17.5	12.6	4.8	10	100

资料来源：石侯编：《勘靖教匪述编》卷1—10，台北成文出版社1970年版。

其中平民为团练领袖者11人，占10.7%，绅士92人，占89.3%。绅士中进士、举人极少，基本以生、监为主，几乎占50%。鸦片战争后，地方绅士的权力并未减弱，反而呈上升趋势。在太平天国革命时期，地方团练领袖仍然以绅士为主。如《浙江忠义录》中所记载的两江地区的团练领袖情况：

表3-4　太平天国时期两江地区团练领袖出身情况表

出身	进士		举人		贡生	廪生	监生	生员		捐纳	乡绅	农	工商	不详	总计
	文	武	文	武				文	武						
人数	7	0	20	10	17	6	23	5	49	15	18	4	7	53	234
%	3	0	8.5	4.3	7.3	2.6	9.8	2.1	21	6.3	7.7	1.7	3	22.7	100

资料来源：浙江采访忠义局编：《浙江忠义录》卷4—5，台北明文书局1970年版。

由上表可知，平民出身的团练领袖仅占27.4%，绅士占72.6%。这当然不是个别地区的特殊情况，它大体如实地反映了地方绅士对基层权力控制的一般情况。征以其他资料，我们可以发现各地团练领袖基本都是以绅士为主的：

江苏	士绅占 61%	平民占 39%①
广东	士绅占 78.4%	平民占 21.6%②
广西	士绅占 80.9%	平民占 19.1%③
湖南	士绅占 56%	平民占 44%④

社会结构本来就是一个诸因素相关甚密的系统。处于封建社会结构中心的绅士阶层的流动和“沉淀”,从根本上对于传统社会结构本身起着重要的稳定和平衡作用。

第一,绅士阶层的形成和存在,为封建社会的官僚队伍提供了充足的后备力量。科举之士一般在三十多岁步入仕途,60—70 岁告老还乡,其流动速度和幅度都较大。这既能保证官僚成员每年有一次较大的流动,造成官场中部分新人涌入,又因其补充和流动的新人比例不是很大,而使官员结构保持相对稳定,有利于统治阶层的新旧交替,使社会政治处于相对稳定的流动态势。此外,绅士阶层的存在也为退出官场的“富贵者”提供了荣归的社会场所。“绅出为官,官退为绅”⑤,官、绅两个阶层之间的流动和不同社会角色的转换,体现了中国封建社会政治在适度流动中获致平衡与稳定的基本特征。

第二,绅士阶层的流动与“沉淀”,对于封建社会的基层社会结构的稳定起着重要调节作用。在清代社会组织结构中,绅士是上层社会和基层社会结构的中介。清末基层社会组织,无论是保甲(或里甲),还是团练,抑或是宗族,都兼有政治、经济、军事三方面的职能,都是社会的控制系统,其间都离不开绅士阶层的参与,如图:

因此,整个基层社会控制、社区的稳定,都是借助于绅士的力量来实现的。

第三,绅士阶层的流动和“沉淀”,成为封建社会权力结构体系正常运转的基本条件。中国封建社会是高度集权化的政治体制和高度

①中国社会科学院近代史研究所近代史资料编辑组编:《近代史资料》总第 34 号,中华书局 1964 年版(《近代史资料》编者不再出注)。

②同治《南海县志》、同治《番禺县志》、宣统《东莞县志》、光绪《茂名县志》。

③张月卿:《平桂纪略　广西昭忠录》卷 7—8,台北学生书局 1972 年版。

④李瀚章修、曾国荃纂:《湖南通志》卷 27,扬州古籍出版社 1986 年影印本

⑤《江苏学务总会文牍》,商务印书馆 1906 年版,第 84 页。

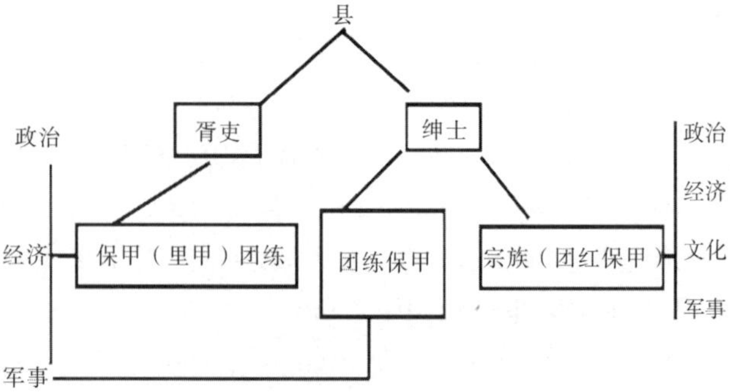

图 3-1　清代基层社会组织结构图

资料来源：张研：《清代族田与基层社会结构》，中国人民大学出版社 1991 年版，第 224 页。

分散的小农经济的统一。但封建政权（皇权）事实上不能介入分散的彼此隔绝的小农社会。“在正式的权力机构无法深入社会基层的中国传统社会中，士绅阶层与正式权力机构之间形成了一种相互依存的关系”①。形成了“皇权”与绅权对中国封建社会权力的分割与统一的政治格局，如图：

图 3-2　封建社会权力结构图

资料来源：费孝通、吴晗等：《皇权与绅权》，天津人民出版社 1988 年版，第 135 页。

毫无疑问，绅士阶层的社会流动过程（封建型流动），实质上就是封建社会中最基本的等级身份的形成过程。这一过程既使各个社会成员在社会结构中获得定位，又使得封建社会政治结构在动态中获得平衡与稳定。

①孙立平：《辛亥革命中的地方主义因素》，《天津社会科学》1991 年 5 月。

二 近代的社会流动

诚然，如果社会流动只是局促于一个封闭的等级圈内，每一代人都只是通过流动进行社会结构的再生产，而不能形成整个社会的流动，那么封建社会就会稳定地永远存续下去。然而，鸦片战争后，中国的社会结构毕竟开始发生裂变，稳定的社会分层状况被打破，社会分工科层化（Bureaueratization）。整个社会结构开始由封闭走向开放，因而，它导致了社会流动发生质的变化：由封闭型流动发展为开放型流动；社会流动开始冲破等级身份阻碍，而在更广泛的社会阶层中发生。

近代中国社会处于剧烈的变动之中。西方列强以携雷挟电之势向古老的中国进逼，“它迫使一切民族——如果它们不想灭亡的话——采用资产阶级的生活方式”①。商品市场、劳动力市场、资本、机器、新的生活方式及其价值观等，近代社会的诸多变化，促使社会阶级结构关系也发生急速变动。这一变动首先表现为普遍的社会流动现象。

封建社会结构中的社会流动是封闭型的，社会阶层的垂直流动主要局限于平民——绅士之间。这种闭锁的社会流动突出体现为封建社会结构的社会关系的再生功能，而不曾体现为社会经济、技术进步引发的社会结构变动。因而，本质上封闭的封建等级、身份制度，从根本上限制和阻碍社会流动，致使绅士阶层不仅成为非身份性平民流动的唯一社会定向，而且借助科举制度性流动的社会集团力量也主要限于绅士阶层。

中国社会由古代迈入近代，社会生活发生了亘古未有之变化。“迩来欧风东渐，生活程度日益增高，向来单纯之农业，端不足以应今日繁重之需求，于是工商兴焉……”②在娘子关内的山西新降县尚且如此，通都大邑和东南沿海地区的生活变化更是可想而知。随着新的经济关系的产生和发展，社会分工的日趋精细，“世业恒为”的职业结构和士农工商的社会结构模式发生了裂变。与新的经济、技术、职

---

①《马克思恩格斯选集》第1卷，第253页。

②民国《新降县志》卷3，《生业略》。

业联系着的社会流动的普遍发生，便成为中国社会由封闭走向开放的重要特征。

近代社会流动伴随着新的社会职业的出现而发生。可以说最早与商品经济紧密结合，并与外国资本集团联结的买办职业的出现，是近代社会流动的开端。

买办①一词早已有之，但并不具有买办的近代含义。在鸦片战争前，买办一般是指管理外国商馆的内部经济和事务的人，诸如总管、账房，银库保管，以及照管外商贸易、生活等方面事情的办事人员。“遇洋船来，十三行必遣一人上船视货议价，乃偕委员开舱起货。及货售罄，洋人购办土货回国，亦为之居间购入。而此一人者，当时即名之为买办。”②早期买办并不具有阶级特征，而首先表现为一种近代社会的新职业。

鸦片战争后，公行制度被废弃，买办不再受公行控制而直接受外国资本的雇佣，充当外商在华推销商品、购买原料的中介。随着外国经济侵略活动的扩大，买办职业也发展起来。“沪地百货阗集，中外贸易惟凭通事一言。”③一种新的职业集团的出现，是社会生活与社会分工发生变化的体现。鸦片战争后，在封建社会传统的士农工商结构之外，外商经济强行打入中国社会市场，为适应这种社会生活变动的需要，便产生了买办这一职业集团。五口通商后，中外贸易活动日趋发展，从事买办职业的人数也不断增长，“遂于士农工商之外别成一业。”④随着近代买办职业的兴起，导致一部分商贩、行商由传统的“末商”职业向买办新式职业流动，由此形成了具有近代特征的社会流动。

近代中国最早的社会流动即表现为由商贩、学徒、游民向新式买办的流入。但是，作为一种新的社会职业的买办，也具有“商”的性质

①明朝称专司宫廷供应的商人为买办。

②徐珂编撰：《清稗类钞》第5册，中华书局1984年版，第2319页。

③王韬：《瀛壖杂志》，刘惠吾编著：《上海近代史》上册，华东师范大学出版社1985年版，第230页。

④冯桂芬：《上海设立同文馆议》，《显志堂稿》卷10，沈云龙主编：《近代中国史料丛刊续编》第79辑，台北文海出版社1981年版，第18页。

和特征，在传统社会结构及其价值观念体系中，仍然被视为“贱商”之业，上层阶级和有身份的人并不屑为此。故而，最初的社会流动一般限于由较低贱的阶层向买办的流入。然而，买办商人凭借着丰厚的经济收入和外国领事裁判权的庇护①，事实上在社会中享有独特的优越地位。在近代社会变动中，经济力量始终是分解封建等级身份结构和稀释浓厚的等级观念的主要因素。因而，买办职业以其优厚的经济地位和较高的社会地位最终也成为上层阶级追求的目标。在近代中国社会的后期，一些绅士或权贵阶层的成员也开始向着买办流动，于是，两江总督沈葆桢的孙子沈昆山、禁烟督办柯逢时的儿子柯纪文，福建知事胡琢之的儿子胡二梅、直隶总督李鸿章的乡友吴洞卿、山东巡抚孙宝琦的把兄弟王铭槐，甚至翰林院的编修江霞公等都摇身一变成为了追逐利润的买办。

向买办职业的流动是近代社会流动的开端。它的时代意义就在于由此冲破了传统局限于绅士阶层的封闭型社会流动的格局，扩大了社会流动参与阶层。随着社会结构和社会生活的更深层次的变动，参与流动的人数和社会阶层都在迅速地增长和扩大。如此，作为开放性近代社会流动的序幕就正式开启了。

发生在早期“无业商贾”“义学生徒”向买办的流动，是近代社会非身份等级制度制约下的社会流动。随着社会生活的进一步变化，随着近代生产关系，生产技术向中国社会生产领域的引进的发展，社会流动便日益超越传统的封闭模式而成为最频繁、最普遍的社会现象。到 19 世纪 60 年代以后，社会流动的范围已不局限于“买办”，其流向表现为多样化趋势。

从 19 世 60 年代开始，洋务运动导致了中国社会产业结构的变化，以西方机器生产设备和技术为基础的近代工业系统的出现，促使传统的士农工商结构发生质的变化。到 1890 年代中期，洋务企业共设立了 40 个，创办资本约 4500 万两，雇佣工人达 13000—20000 人

---

①中国人民银行上海市分行编:《上海钱庄史料》，上海人民出版社 1960 年版，第 38 页。

左右①。1870年代后，民族资本企业也缓慢生长起来，截至1894年，民族资本兴办的近代企业共136个，创办资本约500万两，雇佣工人约3万人②。近代企业发展及其引发的产业结构变化，导致了社会职业结构和社会分工的细密，并由此推动了两个方向的社会流动：由官僚、商人、买办向资本家企业主的转化；由破产农民、市民、手工业者向近代雇佣工人的转化。

向企业主、资本家和向工人的流动，是近代中国社会内部变革，适应社会生活发展需求的流动，它一定程度上体现了中国社会结构变动的历史趋向。因而，作为同近代中国社会发展起伏缓急密切关联的社会流动，在它的早期阶段呈现出如下几个特点：

第一，社会流动频率逐步加快。无疑，从现有史料中科学、准确地测定社会流动的频率是很难做到的，但通过新式企业兴建的情况也可以理出一个基本的趋向。19世纪60—90年代，中国近代企业约有一百七十多个，平均每年有3个企业出现。在上海，1890年后的5年内，平均每年有了7个新企业诞生，再加上外国资本的一百多个企业，推动大量农民、手工业者、市民向雇佣工人流动，人数大约10万人，其中向中国自办企业工人流动的有6万人左右，平均每年约有2000人向工人职业方向流动③。

第二，社会流动范围呈现扩大趋势。最早社会流动的流向限于买办，流源限于商人、贩夫等，参与社会流动的阶层范围是狭小的。但在近代社会企业推动下的社会流动，其范围却日趋扩展，流向不仅由买办扩展企业主、资本家、工人，而且流源扩展到官僚、地主、商人、买办、农民、手工业者、学徒等诸多社会阶层。

尽管近代社会流动具有开放性特征，因为流动本身已不再受到身份或等级的限制。但就社会流动的方式、规模而言，在甲午战争前

①孙毓棠：《中国近代工业史资料》第1辑上册，中华书局1957年版，第565—566页。

②孙毓棠：《中国近代工业史资料》第1辑下册，中华书局1957年版，第1666—1773页。

③《旧中国的资本主义生产关系》编写组编：《旧中国的资本主义生产关系》，人民日报出版社1977年版，第24页。

还属于自由流动。自由流动是指由于特殊原因引起的单个人的流动，它还不表明大规模的阶级、阶层的整体变化，也不足以引起较大的社会结构的变动。因为新兴的百数十个近代企业对于整个封建经济结构和阶级结构，并不形成根本性冲击，而且向近代企业主、资本家的流动还处于过渡状态，很多人是以封建官僚身份来“督办”企业的，官僚仍具有封建社会独特的身份、地位和权威，不曾真正转变为资本家阶级。数万雇佣工人相对于四亿人口的农民，也远远不足为数，而且并没有引起农民阶级结构性变动。

然而，近代开放性社会流动，毕竟是中国近代社会生活演进规律的表现，自由流动既已发生，就具有不可遏止的趋势，它的产生、发展也就为结构性社会流动规划了基本走向和提供了必要的历史前提。甲午战争后，由于民族危亡的刺激和民族意识的觉醒，以“救亡”为目的的“实业”热潮让近代企业建设获得了空前发展。同时，在文化、教育领域的变革和政治领域的革新，标志着近代中国社会结构深层次的剧烈变动。适应这一变动的社会流动也由自由流动发展为结构性流动。结构性流动是指由于生产技术或社会方面的变革、革命而引起的大规模的阶级、阶层或人口地区分布的变化。甲午战后近代社会流动已从规模和流向上具备了结构流动的特点：

其一，社会流动规模迅速扩大。甲午战争后，近代中国的民族资本企业形成三个大的发展高潮，到 1913 年新设的民族资本厂矿达到 549 家，比甲午战前增长了 36.6 倍①。因而，向新式企业主、资本家的社会流动至少扩大了 30 倍。同时，近代企业规模的发展，相应也带动了向工人阶层流动规模的扩大，流向工人的总人数有 200 万左右。

其二，社会流向扩大。由于甲午战争后中国社会结构表现了经济、文化、教育、政治结构的全面而深刻的变动，一些新兴的社会生活领域和事业相继兴起，诸如报刊业，学堂教育、社会团体事业、新政的出现，导致了社会职业结构的根本性变化。一些阶级和社会集团为了适应新的社会职业、新的社会角色，社会流动呈现出复杂多向的趋

---

①中国人民大学政治经济学系编：《中国近代经济史》上册，人民出版社 1979 年版，第 224 页。

势。作为具有功名身份的绅士阶层不仅向企业主、资本家流动，更大量的是流向了编辑、教师、社团法人代表等自由职业，而且还有举人、秀才充军向下层社会的流动。

社会是一个诸因素密切相关的有机体。社会流动不是孤立的社会现象，它受着社会结构和社会生活变动的制约。社会生活愈是走向开放，社会工业化程度愈高，社会分工愈精细，社会流动频率就愈快，流向就愈广泛。那么，近代中国的社会流动的总体特征如何呢？我们可以从“流源”“流向”“流程”几个方面作一简略的分析。

流源，是指参与社会流动的分子（阶层），相对于该阶层向其他阶层流入的方向而言；流向，是指社会流动的基本方向，即所要流入的阶层；流程，是指社会流动的过程，即由流源到流向的变化过程。

近代中国早期的社会流动情况如下图所示：

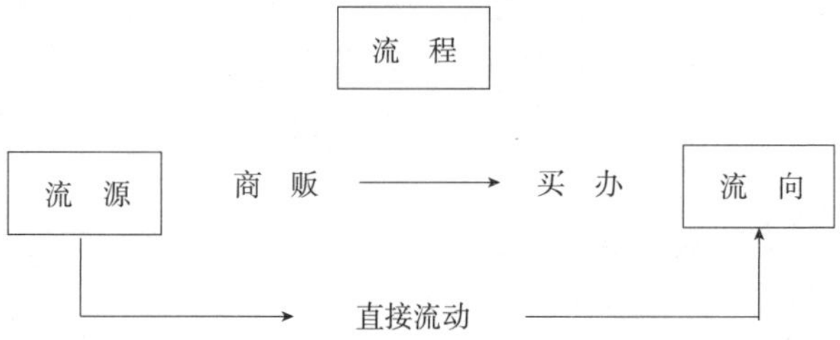

图 3-3　近代中国早期社会流动过程图

由商贩到买办的流动，是一种简单的流动，其流源、流向都是单一的。19世纪60年代以后，由生产方式和技术设备引起的社会流动开始呈现由单一趋于复合的走向。参与社会流动阶层已是明显地扩大到诸多社会阶层如官僚、绅士、地主、买办、学徒、农民、手工业者等，流向也由单向变为多向：买办、企业主、工人，甲午战后又扩展到报刊主笔、编辑、学堂教师、兵士等。在社会流动的流程上也出现了

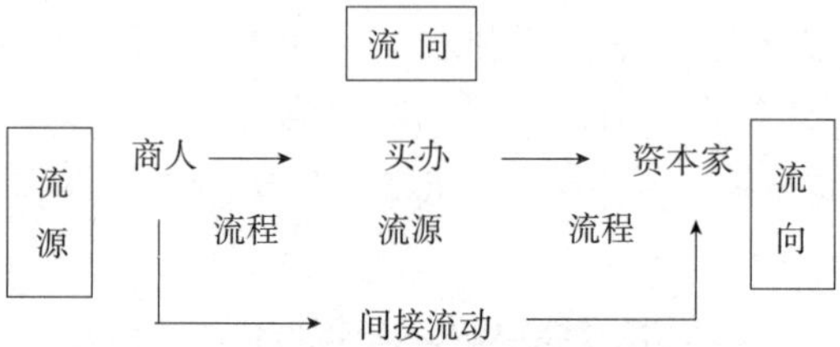

图 3-4　1860 年代后中国社会流动过程图

间接的复合流动，如徐润、祝大椿等人的流动过程：

近代社会流动是不断发展的历史过程，在第一阶段经过流动由商人变为买办者，随着19世纪60—70年代近代企业的发展，他们再度参与流动，由买办流向近代资本家集团。这是一个整体流动过程，它是社会流动更加广泛、社会结构趋于开放的显著特征。徐润、祝大椿、朱志尧等都是经过这一流动程式由买办成为资本家的。他们在“早期的中国私人工业投资资本中占第一位，1895年以后开办的棉纱、面粉、缫丝厂和航运企业的创办人数中，买办占第二位”①。买办阶层是近代中国社会流动中变动最早也最为显著的社会集团，它的流向既反映帝国主义侵华的特征，也受着中华民族意识觉醒和民族反抗斗争的时代制约。

近代中国开放型社会流动，由自由流动到结构流动，从社会关系的变动趋向上体现了近代中国社会结构的深刻变化。正是在这一社会流动的总体格局中，作为封建社会一个独特阶层的绅士集团，展示了完全不同于传统社会流动的时代特征。

三　绅士的多向流动

在近代中国新旧蜕变嬗替的社会变革过程中，社会流动的形式与内容，自然昭示出一个时代行进的历史趋向。绅士阶层不仅仅是封建社会结构中社会流动的“交汇点”，而且也是近代中国社会结构中流动演变最为剧烈的集团力量。在近代社会结构的历史性裂变过程中，士农工商的传统结构发生了根本性错位，标志着绅士阶层由封闭型社会流动向近代开放型社会流动的过渡。

随着近代买办商人和新式商人经济实力的增殖，商人阶层对于近代社会生活的影响力日趋增长。因此，近代商人不甘蛰伏于“四民之末”而努力向绅士阶层流动，“惟经营大获，纳资得官，乃得厕身缙绅之列”②。由于对外贸易的兴盛，在沪的浙江宁波籍买办集团自上海开埠后，已逐渐取代了粤籍买办的地位，如杨坊、陈竹坪、陈裕昌、

---

①凌耀伦、熊甫、裴倜：《中国近代经济史》，重庆出版社1982年版，第157页。

②《论整顿茶市》，《申报》1880年5月6日。

王槐山、王一亭、虞洽卿、叶澄衷等皆因买办而致巨富。他们一方面将其资财投向新式企业,一方面以其资财捐纳职衔翎顶,向绅士阶层流动。浙江南浔是贸易繁盛的丝业市镇,因营丝而富的梅鸿吉、蒋堂、刘镛、周昌炽、庞云增也都千方百计跻身于绅士阶层。在近代,骤富的商人们或者像"南浔四象"之一的庞元济捐纳官衔①,改善其社会地位;或者像木渎镇商人钱坚以经济实力使子孙获取科举功名②。近代由商向绅的流动,不仅改变了绅士阶层的构成,而且也必然导致封建身份等级结构的破解。历史运动的最终结果常常与它最初展示的历史表象的变化方向相反,或许这正是人们永远追求而又不易探寻到的客观历史规律的残酷无情。

随着近代中国社会生活的变化和近代新式商业、企业的不断涌现,由商向绅的逆向渗透很快被"顺向渗透"所取代。传统的功名身份甚至官职爵禄已不再是社会唯一的价值指向,失去了固有的吸引力。由官绅向企业主流动的朱仲甫深有感触地说:"我从政数十年,乏味的很,要做实业。"③上海开埠初期,就有一位买办劝告他醉心于科举功名的侄儿说:"我建议你不要投身宦途……过去十年外商在上海贩运丝、茶出洋,牟利颇厚,业务极为兴旺……我希望你学习英语,然后我推荐你到洋行工作。"④曾经居于传统社会的"末商",居然对"四民之首"形成如此巨大的魅力,这一社会变动无疑体现了时代迈步前行的力度。"同光以来,人心好利益甚,有在官而兼营商业者,有罢官而改营商业者。"⑤社会价值指向发生了根本性逆转。

甲午战争之前,盛宣怀等一批洋务官绅经营近代企业,是由绅向商流动的开始,而在1895—1913年近代民族资本企业创建热潮中,官、绅向商人(企业主)的流动已是极为普遍的社会现象了,如"湖南诸绅现已设立宝善公司,集有多股,筹议各种机器制造土货之法,规

---

①周庆云:《南浔志》卷33,1922年刻本。

②张壬士辑:《木渎小志》卷2,1921年刻本。

③汪敬虞编:《中国近代工业史资料》第2辑下册,科学出版社1957年版,第708页。

④H. B. Morse, *In the days of the Taipings*, Massachusetts: The Essex Institute, 1927, p. 66.

⑤徐珂编撰:《清稗类钞》第4册,中华书局1984年版,第2319页。

模颇盛”①。在近代燃料开采、金属采冶和纺纱业中，绅士投资创办者占有相当的比例：

表 3-5　近代部分工业企业投资创办者身份统计表

企业类别	商办企业	投资创办者的身份				
		绅士及绅士家庭	商人	其他	不明者	买办
纺纱	18	11		1	2	3
金属	10	2	2	1	5	
采冶						
燃料						
开采	25	12	3	1	9	

资料来源：汪敬虞编：《中国近代工业史资料》第 2 辑下册，第 872—924 页。

由于受资料的局限，我们尚不能对近代绅—商的流动状况作出确切的量化分析，但依据现有资料也可以粗略地了解到绅士在民族资本工业创办者队伍中，究竟占据了什么样的地位。《中国近代工业史资料》曾对所记载的“工业投资者示例”48 人（除华侨外）的出身作了一个初步分类②：

绅士	18 人	商人	8 人
买办	20 人	学徒、工人	2 人

事实上这一分类诚如“编者按”所言：“本节虽将官僚地主阶级的士绅和商人作了区分，但有许多人是先商后官，或亦官亦商的。”“中国资本家之为官为商，竟不能显为区别。”③认真检阅史料，我们不难发现，书中所列“商人”“买办”二类中，很多人都属于获得了身份和头衔的绅士，而并非纯粹的商人或买办，如下表：

①张之洞：《华商用机器制货请从缓加税并请改存储关栈章程折》，《张文襄公全集·奏议》卷 45，沈云龙主编：《近代中国史料丛刊》第 48 辑，台北文海出版社 1966 年版，第 3266 页。

②汪敬虞编：《中国近代工业史资料》第 2 辑下册，第 926—976 页。

③汪敬虞编：《中国近代工业史资料》第 2 辑下册，第 926—976 页。

表 3-6　晚清部分工业投资者身份表

姓名	《中国近代工业史资料》所列身份	实际属于绅士的身份
周廷弼	商人	三品衔候补道
渠本翘	商人	进士、内阁中书
黄佐卿	商人	二品顶戴
曾铸	商人	一品封典花翎候选道
宋炜臣	商人	二品顶戴候选道
顾馨一	商人	绅士
叶澄衷	商人	绅士
郑观应	买办	监生
祝大椿	买办	绅士
朱葆三	买办	绅士
吴懋鼎	买办	道员
王一亭	买办	绅士
唐廷枢	买办	二品衔候补道

资料来源：汪敬虞编：《中国近代工业史资料》第2辑下册，第926—976页。

由上表可知，在这48人投资者中，完全属于商人出身者仅为1人，买办14人，而属于绅士者竟达到31人，占统计示例人数的65%以上。

如果“绅—商”流动的数量分析还不足以显示出绅士阶层在近代资本家形成过程中历史地位的话，那么我们可以变换一个视角，即从“绅—商”流动的质量上作一番初步考察。在甲午战争后中国民族资本企业大规模发展的过程中，较大型的工厂企业和农牧垦殖公司主要都是由绅士们创办的，比如在新兴的近代纱厂企业中，绅士阶层的投资者就占有绝对的优势，如下表：

表 3-7　近代纱厂投资创办情况表

身份	纱厂数	百分比	投资额（千元）	百分比
绅士	13	68%	10004	73%
买办	2	10.5%	1680	12%
钱庄主、商人	1	5.2%	210	1.5%
官僚	1	5.2%	1200	8.7%
不明	2	10.5%	560	4.1%
总计	19	100%	13654	100%

资料来源：汪敬虞：《中国近代工业史资料》第 2 辑下册，第 924 页。

历史表明，“最初一期所谓兴办实业，实在非可怜的小商人阶级所能担任，因此，私人公司也往往先归处于治者地位的士绅阶级”①。拥有百万元至数百万元的大资本家企业，一般都属于那些“通官商之邮”的有封建功名身份的大绅士。下列 11 个资本企业集团除祝大椿、曾铸属于由商向绅流动的特例外，其余都是甲午战后由绅向商流动的典型，如下表：

表 3-8

绅士	身份	创办投资企业数	资本额(元)
张春	状元、修撰	27	7087700
祝大椿	二品顶戴花翎道	11	3445000
沈云沛	侍郎	13	4118000
严信厚	道员	14	8064000
宋炜臣	二品顶戴候选道	8	6969000
许鼎霖	二品顶戴候选道	10	5547000
周廷弼	三品衔候补道	8	1440000

①瞿秋白：《中国之资产阶级的发展》，复旦大学历史系编：《近代中国资产阶级研究》，复旦大学出版社 1984 年版，第 4 页。

（续）

绅士	身份	创办投资企业数	资本额(元)
楼景晖	四品候选道	3	829000
曾　铸	花翎候选道	3	1949000
张振勋	头品顶戴太仆寺卿	11	4858000
庞元济	四品京堂	6	2912000

资料来源：汪敬虞：《中国近代工业史资料》第2辑下册，第1091—1096页。

1895—1913年商办企业投资额9079.2万元的10.7%。毫无疑问，与西欧资产阶级是从"市民等级中发展"来的历史过程截然不同，在近代中国资产阶级形成的早期阶段，绅士阶层始终是一个重要的社会集团力量。

需要特别加以说明的是，与时代发展节拍相谐的绅士阶层向近代企业主的流动，虽然最初发生于江南沿海沿江地区，但到19世纪末，却已成为浸及内地省份的一个具有时代意义的社会变动。如素以表里山河著称的较为封闭的山西，在一位旧式绅士的日记中也透露了这一时代变动的气息：

> 近来吾乡风气大坏，视读书甚轻，视为商甚重。才华秀美之子弟，率皆出门为商，而读书者寥寥无几，甚且有既游庠序，竟弃儒就商者……当此之时，为商者十八九，读书者十一二。①

许多掖起青衿绅带的举贡生员们，在近代企业发展中寻找新的社会位置：江阴有贡生吴听胪的华澄布厂，长沙有监生禹之谟的织巾厂，巴县有秀才杨海珊的火柴厂，厦门有生员孙逊的电灯公司，平陆有狄海楼的矿务公司②……无疑，由绅向商的社会流动，标示着时代发展的基本趋向。

这一时期的绅—商流动尚属于非强制性的自由流动，相对于百数十万之众的绅士阶层，这种自由流动的规模显然十分有限。但是，正是这种自由流动的逐步发展为绅士阶层的结构性流动成就了最基

①刘大鹏遗著、乔志强标注：《退想斋日记》，17页。

②王先明：《近代绅士阶层的分化》，《社会科学战线》，1987年第3期。

本的社会历史条件。

第一，它突破了封闭性社会结构的模式，促使不容僭越的士农工商社会结构发生了互动和互渗。士与商的相互对流和“绅商”阶层的出现，标志着社会由等级身份向平民化方向的发展。由此，近代社会由严格的士农工商之别向着“士官商民混一无别”①的方向发展。在这剧烈的社会变动中，绅士所具有的功名身份逐步趋于失落。传统以“首”“末”划分的“四民”，其等级鸿沟在阶级、阶层间的流动中呈现出平均化的趋向，“士农工商，四大营业者，皆平等也，无轻重贵贱之殊”②。

第二，它引起了中国社会经济结构和阶级关系的新变化，并有助于封建社会价值取向的转移，淡化了绅士阶层对功名身份的向往。“于是风俗丕变，不重儒，应科试者少，士子多志在通晓英算。”③传统的“贵义贱利”价值观念，被“习尚日非”“嗜利忘义”④的风尚所取代。由此，随着近代社会结构的深层变动，绅士阶层自由流动的进一步发展，必然引发结构性的大规模流动。

对于绅士阶层而言，20 世纪初年科举制度的废除和新式教育体制勃兴的社会变革，促成其历史命运的根本性转折。“自变法以来，业经六七年，而老师宿儒皆坐困于家。”⑤由社会制度变革引发的结构性社会流动，对于社会成员个体而言，具有不容等闲的强制性。因此，这一时期的绅士阶层的社会流动的特征不同以往：

首先，流动的广泛性。“科举既议停减，旧日举贡生员，年在三十岁以下者，皆可令入学堂之简易科。”⑥在社会进步的巨大压力下，尘饭涂羹的八股文和不合时宜的功名身份已经失去了维系其基本社会地位的功用，各省“数万举贡，数十万生员”不得不四方觅食，自谋生

---

①民国《海宁州志稿》卷 24，《风俗》，第 4329 页。

②悲时客：《贵州贱业说》，《大公报》1902 年 11 月 20 日。

③陈训正等纂修：民国《定海县志》第 2 册，551 页。

④许瑶光：《谈浙》，中国史学会主编：《中国近代史资料丛刊 · 太平天国（六）》，上海人民出版社 1987 年版，第 615 页。

⑤刘大鹏遗著、乔志强标注：《退想斋日记》，169 页。

⑥《管学大臣等奏请试办递减科举注重学堂折》，《东方杂志》，1904 第 1 卷第 1 期。

路,大批地流向与新的社会分工相联系的各种社会职业阶层。据计,湖北地区在清末20年间的四万多名绅士中,至少有二万余人是通过新式教育参与社会流动的,约占全部绅士人数的43%①。绅士们纷纷离却曾经苦苦追逐的功名之途,在近代社会转型过程中获得各种新的社会资格,形成了所谓既有旧功名又有新学历的双重身份。据民初《最近官绅履历汇编》统计,江苏地区具有双重身份的功名之士情况如下表:

表3-9 江苏双重身份士人统计

旧功名	新学历	占原功名人数%
进士	留学 新学堂	54.6 3.0
举人	留学 新学堂	31.0 12.1
生员	留学 新学堂	66.7 25.0

资料来源:王树槐:《中国现代化的区域研究——江苏省,1860—1916》,台北"中研院"近代史研究所1984年版,第529—530页。

表中表明,在旧式功名之士中,至少有50%以上的人接受过新式教育而流向其他阶层。

其次,流动的多向性。在新旧教育体制的更替中,新学堂为绅士社会地位的重新选择提供了最基本的途径。以新式教育体制为中介,传统绅士获得了新的政治、经济、教育、工商、科技、军事、司法等适应社会结构变动需求的专门知识和技能,从而流向了社会各个层次,如湖北地区绅士的多向流动情况:

在结构性社会流动中,绅士阶层的流向不再局限于单一的"绅—官"或"绅—商"流动格局,而呈现出多元分化的趋向,流向社会的各个方面:教育、文化、法政、行政、实业等。不仅如此,许多绅士还向社会下层流动,舍弃功名而充任兵士。1905年《大公报》报道:"深州举

①刘锦藻撰:《清朝续文献通考》卷97,《学校四》,第8572页。

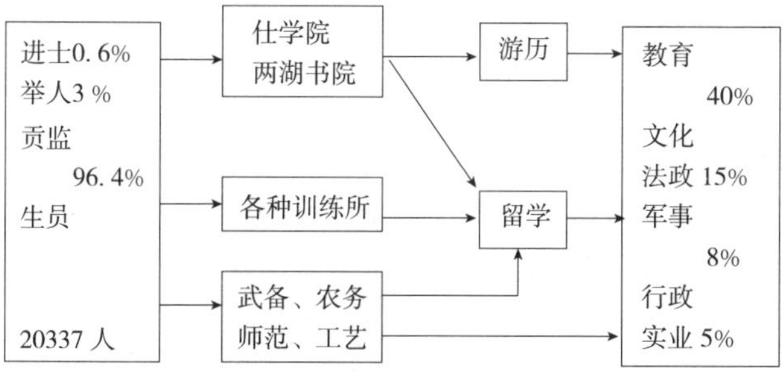

图 3-5 湖北地区绅士流动情况图

资料来源:苏云峰:《中国现代化的区域研究——湖北省,1860—1916》,台北"中研院"近代史研究所 1981 年版,第 466—468 页。

人胡某率本州举人七名、廪生三十余名,呈请练兵处王大臣,恳请分发各镇充当兵勇,以为中国文人秀士之倡。"①在清末新军兵营中,以秀才、举人身份当兵效力已是很普遍的社会现象②。有些绅士甚至流向秘密社会,"绅衿与哥老会多合为一气"③。因此,清王朝所忧心的"前闻举贡生监,以考试既停无所希冀,诗书废弃,失业者多,大半流入会党"④,绝非耸闻之词。

毋庸置疑,结构性社会流动,导致绅士阶层社会地位的根本变动。20 世纪初年的结构性社会流动,造成了绅士阶层社会地位的殊分发展,特别是绅士阶层向上层社会和下层社会的两极流动趋向,标志着该阶层开始由结构性社会流动发展为剧烈的阶级分化。科举制度的废除宣告了绅士阶层社会继替的中断,一方面是绅士阶层大规模地流向其他阶层,而自身却缺失了流入的社会力量;另一方面,由于功名身份的失落,绅士与其他阶层的社会对流情况也不复存在。因而,在社会变动频度较大的 20 世纪初年,结构性社会流动最终促

①《大公报》1905 年 12 月 22 日。

②中国人民政治协商会议全国委员会文史资料研究委员会编:《辛亥革命回忆录》第 1 集,文史资料出版社 1961 年版,第 461、626 页。

③范爱众:《辛亥四川首难记》,丘权政、杜春和等选编:《辛亥革命史料选辑》下册,湖南人民出版社 1981 年版,第 188 页。

④《给事中李灼华奏学堂难恃拟请兼行科举折》,故宫博物院明清档案部编:《清末筹备立宪档案史料》下册,中华书局 1979 年版,第 995 页。

使整个绅士阶层开始走向消亡。

四　从身份化到职业化

社会流动是一定的社会结构机制的作用。在人们相互作用的社会中，以个人和社会集团的社会地位变动过程为基本内容的社会流动，更为鲜活丰富地揭示出社会结构的基本特征及其演变趋向。桑巴特（W. Sombort）说，在资本主义以前的社会里，人们由社会权力获取财富，在资本主义社会里，人们才能由财富获取权力。这是对两种不同社会结构中社会流动方式和流动方向的揭示。但是，在新旧时代转换的历史过程中，绅士阶层的社会流动具有怎样的特征呢？

第一，封建的功名身份依然是社会流动的起点或基本条件。在典型的封建社会结构中，绅士阶层的社会流动基本依循"由贵而富"（即由社会权力获取财富）的方向发展。他们通过科举制度（或其他非制度化途径）获取功名、身份，"学而优则仕"固然可以立于庙堂之上，学而不"优"也可凭借已有的功名身份回到乡村社会控制基层权力。"二者巧妙的运动使中央和地方都能受到同一阶层的支配。"①在近代中国社会的转型时期，封建的功名身份并未猝然废弃，它依旧从根本上保障绅士阶层社会地位的确立和对社会权力的攫取。"彼国之人，一为官吏，则蓄产渐丰，而退隐之后，以富豪而兼绅贵，隐然操纵其政界之行动，而为乡同之所畏忌……次之者为绅商，此中固也有相当之官阶……常表面供职于官府，而里面则经营商务也"②。不仅流向近代大企业的是那些"通官商之邮的"大绅士，就是商人、买办也要利用捐纳途径买得翎顶辉煌，跻身绅士阶层。盛宣怀不无感触地承认："目前办理商务，若不愿为他人之下，仍可列主事之衔"③。因此，在绅—商之间的互渗互动过程中形成的近代绅商集团，其实就是封建身份与近代资本，传统绅士与新式商人的胶合。在此情况下，封建功名身份仍然是个人社会地位变动的基本保障。尽管绅士阶层中不乏先觉者率先自愿向近代商人流动，形成了跨越阶级、阶层的社

①费孝通、吴晗等：《皇权与绅权》，第142页。

②汪敬虞编：《中国近代工业史资料》第2辑下册，第926页。

③经元善：《居易初集》卷2，光绪辛丑年（1901）刻本，第66页。

会流动，但对于绅士阶层整体而言，仍局限于本等级圈内的流动。对此我们通过光绪年间浙江杭州和福建部分地区进士、举人的考取情况，可以略知一二：

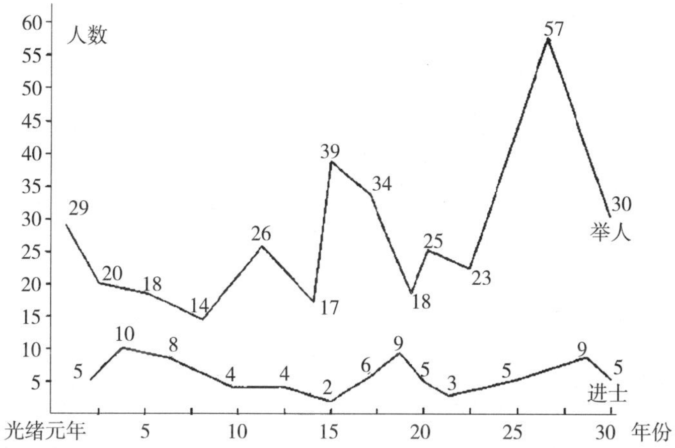

图 3-6　1874—1904 年间杭州府进士举人数量曲线图

资料来源：台北“中华文化复兴运动推行委员会”：《中国近代现代史论集》第 28 编第 33 辑，台北商务印书馆 1986 年版，第 61 页。

这是杭州府光绪年间中举和考取进士的曲线图。由此可知，甲午战争后绅士阶层对于科举的向心力并无明显的减弱趋向。我们再看福建地区的情况：

表 3-10　1874—1904 年间福建部分地区举人进士数量表

年份	光绪元年至十年	光绪十一年至二十年	光绪二十一年至三十年
进士	53	67	38
举人	223	199	98
说明	据福建闽侯、龙岩、同安、永春、南平、惠安县志统计		

各地较一致的情况是，甲午战争后绅士阶层的中举人数没有太大的逆减，多数绅士仍视科举为社会垂直流动的基本方式。

20 世纪初年，随着近代新学堂的兴起和科举制度的衰亡，终于引发了绅士阶层整体的结构性社会流动。即使如此，“这个改变并没有妨害既得阶层的优势”①。传统的功名身份也并未因此而失去其基本的保障作用。几乎所有的新式学堂都无例外地把有功名的绅士作为最基本的接纳对象，如湖北：

表 3-11 清末湖北学堂学生名额、资格、年龄情况表

学堂	名额	资格	年龄
两湖书院	240	举贡、廪增附生	?
自强学堂	120	附监生员	15—24
农务学堂	120	廪增附贡	?
工艺学堂	60	绅商士庶子弟	12—16
文管道学堂	240	生员	15—24
两湖师范	480	举贡生员	16—28
优级师范	256	举贡生员	16—28
道府师范	1400	廪增附贡生员	17—48
存古学堂	120	廪增附贡及师范教育	17—40
武备学堂	120	文武举贡生员官绅世	
方官学堂	150	家子弟	18 岁以下
		文普道中学毕业生	15—20

资料来源：苏云峰：《中国现代化的区域研究——湖北省，1860—1916》，第 464—465 页。

第二，社会流动的趋向是职业功能结构取代了身份等级结构。在封建社会结构中功名身份既是社会流动的起点和保障，又是社会流动的唯一方向。一般说来，绅士阶层传统的社会流动，只改变个人的社会地位、个人和阶级的关系，不能改变社会的阶级结构和阶级之间的关系。封建社会的价值体系和社会结构的再创造过程，就在社会流动起点和方向的高度一致中获得均衡发展。但是，近代中国绅士阶层的社会流动不是从起点上，而首先是从流动方向上打破了这种均衡态势，致使传统的功名身份不再是流动的唯一方向。近代社

①费孝通、吴晗等：《皇权与绅权》，第 142 页。

会中新兴的“商”“学”“法”“工”乃至各种“自由职业”都成为绅士们选择的目标。正是在这种具有鲜明时代特征的社会流动中，传统的身份等级结构被近代的职业功能结构所取代。地方志中户口职业项目内容的变化，一定程度上就是这种社会变动的映照。清代地方志中“职业”项目通常分为官员、士绅、农业、工业、商业、兵勇几项，或者径直分为士农工商，如《束鹿县志》①。虽然“绅士”并不具备“职业”的意义，却位列各业之首。这是封建时代身份等级社会结构的特征。但是，近代绅士阶层的多向流动，不仅使它所拥有的功名身份逐步失落而不再构成一个特定的封建等级，它还被日趋细化的新兴社会职业所吸纳而走向分化。在民国年间新编的许多地方志中，体现近代社会分工的“职业”项目最终排除了浓厚的等级色彩，不再把“绅士”列为一目，基本上从分工意义上来划分职业。如《阜宁县新志》将职业表分列为 23 项：党务员、公务员、教员、学生、律师、工程师、会计师、医生、新闻记者、电务员、邮务员、路员、农人、商人、渔人、负贩、矿工、工人、劳工、军人、警察、伶人、杂业②。在社会流动由传统的身份等级结构向近代职业功能结构转向的情况下，绅士阶层的社会流动形式自然逐步脱离科举制度的影响，而主要受到下列因素的制约：1. 以传授适应某种职业的知识和技能为目的而设置的近代教育体制；2. 制约教育体制的产业组织和社会管理结构及其对劳动力质量的要求等等。可以说，这既是清末绅士群趋于学堂的原因，也是近代学堂招收对象又限定于绅士的原因。

社会近代化的一个基本趋向就是由身份等级社会向职业社会的变动，而这种变动本质上也是人的解放过程，是挣脱封建等级束缚，获取个人自由的历史过程。无论历史演变的结果如何，却都无法从根本上摆脱它的起点和制约。“人们自己创造自己的历史，但是他们并不是随心所欲地创造，并不是在他们自己选定的条件下创造，而是在直接碰到的、既定的、从过去承继下来的条件下创造。”③在“定贵贱”“明等威”的封建社会结构里，功名身份必然成为个人或社会集团

---

①同治七年《束鹿县志》卷 5，《田赋类・户口》。

②民国《阜宁县新志》，3，《内政志・户口》，“附表”第 6—11 页。

③《路易・波拿巴的雾月十八日》，《马克思恩格斯选集》第 1 卷，第 603 页。

选择其未来社会地位的起点。近代绅士阶层就是借助于功名身份而走向了“非身份”。

“非身份”的社会变动是近代中国社会历史运行趋向的标志，却并不意味着绅士阶层社会地位及其作用的减退。对此，我们可以两个方面略作分析：

首先，近代绅士阶层的社会权力地位得到了明显强化。在清末绅士阶层大规模结构性社会流动中，相当一批绅士得以上升流动进入中央政权机构。据《宣统三年冬季职官录》统计，中央各官员的出身背景如下表：

表 3-12　1911 年中央官员出身背景比例表

旧功名	百分比	新学历及其他	百分比
进士	35.7%	新学堂毕业生	4.1%
举人	13.7%	其他	7.5%
贡监生	33.2%		
生员	5.8%		
总计	88.1%	总计	11.6%

资料来源：王树槐：《中国现代化的区域研究——江苏省，1860—1916》，第525 页。

由上表可知，清末新式知识分子在权力结构上还未能构成取代绅士阶层的基本力量，出身于传统功名身份的绅士在官员中仍占88.4%的绝对优势。在清末各省的谘议局，也几乎是绅士阶层独占的政治活动天地，绅士议员一般占到议员数的 90.9%以上，各省议长 21 名，绅士竟占了 20 名①。

其次，近代绅士阶层的社会活动范围得到了扩展。传统绅士活动所限于地方基层社区，他们依凭绅士身份独揽地方公务，通过扮演官民中介的角色，控制基层权力。近代绅士通过多向流动，取得了超越传统社会角色的资格，致使近代社会新兴的各项事业如工矿、报

①《宣统三年冬季职官录》，转引自王树槐：《中国现代化的区域研究——江苏省，1860—1916》，第 525 页。

刊、社团、学会、学堂、市政皆为绅士阶层所把持。“中国文字隐奥，皆民听命士绅。变法以来，学堂、农矿多属士绅。”①

尤其在展现社会集团力量的近代商会，农会，学会，社团活动中，绅士们自觉的社会活动意识和能力得到了锻炼，驱动着近代绅士阶层从狭隘的社区力量向社团力量发展。因而，在20世纪初年的大规模社会政治活动中，如反美爱国运动、收回利权运动、地方自治运动、立宪运动、保路运动乃至辛亥革命都无法排除绅士力量的参与及其影响。

无论是对于个人命运，还是对于一个社会阶层的历史归宿而言，开放型社会流动所带给他们的只能是超越传统的社会活力。

（原载《历史研究》1993年第2期）

①故宫博物院明清档案部编:《清末筹备立宪档案史料》上册，中华书局1979年版，第269页。

绅董与晚清基层社会治理机制的历史变动

“州县地大事繁，不能不假手于绅董，宪札亦令督董办理，原恐书吏侵蚀故也。”①光绪年间曾任地方官的阮本焱深有感触，认为基层社会治理舍绅董而无从措其手足。作为国家权力最末端的州县官，如果要取得地方社会秩序的有效治理，换言之，即实现国家与社会对接运行的机制，绅董乃其关节之处。所谓“绅董无不倚官为护符，而官之贪婪者，亦无不借绅董为绍介”②。因而，在晚清推行地方自治的制度转型的规章中也特别明确规定：“向归绅董办理”③的地方事务属于地方自治内容。这一定意义上提示着，绅董不仅仅是一个地方治理主体力量的称谓，而且也是具有一定规制的社会运行体制。

以往的研究受限于社会阶层或社会分层视域的制约，大都以绅

①《上各大宪请拨种棉经费禀》，阮本焱：《求牧刍言（附谁园诗篇稿）》卷1，沈云龙主编：《近代中国史料丛刊》第27辑，第77页。

②白莲室：《绅董现形记》，光绪三十四年（1908）版，第4页。

③《湖南地方自治筹办处第三次报告书》，李铁明主编：《湖南自治运动史料选编》，第2页。

治或乡绅话语①概而论之,未能真正揭示基层社会治理的主体力量及其运行机制。通常所称的绅士,只是一个具有功名(等级)身份的人数众多的群体(阶层),并非获得绅士身份就可以直接跻身于地方社会公共事务管理者行列。事实上,只有被推举(或选举)为地方各级和各项事务的总董、董事者(如乡董、城董、团董、局董、学董、渠董、仓董等等),才真正成为地方社会事务的掌管者。州县官也只有借助于绅董的力量或依托于绅董体制,才能将国家权力与地方社会管理体制对接,从而有效地实现基层社会的治理。绅董形成的基本规制,以及其对于地方社会建设和公共事务管理的机制如何?其基本规制和内容在近代以来的制度性变迁中发生怎样的变动等等,都是值得深入探讨的问题。

一 绅董之称谓以及基层社会治理的官役制

何谓绅董?词典的权威解释为:“绅士和董事。泛指地方上有势力有地位的人。”并列举二例加以阐释:其一为“《文明小史》第五三回:‘那买办为着南京地方情形不熟,怕有什么窒碍地方,说必得和地方绅董合办,方能有就。’”其二为“鲁迅《准风月谈·同意和解释》:‘至于有些地方的绅董,却去征求日本人的同意,请他们来维持地方治安,那却又当别论。’”②将绅董解释为对绅士和董事的结合称谓,在字面意义上是贴切的,但这一诠释却与历史事实和本来的指称内容相去甚远。1930年代,上海现代书局曾刊行谷剑尘的《绅董》③剧本,对于绅董人物有一个鲜活而形象的描述。剧本中主人公范之祺是留学生出身,并以银行及纱厂经理地位而成为著名绅董。范之祺的身份及其出身显然不具有“绅士和董事”合称的问题。

如果说民国时期由于社会政治制度的更易,会导致传统称谓内

①费孝通、吴晗等:《皇权与绅权》。费孝通:《中国绅士》,中国社会科学出版社2006年版。张仲礼著、李荣昌译:《中国绅士》。王先明:《近代绅士——一个封建阶层的历史命运》,天津人民出版社1997年版;《变动时代的乡绅——乡绅与乡村社会结构变迁(1901—1945)》,人民出版社2009年版。徐茂明:《江南士绅与江南社会(1368—1911)》,商务印书馆2004年版。

②《汉语大辞典》第9卷,汉语大词典出版社1992年版,第780页。

③谷剑尘:《绅董》,现代书局1930年印行。

涵及其指称对象发生变化的话，那么光绪年间出版的社会小说《绅董现形记》的描述，则应准确地表达了晚清时期关于绅董的一般认知。书中描写，梧县的查延宾科考成功“点了翰林”之后，却不想在京城做个低三下四的小清官，一心要回乡做一个“尊无二上”的绅董。几番运作后，即获办理学务照会：“请他为办学的总董。”此后，他又为商会会长并兼任团练局总董，遂成为一邑之大绅董①。晋绅刘大鹏日记（1905年3月1日）记述：“晋祠一带生意，近立一名目，凡出钱票之家，有人凭票取钱，而该号于每千钱少付五六十文，谓之‘快钱’。乃不肖绅董尚为巧饰其词，致人民受困，此亦世道之大不幸也。”②不难理解，上述文字记述的绅董，是一个具有特定地位和权势人物的单指，并没有“绅士和董事”合称的意义。

那么，绅董的确切所指是什么？晚清时期《申报》上《绅董不可轻信说》一文可以为我们提供更明晰的含义：

> 近来州县官有欲自拔于庸庸碌碌之中，求获好官之名，往往寄耳目于绅董。其意固以为绅董素知地方利弊，人情恶好……则似乎听差役不如听绅，凭家丁不如凭董事，其贤不肖之相去已不啻天渊矣……今夫近时之为绅董者，吾知之矣。其先不过乡曲中武断横行，尚不匪虎之威也；百计千方，钻营谋控，忽焉而延之为某善堂董事，则得计矣。无论所谓善堂者，其中经费可以惟彼所欲，为侵吞挪移，莫知究极……地方绅士果其德隆望重者，往往不肯预闻外事。如前数年潘大司空居苏垣，杜门不出，此其征也。彼纷纷扰营，干各善堂董事，藉此以亲近地方官者，必其有所求于官者也。吾尝谓：绅士请托公事，例禁甚严，所以杜渐防微者，可谓至矣。而无如绅董，则不避嫌疑；官亦不知律意，下车伊始，即有绅董迎迓。若书役之接差，门上之手版朝投，袖中之公事夕至，其弊可胜言乎？③

就文中所言可知，即使身份和官职甚高的地方绅士，如无地方公

---

①白莲室：《绅董现形记》，第12—77页。

②刘大鹏遗著、乔志强标注：《退想斋日记》，第164页。

③《绅董不可轻信说》，《申报》1888年7月17日。

共事务之职责，亦非绅董。所谓“地方绅士果其德隆望重者，往往不肯预闻外事”；只有那些“百计千方，钻营谋控，忽焉而延之为某善堂董事”的绅士，才进入所谓的绅董之列。

咸丰时期因应“乱局”，各地均成立团练以靖地方。“每县各有练局委员，绅董主其事。”①因此，作为地方官周知地方形势之重要事项，即是与绅董沟通：“地方牧令，形势不可不熟也。各村各团之绅董，皆有簿籍，俾得随时访察。”②此处所指绅董，实为一个地方社会特定权力职责者，亦非绅士和董事的结合称谓。以下我们可以从三个不同时段的史料详予说明。

其一，道光年间，林则徐关于通州治河折中提及，“知州督率委员绅董，劝谕捐修。首先知州捐廉，劝谕绅董捐挑，一律挑深三尺”。此后，各乡董事或开挑柴南沙河界③。此处所言绅董是特指，并与各乡董事相区别，表明绅董是高于各乡董事的人物。此处所指绅董的含义显然不能解释为绅士和董事。

1882 年 12 月《申报》转载《京报全录》，内中记述巡视中城工科掌印给事中臣国秀“为遵保获盗出力之司坊绅士仰恳恩施，以资鼓励事”奏折。折中提及“按照历保成案，拟保首先司坊官三员绅董五员”事。其中五员绅董在折中分别又称之为：北城绅士董志敏（候补知县）、南城绅士房毓璋（候选教谕）、南城绅士李振钧（议叙县丞）、北城绅士宁师张（候选知县）、中城绅士杨逢篁（议叙知县），他们都是以绅士身份出任五城水局的董事者④，亦即董理地方公务的绅士。

其二，1901 年八国联军占领天津期间，天津都统衙门第 105 次会议决定在津城分设五区，并由“各村镇务于本月 25 日之前举荐三

①《团练害民》，伍承乔编：《清代吏治丛谈》卷 3，沈云龙主编：《近代中国史料丛刊》第 2 辑，台北文海出版社 1975 年版，第 574 页。

②方宗诚：《鄂吏约》，盛康辑：《皇朝经世文续编》卷 25，《吏政》，沈云龙主编：《近代中国史料丛刊》第 84 辑，台北文海出版社 1973 年版，第 2640 页。

③《通州捐挑河道片》，林则徐编辑委员会编：《林则徐全集》第 1 册，《奏折》，海峡文艺出版社 2002 年版，第 340 页。

④《巡视中城工科掌印给事中臣国秀等跪奏为遵保获盗出力之司坊绅士仰恳恩施以资鼓励事》，《申报》1882 年 12 月 2 日。

名绅董，负责维护各村镇的秩序及安宁”①。对此，《大直沽敉乱记碑文》记述，由绅董王聘三、刘鑠斋、李樨香、李高贵请都统衙门派巡捕维持治安。其中绅董王聘三、刘鑠斋、李樨香是大直沽村烧锅“义丰永”“义聚永”“同兴号”的经理，而李高贵是村正②。1904 年《大公报》所载《天津县示》中革除的不肖绅董即是担任村正的乡绅王文宗③。此处所指的绅董，都不是绅士和乡董的合称，而是指管理乡村事务的乡绅董事。这不是一个身份的标示，而是具有实际职权的社会职位（但不是官位）。

光绪三十一年（1905）五月，直隶曾选派 44 名绅董游学日本，“考察学制，藉资取法”。各州县选送绅董多则 6 人（如天津），少则 1 人（如宁河、房山等），他们都是拥有科举功名并董理地方公务的人员④。这里所称的“绅董”，用以指称的是每一位被选派者。

其三，1910 年长沙米荒时，湘抚设立由绅董掌管的禁米局。据藩司《禁米局全案总说明书》可知，禁米局设于商会，置总董、董事，并于各地立分局，征收捐款。相关条规第六条规定：投票选举绅士为董事，每局选定二人，董事每月各支薪水。在第七条中特予说明：“绅董职任已于第六条内叙明；至权限一节，应实守调查米数宗旨，一切局事该董事等均不得干预。”“绅董经费已详载第六条内。”⑤

以上史料表明，从道光至宣统这一相当长的历史时期，在正式的官方文献中，绅董是一个特指的称谓概念，而且也是相对稳定的一种

---

①刘海岩、郝克路选编：《天津都统衙门会议纪要选》，庄建平主编：《近代史资料文库》第 6 卷，上海书店出版社 2009 年版，第 514 页。

②林开明整理：《大直沽敉乱记碑文》，庄建平主编：《近代史资料文库》第 6 卷，第 459—460 页。

③《天津县示》，《大公报》1904 年 10 月 20 日。

④《本处第一期先后选送游历游学绅董呈文二件》，《教育杂志》1905 年第 7 期。

⑤《拟稽查禁米局全案总说明书》，赵滨彦：《湘藩案牍钞存》，沈云龙主编：《近代中国史料丛刊续编》第 31 辑，台北文海出版社 1976 年版，第 665—666 页。

表述，其含义实指为“董理地方公务的绅士”，即“公正绅耆董理其事”者①。

值得我们特别关注的问题是，“谓事由局而不由县，权在绅而不在官”②的绅董治理模式，却并非清王朝建政立制时的制度性选择。明清易代，乡村治理体制大体因袭明制而有所取舍。“清代州县以下不设行政机构，各种乡里组织大致可以分为两类：其一，办理乡里社会事务的各种常在性或临时性会、社；其二，办理各种官府事务（即所谓‘政教之下于民者’）的组织。”③因此，直接承接官府政务的一是保甲制，“主掌盗贼逃人，奸宄窃发事件；以连坐互保行弭盗安民之规”，于清朝定鼎之初即举而行之，“其后屡经申饬，为法甚详”；二是里甲之制，以“一百一十户为里，推丁多者十人为长……十人轮年应役，催办钱粮，勾摄公事”④。此后乡里规制时有变化，“又有耆老一项，例有顶带，亦与闻乡里之事”⑤。所承负者“不过宣谕王化，无地方之责，非州县乡约比”⑥。顺治九年（1652）颁行六谕之后，顺治于十六年（1659）又颁行乡约法，以“孝顺父母，尊敬长上，和睦乡里，教训子孙，各安生理，毋作非为”⑦的“圣谕六言”教化乡里。但乡约职责在丁教化规训，而非社会公众事务之治理。“治天下自 乡始……国有政治，始基于一乡”⑧。倚重于乡治且教养兼施，是中国古代社会治理的传统。清前期亦曾有设乡官之议（雍正七年御史龚健即奏请添

①王先谦、朱寿朋撰：《东华录 东华续录》第8册，上海古籍出版社2008年版，第335页。

②刘蓉：《复温邑宰书》，葛士濬辑：《皇朝经世文续编》卷21，《吏政六·守令》，沈云龙主编：《近代中国史料丛刊》第75辑，台北文海出版社1966年版，第589页。

③魏光奇：《有法与无法——清代的州县制度及其运作》，商务印书馆2010年版，第382页。

④林建：《中国乡治史观》，大西山房书局1929年版，第22页。

⑤林建：《中国乡治史观》第23页。

⑥林建：《中国乡治史观》第24页。

⑦巴泰等纂：《清实录·世祖章皇帝实录》卷63，中华书局1985年影印本，第490页。

⑧林建：《中国乡治史观》，第12页。

设“乡官”)，“取用本乡之人以资治理”。但此议旋即被鄂尔泰所否定:“如牧令得人，则此等人原俱可以助其不及，而进其不知，即乡进士、举贡、生监内品行才德之选，亦未始不可以资耳目而益心，是不必增乡官，而堪以佐理者其多。设使牧令不得人，则虽贤能乡官，亦原不能主其事，或遇不肖乡官，且适足济其恶。且乡官既应设，则佐贰可裁，佐贰不可裁，则乡官为冗。臣以为该御史请设乡官之议，似不可行也。”①

在清朝前期乡制运行的制度框架中，极少见到直接由绅董操持地方事务的情况。据顾如华《西台奏疏》所记顺治十六年间有关地方报荒蠲免事项看，所主要依托力量“半是分委佐二，或依凭该村地方保正”②。雍、乾之时，即使属于地方救灾事务的社仓管理，亦是选取“殷实老成之人充为社正社副，董理收放”③；而社长之任不过“视同传舍，寅接卯替……一年一换，需人过多。惟凭乡保举报，按户轮当，遂多任非人”④。这与明代“该用赈济稻谷若干，就令图里长领去粜卖”⑤的惯制基本相同。这是以职役制⑥为主导的基层社会控制体制。“动行乡约、社仓、保甲、社学，纷纷杂出”⑦，无论里甲、保甲还是乡约、里

①鄂尔泰:《议州县不必设副官乡官疏》，贺长龄辑:《皇朝经世文编》卷18，《吏政·设副官乡官疏》，沈云龙主编:《近代中国史料丛刊》第74辑，台北文海出版社1973年版，第686页。

②顾如华:《西台奏疏》，沈云龙主编:《近代中国史料丛刊三编》第46辑，台北文海出版社1988年版，第18页。

③岳濬:《议社仓与古异同疏》，贺长龄辑:《皇朝经世文编》卷40，《户政十一·仓储下》，沈云龙主编:《近代中国史料丛刊》第74辑，第1433页。

④李湖:《酌定社长章程疏》，贺长龄辑:《皇朝经世文编》卷40，《户政十一·仓储下》，沈云龙主编:《近代中国史料丛刊》第74辑，第1436页。

⑤章懋:《与许知县》，陈子龙等选辑:《明经世文编》卷95，中华书局1997年影印本，第839页。

⑥“甲长乡正之名，近于为官役”，见张惠言:《论保甲事例书》，贺长龄辑《皇朝经世文编》，卷74，《兵政》，沈云龙主编:《近代中国史料丛刊》第74辑，第2468页。魏光奇称之为“乡役制”，见魏光奇:《有法与无法——清代的州县制度及其运作》，第383页。

⑦陆世仪:《论治邑》，贺长龄辑:《皇朝经世文编》卷22，《吏政八·守令中》，沈云龙主编:《近代中国史料丛刊》第74辑，第811页。

老之选,虽亦被赋予"皆民之各治其乡之事",但其名分地位甚为低下,不过为官之差役。其名目各地虽略有不同,但其总体职能和地位却一仍其旧,"或差役,或雇役,或义役",是一种将基层社会完全置于官府管控之下的治理体制——官役制①而已。

那么"督率绅董切实办理"②地方公务的治理模式,又何以形成并何时得以建构呢?

二 "绅董主其事"治理机制的形成

清朝"国初以来,例不用绅"③的惯制被打破,形成"每县各有练局委员,绅董主其事"④治理机制的历史性变动,大致发生在咸、同之际。"自咸、同以来,克复疆畿,赞成庙略,半皆出于诸生,不用之说,久已废搁"⑤。一方面,因战乱兵事之需各地设立专局,咸以绅董主其事。丁宝桢谓:"川省自同治初年,本省军务紧急,各处征兵防剿,地方供给兵差,始创设夫马局,由地方官委绅设局,按粮派钱,预备支应。"⑥两江总督曾国藩于同治初年《报销安徽省抵征总数疏》中也称:"自楚师入皖……各州县支应兵差,款项无出。每立公局,按亩捐钱,以绅士经理其事。民捐民办,从不报销。日久弊生,县官不能过问,绅士亦互争利权,征求无度,百姓苦之……兵革之后,册档全失,丁漕混淆,遽征钱漕,竟无下手之处。当经善后总局议以亩捐之法,参用正供之意,查明各处熟田,按亩输钱四百文,给予县印串票,以抵

①林建:《中国乡治史观》,第25页。

②张之洞:《札东臬司饬东莞等七属遵办清釐匪乡》,赵德馨主编,吴剑杰、周秀鸾等点校:《张之洞全集》第5册,《公牍·咨札》,武汉出版社2008年版,第118页。

③《拟上某宪整顿绅董书》,郭希仁主编:《丽泽随笔》1909年第9期。

④《团练害民》,伍承乔编:《清代吏治丛谈》卷3,沈云龙主编:《近代中国史料丛刊》第2辑,第574页。

⑤《拟上某宪整顿绅董书》,郭希仁主编:《丽泽随笔》1909年第9期。

⑥丁宝桢:《裁撤夫马局疏》,盛康辑:《皇朝经世文续编》卷38,《户政·赋役五》,沈云龙主编:《近代中国史料丛刊》第84辑,第4043页。

正赋，名曰抵征。一切收解动用，官为报销。兼设绅局，襄办清查粮亩。”①此举措原属“万不得已之举”，不料竟演为平时规制。“迨后军务肃清，兵勇大半遣撤，而各厅州县积习相沿，仍借支应兵差名目，任意苛派……较正供浮多加至数倍。地方官以此为应酬入私之具，局绅以此为迎合渔利之阶。小民脂膏，半入官绅私囊。二十余年，视为固有。”②

太平天国运动被镇压后，地方所设的各种局(所)激增。“这里是官员、士绅、商人一起工作和交换意见的最重要的地方。例如19世纪60年代，在上海海洋运输局的‘士绅帮办’中，就有像胡光墉这样的商人官员，还有像王萃元、王承勋这样的士绅地主。上海的另一些局包括：巡防局、厘金局、保甲局、洋务局、清道局、文庙所扫局等，总计多于50个。”③不仅专项事局的设立如此，即使地方社会常设的救助类如善堂、济养堂等机构，也强化了绅董管理模式。上海“‘善堂’是官员、商人、士绅领袖之间会面、沟通信息以及互相合作的另一个重要场所”。在《上海续县志》中，有22个善堂董事的小传，其中13人有商界背景，只有11人原来是士绅学者或官员④。

另一方面，镇压太平天国后，清政府面临地方社会秩序重建的困局。江南地方“自粤乱后，田地多荒废”，尤其“江宁、镇江、常州三府暨扬州府之仪征县，被兵最重，荒田最多……同治三年，军务平定，随时设局招垦”⑤。依凭官役制架构中的(保甲、里甲乃至乡约)组织资源，显然无法实现地方社会秩序的重建，即便如朝廷一再试图强化保

①曾国藩：《报销安徽省抵征总数疏》，盛康辑：《皇朝经世文续编》卷36，《户政》，沈云龙主编：《近代中国史料丛刊》第84辑，第3721页。

②丁宝桢：《裁撤夫马局疏》，盛康辑：《皇朝经世文续编》卷38，《户政·赋役五》，沈云龙主编：《近代中国史料丛刊》第84辑，第4043页。

③《上海县续志》卷2，第22—32页，见梁元生著、陈同译：《上海道台研究——转变社会中之联系人物，1843—1890》，上海古籍出版社2003年版，第146页。

④梁元生著、陈同译：《上海道台研究——转变社会中之联系人物，1843—1890》，第146页。

⑤李宗羲：《招垦荒田酌缓升科章程详文》，盛康辑：《皇朝经世文续编》卷39，《户政·屯垦》，沈云龙主编：《近代中国史料丛刊》第84辑，第4125页。

甲制，也只是体现在官员对上的呈文功夫中，其实效却是“近代以来，奉行鲜有成效者”，“因地方官疲于案牍，不能不假手书差，而一切工料饭食夫马之资，不无费用。大约书役取给于约保，约保集之甲长，甲长索之牌头，牌头则敛之花户。层层索费，在在需钱，而清册门牌，任意填写，以至村多漏户，户有漏丁。徒费民财，竟成废纸”①。因此，一定程度上摆脱既有的“官役制”，“不令书役干预”②，转而倚重于绅耆成为地方官重建地方社会秩序的必然选择。“今大乱之后，民户死绝流徙，册籍难稽。僻壤远乡，避抗成习，非一二书差所能承办也”③。地方社会秩序重建之大要有数端：一是正经界，以清丈地亩；二是定限制，核实“叛产”、绝产概令充官；三是缓钱粮以苏民困；四是定租谷，以息纷争④。为此，地方官延绅设局以主其事：“由总局颁发执照，设分局以专责成。各州县选择公正明白绅耆二三人，户工、书吏各一人，书手一二人，设立分局，丈量地亩，册记登录，颁发执照。”⑤

刘汝璆《上浙江论清粮开荒书》直言：咸、同以后，绅董在地方社会的作用日见其重。“兵兴以来，百姓失业多矣，国家之赋税缺矣。且谬意，此办事绅董，不必他择也，即取之粮户耳；公正区长，不必他择，亦即取之粮户耳。同此管业之粮户，其秀而文者为绅董，其朴而愿者为公正区长、弓手诸色。此无异以己之财力，办一己之事，而游手无业之人，初不得冒充入局也”⑥。由此或可推断，咸、同之后地方

①方宗诚：《鄂吏约》，盛康辑：《皇朝经世文续编》卷25，《吏政》，沈云龙主编：《近代中国史料丛刊》第84辑，第2637页。

②方宗诚：《鄂吏约》，盛康辑：《皇朝经世文续编》卷25，《吏政》，沈云龙主编：《近代中国史料丛刊》第84辑，第2636页。

③吴嘉宾：《上大府条陈新章利弊书》，盛康辑：《皇朝经世文续编》卷37，《户政·赋役四》，沈云龙主编：《近代中国史料丛刊》第84辑，第3993页。

④刘蓉：《筹办陕西各路垦荒事宜疏》，盛康辑：《皇朝经世文续编》卷39，《户政·屯垦》，沈云龙主编：《近代中国史料丛刊》第84辑，第4212页。

⑤刘蓉：《筹办陕西各路垦荒事宜疏》，盛康辑：《皇朝经世文续编》卷39，《户政·屯垦》，沈云龙主编：《近代中国史料丛刊》第84辑，第4221—4225页。

⑥刘汝璆：《上浙江论清粮开荒书》，盛康辑：《皇朝经世文续编》卷39，《户政·屯垦》，沈云龙主编：《近代中国史料丛刊》第84辑，第4306页。

治理中的一个重大变动即是基层社会绅董治理机制的出现。“各村各团之绅董，皆有簿籍”，地方牧令欲察知形势，熟悉民事，须借助于绅董，方可“俾得随时访记”①。

以乡约、保甲为主的地方治理体制，事实上在历史的演进中已“名存而实亡矣”②。至晚清之际更是流弊丛生，如户口之册籍所载与乡村实态相去甚远，“今有一村数里，一巷数甲，甚有一家一户，里甲不同。河南河北，里甲牵制，插花犬牙，在在而有”③。此地向来户口，“每以具文从事。究其实，官捧一册，户悬一牌，亦曾何益之有哉？盖官取据里绅，里绅取据甲首，甲首取据村牌，各不任咎，存心作伪，何伪不生。观其所开户册，不守男女大小，以外别无载列。推原册状，实无所用。持以办丁户、赈饥民，而未详其贪，何以详极详次？持以理词讼，盘奸宄，而不知其名，何以知人知事”④？就地方社会秩序治理而言，此实为根基之所在，所谓“兴亡之途，罔不由此”⑤，“若不更改，如何而可”？因而，“立绅首”就成为地方社会有效治理的当然选择：“立绅首，定坐落，清户口，至此皆可坐收其益。”⑥

“军兴以来，各省团练民勇，有图董，有总董，大同小异，顾行之转视保甲为有效”⑦。许多地方出现的这种倚重于绅董治理的模式，断非地方官员个人好恶偏向所致，它之所以成为晚清以来基层社会治理规制建设中的选项，且实践成效颇受推崇，显然也有其制度性原因。对此问题，孙诒让曾有所指陈：“今中土之县邑，大者数百里，户盈十万，而以一县令治之，极耳目之明，竭手足之力，亦必不能周知其

①吴嘉宾：《上大府条陈新章利弊书》，盛康辑：《皇朝经世文续编》卷 37，《户政·赋役四》，沈云龙主编：《近代中国史料丛刊》第 84 辑，第 2640 页。

②顾炎武：《乡亭之职》，贺长龄辑：《皇朝经世文编》卷 18，《吏政》，沈云龙主编：《近代中国史料丛刊》第 74 辑，第 691 页。

③《庚子议办渭南各镇保团事宜》，郭希仁主编：《丽泽随笔》1910 年第 20 期。

④《庚子议办渭南各镇保团事宜》，郭希仁主编：《丽泽随笔》1910 年第 20 期。

⑤顾炎武：《乡亭之职》，贺长龄辑：《皇朝经世文编》卷 18，《吏政》，沈云龙主编：《近代中国史料丛刊》第 74 辑，第 689 页。

⑥《庚子议办渭南各镇保团事宜》，郭希仁主编：《丽泽随笔》1910 年第 20 期。

⑦冯桂芬：《复乡职议》，盛康辑：《皇朝经世文编续编》卷 18，《吏政三》，沈云龙主编：《近代中国史料丛刊》第 84 辑，第 512 页。

情;则不得不假手于架书、粮书、地保之属。其品既杂,率为民害,今宜一概裁革……又多设乡正,以绅士、耆民有恒产者为之,不为书吏而为绅董,则分位为略高,而自爱者多。其职掌教化,平争讼,略如汉之三老、啬夫之制,使百家以上,各公举一人为之,小里不及百家者,附于别里。"①在乡村社会治理的历史实践中,官役制的治理效用颇被诟病。因此在实践中,择"其秀而文者为绅董"②就成为地方官措置乡村公务的应然之举。

首先,绅董的身份地位远高于保甲长,属于准官员资格。冯桂芬在《复乡职议》中曾比评二者谓:"地保等贱役也,甲长等犹之贱役也,皆非官也。图董,绅士也,非官而近于官者也。"这是形成保甲制之"无效"与绅董制之实效的重要原因之一。"惟官能治民,不官何以能治民?保甲之法,去其官而存其五四选进之法,不亦买椟而还珠乎!"因此,冯桂芬提出"复乡职"方案,其实际内容就是建构绅董治理模式,即由所举正董、副董主图里村落事务,"皆以诸生以下为限。不为官不立署,不设仪仗,以本地土神祠为公所"③。张惠言从另一角度强调绅董治理机制优于官役制之所在:"甲长、乡正之名,近于为官役,不若乡设一局,以绅衿一人总理,士大夫数人辅之,谓之董事。牌头无常人,轮日充当,谓之值牌。如此,则牌头之名不达于官。"④

其后的史实表明,这种倚重绅董治理的方案相当普遍地落实在实际操作的层面,而并非只是纸本上的构想。譬如阮本焱谈及阜宁县赈灾举措情形:"于城董中选择二人作为总董,谕令督同沿河各乡董保,顺庄挨查。每乡实有极贫村庄何处,每村实有极贫户口何人……如无甚错,由县核定榜示某乡某庄实在极贫无力购种之某户若

①孙诒让《周礼政要》中,有论清地方之弊一节。杨天竞:《乡村自治》,大东书局1931年版,第42页。

②刘汝璆:《上浙江论清粮开荒书》,盛康辑:《皇朝经世文续编》卷39,《户政·屯垦》,沈云龙主编:《近代中国史料丛刊》第84辑,第4306页。

③冯桂芬:《复乡职议》,盛康辑:《皇朝经世文编续编》卷18,《吏政三》,沈云龙主编:《近代中国史料丛刊》第84辑,第512页。

④张惠言:《论保甲事例书》,盛康辑:《皇朝经世文编续编》卷74,《兵政》,沈云龙主编:《近代中国史料丛刊》第84辑,第2649页。

干，应借给籽种若干，然后示期交董均匀散给，督令种入……”①

其次，出任地方社会公务的绅董，须经过推选或选举程序——其地方权威性或认同感由此而获得。“各图满百家公举一副董，满千家公举一正董，里中人各以片楮书姓名保举一人，交公所汇核，择其得举最多者用之。”②与皇权钦命的正式权力不同，绅董不属于官权体系，其地方公共权力的合法性和正当性，一定意义上取决于地方社会的认同度；而公举或选举的程式恰恰是获得这种认同的社会规制。“董事民间所自举，不为官役，又皆绅士，可以接见官府，胥吏虽欲扰之不可得矣。”③重要的是，正副董与县级官员间不是直接的上下统辖关系，而是国家与社会（不同力量或权属）的依存关系④。

其三，绅董设立局所，掌管地方公共事务，并享有薪酬。按张惠言所述规制，为乡设一局，“以绅衿一人总理，士大夫数人辅之，谓之董事。牌头无常人，轮日充当，谓之值牌。如此，则牌头之名不达于官”⑤。绅董所督理者不仅仅局限于社会秩序或治安、户口、册籍，几及一切民间事务，甚至“民有争讼，副董会里中耆老，于神前环而听其辞，副董折中公论而断焉……不服则送正董，会同两造族正公听如前，又不服，送巡检，罪至五刑送县，其不由董而达巡检或县者，皆谓之越诉，不与理。缉捕关正副董指引而不与责成，征收由正副督董导而不与涉手”⑥。

由于地方事务繁简不同，具体情景有别，作为地方治理机制的一环绅董亦并无统一的规制，但其基本框架却大致相近。绅董办理地方公务通常设总局于县，以驻局绅董数人总领局事，复分一县为数乡，“由城董举报每乡中之稍有身家、明理识事之生监为乡董，每乡统

①阮本焱：《求牧刍言（附谁园诗篇稿）》卷1，沈云龙主编：《近代中国史料丛刊》第27辑，第76—77页。

②冯桂芬：《复乡职议》，《校邠庐抗议》，上海书店出版社2002年版，第12页。

③张惠言：《论保甲事例书》，盛康辑：《皇朝经世文编续编》卷74，《兵政》，沈云龙主编：《近代中国史料丛刊》第84辑，第2648页。

④牛铭实编著：《中国历代乡规民约》，第61页。

⑤张惠言：《论保甲事例书》，盛康辑：《皇朝经世文编续编》卷74，《兵政》，沈云龙主编：《近代中国史料丛刊》第84辑，第2648页。

⑥冯桂芬：《复乡职议》，《校邠庐抗议》，第12页。

数十村，由乡董每村举报一人为村董。村无生监，则以诚实耆民充之”①。以总局绅董统辖下属乡董、村董，由此形成以绅董为主体的地方社会治理的权属体系。

与保甲、里甲以及乡约长不同的是，绅董是享有薪酬的职位。“正董薪水月十金，副董半之。正副董皆三年一易……见令丞簿尉用绅士体文，用照会。”②当然，事实上绅董们所获收益和报酬远非如此，“绅董每借办团横索暴敛来鱼肉平民”③。

“不假书役，不由现充之保甲人等，专俾绅士富户经理”④，绅董总率其事。“局绅专办团练，都总兼催钱粮。当其立法之初，妙选廉正绅士以充其任。上下之气既通，官民之情大洽。”⑤咸、同之后，许多地方逐渐兴举绅董制，甚至一些地方还将“乡约责任从地方官吏的手里，转移到地方绅董的手里”⑥，遂使“诏书宪檄络绎旁午而卒不行；间行之而亦无效”⑦的地方社会治理借此而获得生机。

这一地方治理体制的历史性变动，造成传统乡制在管理模式上的变化，原本设立乡约“不许绅衿把持”⑧之禁荡然无存，转而设立以绅董为中心的乡约局⑨，并导致官府直接管控的保甲制度在相当范

---

①刘佳：《与郑耕畬广文书》，盛康辑：《皇朝经世文续编》卷45，《户政·荒政》，沈云龙主编：《近代中国史料丛刊》第84辑，第4923—4924页。

②冯桂芬：《复乡职议》，《校邠庐抗议》，第12页。

③罗尔纲：《湘军新志》，沈云龙主编：《近代中国史料丛刊续编》第95辑，第26页。

④徐文弼：《设卡房议》，葛士濬辑：《皇朝经世文续编》卷74，《兵政》，沈云龙主编：《近代中国史料丛刊》第75辑，第2659页。

⑤刘蓉：《复温邑宰书》，葛士濬辑：《皇朝经世文续编》卷21，《吏政六·守令》，沈云龙主编：《近代中国史料丛刊》第75辑，第589页。

⑥牛铭实编著：《中国历代乡规民约》，第58页。

⑦冯桂芬：《复乡职议》，《校邠庐抗议》，第12页。

⑧于成龙：《慎选乡约谕》，闻钧天：《中国保甲制度》，上海书店1935年版，第333页。

⑨“城中总局邀请公正绅士经理，并设司讲二人。随同本二县，于朔望就在城乡约各所按期宣讲外，司讲等随时分赴各乡镇，谆劝公举司董乡长约副，举行乡约。”《江苏常州府江阴县乡约局规》，牛铭实编著：《中国历代乡规民约》，第217—218页。

围内落入绅董之手。“金陵新设四乡保甲，专委绅董数人办理”，以至于保甲绅董代替县衙“赴乡督率乡董代为缉拿”犯案①。杭省城乡甚至改定新章，将保甲局统归绅董巡办：“上中下三城，每城各以一巨绅主之，以为六段之总办。若总局中则另有一绅士总司其成。”此制之设竟使原有地保“高枕安眠，而诸绅士皆终夜不寝矣”②。地方官巡查保甲事务，除依例由保甲总巡陪同外，还须邀集“本城各堂绅董”，次第抽查③。故此，许多地方的基层社会治理，已经形成了“权在绅而不在官”④的绅董治理机制。

需要指出的是，绅董治理模式并不是朝廷典章制度意义上的规范体系，它没有也不可能典制化（规范化）于朝廷文本中，而是依存于地方特定情景而变通运行的一个机制。因此，各地局所的绅董权属体系并不具有统一规制和范式，其具体架构诚然难述其详，然其大要则不外有两个方面：

其一，县设总局或公所，入局所办其事者为绅董，总其事者为总董、局绅；因事之繁简设若干分理事务的分董。各乡区对应办理公务之绅董，或为图董、都董、村董，均领命于总局绅董。就地方治理权属分层面而言，绅董为主导，而区村长及地保之属，不过行走办事而已。“其朴而愿者为公正区长、弓手诸色。此无异以己之财力，办一己之事，而游手无业之人，初不得冒充入局也。至于庄书人，不过令其造册勾稽书算而已”⑤。总局绅董，可为全县绅董之首，在局所布置事项，议决公务，如庚子年间，京师“五城分别设协巡公所，之上为巡防局，主持者，概称绅董”⑥。这基本上就形成一个绅董自主，官为督察的地方社会治理权属机制。

其二，绅董治理模式的出现，体现着地方治理机制的历史性变动

---

①《桃渡春波》，《申报》1892年3月29日。

②《绅董巡更》，《申报》1878年12月18日。

③《抽查保甲》，《申报》1893年12月1日。

④刘蓉：《复温邑宰书》，葛士濬辑：《皇朝经世文续编》卷21，《吏政六·守令》，沈云龙主编：《近代中国史料丛刊》第75辑，第589页。

⑤刘汝璆：《上浙江论清粮开荒书》，盛康辑：《皇朝经世文续编》卷39，《户政·屯垦》，沈云龙主编：《近代中国史料丛刊》第84辑，第4923—4924页。

⑥庄建平主编：《近代史资料文库》第6卷，第463页。

趋向。虽然其演进的具体线索还有待进一步清理，但大致可见其时代性差异，即咸、同之际的地方社会治理模式与雍、乾之时已全然有别。譬如雍、乾时期的义仓管理，通常“择里中老成信实者为社长，司谷之出入。收息免息，悉依前法”①。至乾隆五年(1740)时，仍然是社仓“已选有殷实老成之人充为社正、社副，董理收放，似毋庸更设保长乡官名目”②。但是，咸、同时期许多地方却运行“当社立仓之法，各归各庄，暂存富家公所，选择本乡公正绅士妥为经营”③的治理模式。其管理规制则“于县署二堂设局，选本城绅董四人，常住其间，总司赈务”，下辖乡区则“由城董举报每乡中之稍有身家、明理识事之生监为乡董，每乡统数十村，由乡董每村举报一人为村董。村无生监，则以诚实耆民充之”④。无疑，这种“地方事尽归绅董，亦非所以存政体杜弊端”⑤的治理模式，显然具有不同既往的时代特征。

亨廷顿认为，“制度是稳定的、有价值的行为的再现模式，组织与程序会随其制度化程度而变化”⑥。绅董治理模式如果不构成显性制度的话，也是一个地方社会内生的权力运行机制(或谓“隐性制度”)。就诺斯的定义而言：“制度是一个社会的游戏规则，更规范地说，它们是为决定人们的相互关系而人为设定的一些制约……它们是理解历史变迁的关键。”⑦

---

①孔毓珣：《议复社仓疏》，贺长龄、魏源等编：《清经世文编》上册，中华书局1992年版，第584页。

②岳濬：《议社仓与古异同疏》，贺长龄辑：《皇朝经世文编》卷40，《户政十一·仓储下》，沈云龙主编：《近代中国史料丛刊》第74辑，第866页。

③任道镕：《东省办理积谷情形疏》，贺长龄辑：《皇朝经世文编》卷40，《户政十一·仓储下》，沈云龙主编：《近代中国史料丛刊》第74辑，第4610页。

④刘佳：《与郑耕畬广文书》，盛康辑：《皇朝经世文续编》卷45，《户政·荒政》，沈云龙主编：《近代中国史料丛刊》第84辑，第4923—4924页。

⑤庄建平主编：《近代史资料文库》第6卷，第465页。

⑥见高旺：《晚清中国的政治转型——以清末宪政改革为中心》，中国社会科学出版社2003年版，第162页。

⑦[美]诺斯著、刘守英译：《制度、制度变迁与经济基础绩效》，上海三联书店1994年版，第3—4页。

三　绅董治理的权属范围:溢出官役体制所限

乡村治理乃国家治理之基石。“今之为治者,动行乡约、社仓、保甲、社学,纷纷杂出,此不知为治之要也。”①明清以来,乡村治理的制度设置名称各异,规制不一,但其大要不出乡约、社仓、保甲、社学之范围。这一官役体制下的乡村治理模式,职分明确,所谓“乡约是纲,社仓、保甲、社学是目。乡约者,约一乡之人而共为社仓、保甲、社学也。社仓是足食事,保甲是足兵事,社学是民信事,许多条理曲折,都在此一日讲究。不然,徒群聚一日,说几句空言,何补益之有”②?官役制的乡职人员只是奉命行事,应差服役,于地方公共事务及其社会建设事业一无所为,“其流品在平民之下,论者亦知其不足为治也”③。因此,在地方治理实践中“延绅士以通上下”④的绅董治理模式得以成型。

追溯源起不难发现,地方社会秩序维系和防护是绅董治理机制的发端之始。嘉庆年间,川楚“教匪”蔓延,朝廷“令民团练保卫,旋即荡平……若得公正绅耆董理其事,自不致别滋流弊,即地方间有土匪,一经约束,亦将去邪归正,共保乡闾”。地方社会秩序维系和治理“均归绅耆掌管,不假吏胥之手”,从而获致“以子弟卫父兄,以家资保族党”⑤的功效。但事实上,作为社会(或社区)内生的公共权力体系,绅董对于地方社会治理的范围远远超越了地方保卫和维系社会秩序的界限,“凡公事之要而且大者,则惟繁冲之处居多,无论绅倡议而请于官,与官有意而商诸绅,其谋之臧否与事之难易,及经费之若何措置,于以绅言为定。绅亦必以众绅之言与四乡合城之言禀于官

---

①孙鼎臣:《论治篇二》,葛士濬辑:《皇朝经世文续编》卷10,《治体一·原治》,沈云龙主编:《近代中国史料丛刊》第75辑,第811页。

②孙鼎臣:《论治篇二》,葛士濬辑:《皇朝经世文续编》卷10,《治体一·原治》,沈云龙主编:《近代中国史料丛刊》第75辑,第811页。

③冯桂芬:《复乡职议》,《校邠庐抗议》,第12页。

④姚莹:《复方本府求言札子》:贺长龄辑:《皇朝经世文编》卷13,《吏政》,沈云龙主编:《近代中国史料丛刊》第74辑,第856页。

⑤咸丰三年正月癸丑谕内阁,《咸丰东华录》卷19,转引自罗尔纲:《湘军新志》,沈云龙主编:《近代中国史料丛刊续编》第95辑,第22页。

而后定,则绅之言公言也”①。由绅士中推举或选举出的绅董及其运行机制,是地方社会公共权力建构和运行的系统,它具有相对独立于官治体系的属性。“凡一地方,常有特别之事情,一方之人,皆同其利害,而能合力以营谋。且官吏之知之也,不如其地方人士知之为悉也。”②地方社会内生的事务及其公共事务(社会)之建设因地而异,受限于地方经济、文化与习俗的制约,无法纳入统一的国家治理权属。“所谓利害共同之事,在愈小之区域,则其事愈多,在愈大之区域,则其事愈少。”如道路之修筑,医院之建设,“在一市一乡,其利害固易相同也。若在一省,则不必然矣”。所以,地方治理之道,“使仅集利害相同之人以谋之,则其事易举……故普通之自治事业,宜于市乡办之,而不能于行省办之”③。

地方社会公共事务繁难丛杂,晚清以来绅董在地方事务活动的内容也广为社会各界所关注。我们通过《申报》关于绅董相关活动的记述可以见其概要。检索《申报》从 1872 年 5 月至 1910 年 12 月关于绅董的记述条文,共有 1167 条④,其中按年代统计分别为:1870 年代(1872—1880)为 131 条,1880 年代(1881—1890)为 319 条,1890 年代(1891—1900)为 377 条,1900 年代(1901—1910)为 340 条。报刊为社会舆论之中心,它所关注的内容与社会生活息息相关。从其记述绅董相关内容数量看,呈逐年增加趋势,尤其从 1880 年代

①《论宁郡浚河专任绅董之善》,《申报》1879 年 5 月 3 日。

②吴贯因:《省制与自治团体》,经世文社编:《民国经世文编》,《内政二》,沈云龙主编:《近代中国史料丛刊》第 50 辑,台北文海出版社 1973 年版,第 2096 页。

③吴贯因:《省制与自治团体》,经世文社编:《民国经世文编》,《内政二》,沈云龙主编:《近代中国史料丛刊》第 50 辑,第 2096 页。

④笔者检索统计情况分别为:1. 1872 年 13 条,1873 年 10 条,1874 年 14 条,1875 年 13 条,1876 年 11 条,1877 年 17 条,1878 年 18 条,1879 年 18 条,1880 年 17 条,年均 14. 56 条。2. 1881 年 14 条,1882 年 23 条,1883 年 45 条,1884 年 44 条,1885 年 32 条,1886 年 35 条,1887 年 37 条,1888 年 38 条。1889 年 36 条,1890 年 15 条,年均 31. 9 条。3. 1891 年 15 条,1892 年 23 条,1893 年 26 条,1894 年 37 条,1895 年 24 条,1896 年 43 条,1897 年 33 条,1898 年 73 条,1899 年 52 条,1900 年 51 条,年均 37. 7 条。4. 1901 年 38 条,1902 年 29 条,1903 年 17 条,1904 年 17 条,1905 年 33 条,1906 年 46 条,1907 年 29 条,1908 年 28 条,1909 年 32 条,1910 年 71 条,年均 34 条。

开始出现大幅增长态势，如下图：

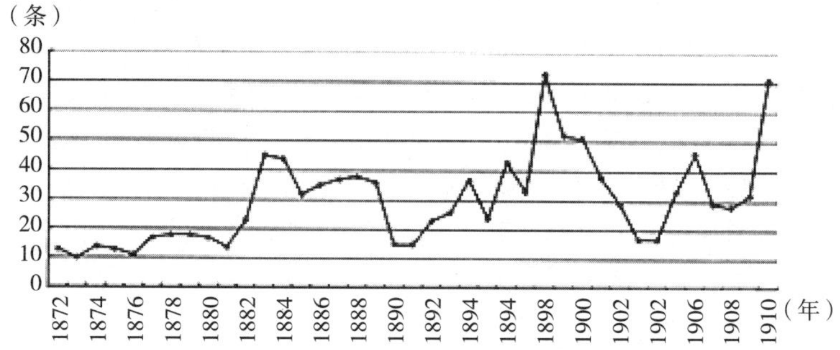

图3-7　1870—1910年间《申报》记述绅董内容条目数量变化曲线①

据统计，1870年代《申报》关于绅董记述条目年均14.56条，但1880年代后开始激增。1880年代年均31.9条，1890年代年均37.7条，1900年代(至1910年)年均为34条。除1870年代外，在大约三十年的长程中其数率基本稳定(年均30条以上)。这从一个侧面显示绅董在地方社会的作用及其影响力既广泛又恒定。那么，绅董治理地方公务的内容究竟有哪些，亦即其权力影响的具体范围有多大？这是我们需要进一步讨论的问题。

据上述图示可知，绅董介入地方事务非常活跃。州县之治理地方“舍地方绅董不为功”；“地方之有绅董，诚足以匡官之不逮者也。或家资殷实可以经理公款，或名望素重足以压服群情。地方公事往往官所不能了者，绅董足以了之；官所不能劝者，绅董足以劝之。且官虽亲民而民情或不能遽达，是又藉绅董为之转圜，为之申诉”②。绅董经管事务之广几乎涉及地方公共事务的一切方面：

> 书院有绅董也，善堂有绅董也，积谷有绅董也，保甲有绅董也，团练有绅董也。或一董总理数事，或各董共理一事。虽各处公事不同，而皆足代官分理则一也。③

---

①笔者根据《申报》(1872—1910年)绅董条目检索显示的资料数据制作。

②《论严惩劣董事》，《申报》1899年9月30日。

③《论严惩劣董事》，《申报》1899年9月30日。

由此可知地方公共事务均为绅董掌管经营，如水利渠塘开放闸口①；如地方“权衡公允”（即由绅董禀请改用十六两秤，“务必家家户户尽换而后已”）②；如议定工价（上海婚丧应用之吹鼓手，“经地方绅董议定工价，不准备临期需索”）③；甚至妇女看戏之事也在其管治之范围（如《申报》曾刊载“上海绅董有禀请禁止妇女看戏之举”之评论）④。

不仅地方公共事务悉由绅董治理，且地方各行业之公务通常也由绅董经管。据《申报》记载：汉镇行帮绅董分设有油蜡帮、绸缎帮、棉花帮、广福帮、匹头帮、祥盐帮、药材帮、药土帮、记票帮、银钱帮等⑤，尤其汉口之八大行，即各立绅董经管公事⑥。

地方绅董“既为上流社会中人，当尽地方上之义务，即当享地方上之权利。欲尽地方上之义务，故不得不运动；欲享地方上之权利，故不得不谋虑”⑦。然而，绅董虽然囊括了一切地方公共事务，然其经管治理显然有所侧重，权用所及也有轻重之分。在对《申报》资料检索基础上，笔者将1900年前的相关记载略分为七类（即道路、河渠等营建，派抽捐税和地方经济事务，把持公事和包揽词讼，善堂、义仓、社仓以及救济，团练、保甲以及地方风化，地方学务，其他），按年代统计所得情况，由其数量分布可以见其概要（如图3-8）⑧：

图示表明，1870年代之际，绅董介入地方事务多在道路、河渠等营建上；1880年代以后，绅董们的活动更多侧重在三方面：团练、保甲及地方秩序的维系，善堂、义仓、社仓以及社会救助，派抽捐税和地

---

①《山阴县令与经理塘闸绅董共筹泄水之策》，《申报》1898年10月21日。

②《权衡公允》，《申报》1896年5月17日。

③《罗夫人等需索奉禁》，《申报》1873年1月9日。

④《禁止妇女看戏论》，《申报》1874年1月6日。

⑤《照抄酬谢拾遗章程示》，《申报》1874年3月5日。

⑥《上年山东直隶各被水灾汉口八大行绅董首倡捐输计》，《申报》1886年5月30日。

⑦《绅董之忙碌》，《申报》1910年2月17日。

⑧按《申报》资料检索，道路、河渠等营建，派抽捐税和地方经济事务，把持公事和包揽词讼，善堂、义仓、社仓以及救济、团练、保甲以及地方风化，地方学务，其他各项数量，1872—1880年代分别为52，12，10，28，30，1，15；1881—1890年代分别为30，81，27，96，82，8，23；1891—1900年代分别为18，87，36，66，110，17，64。

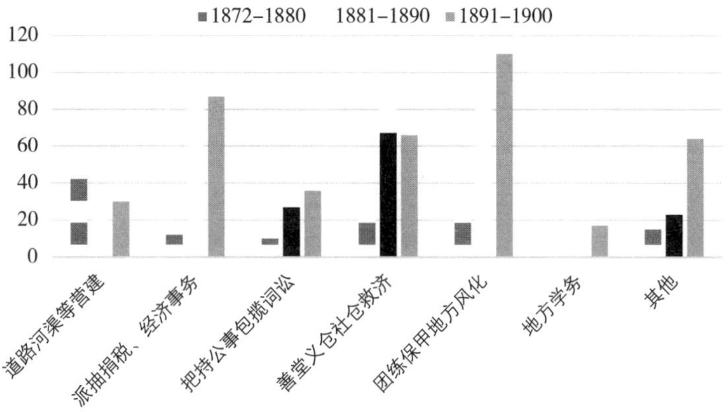

图 3-8 绅董掌控地方事务类型重点变化情势图

方经济事务。

清代地方行政事务由六部主之，在基层社会治理权属方面，无论“户口之编查，丁役之征调，赋税之课税，率掌之于户部与兵部。其乡村之保卫政策，重在施行保甲，以期互相牵制，此其一也”①。基于官役制的保甲、里甲功能虽各有侧重（或归于户部，或归于兵部），然其大要不出于六政之内。然而，地方绅董之治理权属却远超乎其上，溢出了官役体制的范围。从一则南汇县告示中我们可见其大略：

> 本县莅任以来，凡民间大小各案，无不随到随结……城中善堂如积谷、育婴、恤嫠、普济、宾兴、书院，亦俱会董筹商。崇实黜华，力求实济，此本县孜孜求治之意……但以百里之大，四乡之广，一人耳目，窃恐难周全，赖缙绅大夫及各乡各镇各团各图诸贤董，实力匡维，共图补救。究竟何者当兴当革，何事应猛应宽，何等棍徒善于滋扰，何等唆讼技俩最精，何家能孝友一门，何人为乡党善士？诸绅董土著于斯自能目击耳闻，确有实见……本县自知愚暗，最肯虚衷，不妨各举所知互相商榷，当行则行，可止则止，断不致事事见拒，自诩才华。能得去一分弊，受一分益，减一分浮靡，得一分实惠，风俗朴纯，各安其业，岂不乐欤……本县公余之暇，仍复周履各乡，宣讲圣谕，查办保甲，密拿讼棍土棍，

①闻钧天:《中国保甲制度》，第 203 页。

并与诸绅董就近商酌公务，倘有应办事宜随时在乡讯断，以期不扰不累。①

此县令告示表明，不仅县域之内的社会救助善堂“如积谷、育婴、恤嫠、普济、宾兴、书院，亦俱会董筹商”，各基层社会应兴应革诸务、风俗教化、社会秩序、百业维系，公共事务，均须“与诸绅董商酌”。“近来州县官有欲自拔于庸庸碌碌之中，求获好官之名，往往寄耳目于绅董。”②在国家权力与基层社会治理架构的机体中，绅董是其运转如常的链动装置。“绅董为地方表率，苟有关于地方公益，自当竭力赞助。”③“故各邑各乡无不立有绅董。”④可以说，绅董及其运作机制在整个基层社会治理体制中扮演着关键角色。

四　绅董与地方治理的近代转型

“各地方之绅董，乃因而忙甚。其未为董事而欲为董事者，于循例拜年，不外以欲得票多数极力运动，其忙固弥甚。其向为善堂董事者，闻将清查公款也，翻阅其历年之报销账，其尚有罅漏否？熟计其历年侵蚀之银钱，其幸能保存否？花账又花账，画策又画策……于是营营补救外更极力运动，其忙尤甚……”⑤《申报》以讽喻的笔触描绘了“各地方之绅董”忙忙碌碌的剪影。这幅忙碌的图景中尽管充满了辛辣的嘲弄，但也映射出在地方社会事务中绅董们活络而繁忙的身姿。显然，伴随着晚清“三千年未有之变局”的累积而触发的“新政”改革，以及由此引动的地方治理体制转型，助推了绅董们的“繁忙”：“今天下之谈新政者，莫不曰学堂之宜遍设也，警察之宜急办也，农工商诸务之宜逐渐扩充也。是数者为育才，为禁暴，为兴利，无论愚贤不肖，固皆知为当务之急，而不容稍延。”⑥

无论是基于官府与地方还是国家与社会，绅董及其运作机制都

①《南邑告示》，《申报》1888 年 2 月 5 日。
②《绅董不可轻信说》，《申报》1888 年 7 月 17 日。
③《论官绅仇视公所学会之原因》，《申报》1906 年 5 月 11 日。
④《论严惩劣董事》，《申报》1899 年 9 月 30 日。
⑤《绅董之忙碌》，《申报》1910 年 2 月 17 日。
⑥《论筹款》，《申报》1904 年 8 月 5 日。

是不可或缺的有机组成部分。“城乡各绅董能任事者居多……董为官用则治，官为董用则否。”①非但如此，在晚清社会与制度变迁的历史进程中，将传统体制与现代体制实现榫接并完成地方治理机制转型的主体力量其实也是绅董。这一历史演进的印痕深深地烙刻在从保甲到警察的制度转型中。

在清代保甲制度兴衰的漫长岁月里，“重任绅董以严行保甲”，并在地方社会治理体系建构中形成上下统属层级，“州县有州县之绅董，一府有一府之绅董，省会有省会之绅董”，而“乡镇村落各设分董，支分派别，纲举目张”②，已经构成了保甲制度的一次重大变动。“光绪年间，统辖保甲职权之划定，各省县有保甲总局分局之设置，是皆因保甲行政，有统一指挥监督之必要，而特设之机关。”③这一变动虽然也具有制度变革的意义，但它毕竟仍属于传统体制内的变迁。然而，“宣统年间，新式警察制度兴，各省保甲局，渐次裁撤，保甲之主管机关既废，保甲之制，遂不见著于政令”④的变革，却是超越传统的具有时代意义的制度性变迁，其结果是以现代性的警察制取代了传统的保甲制。尽管地方社会推展的警察制度“颇有混乱而不划一”，然其主导和推助之力量却同为绅董：“各府州县之警察，大抵均归绅董办理。”⑤甚至一些地方试行的官办警察后来也明确改归由绅董管理（如汉口）：“拟请鄂督将汉口警察改归绅办，其章程须各商公举一公正绅董素有名望者为总理，另选举各帮商董若干人为协理，招募巡兵，二千五百人成为十队，四十步地位派一个站岗兵。其收捐、用人

①《复两江曾宫保爵帅查询地方事宜禀》，阮本焱：《求牧刍言（附谁园诗篇稿）》卷 3，沈云龙主编：《近代中国史料丛刊》第 27 辑，第 127 页。

②《论近日江浙等处诘奸禁暴宜以重任绅董以严行保甲》，《申报》1897 年 6 月 6 日。

③闻钧天：《中国保甲制度》，第 224 页。

④闻钧天：《中国保甲制度》，第 224 页。

⑤《论我国警察之弊及其整顿之方》，《申报》1909 年 9 月 22 日。

等事则责之绅，行政、司法各事则操之官。”①

此外，在晚清学制（特别是地方学务体制）转型进程中，绅董也是完成新旧体制转换对接的主体力量。“开办学堂，为作育人才之举，关系非轻，而初等小学及高等小学尤为学级始基。凡管理教授课程学级，以及酌筹经费，均应由地方公正绅董会同地方官酌筹办理，以臻妥善。”甚而至于一些地方绅董“并不禀明该管地方官”②，而自行开办学堂。晚清新政改革虽头绪纷繁，却以警察与学堂为要务，“自政界维新，纷纷竞言学堂、警察矣。朝廷以此责于疆吏，疆吏以此责于州县，有能者设学堂、办警察者，列优等，膺上赏。其不能者黜之、罢之。于是为州县者，朝奉檄文，暮谈学堂；卯受朱符，午议警察，无州不尔，无县不然”③。

晚清新政实务方面如学堂、警察、农工商务乃至一切新兴事业，均由各地绅董所操持经办。学堂和警察制度转型只是具体新兴实务和制度之变。这一历史变动的内容最终通过清末地方自治法规的颁行，逐渐制度化和法规化，并形成了整体制度的变迁。晚清地方自治制度在各地推展的具体步骤和推进梯度不一，但就其制度的实质内容来看，却呈现出现代化制度朝向的共趋性。

首先，通过《城镇乡地方自治章程》的法令，将一向实际操持地方事务的主体力量——绅董制度化、规范化。“夫亦当就今所谓绅董者，改良其任事之法，公溥其行政之权。”④所谓地方自治以专办地方公益事宜，辅佐官治为主，“按照定章，由地方公选合格绅民，受地方官监督办理”。且统一区划，按规定人口额数分划城乡，统一设立镇董事会或乡董⑤，将绅董治理的既成事实统一在正式的制度框架之

---

①《警察改归绅办之先》，《申报》1907 年 6 月 22 日。不仅如此，上海南市等处警察，也“向归总工程局绅董管理。”见江苏苏属地方自治筹办处编：《江苏自治公报类编》卷 4—6，沈云龙主编：《近代中国史料丛刊三编》第 53 辑，台北文海出版社 1989 年版，第 294 页。

②《示遵学务范围杭州》，《申报》1905 年 8 月 24 日。

③《论乡隅学堂与警察之流弊》，《大公报》1906 年 4 月 22 日。

④《改良地方董事议》，《东方杂志》1904 年第 1 卷第 6 期。

⑤《城镇乡地方自治章程》，徐秀丽编：《中国近代乡村自治法规选编》，中华书局 2004 年版，第 3 页。

内,变成显性制度。

其二,将传统绅董治理的地方事务纳入地方自治范围,予以制度性确认。地方自治范围明确规定为:1. 地方学务(中小学堂、蒙学堂、教育会、劝学所、宣讲所、图书馆、阅报社,以及其他关于学务之事);2. 公共卫生事务(清洁道路、蠲除污秽、施医药局、医院医学堂、公园、戒烟会诸务);3. 道路工程(修桥筑路、疏通沟渠、建造公用房舍、路灯等事项);4. 兴办农工商务等地方实业;5. 地方慈善事业(救济、赈灾、保节、育婴、义仓积谷、消防、救生等)6. 地方公营事业(电车、电灯、自来水等);7. 地方经济(筹款)等。此外还特别规定一条:"其他因本地习惯,向归绅董办理,素无弊端之各事"①。

其三,分设议事会、董事会,将议决事权与执行事权分立。"各地举办自治,约分会议、执行两机关。"②"议事会议决事件,由议长、副议长呈报该管地方官查核后,移交城镇董事会或乡董,按章执行。"③从制度设计上打破传统绅董治理机制中议行不分的惯制;同时明确规定了议事会、董事会成员任职资格与年限等。

其四,颁布了《城镇乡地方自治选举章程》(光绪三十四年,1908年),以公民投票方式规定了议事会、董事会议董、总董、董事产生的方式和程序,将地方社会治理权力的产生和运作纳入规范化的现代性制度建设进程中④。

"原以本地财用办本地方之公益"的惯制,既是朝廷认同绅董治理地方社会的前提,从而也因此成为现代性地方自治制度建设的基础。宣统二年(1910)六月二十五日上谕即谓:"各地推行新政,就地筹款,如学堂、警察诸务,原以本地财用办本地方之公益,而地方自治

---

①《城镇乡地方自治章程》,徐秀丽编:《中国近代乡村自治法规选编》,第4页。

②《办理地方自治亟宜改变方针》,《申报》1911年3月14日。

③《城镇乡地方自治章程》,徐秀丽编:《中国近代乡村自治法规选编》,第9页。

④《城镇乡地方自治章程》,徐秀丽编:《中国近代乡村自治法规选编》,第19页。

即以此为根基。”①兴办新政的绅董们扩充的地方治理权属，远远超越了传统旧政范围；而地方自治制度的实施，则将绅董治理的传统体制转型为现代性制度。

晚清以来，基层社会治理体制发生了两次重大历史性变动：其一是绅董制相对普地遍出现，进而弱化了官役制的效用，并在传统制度框架中体现了地方治理机制演变的趋向。其二是由传统绅董制向现代性地方自治制度的转型，在时代性制度更替的变动中，绅董的主体性作用隐然其间。前者之变属于传统之内的变迁，其结果是绅董制取代官役制。后者则属于传统之外的变迁，其时代特征昭然若炬。但这一制度转型并未弱化绅董在地方治理中的主体地位与作用。“是绅董者，介乎官与民之间，所以沟通地方之群情，巩固地方之团体，不失为地方政治上之一机关者也。”②虽然由绅董掌控的旧的体制相继裁撤，“县自治公所成立后，乡董公所断无不即裁撤之理”。但是，绅董们却在新的制度设置中获得重新定位。“况县自治公所城乡并选，乡董公所从前办事之人自必多半选入一同办事；不过向无城绅，今则兼有城绅”③而已。然而在新旧制度转型的背后，却是绅董力量的撕裂：“近观各地办理自治，大抵均与旧日地方政事，划而为二，即办理自治之绅董，亦与旧日之绅董分为两派。”④与此同时，“今举办自治，而忽由本地绅董管理人民，故群萌反抗之志”⑤。在新旧绅董的利益冲突之上，复而叠加着民众与绅董的矛盾，遂演成基层社会民变风潮蜂拥不绝之势。“近日自治风潮，层见叠出……无一地不冲突，无一役不因自治而起”。川沙县新政推行中形成新旧绅董势力的分裂也很典型，“一部分乡董摇身一变，成了自治会和自治会公所的官员，这自然令那些落选者心中颇为不快，旧董与新贵之间的矛盾

①江苏苏属地方自治筹办处编：《江苏自治公报类编》卷4—6，沈云龙主编：《近代中国史料丛刊三编》第53辑，第225页。

②《改良地方董事议》，《东方杂志》1904年第1卷第6期。

③《呈督宪遵饬录报据阳湖县乡董赵衡等呈为会议公所被撤经费另拨请彻查抚批文》，江苏苏属地方自治筹办处编：《江苏自治公报类编》卷4—6，沈云龙主编：《近代中国史料丛刊三编》第53辑，第447页。

④《办理地方自治亟宜改变方针》，《申报》1911年3月10日。

⑤《办理地方自治亟宜改变方针》，《申报》1911年3月14日。

由此产生”①。这一征象，已然昭示了整个历史的结局：“铜山东崩，洛钟西应，大有不期然而然者”②。

晚清剧烈的社会变动所引动的制度变迁，复杂而又深刻。在大约半个世纪的历史长程中，地方社会治理的内容和体制迭经更易，具体的规制和运行机制也变化繁多。在时代性制度更易之中，绅董的力量亦隐然贯穿其中，且扮演了新旧制度转型的承接和推助力量。原本基于约定俗成的惯制规范化为新政之制度：“今宜著为定则。一城有总董，各地有分董，各业有业董。而总董之下，又设会计、书记二人，以治其繁剧。官长有关系地方事宜，或改良，或创设，则下之于总董，总董下之于分董、业董，开公议所，凭多数决议，以定可否而复之。”③剧烈变动的是制度形式——新旧制度的时代区分判然分明，不变的却是制度中的主体——绅董。它承转其间，脉系相连地完成了地方治理体制的近代转型。从这一视角观察晚清地方社会治理体制的演进轨迹，我们或可获得更为真确的历史实相和新的学术认知。

（原载《中国社会科学》2019年第6期）

①[美]蒲乐安著、刘平等译：《骆驼王的故事——清末民变研究》，商务印书馆2014年版，第229页。

②《敬告今日筹办自治者》，《申报》1911年4月3日。

③《改良地方董事议》，《东方杂志》1904年第1卷第6期。

士绅阶层与晚清民变

——绅民冲突的历史趋向与时代成因

近代中国带着历史的屈辱(《辛丑条约》的订立)走入了20世纪。逃亡在外的清政府尚未返回北京,即在西安宣布"变法",意图推行新政,刷新政治,收拾人心,救治危机。然而,危象蜂起的社会变乱不仅昭示出新世纪特有的深层社会危机,而且颇具反讽意味的却是新政本身也构成了民变风潮的动因。

民变风潮迭起不仅呼应着有组织的革命党人和立宪党人的政治吁求,成为制约和影响着20世纪初期中国历史运行基本构架的因素之一,而且它自身展示出日趋清晰也日渐突出的绅民冲突,凸显着中国社会结构的深层变动。以往学界对于民变的研究更多关注的是民变的类型、参与主体的成分及其对于革命条件的形成等问题,而对于隐伏在民变背后的深层社会结构变动问题则甚少关注。大革命时期乡村社会矛盾的爆发以打倒土豪劣绅为目标而展开,并非只是国民党或共产党政治动员的结果。显然,如果乡村社会矛盾没有一个相当长期的历史累积,如果传统的官—绅—民利益关系没有发生结构性失衡,又如何揭橥出大革命时期"有土皆豪,无绅不劣"的政治口号?从晚清毁学杀绅事件中形成的绅民利益冲突,到大革命岁月里打倒绅权的政治诉求之间,蕴含着基于社会制度变迁而形成的利益关系分化与重构的结构性社会变动。对于重大历史事变爆发的精确理解和深度把握,应该更多地依赖于对于事变孕育的漫长进程的剖析。

一 民变风潮中的绅民冲突

1900年标志着一个世纪的自然转折,也是一个富含社会文化内涵的历史转折。芮玛丽(Mary Wright)认为1900年是中国20世纪一连串革命的起点。不仅1919到1927革命的根源在此,即使1949以后的革命根源,有很多也要在此找寻①。可以说从1901年始,涌动于社会底层的民变连绵不绝,“几乎无地无之,无时无之”,它与王朝的所谓新政一起,构成晚清上层力量与下层民众作用于社会的互动态势。据现有的研究成果估计②,从光绪二十八年(1902)正月至宣统三年(1911)八月辛亥革命前夕,全国共发生民变1028起(马自毅据此统计为一千三百多起③)。“清末民变的年发生率超过了清中期的数十、数百甚至数千倍,比之甲午战争前后也有大幅度上升。”④从年份上看,民变主要集中在1906年(133起)、1907年(139起)、1909年(116起)、1910年(217起)和1911年(108起)。底层社会蕴积的矛盾和愤激力量的喷发更多地集中在1906—1907年、1909—1911年两个时段,其中又以1910年为最高点。

与传统时代集中于官民矛盾(即官逼民反的一般特征)的态势有所不同,新世纪的民变风潮一开始就呈现出结构性社会矛盾特有的复杂性和多向性。首先,构成民变参与主体的力量十分广泛,体现出社会阶层剧烈分化的一般趋势。已有的研究成果一再显示,清末十年民变的主体力量及其首领的身份,与清中期相比截然标示着时代

---

①Mary Wright, “Introduction: The Rising Tide of Change”, in Mary Wright ed., *China in Revolution: The First Phase 1900—1913*, Yale University Press, 1968, pp. 1—19.

②见张振鹤、丁原英编:《清末民变年表》,《近代史资料》1982年第3、4期。中国第一历史档案馆、北京师范大学历史系编选:《辛亥革命前十年间民变档案史料》,中华书局1985年版。杜涛:《清末十年民变研究述评》,《福建论坛》2004年7月,第6期,第70—74页。

③马自毅:《前所未有的民变高峰——辛亥前十年民变状况分析》,《上海交通大学学报(哲学社会科学版)》2003年第5期。

④马自毅:《前所未有的民变高峰——辛亥前十年民变状况分析》,《上海交通大学学报(哲学社会科学版)》2003年第5期。

性的差异。清中期“这些人几乎全都来自贫穷或边际贫穷的地区，是从土地中游离出去的过剩人口，没有必要的生产资料”①。可以肯定的是，下层社会是民变形成的主体力量，而其中“游民无产者或称社会边缘人在其中占了很大比重”②。属于“中等社会”及其之上的社会阶层“他们很少直接卷入罪行”，即使参与也“通常是盗匪的接脏者、保护者，或者是助手”③。但清末民变中的“士绅、豪富占很大比重”，在“民变首领中所占比例更大”④。在地方社会秩序急剧动荡的主导力量中，居然有“武庠中之举、秀，仕途中之弟子”⑤。“前闻举贡生监，以考试既停无所希冀，诗书废弃，失业者多，大半流入会党。”⑥“甚至庠序衣冠之辈，亦多为所诱惑。”⑦“士农工商，全民参与”⑧构成其独具的时代特征。

其次，民变冲突的社会集团和利益分层交错纠葛，呈现的社会面相纷繁多样。民变参与主体的扩大，揭示了社会利益分化的剧烈和普遍性，使得民变中的力量组合和斗争指向也更形复杂多变，形成了

①相关研究成果见：[美]安乐博：《盗匪的社会经济根源：19 世纪早期广东之研究》，叶显恩主编：《清代区域社会经济研究》上册，中华书局 1992 年版，第 534—543 页；秦宝琦：《从档案史料看天地会的起源》，《历史档案》1982 年第 2 期；刘平：《民间文化、江湖义气与会党的关系》，《清史研究》2002 年第 1 期。

②刘平：《民间文化、江湖义气与会党的关系》，《清史研究》2002 年第 1 期。

③[美]安乐博：《盗匪的社会经济根源：19 世纪早期广东省之研究》，叶显恩主编：《清代区域社会经济研究》上册，第 536 页。

④马自毅：《前所未有的民变高峰——辛亥前十年民变状况分析》，《上海交通大学学报(哲学社会科学版)》2003 年第 5 期。

⑤见《申报》光绪二年五月廿四日，转引自马自毅：《前所未有的民变高峰——辛亥前十年民变状况分析》，《上海交通大学学报(哲学社会科学版)》2003 年第 5 期。

⑥《给事中李灼华奏学堂难恃拟请兼行科举折》，故宫博物院明清档案部编：《清末筹备立宪档案史料》下册，第 995 页。

⑦赵尔丰：《奏张治祥等结党联盟倡言改革片》，中国第一历史档案馆、北京师范大学历史系编选：《辛亥革命前十年间民变档案史料》下册，第 774 页。

⑧马自毅：《前所未有的民变高峰——辛亥前十年民变状况分析》，《上海交通大学学报(哲学社会科学版)》2003 年第 5 期。

绅民—官(如 1910 年 2 月浙江台州仙居民变、4 月河南密县民变①,1911 年四川名山县绅民将县官轰下台②等)、官绅—民(莱阳民变)、官民—绅(如毁学风潮中对乡民打绅行为的纵容或骑墙态度)③等,多模式矛盾冲突的历史景观。士绅阶层的利益分化也更为突出,所谓“绅分五党”“皆争权据利,各不相下”④的局面所在多有。传统时代官—绅—民社会权力结构模式进入分解与重构的历史进程之中。

值得特别关注的一个趋向是,民变风潮中的绅民冲突呈现出日趋频繁和激烈的走向。据《清末民变年表》资料,直接标示出和内容能够体现出的绅民冲突事件至少有三百多次(件),且呈逐年递增的态势,如下表:

表 3-13 《清末民变年表》中绅民冲突数量统计表

年份	1902	1903	1904	1905	1906	1907	1908	1909	1910	1911
绅民冲突件(次)	5	2	9	8	31	44	14	38	97	59

当 1906 年民变风潮持续走高后,绅民冲突的频次也明显增加;当 1910 年民变发生次数达到这一历史时段的最高点时,绅民冲突的次数也同样达到最高峰。但二者的演进态势并不是等量递增的关

①台州民变结果不仅“小民无辜被压”,官府也“欺压绅士”。见《详记台州民变原委》,《东方杂志》1910 年第 7 卷第 3 期。密县知县“办理新政,颇为绅民不悦”,“大滋绅民之怒”致纠众千余人捣毁县署。见《宣统二年三月大事记》,《东方杂志》1910 年第 7 卷第 4 期。

②隗瀛涛等编:《四川辛亥革命史料》下册,四川人民出版社 1982 年版,第 158—160 页。

③“甲辰以前,中国闹学毁学之事,见于学生;甲辰以后,中国闹学毁学之事见于愚民。”“愚民毁学,其咎则全在于官吏。”见《时评·毁学果竟成为风气耶》,《东方杂志》1904 年第 1 卷第 11 期。在慈溪风潮中,学绅归咎于知县“纵匪仇学”。见中国史学会主编:《中国近代史资料丛刊·辛亥革命(三)》,上海人民出版社 1957 年版,第 454—455 页。

④存萃学社编:《辛亥革命资料汇编》第 1 册,香港大东图书公司 1980 年版,第 169 页。

系，绅民冲突的递增趋势显然远远高于民变本身。1906 年民变为 133 起，绅民冲突为 31 起，1907 年民变为 139 起，绅民冲突 44 起，1910 年民变虽增至 217 起，而绅民冲突则陡然增为 97 起，几乎接近民变事件的半数。这一现象明显揭示着绅民矛盾日趋激化的基本走向。

另据分省统计，十年间民变发生次数最多的是江苏省（275 起），其次为浙江（178 起）、江西（69 起）、安徽（64 起）等省。从地域分布上看，主要集中在黄河以南的广大地区，且大多是经济相对发达的省份；经济最发达的江浙地区，民变发生的次数最多。此外，从引发民变的原因上看，在可以辨明起因的 786 起民变中，主要可划分为四种：捐税负担（262 起）、米的问题（199 起）、工资问题（80 起）、与地方势力的矛盾（70 起）。从比例上看，捐税负担约占 1/3，米的问题约占 1/4①，和其他原因相比，这两项构成了最主要的原因，而这两项事实上又与士绅所扮演的角色密不可分。"近年民变之由来有二：一曰抗捐，一曰闹教。夫曰捐、曰教，皆国家所行之实事也。"民变致因的时代性特征十分突出："今之所谓捐与今之所谓教，此二事，皆我国历史之所无，古人一切政书亦无有言及者。而此一二十年间始持以牧令至严之考绩，一切旧政除办差外，其功罪均莫论与此二者相较焉。""故此二者之起者，有三类人焉，曰政府，曰督抚，曰州县。""二者之害，受之者有一类人焉，曰民。"②抗捐与闹教不过是内忧外患时代性危机的具象化，它从普遍性意义上揭示着社会利益的分化程度及其社会矛盾的历史走向。

民变风潮汇聚着社会阶层各方利益和力量的纠葛和冲突，《论陕西民变》中说："以铁路亩捐激成民变，蔓延十余州县，前后亘四阅月。""终误于地方官吏之把持。"借路事大肆收取盐捐、亩捐，其间又有官绅之斗，将路权由绅办移为官办，"借机谋利，把持一切，安置僚属，局所林立"。以新政而害民生，"长负此加赋之累，相续于无穷也"，"缓须臾而不得"③。至各地层出不穷之毁学打绅事件，虽然表

①杜涛：《清末十年民变研究述评》，《福建论坛》2004 年 6 期。

②《社说·论近日民变之多》，《东方杂志》1904 年第 1 卷第 11 期。

③蛤笑：《论陕西民变》，《东方杂志》1907 年第 4 卷第 3 期。

象上与新旧观念、革新与保守的价值取向不无联系，但对乡民而言说到底仍在于切身利害之所系。“考其原因，无非为抽捐而起。”“捐于官吏，于吾民为无益，则捐于学堂，于吾民亦为无益。”①

历史的演进有时与预设者的期望愈行愈远。新政的施行并没能消弭社会矛盾和化解统治危机，反而触发了并扩展着民变风潮的持久涌动。而其间，士绅社会角色和功能的变动，予民变风潮的影响至关重要。“今则易官吏为绅士，则以吾侪之力与绅士抗易。易耳，此毁学之事所由起也。故按其原因，则知愚民之毁学，固非有意与学堂为难，实由平昔官府之敲扑过甚，故藉此而一泄其忿焉”②。显然，这与传统社会中“官与民疏，士与民近。民之信官，不若信士……境有良士，所以辅官宣化也”③的士绅的地位与功能已相去甚远。看来，“绅士信官，民信绅士，如此则上下通，而政令可行矣”④的官—绅—民权力结构制衡关系，于今已如明日黄花，呈分崩离析之势。

二　民变中的士绅：从莱阳抗捐到长沙抢米风潮

迭次爆发的民变各有不同的致因和机缘，参与其中的社会力量的角色和作用也各有不同。但是通过对具有规模性的民变风潮的个案剖析，我们或可观察到地方士绅与民变孕育、触发、演变和结案的全程性关联。

1910年5月间山东莱阳爆发了以曲士文为首的抗捐运动。民变的直接导因是灾荒引发歉收，“粮价昂贵，为数十年来所未有”⑤，农民无力缴纳当年捐税，要求提取群众多年存储的社仓积谷，而与掌控社仓的士绅发生冲突。其实，民众对于掌控社仓士绅的积怨由来已久。1880年莱阳县农产丰收后，百姓们记取前车之鉴（1876年莱

①《时评·毁学果竟成为风气耶》，《东方杂志》1904年第1卷第11期。

②《时评·毁学果竟成为风气耶》，《东方杂志》1904年第1卷第11期。

③李燕光：《清代的政治制度》，明清史国际学术讨论会秘书处论文组编：《明清史国际学术讨论会论文集》，天津人民出版社1982年版，第257页。

④姚莹：《复方本府求言札子》，贺长龄辑：《皇朝经世文编》卷23，《吏治》，沈云龙主编：《近代中国史料丛刊》第74辑，第856页。

⑤《申报》1910年5月15日，转引自刘同钧、董礼刚：《莱海招抗捐运动与辛亥革命》，北京理工大学出版社1994年版，第15页。

阳县遭受严重旱灾，饿殍遍野）储粮备荒，存于各社社仓。但是，不久掌控社仓的士绅却勾结官府将储粮提进县城，高价变卖，低价入账，将粮款大部中饱私囊。通过对社会"公权"的运作将社会公共利益私人化，是传统时代基层社会权力结构的痼疾，也是触发官、绅、民利益冲突的根本性社会原因。莱阳"县令朱槐之于 1908 年复任后，将全县钱粮包给劣绅王圻、于赞扬、尉龙章等人开办的私人钱庄"。借助于"改制"将社会公权公然私人化，由此形成绅、官分肥的利益重组。"每收银一万两，朱槐之从中抽取 1500 两。王圻等人采取强制手段，迫使农民交纳钱粮均按制钱、铜元各半搭配，仅此一项便使农民的负担增加 25%"①。莱阳杂捐如地亩捐、契纸捐、染房捐、户口捐等十多项。以此，劣绅王圻、王景岳、于赞扬、张相谟、葛桂星在民众中便有"三害二蠹"之恶名。

问题还在于，以改革政制为目标的新政并没有根本触动基层社会权力结构及其权力主体，而是将具有现代性特征的新政直接付之于传统权力进行操作。清政府的近代化新政不仅丝毫没有试图去解决这些矛盾，反而来了个火上浇油，建学堂、设警察全都假手劣绅，而经费则全部由百姓负担，国家一毛不拔。为此，莱阳县开征了契纸税、户口税、文庙捐、油坊捐、染坊捐、丝麻黄烟捐、牲畜捐、钉牲口蹄捐、瞎子捐等多种捐税，农民负担一下子增加了数十倍。正如时论所言："洎乎开办地方自治，地方绅士借口经费，肆意苛征，履亩重税，过于正供。间架有税，人头有税；甚至牛马皆有常捐，悉索敝赋，民不聊生，绅民相仇，积怨发愤，而乱事以起。官不恤民，袒助劣绅，苛敛不遂，淫刑以逞，而乱事以成。"②更加使人不能容忍的是，这些捐税大部分被官绅们贪污，中学堂每年经费开支不过大钱 1883 吊，而经手劣绅王圻兄弟每年所筹之款至少不下一万四千余吊；警局每年经费不过大钱 4695 吊，而经手劣绅王景岳征收捐款七千八百余吊。新政为这些劣绅的胡作非为、横行乡里提供了相当便利的条件，操控莱阳地方权力的士绅王圻、于赞扬等家族，均在县城里开设多家钱庄和店

①刘同钧、董礼刚：《莱海招抗捐运动与辛亥革命》，第 15 页。

②张枬、王忍之编：《辛亥革命前十年间时论选集》第 3 卷，生活·读书·新知三联书店 1977 年版，第 653 页。

铺，不失时机地借助新政改制的公权，增加私利。由此，于赞扬的钱庄和王圻所开的源顺钱庄一样，存储了大量官款①。掌控乡村社会公权的士绅们“一旦逞其鱼肉乡民之故技，以之办理自治……或假借公威为欺辱私人之计，或巧立名目为侵蚀肥己之谋，甚者勾通衙役胥差，交结地方长官，藉端牟利，朋比为奸”②。

因此，莱阳乡民聚众要求提取社仓积谷来抵偿各种捐税，与其说是对灾荒应变的临时举措，毋宁说是对劣绅历史积怨的必然爆发。对于事后查证莱阳劣绅将社仓积谷“早经变价，现只存入四千吊，余皆无有”③的问题，事实上早已哄传民间，并逐步累积为可以随机爆发民变的敏感触媒。因此，莱阳以抗捐为内容的民变一开始的直接指向就是劣绅。1910 年 4 月 21 日，各乡农民在太平社社长曲士文和永庄社社长于祝三等人领导下成立“联庄会”，动员西北乡三十多个村庄农民参加“讨还积谷”斗争；5 月 21 日集七百余人于县城城西关帝庙，准备面见诸劣绅论理。“当得知劣绅早已避匿时，曲士文便带领群众拥入县署”④，逼迫知县答复传质劣绅，十日内算账，缺者追赔。至此，“索谷抵捐”的民众吁求演变为大规模群体性的民变风潮。

作为不同类型的民变个案，我们可以发现长沙抢米风潮发生时明确的指向似乎是官，呈现出官民冲突的另一样式。但是，如果我们考察的视野并不局限于抢米事件爆发的近因，也不仅仅聚焦于事件走向极端时推演出的官民对立态势，我们仍然能够从中探寻到士绅在抢米风潮中所扮演的主导角色和难以替代的作用。

“湘省自咸、同军兴以来，地方官筹办各事，借绅力以为辅助，始则官与绅固能和衷共济，继则官于绅遂多遇事优容，驯致积习成弊，绅亦忘其分际，动辄挟持。民间熟视官绅之间，如此侵越，亦遂借端

---

①《山东旅京同乡会莱阳事变实地调查书》，中国史学会济南分会编：《山东近代史资料》第 2 分册，山东人民出版社 1958 年版，第 9—11 页。

②故宫博物院明清档案部编：《清末筹备立宪档案史料》下册，第 757 页。

③《山东旅京同乡莱阳事变实地调查报告书》，转引自刘同钧、董礼刚：《莱海招抗捐运动与辛亥革命》，第 15 页。

④《山东旅京同乡莱阳事变实地调查报告书》，转引自刘同钧、董礼刚：《莱海招抗捐运动与辛亥革命》，第 16 页。

聚众，肆其要求。”①湘省地方权力结构的历史成因，为地方绅权扩张及其对官权的抗拒提供了独特的条件，“于是哄堂围署，时有所闻，而礼法亦荡然无存矣”②。

事后湖广总督瑞澂将“湘乱”之源归咎于劣绅，虽不免官官护惜之意，却也并非无根之言。“臣念湘乱之始，固由地方官办理不善，而肇乱之源，实由于劣绅隐酿而成。”③对此，《长沙闹事之前因》有所剖析，谓湘省“近年民食之艰也，一因于铜元之滥发，货物价昂；一因工艺不兴，人民专恃农业；一为各省改征为募，湘兵归里，均失生业；一为社会教育不发达，而事权均操于顽绅”。“此次因不禁米而致民变，固在近因中之最近者也。”④即使就长沙民变发生的近因而言，士绅也隐然居于主导地位，“由于官绅斗法，造成米价高涨，贫民难以忍受，蠢蠢欲动……奸商豪绅，既不顾人们死活，乘机大肆掠夺；民众要求官府开仓平粜，又不获准，因此自然地把仇恨集中到巡抚岑春蓂身上，斗争就这样起来了”⑤。

在官、绅、民三方关系已经处于随时崩解之际，就利益的调整方向而言，呈现出官向民的某种倾斜和士绅对民众利益的坚拒态势。面对嗷嗷待哺的灾民，“初欲由官筹款，交绅经办，后知官款实在窘迫，始议劝募绅捐，先办义粜。闻该绅王先谦首先梗议，事遂迁延”⑥。正是在指望绅富捐办义粜遭拒后，岑十分恼怒，两次发布措辞强硬的告示，称：“无论绅富行店以及耕佃人家，均一律由团保秉公据实验明仓囤，除划出本户自留食谷不计外，但查有余存谷米或少至数石者，即属忍心害理，意存遏粜。一经清乡总绅查出或被本团告发指名禀县罚究，并将徇隐团保议罚。”并要求“公谷”尽先平粜，如有“仓长措留公谷不发及本境”等情事，一经查出“仍将所罚谷米归入本

①饶怀民、[日]藤谷浩悦编：《长沙抢米风潮资料汇编》，岳麓书社2001年版，第95页。

②饶怀民、[日]藤谷浩悦编：《长沙抢米风潮资料汇编》，第95页

③饶怀民、[日]藤谷浩悦编：《长沙抢米风潮资料汇编》，第97页。

④饶怀民、[日]藤谷浩悦编：《长沙抢米风潮资料汇编》，第225页。

⑤饶怀民、[日]藤谷浩悦编：《长沙抢米风潮资料汇编》，第284页。

⑥饶怀民、[日]藤谷浩悦编：《长沙抢米风潮资料汇编》，第96页。

团平粜公谷项下”①。因此，在官、绅、民三者利益关系上，至少从岑的主观意愿及其最初举措来看，更多地倾向于民的一方。正是由于“岑春蓂的两项措施直接损害了士绅的利益”，才使得“官绅之间的矛盾日趋尖锐”②。而士绅们则既不顾及民众的生计，也不虑及社会秩序的安稳，却在明画深图中谋取着官绅权力的重组③。

事实上，绅民利益冲突的先兆早已显露。1909年6月，常德数千灾民围官绅李亨宅，迫其捐款赈灾④；1910年春湘潭贫民聚众索食强吃排饭，长沙靖港、衡州、醴陵、宁乡等府县“均有贫民夥众吃大户及捣毁砻坊之事”⑤。绅民利益冲突已是一个相当普遍的社会问题，而矛盾的症结正在于士绅阶层对于地方经济的操控。米珠薪桂之际，叶德辉“家中积谷万余石”，却“不肯减价出售，致为乡里所侧目，实属为富不仁猥鄙无耻”⑥。杨巩则“专营私利，广置房产”⑦。而且担任两湖米捐局总稽查的叶德辉的作为与莱阳劣绅的做派如出一辙，也是“勒令米捐全部存入他所开德昌和钱店，常集一二十万不解，以此牟利”⑧。只是久经历练的长沙士绅具有更娴熟的政治手腕，在事变发生后机巧地将抢米风潮中的绅民矛盾导向了官与民的直接对立。

就官、绅、民三方利益与力量的演变而言，莱阳民变与长沙民变的走向显有不同。莱阳民变以民绅直接冲突的形式展开，乡民曾以

---

①《湖南巡抚部院岑春蓂告示》，《湘鄂米案电存》上卷，第61页，转引自杨鹏程：《长沙抢米风潮中的官、绅、民》，《近代史研究》2002年第3期。

②杨鹏程：《长沙抢米风潮中的官、绅、民》，《近代史研究》2002年第3期。

③湘绅们借抢米风潮，致力于改组湘省权力结构，更换抚臣的活动。

④湖南省地方志编辑委员会：《湖南省志大事记》，湖南人民出版社1999年版，第179页。

⑤《湖南巡抚部院岑春蓂冀示谕》，《湘鄂米案电存》上卷，第64页，转引自杨鹏程：《长沙抢米风潮中的官、绅、民》，《近代史研究》2002年第3期。

⑥杨鹏程：《长沙抢米风潮中的官、绅、民》，《近代史研究》2002年第3期。

⑦《署湖广总督瑞澂奏特参籍绅挟私酿乱请分别惩儆折》，《国风报》1910年第13期，转引自杨鹏程：《长沙抢米风潮中的官、绅、民》，《近代史研究》2002年第3期。

⑧《长沙抢米风潮竹枝词》，转引自杨世骥：《辛亥革命前后湖南史事》，湖南人民出版社1982年版，第177页。

地方官为绅、民利益调整的中介找官府“评理”；知县朱槐之也曾向乡民推说“所有苛捐杂税全由劣绅王圻、王景岳等所为”，允诺“按章收税，不征杂捐，偿还积谷”，并出告示革除劣绅王圻、王景岳等人的职务①。但官绅利益的一体化使朱出尔反尔，终于导致民变猝然爆发，乡民们于6月11日将劣绅王景岳等房舍衣物付之一炬。绅、民冲突的极端化随即引发了官绅利益关系的破裂，士绅们显然对知县将众怒引向士绅的行为极为恼怒，警察局董王景岳遣其子王廷兰随劣绅王圻到济南运动，“携带万金，遍行贿赂，要求山东巡抚撤换朱槐之”②。6月24日朱因“主莱事不善”被免职。但是，新任县令奎保“接受莱阳劣绅贿金3500两，将朱槐之所允各项协议一概取消”，并以莱阳民众“抗拒新政，结党倡乱”而请兵弹压。由此，事件升级，7月初，乡民聚集达10万之众，正式喊出“杀尽贪官污吏与诸劣绅”的口号。几乎同时，与莱阳相邻的海阳县乡民也于1910年6月6日起事，围攻县城，提出“开仓赈荒，革除契税、浮收钱粮，惩处巡警”等9项要求。县令向农民推说“浮收的钱粮银两面均被乡社绅士贪污”，海阳西乡群众于6月8日“发动了一场闹乡社绅士的斗争”③，“分路下乡，斗绅士，分钱粮，开展了‘吃大户’运动”。这场斗争延续半个多月，涉及方圆百里，参加者达数万之多，斗争的直接指向始终是士绅。

长沙民变“肇乱之源”的“祸首实系湘绅”④，但民变的走向却隐然操控于士绅股掌之中：一方面一批由绅士派出的人员乔装着饥民，处处表现出“对于庄公极深爱戴”的样子，大造由庄赓良做巡抚的舆论。另一方面，又由王先谦领衔用七绅士的名义，致电湖广总督要求更换湘抚⑤，试图通过重组地方官绅权力结构达到士绅权益的最大化。湘绅们借助于民变欲将“官绅之争久矣”的矛盾转化为“似专与巡抚为难”⑥的官民冲突。4月14日，在事态已趋严重之时，官府动

①刘同钧、董礼刚：《莱海招抗捐运动与辛亥革命》，第17页。

②刘同钧、董礼刚：《莱海招抗捐运动与辛亥革命》，第17页。

③刘同钧、董礼刚：《莱海招抗捐运动与辛亥革命》，第21页。

④饶怀民、[日]藤谷浩悦编：《长沙抢米风潮资料汇编》，第73页。

⑤饶怀民、[日]藤谷浩悦编：《长沙抢米风潮资料汇编》，“前言”第13页。

⑥饶怀民、[日]藤谷浩悦编：《长沙抢米风潮资料汇编》，“前言”第13页。

员“各绅以城厢各都团总”会议应对之策，绅士们即将“局势”作为了谋求利益最大化的筹码，甚至不惜以牺牲新政为代价。以孔宪教、杨巩为首的绅士提出与官府合作解围的七项条件即是：停办铁路，停办学堂，废警察，复保甲，平粜，开皇仓，撤常备军①。内有绅与官讨价还价之争，外有民众之围困，在公开出场的官、绅、民三方力量的博弈中，似乎“绅民共构”为针对官方的力量，至少在表象上形成了这种态势。但从士绅们坚守的利益立场和其向官方开具的六项条件而言，却集中表达的是士绅的利（如对“绅捐义粜”的抵制）和权（如针对新政利权的夺取）的诉求，丝毫未及饥民的基本要求。这一利益指向与晚清各地民变风潮中毁学、抗捐的绅民冲突基本一致。抢米风潮中官民矛盾之所以日渐激化和最终以极端方式爆发，与长期隐匿着的“官与绅之间的斗争亦趋激烈”②的历史纠葛不无关联，而官绅之争的历史内容最终借助于民变风潮得以宣泄。

然而，一旦民变四起，且触及所谓绅富的利益时，士绅们对于民变的隐蔽操控就转变为直接打压，“（三月初六日）乱民……纷纷抢劫……及抢劫省城绅富之说，绅士大恐，会集席氏祠，商议定乱方法，始主用重典之说”③。因而，民变的结果仍然落实于绅民冲突的基点上，“一闻抢劫绅富，祸将至己，则立请重办”④。在长沙抢米风潮中，士绅们居于隐可操持民变，明可挤压抚臣的强势地位，意图左右逢源从中渔利。这一复杂的局势正可提示着长沙抢米风潮中绅、民利益对立和官、绅权力结构分化重构的实态。

尽管莱阳民变与长沙抢米风潮中官、绅、民三方利益关系的表现特征不同，但最终揭示出的绅民利益的根本性冲突却基本一致。正是绅、民利益及其关系的冲突和恶化，构成了晚清以来地方社会民变大潮持续涌动的基本原因之一。

---

①饶怀民、[日]藤谷浩悦编：《长沙抢米风潮资料汇编》，“前言”第12页。

②饶怀民、[日]藤谷浩悦编：《长沙抢米风潮资料汇编》，“前言”第3页。

③饶怀民、[日]藤谷浩悦编：《长沙抢米风潮资料汇编》，第93页。

④饶怀民、[日]藤谷浩悦编：《长沙抢米风潮资料汇编》，第96页。

三　清末新政与绅权的体制化

晚清以来，地方社会秩序频繁动荡与失控，尤其民变风潮多以绅民冲突的形式展开，作为地方权力主体的士绅阶层诚然难辞其咎。此后，劣绅之谓流布一时，并在相当程度上成为诠释乡村社会变乱的重要因由，如“莱阳民变，实由该县官抽捐过苛，劣绅助桀为虐之故”①。奎保接任后，“与劣绅商办一切，遂致酿乱”②。然则，绅之所以为劣并从普遍意义上与乡民利益形成日趋严重的对立，实与乡村社会公共利益和权力的制度性变迁密切相关，而断非正绅与劣绅的道德分别所致。正是在这种制度性变迁过程中，不仅传统社会中相对稳定的官、绅、民利益—权力制衡关系猝然破解，而且将士绅阶层直接推向权力重构中心，在清末新政的体制更易中，形成了占据地方各项权力资源的士绅——权绅。

在相对于新政的“旧政”（姑妄称之，笔者）体制下，士绅与乡民的利益关系虽不免等级之别，却不至于频繁出现严重的利害冲突。民国《醴陵县志》记载：“醴陵旧称岩邑，其人忍苦习劳，无甚富之家，而贫无立锥者所在皆是，当科举世，以博得一衿为荣，衣食足以自给，贫寒之士，资笔耕为生，不慕利禄……”“农民素勤耕种，平居与士类齐等”，“父老垂训，常以耕读并称，多合于今世平民主义”③。至少，基于乡里社会或宗族共同体利益相近的绅—民利益关系相对和缓，远不如官、绅之间利益关系的紧张。同治年间，长江中游地区围绕漕粮征收，乡村社会的士绅与乡民借助于宗族组织结成合力以对抗官府，在某些地区已经演成了这样一种局面：乡村宗族“动辄恃众抗官，逞强凌弱，转以宗祠为聚众逋逃之护身符，人命盗案，一入强梁之村落，

①《盛京时报》1910 年 7 月 26 日，转引自刘同钧、董礼刚：《莱海招抗捐运动与辛亥革命》，第 26 页。

②《盛京时报》1910 年 7 月 27 日，转引自刘同钧、董礼刚：《莱海招抗捐运动与辛亥革命》，第 26 页。

③陈鲲修、刘谦纂：民国《醴陵县志》卷 4，《礼俗志·风俗》，民国三十七年(1948)铅印本，第 8—9 页。

往往不服拘拿"①。张仲礼的研究表明,士绅们视自己家乡的福利增进和利益保护为己任,在政府官员面前,他们代表了本地的利益。在正常情况下,政府和士绅的主要利益是一致的,并且为保持社会运转和维持现状,他们相互合作。但是当他们的利益相悖时,士绅则会批评,甚至反对和抵制官府的行政②。

在传统社会官、绅、民基本利益—权力结构中,无论对于乡民还是对于官府而言,地方秩序的稳定和利益调节,通常都倚重于士绅阶层。"有清一代乡制未改……保正复名乡保……乃传达州署功令于各村之外,并不知乡政为何事……谓之无乡政时期可也。"③乡村社会秩序的维系和生活功能的运转以及乡村社会的公共组织,如水会、老人会、堤工局等,也多基于士绅私人威望的构建④。享有文化权威和社会权威的士绅阶层是这个控制系统的社会基础。不过,士绅对于地方事务的权力影响或支配作用,尽管不容小觑,却并不获得制度化的支持;同时"凭借私人威望和能力办理公共事务",也"不能做到现代行政所要求的常设化、制度化"⑤。

太平天国军兴时期,清朝地方大吏意识到必须调适与民间士绅的关系,缓和社会矛盾,才能有效借助民间士绅力量与太平军相抗衡。湖南巡抚张亮基于咸丰二年(1852)力主"以延访士绅,通上下之情为务"⑥。地方大员的深切感受是,在官、绅、民三方力量的构架

---

①陶澍:《缕陈巡阅江西各境山水形势及私枭会匪各情形附片》,《陶文毅公集》卷 25,转引自章开沅、马敏、朱英主编:《中国近代史上的官绅商学》,湖北人民出版社 2000 年版,第 388 页。

②张仲礼著、李荣昌译:《中国绅士》,第 50—51、67 页。

③仇远廷等纂修:民国《蓟县志》卷 3,《乡镇志》,民国三十三年(1944)铅印本,第 1 页。相关研究可参见转魏光奇:《官治与自治——20 世纪上半期的中国县制》,商务印书馆 2004 年版,第 50—53 页。吴趼人:《二十年目睹之怪现状》,人民文学出版社 1959 年版,第 439 页。邱捷:《清末民初地方政府与社会控制——以广州地区为例的个案研究》,《中山大学学报(社会科学版)》2001 年第 6 期。

④魏光奇:《官治与自治——20 世纪上半期的中国县制》,第 53 页。

⑤魏光奇:《官治与自治——20 世纪上半期的中国县制》,第 72 页。

⑥李瀚章修、曾国荃纂:《湖南通志》卷 108,《名宦志十七·国朝六·张亮基》,第 16 页。

中，绅、民之间存在着更多的利益共识，并足可形成与官府角力的合力。因此，危机时代必得动员士绅以求抵御太平天国的破竹之势。湖南巡抚骆秉章认识到"官与民不能联络，绅为通之"，"务在官绅与民通为一气，丁胥吏役无所容其奸"①。由此，官、绅的利益共谋在团练中得以实现②。官为绅用，以绅为主的团练局，其征派"固然要由官府同意，但实际操作则是士绅自行其是"③。而且，"团练局有一大批局董、局绅，均是在地方有势力的上层乡绅"④。局绅或绅董群体的出现，预示着地方权势由士绅阶层向权绅集团的演变⑤。

士绅与团练机构的结合及其权力的组织化过程，开启了士绅阶层——以士为基本特征的文化权威和社会权威——的绅权体制化和士绅权绅化的历史进程。"19 世纪中叶以后，清代传统乡里组织的性质正在发生变化。"这一变化趋向不仅体现为士绅开始成为里社、乡地组织的首领，也不仅仅体现为乡里组织职能由应付官差向广泛介入民事纠纷调解、征收赋税、办理地方武装的扩展，还突出表现为"不同于传统乡里组织、具有近代地方自治性质的各种会所"⑥的兴起。有些乡地组织自身虽然没有出现明显变化，但"被置于士绅的领导之下，并开始承担地方公共职能"⑦。这一历史进程延续在新政或地方自治的制度更易中，并由此获得了更大的权力空间和合法性基础，诚如周锡瑞所论："地方自治会和较早的地方绅权设置之间，存在着意味深长的延续。"⑧

---

①《骆中丞并村结寨谕》，张延绮等纂：同治《长沙县志》卷 15，《兵防》。

②相关研究见章开沅、马敏、朱英主编：《中国近代史上的官绅商学》，第 395 页，

③章开沅、马敏、朱英主编：《中国近代史上的官绅商学》，第 405 页。

④贺跃夫：《晚清士绅与近代社会变迁》，广东人民出版社 1994 年版，第 55 页。

⑤见[日]佐佐木正哉编：《清末的秘密结社》，第 35—37 页，转引自章开沅、马敏、朱英主编：《中国近代史上的官绅商学》，第 414 页。

⑥魏光奇：《官治与自治——20 世纪上半期的中国县制》，第 79 页。

⑦魏光奇：《官治与自治——20 世纪上半期的中国县制》，第 79—80 页。

⑧[美]周锡瑞著、杨慎之译：《改良与革命——辛亥革命在两湖》，中华书局 1982 年版，第 111 页。

“近世地方政务日繁，就一州县而论，学务、警察、农工商务，百端待理，为牧令者，讵一身而万能也。东西列国，皆地方之人任地方之事，事无不举，而地方以治，政府所设之官吏，仅监督焉而已。”①与“旧政”相比所不同的是，新政以及由此推进的地方自治制度，为日趋扩展的士绅权力提供了合法性和制度性基础②，并将传统时代基于习惯或地方情境的非制度性绅权也合法化和制度化，“查各直省地方局所，向归绅士经理者，其与官府权限，初无一定，于是视官绅势力之强弱，以为其范围之消长。争而不胜，则互相疾视，势同水火”，如今则“经理在民，董率在官，庶得相倚相成之意，而胶扰可以不生”③。而且，在现代性制度建构过程中，地方经济和财政也自然受控于士绅，“地方自治经费既不能动用国家正款，则于旧有公款公产而外，不能不别开筹措之途……地方自治，以本乡之人办本乡之事，情亲地近，功效易见，而流弊亦易生。选举苟不得人，则假公济私，把持垄断，将利未形而害先见……”④此外，更多的新兴领域及其社会组织也为士绅的权益获取提供了历史机遇，“即如近数年间，教育会、商会

①《盛京将军赵尔巽奏奉天试办地方自治局情形折》，故宫博物院明清档案部编：《清末筹备立宪档案史料》下册，第717页。

②《城镇乡地方自治章程缮具清单》将地方自治范围规定为：“一、本城镇乡之学务：中小学堂、蒙养院、教育会、劝学所、宣讲所、图书馆、阅报社，其他关于本城镇乡学务之事；二、本城镇乡之卫生：清洁道路、蠲除污秽、施医药局、医院医学堂、公园、戒烟会，其他关于本城镇乡卫生之事；三、本城镇乡之道路工程：改正道路，修缮道路，建筑桥梁，疏通沟渠，建筑公用房屋、路灯，其他关于本城镇乡道路工程之事；四、本城镇乡之农工商务：改良种植、牧畜及渔业，工艺厂，工业学堂，劝工厂，改良工艺，整理商业，开设市场，防护青苗，筹办水利，整理田地，其他关于本城镇乡农工商务之事；五、本城镇乡之善举：救贫事业、恤嫠、保节、育婴、施衣、放粥、义仓积谷、贫民工艺、救生会、救火会、救荒、义棺义冢、保存古迹，其他关于本城镇乡善举之事；六、本城镇乡之公共营业；七、因办理本条各款筹集款项等事；八、其他因本地方习惯，向归绅董办理，素无弊端之各事。”故宫博物院明清档案部编：《清末筹备立宪档案史料》下册，第728—729页。

③《宪政编查馆奏核议城镇乡地方自治章程并另拟选举章程折》，故宫博物院明清档案部编：《清末筹备立宪档案史料》下册，第726页。

④《光绪三十四年十二月二十七日奉上谕》，故宫博物院明清档案部编：《清末筹备立宪档案史料》下册，第727页。

等，其办有秩序者，固日进于文明，其貌是神非者，或益丛为诟病，此其所以为难”。从而“贤者有涂炭衣冠之惧，而自好不为，不肖者煽狐鼠城社之风，而路人以目”①。袁树勋此论虽多非议，却足证传统士绅对于新权力领域的掌控情况。

从传统体制走向近代体制，当然不啻为制度架构（组织层面上即形式）的转变，更具实质性内容的是权力主体的转变——“前清变法以前，即流外微秩，亦同属朝廷命官”，“乃自光绪之季，旧吏多裁，今之教育、警察等机关……多本县之士绅”②。即清末一些州县之财务、实业、警务、教育局所（魏光奇所指“四局”）等权力机构“均以士绅主持办理”。由此，地方公共事务（即公共权力）的主持不再仰仗于传统威望型人士（士绅），而更多地依赖于占有公共组织和权力机关的人士——即权绅。所以，新政启动的制度嬗变“实际上是将由士绅而不是由官员办理地方公共事务的传统做法制度化、机构化”③。与传统时代不同，士绅在主持乡里公共事务时，“大多已经具有成文的法律法令依据”④。20 世纪前期活跃于乡村社会权力中心的士绅们，“大多具有城镇团练局等准权力机构的局绅局董身份，或是议员校董，或是县政府机关的科长局长，或是区长区董……同时又是民间社会掌握族权的族长，他们掌握了城乡社会的政治权与经济权，在他们身上体现了地权、政权、绅权、族权的高度结合，他们是农村社会中的特殊阶级”⑤。

四　绅民关系：从身份等差到利益冲突

20 世纪之初的民变呈现着发散型状态，虽然四面开花却较少聚集式大规模起义的爆发。从《东方杂志》关于民变的记录可知，触发

①《山东巡抚臣袁树勋跪奏为遵章筹办地方自治设立自治研究所开办情形恭折仰祈圣鉴事》，故宫博物院明清档案部编：《清末筹备立宪档案史料》下册，第 741—742 页。

②周保琛修：民国《东明县新志》卷儿，《佐治表》。

③魏光奇：《官治与自治——20 世纪上半期的中国县制》，第 118 页。

④魏光奇：《官治与自治——20 世纪上半期的中国县制》，第 136 页。

⑤朱英主编：《辛亥革命与近代中国社会变迁》，华中师范大学出版社 2001 年版，第 686 页。

民变的直接导因相当分散各有不同，但引发绅民冲突的导因却相对集中，如户口调查之风潮。1909年《记江西调查户口之风潮》说：各地“风潮迭起，此倡彼和。”“讹言朋兴，非理可喻”，南昌县属潭沙、香溪等处，乡民“纠众滋事”，及至“某乡绅出而排解，乡民不问理由，竟将某绅痛加殴辱，又闻有拆毁某绅房屋之说”。缘于户口调查的民变风潮直指士绅，各属士绅被打被抢层出不穷，“间有被杀之事”①。是年五月二十七、二十八日，崇仁县“聚众在统计处……并有联合各都全体，搜杀办事绅董之说”。六月，都昌县属六都地方，“绅士曾图南奉县照会，赶紧调查户口，结果被打，家亦捣毁”。安义县“初选当选人余承杰、龚杰士二绅，因充查户绅士，致遭疾视”（余被杀，龚残疾）；樟树镇、新昌县、宁都州乡民捣毁、殴杀绅士多家②。新淦县“乡民愈闹愈烈，殴绅拆屋，遍处抢劫，被害官绅逃匿城内，不敢回家”，“乡民欲将绅士灭口”。宁都县“又有数名绅士被打被抢”③。

毁学风潮也是绅民冲突的主要导因之一。《江西袁州乡民暴动余闻》记述：“宜春学务及新政捐款，多系卢元弼经手，遂至乘便弄权，苛细杂捐，任意抽收，并不禀官核办。”乡民“凡一切新政，皆疑绅士无故生事，遂衔恨绅界，要进城毁学杀绅”④。1909年7月27日，直隶易州“近年借口办理学堂、巡警、自治等‘新政’，筹款加捐”，自治局开办后，局绅张某竟将义仓积谷尽行出售，一面又抽捐，名曰自治经费，饱入私囊，最终激起民变⑤。1909年后，浙江省各属乡民仇绅风潮四起，慈溪县、上虞县、遂安县、景宁县等乡民焚毁学堂，“一些劣绅借办学为名，筹捐自肥，亦导致人们仇学”⑥。以至于上虞县学堂、教育会、劝学所、统计处、自治研究所等处被毁。“地方官既不能消弥于事前，复不能维持于事后。任令各机关停滞不行。”⑦而江苏各州县也

①《记江西调查户口之风潮》，《东方杂志》1909年第6卷第8期。

②《记江西调查户口之风潮》，《东方杂志》1909年第6卷第8期。

③《续记江西调查户口之风潮》，1909年第6卷第9期。

④《江西袁州乡民暴动余闻》，《东方杂志》1909年第6卷第11期。

⑤《东方杂志》1909年第6卷第8期，转引自张振鹤、丁原英编：《清末民变年表》（下），《近代史资料》1982年第4期，第102—103页。

⑥《浙江乡民毁学余闻》，《东方杂志》1910年第7卷第5期。

⑦《中国大事记补遗》，《东方杂志》1910年第7卷第6期。

是“聚众毁学，拆屋伤人之事，几于无地不有”。包括江宁县、吴县、常熟县等数十处，绅董为重点打击对象①。

“地方乡绅积极主持及参与地方新政，特别是地方乡绅主持地方兴学和地方警政，改城镇庙宇神宇为学堂，向村落社会派征大量学捐与警捐，往往最遭村落农民的忌恨，村落农民反抗地方新政的斗争往往直接指向城镇学绅、绅董。同时由于官绅在新政活动中的矛盾，民变中出现的反绅不反官局面也与官府的挑拨有关。”②1910 年宜春民变，官吏在日形激烈的绅民冲突中，扮演着推助、挑唆、鼓动的角色，酿成“官民合力”反绅的形势。官员对围城的乡民谓：“此非我官府要钱，乃绅士要钱。”致使乡民认为“凡一切新政，皆疑绅士无故生事，遂钉忿绅界，要进城毁学杀绅”③。据王树槐的统计，在宣统二年正月至宣统三年二月一年内，江苏乡镇共毁学堂五十余所，自治公所 18 所④。浙江省慈溪、上虞、遂安等县在宣统三年二月间连续发生多起毁学风潮，学绅、绅董主持之教育会、劝学所、研究所、统计处被捣毁，乡绅家室也多被毁抢⑤。“必欲进城毁堂，杀尽学界绅首而后已。”⑥

调查户口和兴建学堂都是清王朝新政的主要内容，由此触发的民变显然表现为对新政的抵制。“湘乱之原因种种，自不徒在米价物价。”论其根源，则“所资办之新政，一切皆实事求是，然具足以召乱……”⑦莱阳民变中“绅民交恶已非一日”，也缘于“近来举办新政，假

---

①《中国大事记补遗》，《东方杂志》1910 年第 7 卷第 6 期。

②朱英主编：《辛亥革命与近代中国社会变迁》，第 650 页。

③中国第一历史档案馆等编：《辛亥革命前十年民变档案史料》上册，中华书局 1985 年版，第 353—355 页。中国史学会主编：《中国近代史资料丛刊·辛亥革命（三）》，第 419—422 页。

④王树槐：《中国现代化的区域研究——江苏省，1860—1916》，第 205—206 页。

⑤中国史学会主编：《中国近代史资料丛刊·辛亥革命（三）》，第 454—455 页。

⑥中国史学会主编：《中国近代史资料丛刊·辛亥革命（三）》，第 416—419 页。

⑦饶怀民、［日］藤谷浩悦编：《长沙抢米风潮资料汇编》第 247、251 页。

手乡绅,更不理于众口,积怨已深”①。不过,与“实为新旧交争之现象”的新旧士绅间的利益和权力的分派显然不同②,对于乡民而言的“政”其实无所谓新旧,只要损及乡民基本生存条件之“政”均为弊政,因此表面上基于新政的绅民冲突,实质上是权绅利益的过度扩张影响到乡民最基本的生存条件所致。

首先,在中国传统“绅治时代”,制度化的区乡财务自然无从谈起,士绅办理公共事务的财政既无常设机构,也“不是靠以公共权力和有关制度为依托的强制性税费”。地方公益事业“前清举办自治以前,均系本地绅士自行办理”,“所有公款公产均由士绅共同筹集,自行管理收支”,“事后报县备案”③。在晚清地方制度的更嬗中,士绅对于地方公共事业和地方财政的掌控却实现了制度化、常规化。许多原本由官府直接办理的公务也转而成为绅办,如清末河南和山东的差徭由胥办(由胥吏和差役经办)改为绅办,由各里保轮流支应改为随粮带征(按地丁银每两摊派)或按亩摊派。河南武陟,光绪五年(1879)创立公义局,为支应车马之所④。问题是改为绅办后农民负担并非减轻而是浮收无度,“以摊派之弊而言,有由绅设局养车支差而摊之民间者,则局费开支虚糜浮冒,莫可究诘”⑤。“公差局改胥办为绅办……除舞弊侵渔外,每年定规稿案、签案、钱粮、杂物诸门曹各用钱六十六千,用印十七千,执帖十八千,跟班四十八千。”⑥因而,伴随着“举他人所行之数十年而始大备者,吾欲以旦夕之间行之”的“新

①《中国大事记补遗》,《东方杂志》1910年第7卷第8期。

②湘省“杨、孔诸劣绅,素反对新政,乃利用此机会,竟令泥木匠焚毁各教堂、学堂及各码头,烧府中学堂”。见《湘民报告湘乱之详情》,饶怀民、[日]藤谷浩悦编:《长沙抢米风潮资料汇编》,第230、237页。

③《山东历城等34县调查自治清册》,北洋政府内务部档案,档案号:1001—969,转引自魏光奇:《官治与自治——20世纪上半期的中国县制》,第138页

④史延寿修、王士杰纂:民国《续武陟县志》卷6,《食货志》。

⑤《河南省财政说明书·岁入部·差徭》,转引自郑起东:《近代华北的摊派(1840—1937)》,《近代史研究》1994年第2期。

⑥熊祖诒:《上当事书》,转引自郑起东《近代华北的摊派(1840—1937)》,《近代史研究》1994年第2期。

政亟行”的政制变动，就是官绅利益共谋的公开化，所谓“财无所出，则一意取之于民，加赋增捐，络绎不绝，卒之无毫发之成效，惟是一般趋利速化之官吏，坐充其私囊而已”①。乡村政权的私利性变得更加赤裸裸，无复有道德掩饰，“中国农村的黑暗，算是达于极点”②。

其次，传统士绅与乡民虽有身份之别，却并不发生直接的利益冲突，因为士绅并不直接占有公共权力和公共资源。知县汪辉祖曾就官、绅、民三者的利益关系有所感受：“官与民疏，士与民近。民之信官，不若信士。朝廷之法纪，不能尽晓于民，而士易解析。谕之于士，使转谕于民，则道易明而教易行。”③但晚清以来，地方政制的演变走向却拉大了绅民之间的利益反差，使得占据乡村公共权力和公共利益的权绅与乡民的生存利益直接发生冲突，如直隶易州“近年因办理学堂、警务、自治等事，加捐筹款，民情久已愤恨”。“一切新政，全凭三五劣绅把持”，“每每从中中饱”④。浙江武康县乡民“因办理警察抽收捐款……民间积怨已久。是日(初一)又因细故，激动民愤，聚集多人，拥入县署”。以致“堂被毁官被殴，警局被毁，警察遭殃，绅董顾某被殴”⑤。“毁学杀绅”⑥成为动员乡民的口号。

看来，新政与“旧政”体制下的绅民关系已经完全不同，“过去的社会精英有着强韧的地方关系并且毕竟与农村社会保持着某些接触。他们出于传统而多少还关心一些农民阶级的利益”⑦。而那些继起的劣绅们“乃终朝不脱鞋袜，身披长衣，逍遥乡井，以期博得一般

①《湘乱危言》，饶怀民、[日]藤谷浩悦编：《长沙抢米风潮资料汇编》第245页。

②李大钊：《青年与农村》，琚鑫圭、童富勇编：《中国近代教育史资料汇编(思想教育)》，上海教育出版社1997年，第949—953页。

③李燕光：《清代的政治制度》，明清史国际学术讨论会秘书处论文组编：《明清史国际学术讨论会论文集》，第257页。

④《中国大事记》，《东方杂志》1910年第7卷第8期。

⑤《宣统二年三月中国大事记》，《东方杂志》1910年第7卷第4期。

⑥张振鹤、丁原英编：《清末民变年表》(下)，《近代史资料》1982年第4期，第85页。

⑦[法]谢和耐著，黄建华、黄讯余译：《中国社会史》，江苏人民出版社1995年版，第542页。

无知农民之推重。其在农村中之最大工作,厥为(一)挑拨是非,(二)包揽词讼,(三)为地主保镖,(四)欺凌无知农民,(五)四处敲诈"①。正是新政的制度性安排改变了传统士绅的角色,形成"学绅出入公门,鱼肉乡里"或"诸绅遂出入衙署,甚且藉以牟利,为众所侧目"②的新利益格局。而拥有地方社会公权的士绅,所关心的只是绅权的发展和扩大自己的利益,只能养成"乡绅之势,驯至大于县官"③之势。绅与民由身份殊分的两个等级转变为利益对峙的两个阶层,而且随着制度变迁的深入,这种绅民对立的利益分化过程愈演愈烈,使乡村社会秩序的稳定和利益调节终至戛戛乎难哉!

由此,传统时代基于文化、社会身份之等差而形成的乡民对于士绅阶层的社群敬畏,蜕演为基于权力压榨而形成的对劣绅集团的社会性愤恨,基层社会矛盾的激化遂相当普遍地以绅民冲突的内容展开。新政使士绅合法地占有乡村社会的公共权力和公共资源,并使之在利益上与乡民直接对立,从而一定程度上改变了传统时代官民对立的基本格局。"例如绅士,既无官守,分亦平民,然其威福与官吏无殊,而鱼肉平民或有甚于官吏。一旦立宪,则由干预地方讼事之劣绅进而为地方自治之议员矣","立宪之动机非发于国民,而发于在朝之民贼与在野之民蠹,岂惟与平民痛痒不相关,直利害相反也"④。因而,从1908年《河南》杂志宣扬的《绅士为平民之公敌》⑤到大革命时期"有土皆豪,无绅不劣"的政治动员,就不仅仅是流布于舆论层面的时风,而是蕴含着社会结构、权力结构变动的复杂多样性的制度变迁的时代内容。虽然,对于乡民的利益而言,"捐于官吏,于吾民为无

---

①《农村社会之新观察》,《周谷城史学论文集》,人民出版社1983年,第403页。

②《中国大事记》,《东方杂志》1910年第7卷第11期。

③《绅衿说》,徐载平、徐瑞芳编:《清末四十年申报史料》,新华出版社1988年版,第242页。

④精卫(汪兆铭):《论革命之趋势》,见张枬、王忍之编:《辛亥革命前十年间时论选集》第3卷,第536页。

⑤《绅士为平民之公敌》谓:"其所谓立宪,所谓地方自治者,并非真心,而彼绅士反利用此新政之名目为其引火之导线","夫政府犹发踪之猎人,而绅士则其鹰犬也"。张枬、王忍之编:《辛亥革命前十年间时论选集》第3卷,302—305页。

益，则捐于学堂，于吾民亦为无益”。但从乡民的利益诉求和抗衡的难易程度而言，则又有根本的不同：“今则易官吏为绅士，则以吾侪之力与绅士抗，易易耳。此毁学之事所由甚也。”①所以传统体制下由“官逼民反”矛盾形成的非常规大规模起义，就更多地表现为“绅逼民死”②的具有新特征的普遍性社会冲突。

新政给予了传统士绅权力扩张的制度性、合法性基础。而权绅在资源的束聚过程中与民众利益形成直接的冲突；再加之新的权力制衡关系的缺位③，使绅民矛盾和利益冲突缺乏及时和适度的调整而频繁地走向激化，不断以民变的方式爆发。晚清新政构成绅权体制化扩展的制度性基础，而权绅的体制化也就构成了民变或绅民冲突的制度性根源。

（原载《近代史研究》2008 年第 1 期）

---

①《时评·毁学果竟成为风气耶》，《东方杂志》1904 年第 1 卷第 11 期。

②群众派数百人手执竹牌，上书“官逼民反，绅逼民死”字样，押送清乡员到省城，控告官吏扰民罪行。见张振鹤、丁原英编：《清末民变年表》（下），《近代史资料》1982 年第 4 期，第 103 页。

③已有的研究认为，士绅管理的地方性活动的范围，从未很清楚地与官方统治范围划分开来。所以官方的软弱必然导致名流的越权；反之，则处于无休止的争议之中。明确划分“地方人士管理地方事务”的范围，有可能使地方名流的积极参与和官方的压制都不至过分。参见 R. Keith Schoppa，*Chinese Elites and Political Change：Zhejiang Province in the Early Twentieth Century*，Cambridge，Mass.：Harvard university Press，1982，pp. 31—33. 关于山东和江苏自治机构的详细情况，见张玉法：《清末民初的山东地方自治》、王树槐：《清末江苏地方自治风潮》，均载《“中研院”近代史研究所集刊》1977 年第 6 期，第 159—184、313—328 页。

历史记忆与社会重构

——以清末民初绅权变异为中心的考察

随着清末民初的社会结构和制度变迁，乡村社会权力结构也处于频繁变动与重构之中。与传统时代的发展走向不同，地方权力的重建开始张扬着“民权”的旗帜，而不再是在皇权与绅权的平衡制约中有所取舍。然而，作为历史比较我们不难发现，在1898年的湖南新政和1927年的湖南农民运动两大历史事件中，关于绅权的集体记忆竟然呈现着截然相反的价值取向，这其中固然不免有绅士阶层“蜕变”劣化的因素，也当然地蕴含着社会结构变动、利益主体重构的复杂因由①。但是，对于传统绅士的历史记忆本身，却也在社会结构或权力结构的重建过程中，产生着潜在却不容低估的影响。这种嵌入社会权力结构的历史记忆，一定程度上构成“打倒绅士！”这一时代号

①相关研究有：王奇生：《民国时期乡村权力结构的演变》，周积明、宋德金主编：《中国社会史论》，湖北教育出版社2000年版，第549—590页；魏光奇：《官治与自治——20世纪上半期的中国县制》；徐茂明：《江南士绅与江南社会》，商务印书馆2004年版；郑起东：《转型期的华北农村社会》，第37页。以往关于清末民初绅士阶层与社会结构的研究多侧重于废科举的制度影响、上升性流动渠道的受阻所形成的“新乡绅”构成等，并由此对民国绅士之劣化情状作了较多分析。但这种静态解析尚未能呈现绅士阶层从晚清四民之首到民国时期无绅不劣的历史演进过程的复杂面相，尤其未能揭示这一巨大变动中各种利益诉求反复博弈互动的历史真相。

召的历史因缘,并由此造就了大革命时代农村变动的特定情景。

一　从四民之首到无绅不劣

20 世纪 20 年代末,当大革命风潮涌起于乡村社会之际,“打倒绅士!”的政治取向已经为社会所认同,以集体记忆的特征成为一个极具时代性的号召。国民党中央执行委员会第三次全体会议公开宣言要在乡村层面重构自己的权力,“因此革命的要求,需要一个农村的大变动。每一个农村里,都必须有一个大的变革,使土豪劣绅、不法地主及一切反革命活动,在农民威力之下,完全消灭。使农村政权从土豪劣绅、不法地主及一切反革命派手中,转移到农民的手中”。并将自己的政治诉求与久已积存的农民利益诉求相结合,“本党为代表民主势力的农民与代表封建势力的土豪劣绅、不法地主的争斗”①。1926 年第 10 期《中国农民》杂志集中刊发了以“打倒绅士”为主题的论说②,将此革命诉求宣示于整个社会。

虽然共产党与国民党的阶级属性和政治立场有着显然的区别,但在打倒绅权的立场上二者却相当一致。“在中国革命与改造上,不独共产党,即国民党、国家主义派,也一齐标榜着实行打倒土豪劣绅了。”③在共产党早期关于农村社会阶级关系体系认识中,绅士是作为一个阶级而被置于革命对象的地位。1926 年开始,在共产党组织的以打倒劣绅为目标的乡村革命运动在两湖地区已经如火如荼,走向了暴力斗争阶段。在湖北省的一些县里,“由于土豪劣绅侵占公款”而发生了流血斗争。湖北农民捣毁禁烟局,要求取消厘金,有些地方已经同轻易被劣绅收买的军队发生冲突。“农民协会正在直接组织审判土豪劣绅。土豪劣绅纷纷从乡下和县城逃往长沙和汉口(湖南,笔者)”,“被杀被捕的土豪劣绅的财产以及逃亡地主的财产,通常均被农会没收,自行支配……农民在无情地惩罚压迫者。许

①《中国国民党第二届中央执行委员会第三次全体会议对农民宣言》,人民出版社编:《第一次国内革命战争时期的农民运动资料》,第 46 页。

②见《中国农民》1926 年第 10 期。

③[日]田中忠夫著、李育文译、蓝梦九校:《国民革命与农村问题》,村治月刊社 1932 年版,第 71 页。

多县都自行审判土豪劣绅。由于对土豪劣绅和大地主的斗争取得胜利,上述地区大多数县的村政权完全掌握在农会手中(湖北,笔者)”①。

辛亥革命后革命已演化为一个时代的主流话语甚至成为一个时代的新传统,这是一个言必称革命的时代。当时所谓“革命尚未成功”的政治诉求,一定意义上也被解读为“打倒绅士”的革命选择(绅士被称之为“封建余孽”)②,所谓“经过了二次三次的革命,革命依然不会成功,也便是下层的土豪劣绅依然没有动摇的原故”③。晚清以来,虽然总体上看“乡村绅士尽管在推进民主‘自治’方面发挥了先锋作用,但也被视为封建的,因为无论在国民党政权那里还是在共产党政治立场上,封建主义与地方自治的要求是相等的”④。国共两大政党对于绅士阶层的集体记忆,为乡村农民运动树立了一个具体革命的对象:“现在农村仍保留一半宗法社会的气味,曾青一衿的先生们,依然威严赫赫而且坐局堂皇,这种前清官僚的遗孽大半是乡村里实际上的政府,几令人不敢仰视……故我们须扩大反抗劣绅之运动,务使每人深切明白劣绅是农民之死敌。”⑤因此,1920年代开始的农村大革命的指向性就十分具体而明确了。

以打倒绅士为目标的农民运动仍然张扬着民权的旗帜,即只有“打破四千年来地方政治建筑在绅士阶级上面的政治基础”,才能够“想总理的民权主义,在乡村间得到实现”⑥。然而,颇具反讽意味的是,作为近代民权政治实践的起点却又是以兴绅权为开端的。在

---

①[苏]A. B. 巴库林著,郑厚安、刘功勋、刘佐汉译:《中国大革命武汉时期见闻录》,第11、142、167页。

②黄强:《中国保甲实验新编》第278页称“以防止封建余孽之复活,是端赖保甲”。而福建学田案中,秀才们被认为是“彼等反革命满清老污腐为现代所厌弃”者。见《关于各族书田改作族内升学补助费》,沙县档案馆藏档案,1938年案卷,档案号:156,第36页。

③克明:《绅士问题的分析》,《中国农民》1926年第10期。

④[澳]费约翰著,李恭忠、李里峰等译,刘平校:《唤醒中国:国民革命中的政治、文化与阶级》,第249页。

⑤人民出版社编:《第一次国内革命战争时期的农民运动资料》,第276页。

⑥甘乃光:《绅士民团县长何以反对农会》,《中国农民》1926年第10期。

1898年湖南推行新政之际，梁启超提出了“欲兴民权，宜先兴绅权。欲兴绅权，宜以学会为之起点。此诚中国未尝有之事，而实千古不可易之理也”①。而学会在当时事实上又成为构建地方绅权的总枢，正如谭嗣同所言：“今以行省设总学会……府、厅、州、县设分学会……分学会受成于总学会……凡会悉以其地之绅士领之，分学会各举其绅士入总学会，总学会校其贤智才辩之品第以为之差……于是无议院之名而有议院之实。”②至少在湖南地方政制变革实践过程中，绅权不仅标示为民权的具体内容，而且兴绅权几乎成为新政改革的历史起点：

一是以南学会为绅士汇集的议政总枢。1898年2月成立的长沙南学会，如谭嗣同言，“不有学会，是新学无得而治也”③。所谓南学会为全省学会之总会，各地学会皆为其分会，隐然赋之以地方议会之性质。“南学会尤为全省新政之命脉，虽名为学会，实兼地方议会之规模。先由巡抚派选十人为总会长，继由此十人各举所知，辗转汲引以为会员，每州县皆必有会员三人至十人之数……南学会实隐寓众议院之规模，课吏堂实隐寓贵族院之规模，新政局实隐寓中央政府之规模……皆务分权于绅士，如慈母之煦覆其赤子焉。”湖南地方绅士并以此为长远制度之建设，“完成地方自治政体为主义”④，并进而造成“无变法之名而有变法之实”的大势⑤。

二是以保卫局为绅权行政之枢纽。“保卫局分官权于绅民，作久远之计划，而隐寓民权，其最大之特点在此。”⑥保卫局总揽地方新政

---

①梁启超：《论湖南应办之事》，李华兴、吴嘉勋编：《梁启超选集》，第75页。

②蔡尚思、方行编：《谭嗣同全集》增订本下册，中华书局1981年版，第438页。

③谭嗣同：《群萌学会叙》，蔡尚思、方行编：《谭嗣同全集》增订本下册，第430页。

④梁启超：《戊戌政变记》卷8，中国史学会主编：《中国近代史资料丛刊·戊戌变法(一)》，上海人民出版社1957年版，第300—301页。

⑤谭嗣同：《治事篇第三学会》《治事篇第四通情》，蔡尚思、方行编：《谭嗣同全集》增订本下册，第437—438页。

⑥吴天任：《黄公度先生传稿》，沈云龙编：《近代中国史料丛刊续编》第68辑，台北文海出版社1979年版，第166页。

改革，按谭嗣同所言即“保卫局特一切政事之起点，而治地方之大权也”①。虽然就某些功能而言，保卫局与旧式之保甲局有很多雷同，但其权力主体却发生了根本性变动，即“今之所谓保卫，即昔之所谓保甲，特官权、绅权之异焉耳”②。为避免因人废事的传统政治兴革之弊，湘绅们也试图以制度化努力构筑新政的基石，将保卫局之运作“处处公之绅民者，盖恐后来官长视为具文，遂参以绅权，立吾湘永远不拔之基”③。事实上，以绅权为基本内容的新政措施，即使政变之后也得以一定程度上的维持，“此次政变以后，百举皆废，惟保卫局因绅民维持，得以不废，此亦兴民权之利益也”④。故当一切新政尽行撤革（朝旨饬张之洞裁撤之）时，“地方绅民，以谓此良法美意，足以卫民生而去民害，故仍私沿其制，继续办理”，“惟保卫局，巍然独存”⑤。这在一定程度上见证了绅权的影响。

民权不是抽象的概念而始终有着十分具体的历史内涵。在近代中国民权倡行之际，绅权无疑构成其实在的内容，类如熊希龄所示：“绅为人民之代表。”⑥这其实表达的是一个具有时代特征的集体记忆。甚至在关于旧绅如王先谦的记忆中，也复如此。1898年1月创办南学会时，“王先谦极表赞成，他说：‘天下学术，断不能尽出一途’，‘道合志同，各自立学会，互相切劘，亦不失敬业乐群之义’”。对谭嗣同、唐才常创办的《湘报》，王的“评价极高，他盛赞‘《湘报》刊行，见闻

---

①谭嗣同：《记官绅集议保卫局事》，蔡尚思、方行编：《谭嗣同全集》增订本下册，第427页。

②梁启超：《戊戌政变记》卷8，《附录二湖南广东情形》，中国史学会主编：《中国近代史资料丛刊·戊戌变法（一）》，第302页。

③谭嗣同：《记官绅集议保卫局事》，蔡尚思、方行编：《谭嗣同全集》增订本下册，第426页。

④梁启超：《戊戌政变记》卷8，《附录二湖南广东情形》，中国史学会主编：《中国近代史资料丛刊·戊戌变法（一）》，第303页。

⑤吴天任：《黄公度先生传稿》，沈云龙主编：《近代中国史料丛刊续编》第68辑，第147页。

⑥《第四次湖南善后续议案》，周秋光编：《熊希龄集》上册，湖南出版社1996年版，第349页。

广远。开拓民智，用意甚善’”①。即使戊戌政变发生之后，湖南地方政局变动更易也仍然不出绅权之范围——所谓新旧之争，更多方面体现得是新旧绅士之权势分割而已。②

在近代湖南区域内具有标志性的两大历史事件中，关于绅士阶层的集体记忆诚然如天渊之别。抽取两个时代不同的集体记忆的核心话语，我们可以作一个具体比较：

表 3-14 戊戌与大革命时期对绅士阶层的集体记忆对比

时代	戊戌时期	大革命时期
评价	绅士为人民之代表	绅士为全民之公敌
地位	绅士为救亡图存之中坚	绅士为列强、军阀之基础
作用	绅士为社会进步之动力	绅士为革命之障碍
目标	兴绅权以兴民权	打倒绅权以实现民权

在不到30年的时光里，关于绅士的集体记忆何以形成如此巨大的历史反差？我们当然不难体悟出此种集体记忆的主体利益诉求之所在（主导言论或社会舆论的社会力量发生了由传统士绅向新知识群体的历史性转变），但它毕竟具有社会舆论特征，并在一定意义上体现了记忆的社会性。显然，两大历史事件分别记忆着以兴绅权为始和以打倒绅权为终的不同的民权诉求。问题是，在两大事件之间发生了怎样的历史转变？绅士何以从四民之首演变为无绅不劣？对于此一历史演变进程的记忆却是零散的、残缺的，而这恰恰是以重大事件为特征的集体记忆中所“失忆”的部分。历史研究应“将史料作为一种社会记忆遗存”，面对史料，研究者需时时警惕：这是谁的记

①《虚受堂书札·复毕永年》，邱涛：《1895—1899年王先谦行年事迹考辨》，《近代史资料》总第96号，中国社会科学出版社1999年版，第266页。

②熊希龄谓“去年初立学堂（指时务学堂，笔者），延聘梁卓如为教习……张雨珊、王益吾师亦称美焉……王益吾师、张雨珊并谓须特加热闹，议于曾忠襄祠唱戏，普请各绅以陪之，其礼貌可谓周矣。何以今年冷暖若是？则因卓如今春抱病回沪时，未及向各处辞行之恨也。使卓如久于湘中，必不有此变动矣”或可为一解。见《为时务学堂上陈宝箴书》，周秋光编：《熊希龄集》上册，第73页。

忆，“它们如何被制造和利用”以及“它们如何被保存和遗忘”。“同时还要广泛地研究各种边缘的被忽视的社会历史记忆。只有典范历史和边缘历史的和鸣才能唤起完备的社会记忆，才是真实的历史。”因此，在两大历史事件的集体记忆之间，寻求可以呈现历史进程的记忆，是理解这一问题的要义之所在，也是建构合理的历史认知的必要环节。

二　绅权扩张中的民众记忆

“‘社会记忆’，指所有在一个社会中借各种媒介保存、流传的‘记忆’。”①但社会记忆在社会群体中有着不同的指向性，其记忆的选择性也是显而易见的。在戊戌时期，主导湖南地方政制变革的士绅阶层同时也是社会舆论的主导力量，因此关于民权的诉求更多地表达着士绅的利益取向。这一事件中的集体记忆无疑集中体现着士绅自身的诉求和价值评判。那么，在以兴绅权为导向的兴民权的历史进程中，民众的利益表达和吁求情况如何？尤其在绅民关系或绅民利益调整的历史进程中，民众对于绅权的集体记忆更值得我们关注。“不同层次的群体如家庭、地区、阶级、民族乃至人类整体都以各自不同的方式保留着他们关于过去生活的历史记录……而且这种记忆的性质和内容也因时因事而异，或者有意识地抑制和禁止某种记忆，或者有意识地提倡和张扬某种记忆，更多的则是对过去生活的无意识记忆。无论如何，这些都不是纯粹个人对某些特定事件的记忆和保存，它们向我们昭示着社会记忆的存在。”②相对困难的是，民众不具有主导和操控社会舆论的力量和能力，也不具备以系统的文字形式表达自己的利益诉求的条件，其集体记忆只是通过散在的各种民变事件曲折地加以表达——当然，这种记忆是十分零散的和不规则的。

戊戌政变后不久，清政府即推行新政，并在地方自治的试行中仍守定以兴绅权为兴民权的政制建构走向。绅权的扩张不仅获得了时代的合理性，而且也披染了制度的合法性。1909年各省举行第一次

①王明珂：《历史事实、历史记忆与历史心性》，《历史研究》2001年第5期。
②孙德忠：《重视开展社会记忆问题研究》，《哲学动态》2003年第3期。

谘议局选举,“结果证明很多当选者年纪在40—45岁之间,而绅士占大多数”①。清末湖南当选为谘议局议员的有82人,据张朋园估计,绝大多数应为绅士②。湘绅权力扩展的情形如岑春蓂所奏:“设立自治研究所,选取合格绅士二百十七名……咸以地方自治为法政之一部分,因就原设法政学堂、绅校,扩赁房屋开办,讲员、管理员即在法政、官绅两校教职人员内慎选派充”,“际此筹办伊始,选举绅董、拨用经费两端,关系最重,措办维艰”③。不难看到,“湘省自咸、同军兴以来,地方官筹办各事,借绅力以为辅助”的历史,借此制度性变革得以重新改写。从而,以湘省地方权力结构的历史成因,加之新政的制度支撑,遂形成“湘省民气嚣,绅权颇重”之局面。“于是哄堂围署,时有所闻,而礼法亦荡然无存矣。”④

但是,也正是在“兴绅权”的制度变迁中,基层社会民变风潮迭起,社会生活处于严重失序之中,其中绅民冲突骤然升高的趋向成为整个新政时期的时代特征。据《清末民变年表》统计,绅民冲突数量在1906年后持续增高,至1910年时达到最高点。而这一演进态势又与新政的发展进程如影相随。按清政府颁行的《逐年筹备事宜清单》可知,新政到1905年开始全面展开,到1908年时已经初具规模:谘议局始行筹备,地方自治也试行并颁布了《城镇乡地方自治章程》,教育、财政、法律方面的改革也次第推进(1908年颁布清理财政章程,编辑简易识字课本和国民必读课本,修改法律等等)。当1908年末整个新政事业已经进入到第7个年头,地方自治的政治改革也已运行长达3年之久时,相应的民变及其绅民冲突也进入了高发期。这提示着二者之间的历史相关性或制度性关联⑤。魏光奇的研究也

---

①[美]费正清、刘广京编:《剑桥中国晚清史(1800—1911年)》下卷,第390页。

②张朋园:《湖南现代化的早期进展(1860—1916)》,岳麓书社2002年版,第153页。

③《湖南巡抚岑春蓂奏湖南筹办地方自治设立自治研究所情形折》,故宫博物院明清档案部编:《清末筹备立宪档案史料》下册,第749—750页。

④饶怀民、[日]藤谷浩悦编:《长沙抢米风潮资料汇编》,第44、95页。

⑤见王先明:《士绅阶层与晚清民变——绅民冲突的时代成因与历史走向》,《近代史研究》2008年第1期。

注意到这一问题，特别指出“由新官绅把持的地方机构借办理‘新政’和各种自治性事务而向农民、小商贩滥征税捐、强行摊派财物，并从中贪污中饱，是清末至1930年代初的普遍现象”。因而，“对于‘绅权’膨胀的最早社会反抗，乃是清末民初由下层群众发动的大大小小的‘民变’”①。

那么，对于这一以兴绅权为主导的民权历史进程，底层民众有着怎样的集体记忆？从1904年江苏无锡发生大规模毁学事件开始，紧接着山东的沂州、江西的乐平、四川的夔州及广东等地皆发生乡民毁学打绅事件。《东方杂志》为此惊呼“自无锡毁学之事起，四川、江西旋有毁学之事，今则广东毁学之事又见矣”。“考其原因，无非为抽捐而起。”②民众“观于无锡、广安之暴动，以抗捐为惯习，尤而效之”③。绅士则构成此类民变中直接冲击的对象。当各地绅士主导了作为地方自治重要事项的兴学事务后，传统时代作为四民之首的绅士就被置放于与民众利益发生直接冲突的地位。《东方杂志》在调查各地毁学打绅现象后提示说：“今则易官吏为绅士，则以吾之力与绅士抗，易易耳。此毁学之事所由其也。故按其原因，则知愚民之毁学，固非有意与学堂为难，实由平昔官府之敲扑过甚，故藉此而一泄其忿焉！”④这至少表明，由官民对立转化为绅民冲突的直接原因就在于“易官吏为绅士”的制度变迁。1909年6月18日的《民呼报》报道：“自举新政以来，捐款加繁，其重复者，因劝学所或警费不足，如猪肉鸡鸭铺捐、砖瓦捐、烟酒捐，铺房最小之应免者，复令起捐。”⑤汉口的《公论新报》甚至发表评论直接攻击新政，指责它“仅仅是一个蒙蔽我们的弥天大谎，以此作为由头来经常榨取我们的财富而已”⑥。乡民与学堂之间存在的利益冲突也在一定程度上诱发了毁学风潮的发生。当

①魏光奇：《官治与自治——20世纪上半期的中国县制》，第367、369页。

②《时评·毁学果竟成为风气耶》，《东方杂志》1904年第1卷第11期。

③《时评·破坏学堂匪徒之何多》，《东方杂志》1904年第1卷第9期。

④《时评·毁学果竟成为风气耶》，《东方杂志》1904年第1卷第11期。

⑤马鸿谟编：《民呼·民吁·民立报选辑》第1册，郑州：河南人民出版社1982年版，第188页。

⑥[美]周锡瑞著、杨慎之译：《改良与革命——辛亥革命在两湖》，第138—141页。

庙堂中的田产被拨充学堂经费时，一些既得利益者不能再染指这些资产，个人私利受损，因而在乡民中挑拨离间，促使矛盾更加复杂，甚至酿成流血冲突。如浙江慈溪民众听说学堂将把会田充公，遂聚众千余人，意欲把全体教员烧死，甚至有浙江遂安乡民也因米价飞涨而迁怒学堂①。地方自治或地方新政事务的实施，依赖于地方捐税，“凡立一学堂，则经费甚巨，初以公款充其费，继则搜刮民财，不肖官吏藉此渔利”，“教育普及以学校普设为基，而学校普设必以筹款为基”②。到1910年毁学事件更是发展到顶峰阶段，由此构成清末民变的主要内容之一。

此外，与兴学无关而与新政紧密相关的人口普查乃至编钉门牌也都会激起民众强烈抵制。《东方杂志》特别撰文宣传户口调查对于现代国家的建立具有重要的意义，认为“清查户口所以为今日必办之要政者，不仅教育或禁烟计，其最大之关系，在使他日编订宪法，组织议会，颁布自治制度之际，核全国人民，厘定选举区，划分自治制，具权利者几何人，应负担义务者几何人，服役兵事者因是而定，征收国税、地方税因是而剂其平”③。然而，乡民却对此调查怀有一种强烈的猜疑心理，以此触发的民变也层出不穷。1910年3月，广西南丹州农民反抗户口调查，打死知县，焚毁衙门；河南“密县知县徐某，自去年到任，即以筹款办新政为要务，颇为绅民所不悦”，全县农民反抗征收自治费用，近两千人进入县城，烧毁县署。其后，直隶易州、中原叶县也相继发生大规模民变，或烧毁自治局和中学堂，或要求知县归还官仓积粮，并且处死自治局某成员，或要求停止抽取自治费用、停办自治④。

当民权高扬的理念落实于新政或地方自治实践时，绅权就成为其最基本的时代内容了。“至于各府、厅、州、县的议员，亦当为绅士

①《毁学类志》，《教育杂志》1910年第5期，转引自杨齐福：《晚清新政时期乡民毁学述论》，《福建论坛》2002年第5期。

②刘大鹏遗著、乔志强标注：《退想斋日记》，第158页。

③《清查户口问题》，《东方杂志》第1907年第4卷第4期。

④张振鹤、丁原英编：《清末民变年表》（下），《近代史资料》1982年第4期，第91—108页。

所独占。”时人评价道：“所谓地方自治者并非真心，而彼绅士反利用此新政之名目为其引火之导线。”①由绅士主导的地方自治的历史进程甫一展开，底层民众就形成了与绅士阶层完全不同的集体记忆。对此，我们只能从各地层出迭起的民变事件中，汇聚出民众集体记忆的基本特征和利益取向：

首先，由民变事件所呈现的民众的集体记忆或利益诉求表明，绅民冲突并不在于新政本身，而在于绅权扩张对于民众利益的过度侵害，以至于危及民众基本的生存条件，尽管新政的实施乃其直接之诱因。如1909年陕西北山一带，当地民众“并不知新政为何事，特以羊税为切肤之灾，故不得不纠集多人抵抗官府”②。乡民们的切身感受是，“以前不办新政，百姓尚可安身，今办自治巡警学堂，无一不在百姓身上设法”③。从1910年长沙抢米风潮的案例中，我们可以分辨出绅士与民众在事变中不同的利益取向：湘籍旧绅们充分利用新政引起的冲突，意图从新派士绅手中夺取控制地方新政的各项权力，湘绅之间的冲突集中于地方新政本身，如旧绅之首领孔宪教就借机向湘抚提出停止一切新政的主张，“孔、杨之必欲演成此剧者，其宗旨在反对新政耳”④。而民众之怨则在于地方官绅“惟是浮慕新政之名目，以自欺而欺民，施令如牛毛，挥帑如流水，无一事使人民能食其利”，反而“十年以来，田赋之暗增于旧者，已不啻二三倍，故负担此赋之小农，前此仅足自给者，今则岁暖而号寒，年丰而啼饥矣”。所以，“当时关于‘暴民’仇视学校、破坏教育的指责，显系故意造谣”⑤。

1910年的山东莱阳民变也复如此：“绅民交恶，已非一日。近年

①《绅士为平民之公敌》，张枬、王忍之编：《辛亥革命前十年间时论选集》第3卷，第303页。

②马鸿谟编：《民呼·民吁·民立报选辑》第1册，第188页。

③《河南叶县因乡民聚众请兵》，中国史学会主编：《中国近代史资料丛刊·辛亥革命(三)》，第435页。

④《湖南省城乱事余记》，《东方杂志》1910年第7卷第5、6期，转引自饶怀民、[日]藤谷浩悦编：《长沙抢米风潮资料汇编》，第268页。

⑤《一九一〇年长沙饥民抗暴见闻》，《东方杂志》1910年第7卷第5、6期，转引自饶怀民、[日]藤谷浩悦编：《长沙抢米风潮资料汇编》，第286页。

举办新政，假手乡绅，更不理于众口，积怨已深，久思寻衅。”①因此，对于民变而言，新政仅为其表，而苛政实为其里，“近年新政繁兴……诸绅遂出入衙署，甚且借以牟利，为众所侧目，以此丛为怨府”②。在一些看似偶发的绅民冲突事件中，似乎导源于民众无知的迷信，如直隶易州乡民因天旱进城求雨，发现城中开元寺的佛像尽被自治局销毁，“以为久旱不雨，皆自治员警董等之毁弃佛像所致”，“遂蜂拥至自治局哄闹，局绅闻风逃窜，乡民愈怒不可遏，焚烧自治局、中学堂等广厦百间”③。但其直接原因仍在于，乡民认为关乎其基本生存的条件受到了绅士们的损害（即绅士毁佛导致久旱不雨，笔者）。

因此，面对戊戌以后尤其是新政以来兴绅权的历史进程，士绅的集体记忆呈现出以民权为代言者的姿态大幅进入地方社会事务的走向，从而使近代绅权获得空前扩张。相比较而言，传统时代的士绅“只是在各种临时性地方公共事务中起主导作用”，却“不主持和参与州县的税收、诉讼、治安、农工商、教育等经常性、主体性政治、经济、文化活动”，“也没有经常性组织，或者说没有通过某种常设性的机构来实现自己的组织化”。“然而，这一切在 19 世纪中叶、特别是 20 世纪初以后全部发生了变化。”尤其是清政府决定推行地方自治后，“士绅不仅可以涉足于地方社会的经济和文化领域，而且可以进一步涉足其政治领域，公然在‘官治’之旁形成另一种公共权力”。地方士绅“以组织化、制度化的形式参与地方政治，主导地方教育、实业、财务和其他公共事务”④。正是在此制度变迁进程中，形成了“今之称地方自治者，不曰自治，而曰官治；吾则曰非惟官治，亦绅治也”⑤的社会现状。而在民众的集体记忆中则呈现另一种走向，即士绅阶层“借

①《直隶总督陈夔龙奏查明山东莱、海两县滋事情形据实复陈折》，中国史学会济南分会编：《山东近代史资料》第 2 分册，第 49 页。

②《山东巡抚孙宝琦奏遵旨复查莱、海滋事实在情形折》，中国史学会济南分会编：《山东近代史资料》第 2 分册，第 53 页

③《中国大事记》，《东方杂志》1910 年第 7 卷第 8 期。

④魏光奇：《官治与自治——20 世纪上半期的中国县制》，第 356、357 页。

⑤茗荪：《地方自治博议》，张枬、王忍之编：《辛亥革命前十年间时论选集》第 3 卷，第 413 页。

机谋利，把持一切，安置僚属，局所林立”①。借助于体制化的局所，“土豪劣绅，平日或假借功名，或恃其财势，勾结官府，包庇盗匪，盘踞团局，把持乡政，侵吞公款，鱼肉良民。凡诸所为，俨同封殖”②。从而，以兴绅权而兴民权的历史进程，被推演为愈演愈烈的绅民冲突。

其次，民众的集体记忆呈现出绅民矛盾或冲突的极端性或暴力性，从而劣绅的称谓几乎成为民众对士绅阶层的具有时代特色的一种指称。“实施新政，不断以各种名目加征田赋”，1900年前“每年实征田赋不足三千万两”，至1909年“清理地方财政，各省实征田赋四千三百九十六万两”。“一些地方也还以新政名义，随意加征。”③而承办新政的地方绅士则成为向民众谋取款项的责任者，从而与民众的利益形成直接冲突。直隶宣化办理自治时，“查直隶警员之系本县士绅者，大抵易坐所弊……至于办案非碍于情面即慑于势力。刁绅劣董以警员多系本地士绅，先存藐视之心……”④在征税过程中，地方官绅或自治机构一旦发生营私舞弊、层层盘剥现象，则民怨更甚。当时就有人愤愤不平地揭露说：“他们总是假借地方自治的名义征税，并把税款落入腰包。”⑤从而绅民冲突时常以极端的形式爆发。如浙西“乡民衔怨绅士”，“必将绅士、书吏房屋尽行打毁而后快”⑥。在江西调查户口过程中，因发生纠纷乡绅“出而排解，乡民不问理由，竟将某绅痛加殴辱”⑦。1910年11月浙江遂昌县“乡民滋事”，“指索劝学所总董，声称欲食其肉，寻至该绅家，肆行劫毁”⑧。打绅事件甚至不断走向高潮，“乡民愈闹愈烈，殴绅拆屋，遍处抢劫，被害绅士

①《时平·毁学果竟成为风气耶》，《东方杂志》1904年第1卷第11期。

②《广东省农民协会重要宣言》，中国第二历史档案馆编：《中华民国史档案资料汇编》第4辑(一)，江苏古籍出版社1991年版，第578页。

③蔡美彪：《中国通史》第12册，人民出版社2007年版，第207页。

④韩延龙、苏亦工等：《中国近代警察史》上册，社会科学文献出版社2000年版，第177—178页。

⑤[日]市古宙三：《绅士的作用：一个假说》，转引自[美]周锡瑞著、杨慎之译：《改良与革命——辛亥革命在两湖》，第133—134页。

⑥《浙西乡民闹荒汇志》，《东方杂志》1910年第6卷第8期。

⑦《记江西调查户口之风潮》，《东方杂志》1910年第6卷第8期。

⑧《浙江遂昌县乡民滋事》，《东方杂志》1910年第7卷第11期。

逃匿城内,不敢回家",乡民欲将绅士灭口①。江苏"泰州风潮最烈","城内巨绅褚某,被乡民吊打,又用火烙之,晕死数次"②。从1904年广东阳山民众提出"抗官杀绅"口号,到1909年直隶丰台乡民"聚会立约"中提出的"毁学杀绅"(江西袁州乡民也提出"进城毁学杀绅"要求)③,以及次年广西全州民变打出"官逼民反,绅逼民死"④旗号,大体反映出各地"绅民冲突"一步步走向极端和暴力冲突相当普遍的趋势。

从1909年到1911年9月两年多的时间里,直接针对地方自治的骚乱事件就遍布全国15个省区。其中江苏37起,江西15起,浙江5起,两广各3起⑤。许多由绅士出任的调查员、办事员、自治会董事被殴打,自治局被捣毁。随着基层社会矛盾的激化,清政府也感觉到了空前的压力,于1910年7月朝廷颁发谕旨,指斥地方官说:"乃闻不肖州县,平时上下隔绝,于行政筹款等事,不加体察,委之地方绅董……挟私自肥。"民众"则怨窦丛生,驯至布散谣言,酿成事变"⑥。清末的社会情势几乎就是由新政和民变共同构筑而成:一方面地方士绅们积极宣讲新政于中国有利无害,即使民众暂时不能接受也要必定推行,并以民权为旗帜以绅权为内容,主导了地方社会公共事务和公共权力,造成绅权扩展之势;另一方面,新政的推行及其绅权大兴,在基层社会尤其是乡村引起的非但不是广泛的响应,而是普遍的冷漠、不满和反抗,甚至"谣诼蜂起,民怨日腾"⑦。在底层民众的集体记忆中,劣绅概念已经取代了绅士的称谓,如"一切新政,全

---

①《续记江西调查户口之风潮》,《东方杂志》1910年第6卷第8期。

②《中国大事记》,《东方杂志》1910年第7卷第4期。

③《直隶丰台乡民抗捐记事》《江西袁州乡民暴动余闻》,《东方杂志》1909年第6卷第11期。

④《记广西匪乱近状》,《东方杂志》,1910年第7卷第7、10期,转引自张振鹤、丁原英编:《清末民变年表》(下),《近代史资料》1982年第4期,第103页。

⑤冯兆基:《晚清军事改革引起的社会反响》,中国社会科学院近代史研究所《国外中国近代史研究》编辑部编:《国外中国近代史研究》第22辑,中国社会科学出版社1992年版,第192页(编者不再出注)。

⑥《清实录》第60册,中华书局1985年版,第661—662页。

⑦中国史学会编:《中国近代史资料丛刊·辛亥革命(三)》,第401页。

凭三五劣绅把持"①。各地民变所成,"足知激变之故,固非一端,而蠹书劣绅皆无所逃其罪"。"乡民平时所痛心疾首者,官也、劣绅也,蠹书也。"②无疑,劣绅称谓事实上已经演变为民众对勃然兴起的绅权的一种集体表达③。

再次,在民变中反复形成的民众的集体记忆,逐步被社会舆论所关注,从而形成一种具有时代特征的社会记忆。这一记忆伴随着民变及其绅民冲突的历史进程反复形成并不断被强化,构成了从戊戌时期的兴绅权到大革命时期打倒绅权之间的一个历史转折过程。在传统皇权与绅权的政制架构中,向无民权之说,民权之倡导无疑是由传统社会进入近代社会的一个极富时代价值的标志。从戊戌时期倡行的兴绅权到新政时期绅权的扩展,始终标举着兴民权的旗帜。即使戊戌政变后,以绅士为主体的地方政制变革的历史走向却并未发生根本性转折,反而在后来清政府新政或地方自治制度变动中,绅权得以大幅提升。"各省办理地方自治,督抚委其责于州县,州县复委其责于乡绅,乡绅中公正廉明之士,往往视为畏途,而劣监刁生,运动投票得为职员及议员与董事者,转居多数。以此多数刁生劣监,平日不谙自治章程,不识自治原理,一旦逞其鱼肉乡民之故技,以之办理自治,或急于进行而失之操切,或拘于表面而失之铺张,或假借公威为欺辱私人之计,或巧立名目为侵蚀肥己之谋,甚者勾通衙役胥差,交结地方长官,藉端牟利,朋比为奸。"④由此,传统时代那种"绅为一邑之望,士为四民之首"⑤的价值指向已不复存在,出现了一个与传统社会构造不同的所谓"与自治不能混合一谈"的"绅治"⑥的社会。从而,它就成为从兴绅权到打倒绅权之间的一个特定历史阶段。

就在新政实施不久,对于兴绅权的历史前景,《大公报》曾以《论

---

①《中国大事记》,《东方杂志》1910年第7卷第8期。

②《记丹阳乡民暴动事》,《东方杂志》1909年第6卷第9期。

③《山东旅京同乡莱阳事变实地调查报告书》通篇指称地方掌握公共权力的绅士为"劣绅"。见中国史学会济南分会编:《山东近代史资料》第2分册,第5—27页。

④故宫博物院明清档案部编:《清末筹备立宪档案史料》下册,第757页。

⑤徐世昌:《将吏法言》卷5,1919年刊本,第8页。

⑥赵如珩:《地方自治的理论与实际》,华通书局1933年版,第17页。

绅权》为题作过一个饶有意味的评论：

> 世界文明各国，无所谓绅权也……绅权之发达与否视一地方事之繁简及为绅所自造之势力而异。百里之寄，非一人之力所能周也，刑名、钱谷、讼狱种种已有疲烦莫胜之势，益之以新政多门，旁午不遑，官有所不能任也，乃不得不重赖于绅。故自举行新政以来，而绅权遂稍稍发达……自新政举行后，若者为教育，若者为巡警，若者为地方自治，其事类非俗吏所能为，乃愈不得不重赖于绅，故日有能力者事权，从而绅权遂渐益发达。

然则，以兴绅权而兴民权的政制构想究竟能否成真，或绅权之治能否达到地方自治的真正践行？《大公报》的评论显然游移不定，认为绅权“果发达矣，其究为可贺与否，则当于绅权作用所生之结果而定之”。至少，在当时民变呈现出的绅民冲突日趋普遍也日见激烈的情势下，以兴绅权所张扬的民权意图已受到社会舆论的质疑。《论绅权》预见了绅权的两种前景：

一为“使绅权发达以后，其一切作用而尽为地方人民之代表也，则向日民情之壅于上闻者，绅将言之；向日民事之丛脞待理者，绅将举之；贤有司案牍劳形方自恨用力之未周，得绅焉以共理之，是绅者，官之辅也。知地方之事者，莫如地方之人，以此而立自治之基础，即以他日宪政之基础可也”！

二为“使绅权发达以后，其一切作用不过仍为官之代表也，则官之网利向有所不尽知者，可藉绅力以伥之，官之鱼肉向有所不敢发者，可假绅手以行之；官得绅而其恶态肆，绅倚官而其毒愈滋，惟意所向，无不如志。是绅者，一官之隶也”。

其实，新政施行仅及 6 年《大公报》就提出了兴绅权之忧虑：“所虑者不在绅权之不能发达，而在发达后之结果如何？翘望前途喜且惧焉！”因为基层社会权力建构的现状已然昭示了历史的走向：“自有此绅而学堂遂变为官之私塾，巡警遂变为官之快壮，一切新政，绅膺其名，官收其实矣！今日绅权之现象多类于是。然则，绅权之发达于我国，其又不尽可贺也！吁宪政不可望，乃降而望之自治，自治又不可望，更降而望之绅权。今所谓慰情胜无，少系全瞒之望者，此耳之贤绅,果怼更令失望者而继以绝望也耶!”①

当新一代知识群体逐步成长为社会精英并主导社会舆论时,底层民众在绅民冲突历史事变中累积的毁学杀绅记忆,就天然地成为他们重构社会权力结构的历史依据:“绅士与农民既然变成了死敌”,那么,只有“打破四千年来地方政治建筑在绅士阶级上面的政治基础,作一次彻底的改造”,才能“实现最低限度直接民权政策”②。由此,以兴绅权为兴民权的历史进程就历史性地演变为以打倒绅权而实现民权的历史。

三　社会重构中的权绅

虽然历史上“绅权之盛莫盛于有明之世”,但在皇权之摧抑下,“乾、嘉以后,而绅权乃日堕,绅权者,固与专制政治之进化为反其例欤”!因此,“近者凡地方间一切新政类自多绅操之”,制度变迁才促成“绅权发达之萌乎”!③ 在新旧制度之更易和社会权力重构的历史进程中,兴绅权获得了一个前所未有的历史机遇。新政之行不仅意味着一个“旧政”时代的消退,而且也标示着整个社会文化的时代性更易。其时代特征类如梁启超所谓:“今日之中国,过渡时代之中国。”“故今日中国之现状,实如驾一扁舟,初离海岸线,而放于中流,即俗语所谓两头不到岸之时也。”④值此之际,社会利益关系、社会权力结构等均处于不断分化与重构之中,而历史上处于官民之中介的绅士阶层则既蒙兴民权的时代所赐,又得官府新政所倚重,勃然兴盛于此过渡时代。

过渡时代的社会利益、权力结构均处于剧烈变动和重构之中。无疑,社会重构中居于地方公共权力和公共事务中心的绅士,无论就其身份、地位还是就其与地方社会利益关系而言,与传统时代相去甚远。传统时代“乡绅于地方民事,原不应有所干预,以滋把持官府之

①《论绅权》,《大公报》1907年6月2日。

②甘乃光:《绅士民团县长何以反对农会》,《中国农民》1926年第10期。

③《论绅权》,《大公报》1907年6月2日。

④梁启超:《过渡时代论》,李华兴、吴嘉勋编:《梁启超选集》,第168页。

咎”①。乡居士绅们并不赋予制度权力，却拥有乡土社会约定俗成的天然权威，从而在官民之间的社会领域拥有灵活和宽泛的权力空间。

在官、绅、民三方利益关系结构中，绅士为官民之中介，至少在社区公共利益方面，绅与民之间有着更多的一致性。同治年间，长江中游地区围绕漕粮征收，乡村社会的士绅与乡民借助于宗族组织结成合力以对抗官府，在某些地区已经演成了这样一种局面：乡村宗族“动辄恃众抗官，逞强凌弱，转达以宗祠为聚众逋逃之护身符，人命盗案，一入强梁之村落，往往不服拘拿”②。但在1901年后的新政建构中，新旧体制的更易一方面导致绅士阶层内在结构的变化与重构，打破了原有的权力制衡关系，最终引发了区域社会中绅—民关系的急剧逆转。另一方面，绅士阶层本身也发生了大规模的剧烈的分化，“绅士阶层的多向流动，不仅使它所拥有的‘功名’身份逐步失落而不再构成一个特定封建等级，它还被日趋细化的新兴社会职业所接纳而趋于分化”③。从而作为一个稳定的社会阶层的内在凝聚力已经被变动的社会所消解。

经过新政之后“连锁性制度变革”④，社会利益和关系结构获得了重新建构。在社会权力重构中占据地方公共权力的权势阶层显然已不具备传统时代绅士阶层以士为基本构成要素的特征。

首先，绅士之士的特征已完全弱化。如魏光奇研究表明：“随着地方自治的推行，传统士绅主导地方公共事务的角色被一个新的群体所取代。这个新的群体由各种‘新政’和自治机构的首领人员组成，其中包括县议（董）会议员、议长、教育、警察、实业、财务等局所的

---

①王先明：《近代绅士——一个封建阶层的历史命运》，第59页。

②陶澍：《缕陈巡阅江西各境山水形势及私枭会匪各情形附片》，《陶文毅公集》卷25，转引自章开沅等主编：《中国近代史上的官绅商学》，第388页。张仲礼的研究表明，士绅们视自己家乡的福利增进和利益保护为己任，在政府官员面前，他们代表了本地的利益。当他们的利益相悖时，士绅则会批评，甚至反对和抵制官府的行政。见张仲礼著、李荣昌译：《中国绅士》，第50、51—67页。

③王先明：《中国近代绅士阶层的社会流动》，《历史研究》1993年第2期。

④即一个制度的变动引发另一个制度的变革，并最终导致整个制度的系列性变革。从清末新政始，以废除科举、地方自治、官制改革、立宪运动乃至于共和兴帝制亡，构成了一种相互关联的、连锁性变革。

首领，商会、农会、教育会会长，地方保卫团局首领，各类区乡行政首领以及中小学校长等。”这些人仍被社会称为士绅。但是，“在我们看来，传统士绅是一个社会地位群体，他们赖以成为地方社会‘上层’和‘名流’的资本，是他们的科举功名和作为致仕官僚的声望；而新的士绅则是一个权力群体，他们的基本身份特征是在现行公共组织机构中的职权，因此我们称之为新官绅阶层”。这些所谓“新官绅”的传统功名并不占据优势，其新学出身以及控制地方公权和公共事务才是其权势构成的重要因素。地方绅权结构中，新式学堂出身者占有多数，如直隶完县自 1908—1928 年历任劝学所长、教育局局长者共 14 人，其中纯系新式学堂毕业者 11 人，纯系科举出身者 1 人，科举兼新学堂出身者 2 人。直隶高邑县 1906—1929 年县学务机关首长 14 人，全部系新式学堂及留学生出身。新官绅阶层则缺乏可以被认同的文化背景，“他们只是一个权力群体”①。民众对士绅与“新官绅”持不同的态度：“乡间子弟得一秀才，初次到家，不特一家人欢忭异常，即一村和邻村人皆欢迎数里外。从此每一事项，惟先生之命是从……即先生有不法事项，亦无敢与抗者……至一般新界人，其自命亦颇与旧功名人相抗，然其敬心终不若。盖一般乡民皆不知其读书与否，故其心常不信服也。然老民常畏势力……故虽心不甚敬之，而未尝不畏之。”②

其次，对地方社会公共权力和公共资源的控制和占有，构成了地方绅权的基本条件。在晚清以来的制度变迁中，“凡警察、保卫、学校、农工、道路、桥梁、土木堤堰、防火消水、卫生、救贫、医院以及一切庶务，皆为地方自治所当有其事”③，当然地落入地方绅权控制范围。在以后县域政制序列中不断更易的各种局所也成为绅权形成的主要制度依托，如 1912 年后普遍设置公款局，“主要职责为管理本县的地方收入、支出和特别捐款，主要人员多由当地士绅充任，非正式官吏，具有官督民办性质。局设局长 1 名，由当地士绅遴选，呈请知事委

---

①魏光奇：《官治与自治——20 世纪上半期的中国县制》，第 360—361 页。

②《霸县新志 · 礼俗志》，转引自魏光奇：《官治与自治——20 世纪上半期的中国县制》，第 362 页。

③《论地方自治宜先行之都市》，《东方杂志》1906 年第 3 卷第 9 期。

任”。此外的所谓劝业所、实业局、禁烟局等等，也“大都由地方士绅主办……局长承县知事之命办理地方实业行政”①。

在20世纪前二十余年间的新旧体制更易过程中，“区董多由乡绅充任，他们得到县衙的认可，在‘自治’的名义下，由‘选举’而进入议事会，开始‘议政’、‘参政’”。甚至警款靠区董或警董（多是乡绅）筹集，乡绅们通过“经济杠杆”间接地控制警察，仍要达到间接地操纵乡村社会的目的②。伴随着绅权制度化进程“早在清末推行‘新政’之时，有些地方负责办理某项事务的绅董，就已经取得了集体会议本州县地方各政的权利”③。所有地方公团法团组织“不过为一方之士绅机关”。“有当时人回忆1940年代河南嵩县的地方情况时，称该县当时曾在外做过较高级官员的为‘首席绅士’”，“称曾做过县政府教育科长……为‘中级绅士’”，“称做过区长、乡长、镇长、保安大队长的”为“乡镇绅士”④。

除对体制性公共权力的掌控外，地方公共资源及其事务也一向由乡绅管理，如学田类、善堂田类、祠田类、义仓田类的公田及公款⑤。“中国有一种集团的地主，例如祠产、庙宇、寺产……而管理此公共地者，实际握于少数人，故彼等易成土豪劣绅，在中国为一种特殊需要地主阶级”⑥。宗族的族田与乡村庙宇的庙宇田也是公田。附属于佛、道教寺庙的寺庙田本身不是公田，但自从清末新政以来，

①湖北省地方志编纂委员会：《湖北省志·政权卷》，湖北人民出版社1996年版，第136页；[苏]A.B.巴库林，郑厚安、刘功勋、刘佐汉译：《中国大革命武汉时期见闻录》，第32、77页。

②从翰香主编：《近代冀鲁豫乡村》，中国社会科学出版社1995年版，第58页。

③魏光奇：《官制与自治——20世纪上半期的中国县制》，第364页。

④《嵩县文史资料》第1辑，第20—21页，转引自魏光奇：《官制与自治——20世纪上半期的中国县制》，第381页。

⑤见光绪《湘潭县志》卷2《公田表》及卷7《礼典志》，台北成文出版社1970年版，第233—267，581—582、601页；光绪《大冶县志续编》卷4《建置志》及卷5《学校志》，台北成文出版社1970年版，第51，86页。

⑥[日]田中忠夫著，李育文译、蓝梦九校：《国民革命与农村问题》上卷，第9页。

其中相当一部分也被编入学田，所以我们看到在有关国民革命时期两湖、广东的农民协会运动的资料里，通常也把寺庙田规定为公田①。据柳镛泰研究，1934—1935年湖南、湖北各县的平均公田面积分别有四万四千多亩和三万二千多亩。公产对于权绅地位的影响不言而喻，它不仅成为组织民团的重要经济支柱，而且支配公产的少数有权者可以操纵乡村内的经济和政治机构②。甚至他们主持公堂的祭祀仪式而把持神权，用神圣的象征资本可以把自身的权力和权威正当化。“权力者在主持祭祀仪式的过程中，显示跟神格交通的样子以此粉饰权力者的暴力本性”③。宗祠和地方神庙既是宗族权力或乡村权力的中心又是其权威的象征。在同族乡村族权就是乡村权力，宗祠就是其执行机构。作为族权象征的宗祠数可以说是与族田分布几乎一致。比如，湖南醴陵县平均收入881个人有一个宗祠，相反在广东中山县小榄镇31个人就有一个祠堂。湖南宗祠对族人的约束力比广东要弱④。“湖南各县公产，名目繁多。宗族有祠堂族产，宗族各支房有支房产，寺庙有庙产。还有桥会、路会、义学、育婴堂等均各有田产，大的收租几千石，小的也有几十石不等”⑤。但是，“所谓公田的地租，表面上是所谓公共机关底收入，其实都是豪绅底收入”⑥。而且，公产私利化趋势恰恰与权绅化进程相伴随。“19世

---

①《农民运动讲习所学员听课记录》，中央档案馆、广东省档案馆编：《广东革命历史文件汇集1923—1926》（内部资料），1982年，第230页；邓雅声：《黄梅农民生活状况》，《湖北农民运动》1927年第1期。

②虽然资料显示了“公有地”和“团体所有地”的区分，但二者都是“非国有（官有）”也“非私有”的土地，从这个意义上看，可以说二者都属于“公田”。柳镛泰：《国民革命时期公产、公堂问题——两湖与广东农民运动之比较》，南京大学中华民国史研究中心：《民国研究》1999年总第5辑，第6、7页（《民国研究》编者不再出注）。

③Emily M. Ahern, *Chinese Ritual and Politics*, Cambridge University Press, 1981, pp. 77—92。

④柳镛泰：《国民革命时期公产、公堂问题——两湖与广东农民运动之比较》，《民国研究》1999年总第5辑，第7页。

⑤《湖南的农民》，《向导》1927年第181期。

⑥中央档案馆编：《中国共产党第二次至第六次全国代表大会文件汇编》，人民出版社1981年版，第235页。

纪末至20世纪初在商业化的进程和新政以来政治体制的变化过程中，市场逻辑代替‘公’的伦理，公产和祭祀仪式急速衰落。”①公田原则上是禁止出卖的，可是在商业化的影响下20世纪20年代末1/3的公田已经卖出去了②。公仓的仓谷也出卖而现金化并转化为高利贷资金，加以军阀、土豪强卖或夺取的公田、公款、仓谷，因此总的来说，民国初期公产的衰落现象是很明显的。据湖南各县自治调查办公处的调查报告，攸县祀产的60%充作学款，余下的被管理者盗卖，礼典全都弛废，新宁县文昌、社、坛、祠的祭祀全部弛废③。因此以公产及“公”伦理为基础而构成的乡村权力关系开始结构性变动。同时，农民家庭出身的新学知识青年结集为区域性青年团体或学生联合会等，展开了地方政治斗争。尤其是因为他们揭露了把持公共资源管理机构并谋求私利的乡村权力者的非道德性，因此与乡村权力者相对立。这也加速了乡村权力关系的变动。所以柳镛泰认为公产、公堂的衰退和农民家庭出身的近代知识青年的出现分别是1920年代农民协会发展的结构因素和主体因素④。

再次，绅权已经纳入为体制内权力。传统士绅参与地方事务是经由官府邀请，而不是通过正式制度或他们所在地方村社的固有政治机制来实现的⑤。传统绅权的特征即在于其乡土性、地方性，然而各级议事机构的成立，却大大拓展了乡绅们的活动空间，使其“由乡村社区走向全省范围，由非正式权势走向正式立法机构”⑥。地方绅士的权力空间也获得新的拓展。根据1908年的《城镇乡自治章程》规定，议员的职责包括办理本城镇乡之学务、卫生、道路、工程、农工商务、善举救贫、公共营业等事，以及为办理各项事务进行筹款和其

---

①柳镛泰：《国民革命时期公产、公堂问题——两湖与广东农民运动之比较》，《民国研究》1999年总第5辑，第7页。

②章有义编：《中国近代农业史资料》2辑，第70页。

③曾继梧编：《湖南各县调查笔记》下册，1931年铅印本，第126、135页。

④柳镛泰：《国民革命时期公产、公堂问题——两湖与广东农民运动之比较》，《民国研究》1999年总第5辑，第8页。

⑤冯兆基：《晚清军事改革引起的社会反响》，《国外中国近代史研究》第22辑，第180页。

⑥王先明：《近代绅士——一个封建阶层的历史命运》，第303页。

他一向归绅士办理之事①。绅权的扩张既包括了对原有权力的认可和补充，又包括了对近代新型公共权力的控制和操纵；一旦"控制了这些西式的局处等机构，他们可以完全把持乡村的权力"②。具有现代特征的新政的制度建构，"是民主政治机制的发展，为士绅用较正式的政治方式行使权力和发挥影响提供了新的机会"③。此外，各种新式社团、法团等类权力机构也是绅权体制化的重要内容之一。商会、农会、校董会和各式各样半官方机构纷纷成立，旨在促进工商业的发展……士绅控制着这些组织，尤其是商会。近代绅权借助于新政的制度化建设而进入体制之内，成为新的社会权力重构的重要内容。

基于上述，可以大致描绘出清末民初绅权演变的基本态势：即地方权力结构发生了由士绅（Scholar-gentry）向权绅（Power-gentry）的历史性转变。新政及其此后一系列制度性变革为绅权的扩张带来更多的合法性依据，使相对隐蔽操持地方公权的传统士绅变为了公然的权绅。

但是，对于这一历史性变动，尤其对于乡村社会权势力量的变异，社会文化的认同是滞后的，这从各种称谓的混用中可见一端：除流行的"劣绅"之说外，当时还有所谓"腐绅、贪绅、假绅、破绅、奸绅"④，以及"痞绅恶棍"⑤诸类指称。孙中山指出，民国之际"充县议员者，不外劣绅、流氓、地痞，办理地方事务者亦然，则县自治之成绩，从可知也"⑥。这在一定程度上折射着士绅向权绅演变的事实。当

①《宪政编查馆奏核议城镇地方自治章程并另拟选举章程折》，故宫博物院明清档案部编：《清末筹备立宪档案史料》下册，第728—729页。

②[美]艾恺著，王宗昱、黄健中译：《最后的儒家——梁漱溟与中国现代化的两难》，江苏人民出版社1996年版，第229页。

③冯兆基：《晚清军事改革引起的社会反响》，《国外中国近代史研究》第22辑，第182页。

④《考查山西政绩纪要》，周秋光编：《熊希龄集》下册，湖南出版社1996年版，第1658页。

⑤于忠迪：《生活问题与士绅阶级》，《中国青年》1925年第4卷第80期。

⑥陈旭麓、郝盛朝主编：《孙中山集外集》，上海人民出版社1990年版，第37页。

时报刊上虽也有“权绅”或“势绅”①之说，如“在湖南省也有权绅不肯完粮的”等②，却并未形成社会共识。反而，绅士作为特定的社会文化符号的历史记忆却仍然被广泛认同，并内化于变动了的社会结构之中。

我们知道，“绅士的地位是通过取得功名、学品、学衔和官职而获得的，凡属上述身份者即自然成为绅士集团成员”。其中，与学品功名相关的士的要素是其最显著也是最基本的特征，“功名、学品和学衔都用以表明持该身份者的受教育背景。官职一般只授给那些其教育背景业经考试证明的人”。一个与此相关的制度支撑就是科举制③。这就决定了士绅是绅士阶层最稳定也最核心的结构部分，尽管由捐纳和军功等其他途径获取的身份也归属于绅士阶层。但是，民国初年的地方绅士却并不以士的资格、身份为主导，其范围十分广泛而庞杂，包括“地方官吏、学者名流、社团领袖、地方武装头面人物、大商人、大地主甚至富农等等庞杂的群体”④。在魏光奇所研究的直隶地区，地方新政和自治机构的首领人员组成，包括“县议会议员、议长、教育、警察、实业、财务等局所的首领，商会、农会、教育会会长，地方保卫团局首领，各类区乡行政首领以及中小学校长等”。他们并不具有传统士绅的特征，但是“由于这些人员扮演着传统士绅的社会角色，所以仍被地方社会称为‘士绅’”⑤。

因此，绅士作为历史记忆并不只是一种社会文化符号，或者仅仅是“历史资料”信息，它事实上成为社会重构的一种文化要素。“以前‘士’是统治阶级，为各阶级之首。自中西接触后，他们的地位渐渐丧失了。”⑥面对已然变动的社会结构和地方权绅阶层，社会依然以绅

①《论势绅之可畏》，《大公报》1909 年 12 月 20 日。

②徐羽冰：《中国田赋之一考察》，《东方杂志》1934 年第 31 卷第 10 期；《考查山西政绩纪要》，周秋光编：《熊希龄集》下册，第 1658 页。

③张仲礼著、李荣昌译：《中国绅士》，第 1 页。

④王先明：《士绅构成要素的变异与乡村权力　以 20 世纪二四十年代的晋西北、晋中为例》，《近代史研究》2005 年第 2 期。

⑤魏光奇：《官制与自治——20 世纪上半期的中国县制》，第 360 页。

⑥王造时：《中西接触后社会上的变化》，《东方杂志》1934 年第 31 卷第 2 期。

士来认同，只是此绅与彼绅的内容完全不同罢了。民国的“士绅阶级有两种，一种是从军阀、官僚、政客等落伍下来的，他们为时势所迫，暂时休退，一有机可乘，便可恢复其原有的地位。他们进则与帝国主义相勾结，以压迫剥削人民；退亦不失为资本家、大地主、痞绅恶棍，以垄断把持一切，且可以假借民意，以自厚其势力。再有一种，所谓地方在野名流，他们先从各方面迎合人民心理，或是在人民团体中攫取位置，或是藉以互相标榜，胡乱鼓吹，以自增高他们的地位……士绅阶级是没有职业的，但他们不挣一官半职，失败了的时候，便仍旧退到名流的地位，以谋相机再举。是同我们人民因失业恐慌没有职业，他们是因为从官僚、政客等退下来，或尚未得着做官僚政客的好机运”①。如果不占有地方公共权力和公共资源，单纯的功名身份对于地方社会的影响已经变得微乎其微，“一个传统的比较正直的绅士，他明白自己已成为这个时代的落伍分子，在政治上又遭受了前所未闻的压迫，若是他真能以社区人民的利益为重，为了不愿意得罪农民，或者甚于慈善的心肠，他就宁愿洁身隐退”②。历史记忆的绅士与社会重构中的绅士有着巨大历史反差。

绅士是一个久已存在且被广泛认同的社会文化符号，已经成为一种相对稳定的历史记忆。虽然清末民初基层社会权力结构发生了时代性变迁，权力主体已经由传统士绅转化为权绅，但作为历史记忆的绅士称谓却嵌入重构的社会权力体系之中，将变异了的权绅仍视作绅士而加以认同。

四　利益诉求中的士绅缺位

1909年的《大公报》曾刊有《绅学生》一文称：“某绅家无恒产，不事生业，自谓权术过人，可以赤手起家，往来衙署，结交胥吏，剥削乡民脂血以饱私囊……见邻之子留学东瀛，航海归来，挟一纸文凭入京考试得进士大头衔，居学界要津，诚为官迁之捷径。遂变其鱼肉乡里手段，钻营留学生……”然其“惊女色多姣，花天酒地”“学费不足”乃归国。“同乡父老郊迎十余里，拍掌呼曰‘绅学生万岁！’”此“绅学生”

①于忠迪：《生活问题与士绅阶级》，《中国青年》1925年第4卷第80期。

②费孝通、吴晗等：《皇权与绅权》，第128页。

“交官吏、联学会,运动官款以办学校,植党营私,无所不为,学界中又多一蠹贼而已”。“今日预备立宪,各省设立谘议局,卑鄙如某绅者,亦厕足其间而为议员也,悲夫!”①这可能是极典型的个案,但它所记述的新旧制度变迁中,传统士绅经由“绅学生”(新学资格)而厕身地方政务,从而演变为权绅的历史过程,却不无普遍意义。当然,这一过程与绅士阶层的分化过程同步展开。

1923年出现在长沙的叶德辉《郎园学行记》也从一个侧面记述了地方绅士分化和绅权变动的情形。这部“坦率而翔实”的日记表明,戊戌之后湖南地方绅权日重,“凡有兴革及枢府咨询之事,巡抚集司道耆绅会议多所依违,惟吾师(叶德辉,笔者)侃侃而谈,动中窍要,历任巡抚皆虚己以听,立饬施行。因是外间有湖南绅权过重之谣,又有王、张、叶、孔四大绅士把持省政之谤,以致外来官吏不由湖南起家者往往误听人言先谋应对之策。及至共事日久,相见以诚,又无不乐湘绅之有为,可以御外侮、塞言责。文襄因办学、争路受人指斥,言官弹劾,其辩奏动引吾师如何云云、湘绅如何云云,亦可知吾师之声望盈于朝野矣”②。湖南确有“乡绅之势,驯至大于县官”③之征象。不过,随着新旧学制的更替和新知识群体的出现,地方绅权也发生新旧交替换代,所谓“改革以来,湘中耆绅大半物故”④。据张朋园研究,民初湖南地区新知识精英迅速成长并取代传统士绅成为地方社会的主导力量,“谘议局仅有20%的新式教育成分,国会高达64%,尤见其蜕变之迅速”。“传统士绅阶层逐渐在衰微中。”⑤而且,权绅们借助于新政之便公然与民争利,“争相开矿,贫儿暴富,炫耀乡间。有利共趋,争山争地之案因之而起。乡人无所恃,则展转求识省中要绅,为之合股,以作保障……故湘省绅士多以开矿致富,亦或以开矿失利”⑥。权绅与士绅兴衰进退,是清末民初地方社会权力结构演变的

①《绅学生》,《大公报》1909年1月6日。

②崔建英整理:《郎园学行记》,《近代史资料》总第57号,中国社会科学出版社1985年版,第107页。

③《绅衿论》,徐载平、徐瑞芳编:《清末四十年申报史料》,第242页。

④崔建英整理:《郎园学行记》,《近代史资料》总第57号,第141页。

⑤张朋园:《湖南现代化的早期进展(1860—1916)》,第168页。

⑥崔建英整理:《郎园学行记》,《近代史资料》总第57号,第143页。

基本态势,这一态势也昭示着传统士绅的衰退及其话语主导权的丧失。

“辛亥革命后,绅士阶层受到巨大冲击,乡绅在官府及地方事务中的作用已经减弱。”鲁迅在《阿Q正传》中说,“至于当时的影响,最大的倒反在举人老爷,因为终于没有追赃,他全家都号咷了。其次是赵府,非特秀才因为上城去报官,被不好的革命党剪了辫子,而且又破费了二十千的赏钱,所以全家也号咷了。从这一天以来,他们便渐渐的都发生了遗老的气味”①。这从一个侧面体现了乡村士绅地位的跌落。即使曾有人提出恢复乡绅制度,但从当时的社会舆论来看,传统士绅已经被视为不合时宜的“前朝遗物”。如《申报》就发表了极尽嘲讽之能事的文字:“敦聘地方乡绅,襄理政务,责何其大,事何其繁,非严定资充其极,阿毛阿狗必滥竽其间,爰定数则,俾采择焉。(一)前清曾为官吏或前清告老之大员;(二)前清曾与乡饮大宾之耆老;(三)前清宣统纪元所举之孝廉方正;(四)开口尧舜、闭口孔孟之道学先生;(五)开设门馆之老学究;(六)年君百岁伛腰曲背之白发老人。”②辛亥革命后,传统士绅藉以安身立命的功名、学历和身份等级失去了制度支持和“合法性”,其社会文化威权和社区领袖地位必然受到新制度的质疑,尤其受到新学青年群体的挑战。

即使在乡村社会的日常生活层面,这种挑战或冲突的时代性和深刻性也值得关注。1925年代广东农民运动中,新知识青年将乡绅们定位于“非亡清遗老,即退职官僚,其思想行为,无一不大悖民主政体者,何可同日而语……其与农会会员相较,一为革命者,一为反革命者,诚判若天渊矣”③。1938年福建沙县学田分配事件中,因传统秀才们须与各级新式学校的毕业者均分,从而引发新学青年的反对。他们指斥具有传统功名的士绅为“彼等反革命满清老污腐为现代所

①《鲁迅全集》第1卷,人民文学出版社1973年版,第415页。

②觉迷:《戏拟聘用乡绅资格》,《申报》1915年3月25日。

③司马文韬:《国民党与广东农民运动大事记(1924—1927)》(续一),《近代史资料》总第96号,第234页。

厌弃反得享受，乃敢忝颜相较，混分书田，实属无耻不义”①。显然，传统士绅对于新的时代而言，已不具有“法理”优势，“封建余孽”或“亡清遗老”的时代印记已经注定标记其身并难以自脱。因此，当新知识青年成为民国社会舆论或话语主导力量时，传统士绅的利益诉求就基本处于“失语”状态，与劣绅相对应的正绅的历史记忆也几乎处于“失忆”境况。尽管绅士作为一个整体的社会阶层，即使在新政之后的连锁性制度变迁中，其正绅的另一面相仍然存在并不无影响。据熊希龄记载，在1910年长沙抢米风潮中，虽然起因在于“向之所谓绅权者，遂尽归诸小人之掌握”，但省城中仍存在“公正明达，众望素孚，足以仰赞鸿猷”之正绅②。但正绅之势力与影响力却处于大幅消退的进程之中，“原来应该继承绅士地位的人都纷纷离去，结果便只好听任滥竽者充数，绅士的人选品质自必随之降低，昔日的神圣威望乃日渐动摇”③。整个社会境况也呈江河日下之颓势，“民国人才多误于政客、议员两途。政客利用权术以为挑拨，议员利用党派以固势力，各为其私……而洁身自爱之人，惟有退守蓬门匿迹不出而已”④。在湖北乡村社会中，也有“所谓士绅者，亦大都以礼义自处，以艰重自任，立乡约，讲经训，兴农桑，筹守卫，地方利尤赖之”的正绅。不过，与权绅相比，这些传统士绅“在乡者之不能出而问事；往所谓任率简谅，礌砢倜傥之慨，为之一变”⑤。时势之变，使“此项势力，失其依凭，士绅阶级乃退于无能。公正人士，高蹈邱园……”⑥

“夫吏治固在得人矣，而有所补吏治之不及者，则惟引用正绅……非汲引老成持重之正绅，恐群情涣散，既不足以成城，而新进张皇，又不足以治变，殊为桑梓前途虑也。”“乡绅不顾百姓，百姓抱怨乡

---

①《关于各族书田改作族内升学补助费》，沙县档案馆藏档案，1938年案卷，档案号：156，第36页。

②《指责前抚岑治理不力致新任湘抚杨文鼎函》，周秋光编：《熊希龄集》上册，第352页。

③史靖：《绅权的继替》，费孝通、吴晗等：《皇权与绅权》，第171页。

④熊宾：《鄂北治略》下卷，襄阳道署1924年印，湖北通志馆藏，第29页。

⑤湖北省民政厅编：《湖北县政概况》，1934年版，“导言”第10—11页。

⑥湖北省民政厅编：《湖北县政概况》，“枝江县”第1039页。

绅，乡绅、百姓又全与商家隔膜”①的情势表明，正绅的存在及其行为取向难以聚为社会焦点，他们的存在和作用几乎被社会权力重构中的权绅所遮蔽。当然，这也与社会结构变动中新学知识群体取代士绅主导话语的历史进程不无关系。“具有新型政治意识的通商口岸群体的兴起”，“减弱了绅士在中国社会结构中的重要性”②。随着“乡村权力关系开始发生结构性变动”的同时，“民国以来因学校的普及而形成了以农民家庭出身的知识青年为主的区域性青年团体或学生联合会，他们展开了地方政治斗争”。这些“知识青年的出现分别是1920年代农民协会发展的结构因素的主体因素”③。从而，新知识青年的崛起，更多地在社会重构中表达自身的利益诉求，并借助于民众动员，将权绅的社会记忆放大，而传统士绅尤其是正绅的实相却被选择性“失忆”了。当然，这只是问题的一个方面。

“集体记忆总是同当今现实联系在一起；记忆总是具体的、主观的、带有感情色彩的，总同特定集体联系在一起。”④所以另一方面的问题是，当1920年代国民党致力于民族—国家权力的重建而向乡村社会大幅渗透时，却遭遇到乡村权势阶层——权绅们顽强的抵抗。湖南乡村政权基本由团防控制，而团防则“各自为政，士绅者流，拥枪自卫，声气不通，殊失守望相助之义”。由地方绅士掌控各区的团防分局虽然形式上“呈请县府委任”，实际上县府权力被虚悬，难以真正深入乡间社会发生作用。“惟团各自为政……且各局常兼理民刑诉讼，总局命令，多不奉行，致有尾大不掉之弊。故民间有称八区局长为八路诸侯之徽号，其势炎可想而知矣。”⑤广东南海县佛山地方“公共之财团，久已被一般劣绅、退职官僚、亡清遗老，任意侵吞，霸占产业，据为己有……党部派员到仓监视，查核数目。该劣绅抗不与查

①颐琐：《黄绣球》，阿英编：《晚清文学丛钞·小说卷》上册，中华书局1982年版，第168、353页。

②费孝通：《中国绅士》，第132页。

③柳镛泰：《国民革命时期公产、公堂问题——两湖与广东农民运动之比较》，《民国研究》1999年总第5辑，第8页。

④沈坚：《法国史学的新发展》，《史学理论研究》2000年第3期；冯尔康：《中国社会史概论》，高等教育出版社2004年版，第105页。

⑤曾继梧：《湖南各县调查笔记》上册，1931年铅印本，第23页。

……”中山县劣绅控制的护沙局,“压迫农民,破坏党治”①。对国民党权力渗透基层社会形成强大阻力。许多县乡党部人员遭到地方士绅商团殴杀②。这些既有的乡村权力,与国民党试图重建的基层权力必然形成利益上的冲突。大多数县份“所设都总、团总,均系少数人所推选,与政府并无直接关系,以故推行政令,倍感困难”③。其“乡团林立,主任即乡长,威力大于县府”④的现存权力结构,构成国民政府试图重建国家权威时必须面对的棘手问题。“县政府若果没有绅士阶级,便成为‘没爪蟛蜞’,一步不能行了。”⑤当国民党努力于国家政权的建构并试图深入乡间社会时,打破权绅的权力控制就成为其题中应有之义:“目前要解决县政问题”即是“要取消绅耆名目,严禁绅士会议以防止土豪劣绅垄断乡政”⑥。“国民党努力于国民革命,而土豪劣绅百方以破坏之、陷害之”。所以,“土豪劣绅为国民党的罪人”⑦。这就决定其“本党为代表民主势力的农民与代表封建势力的土豪劣绅、不法地主的争斗”⑧的时代选择。

当时的共产党人在动员农民打倒绅权的政治主张方面与国民党所持立场基本一致。至 1927 年 4 月,共产党组织仅在湖南地区就在63 县组织了农会,吸收农会会员达 500 万人,动员农民近千

---

①司马文韬:《国民党与广东农民运动大事记(1924 年—1927 年)》(续二),《近代史资料》总第 97 号,中国社会科学出版社 1999 年版,第 230 页。

②《佛山市第三区部被无赖捣毁》,《广州民国日报》1925 年 9 月 12 日;《查办丰顺县党部被捣毁案》,《广州民国日报》1925 年 12 月 16 日;《阳江县长殴辱县党部筹备员》,《广州民国日报》1926 年 1 月 5 日。

③《湖南年鉴》第 6 编,《政治》(出版地、出版年不详),第 113 页。

④曾继梧编:《湖南各县调查笔记》上册,第 36 页。

⑤克明:《绅士问题的分析》,《中国农民》1926 年第 10 期。

⑥《县政问题议决案》,《汉口民国日报》1927 年 3 月 23 日,人民出版社编:《第一次国内革命战争时期的农民运动资料》,第 486 页。

⑦[日]田中忠夫著、李育文译、蓝梦九校:《国民革命与农村问题》,第60 页。

⑧《国民党中央执行委员会第三次全体会议对全国人民宣言》,见[苏]A. B. 巴库林,郑厚安、刘功勋、刘佐汉译:《中国大革命武汉时期见闻录》,第 230 页。

万①;通过打倒土豪劣绅运动,发展到彻底变革乡村权力关系的地步②。与国民党不同的是,共产党人不仅将绅士视为一个阶级概念,而且划定了一个更宽泛指属范围,认为"绅士阶级的出身,大概是贵人公子;或读了书,得到了前清功名——举人秀才;或现在的得到甚么毕业学位,因而列入士林,得到绅士的地位"③。在此,"绅士阶级"的指称已经宽泛到整个有财富者或知识分子,即"他们大概是资产阶级(不必一定有不动产,但一种莫名其妙的资格,已经可以使他们一生吃着不尽)……他们同时也是知识阶级,缘于他们的一种惰性,与因袭的地位,常常为旧思想旧制度的拥护者。当顾问,当谘议,当'高等跑腿',是他们要钱的方法。推荐厘金局长,保举县知事,办专领津贴的报纸,乃至包揽词讼,侵占官产,假慈善教育等募捐……无一不是他们要钱的方法"④。这几乎就是"有土皆豪,无绅不劣"⑤口号的另一种诠释。

因此,从晚清的绅民冲突到民国时期新知识青年与传统士绅的矛盾纠葛,从国民党政权与权绅在乡村社会的对峙,到共产党组织的农民运动与绅权的较量,历史的指向性已经确然不移:"打倒绅士阶级!"就成为新时代社会权力结构重建的一个具有广泛认同性的号召。从而,兴绅权的历史进程终以打倒绅士的历史选择而完结。

历史记忆并不仅仅是对过往或逝去历史的单纯的记述、回忆,尤其是当其作为一种集体记忆并被社会认同时。首次提出了集体记忆概念的哈布瓦奇(Halbwachs),特别强调历史记忆的当下性。他认为人们头脑中的"过去"并不是客观实在的,而是一种社会性的建构。回忆永远是在回忆的对象成为过去之后。人们如何构建和叙述过去在很大程度上取决于他们当下的理念、利益和期待……记忆是社会

---

①《湖南农民运动的真实情形》,《向导周报》1927 年第 199 期。

②见梁尚贤:《国民党与广东农民运动之崛起》,《近代史研究》1993 年第 5 期。

③步鸾:《应该打倒绅士阶级》,《中国青年》1926 年第 5 卷第 124 期。

④舜生:《中国的绅士》,《中国青年》1924 年第 1 卷第 17 期。

⑤据李维汉《回忆与研究》记载:毛泽东在作报告时讲了"'有土皆豪,无绅不劣'的口号,一时流传甚广,到处写成标语,影响极大"。见李维汉:《回忆与研究》,中共党史资料出版社 1986 年版,第 103 页。

中不同人群争夺的对象,也是他们之间权力关系的指标。主流文化往往控制记忆资源,而对异文化采取压制态度,因而异文化抗争的重要手段便是保存一种相对于主流文化记忆的他类记忆或者福柯所说的反记忆(Counter-Memory)①。从清末民初关于绅士阶层不同的历史记忆来看,它并不外在于社会生活本身,它与社会生活进程和社会结构的关联性难以分割,或者它本身也内化为社会重构的要素之一。晚清以来,关于绅士阶层不同的集体记忆,不仅呈现出不同利益主体的"选择性记忆"或"失忆",而且这种历史记忆也成为重构的社会权力和利益关系的社会认同因素。

(原载《历史研究》2010年第3期)

①M. Halbwachs, "Individual Consciousness and Collective Mind", *American Journal of Sociology*, Vol. 44, No. 6, May, 1939, pp. 812—822.

士绅构成要素的变异与乡村权力

——以20世纪三四十年代的晋西北、晋中为例

国际学术界对于传统中国社会的认识经历了从皇权研究到绅权研究,并从士绅研究到地方精英研究的转变。这一转变当然标志着研究领域的不断深入和扩展的过程,同时也标志着研究视角和理念的演变。已有的研究成果关注在传统与近代社会结构变迁过程中,士绅阶层与地方精英的时代性差异,认为“士绅虽然生活在地方社会,但是他们的活动在国家场域。地方精英研究关注的帝国末期,而且是在国家政权以保甲制渗入并分解传统的村庄共同体社会之后,相对于前一时期来说是一个较混乱无序的时期,针对的是地方社会中起实际作用的人物……关注的是地方场域”①。所以表面上看来,二者虽然都是“乡居者”的权势力量,但实际“这是两个不同的对象,并非是同一对象在不同时期的延续……乱世的地方精英并非完全由治世的士绅转变而来”②。不同于传统时代,民国时期的乡村社会权力是由地方精英而非由士绅支配。“地方精英是在地方舞台上(指县级以下)施加支配的任何个人和家族,这些精英往往比士绅的范围广

①李培林、孙立平、王铭铭等:《20世纪的中国:学术与社会(社会学卷)》,山东人民出版社2001年版,第88页。

②李培林、孙立平、王铭铭等:《20世纪的中国:学术与社会(社会学卷)》,第88页。

泛得多，也更具有异质性，即包括持有功名的士绅，也包括韦伯论述过的地方长老，此外还有各种所谓职能性精英，如晚清的士绅—商人，商人，士绅—经纪，以及民国时代的教育家、军事精英，资本家，土匪首领。”①“他们的场域是‘地方舞台’，他们的首要特征是在地方发挥着实际的支配作用。”②

然而，清末民初的历史演变进程，即使在乡村社会层面也并非是地方精英替代了士绅的历史运动。事实上，地方精英这个移植的话语并不足以反映近代中国社会变动的内容，也不为乡村社会所接纳——地方精英只是研究者借用西方话语的一个研究表达，而不是乡土社会的存在实体表达。乡村社会仍旧认定这些作用于社区的人物属于士绅，尽管他们是不同于传统时代的士绅。因此，力求揭示其时代特性的话语可以是劣绅、豪绅、土劣或正绅、开明士绅等，但这仍是以士绅为中心语义的表达。当然，它却告知我们，民国时代士绅的构成要素已有所变异，并由此获得了不同以往的内容和特征。这一特征不仅仅与士绅的定义相关，而且也一定程度上揭示着社会结构的时代特性。

一　关于士绅话语问题

以地方精英来涵盖晚近中国基层社会的权势阶层或权威力量，成为近来学界颇为流行的话语。这一话语的出现其实也是西学强势影响的结果，尽管“西方人认为社会精英只是在西方最近的开放型社会中才开始出现并且壮大起来的……精英人物确实具有权威（不是权力）”③。马克斯·韦伯认为，“阶级分层依据他们对于产品和物质获取的关系，而阶层分层是依据代表其生活方式的物质消费原则”④，但精英理论并不是对于社会结构分层主体存在的表达，它是

①李猛：《从士绅到地方精英》，《中国书评》1995 年总第 5 期。

②李培林、孙立平、王铭铭等：《20 世纪的中国：学术与社会（社会学卷）》，第 88 页。

③［美］吉尔伯特·罗兹曼主编、沈宗美译：《中国的现代化》，江苏人民出版社 1995 年版，第 118。

④Berth Berberoglu, *Class Structure and Social Transformation*, Greenword Publishing Group, 1994, p. 7.

基于社会运行机制的描述。这一概念本与现代社会科层结构相融合，指的是社会制度管理的社会力量，即管理精英。美国社会学家米尔斯的《权力结构》(1959 年版)一书被认为是运用精英理论研究社会结构的一个范例，但他的精英所指是居于社会统治地位的权力集团，按其在美国历史上所起作用的历史演进分别为政治精英(早期历史)、经济精英(1886 年后)、军事精英(第二次世界大战后)。有时，他们也称之为政治精英(political elite)和社会精英(social elite)，因为他们认为"既定的社会是由少数精英分子组织的政治机制(apparatus)，控制这一机制的是精英，而不是阶级结构决定社会运动的性质和社会变迁"①。所以，精英确切所指是"少数高智能的人们居于社会上层，他们拥有较高的个人素质并运用大量社会和政治权力，以此与大众相区分"。米尔斯(C. Wright Mills)和一派社区权力(community-power)的学者所使用的权力精英(power elite)一词，暗示了在公司和政府身居高位的人们之中，具有高度的协调和一套共同的利益②。而最早运用精英概念的柏烈图(Vilfredo Pareto)所建构的社会分析系统是"两极三层"结构：即精英——由统治精英和非统治精英构成(a governing elite and a non-governing elite)与非精英(the non-elite)③。因此，这样一个相对宽泛的概念不是对社会结构体系中某一阶层或阶级定位的精确指称，而是基于社会控制体系中对社会成员地位的一个模糊性描述。它的意义，相当于中国传统社会中"劳心者治人，劳力者治于人"的分类，因为有些西方学者也径直将精英(elite)表述为治者(the ruling class)，非精英即大众(the masses)表述为被治者(the class that is ruled)④。精英与大众作为一对范畴，完全类同于中国传统文化中治人者与治于人者的含义，而不具有相对明确的社会阶层或一般社会分层的意义。

---

①Berth Rerberoglu, *Class structure and Social Transformation*, p. 9.

②朱岑楼主编：《社会学辞典》，台北五南图书出版公司 1991 年版，第 289 页"elites"条。

③Vilfredo Pareto, *The Mind and Society: A Treaties on General Sociology*, New York: Dover Publications, Inc., 1963, pp. 1423—1424.

④Berth Berberoglu, *Class Structure and Social Transformation*, p. 7.

以具有西方社会历史情境意义的概念为原形在中国寻找对应或对比，“固然可以发现原本忽略的历史事实或对其做出新的解释，但不可否认的是，其对中国社会解释的有效性是有限的”①，且容易导致对与“范型”相关现象的强调以至过度阐释，而忽略中国近代乡村社会的本土性特征的深度把握。所以，精英话语在中国近代史中的运用，很难清晰地表达出研究的目标，而常常陷入表达的复杂化之中。“一般而言，‘精英’和‘大众’是指一对在经济地位、文化和权力上互不相同的社群。他们之间的各种联系又将其组合在一个比上述概念更为复杂的社会系统之中。美国学者费士彬提出晚期中华帝国阶层划分的三个标准：教育、法权和经济地位，认为这些阶层的两极分别是受过良好教育、具有特权并处于主导地位的精英和目不识丁、处于依附地位的普通人；在这两极之间则是受过一点教育但程度各异的人群。这三种群体又可以细分为九种不同的文化集团。”②将这样一个本是随着工业化时代以后或科层化社会中出现的西方社群的表达，用于喻指民国时期的中国乡村社会阶层，显然是西化学者的理论素养和经验所致，它与中国乡土社会权力或权威阶层的实体特征相去较远。

首先，在乡村社会结构里，士绅仍然是社会普遍认同的权势阶层，它所具有的社会性、文化性特征根本不能被地方精英概念所取代。“村庄中有许多人尽管不担任公职，但是从某种意义上说，他们在公共事务和社区生活中的影响可能比官方领导大得多，虽然不太公开。他们实际上是受人尊敬的非官方领导，其中最主要的是村中的长者，给全村提供特别服务的人和学校教师，可以说，这些人构成

---

①张百庆：《吸毒与卖淫——近代中国市民社会一瞥》，《二十一世纪》（网络版）2004 年第 23 期。

②转引自王笛：《大众文化研究与近代中国社会——对近年美国有关研究的述评》，《历史研究》1999 年 5 期。孔飞力在研究晚清时期以地方精英为核心的团练、地方武装的活动以及由此引起的社会结构的变化，他使用了“名流”（偶尔也用“绅士”）这一社群概念，并区分了“全国性名流”“省区名流”和“地方名流”，认为后者在乡村和集镇社会中行使着不可忽视的权力。［美］孔飞力著、谢亮生等译：《中华帝国晚期的叛乱及其敌人》，中国社会科学出版社 1990 年版，第 3—4 页。

了村庄的绅士。”①刘大鹏《退想斋日记》对于民国时期晋中村落社会记述较多，认为乡村权力阶层仍然以士绅为中心，“身为绅士而存所在，不思为地方除害，俾乡村人民受其福利，乃竟藉势为恶，媚官殃民，欺贫谄富，则不得为公正绅士矣。民国以来凡为绅士者非劣衿败商，即痞棍恶徒以充，若辈毫无地方观念，亦无国计民生之思想，故媚官殃民之事到处皆然……”②尽管在这里正绅和劣绅道德指向十分突出，但作为地方权力实体的士绅表达却是无可置疑的。山西省档案馆所藏《名人传略》记载了晋西北“地主士绅传记”“晋西北各县地主士绅题名”“兴县的地主士绅”“宁武区的地主士绅”“一九四一年前临县十个地主富农”“岢岚区五个名人”等内容，比较集中地指明士绅阶层对于乡村权力和社会生活的支配性影响。资料尤其揭示了文水县地方权力被城派士绅和乡派士绅分割、冲突和变动的状况，表明杜凝瑞作为“县里第一位大绅士”，不仅影响着县长的存去，而且对县域政治的影响至关重要：“文水地方士绅先后辈出，大半是经他提拔起来的。”③

“士绅阶层是晋身政治权力结构的阶层，由于取得了经济、社会与政治和利益，其地位甚为巩固。”④晚清时期的士绅们是政府在地方上的代理人，胡林翼说：“自寇乱以来，地方公事，官不能离绅士而有为。”⑤同时，“士绅阶层又是人民的保护者与地方官吏权力的挑战者”⑥。就对乡村公共权力的控制情况而言，民国士绅与传统士绅的区别并不明显，“他们虽无直接的政治权力，但却扮演二种不同的社

①［美］杨懋春著、张雄等译：《一个中国村庄：山东台头》，第 176 页。

②刘大鹏遗著、乔志强标注：《退想斋日记》，第 322 页。

③《名人传略》，山西省档案馆藏档案，档案号：A—22—1—4—1，第 14—15 页。

④Hiao-Tung Fei, “Peasantry and Gentry”, in R. Bendix & S. M. Lipset eds. , *Class, Status and Powers: Social Stratification in Comparative Perspective*, London: Routledge & Kegan Paul, 1967, pp. 635—636.

⑤《胡文忠公遗集》卷 86，上海著易堂光绪十四年(1888)铅印本，第 33 页。

⑥苏云峰：《中国现代化的区域研究——湖北省，1860—1916》，第 80 页。

会角色”①。绅士是掌控县域地方组织的领袖，各种公团或团防局、保卫局，“在事实上，多是土豪劣绅、不法地主的武力”②。所以，地方权力集团惟士绅是赖，仍反映着民国时期乡村社会的实况。可以说，士绅作为一个特定权势力量或特殊社会阶层的称谓和传统文化资源的熟语，仍为社会普遍认同；而所谓地方精英则疏离于乡村社会存在，只是学者们自己设定的一个话语。

其次，士绅概念具有相对明确的阶层指称，其内在规定性使其与其他社会阶层显相区别。由于制度（科举制度以及政治制度）变迁的强制性所引发的社会变迁，致使民国乡村士绅的来源有所变异，但它所具有的阶层特征仍然十分明显，并以此区别于其他社会阶层。山西《名人传略》档案资料虽然列出的是有影响的地方人士，但仍然从身份上将士绅与地主、富农、商人分别标示，提示着我们不能简单地将士绅混同于地方精英。也许，从内容和外延的类同性上，地方精英更多地与地方名人概念接近（《名人传略》包含的成员有地主、富农、商人甚至名妓）。在乡村社会结构中，无论是从习惯性权威还是从体制性权威上而言，士绅的身份和地位都不是其他阶层所可比拟，尽管其他阶层的成员也可以占据公权位置。毛泽东在 1930 年代所作的《兴国调查》，对当地控制公堂的乡村权力力量分析时，也格外指明了这一社会存在特征：“本区（公堂）多数把持在劣绅手里。这种劣绅，大半家里有些田，但不够食，所以不是富农也不是地主。他是劣绅。因不够食，所以要把持公堂，从中剥削。一乡、二乡及四乡的公堂，劣绅管的占十分之六，富农管的占十分之四。第三乡，民国以前，劣绅管的最多，因为那时公堂要有功名的才能管得。民国以后，富农管的最多，与一、二、四乡恰好相反，十分之六是富农管，十分之四是劣绅管。”③显然，民国乡村社会变动使得富农也挤入“公堂”管理层，但终

---

①Hiao-Tung Fei, “Peasantry and Gentry”, in R. Bendix & S. M. Lipset eds. , *Class, Status and Powers: Social Stratification in Comparative Perspective*, p. 641.

②《乡村自卫问题决议案》，《湖南历史资料》第 2 期，湖南人民出版社 1980 年版。

③毛泽东：《农村调查》，解放社 1949 年版。

也不曾动摇士绅的地位，而且在毛泽东的论述中也认同士绅是与地主、富农不同类的一个特定社会阶层。

地方精英作为一个超阶层的涵盖广泛的概念，包括了地方官吏、学者名流、社团领袖、地方武装头面人物、大商人、大地主甚至富农等等庞杂的群体，不足以形成相对明确的指属范围。因此，它并不具有替代士绅概念的价值和意义。

其三，民国士绅就其实体而言，确实与传统士绅已有所不同，其基于“士”的身份性和社会权威性特征已渐弱化。这体现着清末民初社会结构变动的一般趋势和特征。晋西北《名人传略》所载士绅传略表明其实体结构十分复杂，士的身份并不是惟一的要素（详见下文）。在晋中村落社会里，出身于科举功名的乡绅刘大鹏也评论说，“民国之绅士多系钻营奔竞之绅士，非是劣衿、土棍，即为败商、村蠹，而够绅士之资格者各县皆寥寥无几，即现在之绅士，多为县长之走狗”①。其实这与杨懋春所研究的山东台头村的士绅具有同样特征：“构成台头村非官方领导的‘乡绅’”主要成分为“商人，经奋斗获得成功；教师，一个文化权威代表；儒生，并成为新式村学校教师”。作为乡村权势阶层的士绅“以前和现在一样，领导资格是一种看不见摸不着的东西，但渐渐与某些特征相关——年龄、财富、学识”②。显然，士绅构成要素的多元性已是一个超越区域性的共趋性问题。

当然，整个结构只有在各种群体或阶级的功能中才能观察得到，士绅的特征及其功能也是在社会结构的关联性中才得以充分体现。周荣德对民国云南乡村社会的研究，从社会结构层面上彰显了士绅阶层的地位：“在昆阳县城的东门外有一块由‘昆阳的官绅民众’竖立的巨大的纪念石牌（1935 年）。官绅和民众确是当地人们自己公认的社会阶层，虽然阶层的划分从来没有凝固成世袭的、明确而无流动的界限。”③然而，“作为一个阶层性的群体，士绅不是组织严密布局完整的社会群体。他们之间的关系是个人的”，“士绅阶层包含了各

---

①刘大鹏遗著、乔志强标注：《退想斋日记》，第 336 页。

②[美]杨懋春著、张雄等译：《一个中国村庄：山东台头》，第 177—179 页。

③周荣德：《中国社会的阶层与流动——一个社区中士绅身份的研究》，第 55 页。

种不同的社会关系的网络……虽然士绅内部也分层次和派系，他们却构成一个共同行动所需要的紧密团结的合作群体”①。所以，作为士绅阶层的同质性(将在下文中进一步详述)特征，是无法通过地方精英的社群概念所能充分揭示。

在官—绅—民社会权力结构系统中，社会分层仍然是传统的，这是士绅阶层依然保持其传统地位和角色的前提，它从深层意义上体现着社会结构的凝固性和基层社会结构的传统性。士绅话语包括明确的结构主体指称，它具有结构系统中明确的地位；而地方精英则仅有喻指性，相关的结构地位并不明确。

虽然晚清以来科举制的消亡和等级制的衰退导致士绅中士的身份显趋弱化，但士绅仍然是乡村社区成员、官方文献乃至共产党基层政权(《名人传略》即是晋西北根据地政权整理的资料)对地方权势阶层一致认同的称谓。因此，无论是基于中国社会历史传统还是基于民国乡村社会存在实况，士绅这一话语所包含的历史价值和认知意义，都不是地方精英的话语所能替代。要真正理解近代中国乡村社会的历史变动，问题的本质在于如何充分揭示地方权势阶层内在结构变动的时代内容，而不是简单地移植一个现代西方话语。

二　财产与士绅

现代化进程中社会结构的分化是一个必然趋势。彼特·布劳认为，社会成员的特征如果按照类别参数如职业、住地、工作地、声望、权力等来分类，它们就被定义为群体；如果按照等级参数来分类，它们就被定义为地位。但无论依据何种参数，传统的身份等级体系和士农工商社会结构，显然已不存在，至少是不完全存在于民国社会。那么，作为乡村社会权力阶层的士绅的构成要素是什么？这是理解社会结构和权力结构特征的前提。

近代社会与传统社会之不同，一个显性特征是财富取向取代身份等级取向。财富对于个人社会地位的影响至关重要，以至于晚清以来绅商、商董集团的形成足以打破传统社会士农工商结构体系。

①周荣德：《中国社会的阶层与流动——一个社区中士绅身份的研究》，第159页。

20世纪之初《大公报》言论已经是理直气壮地宣告:“士农工商,四大营业者,皆平等也,无轻重贵贱之殊。”①这与“古有四民,商居其末”②的等级地位结构有着时代性差别了。商人地位的攀升和晚清商会、商部的成立,已经一定程度上体现着财产取向在社会结构变动中的特征,这使得士绅与富商原本清晰的界限变得十分含混。萧邦奇对于浙江地方精英的研究表明,到20世纪之初,内核区域大多绅士或许都有商业利益。“当绅士逐渐卷入商务领域后,富商无论有无顶戴(身份),都可依凭功名之士履行绅士的功能……传统社会分界变得模糊不清,在语源学上表现为19世纪末20世纪初‘绅商’的命名。”③因商而绅或由绅而商的社会流动,使得财富与功名共同成为社会结构重构的重要要素。

不过,这一趋势更多地存在于近代化程度较高的城镇或具有商业化传统的社区里,乡村社会仍然缺乏实质性变动。“辛亥鼎革以还,在政治上层虽不无改造,但于社会基层组织上,殊少革新之处……而前此里甲人员之旧势力,则仍无不到处存在,到处发酵,半公半私性质之图正(无锡)、乡董、庄首(河南)、村役、地方、练总、村长(河北)、都总、甲首(湖南)、社老……一如故我。”④那么,在民国乡村士绅的构成要素中财产因素居于什么地位呢?这是认识这一权势阶层必须考察的内容之一。

晋西北《名人传略》中所载兴县“八十三个地主士绅分析”内容,对于“县域名人”财产状况有较详记载,其中土地占有情况如下:

①《贵业贱业说》,《大公报》1902年11月20日。

②郑观应:《商战》,夏东元编:《郑观应集》上册,上海人民出版社1988年版,第593页。

③R. Keith Schoppa, *Chinese Elites and Political Change: Zhejiang Province in the Early Twentieth Century*, p60.

④江士杰:《里甲制度考略》,商务印书馆1942年版,65页。

表 3-15　兴县 83 户地主士绅土地占有情况

土地占有等级	土地占有实数(亩)	%	户数	%	附记
100 亩以上	180	1.8	1	1	83 个地主士绅中有 7 个为土地占有不明者
200 亩以上	6980	7.2	22	29	
500 亩以上	18270	18	23	30	
1000 亩以上	71022	74	30	40	
合计	96452	100	76	100	

资料来源:《名人传略》,山西省档案馆藏档案,档案号:A—22—1—4—1,第 34 页。

上表显示占有 500 亩以上者为 53 人,占表列人员的 70%。虽然晋西北土地质量较低,以山地为主,产量不高,但其以土地占有为标志的财富也是相当惊人的。但是,资料题名为"地主士绅",是将两个不同属性的社会阶层并合在一起的,那么,土地与地主和士绅的相关性完全相同吗?这要作具体的分析。其中,明确指明士绅身份者有 8 人,情况如下:

表 3-16　兴县 8 户士绅占有土地情况

姓名	士绅身份及经历	土地占有	其他财产	从业和地位	家庭情况
刘雨畲	城派士绅	百余垧	商店四五处	商会会长	7 口人
王海龙	有名士绅	九十余垧	作坊 2 处	当过村长	6 口人
温献增	士绅,前清秀才	三百余垧		业医、省议员	
温启明	乡派士绅,大学	二百余垧	住院 2 处	中学校长	6 口人
樊学迟	前清秀才	183 垧	住院 11 处	高利贷,村长	
李绍荣	秀才,乡派士绅	约千垧	商店	高利贷	5 口人
康顶元	秀才	430 垧		当过村长	13 口人
孙理	士绅	五百余垧	经营牛、羊群		

资料来源:《名人传略》,山西省档案馆藏档案,档案号:A—22—1—4—1,第 25 页。

上表表明,在明确为士绅者中占有土地超过 500 垧者只有 2 人,与上表70%的比例相差甚远。但资料未能将地主与士绅的身份完全区分，所能说明的问题十分有限。那么，临县的资料却将地主与士绅两个阶层分别标明，有助于我们的进一步分析。在标明的地主传记6人和士绅传记7人中，可列表对比如下：

表3-17　山西临县13户士绅与地主之土地等财产的对比

	姓名	土地（亩）	其他财产		姓名	土地（亩）	其他财产
士绅	郭俊选	45	窑房14间、水磨1座	地主	乔文斌	1588	窑23眼
	郭树棠	71	房15间		乔芝旺	788	窑11眼
	范沚如	20—30			郭效业	600—700	窑5眼、房10间
	丁璧法		不详		王修善	1500	
	郭缙绅	二十余			王志书	1500	窑房三十余间
	杜凝瑞	三十余			*武攀魁	5400	钱庄商店木料厂多处
	孙良臣	百余垧	房1间				

资料来源：《名人传略》，山西省档案馆藏档案，档案号：A—22—1—4—1，第6页。*标明为地主兼士绅者。

上表的对比十分鲜明，地主大都拥有千亩左右的土地，而士绅拥有土地基本都在三四十亩左右，数量极少，仅有大地主兼士绅的武攀魁和孙良臣拥有极多的土地。

“有钱的不尽是土豪劣绅，但是‘为富不仁’的古语也是最切实的。豪绅的成因与方式，中国南北有些不同。在山东、河南、江苏的江北以及安徽的皖北一带，所谓村长的势力很大……江南皖南、浙西和浙东的沿海一部分，福建的闽北大多数退隐的官吏、军官、富商等在乡村中占有很大的势力……豪绅处于官厅与民众的中间，一手拉住官厅，一手压住民众……”①显然，就是在民国时期的乡村社会里，仅凭土地财产也不能直接跻身于士绅阶层。即使拥有巨额土地的武攀魁也是“出身于城市中产阶级，以经商收入为主”，以经商所得“而

①张宗麟：《乡村教育之理论与实际》，教育编译馆1935年版，第6页。

购置土地……形成交城第一个大地主”。然后由于“花钱运动当过省议员”,“因为有钱的缘故,在地方上趋炎附势者日多,社会地位遂以提高,成为当地大士绅之一”①。商业经营的财富及其活动区域、界域的影响,尤其是财富与权力的转换才导致其地位的攀升。

“地主士绅传记”中有传者 13 人,其中地主 6 人,士绅 7 人,在地主与士绅之间的分别是明显的;地主与士绅有重合之处,但又是完全不同的阶层。甚至二者利益时有冲突,如临县的大士绅郭树棠“在经济上他与本村地主有矛盾,常因摊款、出公粮而与地主争执”。作为士绅他并不代表地主利益,而“在村中代表中间阶层势力”②。岢岚区两个大士绅中,武竟成“在家族中很有威信”“是地方上的开明士绅,又是专署的谘议”,然就其财产而言,“民国前是个城市贫民,民国后在教育界担任高小校长”,也仅仅是“渐变为小地主”而已③。

乡村社区中个人权势地位和声望并不仅仅取决于财产,而主要取决于其社会关系网络和社会活动的影响力。《名人传略》中所载“地主士绅传记”中的士绅之一郭俊选,仅是富农家庭,以秀才身份成为乡绅并在民国初年出任公职(县官粮局、财政局等),开始有了“政治地位”。然而导致“他的政治地位提到最高点”的却既非财产的扩充,也非官职升迁,根本“原因就是大量写状子包揽词讼,很有成绩,影响逐渐扩大,群众中也有了声望”。当然,这与他曾任商会会长、新学堂教职以及县府任职所钩织的社会关系网络密切相关,所谓“在本县政界最有势力,其次为学界,一般高小中学毕业学生,都很信任他”④。因此,相比他“因写诉状很有名,当地群众敬畏他……他掌握着‘刀笔’求之者颇多”⑤的社会声望而言,他拥有的四十余亩的土地财富诚不足道也。

在郭氏士绅声望发展趋势上,我们可以观察到的一个事实是,

---

①《名人传略》,山西省档案馆藏档案,档案号:A—22—1—4—1,第 6 页。

②《名人传略》,山西省档案馆藏档案,档案号:A—22—1—4—1,第 10 页。

③《名人传略》,山西省档案馆藏档案,档案号:A—22—1—4—1,第 53 页。

④《名人传略》,山西省档案馆藏档案,档案号:A—22—1—4—1,第 8 页。

⑤《名人传略》,山西省档案馆藏档案,档案号:A—22—1—4—1,第 8—9 页。

“他的政治地位提到最高点”时是民国二十年(1931)以后,这是他在社区中最具影响力的时期;但他的经济地位的最高点却是“民国五六年时代”,此时除了土地、房产外,还有“在外投资五六万元”。而民国十九年(1930)以后,由于“生意赔钱,外债也收不回来,家庭顿时陷于破产”①境地。财产和经济地位与其作为士绅的社区影响力,正好处于相反的演变趋向,至少可以说明财产或经济地位对于一个士绅的地位并不具有直接的相关性。

另一个例子是地主乔文斌。此前因其父主持“一切对外交际……在兔坂主村占第一把交椅,因与每任区长勾结,故在全区地位亦高”,但当其父去世后,尽管他仍然拥有1588亩土地,佃户八十多户,财产颇巨,却因其“不善于交际,所以地位就降低了,一般群众开始也并不十分尊重他……村里地位一落千丈”②。这应该是他之所以列名地主传记而不是列名士绅传记的原因。土地财产可以决定地主身份,却不能决定士绅地位。

土地是乡村社会成员基本的财产和谋生的主要资源,“拥有土地与否是农民阶层的基本标准。‘那怕家里只有一寸土地,他们就认为自己和乡人平起平坐’。于是在中国农村的许多地方,没有土地就意味着不再属于农民阶层,他们被迫生活在村子的外围,受到各种歧视”。“在一个以拥有土地的多少来衡量人的声望的社会里,那些没有土地或几乎没有土地的农民已经遭受了很多耻辱……”③但在乡民心目中,社区士绅的地位绝不是仅凭其所拥有的财富确立,如山东台头庄,“只有财富没有文化的家庭往往是孤立的,富裕的有教养的农民看不起他,而他又不想与穷人联合。因此,仅有财富并不能使家庭在社区中享有社会地位”④。又如“满铁”调查中河北沙井村教员赵斌对绅士资格的应答:“问:什么样的人能成为乡村绅士呢?答:有学问、在公众场所善于言谈、人格高的人。问:绅士是有钱人吗?答:

---

①《名人传略》,山西省档案馆藏档案,档案号:A—22—1—4—1,第8—9页。

②《名人传略》,山西省档案馆藏档案,档案号:A—22—1—4—1,第1页。

③[英]贝思飞著、徐有威译:《民国时期的土匪》,上海人民出版社1992年版,第92、98页。

④[美]杨懋春著、张雄等译:《一个中国村庄:山东台头》第153页。

不是。绅士是有学问和人品好的人，没有特别规定在金钱方面有何要求。问：李如源是绅士吗？答：他只是人格好，没有学问，不能称为绅士。问：村长为什么不能称为绅士？答：因为没有资格。绅士的资格是有学问、品行端正、能办公事，为民众带来利益的人。问：现在吴氏这个人怎么样？答：也不能称为绅士，因没干过公事……问：张瑞家有九十亩地，是村中最有钱的人，是绅士吗？答：张瑞被称为最有钱的人而不是绅士。”①可见，财富与士绅资格的获得并没有直接的关联。斯科特在分析东南亚农村时对这一社会现象做了精辟的阐析，他总结道：“只有在富人们的资源被用来满足宽泛界定的村民们的福利需要的范围内，富人们的地位才被认为是合法的……富人们被求做出的慷慨行为并非没有补偿，它有助于提高人的日益增长的威望，在其周围聚起一批充满感激之情的追随者，从而使其在当地的社会以合法地位。”②

“士绅的地位并非来自出身和法定的特权，而是由于公众的评比。士绅拥有地方上公众的爱戴，这是与官僚交涉时为执行人民代表的任务所必须具备的条件。”财产构成了士绅地位的基本前提，却并非决定性要素。“士绅成员的财富或许差别很大，虽然在边缘上参差不齐，但士绅却有一个坚固的核心。这核心就是有田地……它的成员有田地，但他们自己并不耕种……另外，他们是自由职业者——学校的教师，著名的医生和比较富有的商人——他们大多曾受过高等教育。”③同社会声望和文化要素相比，财产的作用十分有限。“士绅成员可以看作是马克斯·韦伯命名为‘业余’或‘非职业’类的行政人员，其特点是；第一，他们的经济条件允许他们连续无报酬或只收名誉报酬地在社团中担任领导和有实际权的职务。成为‘业余’的根本原则是一个人不依靠政治谋生而能为政治服务……第二，无论士绅依靠的基础如何，其成员所以具有社会权威，是因为他们的经验和

①《中国农村惯行调查》第1卷，岩波书店1981年版，第96页。

②[美]詹姆斯·C. 斯科特著，程立显、刘健等译：《农民的道义经济学——东南亚的反叛与生存》，第52页。

③周荣德：《中国社会的阶层与流动——一个社区中士绅身份的研究》，第59页。

能力可以胜任。”①

权力关系不仅仅取决于经济资本，而且取决于“包括不能还原成经济资本的社会、文化、象征资本的总资本量和其构成比率。其中经济资本占优势地位，它可以转化为其他种类的资本”②。地主、富商的公产捐献起到这种资本转换的作用，正是这种转换可以导致其由地主、商人跻身于士绅之列。因此，士绅不能没有土地等财产，但士绅的地位并不取决于或直接取决于财产占有量，土地占有量尤其不足以成为乡村士绅的构成要素；地主与士绅在社会结构中的分层标准和地位也是完全不同的。

三　文化身份与士绅

“从前士大夫……他们屈于一人（君主）之下，临于万民（农工）之上……由秀才而进士而官僚，这是多便当的事。即不幸不得意于仕途，把酒吟诗，在本乡作一位豪绅，以维持他的低度的物质生活，仍不失其山林文学家的风度。”③因此，在以等级分层和以功名为取向的传统社会里，社会流动的价值指向以科举功名为转移，功名和身份即成为士绅构成的决定性要素。“士绅的成员可能是学者，也可能是在职或退休的大官。传统士绅的资格是有明确规定的，至少必须是低级科举及第的人才有进县和省衙门去见官的特权，这就赋予他做为官府与平民中间人的地位和权利。”④那么，历经科举废除和政制变革后的民国社会，强制性制度变迁对于乡间社会权势阶层的构成影响如何？

民国政治以及乡村政制变迁繁杂，已与传统时代的体制相去较远。至1920年代末，“提起中国的农村政治，谁都会知道，区公所乃是农村政治上中心的机关。民国十六年以后，原来的所谓乡董、图董

①周荣德：《中国社会的阶层与流动——一个社区中士绅身份的研究》，第60页。

②[法]皮埃尔·布迪厄：《象征权力和文化再生产》（韩文本），新水波1995年版，第287—288页，转引自柳镛泰：《国民革命时期的公产、公堂问题与两湖地区农民协会运动：与广东的比较》（未刊稿）。

③天行：《学潮与出路》，《东方杂志》1932年第29卷第6期。

④周荣德：《中国社会的阶层与流动——一个社区中士绅身份的研究》，第5页。

等等名目，都已跟着虚伪的'打倒土豪劣绅'的口号而被废弃，换上了'区长''乡镇长'等等新的名目。区公所可以说是新添出来的农村政治机关，它介于县政府现乡镇之间，一切县政的设施，都要通过了它才能到达地方。所以在农村政治上形成了一个特殊的地位"①。乡村基层权力的转移虽然十分频繁，却仍在同质的集团中转移，未发生结构性的变动，亦即由此引发的士绅成员的更迭并未影响士绅阶层对于地方权力的操控。直至 1930 年代中期，华北各县不但用人权操在当地绅士手中，财政权也操在当地绅士手里。河北省"多数县分向例将地方经常预算决定于全县行政会议，又其临时开支决之于县政会议，官不能主，上不过问"。公款割据造成各县财政的通病。河南"县款以往为土劣把持，滥派滥用，既无标准，又无帐簿，更不办理计算，一遇交替，一走了之。自奉颁《整理地方财政章程》后，财委会组织成立，但仍为恶势力所劫持"②。一些地方新绅旧绅迭起风潮，争权甚烈③。在河南，1930 年代的地方保长也"纯系士绅的代理人，一切以士绅的意志为转移"。"至于甲长，名义上是由户长或每户代表推定……这实际上也是按乡绅的意图由保里决定的。"④

民国政制变动未能触动绅权的根本地位，"（区长）这些比较新进的知识分子，他们本来是中等以上的学校出身，有些做过教员；他们在表面上虽然掌握了农村政治的一部分实权，其实农村中真正的势力，还依旧在一般地主豪绅手里"。"有些地方的区长，仍是干脆地由地方的豪绅充当。例如陕西渭南第六区区长骆相成，已经当了十年，绥德第五区团长薛学通接任了差不多已经二十年，这些都可以证明

---

①李珩：《中国农村政治结构的研究》，《中国农村》1935 年第 1 卷第 10 期。

②河南第十一区行政督察专员公署编：《欧阳专员十年督政纪实》，《十年工作述要》第 33 页，转引自郑起东：《华北县政改革与土劣回潮》（未刊稿）。

③郑起东在《华北县政改革与土劣回潮》中指出：旧绅多为老年绅士，如原县财政所长、自治会长、商会会长、参众两院议员、旧区董、保卫团团总等。新绅多为县党部委员、中小学校长和各新式组织的代表等。"新旧士绅，向有派别。"见《关于衡水报告》，《视察特刊》1929 年第 2 期。

④朱德新：《二十世纪三四十年代河南冀东保甲制度研究》，中国社会科学出版社 1994 年版，第 114 页。

区长的如何从旧日的绅董蝉联下来。”①可以说，基于功名、身份的文化权威仍然成为民国乡村士绅的基本要素，湖南农村大革命时期将士绅解读为“长衣先生”和“读书先生”②，说明附着于功名、身份、社会地位的文化权威要素对于乡间权势阶层的重要作用。

就晋省而言，民国时期乡村权力体制的架构也完全不同于传统社会，其时代特征也十分明显，但政制变革对于基层权力主体的触动却相当有限。

其一，权力架构形式发生了较大改变，但权力主体未变。晋省实施区制（每县划分若干区，置区长），阎锡山推行“村本政治”，“增扬村长绅士的光彩”，但“骨子里却是收罗一般劣绅土棍到省城里受上三个月忠孝阎锡山的奴隶教育，回乡下去镇压平民的反抗……”③即使“村长的产生表面是由村民票选的，不过因的种种财产上的限制，有资格当选为村长的也只有高利贷者、富农、商人、地主等人。同时官方为了慎重起见，须将票数较多的前十名村长全部送县由县长圈定；因此县长就可以商同县绅，不拘票数多少地任意择定加委”④。士绅势力仍然影响着基层权力的形成。

其二，权势阶层的构成和基础发生变化。一方面“自从实行‘村政’以来，封建势力的实际基础也随着多少有点变质的倾向；就是过去的封建基础大半是建筑在祖先或者是自己的‘门第’（也叫功名）和‘名望’的上面，现时已渐将其现实的基础转到‘村长’这个官衔上了”⑤。另一方面“身为农村政治人物，自然需要‘文字通顺’，从前的‘乡村大先生’以秀才先生最受人推崇，否则起码也要读过四书五经，能够坐坐私塾。现在则差不多以受过新式教育的占优势了，计中等以上学校出身的共占 39.47%，初等以上学校出身的占 24.1%”。农村政治人员……不是完全凭借其自身的力量。一般说来，这些人必

①李珩：《中国农村政治结构的研究》，《中国农村》1935 年第 1 卷第 10 期。

②《湖南民报》有文章指出：“事实告诉我们，农民的政治能力和思想，实远了同于士绅之上，因为他们有许多实地经验，为长衣先生、读书先生所不知道”。觉哉：《农民运动与国民革命》，《湖南民报》1927 年 3 月 15 日

③王振翼：《模范督军治下山西之概观》，《新国民》1924 年第 1 卷第 6 期。

④悲笳：《动乱前夕的山西政治和农村》，《中国农村》1936 年第 2 卷第 6 期。

⑤悲笳：《动乱前夕的山西政治和农村》，《中国农村》1936 年第 2 卷第 6 期。

定有其“政治上的奥援”。他们和城市的绅士地主以及上层的政治层都有或多或少,间接直接的关系①。功名、身份及其构成的社会关系网络,依然是乡村权力结构的基本要素。

其三,士绅阶层开始呈现出商业化特征,传统的文化权威和社会教化功能弱化。“差不多的绅士,在县城内一定开设着‘银号’‘花店’‘洋货庄’之类,自然有的是因为他有许多的商店而做了绅士,也有的在做了绅士之后,才一下大开其商号起来。”②但事实上,士绅阶层的这种结构性变化早在晚清即已开始,在刘大鹏 1902 年 2 月 26 日的日记中就十分清晰地记述:“各州县乡绅,皆由捐纳,阶职寅缘,奔竞谗媚,宰官而得。一遇公事,藉官势而渔利害民,官亦依为爪牙。”③所以,“个人权力的有效性依赖于他所处的社会结构和社会关系的强度,要想使个人权力有效,就必须把他组织到社会的集团或制度的模式中去”④。从传统社会对于公共领域的占据,到民国政制重建中对于县域权力的分割,许多县区地方“财政局”完全落在士绅们的手中,“所有一应钱粮国税公共借款均须由他们经手;而所有的公款得分别存放在他们的私人银号中”⑤。

仅仅依赖于政制的变革无法触动乡间社会权力实体的根本地位,士绅阶层“有历史关系,有社会地位,取精用宏,根深蒂固,绝对不易动摇”⑥。因为“个体是社会性的创造物。不仅受社会背景的塑造,而且也积极塑造所处的社会背景”⑦。

“在朝可为官,在野便是绅”⑧,这是大革命时期湖南农民协会对于乡村士绅标准的确认,它揭示出在朝野两种社会体系中官绅转换

---

①李珩:《中国农村政治结构的研究》,《中国农村》1935 年第 1 卷第 10 期。

②悲笳:《动乱前夕的山西政治和农村》,《中国农村》1936 年第 2 卷第 6 期。

③刘大鹏遗著、乔志强标注:《退想斋日记》,第 106、107 页。

④[美]安东尼·M. 奥勒著,董云虎、李云龙译,张妮妮校:《政治社会学导论:对政治实体的社会学剖析》,浙江人民出版社 1989 年版,第 234 页。

⑤悲笳:《动乱前夕的山西政治和农村》,《中国农村》1936 年第 2 卷第 6 期。

⑥静守:《总理逝世两周年纪念中的湖南农民运动》,《湖南民报》1927 年 3 月 24 日。

⑦王乐理:《政治文化导论》,中国人民大学出版社 2000 年版,第 181 页。

⑧《一封未发的信——致刘梅斋先生》,《湖南历史资料》第 2 期,第 101 页。

的一般事实和其身份的同一性。至少在乡间社会,传统社会结构并没有得到充分分化,以至于社会分层尤其是权势阶层仍然流转于官绅之间。中共第四次全国代表大会(1925年1月)《对于农民运动议决案》中也指明:"同样亦应当在大多数小私有者的农民之间,鼓动他们反对土豪劣绅……这种前清官僚的遗孽大半是乡村里实际上的政府。"①晋中士绅刘大鹏在其《退想斋日记》中记述了自己作为乡绅的情况:"予之幼时,即有万户封侯之志……及至中年,被困场屋,屡战屡踬,乃叹自己志大而才疏,不堪以肩大任,年垂四十,身虽登科,终无际会风云,不得已而舌耕度日……革命党起,纷扰中华,国遂沦亡,予即无舌耕之地,困厄于乡已数年矣。"②虽然刘本人更多眷恋于传统时代,而对于民国政治存有强烈的敌视,但"邑侯张公,今日请四乡绅士,余及玠儿皆与焉"③。正是凭借传统功名身份,刘氏及其子成为县域社会中具有较大影响力的士绅。对于民国乡村社会分层情况,刘在日记中大体分为官绅、商人、社会三个界别:"清源一县共派内国公债八千元,官绅现派六千元,商界派三千元,社会派三千元,现在纷纷派摊,非用勒逼手段未易派齐,嗟乎!"④此处将官绅合称,正是"在朝可为官,在野便是绅"的另一种表达。所谓"山西现时的封建贵族,可以统称之曰'官绅','官'和'绅'大致时常是一体的,但也有不一致的时候,有时'绅'的势力往往驾乎'官'之上"⑤。因此,传统功名或身份(以及准功名或身份——新学毕业或官场地位)对于乡间士绅地位的形成仍具有决定性意义。

山西《名人传略》记载的"地主士绅传记",集中表达了民国时期社会结构和政治结构变动中士绅阶层的内在构成状况,对我们具体认知乡村士绅构成的基本要素和权力特征,不无参考。"地主士绅传记"中83个地主士绅的功名学历如下表:

①人民出版社编:《第一次国内革命战争时期的农民运动资料》,第19页。
②刘大鹏遗著、乔志强标注:《退想斋日记》,第198页。
③刘大鹏遗著、乔志强标注:《退想斋日记》,第139页。
④刘大鹏遗著、乔志强标注:《退想斋日记》,第198页。
⑤悲笳:《动乱前夕的山西政治和农村》,《中国农村》1936年第2卷第6期。

表 3-18　83 个地主士绅的功名与学历

功名与学历	人数	比例(%)
秀才	5	6
大学	5	6
中学	14	16
小学	32	39
文盲	4	5
不明	23	28
合计	83	100

资料来源:《名人传略》,陕西省档案馆藏档案,档案号:A—22—1—4—1。

上表中显示,旧式低级功名仍占 6%,新学历中级以上已占 22%,可知在地方有影响的名流阶层中(包括地主、士绅、名流),新学结构占据了主导地位。然而,在能够确定的士绅集团(权势阶层)中,情况则完全不同(如下表)。其中,旧式功名者几乎占到士绅的半数。

表 3-19　8 名士绅的功名、学历等情况表

姓名	功名与身份	主要任职	社会经历	说明
郭俊选	秀才	县府二科科长	教员、负责官粮局财政局	兼任公职后地位大升,并写状子
郭树棠	小学	连任两任村长	两获县府"优胜旗"	与地主有矛盾,代表中间阶层
范沚如	大学	省议员	承审员、太谷县典狱长、临南县科长	发起募捐修路,整理合作社等
丁壁法	太原专门工业学校	省议员	高小教员,做过行政工作	受乡人尊敬,称之为"壁法先生"
郭缙绅	太原警官学校	县财政局局长	高校校长,掌管村政	在三区威信很高
杜凝瑞	秀才	县水利局局长	财政局局长、商会会长	支配各村水权使用,为地方名绅

（续）

姓名	功名与身份	主要任职	社会经历	说明
孙良臣	秀才	区长	银行董事、中学教员	乡派士绅，代表地方利益
武攀魁		省议员	当过伪县长	指挥区警，包揽词讼

资料来源：《名人传略》，山西省档案馆藏档案，档案号：A—22—1—4—1。

此外，《山西名人传略》中还有"晋西北各县地主士绅题名"资料，共记录188人，并标示其个人简况，其中明确标示为士绅者13人，地主24人，富农7人，商人、资本家8人，地方名流32人，其余则未详。而在13名士绅中，旧学经历者2人，新学经历者6人，而未标明者5人①。可知，在晋西北各县士绅构成中，新学堂出身者已占有相当地位，构成所谓新士绅。

档案资料显示，民国地方士绅的构成既有传统功名之士，也有新学人士。所以，一些研究者已看到这一权势阶层的结构性变动，从而认为，"有影响绅士群的组成是多样化的，不一定跟科举有关，所以可以采用'绅士'的下述广大定义：任何在地方环境里施加影响的个人、家庭"②。

一般而言，新学堂出身的人士通常成为近代以来新兴的知识分子阶层，并成为社会现代化职业的主流成员，那么，为何在乡村社会又与传统的士绅阶层共构为一体？

首先，社会结构是由角色而不是由人构成，人只是构成社会结构的要素因子。结构可以是稳定的，人却是流动的。民国乡村社会结构迄无根本性变动，不唯士农工商职业分层结构依然存在，即使在官—绅—民社会权力结构模式上也无大的变动。因此，"在这社会地

①《名人传略》，山西省档案馆藏档案，档案号：A—22—1—4—1，第17—24页。

②"any individuals or families that exercised dominance within a local arena", in Esherick, Joseph, Rankin, Mary Backus eds., *Chinese Local Elites and Patterns of Dominance*, Berkelry: California University Press, 1990, p. 10.

位体制中，每一群体有其相当的社会地位和特定的社会功能。士绅成为当地政府不可缺少的部分，并已自己形成为马克斯·韦伯所命名的‘地位群体’——它享有共同的意识形态，荣誉和特权。它担任着一系列的社会任务”①。由科举到学堂的学制变革，可以改变个人的经历及其出身，却不能决定个人的社会地位或社会角色。新学之士只有融入城市社会或社会分化程度较高的社会，才能在新的社会结构中扮演新的角色：自由职业者、公务员、知识分子等；而一旦回归乡村社会，并融入传统社会结构中，就只能扮演传统社会角色，发生乡村社会结构所需的功能。《名人传略》资料记录的具有新学出身的士绅，都是沉淀在乡村社会并最终融入了乡村社会的新学之士。文水士绅郭缙绅本太原警官学校毕业，曾出任本县财政局长、第三高级中学校长，“因三区地方上没有象他这样在社会上显露头脚〔角〕的人，一般村民对之颇尊敬”，“为文水大士绅之一，代表文水三区各村势力”。他先是“由杜凝瑞扶起来”，并“往来于本县士绅之间”，后与杜不协调，又被杜推下台去②。新学堂出身并没有使他与当地旧绅杜凝瑞在社区活动上有任何本质区别。宁武士绅范沚如山西大学堂毕业后，曾在“北平晨报社做过事”，然不久回乡“在家住闲”。在本县“社会关系很复杂，二区各县的‘名流’知识分子和他有来往的很多”，由此成为神池“有声望的……一个‘公正’‘清高’有学问的绅士”③。民国时期，乡村社会中已经沉淀了一些新学堂毕业之士，但新学出身的经历，并没有改变他们在地方社会“包揽词讼”“主持公团”“交接官府”“左右舆论”等与传统士绅同样的社会作用与功能。其实，也正是由于科举制度变革中断了士绅阶层的制度性来源，新学之士才成为乡村社会结构需求的填充物。“由一个人在一种社会结构中所占据所表现的‘社会人格’的概念是和社会结构的概念有密切关系的……

①周荣德：《中国社会的阶层与流动——一个社区中士绅身份的研究》，第7页。

②《名人传略》，山西省档案馆藏档案，档案号：A—22—1—4—1，第12—13页。

③《名人传略》，山西省档案馆藏档案，档案号：A—22—1—4—1，第52—53页。

人是牵涉在各种社会关系的网络之中的。”①面对社会结构的力量，个人的选择是有限的。

其次，民国政制变动对于乡村权力阶层现实需求的制约。士绅是在官民之间发挥作用的一个特定权势阶层，“多少世纪以来中国在官僚制度统治之下不受民众的监督。于是士绅在政府与民众之间执行媒介的任务……农民必须依靠士绅来保护他们不受官吏的侵犯。当一个普通农民遇到麻烦时，他就找一个地方士绅分子请求帮助。因为官吏与民众之间的社会距离很大，农民们对政府没有信心，政府不可能赢得人民的合作，只有士绅能做沟通隔阂的桥梁”②。传统时代官与绅的同质性是通过科举功名实现的，这是二者得以合作并从文化权威上相互认同的前提。晚清以来的学制变革和民国政制变动，从制度层面上打破了建立在功名身份上的认同性，官绅之间的合作必然寻求符合新的制度条件下的认同性。所以，“至民国时代废除科举制度和抛弃儒学为正宗以后，具有科举功名的旧儒学者由于老朽很快被挤出政府，并被新式学校出身的官吏所替代了。新官吏所接触的人不再限于学者；他们的访客中有没有受过多少正式教育的富商，偶尔甚至也有声名狼藉的人。公众影响和财富替代了科举功名而成为判断那些人能为公、私事务直接接触政府官吏的标准”③。士绅之存在并发挥作用，是因其借助于出身获得了“能进县和省衙门去见官的特权，这就赋予他做为官府与平民中间人的地位和权利”④。在此，新学出身与传统功名对形成个人社会地位和角色的作用并无分别。然而，士绅构成成分的变动，虽显示了权力结构和学历结构的历史性变动，却由于基层社会结构并无质的变动，其角色和功

①周荣德：《中国社会的阶层与流动——一个社区中士绅身份的研究》，第7页。

②周荣德：《中国社会的阶层与流动——一个社区中士绅身份的研究》，第77页。

③C. K. Yang, *A Chinese Village in Early Communist Transition*, Cambridge: The Technology Press, distributed by Harvard University Press, 1959, pp. 112—115.

④周荣德：《中国社会的阶层与流动——一个社区中士绅身份的研究》，第5页。

能则一如既往,“那种传统的统治者与被统治者两极分化的局面却并未因此而有所改变”①。社会结构的深层变革并不同步于,且往往滞后于强制性制度变革。

再次,传统士绅构成多元性的延续。即使在科举功名构成士绅的制度性基础的传统时代,士绅的形成也呈现出多元趋向,尤其在晚清时期,大量的捐纳出身和军功出身已经成为地方士绅的重要来源。因此,传统士绅也并非仅指沉淀于地方社会的科名之士,而是指拥有地方影响力的各种权势人物。由此形成的文化传承和制度传承依然构成民国士绅的约定称谓,“中国士绅没有边界;它包容各种人才,涵盖在自然形成的社会领域有最广义领导才能的一切人物……除了特殊的才能之外,他们似乎普遍都有一种叫作‘社区意识’的能力”。“这是一种以可能的最佳方式应付非常情势的能力,它是靠经验磨炼出来的。”②对于乡村社会而言,知识文化、社会阅历和社会资源仍然为少数优越者享有,这是其社区权力和声望来源的基础。“士绅这一阶层群体是农业社会的产物。在一个交通不便的广袤的大陆上,权力只是在名义上而不是在事实上集中的。许多农村只有少数的地主和知书识字的人,至于能利用他们的闲暇和知识来管理社区民政的人,那更是少数中的少数了……士绅成员就做了公众舆论的领导者。”③因此,无论出身于科举旧学还是学堂新学,都是这种公众认可和习俗赋予的非正式的权力的前提。

在 20 世纪前期剧烈的社会政治变迁中,士绅仍然成为乡村权力结构的主体,只是此时的士绅构成却并非局限于功名、身份,其来源和出身已呈多元化趋向。而且,学堂出身的新学人士也成为士绅阶层来源之一。士绅阶层的构成要素已有所变异,然士绅之传统功能和角色却并无质的变化。士绅“已经成了表示社会和财产地位较高的那些家

①周荣德:《中国社会的阶层与流动——一个社区中士绅身份的研究》,第 5 页。

②周荣德:《中国社会的阶层与流动——一个社区中士绅身份的研究》,第 93 页。

③周荣德:《中国社会的阶层与流动——一个社区中士绅身份的研究》,第 93 页。

庭的一个模糊概念”①。但是,无论是富商还是财主,如果其财富未能转换为具有身份性的社会地位和文化权威,他们仍然不能跻身于士绅阶层。乡间社会权势阶层的身份性价值仍然未能让位于财富性价值。

新学之士融入士绅阶层,正好反证士绅阶层以文化权威为基础而形成的社会权威特性。同时,这一现象也昭示着传统与现代因素在现存社会中的融通和接续的时代特征(任何现存的社会都既非纯然的传统也非纯粹的现代),而这种融通和接续是借助于个人—制度—角色(地位)的重构而实现。士绅阶层在乡村社会中的作用与影响,揭示民国社会结构的传统性特征,而新学之士的融入则标志传统阶层内在构成的现代因素的变异。虽然,结构要素变异尚未导致整体结构的变动,但它却蕴含结构变动的历史趋向。

四　士绅权势范围与特征

晚清以来,在地方政制重建过程中,乡绅权力不仅借以获得“正统性”,而且权力作用范围得到前所未有的扩展,从兴学办学的学务到公共卫生,从道路水利到农工商务,从整顿集市到筹集款项,即使衙门专管的诉讼官司,往往也会插上一脚。刘大鹏日记显示,晋中乡村士绅“一遇公事,藉官势而渔利害民,官亦依为爪牙,朘削百姓脂膏,名曰乡绅,实市市侩也”②。在捐款局中,“官藉捐款饵绅,绅藉捐款媚官。官绅一心,上下齐手,从中渔利。官则捐多报寡,绅则得贿循情。局中经费皆从捐款提取,赢余部分,官绅分利”③。“乡绅的权力不仅公开化而且制度化了,乡绅原来扮演的地方社会的仲裁角色转变为执法角色,由主要依赖于道德评判转变为权力强暴。”④传统士绅的权绅化,也成为晚清以来直至民国时期一个共趋性的问题。

那么,在新的乡村政制建构体系中,士绅占据什么位置或者说扮演着什么角色?民国时期,晋省以“村治模范”推行乡村政制重构计划,传统士绅仍然构成新乡制权力运作中的重要力量。阎锡山认为:

①《唐家吉村政权调查》,山西省档案馆藏档案,档案号:A141—1—125—1。

②刘大鹏遗著、乔志强标注:《退想斋日记》,第106页。

③刘大鹏:《潜园锁记》手稿,山西省图书馆藏。

④《谢觉哉日记》,人民出版社1984年版,第379页。

“国家之基础在社会，社会之良否，视士绅之言行，是否合乎正道，能否感化人民以为断。故富强根本在改良社会，改良社会纯在于士绅之端正者，热心提倡，扬正抑邪，扶政治之进行，布公道于乡间。”①在他看来，“有知识的明白士绅愈多，则地方愈繁荣，愈开通；若地方上都是些无知识的、不明白的人，那地方就不免鄙陋蔽塞，诸事吃亏了”。所以，村治能否进行，政治能否下逮于民间，关键在于正绅能否出任村长②。虽然，晋省士绅已有出任村级政权者，如“顷闻人言各村董事人等，无论绅学农商，莫不藉执村事从中渔利，且往往霸公产为己产，肥己身家”③，但毕竟为数寥寥，士绅只是村落政权中“绅学农商”构成成分之一。其后省府权力向乡村社会强力渗透，于 1918 年颁布《修正山西各县村制简章》，除规定村长、村副的资格及选任条件外，还特别强调村长、村副均由县知事委任，并颁发委任状，试图将村长的权力纳入正式行政权力网络之中，使之向正规化、制度化方向发展。即使如此，士绅阶层也没有成为村级政权的主体。如下表：

表 3-20　1933 年阳曲县部分乡村的贫富及村长的出身情况

村落	榆林坪	黑土巷	陈家村	马庄	松庄	老军营	亲贤村	王村	前北屯	北寨村	三给村	芮城村	呼延村	上兰村	向阳镇	南寨	皇后园	青龙镇	黄寨镇	大盂镇
村长职业		务农	务农	务农	务农		商人			务农	务农	务农	大学生	务农	务农	务农	务农	大学生	警察	务农
贫富等级	下村	中村	中村	上村	中村	下村	上村	中村	中村	下村	上村	上村	上村	上村	上村	中村	下村	中村	上村	上村

资料来源：杨容亭：《山西阳曲县二十个乡村概况调查之研究》，《新农村》1933 年第 3—4 期合刊。

上表显示，1933 年阳曲县担任村长、村副等公职的社会成员的身份多属普通农人，并不享有士绅身份。这与黄宗智对河北村落权

①《阎伯川先生言论辑要》第 2 辑，山西绥靖公署 1937 年版，第 31 页。

②《阎伯川先生言论辑要》第 3 辑，山西绥靖公署 1937 年版，第 2 页。

③刘大鹏遗著、乔志强标注：《退想斋日记》，第 181 页。

力的研究结论相似:“过去一直为研究者所重视的持有功名的绅士,在华北的自然村中却很少见。当地的村级领袖几乎全部由庶民组成”①。因此,所谓乡绅,是影响力超越村落达至县域的权势阶层,单纯的村政人员够不上士绅资格。

不只在村一级,可以说在县域正式行政结构〔即县—区(镇)—村〕中,士绅阶层都并不占有明确的位置,士绅对于地方的权力影响无法从正式的行政网络中得到充分解释。“中国乡绅或学者可能想在地区、省或中央政府中谋职,但不愿向小人物低头哈腰,因此,村公职人员一般从穷人家中招募。他们要么不甚关心名誉和社会位,要么对任职谋利非常感兴趣。这自然在村民心目中使得公职变贱,村民从未觉得要尊重那些管理他们的人。”②晋中或晋西北相关资料表明,士绅阶层是超越村落社区的具有县域影响的非正式权势力量。

其一,士绅的活动及其影响主要集中在县域。“各县的县城,大概是一个非常有油水的地方,因为山西的劣绅大半是麇集在县城里的。”他们所以要盘踞县城,并不是为了他们有什么政治主张,其惟一目的只是希图“把持政权,操纵一切”。“凡是新任的官吏到来,首先一定得将当权的绅士接洽好,不然他们就非想法叫他滚蛋不可。甚至就是由省府来的公令——尤其是有关派款的政令,在施行之先,也是非首先征询他们的意见不可……他们通常捣乱的方法是非常巧妙,自己绝少出头,只要暗中命意他们的干部——村长和土棍(可知单纯的村长不构成绅士,笔者),假借人民名义在四乡大闹起来就行了。最后县长还是非请他们调解不可……只要是经他们认可的‘政令’,就可以无往而不顺利地通行无阻了……他们对了官厅说人民反抗,对了人民又说官厅非如此不可;他们对了官厅痛责愚民可杀,对了人民却又说官厅万恶。”③

其二,士绅是相对独立于官吏体系之外的非正式权力。“吾邑之害纷如,非但官吏肆虐,扰民不安,抑且有媚官殃民之绅士,借公营私

①[美]李怀印:《中国乡村治理之传统形式:河北获鹿县之实例》,黄宗智主编:《中国乡村研究》第 1 辑,第 72 页。

②[美]杨懋春著、张雄等译:《一个中国村庄:山东台头》,第 181 页。

③悲笳:《动乱前夕的山西政治和农村》,《中国农村》1936 年第 2 卷第 6 期。

之乡长，加之地痞、流氓，借仗官势，扰累闾阎。”①县长可以任免和指使区长（镇长）、村长，却不能直接行权于士绅。“这些在地方上有名望的士绅在很大程度上制约着官权在基层社会的行使，县知事到任后首先去拜访他们，以便与他们建立融洽的关系，得到他们的支持。官府在征收赋税或执行其他公务时，必须征得他们同意，才能执行。而当官府与他们利益发生冲突时，他们就会通过更高一级的官僚用弹劾的方式施加压力。如盂县知事杨秉篪，因要求向农民减征草料，与士绅发生冲突，结果被撤职。”“当然他们也会利用官府权力迫使民众服从。由此可见，当时晋省乡村社会的权力中心是士绅，而不是通常由平民充任的里长、甲长。”②“而绅士的合作，却是知县们在当地得以顺利履任的一个极为主要的因素。”③

“传统上，地方行政长官或他的秘书必须尊重乡绅、学校教师和大家族的族长，但对官方领导却摆出优越的架势。”④在1930年代，晋中文水县“每当新县长（以前是知事）上任，由太原到文水，必先经过开栅镇去拜访‘杜先生’”⑤，即号称“第一位大绅士”的杜凝瑞。然而，士绅利益与官方权力并不总是一致，其矛盾甚至剧烈冲突也是民国地方权力建构中的突出问题。1925年以后，国民党势力在山西膨胀，试图与“新兴士绅”勾结谋取摧毁杜派士绅的权势，让警察打击了杜的赌场。而杜经十余日后则策动开栅附近村庄流氓、村民捣毁了国民党县党部⑥。国民党挟国家权力强势行动也未能根本动摇地方士绅的地位，经五年之久的较量，国民党文水县党部终不得不“与杜取得妥协”⑦。

其三，士绅的权势并不直接影响村级行政，却又凌驾于村长之上。“不过自从实行‘村政’以来，封建势力的实际基础也随着多少有

①刘大鹏遗著、乔志强标注：《退想斋日记》，第469—470页。

②高大云：《盂县抗税记实》，郭裕怀主编：《山西社会大观》，上海书店出版社2000年版，第363页。

③河北省档案馆藏获鹿县衙门案卷，1927年，档案号：656—2—967。

④[美]杨懋春著、张雄等译：《一个中国村庄：山东台头》，第181页。

⑤《名人传略》，山西省档案馆藏档案，档案号：A—22—1—4—1，第15页。

⑥《名人传略》，山西省档案馆藏档案，档案号：A—22—1—4—1，第15页。

⑦《名人传略》，山西省档案馆藏档案，档案号：A—22—1—4—1，第15页。

点变质的倾向；就是过去的封建基础大半是建筑在祖先或者是自己的'门第'（也叫功名）和'名望'的上面，现时已渐将其现实的基础转到'村长'这个官衔上了。"村长只是士绅行使权势的工具，"大凡能够联络得十个或二十个以上村长的人，不管他过去的门第是如何不行，那他马上就可以成为一个起码绅士。同时在绅士们的卵翼之下，有些专门赌博和以贩卖违禁品为业的土棍，也得被选而又被委任为村长。此外，凡是本省头二三四等阔人的父兄和姻亲之类，都可以无条件地成为当然的大绅士的"①。《退想斋日记》记述的情况说明，作为县绅的刘大鹏虽然在县政方面颇有影响力，但对于所在乡村村政却少有过问，除非村庄利益受到重要影响和社区矛盾激化时，他才以士绅的威望出面过问。如"花塔村民众呈控该村之村长张克敏借公营私，尚县长不惟不究张克敏之咎，且仍令其充任。张克敏因之心高气傲，大发狂言，欺压村民，于是激怒花塔村底之人，纠结数十人于昨日偕往县政府请愿……有人专来告予，请予行解调解之法，予遂应允，为尚县长缮函报告其事，请官黜退旧村长，另选新村长"②。这同周荣德在云南昆阳观察到的情形完全相同："乡约……在自己的社区并无权势，只是充当自上而下的那道轨道的终点，他接到政府命令就去请示村子里的一个士绅。"③虽然"士绅在政府机构中没有官职"，但"县长必须考虑士绅的意见"④。这种对社区政治的影响力是任何村长或一般区长都不可能具备的。

其四，士绅会议是士绅权力发生作用的管道。作为乡土社会权势力量的士绅阶层，由历史传承、文化权威、社会地位和社区声望构筑的权力影响，制约着县域权力的运作，虽然它本身并不在权力体制之内。那么，体制外的士绅阶层又如何作用于地方政治或权力结构呢？至少在晋省乡村政治的运作过程中，我们发现了一种具有超越

---

①悲笳：《动乱前夕的山西政治和农村》，《中国农村》1936年第2卷第6期。

②刘大鹏遗著、乔志强标注：《退想斋日记》，第488页。

③周荣德：《中国社会的阶层与流动——一个社区中士绅身份的研究》，第109页。

④周荣德：《中国社会的阶层与流动——一个社区中士绅身份的研究》，第109页。

行政权力体制的士绅权力的管道。

在正式的行政权力系统之外，各县有所谓士绅会议，商讨本地相关事务的具体办法，经地方士绅与官吏商定后，才能具体实施。如“整理金融办法……于是就在这一办法的公布之下，所有权绅、土棍、高利贷者便于一转手间大发财源了”①。《名人传略》中的郭效业，太原友仁中学毕业后，“在盐店作事”，“与当地名流贺天申、贺天周接近，并来往甚密”。因其“文化程度高，社会活动能力很强，临南县四区到北临县四区八区一带都很有名”。经济上在“各市镇上，都有力量……并且有很大操纵作用”。“县政府每次士绅会，他都参加了，但还未起用他。”②能否参加县府的士绅会议，是一个士绅权力和影响力的重要标志。在乡人眼里不擅应对政事的乡绅刘大鹏，在日记中多处记述说：“前五日县知事李桐轩遣人来约于今日到县会议事宜，予不欲往。里人皆行劝，骂曰：‘处此乱世，不可过于执拘以贾要人之怨恶。’试往应酬可也，看事而行。”③士绅会议是地方士绅阶层集中表达自己利益和权力的管道。

“今日各地方之土劣，何莫非一村中之优秀所锻炼而成？……上对于国家则为割据，下对于村民则为剥削，其为害将不堪设想。”④问题是，当传统的身份等级结构失去了制度基础，当民国政体替代皇权政治之后，为什么“农村中绅豪的势力依然存在”⑤？士绅阶层的权势依然发生重要影响？

山西《名人传略》中“传记”和“题名”的士绅分为三种类型，一是具有秀才功名的旧绅；二是具有新学堂经历的新绅，三是大商人或出身不明者。三类士绅的权力来源可以归纳为几种情况：1. 地方权势网络的勾织。文水号称第一大绅的杜凝瑞以及宁武士绅王淑身等凭借功名、新学出身和在商会、教育、官粮局等县区出任公职的经历，与

①悲笳：《动乱前夕的山西政治和农村》，《中国农村》1936 年第 2 卷第 6 期。

②《名人传略》，山西省档案馆藏档案，档案号：A—22—1—4—1，第 3 页。

③刘大鹏遗著、乔志强标注：《退想斋日记》，第 202 页。

④朱章宝：《评阎锡山氏之土地村有的办法》，《东方杂志》1935 年第 32 卷第 21 期。

⑤章乃器：《金融恐慌中金融制度的演变》，《东方杂志》1935 年第 32 卷第 13 期。

地方士绅名流交织成势力网络，形成影响县域政治的集团力量。由此形成“每当新县长上任……必先经过开栅镇去拜访‘杜先生’”①的局面。武竟成也因其在“教育界中势力很大，所以在政界中也有声望，历次调换的大小官员都要拜访武”②。2. 对地方公共事业的主持和控制。大多数士绅的社区影响力来源于对地方公共事业的主持和掌控，这是地方士绅权力影响形成的主要内容。如临南县士绅范沚如1935年独力主持地方公路工程“地方上树立很高威信”；主持地方纺织业“采用新式科学用具，使之走向现代化，在群众中散下很深印象”③。兴县士绅孙良臣“长时积极关心扶持地方建设”④，在地方社会具有很强的影响力。3. 包揽词讼，以专业技能形成的社区影响，如临县士绅郭俊选“写状子，在晋西一带和太原官场方面，都是顶有名的”。特别是在1936年，他的诉状竟将县长了断的临县一命案完全翻案，使“省政府派人到县将县长、公安局长都扣了起来”。此案胜利后，“他在老百姓中信仰大为提高”⑤，成为有名士绅。

我们知道，民国时期国家权力虽然已大幅向乡村社会渗透，但其正规的权力建构也只到达区乡层面，而区或乡也只是一个行政管理的概念，而非“民居”的实体。区乡长离却士绅的有效合作，根本无法实施其政权的影响。如某乡村庙修葺，“乡民虽觉得这件事有些为难，他们知道这种举动是要破费的，破费以后又会影响到自己的生活上来；可是这是乡绅们的意见……有谁敢道个‘不’字呢！事情就是这样在乡长与绅士们‘为公努力’中进行了。经手人（乡长与绅士）……事后因为绅士们分赃不匀而露出了破绽”⑥。在其权力真正作用于散居乡村的村民时，士绅作为“民望”的代表作用，仍然扮演着官与民之间利益矛盾和冲突的中介。“士绅做为社区的社会领袖和代

①《名人传略》，山西省档案馆藏档案，档案号：A—22—1—4—1，第15、53页。

②《名人传略》，山西省档案馆藏档案，档案号：A—22—1—4—1，第54页。

③《名人传略》，山西省档案馆藏档案，档案号：A—22—1—4—1，第11页。

④《名人传略》，山西省档案馆藏档案，档案号：A—22—1—4—1，第16页。

⑤《名人传略》，山西省档案馆藏档案，档案号：A—22—1—4—1，第9页。

⑥沙芸：《建德青云乡的丰年梦》，《东方杂志》1936年第33卷第8期。

表。乡村士绅既不是世袭的，指派的，也不是选举的。他们最重要的功能之一是陈述当地的需要，提出具体的方案和采取适当的措施……乡村士绅之所以成为社会领袖主要是因为他得到平民的认可，信任，赞许，尊敬和服从”①。

对于地方公共权力和公共资源的控制（并非占有），是传统士绅独有的权力之一，清末民初地方政制的重构更多地表现为地方公共权力和公共资源的体制化。而且，由士绅名流管理的新公共事业，其财政基础必须是在土地正税之外。一般地说，这类附加税是杂捐，给地方士绅提供了一条介入地方财政系统的合法渠道。这类杂捐可以很容易地扩展为新税源，官府很难监督。20 世纪第一个 10 年的“地方自治”活动，包括举办新式学校和警察，就是利用这类捐税。1909 年，在新组建的度支部的一套大型出版物中，对国家、省和地方财政范围有详细的规定②。从这些规定中可以看出，地方士绅已经多么深地卷入征集与动用地方税款的工作。他们向地方商业与服务业征收各种杂税，并把所收税款用在新组建的县警察和新式学校。地方取自商业的捐税大多避开县衙，“由士绅管理和不经官吏之手”③。这从经济资源上强化了士绅的权势影响。在国民政府统治时期，这一局面无非由原来的非制度化的公团会所演变为正式的局科而已，但地方士绅掌控的实况依然如故。各县公安局、财政局、教育局、建设局各局长除公安局向由省委，其他三局均系本县人，即本县绅士。“各局长办事得力者固无尝不有，而办事不力者实居多数。欲呈请撤换，必以士绅资格遇事兴波作浪，故与为难。县长每因有此顾虑，明

---

①周荣德：《中国社会的阶层与流动——一个社区中士绅身份的研究》，第 94 页。

②《财政说明书》卷 20；刘善述：《自治财政论》，第 25 页。转引自 Philip A. Kuhn，“Local Taxation and Finance in Republic China”，in Susan Mann Jones eds.，*Select Papers from the Center Far Eastern Studies*，Chicago：Center for Far Eastern Studies，University of Chicago，No. 3，1978—1979，pp. 100—136.

③张玉法：《中国现代化的区域研究：山东省，1860—1916》，台北“中研院”近代史研究所 1982 年版，第 458—459 页。

知其不得力亦只好隐忍不言，卒至贻误地方。”①基于这一事实，地方士绅的权力实际获得了民国政府的认同：《内政部第一期民政会议纪要》中，有江西省政府民政厅厅长所提的《关于清乡剿匪办法案》，其内容为：一、遇必要时，靖卫队部及总团区团甲牌，均可遴选地方公正绅商辅助办理。二、各区团款，准提用原有公款，如有不足时，得召集地方绅商会议通过。三、抽收绅富米谷等捐，须由地方绅商会议通过，拟具章程，呈由县长转呈该省政府民政厅核准后，方能开始征收。四、各县靖卫队官兵薪饷……如有不足时，得召集地方绅商会议，就地方筹给，呈请省政府核准备案②。明确认可士绅具有参政权和议政权，这是与官权相辅的另一种重要权力。由此看来，晋省各县士绅会议作为士绅权力发挥作用的通道，实际也是民国政治权力架构中对于士绅权力认同的一种形式罢了。因而，民国时期乡村社会中士绅的功能是显而易见的，“士绅家实际上成为社区的公共事务所”③。他们既充当着社区调解纠纷的功能，也被认为当然关心社区的灾荒、赈济、时疫等问题的公权力量；同样也承担为社区的民众树立楷模和执行家庭各种礼仪的任务④。这恰恰是由各色人等组成的地方精英并不具有的特性。

可以说，对于士绅阶层而言，着眼于清末民初的历史变动大势，既可观察到其变的内容，也可体察到其不变的部分。然其变与不变都体现为时代性特征，实难强分为进步与落后，传统与现代的对立与替代关系。然而，对于乡村社会而言，社会分化的不充分未能导致传统社会结构形式的解体，只是引发了士绅构成成分的变动。士绅作为一个地方权势力量，其角色、功能并未发生质的变化，士绅话语仍然揭示着民国乡村权力的结构性特征。当然，构成要素的变动虽然

①《河北省第一次行政会议总报告书》，第16页，转引自郑起东：《华北县政改革与土劣回潮》(未刊稿)。

②《内政部第一期民政会议纪要》，沈云龙主编：《近代中国史料丛刊三编》第53辑，台北文海出版社1989年版。

③周荣德：《中国社会的阶层与流动——一个社区中士绅身份的研究》，第101页。

④周荣德：《中国社会的阶层与流动——一个社区中士绅身份的研究》，第94—108页。

也展示着社会结构的变化趋向，却只能在原型中有限地扩充。社会结构的整体更易和士绅权势力量的消亡，虽然已为期不远，却还只能留待来日。

（原载《近代史研究》2005 年第 2 期）

第四章　危机：近代乡村社会的城乡背离问题

近代中国乡村问题的聚焦与导向

——基于《东方杂志》与《益世报》的比较分析

报纸和杂志是纸质媒体的两种重要表现形式，在传播史中占有重要地位。中国的报纸和杂志自近代出现以来，内容和形式都在不断地发展变化，虽然《辞海》对报纸和杂志做出的定义立足于当代①，但就其实质来说，与近代的报纸杂志并无太多不同。报纸的时效性以及新闻性更加突出，而杂志的深度和专业性更明显，在两个不同层次上满足了媒体报道以及群众阅读的需求。

《益世报》出版的时间比《东方杂志》短②，但由于其日报的性质，总的出版期数更多。从整体上来看，《东方杂志》延续性更强，在几次重要的政治事件中，仍然坚持继续出版，《益世报》在抗战开始之后，陆续辗转，影响了编辑和出版的稳定性。而就本文所涉及的关于乡村问题的报道方面，这一报一刊也有很大的区别。

---

①夏征农、陈至立主编：《辞海》，上海辞书出版社 2010 年版，第 84、第 2366 页。

②《益世报》创刊于 1915 年 10 月，1937 年 8 月在天津停刊；抗战期间，先后在昆明、重庆出版；1945 年于天津复刊；1949 年 1 月被接管停刊。《东方杂志》创刊于 1904 年 3 月，1904—1919 年（1—16 卷）为月刊；1920 年第 17 卷始改为半月刊；1947 年 7 月，又短暂改为月刊。

一 乡村危象的舆论聚焦

《东方杂志》对近代乡村的呈现是一种全景式的呈现，几乎贯穿了《东方杂志》的始终。从1904年创刊到1912年民国成立，《东方杂志》对乡村的关注主要集中在时事新闻之中，见于《各省农务汇志》《各地商务商况调查》等栏目之中，关于中国乡村社会的专题研究文章十分少见，仅有少量转载于其他报刊的文章①。1910年前后，《东方杂志》呈现出对于乡村民变记录的高潮，集中于争矿、抗捐、毁学、官民冲突方面。一定程度上反映着晚清地方自治的政制变动与乡村社会矛盾加剧激化的社会状况。1909年第8—11期，对各地民变的记录共有10篇，1910年第3—12期，共29篇，平均每期达3篇之多。1912年之后，政治相对稳定，民变数量减少，《东方杂志》关于乡村社会的报道和记载的文章相对少见，但是其探讨的问题却显示出深化和专门化的倾向。

进入1920年代后，《东方杂志》给予乡村社会研究的篇幅日渐增多，几乎每期都有专题研究和讨论。1920年，《东方杂志》开设《米荒问题之讨论》专栏，从粮食危机看到中国农业存在的问题。从这时开始，越来越多的人意识到中国乡村所面临的困境，发出"乡村危机"的警告。1922年8月，《东方杂志》推出《农业及农民运动号》，刊载了9篇有关农业及农民运动的文章，其中吴觉农所著《中国的农民》和邹秉文所著《农业与公民》二文就已经开始认识到了中国乡村面临的各种危机，呼吁大家关注乡村。直至1927年，因应着大革命和北伐战争风卷潮涌的情势，中国乡村问题突出摆在了国人面前，时人对乡村问题表现出了前所未有的关注。

1927年，《东方杂志》推出了《农民状况调查》专号，集中刊载了16篇农村调查研究专文和23篇《各地农民调查》的"征文节录"(1927年第24卷第16号)。1935年，开设《农村救济问题》专栏，集中而深入地探讨乡村问题。同时，从1935年开始，《东方杂志》开设《农村写实》专栏，每月一期，共18期85篇，由中国农业经济研究会

---

①《论考察农业》，《东方杂志》1907年第3卷第6期；《论中国宜求为工业国》，《东方杂志》1907年第3卷第10号。

代编，选登描写全国各地农村景况的文章。由此可知，自1930年代开始，人们对于乡村危机的恐慌已经转变成了对于乡村改造和建设的努力。

《益世报》对乡村的关注也是从创刊之日就开始的。在《益世报》创办的1915年后几年之间里，其对乡村的关注也是集中在报道乡村民变上，理论探讨的文章比较少见。进入1920年代之后，开始出现一些描述乡村状况、介绍农业生产先进方法的文章，但是数量比较少。直到1935年《农村问题》专页的创办以及后来副刊《农村周刊》的发行，《益世报》对中国乡村的关注才真正进入了高潮。从时间线索上来看，在1935年之前《农村周刊》主要刊载的是各地的农村实况调查，以及一些解释农村衰落原因的理论性文章。除此之外，也开始介绍关于乡村建设运动的有关内容。关于乡村建设理论的讨论在这个时期十分热烈，首先是李鼐发表《邹平乡村建设的根本理论》(1934年8月4日)一文，接着陈文治针对该文章发表了《评"邹平乡村建设的根本理论"》(1934年8月11日)，不久，徐若英又发表《邹平乡村建设理论的批判》(1934年8月25日)进行了进一步的批判。一个多月后，公竹川发表文章《关于"邹平乡村建设的根本理论"争辩的几个意见》对前期的讨论和争辩进行了总结，发表了其个人的观点。

1935年，《农村周刊》刊载的文章多种多样，有各地农村的实况调查①；有对乡村建设运动的反思②；有对复兴乡村的种种建议和争论，同时也有关于乡村金融、生产等各个方面的讨论文章③。1935年1月26日，王宜昌在第48期《农村周刊》上发表了一篇短文《农村

---

①如《贵州平坝县农业概况》，《益世报·农村周刊》1935年1月19日；《山东招远农业概况》，《益世报·农村周刊》1935年1月26日；《浙江义乌县农村概况》，《益世报·农村周刊》1935年3月9日等。

②如《中国的歧路——评邹平乡村建设运动兼论中国工业化问题》，《益世报·农村周刊》1935年4月6日；《乡村建设的实际意义》，《益世报·农村周刊》1935年5月25日；《乡村建设运动的评价》，《益世报·农村周刊》1935年7月20日等。

③如《东北农村的春耕贷款制度》，《益世报·农村周刊》1935年5月18日；《商业性农作物的发展及其意义》，《益世报·农村周刊》1935年9月21日。

经济统计应有的方向》,这篇文章对 1934 年 10 月《中国农村》创刊号上薛暮桥《怎样研究中国农村经济》一文的观点进行了批评,掀起了有关中国农村社会性质的大论战,这就是著名的“中国社会性质论战”的重要部分。《益世报·农村周刊》成了论战的主要阵地。

1936 年,《农村周刊》所刊载的文章内容大致与前期相同,但是对农村的实地调查有所侧重。1936 年一年,共有 28 篇乡村实地调查报告,内容翔实,数据清晰,给读者提供了一个中国乡村的生动图景。除了对农村状况考察的侧重,该时期对乡村土地公有以及合作事业也进行了热烈的讨论。1936 年 1 月 4 日,赵橥僧发表《土地村公有办法大纲批判》,接着 1 月 11 日,李紫翔发表《按劳分配的土地村公有之批判》。4 月 25 日,李紫翔又发表《中国合作运动之批判》。8 月 1 日,刘东流发表《河北农村合作事业的检讨》。10 月 3 日,丽丽发表《河北省河间献县信用合作社之透视》。

表 4-1 《东方杂志》与《益世报》乡村议题文章数量对比

	1904—1909	1910—1919	1920—1929	1930—1939	1940—1948	合计
东方杂志	10	50	119	211	47	437
益世报		30	65	230	22	347

通过上表我们可以看出,《东方杂志》对中国乡村的关注是持续不断并且主题广泛的,自创刊到终刊,每一阶段都能看到它对乡村的关怀。在特定的时期,还采用专刊、专页和专栏的形式来集中报道。与《东方杂志》有所不同的是,《益世报》作为一份报纸而非杂志,有其时效性和新闻性,分散地探讨乡村问题不能取得深入的效果,所以《益世报》采用的是专页和副刊这种相对集中的方式来探讨中国乡村问题,其文章分布的高潮就是在《农村周刊》发行的 1930 年代。

二 乡村议题的呈现

《东方杂志》和《益世报》在当时都是在全国范围内有影响力的出版物,但即便如此,其关注的地域依然受到编辑部地址、发行区域等因素的影响,依然有自身的特点,对比这一报一刊在乡村议题上关注区域的差异,可以使我们获得对近代媒体和近代乡村更深层次的认识，如下图：

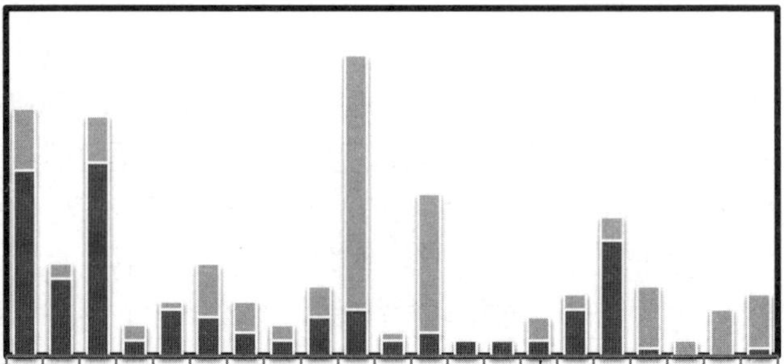

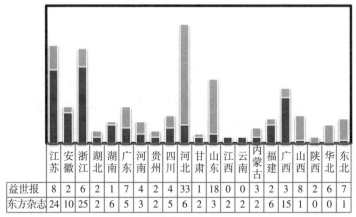

	江苏	安徽	浙江	湖北	湖南	广东	河南	贵州	四川	河北	甘肃	山东	江西	云南	内蒙古	福建	广西	山西	陕西	华北	东北
益世报	8	2	6	2	1	7	4	2	4	33	1	18	0	0	3	2	3	8	2	6	7
东方杂志	24	10	25	2	6	5	3	2	5	6	2	3	2	2	2	6	15	1	0	0	1

■东方杂志 ■益世报

图 4-1 《东方杂志》和《益世报》乡村议题涉及区域分布对比

《东方杂志》对区域乡村的关注主要集中在长江三角洲流域，这与《东方杂志》的发行覆盖范围有关，同时也因为长三角地区经济相对发达，城市化进程及乡村自然经济解体的程度较深，各种矛盾在此地区更加凸显，乡村危机也表现得更加深刻相关。而《益世报》对乡村的报道则集中在华北地区，这自然也因为《益世报》创办在天津，其发行范围也是以天津为中心的华北区域，其对华北的状况也更为熟知。

《东方杂志》和《益世报》对于乡村讨论的议题十分广泛，所论议题受到社会环境、政治事件以及媒体自身定位等各种因素的影响，在不同的时间有不同的倾向。《东方杂志》和《益世报》在乡村领域的议题倾向也随着时间的变化呈现出不同的特点。

表 4-2 《东方杂志》乡村问题议题分布情况

议题 / 时间段	民变	土地（税赋）	农业生产	理论探讨	农村文化教育等	副业	国际经验	农村调查	合计
1904—1909	9	1	0	0	0	0	0	0	10
1910—1919	21	2	7	10	1	4	5	0	50

（续）

时间段＼议题	民变	土地（税赋）	农业生产	理论探讨	农村文化教育等	副业	国际经验	农村调查	合计
1920—1929	0	3	22	25	3	0	29	37	19
1930—1939	0	25	28	34	3	2	31	88	21
1940—1948	0	7	13	11	4	8	3	1	47
合计	30	38	70	80	11	14	68	126	47

表 4-3 《益世报·农村周刊》所载文章主题分布情况

时间段＼议题		民变、匪乱等	土地（税赋）	农业生产	理论探讨	农村文化教育等	副业	国际经验	农村调查	合计
1910—1933		30	7	13	21	16	3	1	4	95
农村周刊	1934	0	1	9	25	0	6	3	22	66
	1935	0	5	8	22	0	2	8	28	73
	1936	0	3	3	11	0	3	2	33	55
	1937	0	0	2	10	0	3	0	21	36
合计		30	16	35	89	16	17	14	108	325

从上表中我们可以看出，不论是《东方杂志》还是《益世报》，在其议题分布中占主要成分的都是农村调查和理论探讨，以及关于农业生产的改良这几个方面。

在关于田地赋税、农业生产方面的探讨中，《东方杂志》要比《益世报》更加积极。《益世报》的文章总数比《东方杂志》要少，分散在各个议题上的文章数量也不高，但并不能就此认为《益世报》在乡村问题上的表现要比《东方杂志》低沉。《益世报》对乡村的关注有很多精力是集中于实际的乡村服务而非文字探讨。特别值得注意的是，出版密度相对稀疏的《东方杂志》对农村调查的关注程度要比《益世报》要高。《东方杂志》对农村调查的呈现是以《农民状况调查》专号、《农村写实》专栏的方式来表现的，而《益世报》中农村调查的内容是分散的。

作为学术及研究性浓厚刊物的《东方杂志》，对乡村问题的呈现多体现出研究性特点，期望通过研究分析来对乡村问题的解决提出方案。《益世报》也有很多调查研究的内容，但占更大篇幅并且社会意义更加重大的却是为农民提供生活服务的内容。

《东方杂志》的《农民状况调查》专号出现在1927年这个特殊的年份，有其深刻的社会背景。1926年底，大革命正处在高潮阶段，农民运动高潮迭起，在外国学者社会调查的影响下，中国知识界也兴起了调查之风。重要的是，此时《东方杂志》的实际掌权人胡愈之是一个激进的民主主义者，在他引导下《东方杂志》的编辑们认为想要改造社会，首先应该"搜集实际的材料"，以解决如下问题："中国的农民运动应该打那一条路走去？怎样可以把劳苦的农民从三四重的压迫底下解放出来？中国将来的农民政策应该怎样？土地问题，农民经济问题，农业生产问题，农民教育问题，应该怎样解决？"①几乎在《东方杂志》发布此次征文公告的同时，毛泽东于1927年1月初开始对湖南农民运动进行考察，写出了著名的《湖南农民运动考察报告》。《东方杂志》以对社会征文来推助农村调查，足见其在学术潮向变动中的前瞻性（此项调查的史料价值较大，部分内容被章有义编的《中国近代农业史资料》和冯和法编的《中国农村经济资料》选录）。

1929—1933年，资本主义世界爆发的经济危机引起了中国知识界的关注，各类报刊都开辟专版专栏进行讨论。"在中国共产党的领导下成立和开展工作的"中国农村经济研究会在此时的农村调查工作影响巨大。研究会核心人物陈翰笙在1935—1936年的调查报告大都刊登在《东方杂志》上，他回忆说："商务印书馆由胡愈之主编的《东方杂志》，为宣传新思想提供了阵地，发表了不少我们写的调查文章。这个杂志在当时可以说是独树一帜，被社会公认为是进步的刊物。"②《东方杂志》从1935年开始设立《农村写实》专栏，刊载由中国农村经济研究会提供的农村调查资料，这一专栏一般是写实性质的

---

①《农民问题与中国之将来》，《东方杂志》1927第24卷第16期。

②陈翰笙：《商务印书馆与我同龄》，《商务印书馆九十年》，商务印书馆1987年版，第364—365页。

农村状况描述，内容真实可信，感情真挚，与《农民状况调查》专号枯燥的数据表格带来的冷硬感觉不同，它生动而形象地展现了中国乡村的面貌和景象。

《益世报》是一份日报，发布的信息量很大；同时又是一份宗教色彩浓厚的报纸，需要通过报纸的发行来深入农村，所以在阅读《益世报》的过程中，一个很直观的感受就是报纸比较亲民。相较于《东方杂志》的学术高度和理论视野，《益世报》做得更多的是服务社会的内容。从整体来看，《益世报》对中国乡村的关注除了少量的理论文章之外，更多地体现在其他的关于乡村的实况描绘、服务乡村的实际工作上。1933 年 11 月 10 日，《益世报》刊登《社会服务版公告》，认为"除提供正确新闻，抒发公众意见外，凡对于增进公众利益之工作，亟愿尽力从事……认为系报纸服务社会应尽之责任"。其社会服务版内容分为"法律、政治、经济、科学、医药、商业、工艺、家庭、书报介绍、青年生活、妇女问题、社会常识等栏"；同时还开设《读者信箱》一栏，以"谋读者互通消息之便利，此外并愿为职业及慈善之介绍"。报纸还"约聘各界领袖及专家，充社会服务部顾问"①。社会服务版的内容涵盖广泛，其中就不乏与农民相关的职业介绍、慈善救济等方面，尤其是针对进城务工农民介绍工作，提供抚恤，帮助妇女养成良好的生活习惯等内容随处可见。这一板块的设立与《益世报》的办报立场是相契合的，通过提供切实的服务，来帮助有需要的人，并且"格外注重平民社会"②。

三　强烈的社会关怀

一种媒介的态度和立场是其最重要的也是最根本的特点，而关于态度和立场的对比不易量化，极易流入主观评判，所以我们选取一个节点来做比较考察。

1927—1937 年，在中国思想学术界掀起了持续 10 年之久的三次具有时代意义的论战，大致可分为三个阶段：1. 1928—1930 年，论战重点是中国近现代社会的性质问题；2. 1931 年秋—1933 年，论战

①《社会服务版公告》，《益世报》1933 年 11 月 10 日。

②《编者之言》，《益世报》1933 年 11 月 15 日。

的重点是中国社会史；3. 1935—1936 年，论战的重点是中国农村的社会性质。中国以农立国，社会性质和社会史的讨论必然将理论界的焦点引向农村。第三场论战的主要背景是：既然中国绝大部分地区还是农村，占中国人口绝大部分数量的是农村人口，占中国经济重要成分的是农村经济，那么，在帝国主义、外国资本主义压力下，中国农村的性质究竟是怎样呢？这类问题在前述中国社会性质论战时已触及，但讨论得比较原则和抽象，并未认真深入中国农村的实际，更未能以中国的具体材料作解答。在中国社会性质问题论战期间，还来不及更好地探讨中国农村社会这个重要领域；对中国农村半殖民地半封建性质的问题，还未搞得很清楚。从这个角度说，中国农村社会性质论战，就是为认识中国社会性质而进行的补课。参加论战的大致可以分成两个阵营：一个是以当时的《中国经济》杂志为基础，代表人为王宜昌、张志澄、工毓铨、王景波、张志敏等人；另一个以中国农村经济研究会主办的《中国农村》杂志为基础，参加论战的人有钱俊瑞、陶直夫、薛暮桥、孙冶方、余霖、周彬、赵槑僧等。

两派争论的主要问题是，第一，依据什么标准判断社会性质。中国经济派认为，社会性质由生产工具决定，而中国农村派认为生产工具本身不能判断某个社会的性质，"决定社会性质或是阶级关系的直接因素不是生产技术而是生产关系"①。第二，关于中国农村社会性质。中国经济派认为，帝国主义促使中国农村"步入了资本主义道路"，并和外国工业资本相结合"而直接宛如世界市场"②。中国农村派则驳斥了他们中国农村已步入资本主义的观点，用一系列实地调查资料和数字证明资本主义因素在农村是微不足道的，指出不研究土地问题不可能认清中国农村社会。第三，关于中国农村的出路问题。中国经济派否认农村有进行土地革命的必要。而中国农村派则明确指出，现阶段中国革命的中枢是土地革命。农村社会性质的争论，不是"学院式的争辩，而在根据具体的事实跟经验，决定目前中国

---

①薛暮桥：《答王宜昌先生》，《中国农村》1935 年第 1 卷第 6 期。

②王宜昌：《中国农村经济研究答客问》，《中国经济》1935 年第 3 卷第 12 期。

农业改造运动或农民运动的任务与性质”①。

而此次论战的导火线就是 1935 年 1 月 26 日王宜昌在《益世报·农村周刊》第 48 期上发表的一篇短文《农村经济统计应有的方向》。这篇文章对 1934 年 10 月《中国农村》创刊号上薛暮桥《怎样研究中国农村经济》一文的观点进行了批评，掀起了中国农村社会性质的大论战。这篇文章发表后，薛暮桥、韩德章、王宜昌等人在《益世报》和《中国经济》上争论了不少回合。虽然中国经济派的主要阵地在《中国经济》杂志，但《益世报·农村周刊》是中国经济派的重要阵地，其政治倾向自然不言而喻。而反观此时的《东方杂志》，它对中国农村问题的关注并没有太多的方向转变，一份反应敏锐的综合性高端杂志对这场轰轰烈烈的论战却意外地“不在场”，似乎暗示着其独特的用心。《东方杂志》对时代性问题的前瞻性把握是毋庸置疑的，但是当论战双方激战正酣之时，它却保持了异常冷静态度。这种“不在场”正体现了一份杂志、一种媒介的谨慎。“报纸最大的好处，就是它每日都能干预运动，能够反映出当前的整个局势，能够使人民和人民的日刊发生不断的、生动活泼的联系。至于杂志，当然就没有这些好处。不过杂志也有杂志的优点，它能够广泛地研究各种事件，只谈最主要的问题。杂志可以详细地科学地研究作为整个政治运动的基础的经济关系。”②

《东方杂志》的政治倾向整体是保守的，尤其是在 20 世纪 30 年代，它对国内政治问题的焦点，即国共两党的矛盾一直持回避态度，虽然也批评国民党的一些政策；对中国共产党的态度也比较暧昧。作为一份需要靠销售量来维持生存的杂志，如果脱离时代的热点，为读者所抛弃，那它是无法生存的，但它又无力摆脱政治的束缚，相对中立和保守的态度才能使自己获得更多的支持。

《东方杂志》和《益世报》都是综合性较强的媒体，其视野的广阔自然不言而喻，但我们选取国际视野和文学角度两方面来做一个对

---

①钱俊瑞：《中国农村社会性质与农业改造问题》，浦山等编：《钱俊瑞文集》，中国社会科学出版社 1993 年版，第 131 页。

②《〈新莱茵报〉〈政治经济评论〉出版启事》，《马克思恩格斯全集》第 7 卷，人民出版社 2008 年版，第 3 页。

比,也许能获得更深入的认识。

学习西方的先进技术和文化,以图自身的进步,这是近代国人的普遍诉求。关注国际社会,介绍国际经验,也是《东方杂志》一贯的作风。《东方杂志》在乡村问题上的国际视野主要是介绍国外先进的农业经验,以供中国对比和借鉴。从1918年3月到1947年1月间,有关乡村问题国际视野的文章七十多篇,分国别数量统计情况如下图:

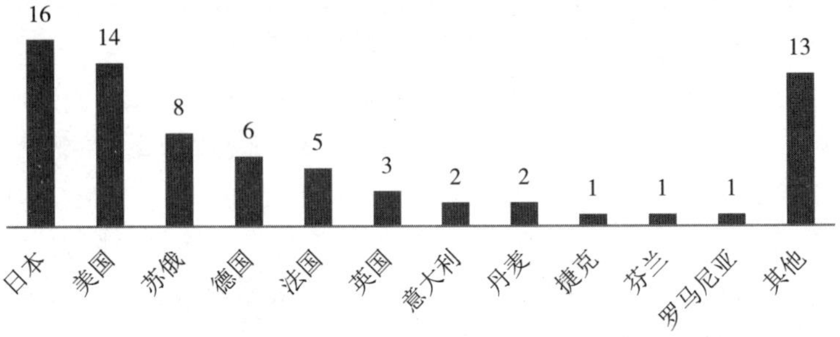

图4-2 《东方杂志》有关国外农业文章国别数量统计图

在1929年的"世界论坛"编者按中,编者提出:"中国目前最重要的问题,莫过于农业救济。"①并指出参考他国经验的重要性。但中国农业在1929—1933年世界性经济危机中并未受到影响,相反却有所发展,受到影响的最早时间也到了1931年②。这足以看到《东方杂志》关于乡村问题上的国际视野。

从上表中我们可以看出,关于日本、美国、苏俄的文章数量排在前三位,日本和美国向来是中国学习西方的两个重要榜样,而此时关于苏俄的文章渐渐增多,也是与当时的舆论焦点一致的,"苏联通过'一五计划'一跃成为世界强国的事实对中国知识界的触动是巨大的。国难时期广大知识分子对'强国梦'的追求比以往任何时候更加迫切,他们努力地从苏联身上寻找着可以挽救民族危亡的手段"③。

---

①"世界论坛"编者按,《东方杂志》1929年第26卷第9期。

②见付燕鸿、王先明:《20世纪30年代的"农业恐慌"探析——立足于历史成因与时代特征的考察》,《人文杂志》2010年第2期。

③郑大华、张英:《论苏联"一五计划"对20世纪30年代初中国知识界的影响》,《世界历史》2009年第2期。

加上《东方杂志》的编辑胡愈之、俞颂华都在苏联进行过访问和报道，所以对苏联的关注自然日见其多。

在国际视野方面，《益世报》所涉及的广度不及《东方杂志》。《益世报・农村周刊》有关乡村问题国际文章则较少，仅在1934年4月到1936年2月间刊有十余篇。同时，《益世报》对当时比较热门的苏俄的介绍也比较少，一方面因为《益世报》是一份宗教色彩浓厚的报纸，自然对无神论的社会主义思想有所抵制，另一方面，《益世报》在中国乡村问题上的表现一直是比较务实和服务色彩浓厚的，至于国际视野方面，自然涉及较少。

从文学方面来看，杂文、小说等文学形式向来受到近代知识分子的重视，认为其在传播某种观点时具有特殊的不可替代的作用。茅盾就曾指出："自来一种新思想发生，一定先靠文学家做先锋，借文学的描写手段和批评手段去'振聋发聩'。"①作为一份综合性的杂志，《东方杂志》向来重视文学作品的刊载。它在文学作品的取材上也体现出对中国社会下层尤其是对农村、农民的关注。20世纪进入20年代之后，乡村题材的文学作品开始出现，鲁迅著名作品《祝福》中那个愚昧、可怜的祥林嫂的形象最早就是见之于《东方杂志》②。1920年代中期以后，王鲁彦、许杰、蹇先艾、王任叔等乡土派作家群的作品在《东方杂志》上的见刊率颇高，像王鲁彦的《阿卓呆子》③、许杰的《赌徒吉顺》④、蹇先艾的《老仆人的故事》⑤、王任叔的《孤独的人》⑥这些作品中的主人公或家族衰败典卖妻儿，或愚昧无知任人摆布，勾画出辛亥革命以后中国农村真实、悲惨的众生相。

进入1930年代后，左翼文学高涨，有关农村与农民题材的现实主义文学作品在此时获得了时代性进展，从另一个侧面亦体现了当时人们对乡村的关注。1932年1月，《东方杂志》在国内首次译介了

①佩韦：《现在文学家的责任是什么?》，《东方杂志》1920年第17卷第1期。
②《东方杂志》1924年第21卷第6期。
③《东方杂志》1925年第22卷第6期。
④《东方杂志》1925年第22卷第23期。
⑤《东方杂志》1928年第25卷第10期。
⑥《东方杂志》1926年第23卷第23期。

美国布克夫人(即赛珍珠)那部在国际上颇具影响力的描写中国皖北农村生活的长篇小说——《大地》,也许编者附在小说前的一段按语最能代表时人对中国乡村危机的关怀与乡村问题的思考:“中国是三万万余劳苦农民所集成的国家。中国生活的中心应立在于农村而不在于都市。中国的农村被内战、兵灾、水旱及帝国主义的侵略所破坏了。在穷苦无知和痛苦的生活中的农民的呻吟与挣扎,是值得我们注意的。”

《东方杂志》编者对该小说给予了高度的评价,认为其“情节的变幻”,“对中国旧礼教弱点的深刻的描写”都值得国内作家学习,编者呼吁国内的作家也能够走进乡村,希望在此之后,“有以中国人自己的眼光、自己的解释来描写中国农村衰落困苦及农民意识中土地观念转变的事实”的优秀作品①。编者的呼吁正体现了当时人们对乡村社会情状的深度关怀与前景的强烈期待,揭示着承负现实意涵的现代文学的使命价值。正是在持续不绝的乡村危机之中,蔚然成风的乡土文学成了人们对于乡村危机普遍关注的一种社会关怀。同时,乡土文学的高涨,也加深了人们对中国乡村的了解——它将乡村危机从学术和政治层面的关注延引到社会关注层面。

相较于《东方杂志》在传播1930年代左翼乡土文学上的表现,《益世报》在文学上的表现更多的是文学理论的探讨和论争。至于本文所主要论及的中国近代乡村问题方面,在《益世报》的文学领域似乎涉及较少。但是从它在文学领域里所持的立场可以看出《益世报》的倾向,《益世报》在文学领域对乡村的缺席既是一种回避,也是一种显现,回避的是左翼色彩浓厚的乡土文学,显现的是对其时狂热的社会主义信仰的冷静思考。

(原载《福建论坛》2014年第11期)

①见[美]布克夫人著、宜闲译:《大地》的记者附志,《东方杂志》1932年第29卷第1期。

试论城乡背离化进程中的乡村危机

——关于 20 世纪 30 年代中国乡村危机问题的辨析

关于近代中国乡村危机的研究，在 20 世纪二三十年代有关中国乡村研究和调查的成果中已涉及较多，但对其本相的揭示以及深层致因的讨论却未达旨要，大多限于列举要素①，以至于“我们很难将他们各自描述的农村社会叠加起来”，“没有充分的对比，因而很难发现动态的联系和规律”②。近年来也有不少学者著文论及 20 世纪 30 年代的农业危机③，认为导致农业大危机的深层原因是近代以来农业生产力总体水平的下降④，或者归结为“主要是受 1929 年开始的

---

①如陈醉云将其分列为十个致因，分别为口岸开放、农产进口、农产商品化、苛捐偏重、土地集中、田租不公、高利贷猖獗、贪官污吏与豪绅压榨、政治腐败与灾荒加剧、连年内战等。陈醉云：《复兴农村对策》，《东方杂志》1933 年第 30 卷第 13 期。

②见李培林、孙立平、王铭铭等：《中国农村社会调查》，《20 世纪的中国：学术与社会(社会学卷)》，第 159、137 页。

③向玉成：《三十年代农业大危机原因探析——兼论近代中国农业生产力水平的下降》，《中国农史》1999 年第 4 期；张锡科：《20 世纪 30 年代中国农业危机根源初探》，《济宁师范专科学校学报》2003 年第 2 期。

④向玉成：《三十年代农业大危机原因探析——兼论近代中国农业生产力水平的下降》，《中国农史》1999 年第 4 期。

资本主义世界经济危机的影响"①等,但总体而言,并没有超出 20 世纪 30 年代所论及的因素范围(只是侧重点或观察问题的角度有所不同)。

需要强调的是,以往的讨论大多是择取特定的事例、现象及其特征,并人为地将其罗列集结成对乡村危机因由与特征的解释,而对特定事例、现象与特征间的逻辑关系和因果关联并没有作进一步探究,甚至不加区别地以整个近代社会危机之面相、特征来诠释特定的乡村危机,以致落入因果倒置、面相与本相颠倒而浑然不觉之窘况。在变动剧烈且发展极不平衡的近代中国,如果不是在特定的论域或范围内锁定论题,事实上就会出现随意择取各种事例和因素来建构自己的解释——显然这种研究路径和解释与历史事实和学术宗旨相去甚远。因此,将论题限定在一个可控范畴内,并从其因果形成的必然联系中建构合理的解说体系,对于近代中国乡村危机的认识和理解或许是一条可行的研究路径。

一 乡村危机的征象

20 世纪二三十年代的中国乡村社会可谓乱象丛生,满目惨然,"农村的政权被把持于一般乡绅,或被垄断于一般劣绅,农民的经济向上,无实现的可能,故农民不得不沉沦于贫穷无智的境遇了"②。农民的生活缺乏基本保障,"自从民国纪元以来,因为内乱战争及举行新政之故,关于农民的赋税比较从前超过得很远……因此,农民中便发生一种极反动的感叹说:'倒是专制时代好,民国所给予我们的苦痛太大了!'"③虽然这是一种充满情绪化的极端之论,却也宣泄出农民对于社会现状的怨愤。时人指出:"民国成立以来,中国的政治、经济、社会、教育各方面,都变了一团糟糕。一般忧国之士,莫不举首蹙额的喊着:'中国的危机到了!'……中国的危机,决不是因为民族

①许涤新、吴承明主编:《中国资本主义发展史》第 3 卷,第 335 页。

②《国民党第二次全国代表大会政纲宣言:制止土豪劣绅垄断村政! 扶助农民的自治团体!》,[日]田中忠夫著、李育文译、蓝梦九校:《国民革命与农村问题》,第 27 页。

③文公直:《中国农民问题的研究》,三民书店 1929 年版,第 22—23 页。

的精神不振,也不是因为国民缺乏礼义廉耻种种的美德,而是因为农村经济的基础,已逐渐动摇,且有濒于破产的趋势。历史上的政治革命,都含有多少社会背景,而且可以说,大多数是以农村经济破产为背景。”①

就表象而言,乡村危机似乎是传统时代农民起义、造反的基本条件或历史前提,以往的研究者也曾以此为论,“太平天国农民起义,从根本上说仍是传统乡村周期性危机的一次大爆发,它根源于土地兼并及赋税沉重剥削下广大人民的极端贫困”。中国传统土地制度“内在的不可克服的矛盾性……是中国古代社会发展迟滞的总根源,使中国长期徘徊于治乱循环的周期性危机之中”②。但是,20 世纪 30 年代的乡村危机却呈现着更为复杂的面相和时代特征,“农业的中国已开始入于工商业化的时代,于是农民的困苦比从前更甚”③。时人或称之为农村崩溃、农业恐慌、农村凋敝、农业破产等,只不过是概要言其某一个侧面而已。实际上,其时的乡村危机是一种全面危机,是一种“农村总崩溃”④。它非但以“经济基础急剧破裂、人民生活日益艰难,其惨苦实有甚于亡国”的情状使“各地农村已全部陷入危境”,而且将“农村问题的严重性,已超升至最高状态,解决之切,迫不及待”⑤。它是由政治纷乱、经济破产、社会失序、文化失范所引发的整体危机。

从乡村危机的征象看,时人观察角度不同,所论略有区别。当时有几种代表性的认识:吴觉农认为,农民生活疾苦的最浅显的例证,有七种表象:土地分配不足、农民粮食恐慌、农民生活贫困、农民收入低减、灾荒频仍、都市工商业的影响、地方资本家的压迫等⑥。钱亦石则提出:“中国农村已一天天向破产的深渊沉下去了!”破产的姿态

---

①董汝舟:《中国农村经济的破产》,《东方杂志》1932 年第 29 卷第 7 期。

②张富记、陆远权:《近代中国乡村危机简论》,《史学月刊》1999 年第 1 期。

③《农民问题与中国之将来》,《东方杂志》1927 年第 24 卷第 16 期。

④古梅:《乡村建设与乡村教育之改造》,《东方杂志》1933 年第 30 卷第 22 期。

⑤陈醉云:《复兴农村对策》,《东方杂志》1933 年第 30 卷第 13 期。

⑥吴觉农:《中国的农民问题》,陈翰笙、薛暮桥、冯和法合编:《解放前的中国农村》第 2 辑,展望出版社 1987 年版,第 26—28 页。

表现为：一是耕地面积逐渐缩小；二是自耕农减少，佃农增加；三是农产品价格的跌落；四是农村金融枯竭；五是农民离开故乡，向外逃亡。而且“破产的五种姿态”，“既有长期的历史性，也决不是短时间所能消逝，除非有什么伟大的‘转变’发生，这五种姿态恐怕还要存留一个时期吧”①。董汝舟则提出，“目前中国的危机，是农村经济基础的动摇”，而农村经济破产主要表现为：农民户口逐渐减少（灾荒、工业化和城市化），荒地增加，农业收获量减少，土地分配不均，地租增高，田赋及捐税加重，高利贷的压迫，农民生活的苦痛。“现在中国农民每年平均总收入很少超过二百元的，普通约百余元左右，最少者尚有十数元”②。透过对乡村危机表象认识的差异，不难发现其相通之处：“他们都认为中国的农村经济将达到它崩溃的总危机……中国农村的破产与农民的穷困本是一个铁一般不容否认的事实。”③其最突出的表征是，农民逃亡、农业衰落（或农地荒废）、农村破产，以至于造成“农村凋敝，国本动摇”④之险峻情势。

那么，引致20世纪30年代中国乡村危机爆发的原因是什么？时人提出各种论说，主持中国农场经济调查多年的金陵大学教授卜凯（J. L. Buck）认为，主要由于农场面积的零细、生产力的薄弱、人口的繁密、劳力的过剩、农民平时积蓄的缺乏、水利不修、交通不便、森林太少、缺乏信用组织等，因此主张节制人口、公允地租、改善运输机关、推广信用制度、增进农业技术、整理水利等。农村合作专家王志莘认为，是社会不良的影响，主张救济农村应当注意整个农村社会问题，先从办理农村自治入手。经济学家马寅初认为，主要在于国民的家族思想过重及人口繁殖过多，主张改良国民思想及解决人口问题。民众教育专家高阳认为，是由于治安破坏、交通梗阻、水利失修、种植鸦片、缺乏组织能力、缺乏知识与技能及道德等，因此主张先从维持

①钱亦石等：《中国农村问题》，中华书局1935年版，第3—6、17页。

②董汝舟：《中国农村经济的破产》，《东方杂志》1932年第29卷第7期。

③千家驹：《救济农村偏枯与都市膨胀问题》，陈翰笙、薛暮桥、冯和法合编：《解放前的中国农村》第2辑，第400—402页。

④曾济宽：《怎样解决中国农村问题》，《中国建设》1933年第8卷第5期。相类似的提法还有“农业凋敝，农村破产，农民涂炭”。见徐钦：《勘查万家埠实验区之经过》，《农村》1933年第1卷2期。

治安、整理交通、注重水利、停止鸦片收入入手，其次是提倡合作组织，设立农民银行，推行乡村民众教育，使研究与推广技术指导结合，使知识分子下乡指导农民等。女界领袖俞庆棠则认为，主要是由于捐税苛重、耕地不足、人口繁密、利率过高、农业资本缺乏、农具不良、工资昂贵、买卖不公、副业不增、农产不丰、灾害频仍、土豪劣绅压迫、迷信的靡费、交通不便、缺少教育机会等15种，主张先从行政上着手：在普通行政方面，裁撤一切苛捐杂税，发展交通，建设水利；在教育行政方面，政府宜注重乡村教育，增进农业，实行劳动教育，使农民都受教育，使学生都劳动化；一般知识阶级实行下乡工作，注意农民的疾苦，传达心理的交流，介绍科学的方法，设法增加生产，改善农民生活，增进农民组织能力等①，可谓林林总总，不一而足。笔者粗略地归纳分类，发现时人提出的致因说主要有以下几种：

其一，农业技术致因说。主要体现在以下几个方面：如"农耕技术的停滞，历代灾荒的频仍（见竺可桢氏统计），以及农民暴动的追踪而至（见薛农山《中国农民运动史》），都是此种农业慢性恐慌的表现"②。"查我国农村破产之主因，固在水利未兴，而土地未尽其利，亦系重要原因之一。"③危机爆发之初，"多数人便以为农业的衰落作为现时农村经济破产的直接动因"④。国联专家拉西曼也认为，"统计全国人口与土地分配，尚属地浮于人；不苦人不得地，唯苦地不整理……职是之故……认为经营及整理问题，实更急于分配问题"⑤。其中，"土地报酬递减法则"也是相当流行的论点之一，即"一定的技

①李景汉：《中国农村问题》，商务印书馆1937年版，第121—123页。

②钱俊瑞：《中国农业恐慌与土地问题》，陈翰笙、薛暮桥、冯和法合编：《解放前的中国农村》第2辑，第177页。

③董修甲：《今后如何建设中国之国民经济》，《国民经济建设运动之理论与实际》，中国国民党中央执行委员会宣传部1936年印行，第88页。

④董修甲：《今后如何建设中国之国民经济》，《国民经济建设运动之理论与实际》，第88页。

⑤《拉西曼报告书》第42、31页，转引自钱俊瑞：《中国农业恐慌与土地问题》，陈翰笙、薛暮桥、冯和法合编：《解放前的中国农村》第2辑，第186页。

术条件下，投下较多的资本和劳力，并不能够按照同一比例增加收获”。① 国民党建政南京后也选择了“技术致因论”以表达自己的立场，宣称经济的落后“是由于我国生产技术幼稚，等到海禁开放以后，又加上外来势力的打击，使我国的经济发展，受到很大的阻力”。这当然地规定了国民政府应对危机的基本方案，即从国民经济建设上下功夫的四大纲领：一尽人力，二开地利，三尽物用，四畅物流。“苟能完成这四大端，那中国一定就可以变成为一个富强的国家了。”②

其二，土地制度致因说。主要认为“农村是在内在的病根与外来的压力下一天天趋于破产”，而“中国现存的土地关系却是此种危机的最主要的主观条件，同时这种危机又加深了中国土地问题的深刻”③。当然，土地不均、租佃制度并非单独发生作用，而是与小农经营、生产技术、水旱灾害、苛捐杂税、战乱兵匪、土豪劣绅等“各有其牵连关系”④。因此，“农业生产力的薄弱，和多数农民经常地因为生产不足而陷于饥饿状态的情形，是中国近年来农业慢性恐慌的基本特征”⑤。其主因则源于土地所有制及其佃租制度，即“佃租的剥削，也不能不算是江西农村破落中一个最大症结”⑥。

其三，帝国主义侵略致因说。主要体现在以下观点：“吾华以农立国，农民占全人口十分之八以上，全国收入，亦以农产为大宗，顾自鸦片战争以来，帝国主义之侵略，有加无已，农村破产，殆为既成事实而呈江河日下之势。”⑦“帝国主义在华的侵略，影响及于农村，这是农村崩溃的因素中属于国外的一个因子。”论者还多从对外贸易比

①转引自薛暮桥（署名余霖）：《贫困现象的基本原因》，陈翰笙、薛暮桥、冯和法合编：《解放前的中国农村》第2辑，第267页。

②林森：《国民经济建设的重要》，《国民经济建设运动之理论与实际》，第31、28页。

③钱俊瑞：《中国现阶段底土地问题》，陈翰笙、薛暮桥、冯和法合编：《解放前的中国农村》第2辑，第198页。

④沈昌晔：《农村建设之我见》，《国闻周报》1934年第13卷第10期。

⑤钱俊瑞：《中国现阶段底土地问题》，陈翰笙、薛暮桥、冯和法合编：《解放前的中国农村》第2辑，第194页。

⑥余铎：《怎样去改进江西农村》，《农村》1933年第1卷第1期。

⑦方显廷：《农村建设与抗战》，《农村建设》1938年创刊号。

较中求证,如从1925年到1932年的8年来对外贸易比较(单位:海关两)可知,“除民十六年外,入超数额,都是逐年递增,到了去年,输出数额,仅约及前年之半数,同时入超数额达五万万五千六百余万两,冲破以前纪录”。“年来输入货物,饮食品几占百分之三十,而输出品中原料一项,大为减少,计去年数额不及民国十四年的半数。以农业国家而有此种现象,农村安得不趋于崩溃之境!”①因此,“帝国主义者既控制我沿海各大商埠,由各大商埠咽喉透过代理人,支配我国农村,剥削我国农村,遂致酿成今日都市膨胀与农村枯竭之畸形现象”②。其中,论者多以“机械生产物侵入农村,手工停罢”与“关税不能自主,外国剩余农产品厉行倾销政策,致本国农产物无法销售”为主导之因③。“而实际上,引起中国农村经济崩溃的第一个动力,是帝国主义的经济侵略。”④

其四,内政腐败致因说。有论者将乡村危机概括为:“失业与逃亡,同是农民失去其生活手段的表现,同是农村动荡的前提。”而其直接致因则是,“在苛捐杂税摧残之下,最明显的现象是农民逃亡……举地赠人,且无人敢要,房屋什物又无人肯要买,贫农只得弃地不耕”,而“苛捐杂税摧残农村的另一结果,是加增农村的失业”⑤。针对列强侵略的外因论,却认为“农村衰败”的主因是“先腐而后虫蚀”⑥。有论者言:“现在我们跑到乡间去,真是怨声载道。他们所骂的所恨的,不是帝国主义或土豪劣绅,而是政府,以及政府所用的官吏,所养的军队。”⑦因为辛亥革命后,“我国政治未上轨道,兵匪遍地,捐税重重,农民憔悴欲死,离村思想大炽;农村破产已成今日重大

①王枕心:《目前中国农村的危机及救济的意见》,《农村》1933年第1卷第1期。

②李铸九:《复兴农村与改良农业琐话》,《中国建设》1933年第8卷第5期。

③李幼农:《复兴江西农村之我见》,《中国建设》1933年第8卷第5期。

④丁达:《中国农村经济的崩溃》,上海联合书店1930年版,第27页。

⑤顾猛:《崩溃过程中之河北农村》,《中国经济》1933年第1卷第4期。

⑥陈国钧:《复兴农村之我见》,《中国建设》1933年第8卷第5期。

⑦钟秀琼:《改进农村之先决问题》,《农村》1933年第1卷第2期。

而悲惨的现象”①。

以上归纳虽不免疏漏，却基本可以揭示时人的主要论旨。而且根据后来的学术演进脉络，不难发现今天人们理解和诠释乡村危机的基本立场，仍然不出上述论点之范围（更普遍的主张是综合以上要素，形成综合致因说②），尤其是影响和主导了历史进程的当时中共学者的观点：“只要没有被某一社会阶层的主观利害关系所蒙蔽，不戴了有色眼镜去观察事物，那就决不会看不到中国农村经济以至于整个国民经济破产和衰落的原因是在于帝国主义侵略和封建榨取。有了这个基本概念，也就不难得出一个结论，把驱逐帝国主义侵略和铲除国内的封建残余势力作为解决中国一切社会问题的主要关键。”③

但是，上述农村崩溃或乡村危机的各种面相和原因，其实是对整个近代中国社会状况的描述或揭示，是在宏观层次上建构的对于近代中国社会性质、国际地位和时代特征的认识框架，而并不完全是就乡村危机本身展开的论证。因此，宏观层次上的原因或理论解说虽然看似不错（原则上并不错），却在学理上（学术上）遮蔽了其历史本相和真正的致因，使得对这一问题本该具有的深层探究流于一般的表象陈述。

二　乡村危机的本相

上述所论看似合乎情理，却未能触及问题的实质，或者并没有直接针对问题本身展开论证。由于乡村危机是在特定时间、特定条件下爆发的具有意外性、聚集性、破坏性和紧迫性的危机。相对于一般历史进程而言，它只是整个历史进程中的特殊问题，属于即时性问题，而不具有常态性特点；从这个意义上说，传统时代周期性导致农

---

①刘运筹：《农业部农学会农学院与农村复兴》，《中国建设》1933 年第 8 卷第 5 期。

②见李金铮：《近代华北农民生活的贫困及其相关因素》，《近代中国乡村社会经济探微》，第 216—230 页。

③孙冶方：《乡村工作人员应走的道路》，《关于中国社会及其革命性质的若干理论问题》，中国社会科学出版社 1985 年版，第 142 页。

民破产从而引发农民起义和暴动的危机，实质上不属于乡村危机而是社会危机或政治危机。因此，如果不能揭示出其特殊性及其特殊致因，那么对于问题的讨论实质上无异于隔靴搔痒。

首先，无论是农业技术、土地制度还是内政腐败，以及帝国主义侵略与封建榨取相结合论等，其实都是对于整个近代中国社会危机或近代中国落后原因的诠释。因为，乡村危机爆发于20世纪30年代，而上述因素却至少在鸦片战争时期已经形成或存在，就农业技术或土地制度而论或则更为久远。“中国农村，自土地私有制盛行以来，便长期在崩溃的状态之下存在着……兼并土地之事，既极盛行，贫富的悬殊，也就日甚一日。”土地制度以及附着其上的各种规制，是中国历史上始终存在的痼疾，“这在历史上，固然如此，既现在各省亦复如此”①。因此，上述所论的致因或由此揭示的面相，或许是对整个近代中国社会危机或近代中国社会性质、地位的一种解释路径，却无法成为对1930年代乡村危机的有效解释。

其次，鸦片战争后的近代中国危机四伏，其中边疆危机、教案危机、战争危机接续而起，且与近代中国的政治危机、社会危机密切相关，使近代中国陷入内忧与外患的双重煎熬。帝国主义侵略作为一个基本要素，是鸦片战争以来始终存在的问题，而且帝国主义侵略势力或影响力更显著地存在于通商口岸或大都市中，其何以成为1930年代乡村危机的直接致因？况且，乡村危机的触发有其特有的内在规则和态势，与外因性的帝国主义侵略并无必然关联（虽然对于近代中国而言并非没有联系）。因为在西方资本主义发展的进程中，乡村危机或农业恐慌也不曾避免，“十八世纪西欧农村破产的过程”曾是“产业革命过程中应有的产物”②。伴随“工商业勃兴，结果人民集中都市，田园荒芜，因此民食大生问题”，在英、美、德、法、日各国相继呈现。故欧战一停，西方“国内政治家，都大倡归农运动”，并以此为“时

①周谷城：《中国社会之变化》，上海书店出版社1989年影印本，第188、194页。

②《中国农村经济论文集发刊辞》，千家驹编：《中国农村经济论文集》，第2页。

代精神"①,开始采取救治乡村之措施。在工业化、现代化和城市化快速发展进程中,乡村危机在欧洲和美国依然不免。"1920年到1930年10月,美国农产品价格跌落40%以上","造成空前的农业恐慌"②。据1920年代美国中央调查局的报告,以往"证明乡村青年升入大学的,或竟比城市多一倍……据美国农业部调查,在最近10年中,离开乡村的人民共有150万之多。此数均系乡野的农夫直接奔往城市者,村镇的人民尚不在内"③。20世纪30年代,美国的农业危机仍呈现持续走高态势,"农产物价格之下落,自1930年以来益趋急激……其情势随时间之递进愈形恶化"。即使无灾害之年,美国的多数农民"亦不能以是岁之收入支付租税"④。据欧洲各国《农业簿记之统计》(万国农事协会)资料中"农民之纯益或损失"统计表表明,至少有10国(丹麦、瑞士、奥地利、捷克斯洛伐克、波兰、拉脱维亚、爱沙尼亚、芬兰、挪威、瑞典),均程度不同地出现"农业则依然继续其不景气之状态"或"农民纵令已经破产"⑤的状况。因此,立足于帝国主义侵略因素,实不足以解释乡村危机的成因。

再次,乡村危机显然并不仅仅是农业生产力下降或农业收获量减少的问题,因为对于当时的中国乡村而言,"不仅歉收成灾,丰收也成灾","已陷于东不是西不是的走投无路的状态中"⑥。例如,1932年各地大多丰收,"照理一般农民就此可以欢天喜地,额手称庆了。但是实际上恰恰相反,因为粮价太贱,农民底穷困非但没有减轻,反而益加深重。"是年长江流域(如江苏)许多县丰产,"均能超过通常收获量达五—二十以上","春夏之间,粳米每石十三四元……等到新谷

①王骏声编:《中国新农村之建设》,商务印书馆1937年版,第7—8页。

②薛暮桥:《贫困现象的基本原因》,陈翰笙、薛暮桥、冯和法合编:《解放前的中国农村》第2辑,第267页。

③傅葆琛:《美国最近乡村教育问题之推断》,陈侠、傅启群编:《傅葆琛教育论著选》,人民教育出版社1994年版,第242—244页。

④日本农林省米谷局编、曹沉思等译:《世界各国之粮食政策》,商务印书馆1937年版,第41页。

⑤日本农林省米谷局编、曹沉思等译:《世界各国之粮食政策》,第35、39页。

⑥《谷贱伤农乎?》,《东方杂志》1932年第29卷第6期。

登场，立见倾跌至十元以内，现已在八九元左右。"①以至于"'谷贱伤农'恰是农业恐慌中农民生活的简单描写……目下中国农产价格的往下直跌，便是这种虚幻象造成的结果。同时这种农产价格狂跌的现象就成为中国农业恐慌基本的标志"②。

以往的诠释既未能对乡村危机的致因以有效的解释，也未能揭示出乡村危机的历史本相。20 世纪 30 年代爆发的乡村危机，显然不是传统时代久已存在的人地之间的紧张关系、封建的大地主土地所有制以及专制制度下政府和官僚的低效与腐败所生成的社会危机（表现为农民的生存危机，并不能定义为乡村危机），它的历史本相和深层致因与传统社会相比，已经具有了自己的时代特征。

近代乡村危机，说到底是伴随着工业化、城市化发展进程而出现的乡村社会急剧衰退的一种危机。虽然"就人类社会的演进而言，本来是先有乡村后有都市，都市是由乡村演变而来的"。但是，"都市的形成，虽是在乡村之后，但因工商业的发达，与交通便利的关系，又因政治机构，也设在都市，于是一切文化事业与活动，也有长足的进展。一个人口集中的地方，工业化与都市化的进展速度愈快，文化水准也随之而增高，特质享受也比较优越。乡村则因农业的改革比较迟缓，社会比较守旧，特质生活欠缺，精神生活更成问题"③。在工业化和现代化取向下，无疑"产业界根本的变动，件件是发展都市的"。因此，乡村危机是对应于城市发展或城市繁荣的具有特定区位性的一种危机，"农村则终年勤苦生产，完全供给都市人们之生活费，至其本身破灭而止……结果都市日愈繁荣，农村日益衰落"。"从都市到农村切断了农工商相互间的纽带"，"大都市作了病态的繁荣"，"农村相继破产"④。所以，乡村危机的时代性体现为"近代文明的产物"，即"农村问题虽是随着时代和场所而变迁，但考察其本质，不能不承认

---

①姜君辰：《一九三二年中国农业恐慌底新姿态——丰收成灾》，陈翰笙、薛暮桥、冯和法合编：《解放前的中国农村》第 2 辑，第 380、390 页。

②钱俊瑞：《目前农业恐慌中的中国农民生活》，陈翰笙、薛暮桥、冯和法合编：《解放前的中国农村》第 2 辑，第 201 页。

③傅葆琛：《乡建运动总检讨》，陈侠、傅启群编：《傅葆琛教育论著选》，第 84 页。

④周谷城：《中国社会之变化》，第 7、45—47 页。

是近代文明的产物”。因农村问题之发生,“必须以国民经济或国际经济发展至某种程度为前提”①。

乡村危机不仅仅是经济破产,而是乡村社会文化整体的败落;尽管大量农民“自动离村的,决不出经济困厄与不耐劳苦两种”②。失业与失地无疑也是中国农村存在的“两个根本问题”③。“中国的农村一天一天趋向崩溃的途径,这是稍微明了一点社会情形的人们,谁都感到而且忧心!”“中国农村主要的病源是穷”,“因为穷便发生了愚和弱。更因愚和弱,穷的程度有加无已,所以中国农村就浸衰于破产的状态中了”④。但是,由穷困而呈现的农村经济破产的面相固然十分严重,也只是问题的一方面(甚或是最基本的方面),并不能揭示出近代乡村危机的核心内容。无可否认,“中国现时所发生的农村问题……包含两方面的重要意义:一方面就是感受现代农村问题的潮流,不得不适应世界环境,赶上现代文明的道路,而作种种实地建设的准备;他方面又须维持农业传统的经营形态,保护中小农业,留存农村共同社会的精神,使不致再蹈入欧美资本主义的覆辙”⑤。从而“农村问题,便成了中国目前最严重的问题,渐蜕化为当今政治、经济、教育各方面的总目标,总对象了”⑥。因为在近代以来的制度变迁进程中,虽然“政治设施日渐殷繁,乡村制度不确立,既无以树自治之基础,复无以利政策之进行”⑦。乡村政制设置和建构始终滞后和缺失,以至于生活失序、社会变乱常常更频繁地出现在乡村社会。如1930年代的河北邢台乡村,“在农村经济破产,各业衰颓,盗匪扰乱的今日,农村真所谓日夜不安,盗匪如毛”。横行农村的盗匪,“不仅掳劫有钱的乡民,教育机关也不能幸免于难,掳劫富裕的地主及商

---

①曾济宽:《怎样解决中国农村问题》,《中国建设》1933年第8卷第5期。

②李鸿怡:《改良农具与复兴农村》,《农村》1934年第2卷第3期。

③任哲明:《中国农村经济的根本问题》,钱亦石等:《中国农村问题》,第22、32页。

④《本社成立宣言》,《农村》1933年第1卷第1期。

⑤曾济宽:《怎样解决中国农村问题》,《中国建设》1933年第8卷第5期。

⑥张岂文:《中国农村经济的没落与挽救方法》,《农村》1934年第1卷第3期。

⑦刑振基:《山西村政纲要》,山西村政处旬刊社1929年版,“总论”第8页。

人,就是工业方面亦受其践踏"①。而中国农民"一百个里头有八九十个都是目不识丁的睁眼瞎子",这些"目不识丁的文盲,这些失学的人,大多数都在乡间"②。盖因近代以来,一方面"各地方的农村学校,便没有走上正当的轨道……中国的农村教育,是造就流氓土豪劣绅及土匪恶棍的教育"。另一方面"农村的教育机关,能有一个小学校,已经算大幸了。大批的儿童都是送到私塾,交托冬烘先生之手……因陋就简,敷衍从事。所有课程,大多抄袭城市,对于农村切要的生活课程,全然缺乏"。因而,"农村的经济如潮水一般的倒下来,一切建设在经济上的社会、政治、教育等等事业,也因之而崩溃"③。所以,近代乡村危机并不仅仅是一个经济的问题,而是"中国旧社会构造遭到破坏"之后,"文化失调——极其严重的文化失调"的问题④。"的确,中国农村的衰落是整个的衰落,破产是整个的破产……既是物质的衰落也是精神的衰落,是经济的破产也是文化的破产;经济问题是急待解决,教育问题也是急待解决,其他种种方面,种种部分亦莫不如是。"⑤

同时,乡村危机显然也是传统时代城乡一体化发展模式破解后的必然结果,它是城市发展和繁荣的另一极的负效应。"中国目前都市正方兴未艾的发展,都市文化,也正在方兴未艾的发展。但农村却仍是寂寞荒凉。这便构成现在一般人所谓是中国社会之畸形的发展。"⑥在历史演变进程中,"农业随着社会经济演进而自动或被动的运动,其运动略有一定法则。随着生产力的发达,农业渐将工业从它的内部育成分离出来,造成都市的繁荣与农村对立,社会之历史的动力由农村向都市移动积蓄,幼稚的工业原来是农业的隶属,后来农业

①提撕:《河北省农村治安之现状及其改进》,《众志月刊》1934 年版第 2 卷第 2 期。

②傅葆琛:《为什么要办乡村平民教育?》,陈侠、傅启群编:《傅葆琛教育论著选》,第 2、25 页。

③金轮海编著:《农村复兴与乡教运动》,商务印书馆 1934 年版,第 35、34 页。

④《中国政治无办法——国家权力建立不起》,《梁漱溟全集》第 2 卷,山东人民出版社 2005 年版,第 213 页。

⑤李景汉:《中国农村问题》,第 125 页。

⑥周谷城:《中国社会之变化》,第 85 页。

反成了它的附属了，在这隶属关系下，农业不断的被其剥削而没落”①。因此，“中国都市正在发展之时，农村不独荒凉寂寞，且进一步大大的崩溃起来了……到国际资本主义入侵以后，中国境内的产业界起了变化，一方面国际资本主义的势力充满了全国，另一方面，新式的工商业渐渐发展起来了。农村于此，便从荒凉寂寞的状态下，开始加速度地崩溃起来”。由此，“城乡两区，一个迈进，一个落后，形成一种畸形的现象”②。然而，在中国传统时代，社会文化是城乡一体化的，“所有文化，多半是从乡村而来的，又为乡村而设，法制、礼俗、工商业莫不如是”③。城市和乡村的建筑物及日常生活其他方面差别极小④，甚至连印刷业都是城乡一体化的⑤。正如美国汉学家费正清所言，中国直到近代，“上流社会人士仍力图维持一个接近自然状态的农村基础。在乡村，小传统并没使价值观和城市上流社会的大传统产生明显分离”⑥。城乡文化一体，人才始终不脱离草根，所谓“绅出为官，官退为绅”⑦，既形象又典型地概括了传统中国城乡社会文化一体化模式的特征。

然而，在现代化面向的制度变迁进程中，城市教育渐次发达，乡村教育则望尘莫及。随着以城市为重心的“新学”建构，整个中国的教育布局发生了显著的变化，京师大学堂、高等学堂、专门学堂、实业学堂、师范学堂等全部集中在京城、省城或其他重要的城市，中学堂基本上都设在各府、厅、直隶州的所在地，连小学堂也多设在州县所

---

①蓝梦九：《农村复兴之路》，《中国建设》1933年第8卷第5期。

②傅葆琛：《乡建运动总检讨》，陈侠、傅启群编：《傅葆琛教育论著选》，第86页。

③《乡村建设理论》，《梁漱溟全集》第2卷，第150页。

④[美]吉尔伯特·罗兹曼主编、沈宗美译：《中国的现代化》，第660页。

⑤张鸣：《乡土心路八十年》，上海三联书店1997年版，第220页。

⑥[美]费正清编、费维恺编，杨品泉等译：《剑桥中华民国史（1912—1949年）》上卷，中国社会科学出版社1993年版，第33页。

⑦《江苏学务总会文牍》，第84页，转引自王先明：《近代绅士——一个封建阶层的历史命运》，第157页。

在地。乡村学校仅占全国学校总数的10%①,即使是服务于乡村社会的农业学校也有将近80%设在城区②。以1931年度为例,全国专科以上学校共103所,其中上海22所、北平15所、广东8所,仅这3座城市的高等学校就占到了总数的44%。全国大学和独立学院共75所,也绝大部分建于大城市,其中北平12所、上海16所、广州6所、天津5所,占到总数的一半以上③。以学生数计,北平、南京、上海、广州、杭州、武昌等6个城市共有大学生27506人,约占总数4/5以上。大学教育集中于少数大都市的现象,实属可惊④。清末民初中国约有乡村10万,村落100万⑤。以此计算,1922年全国中小学校共178847所,平均每6村才有1所学校;1931年全国中小学校共262889所,平均每4村才有1所学校⑥。以河北省为例,至1928年仍有约1/4的乡村尚未设小学,有些县份甚至高达70%以上。由此,造成乡村城乡人才的逆转性流动,"农村中比较有志力的分子不断的向城市跑,外县的向省会跑,外省的向首都与通商大埠跑"⑦,"而且这种流动越来越变成是单程的迁移"⑧。由此,渐为新式教育中心、财富聚集地、工商业重心,当然也是政治中心的近代都市对乡村逐渐形成了绝对的优势,中国传统时代的城乡社会文化一体化模

①陶行知:《师范教育之新趋势》,华中师范学院教育科学研究所主编:《陶行知全集》第1卷,湖南教育出版社1986年版,第167页。

②[美]吉尔伯特·罗兹曼主编、沈宗美译:《中国的现代化》,第551—563页。

③据[日]多贺秋五郎:《近代中国教育史料》,台北文海出版社1976年版,第770—777页表统计。

④国际联盟教育考察团:《国际联盟教育考察团报告书》,沈云龙主编:《近代中国史料丛刊三编》第11辑,台北文海出版社1974年版,第160—161页。

⑤世界著名农业经济学家白德菲博士Dr. L. Butterfield曾于1921年莅华调查所得,中国当时至少有乡村10万,村落100万。

⑥《第二次中国教育年鉴统计》:1922年全国国民学校及小学较177751所,中等学校1096所;1931年,全国国民学校及小学校259863所,中等学校3026所。

⑦潘光旦:《说乡土教育》,潘乃谷、潘乃和编:《潘光旦文集》,光明日报出版社1999年版,第371—378页。

⑧[美]孔飞力著、谢亮生等译:《中华帝国晚期的叛乱及其敌人》,第238页。

式已然瓦解。“一般教育家，只知有城市教育，而不知有乡村教育。”①近代以来的城乡背离化发展的历史累积，成为乡村危机的深层致因。对于近代中国乡村而言，其造成的直接后果十分显然：

首先，“至于产业的发展，当然也是使农村加速度崩溃的。农村中的现金由土豪地主直接送到都市上的工厂里或银行里，由官僚军阀搜括起来，间接送到都市上的工厂里或银行里，使农村中空无所有；这是使农村崩溃之一法。再者都市上工厂一天一天的增设起来了，农民渐渐由农村向都市上跑。久而久之，农村人口减少；这是使农村崩溃的又一法”。而且“农村中的人口，虽有许多跑到城市上的工厂里来了，但农村中所呈露的破坏之象，不在生产的人口减少，而在不生产的人口加多。这是中国的怪现象……中国的工厂发达，不独不能消纳农村中的剩余人口，反而使正在从事农作的人变成剩余的人”。近代以来中国“最难解决者，几乎就是农村剩余人口无法安插之一点”②。

乡村富户及其资金单向性地流入城市，“农村衰落所表现的结果，其最显著为内地现银为流出，农民或以田亩荒芜，或以农产落价，致收入减少，而其实用必需未能尽捐，仍须求之于市。乡间富户，或以匪患迁徙城市，或以农产失败，不再投资田亩，乡间储蓄，逐渐向城市推移。结果农村于市镇，市镇对于都市，都市对于通商大埠，均立于入超地位，现金纷纷集中”。遂造成持续地“金融集中都市，间接就可以看出乡村金融枯竭的状态”。由此，“农村经济的枯竭，已到了极点”③。不唯如此，“军阀于此恰恰看明白了这个趋势，相率由农村向都市上进展……近几十年来，农村虽一天一天的穷促，都市却总是一天一天的富裕……此所以现在的军阀都要夺取都市，甚至要争得海口也”。“正在崩溃的农村，拿田赋及剩余人口给军阀；正在发展的都市，拿税收及借款给军阀。军阀乃在这都市发展、农村崩溃的过程

---

①傅葆琛：《中国乡村小学课程概论》，陈侠、傅启群编：《傅葆琛教育论著选》，第46页。

②周谷城：《中国社会之变化》，第87—88页。

③余铎：《怎样去改进江西农村》，《农村》1933年第1卷第1期。

中，从容不迫的发生、成长、兴盛”①。

其次，维系乡村社会文化的内在力量与规范发生动摇。如时人所谓，“中国向来的封建社会好不好是另一问题，但社会上有一种潜势力存在，社会秩序赖以维持，而不容易发生动摇。这就是敬老尊贤的风气。乡村中年岁最高的人，可以做绅士，一乡中的是非曲直，由他来判断，他可以指挥一切，大家要服从他的命令。除了年纪最高这个条件外，若是有功名的，也可以当绅士，也一样有做一地方领袖的权”。在近代以来的制度变迁进程中，“要废除这个制度，须得有一个比较好的新制度来代替它才行，但是我们不曾有这种制度的发生”，“旧的制度固然发生动摇，而因新的制度没有产生，社会就发生不安现象，现在事实告诉我们，新的豪绅代替了旧豪绅的结果，新豪绅既不是相当有功名的贤者，也不是富有经验的长者，不能取得大家的信仰，弄得社会上失了重心，所谓未见其利，先见其害”②。

再次，社会不平等在城乡之间体现得十分严重，且呈持续发展之势。傅葆琛深有感触地提道，“有一天我偶然与一位外国朋友闲谈。他说：‘中国社会的不安宁，是由于三个不平等的现象：一个是有钱的人处处占便宜，没钱的人处处吃苦头；一个是城市的人处处得利，乡村的人处处倒霉；一个是男子处处在先，妇女处处落后。’”③因城与乡而判然区分的“三个不平等”，实乃近代以来才逐步形成的社会问题，其时代特性十分显然。“城乡的畸形发展，与乎文化水准之不平衡，影响整个国家社会的进步。从均等机会、平等享受的原则上，以及民主政治的立场上来看，这种现象是不应当存在的。乡村生活必须改良，乡村社会必须改造，是各方面公认为调整此种畸形现象唯一的途径。”④

从近代历史进程看，乡村危机实际上并不是乡村本身的危机，它

①周谷城：《中国社会之变化》，第 89—90 页。

②郑彦棻主编：《乡村服务实验区报告书(1)》，中山大学 1936 年版，第 10 页。

③傅葆琛：《我国乡村妇女生活的实况与我们的责任》，陈侠、傅启群编：《傅葆琛教育论著选》，第 197 页。

④傅葆琛：《乡建运动总检讨》，陈侠、傅启群编：《傅葆琛教育论著选》，第 402 页。

是近代以来城乡背离化发展态势下所造成的乡村社会、经济、文化全面衰退危机。“都市的发展，其反面就是农村的崩溃。使农村加速崩溃的种种事实，同时就是使都市发展的事实”。总而言之，“中国近几十年都市发展的事实，恰恰是破坏农村的。农村加速度的崩溃，便促成了都市的发展……过去几十年的事实却是如此的”①。因此，脱离开对近代工业化、城市化和现代化进程中的城乡背离化演进矛盾的揭示，根本不可能触及近代乡村危机的历史本相。

三　城乡背离化演进态势

发生于 1930 年代的乡村危机具有其独特的时代特征，其发展危机的特性十分突出。它是伴随着工业化、城市化与现代化进程而导致的传统城乡一体化发展模式瓦解后，乡村社会走向边缘化、贫困化和失序化的一个历史过程。“都市的畸形发展，北部若天津，中部若上海，南方如广州，中部如汉口等吸引农村的壮丁，集中于都市，以致农村缺乏人才”②。所谓发展危机，既表现为城乡背离化发展中的危机，即“农村破坏，都市发展，两者背道而驰，这是现代中国社会变化的方式”③。更表现为“现代化发展”进程中的乡村社会衰退。所谓“由于产业革命、工商业的发达，都市的发展”④的必然趋势，表明它属于现代化发展进程的伴生物。“华北繁荣，素集中于平津，乃年来政治中心移向各该地居民纷纷移南迁……故各物跌价，成一普遍现象。”⑤这种发展危机的面相复杂多样，且充满矛盾与冲突，本文难以悉举，仅就管见所及，也可略见其概要特征。

其一，近代以来以工业化、城市化和现代化为导向的历史发展，基本上以牺牲乡村为前提。“在近代史上，新工业和新都市的勃兴，

---

①周谷城：《中国社会之变化》，第 181 页。

②金轮海编著：《农村复兴与乡教运动》，第 48 页。

③周谷城：《中国社会之变化》，第 314 页

④周谷城：《中国社会之变化》，第 163 页。

⑤实业部中国经济年鉴编纂委员会编纂：《中国经济年鉴续编》，商务印书馆 1935 年版，第 4 页。

没有一个地方不是以农村劳动力被牺牲为代价。”①在某种程度上乡村危机的导因及其后果基本可视发展的进度与速率而定，“这种发展受其自身所具各种特性的规定，会使农民大众所受的剥削越发加强，都市与乡村间的矛盾越发深刻”②。在“大都市作了病态的繁荣”的另一极则是“农村相继破产”，“结果都市日愈繁荣，农村日益衰落”③。以至于“都市的繁华正成了农村破产表现的新姿态”④。如广西与浙江，近年来“公路、航空建设，突飞猛进，其于农民生活到底有何好处，还是疑问。广西某厅长对于公路建筑强买民田，早有‘害民’之评”。而1934年浙江诸暨江东坂容筑飞机场，“将全坂精华田地”，“概行圈定，禁止农作……顿时充公”，“从此三千住户，尽告破产，奔走呼号，嚎啕大哭”⑤。难怪人们会产生深重的忧虑：“以农业国家而有此种现象，农村安得不趋于崩溃之境！”⑥

这个“使都市繁荣起来了”的事实，“同时把农村中的资本及农民吸收到都市上来，便是直接破坏农村；又如银行资本，近年来也渐渐成型了。向来农村中流通的现金，渐渐转入银行，再由银行转入工商界。工商界因此增加了活泼的气象，农村却因此增加了枯窘的气象。总而言之，中国近几十年都市发展的事实，恰恰是破坏农村的。农村加速度的崩溃，便促成了都市的发展”⑦。作为乡村危机一个主要征象的乡村金融枯竭，其实并不是金融本身的危机，而恰恰是伴随着现代金融业的发展而出现的现象。比如，“1928年添设的银行12家，1929年6家，1930年11家，1931年11家”，其发展程度即“都市金

①钱俊瑞：《〈中国农村〉发刊辞》，陈翰笙、薛暮桥、冯和法合编：《解放前的中国农村》第2辑。

②钱俊瑞：《目前农业恐慌中的中国农民生活》，陈翰笙、薛暮桥、冯和法合编：《解放前的中国农村》第2辑。

③蓝梦九：《农村复兴之路》，《中国建设》1933年第8卷第5期。

④周谷城：《中国社会之变化》，第181页。

⑤《华年周刊》第3卷48期，转引自钱俊瑞：《目前农业恐慌中的中国农民生活》，陈翰笙、薛暮桥、冯和法合编：《解放前的中国农村》第2辑，第205页。

⑥王枕心：《目前中国农村的危机及救济的意见》，《农村》1933年第1卷第1期。

⑦周谷城：《中国社会之变化》，第181页。

融的膨胀不仅可由银行业务的发达与盈利的增加上看出来，我们还可以由上海地价的腾涨上观察出来”。1926—1930年，“五年内上海地产价值的增加，为二十万万两，一九三〇年一年所增，占其半数”。尤其在九一八事变后，在中国农村加速其崩溃的过程中，“乡村中凡稍有资产的人家无不移住于大都市……形成了都市金融过剩与农村金融偏枯的畸形发展”，此一趋向“足以证明都市的膨胀是由于农村破产的深刻化”①，“过去几十年的事实却是如此的”②。这是近代以来历史演变的一个基本趋势。

其次，发展危机——这种集中在乡村的区位性危机，同样也体现在社会结构或社会分层变动方面，并扰动了城乡之间人口的变动，“农民莫不纷纷离村，徙居都市，富者仍然享其舒适的生活，贫者改为工厂工人，农村组织因之破坏，国家基础逐渐动摇”。“今日农村破产，日益剧烈”③，另一面却是“工商业的发达，都市的发展”④。与此相应，社会分层结构的变化也很显然，“一方面发现旧地主的崩坏，另一方面产生了新起的地主。这些新起的地主，不是有雄厚政治背景的军人和官吏，便是和都市资本发生密切关系的商人”⑤。因此，农民所遭受的剥削固然与地主直接相关，但整体上却更突出地体现为城乡区位性差异，即体现在城市(或具有城市背景)的商业资本或高利贷资本的强势压迫上。“农村副业的衰落，简直可置小农于死地……随着农村中商业资本与高利贷资本的侵入，一切农产物都卷入商品的旋涡，农民更逐渐趋于贫乏之

---

①千家驹:《救济农村偏枯与都市膨胀问题》，陈翰笙、薛暮桥、冯和法合编:《解放前的中国农村》第2辑，第407、409页。

②周谷城:《中国社会之变化》，第181页。

③董汝舟:《中国农民离村问题之检讨》，钱亦石等:《中国农村问题》，第69页。

④张岂文:《中国农村经济的没落与挽救方法》，《农村》1934年第1卷第3期。

⑤钱俊瑞:《中国现阶段底土地问题》，陈翰笙、薛暮桥、冯和法合编:《解放前的中国农村》第2辑，第196页。

途”①。由此，时人甚至认为：“农民的……在现阶段中的敌人，便是工业家和商人。”因为在时代的大趋势下，“在多数的国家里，工业经济都是对于农业经济成了压迫的状态”②。近代中国的小农“不但受尽价格低落的剥削，而且也可以说，几乎完全不是自主，而是全为商业资本家所掠夺”。“‘当其有者’，半价而卖，自必要更加亏折，而走上破产之路。”③

其三，由工业化、城市化发展形成的城乡剪刀差，也是推助乡村危机的直接因素。“工业品价格的上涨，一般说来，总是比农产品涨得快……因此形成了二者之间的‘剪刀差’。”近代以来伴随着现代化进程的推进，乡村整体上“在物价高涨的现状下，依旧是都市经济的牺牲者”。面对持续的物价高涨，“农民唯一自卫的办法便是自动地减少他们的购买力……如果农民固执他们原来的消费量，那么他们一定会破产的”。1939—1940 年在重庆，“农产品涨一倍，工业品却要涨二倍至三倍。同样的情形亦发现于成都”。商人“运用充裕的资金，丰富的商业技术，以及对市场消息灵通等有利条件，大量吸收农产品，囤积居奇，待价而沽”④。就此而言，这一趋向所蕴含着的必然性具有更普遍的世界意义，而并非近代中国历史的结果。当时西方世界也陷入农业危机的困境，“自 1932 年至 1933 年，不景气虽已进抵第四年，然农业仍处于困难之顶端，未尝稍有起色。世界上之农民问题已集中于根本上之价格问题”。“主要农产物之价格于 1932 年中，均作连续之降落”⑤。如下表所示：

---

①冯和法：《中国的农业经营》，陈翰笙、薛暮桥、冯和法合编：《解放前的中国农村》第 2 辑，第 563 页。

②茹春浦编著：《中国乡村问题之分析与解决方案》上编，震东书局 1934 年版，第 128 页。

③冯和法：《中国农民的农产贸易》，陈翰笙、薛暮桥、冯和法合编：《解放前的中国农村》第 2 辑，第 574 页。

④张锡昌：《物价高涨下农村经济是否繁荣》，陈翰笙、薛暮桥、冯和法合编：《解放前的中国农村》第 2 辑，第 536 页。

⑤日本农林省米谷局编、曹沉思等译：《世界各国之粮食政策》，第 31 页。

表 4-4 加拿大和美国农产价格下跌情况

	物价比较	1926 年	1931 年	1932 年		物价比较	1926 年	1931 年	1932 年
加拿大	农产物	100	56.3	48.3	美国	农产物	100	64.8	48.2
	日用品	100	80.0	78.8		工业产品	100	73.0	68.4
	一般批发物价	100	72.1	75.7		一般批发物价	100	71.1	64.9

资料来源：据日本农林省米谷局编、曹沉思等译：《世界各国之粮食政策》，第 33 页表制。

“故农产物价格问题之重心，实为工业生产品价格变动与农产物价格变动之间有不均衡之存在一事……农民之所以陷于空前悲境，其故在此。”设若“工业亦与农业上之情形相同，工场之制品一如食料品及各种原料，亦同时降低价格；则农民之购买力及经济地位，容或不致落至现在之程度”①。

由于近代中国处于半殖民地特殊的历史阶段，这一世界性的危机在西方仅仅表现为农业危机（经济层面），而在中国却表现为更广泛更深重的乡村危机（全面性危机）。而且面临经济危机的困境，西方国家可以通过商品倾销的优势向中国转嫁危机，“在最近三十年内……主要的农产米、小麦、面粉，开始大批运进中国”②，而中国却只能被动地遭受来自国际市场的冲击，以至于在国外农产倾销的冲击下，中国“农产价格的跌落，从一九三一年以后，可说从未间断”③。

四 乡村危机的深层致因

此外，普遍贫困化也是 1930 年代中国乡村危机的时代特征之一。这种城乡背离化发展所导致的乡村危机，与传统社会中以土地或财富集中而形成的两极分化特征全然不同，整体上呈现出独特的普遍贫困化的演变态势。据北京农商部调查，1914—1918 年间业农

①日本农林省米谷局编、曹沉思等译：《世界各国之粮食政策》，第 32 页。

②陈翰笙：《三十年来的中国》，陈翰笙、薛暮桥、冯和法合编：《解放前的中国农村》第 2 辑，第 129 页。

③钱俊瑞：《中国现阶段底土地问题》，陈翰笙、薛暮桥、冯和法合编：《解放前的中国农村》第 2 辑，第 201 页。

户数减少 1564 万余户，平均每年减少 400 万户；耕地减少 26387 万余亩，荒地增加 49073 万余亩①。显然，阶级分化（即以土地或财富集中为导向的演变趋势），并不能在农户减少、耕地减少与荒地增加诸事实之间建构起有效合理的解释；“在一个耕地严重不足的国家，居然出现了‘欲放弃土地者多，欲投资于土地者少’、‘土地供给的增多与需要的减少’这样可悲的局面，表明当时的农业危机已经严重”②。《河北临城县农村概况》记述了 1934 年的境况：“耕田之分配，在临城并无极度悬殊之情形，故无地主之形成……所分别者，惟大农小农耳!”乡村危机并不是源于两极分化的土地集中，因此时土地变化竟然趋向于“虽田贱若赠，尚无人过问”③。许仕廉的研究也说明，1926 年间，中国家庭（五口）平均每年最低限度的生活费约为 125—150 元，依此为标准，中国穷困者占到 30.7%；另一项统计则“推测中国穷民总数（极贫、次贫均在内），当占人口百分之五十，质言之，中国有一半人口每年收入在最低生活程度之下”④。朱其华关于 1930 年代人口经济状况的统计表明，当时处于贫穷线以下的人口竟占到 93.7%（其中还包括城市人口，笔者），“全国各省都是在总崩溃的命运中挣扎，已没有一个省分能稍微轻松一点了（甚至对于各省而言，已经消灭了这种轻重的分界）”⑤。无疑，这显示了 1930 年代前后中国农村极为严重的普遍贫困化的图景，而非一般意义上的两极分化。

1935 年，阎锡山在给国民政府的呈文中亦称：“年来山西农村经济整个破产……以至十村九困，十家九穷。”⑥乡绅刘大鹏在其日记中也记述了 1930 年代之际山西晋中乡村衰败的景况：昔年“该庄富

①人民出版社编：《第一次国内革命战争时期的农民运动资料》，第 11 页。

②王方中：《本世纪 30 年代（抗战前）农村地价下跌问题初探》，《近代史研究》1993 年第 3 期。

③薛邨人：《河北临城县农村概况》，千家驹编：《中国农村经济论文集》，第 496、497 页。

④许仕廉：《国内几个社会问题讨论》，北京书局 1929 年版，第 64、69 页。

⑤朱其华：《中国农村经济的透视》，中国研究书店 1936 年版，第 3—4、54 页。

⑥山西省史志研究院编：《山西通史》第 7 卷，第 238 页。

户甚多，通共二千户，高楼大厦金碧辉煌……迄今里满庄大败，现在仅有百来户，率多贫困，拆卖楼阁亭台而度日者十之八九，无一富户”①，“家家户户无一不叹，无一不穷也”②。“‘农家破产’四字是现在之新名词，谓农家颓败不得保守其产也。当此之时，民穷财尽达于极点，农业不振，生路将绝。”特别值得体味得是，刘氏叹息道：“即欲破产而无人购产，农困可谓甚矣。”③“无人购产”现象表明，这并不是两极分化所展现的财富转移的集中，而是整体意义上的败落。整体败落的普遍贫困化与两极分化显然是完全不同的演进趋势④。

但这并不意味着 1930 年代的中国乡村没有传统时代基于人地矛盾和阶级分化的生存危机。事实上，时人也从不同角度对此有所体认：“历史上的政治革命，都含有多少社会背景，而且可以说，大多数是以农村经济破产为背景。”⑤传统时代农民生存危机的频发与中国历史周期性动荡的内在关联，构成中国传统社会的结构性问题，从某种意义上说，它是一个“自古已然，于今更烈”⑥的问题，并不是近代的产物，也不具有近代意义上的时代特征。而 1930 年代的乡村危机却全然不同，它是生存危机与发展危机并存与共构的整体性危机，甚至在特定条件下形成了“‘发展危机’转嫁并日渐加重了乡村民众的生存危机，由此造成乡村社会层出不穷且愈演愈烈的民变”。面对这种极富时代性的乡村危机，各种求解之道的探索亦超越了传统思维模式而发生着时代性转向⑦。

这种生存危机与发展危机的交织与同构，使 20 世纪 30 年代中国乡村危机之发生及影响，持久而深远。后人忆及时有触目惊心之痛：“中国农村经济崩溃，已了然在目。自农民以观之，则自耕农日趋

---

①刘大鹏遗著、乔志强标注：《退想斋日记》，第 491 页。

②刘大鹏遗著、乔志强标注：《退想斋日记》，第 286 页。

③刘大鹏遗著、乔志强标注：《退想斋日记》，第 477 页。

④王先明：《二十世纪前期的山西乡村雇工》，《历史研究》2006 年第 5 期。

⑤朱偰：《田赋附加税之繁重与农村经济之没落》，《东方杂志》1933 年第 30 卷第 22 期。

⑥周谷城：《中国社会之变化》，第 224 页。

⑦王先明：《20 世纪前期乡村社会冲突的演变及其对策》，《华中师范大学学报（人文社会科学版）》2012 年第 4 期。

减少而佃农日多，且农民离村更与日具剧。论耕地，则以水旱兵燹鸦片种植等灾害，荒地面积，年有增进……且年来农产价格跌落，市场缩小，更促农村经济之崩溃……是以农村经济之崩溃，已呈不可终日之势。此则关系于全国之政治、经济、社会种种之整个问题，非独农民有切肤之痛也。"①故求其之所以然者，成为学界或社会各界当然之责任。就当时世界经济危机大背景而言，中国乡村危机显然不是孤立现象，故将其置于世界经济危机趋势或帝国主义侵略的大势中加以解读，诚为势之必然，理之必当。然而，一方面中国的乡村危机并不仅仅是世界经济危机的中国表现；另一方面，这种世界性经济危机之所以更持久更广泛地在乡村集中体现出来（并没有所谓城市危机），固然可从多个角度和层面列举要素以为举证，但这种解释路径却忽略了对于乡村危机内在特性和时代特征的揭示。

因此，透过对各种复杂面相和因素的辨析，可以发现乡村危机之所以发生于 1930 年代，有其历史累积的深层致因：即近代以来的城乡背离化历史进程。因为，乡村危机与工业化、城市化的历史进程存在着历史的相关性。

中国传统社会并不乏社会危机与社会动荡，以及由此导致或引发的政治危机，但却不曾以区位特征集中于乡村社会。"从前现代城乡协调交换的观点看，中国就是一种稳定的样板。城乡之间被一条鸿沟截然划开的问题，并未变得十分明显。"因而，"中国城市没有变成既吸引穷人又吸引富人的磁石……城市只在很少几方面有别于农村"②。但是，1912 年之后"到 20 年代初，中国的民族资产阶级就开足了马力，出身了新一代从事工业生产和采用工资雇佣制的企业家"③。伴随着城市化的推进，"沿海城市现代企业的增长，只是企业更加普遍发展的一个方面，无疑这是最显著的一个方面。从 1912 年

①黄复光：《我国农村经济崩溃之分析》，武汉大学第三届毕业论文 1933 年，第 121—122 页。

②[美]吉尔伯特·罗兹曼主编、沈宗美译：《中国的现代化》，第 209、208 页。

③[美]费正清编、费维恺编，杨品泉等译：《剑桥中华民国史（1912—1949 年）》上卷，第 735 页。

至1920年,中国现代工业的增长率达到13.8%”①。近代工业在工农业总产值中所占比重也大幅变动,“由1920年的4.9%提高到1936年的10.8%”②。正是在“中国民族工商业的‘黄金时代’方才到来”之时,“随着经济繁荣而来的是加速的都市化。城市人口的年增长率,大大超过了人口的总增长率”③。这体现着一种时代性的发展,在19世纪期间,中国城市人口总数以极缓慢的速度增长,其增长率和中国总人口的增长率大体相当,而在1900—1938年间,城市人口的增长显然加快,其增长率几乎是总人口增长率的2倍。尤其“在中国6个最大的城市——上海、北京、天津、广州、南京、汉口”,“在30年代,每年以2%—7%的人口增长率在发展”④。1930年代后期,人口100万—200万的城市增长33%,人口10万—50万的城市增长61%,人口5万—10万的城市增长35%。⑤ 可以说,“1900年后城市工厂和欧洲意义上的无产阶级的兴起,才产生了这样一种运动”,即“农村贫困家庭向核心区移动”⑥。持续了30年之久的这种逆向移动过程,事实上也是乡村危机爆发能量的聚积过程。

然而,这一现代性的发展进程,却导致传统时代城乡一体化进程的逆转,在工业化、城市化和现代化趋向中,中国城乡背离化趋势隐然发生。“这种情况的发展,加深了城市绅商和一直占支配地位的社会名流之间的裂痕;同时,也扩大了城乡之间的鸿沟,迫使农村为城市的各种事业提供资金。以济南为例,维持一支负责卫生、公共交通、法律与秩序以及消防的警察力量所需费用,其来自全省收入的款

①[美]费正清编、费维恺编,杨品泉等译:《剑桥中华民国史(1912—1949年)》上卷,第737页。

②王先明主编:《中国近代史(1840—1949)》,中国人民大学出版社2011年版,第529页。

③[美]费正清编、费维恺编,杨品泉等译:《剑桥中华民国史(1912—1949年)》上卷,第736、740页。

④[美]费正清编、费维恺编,杨品泉等译:《剑桥中华民国史(1912—1949年)》上卷,第36页。

⑤王先明主编:《中国近代史(1840—1949)》,第532页。

⑥[美]彭慕兰著、史建云译:《大分流:欧洲、中国及现代世界经济的发展》,江苏人民出版社2003年版,第234页。

数，与来自都市税收的数额，恰好是相等的”。到1928年末，“现代经济部门又经历了一个新的繁荣时期”①，亦即到1930年代之际，随着近代中国工业化、城市化和现代化发展，城乡背离化趋势的负效应累积，已经十分突出。

城乡背离化发展所造成的深刻矛盾，并不仅仅表现在大都市与乡村之间，甚至在县域中城乡矛盾也极为尖锐，如1930年代山西文水县“城派士绅”与“乡派士绅”分割、冲突和变动的状况②。曾耀荣的研究也表明，1928年闽西发生的永定暴动，“实质上则是近代城乡关系的发展变化所造成的城乡对立的集中体现”，“它的发生预示乡村和农民对近代城市的激烈反抗”③。因此，这种城乡矛盾与冲突可谓无所不在，日形尖锐。

这是从根本上决定农村、农业和农民地位的急剧下滑的时代性致因。“我国古时重士农轻工商，所以农民的地位非常高尚，农民的生活也非常的满意。不过到了近来，工商业一天一天的发达，工商的地位也逐渐提高。从前的工匠，现在变成了工程师和制造家，从前的市侩，现在变成了商业家庭资本家。但是农民呢，他们的生活一天一天的变坏，他们的地位一天一天的降低，被旁的阶级的同胞压迫和讪笑了。”④无疑，引起乡村社会动荡和农业困境直接原因的地方摊派，也是伴随着现代化进程出现而不断加剧，所谓“近数年来，举办新政甚多，需款甚殷”，“地方摊款不须呈报到省，不受法令之限制……而漫无限制”；从而，“地方不肖官吏，横加摊派以自肥”。其各项新政“经费多在人民身上”⑤。以新政为名的各种税费，层层叠加为农民

①［美］费正清编、费维恺编，杨品泉等译：《剑桥中华民国史（1912—1949年）》上卷，第744、809页。

②王先明：《变动时代的乡绅——乡绅与乡村社会结构变迁（1901—1945）》，第363页。

③曾耀荣：《抗争与妥协：近代城乡关系的发展与乡村革命——以一九二八年的永定暴动为例》，《中共党史研究》2011年第11期。

④杨开道：《我国农村生活衰落的原因和解救的方法》，《东方杂志》1927年第24卷第16期。

⑤程树棠：《日趋严重的农村摊款问题》，《东方杂志》1935年第32卷第24期。

的负担并从根本上危及农民的生存状况。

再则，晚清以来直到民国时期，近代民族—国家权威始终处于重新建构的过程之中，国家权威对于乡村社会的利益调整和控制基本处于失位状态。这加重了乡村社会秩序重建的成本，也延缓了消弭乡村危机的过程。南京国民政府形式上完成了国家统一，但“三十年来军务费与债务费平均占岁出总额百分之七十以上；而各省的军费尚未计入”①的事实，表明它并未真正建立起国家权威的社会认同。所以，“现在横在中国社会面前的整个生存问题，比之三十年以前(1901 年，笔者)更是迫切紧张”②。甚至对于农民生存影响至深的附加税问题，国民政府的作为仍“力不从心”。“民国元年，设有附加税不得超过百分之三十的限制，民国十七年十月，国民政府虽曾颁布过八条限制征收田赋附捐的输入法……可是遗憾的很，这个命令不过仍然成为一纸空文而已。甚且变本加厉，几乎每年都要加征一二新科。”③可以说，现代性政府机构的建设与运作，实际上加大了从乡村束聚资源的力度与强度，尤其是南京政府“由于放弃了对创造国民总产值 65%的农业部门的任何财政权力，这样也就放弃了对不公平的土地税制进行彻底改革的任何努力”④。农民负担的加重、农村社会的失序与此在在相关。其结果显然加剧了城乡的两极化进程，“这不是一个矛盾吗？一方面农村是极度的疲敝，另一方面都市却反有它突飞猛进的发展”⑤。正是由于这一历史累积的矛盾，加之世界经济危机的触发以及前述各种因素的推助，遂演成“此所以三十余万农村经济之崩溃有如洪水决堤，几达不可收拾之境”⑥的乡村危机，以

①千家驹:《最近三十年的中国财政》,《东方杂志》1934 年第 31 卷第 1 期。

②许涤新:《农村破产中底农民生计问题》,《东方杂志》1935 年第 32 卷第 1 期。

③徐羽水:《中国田赋之一考察》,《东方杂志》1934 年第 31 卷第 10 期。

④[美]费维恺:《中华民国的经济趋势》,转引自罗荣渠《现代化新论——世界与中国的现代化进程》,第 327 页。

⑤千家驹:《救济农村偏枯与都市膨胀问题》,陈翰笙、薛暮桥、冯和法合编:《解放前的中国农村》第 2 辑,第 408 页。

⑥徐正学:《农村问题——中国农村崩溃原因的研究》,中国农村复兴研究会 1934 年版,“序”第 2 页。

至于“农村组织,因之破坏,国家基础逐渐动摇”①。近代中国乡村危机的形成及其演进,诚然是多种因素聚合的历史结果。然而,各种要素或触因的辐辏显然不是偶然的“巧合”,它是近代城乡背离化发展进程演进态势的必然所趋。“历史的变动是十分可以惊人的……只有历史告诉我们真理,只有历史增加我们的自信,只有历史指出横在我们前面一条无限光明的大道!”②

(原载《近代史研究》2013 年第 3 期)

①董汝舟:《中国农民离村问题之检讨》,钱亦石等:《中国农村问题》,第 69 页。

②钱亦石:《现代中国经济的检讨》,陈翰笙、薛暮桥、冯和法合编:《解放前的中国农村》第 1 辑,展望出版社 1985 年,第 533 页。

“非农化”趋向与乡村危机的另一面相

——基于《退想斋日记》(稿本)的一个学术思考

1930年代的乡村危机,学界已从多个角度探讨并提出了多种解释①。这些解释对于我们认识和理解近代中国乡村历史演变(乃至于对整个中国近现代社会发展)都不无启示。但是,随着历史认识的深化,尤其是新的史料或史实的不断出现,既有的认知亦面临着进一步的学术追问。在对“宏大叙事”深刻反省和另辟新路的追求中,个案研究和精细化叙事的选择成为一时之盛②。基于此,晋省乡绅刘大鹏的《退想斋日记》成为学界高度关注并借以透析乡村社会生活情状的重要史料③。但是,无论是注目于《退想斋日记》(以下称《日记》)本身的解读还是聚焦于

---

①关于近代中国乡村危机的学术研究梳理,见本书第四章第二篇内容。

②沈艾娣将自己的研究认作是“一种微观史的范例:对一个相对不为人所知的个体生命进行细致的研究,旨在展现普通人的生活经历和思想世界”。见[英]沈艾娣著、赵妍杰译:《梦醒子:一位华北村庄士绅的生平(1857—1942)》,北京大学出版社2013年版,“中文版序”第2页。

③最典型的成果是沈艾娣的《梦醒子:一位华北乡居者的生平(1857—1942)》一书。相关研究还有罗志田:《科举制的废除与四民社会的解体:一个内地乡绅眼中的近代社会变迁》,《清华学报》(新竹)1994年第4期;《近代中国的两个世界——一个内地乡绅眼中的世事变迁》,《读书》1996年第10期;《科举制度的废除在乡村中的社会后果》,《中国社会科学》2006年第1期。王日根、张霞:《科举社会的消逝与士子的境遇——读沈艾娣〈梦醒子〉》,《教育与考试》2012年第1期。

乡村历史的透析，对于《日记》中相关的“非农化”经营趋向与乡村危机的记述却未予关注。而这一问题，笔者认为却是值得深入探讨和解析的重要学术论题。

一 民困不堪言

“民国成立以来，中国的政治、经济、社会、教育各方面，都变了一团糟糕。一般忧国之士，莫不举首蹙额的喊着：‘中国的危机到了！’……中国的危机，决不是因为民族的精神不振，也不是因为国民缺乏礼义廉耻种种的美德，而是因为农村经济的基础，已逐渐动摇，且有濒于破产的趋势。历史上的政治革命，都含有多少社会背景，而且可以说，大多数是以农村经济破产为背景。”①在这一“农村总崩溃”大势中，《日记》具体而精微地描述了自己居处的乡村情状：

其一，进入 1930 年代以后，乡人家皆坐困，“物价腾贵已极绝点”，“人民之生活程度日益高昂，而世局之危险日益甚，民何不幸而值此时耶！”②危机持续发作，一直到 1933 年之际竟至于“民穷财尽达于极点，农业不振，生路将绝”③。

其二，非农经营者，即造作草纸的家户在这一危机中的景况更为突出。“里人之生活全赖造作草纸，今冬金融紧急，以致草纸销路不畅，价渐减低，不足工本之资，每日工作难供生活之费，抑亦苦矣”④。

其三，作为农村总崩溃的危机造成了普遍性贫穷，农家破产趋势愈演愈烈。“‘农家破产’四个字是现在之新名词，谓农家颓败不得守其产也。当此之时，民穷财尽达于极点，农业不振，生路将绝，即欲破产而无人购产，农困可谓甚矣”⑤。

《日记》重点记述造作草纸农户生活的困境，但生存危机显然并

---

①董汝舟：《中国农村经济的破产》，《东方杂志》1932 年第 29 卷第 7 期。

②刘大鹏：《退想斋日记》（稿本），民国十九年十一月二十六日。

③刘大鹏：《退想斋日记》（稿本），民国二十一年（1932）十二月初十日。

④刘大鹏：《退想斋日记》（稿本），民国二十一年十二月初十日。

⑤刘大鹏：《退想斋日记》（稿本），民国二十二年（1933）七月二十九日。

不仅仅及于此,“今秋农皆受困,而造纸亦困”①。作为乡绅的刘大鹏自家生活也不免竭蹶,“家已贫穷,将有绝粮之患,欲购无钱,欲赊无处,市面概不周行,邻里亦皆窘困,世局业已动摇,摊派层出不穷,官吏佥不恤民,人民均没生路”②。一直到秋间收获之季,他家仍然生活难以为继,“家中穷困无钱完粮,安仁都之甲户头今日到门来催。上年之粮未完,又催今年之粮”③。刘家尚且如此,普通民户可想而知。

刘大鹏的生活和交往圈不大,基本上局隅于太原周边及晋中一带,所能体察和感知到的乡村危机情状自然有限,可谓是乡村危机的“晋中征象”。但其《日记》所记的点滴情景却真切而鲜活,由此呈现的乡村危机的地域特征当然也很独特。

一是危机持续发展,而且与政局动荡、村政败坏诸因素相互叠加,加重着乡村民众生存危机。“粮价大涨,民食维艰,大现民穷财尽之气象。市面周行全是纸币,并不见一现钱。商家坐困,生意艰难。”④促成村民生存危机的原因甚多,在刘大鹏看来地方政治不良当为主要因素:“吾邑县长屠孝鸿莅任四月有半,无一善政以及于民,吾邑秋获半成者多,三二厘者亦不少,幸未大歉。然民穷财尽之象竟现眼前,商市一切周行,全赖纸币,而商家所出之纸币禁止周行。”“官夺民利,古人所禁。今者民间之利竟为官厅所夺,民于是益穷,财于是益尽。”这种官商共谋掠夺小民生存之利的恶政,《日记》中极尽痛诋之辞。此外,由官商勾结而形成金融风潮(银贵币贱),是加重村民生存危机的又一致因。“不见一元大洋,仅凭纸币以交易,一旦起风潮,纸币失信用,则为害非浅矣。此为眼前之一大患,人人皆能虑及也。百物腾贵异常,人民生活程度困难,端由于无一现洋,尽行纸币之故耳。”⑤所谓“银钱紧急,市面大形涩滞,粮价因之又涨,穷困小民

①刘大鹏:《退想斋日记》(稿本),民国二十一年十一月二十一日。

②刘大鹏:《退想斋日记》(稿本),民国二十五年正月二十二日。

③刘大鹏:《退想斋日记》(稿本),民国二十五年七月二十二日。

④刘大鹏:《退想斋日记》(稿本),民国十七年(1928)十月初一日。

⑤刘大鹏遗著、乔志强标注:《退想斋日记》(稿本),民国十八年(1929)十月初一日。

俨有不能卒此寒岁之虞，故劫路之案，明火之案，数见不鲜，岌岌不可终日”①。除此官商勾结之要因外，“烟毒盛行”也为因素之一。“则有泡泡、料料等毒，盛行于斯时，无论男女老少者莫不嗜好，而沾染其毒者十分之三四矣。此为人民之大害，抑也为人民之劫数也。”②数因相结，多害相连，遂成此危机之局：“吾邑之害纷如，非但官吏肆虐，扰民不安，抑且有媚官殃民之绅士，借公营私之乡长，加之地痞、流氓，借仗官势，扰累闾阎。”③

二是危机影响广及于村民全体，不论贫富，盖无幸免。乡村危机的持久延展，累及万千农家，不仅仅贫贱小农深陷绝望之境，所谓绅富之家也竟穷困无措。《日记》多处记述作为县绅的自家生活境况：“年关在即，外债来逼，予家贫穷不免受窘，盖由生活程度今岁增高较去不止倍蓰也。”④作为乡绅的刘大鹏，除必要的地方公务(他是较为被动地参与公务)外，还经营土地，甚至又新增加矿业业务，经常入驻柳子北岔煤矿、南岳煤矿。他与韩金成之兄韩实成“共伙开采石门窑煤矿，号德昌庆，予出八八制一千二百缗，韩实成之资本以牛并驼及一切应用之器具，经众估时价，作□制钱六百缗，作此生□，迄今十有六年，虽未大发财源，却年年稍有赢余”⑤。显然，有着多项收入的刘家也仍陷入生活的困顿之中。

不唯如此，甚至许多豪富家族也频频破败。“阳邑镇昔为繁华之村，富户甚多，今则村中无一富户，致气象大为雕零，楼院折毁十分之七八，人物亦大为减色，读书亦寥寥无几也，言之不免凄怆”⑥。曾经富誉三晋的里满庄，于今也是以“拆毁楼院”度日，“将不得为大村落矣，可胜叹哉”⑦。

《日记》所见的乡村危机，并不体现为两极分化的贫富不均之困，而是整体衰败的全面危机，甚至富家绅户的败落更为突出，如 1930

①刘大鹏：《退想斋日记》(稿本)，民国十八年十一月十一日。

②刘大鹏：《退想斋日记》(稿本)，民国十八年十月十二日。

③刘大鹏：《退想斋日记》(稿本)，民国二十二年正月十二日。

④刘大鹏：《退想斋日记》(稿本)，民国十八年十二月十九日。

⑤刘大鹏：《退想斋日记》(稿本)，民国十八年九月初五日。

⑥刘大鹏：《退想斋日记》(稿本)，民国十八年正月十三日。

⑦刘大鹏：《退想斋日记》(稿本)，民国十八年正月二十日。

年10月27日在晋祠镇所见：

> 午后赴晋祠，各商号皆言：商况不振，坐食无生意，将有倒闭之情形……日入西山，各商号即行闭门，观街市之气象极惨、极惫，深恐再有劫案之发生耳。吁！可畏也已。①

“富者皆贫，铺号大减”②，“自光绪年间，富家渐败，迄今贫穷”。《日记》时常描述的乡村败象，更多地集中于富家群体，以至于“上等社会之人亦寥寥无几，可慨也已”③。

三是对乡村危机，政府无有救治措施，乡村破败趋势无力可挽。作为深处表里山河的一介乡绅，刘大鹏更多地拘守着借以安身立命的旧学，面对世变之亟形成了相对抵触的心结。“予藉舌耕为恒业垂二十年，乃因新学之兴，予之恒业即莫能依靠，将有穷困不可支撑之势，遂另图生计，度此乱世”④。对于乱世危机，以及由以造成的民不聊生景况，新政权无有举措。“民国以来，凡为政者无一不是争权夺利，无一不是残民以逞，以故世乱纷纷，年甚一年。无一年之不构衅，无一年之不开战，地方糜烂，生灵涂炭，有心世道之人其不退处山林，度斯乱世，可慨也已！”⑤刘大鹏深感自己生不逢时，家道之衰落和穷困皆由于政权之易变。他之所以“不得已而就煤窑之生涯，故常常入山整理其事”，实为“处于乱世，所学不行，聊藉一业”⑥。

“党国成立，不为民兴利除弊，一任官吏之贪酷而不问，绅士之暴虐而不究，人民之诡诈奸险而不知其非”⑦。进入民国以来，“所行百物之税均加倍蓰，又有婚证税、所得税、割头税勒逼行之。民之憔悴于虐政未有甚于此时也”。百物皆贵，岁岁累加，“政府加税毫无遗漏，蚩蚩小民敢怒而不敢言”⑧。刘大鹏始终认为：“当此之时，世局

①刘大鹏：《退想斋日记》(稿本)，民国二十年九月十七日。
②刘大鹏：《退想斋日记》(稿本)，民国四年(1915)正月二十四日。
③刘大鹏：《退想斋日记》(稿本)，民国六年(1917)闰二月初一日。
④刘大鹏：《退想斋日记》(稿本)，民国三年(1914)正月十一日。
⑤刘大鹏：《退想斋日记》(稿本)，民国十八年五月初九日。
⑥刘大鹏：《退想斋日记》(稿本)，民国三年二月初五日。
⑦刘大鹏：《退想斋日记》(稿本)，民国十八年七月二十六日。
⑧刘大鹏：《退想斋日记》(稿本)，民国四年五月初一日。

纷纭，人民受困已不堪言"的生存危机，主要在于政府之"苛虐之政"，"凡在政界名曰为民兴利除害，实则利未曾兴，害未曾除，而小民被扰已有日不聊生之势矣"①。

面对"民穷财尽达于极点"的乡村危机，地方政权"仍无救济之方法，民已到九死一生之地位，而大小官员毫无忧恤民瘼之意，仍然严征钱粮，需索公款，加增捐税，逼迫村款"②。《日记》中刘大鹏的悲愤痛恨之情更多地聚焦于民国政府与地方政权，"为政者均属奸邪，并无正人君子，以故年年捣乱，无一岁之宁"③。"牛鬼蛇神擅威作福，收得是捐，敛得是钱，为的是柴米油盐，那知地瘠民贫，今日却夸权在手；蝇营狗苟植党聚群开什么会？受什么罪？说什么功名富贵，已经天怒人怨，何日方见雨霖〔淋〕头？"④

二　造纸不耕田

不难判断，《日记》描述的乡村危机不是农业危机，而是广泛波及整个乡村基本生存的问题。业农者固然生活艰蹶不堪，即使作为乡绅的刘家也陷入"家已贫穷，将有绝粮之患"⑤，以致沈艾娣将其归结为"穷人"："20 世纪以降，刘家衰落了。到 20 世纪 30 年代，高粱构成了他的每日三餐，他们也付不起取暖的煤钱。"⑥而非农经营者亦同罹此患，"以致贫困无聊……蒸草之锅全行空出，里人竟成苦伶仃之气象"⑦。

但是相对而言，由《日记》所述可知，"非农"经营者却成为刘大鹏关注的焦点。"里人之生活全赖造作草纸，今冬金融紧急，以致草纸销路不畅，价渐减低，不足工本之资，每日工作难供生活之费，抑亦苦

①刘大鹏：《退想斋日记》（稿本），民国八年（1919）二月初四日。

②刘大鹏：《退想斋日记》（稿本），民国二十四年（1935）十二月初一日。

③刘大鹏：《退想斋日记》（稿本），民国二十一年九月十二日。

④刘大鹏：《退想斋日记》（稿本），民国十八年二月十三日。

⑤刘大鹏：《退想斋日记》（稿本），民国二十五年正月二十二日。

⑥［英］沈艾娣著、赵妍杰译：《梦醒子：一位华北乡居者的人生（1857—1942）》，第 8 页。

⑦刘大鹏：《退想斋日记》（稿本），民国二十二年十二月初八日。

矣"①。据《日记》1930—1934年间所记内容，言及乡村人民生活苦况时，必以此"非农"经营者（即造作草纸者）为重点，如下表：

表4-5　1930—1934年《退想斋日记》关于造纸者生活苦状的记载

年代	日期	《日记》所记内容	页码
1930年	5月20日	里人造作草纸，不能畅销……现在减价出卖，每刀减了四厘	410
	7月31日	召集里人开村民会议，因官令村人将造作草纸之情形列表呈报	413
	10月24日	里人抹晒草墙者七八家……每家有十数人，均邻互相助工	416
1931年	12月18日	里人造作草纸者，十居八九……家皆坐困	436
1932年	1月17日	里人之生活全赖造纸……草纸销路不畅……	437
	12月18日	吾里人资造草纸者十分之八九……而造纸亦困	463
1933年	1月13日	里人莫不言念世穷财困……而天寒地冻又不能造作草纸	466
	9月22日	里人皆以造作草纸为生活……草纸销路已塞，市面周行不通	477
1934年	1月22日	里人以造作草纸为生活，现以世困民穷……蒸草之锅全行空出，里人竟成苦伶仃之气象	480
	9月30日	里人因天阴一日，下雨三日不能造作草纸，家中无食者遂到田盗取玉茭子而食之	486

资料来源：刘大鹏：《退想斋日记》（稿本）。

相比较而言，《日记》中关于商家和农家的记载却是极为有限，如"世困民穷莫胜于今日，商务业已停顿，倒闭之号已多"，农家皆困苦非常，生活之路杜塞难开，"农家莫不受穷，佃田之人皆歉"②等。据此不难判断，刘大鹏所居之乡村已经呈现着"非农化"演进的趋向。

①刘大鹏：《退想斋日记》（稿本），民国二十年十二月初十日。

②刘大鹏：《退想斋日记》（稿本），民国二十二年正月二十三日。

饱受农耕文明养育的刘大鹏对于乡土社会中的“非农化”趋向的抵触心理十分鲜明，将此视为“世风之凌夷，不可言矣”①的痛心之事。尤其是对“非农化”农家的生存景况，他忧心忡忡：“吾乡视农事甚轻，则积粟一事知之者甚少，又安有三年余一、九年余三之家乎？”面对生存危机，他警示地告诫：“务农之家虽不能有余粟，尚可以撑持一年，至如造纸之家，凡食的米面日日量买，家无三日粟，缶没一粒粮。朝食朝买，午食午买，晚食晚买，如此人家一乡总有大半。”②

这种“非农化”趋向并非 20 世纪 30 年代特出的问题，对于刘所居的家乡而言是经历既久，且持续发展的一个历史进程。晚清以来，赤桥村是山西较有名气的晋祠草纸主要生产地之一，在造作草纸的三大村落中（兰村、纸房、赤桥），赤桥居其首③。按日记中反复强调的情况看，一乡之中“非农”经营者（即造作草纸者）占有绝大多数。1932 年 1 月 17 日内容记述：“吾里人民资造作草纸者十分之八九，资务农者十分之一二。”④此内容竟与 13 年前所记情况几乎完全相同：“里人生涯资耕作者十之一，资造草纸者十之九。”⑤岂止如此，早在 1892 年即光绪十八年时，《日记》就记述了“吾乡人众，务农者十之一，造纸者十之九”⑥的现象，亦即该乡十之八九为非农经营的情况，已经是一个长期稳定的结构性态势。“在赤桥多数人家靠造纸为生，根本不耕田，当纸业市场萎缩，谷物价格上扬时，他们受创颇深。”⑦令人深思的是，“无禾稼可望，则朽〔枵〕腹而啼饥者，诚不知其凡几”⑧的所谓“刘大鹏之忧”，并未影响到乡里社会“非农化”趋向的持

①刘大鹏：《退想斋日记》（稿本），光绪十九年（1893）十二月十六日。

②刘大鹏：《退想斋日记》（稿本），光绪十九年十一月初四日。

③应魁：《兰村纸房赤桥三村之草纸调查》，《新农村》1933 年第 3—4 期合刊。

④刘大鹏：《退想斋日记》（稿本），民国二十一年十一月二十一日。

⑤刘大鹏：《退想斋日记》（稿本），民国七年（1918）三月初九日。

⑥刘大鹏：《退想斋日记》（稿本），光绪十八年闰六月二十一日。

⑦[英]沈艾娣著、赵妍杰译：《梦醒子：一位华北乡居者的人生（1857—1942）》，第 26 页。

⑧刘大鹏：《退想斋日记》（稿本），光绪十八年闰六月二十一日。

续变动。

事实上，除灾荒发生的特殊时期，造作草纸的收入相对农家经营而言还是丰足一些。刘大鹏所居赤桥村，按平均计算，“每家年得三百二十元之谱。全村年得二万五千一百一十六元之谱。而其工资成本每家平均六十元，故其绝对利益每家平均二百六十余元，全村共得二万余元”①。大致同一时期，邻村纸房村“长工年给工资只是70—80元”②。作为比较，这一收入平均比乡村教师还要高不少。据《大盂黄寨青龙镇三村访问记》可知，当地教师待遇年薪150—190元；此一工资水平，“按山西的生活，足当四个农人以上的收入，不谓之少”③。整体上看，非农经营者比农业经营者投入少、费时少，却获利要高许多。

乡村社会中的“非农化”趋向虽然规模有限，却绝非孤立的个案现象，而呈现着趋势性的意义。调查资料表明，1930年代的花县，“出外洋营生者在全县四十万人口中，约占20%以上……从外洋汇款回乡……大多购买田地，坐食田租”④。在所调查的22个乡村中，农户只占76.8%，水口乡600户是半农半商的⑤。马若孟根据“满铁”调查资料，也关注到“非农化”趋向问题：“这些论据用来说明农民怎样在农业和非农业工作之间分配劳力，怎样对农业或者非农业活动进行投资，如何使用他们的耕地种植现金作物和自给作物。”⑥他认为，“来自非农业活动的收入对每个没有足够的耕地的家庭收支都有重要意义。总收入中几乎1/4来自非农业工作，这也应该被看作全村从非农业活动中得到的收入水平”。其中，沙井村“自19世纪末

---

①应魁：《兰村纸房赤桥三村之草纸调查》，《新农村》1933年第3—4期合刊。

②陈翰竹：《山西的农田价格》，李文海主编，夏明方、黄兴涛副主编：《民国时期社会调查丛编（二编）乡村社会卷》，第573页。

③起予：《大盂黄寨青龙镇三村访问记》，《新农村》1933年3—4期合刊。

④薛暮桥：《怎样研究中国农村经济》，《中国农村》1934年1卷1期。

⑤江荣：《广东花县农村经济概况》，《中国农村》1935年第1卷4期。

⑥[美]马若孟著、史建云译：《中国农民经济：河北和山东的农业发展(1800—1949)》，第4页。

以来""就越来越依靠非农业收入"①。据计,在 17 户农户收入统计中,非农业收入占比:40%以上有 5 户,20%以上 5 户,20%以下 5 户,只有 2 户无非农业经营,平均收入占 22.5%②。

马若孟研究中的另一个例子是历城县冷水沟村。这里大多数农民有自己的土地,但 3/5 的只有 10 亩或不到 10 亩土地。因此大约"300 户农民需要非农业收入的补充。所以只有 60 户农民有足够的土地生产家庭所需"③。农民通过各种各样的副业工作补充他们的农田收入,如手工作坊、草帽编织等,甚至有一定规模性制作作坊,对机器编制产生警觉④。

李伯重认为,根据 1930 年代和 1940 年代的调查,江南农村中的非农人口,大约占农村人口的 10%⑤。实际上,这种"非农化"现象其实为时既久,早已存在。据史料记载,16 世纪后期已经呈现出这一趋向:"大抵以十分百姓言之,已六七分去农。"所谓"自四五十年来,赋税日增,徭役日重,民命不堪,遂皆迁业。昔日乡官家人亦不甚多,今去农而为乡官家人者,已十倍于前矣。昔日官府之人有限,今去农而蚕食于官府者,五倍于前矣。昔日逐末之人尚少,今去农而改业为工商者,三倍于前矣。昔日原无游手之人,今去农而游手趁食者,又十之二三矣。大抵以十分百姓言之,已六七分去农"⑥。

因此,《退想斋日记》所记述的太原县乡村"非农化"境况,既非特例,亦非偶发之现象,它是内在于中国社会发展态势中长期存在并持

①[美]马若孟著、史建云译:《中国农民经济:河北和山东的农业发展(1800—1949)》,第 58 页。

②[美]马若孟著、史建云译:《中国农民经济:河北和山东的农业发展(1800—1949)》,第 60 页。

③[美]马若孟著、史建云译:《中国农民经济:河北和山东的农业发展(1800—1949)》,第 98 页。

④[美]马若孟著、史建云译:《中国农民经济:河北和山东的农业发展(1800—1949)》,第 100 页。

⑤李伯重:《中国的早期近代经济——1820 年代华亭—娄县地区的 GDP 研究》,中华书局 2010 年版,第 45 页。

⑥何良俊:《四友斋丛说》,第 112 页,转引自李伯重:《中国的早期近代经济——1820 年代华亭—娄县地区的 GDP 研究》,第 45 页。

续演进的一个走向。

三　菁华成邱堆

对于 1930 年代乡村危机的境况,《退想斋日记》着墨较多:"里人莫不言世穷财困……家家典钱,户户支差,而天寒地冻又不能造作草纸度此腊月,抑亦苦矣!"①目睹此民不聊生"有岌岌乎不可终日之势",刘大鹏认为此非太原一县如此,"则全省如斯,而全国亦莫不若此也"。而且"民穷财尽四个字,活现眼前"的乡村危机持续经久,"由十九年冬起,迄今五年矣;日甚一日,世局若此,此大可畏惧"②。时至 1934 年春间,连续数年的困窘,导致"农村破产而产无人购,贫民售物而物不值钱,晋人所以穷困无聊……农家受害不可支持,遂将各商号连累,倒闭者至十之七八,即未倒闭之商号,亦奄奄一息气耳。富家竟成贫家,农户皆成穷户"③。正是在身处危局且又无可救助的情势下,作为太原县域西南一区绅士的刘大鹏竟采取非常之行动,以 78 岁之高龄组织四人代表亲赴五台县要求面见阎锡山,为民请命。

"中国以农业为本,农业盛则国家强盛,农业衰则国家衰弱。现在农皆受困,已经臻极点,而一切官吏非特不恤农民,而反横征厚敛,剥削民财。此等政事,上干天怒,下拂众心,既欲天下国家久安长治能乎否?"作为一介乡绅的刘大鹏始终秉持"农本"立场,关注着 1930 年代中国乡村危机的持久影响。但《日记》中客观记述的内容也提示我们,乡村危机并不仅仅是农业本身的危机,更不能简单地局限于人地矛盾的视角加以考量。尤其是刘大鹏所处地域社会,危机所及更多地集中在非农业户方面。1934 年自新春之始,《日记》中就不断地记述了当地乡村的危机境遇:

> 正月十三日,新年以来,商号皆闹亏累,多不开市。凡为财东者,莫不受其累,则富家亦成为贫家矣,非仅一县为然。闻之各县,亦皆若斯。

---

①刘大鹏:《退想斋日记》(稿本),民国二十一年十二月十八日。

②刘大鹏:《退想斋日记》(稿本),民国二十三年(1934)七月二十四日、二十九日,八月初三日。

③刘大鹏:《退想斋日记》(稿本),民国二十三年十月初一日。

十七日，吾县商号元宵节开市，仅开半数，歇业者大半。晋祠亦然。世局之危险，即此商业颓败一节已可概见。

十八日，晋祠镇之十名保卫团丁，今日已经裁撤，亦因商号无名故也。

二月初一日……今春正月，城镇村庄大小商号倒闭至十之七八，金融为之奇慌。市面周转不通，农家产不能破，贫户物莫能售。凡商号之财东，多被拖累，非特身受贫穷，而且受债权人之攻讦。各县皆然。吾太原一县尤甚。

由其所记述内容可知，这场危机所及更集中于商家：

今年商号多因亏累倒闭者十之七八，商人困在家中，即欲再觅一吃饭之处而不能。商业失败由于农业之大衰，农、商两业为世间紧要之业，此业既失，何以立国？①

至于赤桥村的造作草纸人家，更是“里人瞶瞶，不计自己之生活，只图一时之热闹。今春草纸不能畅销，则于生计大有关系，乃不畏乎窘困，仍然肆意妄行，亦良可哀也”。因为“里人不重稼穑而重造作草纸，为阖村之生计，故耕作之田无多”。乡村危机之困首当其冲的亦为非农经营的造作草纸人家。是故乡村危机并不局限于农家或农业层面，而是“商家倒闭者十之八九，农户十室九空”②。造作草纸的“赤桥村民，困苦尤甚”③的记述，则从一个侧面体现着乡村危机是远远超越了农业业态特质的危机。

1930 年代之际，《日记》多处记述了乡村社会“农皆受困，已经臻于极点”的情状，但其日趋衰败的走势却由来已久。历时半个多世纪的《退想斋日记》内容给予我们的提示是，对于乡村危机的认识应该有一个长程性审视，不可简单地局限于 1930 年代。《日记》相对集中而不间断地记述了太谷县里满庄由富丽堂皇而衰败不堪的境况，此足可为我们提供一分析样本。

早在 1894 年五月中旬，刘大鹏携其子到太谷“敬省父亲大人”时

①刘大鹏：《退想斋日记》（稿本），民国二十三年四月十一日。

②刘大鹏：《退想斋日记》（稿本），民国二十三年十月初十日。

③刘大鹏：《退想斋日记》（稿本），民国二十二年七月二十二日。

就有记述：

> 数年来来此处。兹者观此里，气象更觉凋零。回想余少时，此里甚富足。而亭台楼阁，不可胜数。遥而望之，诚不异秦之阿房宫也。论宅舍华美富丽，不但太谷一邑，实可冠太原一郡。未几而富者贫矣，欲卖宅舍，无人居住，乃谋一拆毁之法，以卖砖瓦木料于他乡……今者里中几无完全街市矣，真令人触目伤心！①

作为比较，刘之家乡赤桥村也早在1894年间处于同样的衰颓态势："吾里昔日，家道富饶者，亦颇不乏……凡此不过阅二三十寒暑，遂至人亡家败。"②据《日记》所记，乡村日趋穷困走向衰败的态势早在1894年间即已凸显：

> 当此之时，民皆贫穷，较余少时之世即大相径庭，何论昔日乎？少之时，吾乡家给人足，即如此数日时，晋祠赶会、太原城庙抬搁到晋祠迎神，吾乡一带村庄，无论男女老幼，衣服焕然一新。今则不然，间或有之而已。抚今思昔，能不慨然！③

在上述所记二十多年后即1915年的日记中，刘大鹏再次记述了里满庄情境：

> 此村楼阁亭台，甲于太谷，村庄亦大。昔有数千家，现今破坏已甚，拆毁者十分之七八。村中瓦砾乱抛，举目皆凋零气象。富者皆贫，铺号亦大减，户口不及昔年之半。④
>
> 予来此处，东家之铺号倒闭甚多，村中气象萧疏亦甚。而花费仍巨，故较昔日大减。⑤

《日记》中记述的里满庄可谓一路衰败，满目凄凉。距此次所记2年后(1917年2月间)，又有如下文字：

> 此村为昔日菁华荟萃之区，富室林立，十步一楼，五步一阁，

---

①刘大鹏:《退想斋日记》(稿本)，光绪二十年(1894)五月十五日。

②刘大鹏:《退想斋日记》(稿本)，光绪二十年正月二十日。

③刘大鹏:《退想斋日记》(稿本)，光绪二十年七月初五日。

④刘大鹏:《退想斋日记》(稿本)，光绪二十年正月二十四日。

⑤刘大鹏:《退想斋日记》(稿本)，光绪二十年正月二十七日。

> 胜境也！自光绪年间，富家渐败，迄今贫穷，驻宅无人购买，竟拆毁全宅，零星出卖砖瓦木石于远村。年复一年，已拆十分之七八。村庄破坏，气象凋敝，令人目不忍睹。所见之人，贫不聊生矣！昔年村有数千户，现仅三百余户。①

民国十一年(1922)二月初一日，刘大鹏偕友人李敬元又南游里满庄。此日所记内容是：“拆毁之楼院、亭院率皆壮丽，只因无人购买成院，不得已而拆毁。庄人言，昔年三四座楼屡年拆毁，迄今只留四十八楼。村中成为荒邱者多。生齿亦大减，盛时有三千余户，民国八年改行村制编闾，仅有三百八十户，盛衰大相悬矣！”②又经7年之久，即民国十八年正月二十日《日记》中描述：“予往里满庄一游，拆毁楼院又多。五楼院为太谷一邑之巨宅，亦将拆毁。其南长工院已经拆开，今春势必又拆，将不得为大村落矣，可胜叹哉！”③

民国二十三年正月二十七日，已然78岁的刘大鹏于新春正月再游此地，面对满目苍凉的村庄，他不胜哀叹：

> 昔年富户甚多，迄今疲败太甚。村舍竟成邱堆，非但无一富户，而村民莫不贫穷。吸食毒料者皆为劫墓之贼。户亦大减，三千余户之赋现仅二百余户，不禁有今昔之感，戚戚然于心也！④

是年十一月十九日，当为刘在《日记》中最后一次记述这个始终萦绕于怀的村庄了：

> 迄今里满庄大败，现在仅有二百来户，率皆贫困，拆卖楼阁亭台而度日者十之八九，无一富户……⑤

《日记》内容表明，晋中乡村社会日趋衰败的态势，至少从19世纪末已经开始，可谓一路狂跌，直至20世纪30年代达于极点。将近半个世纪的乡村衰败景象，反复映射于心、冲撞于怀，相较其年幼时关于里满庄“富丽堂皇”的历史记忆，不啻如梦如幻：

---

①刘大鹏：《退想斋日记》(稿本)，民国六年正月二十三日。

②刘大鹏：《退想斋日记》(稿本)，民国十一年二月初一日。

③刘大鹏：《退想斋日记》(稿本)，民国十八年正月二十日。

④刘大鹏：《退想斋日记》(稿本)，民国二十三年正月二十七日。

⑤刘大鹏：《退想斋日记》(稿本)，民国二十三年十一月十九日。

回忆从前一切之事，无非梦幻耶。无论富贵贫穷，皆在梦中过活，究出于梦之中。予虽号为梦醒子，究未曾大醒耳！①

四 抚今徒慨然

“予本清代遗民，国变以后，伏处畎亩，度此余生……目之所见，耳之所闻，种种事件无一不违本心，积忿积恨无处发泄，惟藉吟咏以写一时之感慨。”刘大鹏一生伏处乡野，识见有限。《日记》所录均为亲历亲闻亲见之事，即使多有不合时宜违逆时代的主观评点，亦乃发乎于本心。“然虽笔之于册，不敢为外道也！”②故所记内容少有矫饰杜撰之嫌。通过流淌的文字，我们观察到一个乡村演变历史鲜活而生动的样本，它所承载的内容足可引起我们更深一层的学术思考。

其一，《日记》内容显示，1893年时“吾一乡之中，资造纸者十之八九，资务农者十之一二。务农之家，虽不能有余粟，尚可以撑持一年，至如造纸之家，凡食的米面，日日量买，家无三日粟，缶没一粒粮……如此人家，一乡总有大半”③。此与50年后民国三十一年(1942)七月初九日的日记内容几乎完全一致：“吾村之人造作草纸者十分之七八，务农之家十分之二三，存麦之家寥寥焉无几。”④

半个世纪的岁月流迁，经历了诸多重大历史事变和国体更易，也遭遇诸多灾变和地方权力的更迭，而乡村社会中非农与务农的结构比例却始终稳定在十之七八与十之二三之间。而且“非农化”经营始终是乡里生活的常态：

吾里人民皆资造草纸为生。每岁季秋，家家户户各修暖纸墙馆之左右，其墙甚多。日来里人鸡鸣而起，即来此间挑水和泥，天晓涂抹。一家抹墙，邻人相助，每日凌晨，馆之左右即人声鼎沸，亦里中幸事也。

透过1895年间《日记》的这段描述，可见赤桥村邻里相助、人声

①刘大鹏：《退想斋日记》(稿本)，民国二十二年正月二十一日。
②刘大鹏：《退想斋日记》(稿本)，民国二十年八月十四日。
③刘大鹏：《退想斋日记》(稿本)，光绪十九年十一月初四日。
④刘大鹏：《退想斋日记》(稿本)，民国三十一年七月初九日。

鼎沸,家家户户皆事造纸的忙碌景象。当时的刘大鹏曾提议,为避免灾荒时的横祸之害力图发起纸行,以"十刀草纸起钱一文,每年可起数百千,积于公所,发商生息,庶遇凶荒有备,以免邻里饿莩之患。垂十数年,可积数千缗,立一公和局,请里中端方正直人经理其事"①,以备荒年救急之需。所谓"若有草纸不快年头,村人受困,即以局中钱收费,则纸价自昂,而村人即不受困矣"②。虽然"父老曰善"的此举未能最终落实,但足以显见造作草纸诚为乡里主业的地位。据1930年代的调查资料显示,赤桥村以造纸为业者占比居三村之首,如表:

表 4-6 1930 年代赤桥等三村造纸从业者占比

村别	不制纸户数	占比(%)	制纸户数	占比(%)	合计
赤桥	49	38.6	78	61.4	127
兰村	321	94.2	19	5.8	331
纸房	23	52.27	21	47.3	44

资料来源:应魁:《兰村纸房赤桥三村之草纸调查》,《新农村》1933 年第 3—4 期合刊。

就生产规模看,赤桥村也是首屈一指的,调查资料从生产资料的占有情况方面作了一个简要统计:

表 4-7 1930 年代赤桥等三村造纸生产资料占有情况(单位:个)

村别	锅炉	每户平均	碾	每户平均	池	每家平均
赤桥	27	0.346	52	0.66	178	2.28
纸房	12	0.571	19	0.93	85	4.05
兰村						

资料来源:应魁:《兰村纸房赤桥三村之草纸调查》,《新农村》1933 年第 3—4 期合刊。

①刘大鹏:《退想斋日记》(稿本),光绪二十一年(1895)十一月二十八日。
②刘大鹏:《退想斋日记》(稿本),光绪二十一年十一月二十八日。

其二，乡村社会走向衰败的趋势与"非农化"趋势几乎同步发生，相互关联，成为晋中地域乡村社会演进的重要特征。刘大鹏《日记》中少时回忆之记述颇多："吾少时，风调雨顺，年谷丰登，各村各庄，起房盖屋者，绵绵不绝。"①乡村曾经是繁盛而富于活力的，这对于少年刘大鹏形成了一生难以磨灭的印记。"犹记忆同治间，吾乡到处皆家给人足，气象甚觉丰隆，而贫穷之家，寥寥无几。"②但是，自光绪之后"一年不如一年"，"当此之时，民皆贫穷，较余少时之世即大相径庭，何论昔日乎？少之时，吾乡家给人足，即如此数日时，晋祠赶会、太原城庙抬搁到晋祠迎神，吾乡一带村庄，无论男女老幼，衣服焕然一新。今则不然，间或有之而已。抚今思昔，能不慨然"③。

这种状况当然不仅仅局限于太原一域。"临汾县'自康熙至乾隆时极盛'，至嘉庆、道光时而衰，至咸丰时又衰。"④萧公权的研究也证明，19 世纪以来华北许多村庄陷于"经济沉沦"，而且这一"严重萧条"趋势持续到 20 世纪 30 年代⑤。乡村社会整体衰败趋势表现为银贵钱贱、物价下跌、交易停滞、商民皆困，"大抵富户变贫户，贫户变饿者，四民之首，奔走下贱，各省大局，岌岌乎皆不可以支月日，奚暇问年岁"⑥！基于此，李伯重认为以"道光萧条"来表述这一历史性危机是恰当的。

无可置疑，同、光之际的山西社会远未受到西方势力的影响，与沿海地区经济的联系也甚为疏离，但晋中乡村社会却呈现出持续不断的"非农化"和持久不绝的"衰退化"趋势。通过《日记》的文字记述，我们体察到两种趋势竞相递进交互作用的情势，它为我们提供了一幅乡村社会变迁的历史图景。

值得我们进一步思考的问题是，现代化进程表明："非农化"进程

---

①刘大鹏：《退想斋日记》（稿本），光绪十八年十月初十日。

②刘大鹏：《退想斋日记》（稿本），光绪十八年十二月二十一日。

③刘大鹏：《退想斋日记》（稿本），光绪二十年七月初五日。

④黄鉴晖：《明清山西商人研究》，山西经济出版社 2002 年版，第 463 页。

⑤萧公权著，张皓、张升译：《中国乡村——论 19 世纪的帝国控制》，台北联经出版事业股份有限公司 2014 年版，第 466 页。

⑥龚自珍：《西域置行省议》，《定庵文集》卷中，转引自李伯重：《中国的早期近代经济——1820 年代的华亭—娄县地区 GDP 研究》，第 55 页。

的演进实质上体现着产业更替的大趋势。美国学者西蒙·库兹涅茨研究结论是:非农劳动力份额随着人均国内生产总值的增长而增长,而农业劳动力份额随着人均国内生产总值的增长而减少。"农村和农民在产业更替中,直接分享着工业化带来的利益,并由此改变着他们完全或主要收益于农业的格局。"在当代中国现代化快速发展进程中尤其如此。"随着产业更替的进一步发展,非农业收入将会代替农业而成为农村居民收入的主要来源。"①某种意义上,它的进一步发展将实现产业更替,"为农村注入城市素质,并最终改变农村的性质"②。产业更替将改变我们熟悉的一切,家庭自然也不会例外。

有学者指出:"平分遗产、小自耕农和佃农,为农村工业在中国的普遍发展创造了条件……在中国,这却是一种普遍而且明显的、并延及数个世纪的现象。"③就此现象而言,学者们的研究已经多有触及,"农村工业延续了许多世纪",却"不断地遭受严重危机,而不会发展为工业化"④。晋中乡村的"非农化"经历至少半个世纪的演进,却未出现"产业更替"的历史变革,反而与乡村衰败的趋势如影相随,在相互牵绊和制约中走向了末路。如何深入揭示二者内在的相关性,如何从中国社会或经济内在结构中求得其规律性认知,这当是我们学术探求中必须讨论的问题。《日记》所述只是为我们提供了一个认识问题的起点而已。

(原载《史学月刊》2020年第7期)

---

①沉石、米有录主编:《中国农村家庭的变迁》,农村读物出版社1989年版,第15页。

②沉石、米有录主编:《中国农村家庭的变迁》,第16页。

③[美]王国斌著、李伯重译:《转变的中国——历史变迁与欧洲经验的局限》,江苏人民出版社1998年版,第49页。

④[美]王国斌著、李伯重译:《转变的中国——历史变迁与欧洲经验的局限》,第42页。

第五章　重建:20 世纪前期的乡村建设思想与实践

建设告竣时　革命成功日

——论孙中山建设思想的形成及其时代特征

20世纪30年代，随着"北伐告成，训政开始"，国民党开始以"使人人知建设为今日之需要，使人人知建设为易行之事功"①。"中国建设协会"声言"以秉承总理遗教研究，及宣传一切物质及精神之建设并促进其发展为宗旨"，并借《中国建设》之创刊，宣扬"鼓吹建设之思潮，发明建设之主义，成为国民之常识"②。其后，各种建设社团纷纷成立，建设报刊相继创建，各种建设言说风行天下；以至于建设思潮一时蔚为大观，从而逆转了清末以来以"破坏"为主旨的"全球革命潮"的思潮走向，尽管革命的话语和事业也并未消退③。

在这一时代性思潮演进的历史进程中，孙中山的先行之见和思想创获功莫大焉。从风行天下的革命思潮到竞相兴起的建设思潮，尽管取径不同趋向有别，但其内在的思想逻辑和历史规程，却前后相继并相辅相成地构成了一个完整的体系。它使得孙中山的革命理论或思想体系获得飞跃性发展，拥有了独具的时代特征与历史意义。

---

①《发刊词》，《中国建设》1930年第1卷第1期。

②《本会宗旨本会目标》，《中国建设》1933年第8卷第5期。

③相关论述参见王先明：《从风潮到传统：辛亥革命与"革命"话语的时代性转折》，《学术研究》2011年第7期。

一　由实务而理论:建设思想的孕育

在孙中山革命理论与实践的历史进程中,建设的旨趣始终是其革命理论中的内容之一。1922年在《复上海各路商界总联合会函》中,孙中山自称:"文自蓄志革命,即研究建设之方略,辛亥以来,有怀未遂,顾建设一日未成就,即民国一日未安全,耿耿之诚,无时或释。曾以所见著之篇帙,成为《建国方略》一书。"①此言揭出,在其倡导革命之时即已留心"建设之方略"。诚如所言,在晚清革命风潮涌动不息的时代大潮中,"建设新中国"是聚合一切反清力量形成合力的共同诉求。所以,"大体上,从《革命军》出版和'苏报案'发生以后,'建设新中国'逐渐成为革命舆论的中心话题"②。同盟会成立后,《民报》不时刊文倡言"吾党日以为建设新中国无上之宗旨"③。但是革命舆论中的"建设新中国"言说只停留在政治主张层面,而孙中山真正意义上的建设思想(或主张)也还处于萌动之中,并没有付诸理论构建。

辛亥革命以及民国的建立,才真正促成孙中山对于建设问题的深入思考和系统建构。清王朝的轰然倒塌和共和制度的建立,将建设问题凸显为时代性主题。在《祝参议院开院文》中孙中山即指出:"革命之事,破坏易,建设尤难。""若夫建设之事则不然。建一议,赞助者居其前,则反对者居其后矣;立一法,今日见为利,则明日见为弊矣。"④面对民国肇立,百废待兴之局,如何建设?建设什么?既是繁难而艰巨的现实问题,也是复杂而系统的思想理论课题,对于革命领袖的孙中山而言尤其如此:"政治革命家的任务已经完成,现在我正集中我的思想与精力于从社会、实业与商务几个方面重建我们的

①《复上海各路商界总联合会函》,《孙中山全集》第6卷,中华书局1981年版,第538页。

②刘学照:《论孙中山建设新中国思想》,上海市孙中山宋庆龄管理委员会、上海中山学社、上海宋庆龄研究会编:《孙中山:历史·现实·未来国际学术研讨会论文集》,今日中国出版社2007年版,第126页。

③冯自由:《民生主义与中国革命之前途》,张枬、王忍之编:《辛亥革命前十年间时论选集》第2卷上册,生活·读书·新知三联书店1997年版,第423页。

④《孙中山全集》第2卷,第44页。

国家。”①

时代的任务，源自时代的需求。“今日满清政府既经推倒，革命事业已告成功……但破坏之后必须建设，恢复秩序，巩固邦基……盖破坏固益急进的，建设亦宜急进的……欲筹建设，虽无破坏时代的危险，仍必与破坏时具同一之精神。建设事业，不仅要与破坏时代持同一之牺牲主义，并且要一绝大学问。欲求此种建设的学问，必须假以时期，或十年，或六七年之苦心研究，方能应用。”在共和制度方兴之际，孙中山对形势的判断是“革命成功”，建设方兴，即“我国此次革命，不过数月即告成功，吾民之幸福，实在保全不少”。“现在欲维持中华民国，必人人负建设之责任。建设事业，必须学问，实所赖于学生诸君！”②

此时，孙中山认为建设是革命之后的事业，认为二者属于前后相续的历史关联，“至于昨年，革命乃成，今年建设方始，国基未固”③。明确以“革命成功”为建设之前提，“今日革命成功，祖国前途，大有可为”④。

毋庸置疑，当时政治力量的较量和复杂的政局是导致孙中山让民国总统之位于袁世凯的客观因素；但是孙中山的“革命成功”“欲筹建设”的主观选择未始不是重要之因，即“我之辞职，实因有更为重大之事务要我操心”⑤。所以孙中山才极具自信地宣告：“建设不一端，如政治、实业种种皆是”，“兄弟因此担任铁路一事”⑥，只是营造建设事业之基础而已。故此，从辛亥革命推倒皇权专制以来，孙中山的关注点虽然迅速转移到建设方面，但却更多地侧重于实务性事业的投入，还不曾从理论体系或思想建构上深入思考建设问题。

当建设问题聚焦为时代主题后，孙中山关于建设思想或理论的思考就逐步萌生了。

---

①《孙中山全集》第2卷，第392页。

②《孙中山全集》第3卷，中华书局1981年版，第23页。

③《孙中山全集》第3卷，第14页。

④《孙中山全集》第3卷，第25页。

⑤《孙中山全集》第2卷，第324页。

⑥《孙中山全集》第2卷，第530页。

首先，他提出了“革命时代”与“建设时代”的概念①。在共和初建之际，他就提出了两个时代的区分，认为分属不同时代的“破坏事业与建设事业，成就于一人之手者，实所罕见。今日民国成立已历二年，种种实施虽不甚完备，然求之历史上，已经是收效最速的了”②。随后，他在1913年《在东京中国留学生欢迎会的演说》中进一步明确提出：“盖破坏固益急进的，建设亦宜急进的……欲筹建设，虽无破坏时代的危险，仍必与破坏时代具同一之精神。”建设时代虽与破坏时代具有“同一之精神”，却显然具有自己的时代特征，因为“建设事业，不仅要与破坏时代持同一之牺牲主义，并且要一绝大学问。欲求此种建设的学问，必须假以时期，或十年，或六七年之苦心研究，方能应用。”③正是在民国肇基亟待建设的现实需求中，孙中山开始了对建设事业的系统研究，“吾国种族革命、政治革命俱已成功，惟社会革命尚未着手。故社会事业，在今日非常紧要”④。

其次，孙中山认为建设事业具有长期性和复杂性特点。他多次强调“革命之事，破坏易，建设尤难”。“我国此次革命，不过数月即告成功，吾民之幸福，实在保全不少。惟建全〔设〕事业，历二年之久尚无头绪。”⑤比之于以破坏为手段的革命而言，孙中山已经感受到建设的艰难复杂性：“建设难而破坏易。破坏者，竭千百人之力以为之，或数年，或数十年，未有不成功者。一旦旧政府推翻，则破坏之功竣矣。建设则不然。”⑥“总而言之，今日艰难之建设，为最高之代价，可以买将来之安乐，为子孙谋幸福……俟三五年后，自然知道今日之价值矣。”⑦建设尤需专业人才的长期培养和积累，所以孙中山寄望于留学生，“正好安心在日本留学，用数年功夫，求数年学问，以为建设之用”⑧。

---

①《孙中山全集》第2卷，第495页。
②《孙中山全集》第3卷，第23页。
③《孙中山全集》第3卷，第25页。
④《孙中山全集》第2卷，第335页。
⑤《孙中山全集》第3卷，第25页。
⑥《孙中山全集》第3卷，第62页。
⑦《孙中山全集》第3卷，第48页。
⑧《孙中山全集》第3卷，第24页。

其三，建设事业繁复万端，而地方自治建设为其根本。孙中山最初着力于铁路建设规划，认为“建设大业以交通政策为重要”①，但不久孙中山即提出了两大建设之说，“然所谓建设者，有精神之建设，有物质之建设”②。随着民国政治和经济建设实践的展开，孙中山开始超越了具体实务建设，而从更高的层面上建构民国建设理论问题。1916年间，他提出：“今国人竞言建设，但尚无一定方针，故以先定方针为最要。兄北奔走革命二十年，从事破坏，然亦时时研究建设。今以后，亦惟与国人共谋建设……至民国开一新纪元，当与从前之建设不同。”③亦即民国时代的国家建设与历史上的建设具有根本之不同，端在于“民为邦本。故建设必自人民始”。体现民权制度的地方自治当为国家建设之基础。“地方自治，乃建设国家之基础。”不仅“地方自治者，国之础石也”，而且“现代民权机关，已甚发达，如用得法，则建设甚易”④。不只如此，在孙中山看来，地方自治本身即是建设本身，因为“欲求地方自治之有效，第一在振兴实业，二在讲求水利，三在整顿市政”⑤。

正是在“一切建设，尚未完备，今日实为草创时代”的推动下，孙中山开始从建设的实务转向建设的思想理论探讨，从而不断孕育和形成其系统的建设思想。1917年，孙中山建设思想的构建已初具规模：“敝人革命，平昔持破坏而未能建设。近日欲著一书，言中国建设新方略。其大意：一精神上之建设；一实际上之建设。精神上之建设，不外政治修明；实际上之建设，不外实业发达，如斯而已。吾人今日但实力肩担，勉为其难，实力造去可矣！”⑥不过，这个初步的构图框架仍处于孕育阶段，许多方面尚待进一步充实和完善。因为大约两年后，孙中山面对媒体有关新中国建设的函询仍然持极为谨慎的保守立场。他在《复〈新中国〉杂志社函》中说：“……惟开示各个问

①《孙中山全集》第2卷，第496页。

②《孙中山全集》第2卷，第480页。

③《孙中山全集》第3卷，第325页。

④《孙中山全集》第3卷，第325—327页。

⑤《孙中山全集》第3卷，第350页。

⑥《孙中山全集》第4卷，中华书局1981年版，第123页。

题，非仓猝所能置答，即如其中关于实业计划，弟方从事以累年研究者与海内商榷，而时逾半岁，尚未竣稿，盖不敢率尔操觚，以为塞责。”①甚至直到 1919 年底，在《批陈炯明函》中他还强调：“关于种种建设事件，俟实业计划告竣，再从事其他。”②因此孙中山建设思想的体系化，当以 1919 年《建国方略》的完成为标志。

其后，孙中山的建设思想逐步得以充实和发展，至 1924 年，孙中山“草作《国家建设》，以完成此帙”。《国家建设》的体系较《建国方略》更系统，思考内容更为精细，如孙中山自称：“较前三书（即《建国方略》之《心理建设》《物质建设》《社会建设》，笔者）为独大，内涵有《民族主义》《民权主义》《民生主义》《五权宪法》《地方政府》《中央政府》《外交政策》《国防计划》八册。”③然正待“俟有余暇，便可执笔直书，无待思索”之际，“不期十〈一〉年六月十六日陈炯明叛变，炮击观音山，竟将数年心血所成之各种草稿，并备参考之西籍数百种，悉被毁去，殊可痛恨”④！据此我们可以确认，1920 年代，孙中山的建设思想体系已经基本完成。

二　由破坏而建设：建设思想的建构与基本内涵

此前孙中山等革命党人使用的“革命方略”一词，乃为实现革命目的而制订各种规则和谋略的总称。《中国同盟会革命方略》和《中华革命党革命方略》，充分体现了孙中山在反清、讨袁时期的革命观点、革命策略和革命方法，同时也反映了他要使革命武装和未来革命政权有规则可循所作的种种筹划。《建国方略》则是孙中山建设思想走向系统化的标志，是其革命理论由“破坏”而“建设”的重大历史转向；也是其“建设时代”最富于成就的理论贡献之一。以此，借以完成他“耿耿之诚，无时或释”之愿。《建国方略》的构成及其内容表明，社会建设、物质建设与心理建设三大部分搭建了孙中山建设思想的基本框架。

---

①《孙中山全集》第 5 卷，第 50 页。

②《孙中山全集》第 5 卷，第 176 页。

③《孙中山全集》第 9 卷，中华书局 1981 年版，第 183 页。

④《孙中山全集》第 9 卷，第 183 页。

就思想演进的历史线索而言，以民权为核心的社会建设思想发端最早。早在1906年他在《民报》创刊周年大会演说中，就相当系统地提出“为中国民族前途”计，当进行民族、民权、民生“三大主义”革命，要在西方民主国家的三权分立基础上，融合中国传统文化，建造一种五权分立的新主义，以成“破天荒的政体”，“这便是民族的国家，国民的国家，社会的国家皆得完全无缺的治理”①。孙中山一生追求建设“主权在民”的新国家，新型民主国家与过去封建王朝的根本区别，便在于前者系“主权在民”，后者系“主权在君”。“主权在民”遂成为现代型新国家的基本政治特征。“主权在民”意味着人民在政治上平等，有充分参与政治的权利，“凡人民之事，人民分理之”②。在这一意义上，孙中山将自己所倡导的革命，称之为“国民革命”或“平民革命”，“今者由平民革命以建国民政府，凡为国民皆平等以有参政权；大总统由国民公举；议会以国民公举之议员构成之；创定中华民国宪法，人人共守；致有帝制自为者，天下共击之”③。“主权在民”，使国家的法理基础从万世一系的君权转移到“四万万人一切平等”的民权，这不仅扩大了民众政治参与的程度，唤起了民众对政治改革的欲望，而且奠定了新型民族国家的“政治合法性”④。

其中，以民权建设为核心的内容构成孙中山社会建设思想的主体。这其实是孙中山一以贯之的思想。“一个十分重要的思想，是将国家的富强同人权和民权直接联系起来。”⑤民权并不是抽象的理念，在社会—政治建设上孙中山将民权具体化为四大民权，即选举官吏之权、罢免官吏之权、创制法案之权、复决法案之权。“只有人民享有这四大权利，方才可以称得上‘民国’。”建设民国的目的，“就是保

---

①《孙中山全集》第1卷，第330，331页；刘学照：《论孙中山建设新中国的思想》，上海市孙中山宋庆龄管理委员会、上海中山学社、上海宋庆龄研究会编：《孙中山：历史·现实·未来国际学术研讨会论文集》，第129页。

②《孙中山全集》第1卷，第318页。

③《孙中山全集》第1卷，第296—297页。

④马敏：《论孙中山的现代国家建设思想》，《华中师范大学学报(人文社科版)》1998年第4期。

⑤孙中山：《建国方略》，张岱年主编：《中国启蒙思想文库》，辽宁人民出版社1994年版，“编序”第12页。

证让人民享有四大权利”①。就思想发展进程而言，无疑“早在同盟会的宣言中，孙中山就将‘建立民国’作为四大纲领而提出”。但民国成立后，真正的民权建设却无有成效，“民国有名无实”，这不能不引起孙中山进一步的思考。除独裁者的个人因素之外，一个更重要的原因就在于“一般民众还缺乏民权意识和民权观念。而且即便没有这样的独裁者，民众也无法知道如何行使自己的权利”。因此，“普及和推广民权知识是国家民主政治建设中一项十分重大的工程”②。或许这正是名其为“社会建设”的意义之所在。

基于此，《民权初步》的主旨并不在于理论的阐发，而重在社会操作或社会普及，其“主要内容是关于如何召集会议、选举代表、发言、表决、提议、附议……等等的有关规定和说明，其中学理的探讨不多，更多的是关于具体规定的讲解和示范。”“目的是为了在民众当中真正培养起一种民主集会的习惯，是立足于践行”③的社会建设宗旨。这是《建国方略》中的民权建设思想与《革命方略》中的“民权主义”思想建构的时代性区别之所在。

《实业计划》（即物质建设）也是《建国方略》的主体内容，这是一个包括交通、农业、矿业等在内的庞大的实业发展计划。它集中体现了孙中山关于民国物质建设思想的基本思路。需要指出的是，孙中山提出的物质建设直接与社会进步与社会问题的解决联系起来，“它毋宁说首先是一项社会发展工程”。“他的出发点是将经济组织形式首先联系社会问题来考虑。他追求的是物质进步，同时又人人平等的大同世界”④，是经济发展与社会福利同时考虑的建设思想。故此，孙中山特别强调说，“夫物质文明之标的，非私人之利益，乃公共之利益。而其最捷之途径，不在竞争，而在互助”。此“经济建设”计划最终走向消灭国际之“商业战争”和国内之“阶级战争”，“以促进将

①孙中山：《建国方略》，张岱年主编：《中国启蒙思想文库》，“编序”第 13 页；《孙中山全集》第 6 卷，第 413 页。

②孙中山：《建国方略》，张岱年主编：《中国启蒙思想文库》，“编序”第 14 页。

③孙中山：《建国方略》，张岱年主编：《中国启蒙思想文库》，“编序”第 15 页。

④孙中山：《建国方略》，张岱年主编：《中国启蒙思想文库》，“编序”第 8—9 页。

来世界之文明也”①。

值得关注的是，辛亥革命后孙中山的实践活动轨迹是先行建设实务（“担任铁路一事”），然后建构其建设思想（《建国方略》）；而其建设思想的形成仍然循此先实后虚的路径展开。《建国方略》由《民权初步》《实业计划》和《孙文学说》三篇汇集而成。《民权初步》出版于1917年（后编为《建国方略之三：社会建设》）；《实业计划》发表于1919年（后编为《建国方略之二：物质建设》）；《孙文学说》出版于1919年（后编为《建国方略之一：心理建设》）②。可是，在正式结构《建国方略》时，最后形成的《孙文学说》即《心理建设》却被置为首篇。

《心理建设》作为《建国方略》的第一部，主旨在于阐释民国建设的社会认知问题，它是孙中山对于民国建设实践深入思考的理论结晶。“他认为，民国成立以后，革命建设之所以无成，国事之所以日非，其中原因固多端，而革命党人于革命宗旨、革命方略信仰不笃、奉行不力不能不是一个重要原因。”③“而其所以然者”，即源于“知之非艰，行之惟艰”的错误认识。“故予之建设计划，一一皆为此说所打消也。”④他断言自己的建设思想不为党人所认同是导致民国建设“一败涂地”的主要原因，即“当满清之世，予之主张革命也，犹能日起有功，进行不已；惟自民国成立之日，则予之主张建设，反致半筹莫展，一败涂地。吾三十年来精诚无间之心，几为之冰消瓦解，百折不回之志，几为之槁木死灰者，此也”⑤。

正是在“建设时代”的实践中，孙中山开始探求“夫破坏之革命成功，而建设之革命失败，其何故也”⑥的时代问题。在孙中山看来，这一问题包含两个方面，一是“破坏革命成功”而“建设革命失败”之何因？二是革命事业，“莫难于破坏，而莫易于建设，今难者既成功，而易者反失败”之何因？他断言“民国建设”之成功与否，首在于革命党

①孙中山：《建国方略》，张岱年主编：《中国启蒙思想文库》，第268—269页。

②《孙中山全集》第6卷，第157页。

③孙中山：《建国方略》，张岱年主编：《中国启蒙思想文库》，第1—2页。

④孙中山：《建国方略》，张岱年主编：《中国启蒙思想文库》，第2页。

⑤孙中山：《建国方略》，张岱年主编：《中国启蒙思想文库》，“自序”第2—3页。

⑥孙中山：《建国方略》，张岱年主编：《中国启蒙思想文库》，“自序”第69页。

人心理建设或思想建设之统一与否，即主义之力量。《在广州大本营对国民党员的演说》中，他宣称“建国方法有二：一曰军队之力量；二曰主义之力量”①。而当“破坏之革命”完成后，“建设之革命”的主义力量，即思想问题或心理问题就成为其主导因素，所谓“能知必能行”②。因此，以《心理建设》置于篇首的《孙文主义》，显然突出的是孙中山思想由“革命方略”向“建设方略”的时代性转变，是对其建设思想或主义的强调。“要做建设的事，便要有主义和方法。要全国人民都明白建设的主义，便是要宣传。”③民国之“建设责任，非革命党所得而专也。迨夫民国成立后，则建设之责任当为国民所共负矣”。然而，历经七年而“犹未睹建设事业之进行”，在于国民之“非不行也，不知也”。“倘能知之，则建设事业亦不过如反掌折枝耳。”所以，将其建设之思想“笔之于书，名曰《建国方略》，以为国民所取法焉”④。准乎此，立意为《心理建设》的《孙文学说》旨在破除“今日国人社会心理”之“大敌”，以成“万众一心”之势，“建设一政治最修明、人民最安乐之国家”⑤。因此，《建国方略》的内在结构与孙中山建设思想形成轨迹的反差，恰恰体现了其历史实践与理论建构上的逻辑统一。

《心理建设》不外乎是其建设思想的哲理解说。因此，孙中山建设思想的主体内容实际由《实业计划》（物质建设）和《民权初步》（社会建设）构成。

由六大计划所构成的《实业计划》虽落笔于具体的港口、商埠、交通、产业，但也只是一个经济建设的宏观蓝图，并不具有项目建设的实践意义。其经济分区的建设计划、铁路系统的建设计划、工业本部之五大建设（即粮食工业、衣服工业、居室工业、行动工业和印刷工业），以及原料工业建设计划，虽多有具体规划和设计，却诚如孙中山自己的评判：“此书为实业计划之大方针，为国家经济之大政策而

①《孙中山全集》第8卷，第503页。

②孙中山：《建国方略》，张岱年主编：《中国启蒙思想文库》，“自序”第60页。

③《孙中山全集》第8卷，第578页。

④孙中山：《建国方略》，张岱年主编：《中国启蒙思想文库》，“自序”第3页。

⑤孙中山：《建国方略》，张岱年主编：《中国启蒙思想文库》，“自序”第4页。

已。”①它体现了孙中山建设思想(经济方面)的基本内容。

相对于《实业计划》而言,《民权初步》的社会建设内容则体现着孙中山建设思想的本质。六大经济建设计划只是“建设新中国之总计划之一部分”②。而从根本上决定民国建设之不同于历史上固有之建设者,则在于民权。民权何由发达?“是集会者,实为民权发达之第一步。”孙中山认为“集会自由”是民权实现的基本形式,它使得传统时代的“乌合之众”转变为现代意义上的国民。这就是《民权初步》“以教国民行民权之第一步”的主旨③。

孙中山特别强调《民权初步》对于新国民教养的社会建设意义,视之为自己独特的贡献——自诩为“议学”。他说:“西学东来也,玄妙如宗教、哲学,奥衍如天、算、理、化,资治如政治、经济,寿世如医药、卫生,实用如农、工、商、兵,博雅如历史、文艺,无不各有专书,而独于浅近需要之议学则尚阙如,诚为吾国人群社会之一大缺憾也。夫议事之学,西人童而习之,至中学程度则已成为第二之天性矣,所以西人合群团体之力常超吾人之上也。”④他将《民权初步》定位于民国社会建设的必要读本,“凡欲负国民之责任者,不可不习此书。凡欲固结吾国之人心、纠合吾国之民力者,不可不习此书”。“家庭也、社会也、学校也、农团也、工党也、商会也、公司也、国会也、省会也、县会也、国务会议也、军事会议也,皆当以此为法则。”⑤通过养成“民权初步”,以民权为中心的新中国才能建设起来。“民国成立了十二年以来,徒有民国之名,毫无民国之实。满清政府虽然已经推倒,满清的余毒还未肃清,所有留存下来的官僚武人,都把政府霸占住了。所以民国还不是在人民之手,完全是在武人官僚之手”⑥。事实上,没有民权的普及和训练,“如果全国的人民不能自治,要靠官治,中华民国便永远不能成立……兄弟个人在开国的时候,便做总统,以后更做

①孙中山:《建国方略》,张岱年主编:《中国启蒙思想文库》,第108页。

②《孙中山全集》第9卷,269页。

③《孙中山全集》第9卷,第271—272页。

④孙中山:《建国方略》,张岱年主编:《中国启蒙思想文库》,第272页。

⑤孙中山:《建国方略》,张岱年主编:《中国启蒙思想文库》,第273页。

⑥《孙中山全集》第8卷,中华书局1981年版,第319页。

总裁、总统，都没有做到很多治国的事情。所以我现在相信建设民国，不是完全从上面可以做到的；以后建设民国，还是要从下面做起来”①。民国之所以为民国，就是“用人民的四个政权来管理政府的五个治权”。只有“政府的一动一静，人民随时都是可以指挥的”，“人民和政府的力量才可以平衡”，“民权问题才算真正解决，政治才算是有轨道”②。显然，孙中山社会建设思想的取向是“民权（政权）为本，治权（政府）为用”。这是一个充满现代理想色彩的社会建设构图（如下图）：

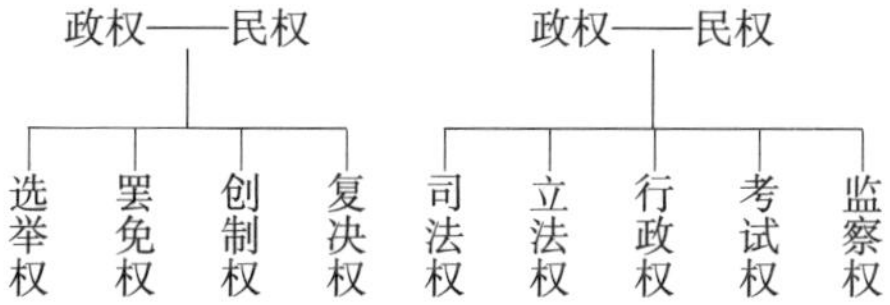

图 5-1　孙中山社会建设构图

辛亥革命后，民国政治、经济和社会问题丛生，局势险象环生。革命与建设的双重困厄及其理论诠释，逐渐聚焦为急迫的时代课题。孙中山面对“至民国开一新纪元，当与从前之建设不同”③的“建设时代”，在实践与理论的双向互动中，建构了引领时代的建设思想；而“民为邦本，故建设必自人民始”④的宗旨，则构成其建设思想的核心内容。“我们今日的革命是建设民国，成功之后是请诸君来做民国的主人翁，做公司的股东。（与旧时的‘英俊崛起，成功之后便做皇帝，施行政治，代代相传都是专制具有时代的区别和本质的不同’）。”⑤

三　以民生为目标：建设思想的时代特征

随着“再造民国”革命大业的完成，1916 年后民国建设问题再次提上议事日程。“今幸元凶已死，国法恢复，武力告终，建设伊始，两

①《孙中山全集》第 8 卷，第 325 页。

②《孙中山全集》第 9 卷，第 354—354 页。

③《孙中山全集》第 3 卷，第 325 页。

④《孙中山全集》第 3 卷，第 326 页。

⑤《孙中山全集》第 9 卷，第 62 页。

院议员，不久赴京开会，共商建设之业。但建设须国民人人负责……"①孙中山开始从方针上和思想理论上思考民国建设问题，旨在改变"今国人竞言建设，但尚无一定方针"②的现状。

由"破坏之革命"到"建设之革命"的时代性转变中，孙中山通过《革命方略》到《建设方略》完成了自己思想体系的跃迁。无论就历史进程还是思想进程而言，这都无疑都是一个时代性的转折。然而，在由"破坏之革命"到"建设之革命"的思想迁变中，我们能够体察到其中恒定不变的思想主线：即以民生为目标。

"乃于民国建元之初，予则极力主张施行革命方略，以达革命建设之目的，实行三民主义"。在民国奠立之初，孙中山就开始思考国家建设的方向方针，认为："纵能以革命党而统一中国，亦不能行革命之建设，其效果不过以新官僚而代旧官僚而已。其于国家治化之原，生民根本之计，毫无所补，是亦以暴易暴而已。"③那么，"何谓革命之建设"？"革命之建设者，非常之建设也。"④这个"非常之建设"的宗旨仍然是三民主义，即如《中国国民党宣言》中所强调的："本党同人爰据斯旨，依三民、五权之原则，对国家建设计划及现所采用之政策，谨依次陈述于国民之前。"⑤尽管建设思想与革命思想的时代性判然有别，但仍然以三民主义为其宗旨，而其中民生主义则成为贯穿于"破坏之革命"与"建设之革命"两个时代的基本目标。因此，在孙中山建设思想的形成和发展进程中，尽管其所强调的内容和立足点时有变化，但其基本目标却始终如一：即以民生为首要。正是民生主义贯穿其革命与建设思想之始终，将手段与目标完整结合，构成其思想体系发展的一个基本主线。

首先，"革命的程序，既由军政时期，到了训政，那么破坏的工作，应该停止，大家向建设的方面努力"；"而建设的首要在民生"⑥。经

①《孙中山全集》第3卷，第325页。

②《孙中山全集》第3卷，第325页。

③孙中山：《建国方略》，张岱年主编：《中国启蒙思想文库》，第62页。

④孙中山：《建国方略》，张岱年主编：《中国启蒙思想文库》，第63页。

⑤《孙中山全集》第7卷，中华书局1981年版，第2—3页。

⑥张范村：《农业建设》，《中国建设》1930年第1卷第6期。

历“破坏之革命”的成功和“建设之革命”的顿挫后，孙中山以民生为目标，将两个不同时代的“革命”统合为一个完整的历史进程，提出“有始有终，来做彻底成功的革命”①。在孙中山生前最后年代，他再次强调“国民政府本革命之三民主义、五权宪法，以建设中华民国”，而“建设之首要在民生。故对于全国人民之食衣住行四大需要，政府当与人民协力，共谋农业之发展，以足民食；共谋织造之发展，以裕民衣；建筑大计划之各式屋舍，以乐民居；修治道路、运河，以利民行”②。这与“革命时代”三民主义思想侧重点显然不同(此前三民主义是首言民族，次言民权，最后言民生)。

在孙中山看来，民生问题之所以成为建设时代之首要，并非中国国家建设的特殊要求，而是世界文明历史进程发展之必然。“民生问题，今日成了世界各国的潮流。推到这个问题的来历，发生不过一百几十年……简单言之，就是因为这几十年来，各国的物质文明极进步，工商业很发达，人类的生产力忽然增加。”从而因为“机器发明了之后，便有许多人一时失业，没有工做，没有饭吃……所以近几十年来便发生社会问题”。而“这个社会问题，就是今天所讲的民生主义”③。在孙中山整个思想体系中，始以三民主义建构其革命理论，将民生主义作为其“毕其功于一役”的理论基石；终则以“民生为首要”确定为建设思想的基本目标。孙中山认为，“实行民生主义，是建设二十世纪以后新国家的完全方法”④。因此，民生主义实际成为串结其革命时代思想与建设时代思想的一条主线。

其次，以民生为目标的建设模式，是超越西方资本主义发展的新选择。何谓民生？孙中山阐释说：“民生就是人民的生活——社会的生存、国民的生计、群众的生命便是。”⑤而民生最大之问题，说到底就是社会问题。孙中山极为关注的就是人民的生活及其发展，所谓的主义或意识形态问题，只能服从于民生的需要。立足于此，孙中山

①《孙中山全集》第9卷，第126页。
②《孙中山全集》第9卷，第126—127页。
③《孙中山全集》第9卷，第358页。
④《孙中山全集》第6卷，第5页。
⑤《孙中山全集》第9卷，第355页。

的建设思想显然具有超越西方资本主义的自觉。他早已意识到："(英、美)富者愈富,穷者愈穷。所以他们的社会,小康之家是很少的。没有中产阶级,只有两种绝相悬殊的阶级,一种是资本家,一种是工人……这种现象不是好现象,这就是社会上的毛病。我们革命成功,民国统一后,要建设成一个新国家……再过十三年,到民国二十六年,中国或者不穷,也是像英国、美国一样的富足……我们现在是患贫,贫穷就是我们的痛苦。英国、美国的毛病,不是患者贫,是患者不均。"①他指出,建设必须超越既有的西方国家模式,以新的主义来"建设一个新民国"。这个主义"便是大家所知道的三民主义"。"私人资本制度之下,种种生产的方法都是向往一个目标来进行,这个目标是什么呢? 就是赚钱。"但是,"我们的民生主义,目的是在打破资本制度"②。

在孙中山看来,新中国建设的目标是要"完全解决民生问题,不但是要解决生产的问题,就是分配的问题也是要同时注重的"。所以,在他的建设思想中,民生主义国家建设所走的道路是超越西方资本主义的一种新的模式,即"民生主义和资本主义根本上不同的地方,就是资本主义是以赚钱为目的,民生主义是以养民为目的"。而且"有了这种以养民为目的的好主义,从前不好的资本制度便可以打破"③。人民的衣食住行四大需要,"一定要国家来担负这种责任"④。"如此,流氓尽绝,人人皆为生产之分子,则必丰衣足食,家给人足,而民生问题便可以解决矣。"⑤这就是"我们实行三民主义来造成一个新世界"⑥的基本目标。

其三,对于民生主义内涵的阐释和发展,是孙中山一生中超越意识形态局限的内在动力。在孙中山构想中,只有民生问题得以解决,才能真正建设起一个完完全全的新世界,所谓"毕其功于一役";"如

①《孙中山全集》第10卷,中华书局1981年版,第23页。

②《孙中山全集》第8卷,第469页。

③《孙中山全集》第9卷,第409—410页。

④《孙中山全集》第9卷,第411页。

⑤《孙中山全集》第9卷,第427页。

⑥《孙中山全集》第9卷,第411页。

果不然，破坏的事业是永无穷期的”①。“我们想造成一个完完全全的新世界，一定要用三民主义来做建设这个新世界的工具……如果有了不均，三十年之后不革命，五十年一百年之后一定是要革命的。我们要防止永远不再革命，一定要实行三民主义，那末，才可以替子子孙孙谋永久的幸福。”②正是基于民生的立场，孙中山的建设思想超越了意识形态的局限，并不拘泥于社会主义、共产主义、三民主义的界限。因此，在俄国十月社会主义革命成功后，孙中山立即予以高度赞同，认为“三民主义的第三项是民生主义，世界上行这项主义最新的国家，只有俄国”③。当日本对俄国坚持敌对的立场时，孙中山在《致犬养毅书》中劝诫说：“日本当首先承认露国政府，宜立即行动，切勿与列强一致。”日本与俄国“既有密切之关系外”，“夫苏维埃主义者，即孔子之所谓大同也”。“露国立国主义不过如此而已”，“况日本为尊孔之国，而对此应先表欢迎，以为列国倡，方不失为东方文明之国也”④。在此，孙中山高度开放和兼容的立场昭然若炬：“民生主义就是社会主义，又名共产主义，即是大同主义。”⑤

对于民生问题的关怀和求解之道的探索，不仅成为孙中山革命理论体系中的内容之一，而且也构成其建设思想孜孜以求的终极目标。“本党既服从民生主义，则所谓‘社会主义’、‘共产主义’与‘集产主义’均包括其中。”⑥在孙中山的思想体系中，民生主义具有超越历史局限，具有跨时代的久远的思想价值和社会意义。“‘民生’二字，实已包括一切经济主义。”⑦事实上，孙中山已将民生提升为“人类社会历史的中心”⑧地位了。

---

①《孙中山全集》第 6 卷，第 6 页。
②《孙中山全集》第 6 卷，第 8 页。
③《孙中山全集》第 8 卷，第 349 页。
④《孙中山全集》第 8 卷，第 405 页。
⑤《孙中山全集》第 9 卷，第 355 页。
⑥《孙中山全集》第 9 卷，第 112 页。
⑦《孙中山全集》第 9 卷，第 112 页。
⑧张静愚：《发刊词》，《河南建设》1934 年创刊号。

四 舍建设何以言革命:近代革命的本义

民国奠立之际,孙中山对于新中国建设之未来充满希望:“中华民国成立,不过第二年,改革虽已成功,惟建设尚在幼稚……建设虽不比破坏之难,无大危险,无大牺牲,然当此新破坏以后,我四万万人,尚在艰难困苦之中,必俟建设完全,方能安享幸福。”①孙中山多次以推倒旧屋和建造新屋来比喻革命与建设的关系:“当我们推倒专制,好比将旧屋推倒,以后六年工夫,原要将新屋造成。”所不同之处在于,“革命党提倡革命,是初一步的工夫,建设真正共和则全靠国民”②。在民国初始几年,孙中山尚不认为建设难于革命,“夫革命事业,莫难于破坏,而莫易于建设”③。

“一旦旧政府推翻,则破坏之功竣矣”④,“欲筹建设”成为民国政府的急切之务。孙中山曾率先投身交通建设,以“吾人今日实力肩担,勉为其难”⑤的垂范之行,期以民国建设高潮的推进。对于革命与建设的关系问题,孙中山认为二者是前后相继性质不同的两个问题;某种意义上,建设是与革命相对应的问题。“是故当满清之世,予之主张革命也,犹能日起有功,进行不已;惟自民国成立之日,则予之主张建设,反致半筹莫展,一败涂地。”⑥在民国初期,孙中山将建设看作是革命成功后的事业,其手段与宗旨与革命全然不同。“革命党提倡革命,是初一步的工夫,建设真正共和则全靠国民……可知共和国家断非一蹴可致的。”⑦总体上他认为革命已经成功,而建设尚待进行,即“中华民国成立,不过第二年,改革虽已成功,惟建设尚在幼

---

①《孙中山全集》第3卷,第47页。

②《孙中山全集》第4卷,第112页。

③孙中山:《建国方略》,张岱年主编:《中国启蒙思想文库》,“自序”第69页。

④《孙中山全集》第3卷,第62页。

⑤《孙中山全集》第4卷,第123页。

⑥孙中山:《建国方略》,张岱年主编:《中国启蒙思想文库》,“自序”第2—3页。

⑦《孙中山全集》第4卷,第112页。

稚”①。虽然“革命成功已经八年”②,但“我四万万人,尚在艰难困苦之中……必俟建设完全,方能安享幸福”③。

然而,民初政局的动荡逆变却一再将建设时代迟滞推延,迫使本已明言“革命告成”的孙中山不得不再投身于“二次革命”或“继续革命”,并重新思考和定位革命与建设的关系。民国社会政治一再陷于动乱纷争之中,共和制度命运多舛,孙中山开始重新反思何谓“革命成功”的问题。1918 年之际,孙中山已经清晰地形成了革命其实并未成功的认识:“民国成立七年,中经帝制,转而复辟,民国已亡。”④虽然迭经战事,而且军事斗争的成功也彰明昭著,孙中山却不再被近在眼前的得失遮蔽根本性的久远之图:“无识者以为军队战胜,便是革命成功,而不知实系观察错误……然革命须用军队之故,乃以为手段,以杀人为救人。杀人为军队之事,救人乃党人之事……今者愈弄愈坏,革命名词失其尊严神圣,其咎实在于革命党人不做革命奋斗工夫。”基于此,他一再强调,应该以“主义之力量”而不以“军队之力量”来建国⑤。无论是推翻清朝专制政权,还是颠覆袁世凯的“洪宪帝制”,都难以真正标志共和革命的成功。因为“推翻那个大皇帝之后,便生出无数小皇帝来。象现在各省的督军、师长和北京的总统、总长,都是小皇帝……故民国徒有民国之名,仍受专制之实”⑥,甚而至于“种种黑暗腐败比前清更甚,人民困苦日甚一日”⑦。只要“民国还不是在人民之手,完全是在武人官僚之手”⑧,“这就是我们的革命仍然算失败”⑨。

经历严酷的历史实践和理性的反思后,在 1920 年代前后,孙中山修正了将建设与革命二分的立场,开始将建设与革命两大问题统

---

①《孙中山全集》第 3 卷,第 47 页。
②《孙中山全集》第 5 卷,第 124 页。
③《孙中山全集》第 3 卷,第 47 页。
④《孙中山全集》第 5 卷,第 344 页。
⑤《孙中山全集》第 8 卷,第 503 页。
⑥《孙中山全集》第 9 卷,第 60 页。
⑦《孙中山全集》第 9 卷,第 99 页。
⑧《孙中山全集》第 8 卷,第 319 页。
⑨《孙中山全集》第 8 卷,第 96 页。

合为一个整体的思想体系。从而,孙中山不仅仅完善了其建设思想本身,而且也为近代革命注入了新的内涵,从时代高度赋予其特有的意义与价值。

孙中山提出,革命是一个完整的历史进程,这一进程包含“破坏”与“建设”两大阶段,即革命分为两个阶段或者表现为两种方式,即“破坏之革命”与“建设之革命”。“我们革命党在十三年前革命,推翻满清,创造民国;现在革命,建设民国。”①它是一个完整的思想体系,而且在本质上不容分离,“是革命之破坏与革命之建设必相辅而行,犹人之两足,鸟之双翼也”②。甚至在民国时代的建设,手段意义上的革命也是必不可少的,即“现在我不单是用革命去扫除那恶劣政治,还要用革命的手段去建设”③。从而,民国之建设是“革命之建设”。就此而言,建设即革命,革命即建设。改造中国第一步的方法,“只有革命。革命两字,有许多人听了,觉得可怕的。但革命的意思,与改造是完全一样的。先有了一种建设的计划,然后去做破坏的事,这就是革命的意义。譬如我们要建筑一新屋,须先将旧有的结构拆卸干净,并且锹地底,打起地基,才建筑坚固的屋宇”④。

民国实践一再证明,“建设之革命”比之于“破坏之革命”诚有更为艰难之处,“总而言之,今日艰难之建设,为最高之代价”,“共和国家断非一蹴可致的”⑤。因此,“彻底成功的革命”,是既有“破坏之革命”,也有“建设之革命”的“有始有终”⑥的一个历史进程。

再则,建设既是革命的目标,建设之完成才是革命成功的标志。辛亥鼎革之际,人们曾一度沉浸于革命成功的欢欣之中:“人人皆以为辛亥革命推翻满清便是革命成功。”⑦然而情势的变幻愈来愈超乎革命党人(包括孙中山)的预料,以至于“满清鼎革,继有袁氏;洪宪随堕废,乃生无数专制小朝廷。军阀横行,政客流毒,党人附逆,议员卖

①《孙中山全集》第10卷,第25页。

②孙中山:《建国方略》,张岱年主编:《中国启蒙思想文库》,“自序”第63页。

③《孙中山全集》第5卷,第400页。

④《孙中山全集》第5卷,第126页。

⑤《孙中山全集》第4卷,第112页。

⑥《孙中山全集》第9卷,第126页。

⑦《孙中山全集》第8卷,第432页。

身，有如深山蔓草，烧而益生，黄河浊波，激而益溷”①；民国“政治上、社会上种种黑暗腐败比前清更甚，人民困苦日甚一日”②。正是面对“今日政治不修，经济破产，瓦解土崩之势已兆，贫困剥削之病已深”③的现状，孙中山从“革命成功”迷梦中幡然醒悟：“综十数年已往之成绩而效程功，不得不自认为失败。”认为“此则目前情形无可为讳者也”④。“不知道革命何时可以成功，并不想到成功以后究竟用一个甚么通盘计画去建设国家……这就是我们的革命仍然算失败。”⑤

建设之完成才从根本上决定着革命之成功，“民国一天没有建设好，本党就要奋斗一天……从前的破坏成功，现在的建设不能成功。我们要本党的革命，自破坏以至建设彻底做成功，还要国内外同志大多数都担负这个责任，更行努力去奋斗”⑥。“建设一为民所有、为民所治、为民所享之国家”才能“以达革命之目的”⑦。因而，革命成功的唯一标志：“即建设告竣之时，而革命收功之日也。”⑧

尤其需要提出的是，当“建设”超越曾经的与“革命”二分的局限后，就不仅仅是在革命理论体系中容含了建设思想，而且是由“建设之革命”的内容与性质，从根本上决定了革命的内涵与时代特征，使得孙中山终生致力的“革命”获得了独特的时代价值。

我们知道，20世纪之初风起云涌的“全球革命潮”，将革命话语推演为时代性风潮时，时人多以传统时代的造反、起义、光复甚至暴动等来理解“革命”本身⑨。“革命二字出于《易经》汤武革命，顺乎天而应乎人”⑩，与中国传统文化的联系渊深源长。但是，孙中山却努力张扬近代革命的时代内涵，特别揭橥“余之革命主义，三民主义、五

---

①《孙中山全集》第8卷，第429页。

②《孙中山全集》第9卷，第99页。

③《孙中山全集》第8卷，第429页。

④《孙中山全集》第9卷，第99页。

⑤《孙中山全集》第9卷，第96页。

⑥《孙中山全集》第8卷，第280页。

⑦《孙中山全集》第5卷，第132页。

⑧《孙中山选集》上册，人民出版社1956年版，第211—212页。

⑨冯自由：《革命二字之由来》，《革命逸史》初集，第1页。

⑩贝华编：《中国革命史》，“附录二”第206页。

权宪法是已”①，并使之与传统时代之造反、暴动、起义等话语相区别。因此，近代之革命显然与前代革命不同，因为“今日与前代殊……虽经纬万端，要其一贯之精神，则为自由、平等、博爱”，“故前代为英雄革命，今日为国民革命”②。尤其是民国之后，孙中山在建设思想的逐步建构过程中，最终确立了“舍建设无以言革命”的立场：“中国历史上之革命，其混乱时间所以延长者，皆由人各欲帝制自为，遂相争相夺而不已。行民主之制，则争端自绝，此自将来建设而言之者也。”③建设之完成，不仅标志着革命之成功，而且从根本上决定了近代革命的时代属性：“今日之革命，与古代之革命不同。在中国古代，固已有行之者，如汤武革命，为帝王革命。今之革命，则为人民革命，此种革命，乃本总统三十年前所提倡者。此种革命主义，即三民主义。”④

民国以来，从革命到建设既是一个客观演进的历史进程，也是承载着厚重思想内涵的一个时代命题。作为“革命先行者”的孙中山，在革命理论和建设思想的建构上，都拥有领先于时代的思想先觉，也有着率先践行的垂范之功。从历史的深度和时代的高度去总结、提炼这一命题所蕴含的历史价值及其思想启示，对于我们今天的社会实践和理论建设，都不无意义。

（原载《广东社会科学》2013年第3期）

---

①《孙中山选集》上册，第212页。

②邹鲁：《中国同盟会》，中国史学会主编：《辛亥革命资料丛刊·辛亥革命（二）》，上海人民出版社1957年，第15页。

③《孙中山全集》第7卷，第61页。

④《孙中山全集》第6卷，第11—12页。

历史转折与时代诉求

——对近代中国乡村建设思想的再思考

20 世纪 30 年代前后，乡村建设的各种思想、主张风起云涌，汇聚为社会性思潮，并从社会实践层面上相互促动，共同推助，蔚为声势颇壮的社会运动。据南京国民政府实业部的调查，“全国已有六百多个团体从事农村工作，有一千多处从事实验”①。而全国的乡村建设团体也已“有了一千零五个”②。“建设乡村，是全国上下的呼声。所以乡建运动，是一个应运而生的社会运动。”③乡村建设运动（简称乡建运动）可以远溯“自清末之村治运动”④，甚至也可以从传统乡约或乡村自治规约中寻绎出某种关联，但其之所以在 1930 年代之际超越个人主观诉求，并引动着众多团体和人们“各从不同动机，不期而

---

①李竞西：《参加乡村工作讨论会记》，《乡村建设》1934 年第 4 卷第 10—11 期合刊。

②陈序经：《乡村建设的组织与方法的商榷》，天津《大公报·经济周刊》1937 年 4 月 21 日。

③傅葆琛：《乡建运动总检讨》，陈侠、傅启群编：《傅葆琛教育论著选》，第 403 页。

④傅葆琛：《乡建运动总检讨》，陈侠、傅启群编：《傅葆琛教育论著选》，第 403 页。曹立新也著文称：“乡村建设运动的起源可以追溯到清末民初的地方自治运动。”曹立新：《走向政治解决的乡村建设运动》，《二十一世纪》2005 年总第 91 期。

然地集于乡村运动一途”①，显然有着更深层面的社会历史演进机缘或必然性的时代诉求。其中更值得我们去探迹索隐的，正是所谓“着力于‘合于社会事实’的‘共同旨趣’的呈现”的历史因缘。

一　引论：延安论辩的思想意义

还在抗日战争的艰难岁月里，在黄土高原的延安窑洞里就发生过一场关乎中国历史、现实与未来的思想论争。1938年1月，梁漱溟以国民参政员的身份到延安进行访问的，在窑洞与中共中央军委主席毛泽东进行会谈②。在民族危难空前严峻的情势下，忧心忡忡的梁漱溟向毛泽东提出了“中国的前途将如何？中华民族会灭亡吗?”的问题。毛详尽地分析了国内外大势，敌、我、友三方情势及其变化态势，得出了中国必胜日本必败的结论。显然，毛泽东的这番宏论即是完卷不久的《论持久战》的要点和大意。梁立时感到：“他说得头头是道，入情入理，使我很是佩服。”③但第二次一个通宵的谈话主题却是“中国问题，亦即是如何建设一个新的中国问题”。对战后新中国的道路选择和前途问题上梁却自有成见，与毛的主张、立场分歧显然。毛泽东坦率地说，拜读了你的大作《乡村建设理论》，“你的著作对中国社会历史的分析有独到的见解……但你的主张总的说是走改良主义的路，不是革命的路”。但是，“改良主义解决不了中国的问题，中国社会需要彻底的革命”④。中共还是要搞阶级斗争，通过革命来挽救中国。梁漱溟争辩道：中国社会阶级分化对立不强烈、不固定，“根本分不出阶级(只有家族观念，而无阶级观念)”⑤，“朝为田舍郎，暮登天子堂；将相本无种，男儿当自强”⑥。立足于阶级斗争的革命，不适合中国的历史和现实，中国未来选择当立足于建设。毛泽东

①梁漱溟：《乡村建设旨趣》，《乡村建设》1934年第4卷第14期。

②谭特立：《梁漱溟与毛泽东的恩怨情结》，《人物春秋》2002年第6期。

③汪东林编：《梁漱溟问答录》，第84页。

④汪东林编：《梁漱溟问答录》，第85页。

⑤梁漱溟、侯子温：《中国社会构造问题》，《乡村建设》1936年第6卷第3期。

⑥汪东林编：《国共在重庆政治协商　梁漱溟呼吁停止内战》，http://china.com.cn，截止日期：2007年11月13日。

十分耐心地听完梁漱溟的长篇大论，然后心平气和地说："中国社会有其特殊性，有自己的文化传统，有自己的伦理道德，梁先生强调这些也并没有错。但中国社会却同样有着与西方社会共同的一面，即阶级的对立、矛盾和斗争，这是决定社会前进最本质的东西。我以为梁先生是太看重了中国社会特殊性的一面，而忽略了决定着现代社会性质的共同性即一般性的一面。其理由我再申述之……"梁漱溟却不以为然，认为毛泽东"太看重了一般性的一面，而忽略了最基本、最重要的特殊性的一面"。双方不断反复地申述自己的观点，坚持着自己的立场，"两人相持不下，谁也没有说服谁"①。

一个是中共政党领袖和政治家，一个是乡建运动领袖和思想家，基于不同立场、利益取向和学术认识的这场论辩，原本就不存在获得思想统一或认同的主观诉求，也没有任何强制服从的政治需求，更多地多体现着一种平等的思想交流和面向未来的政治沟通态势。48年后的1986年秋天，已经93岁高龄的梁漱溟在回顾这次争论时，还心绪激动地说：现在回想起那场争论，使我终生难忘的是毛泽东作为政治家的风貌和气度。他既不动气，也不强辩，说话幽默，常有出人意料的妙语②；明明是各不相让的争论，却使你心情舒坦，如老友促膝交谈。我还记得他最后说，梁先生是有心之人，我们今天的争论可不必先作结论，姑且存留，听下回分解吧③。

毛泽东与梁漱溟会谈的话题和思想论辩显然十分广泛，但关于阶级斗争的革命问题无疑是双方论争的焦点。梁漱溟"早年就读过一些经典著作"但他"并不信奉共产主义学说，尤其是关于在中国社会里，仅持阶级和阶级斗争的学说，解决各种问题"的理论"一直不敢苟同"④。当时两人的思想论辩未见分晓，但客观的历史行程却昭然可见。十余年后，面对中共在战火中最终赢得政权并宣告中华人民共和国诞生的这一事实，梁漱溟在1951年的《光明日报》上发表了

---

①汪东林编：《梁漱溟问答录》，第86页。

②汪东林编：《梁漱溟问答录》，第86页。

③汪东林编：《国共在重庆政治协商　梁漱溟呼吁停止内战》，http://china.com.cn，截止日期：2007年11月13日。

④汪东林编：《梁漱溟问答录》，第83页。

《两年来我有了哪些转变?》一文。在这前后,他又在《何以我终于落归改良主义?》等文中坦露心迹:“若干年来我坚决不相信的事情,竟然出现在我眼前。这不是旁的事,就是一个全国统一稳定的政权竟从阶级斗争中而建立,而屹立在世界的东方。我曾经估计它一定要陷于乱斗混战而没有结果的,居然有了结果,而且结果显赫,分明不虚。”有人认为,梁漱溟的检讨和反省虽然没有说清楚自己思想转变的来龙去脉,但却在事实面前,承认了对于中国前途的问题,毛泽东的路子对,而自己是错的①。梁漱溟特别强调说:“此次到西南参加土地改革,在下面看了看,才知道高高在上的北京政府竟是在四远角落的农民身上牢牢建筑起来;每个农民便是一块基石。若问似这般鬼斧神工从何而致?还不是说破唇皮的四个大字:阶级斗争!”②

社会历史演进的轨迹与社会思想揭示的方向,往往不会是完全重合的线性相关。延安时期发生在梁漱溟与毛泽东之间的思想论辩,平等思想交流背后的力量和运势其实并不对等。作为中共领袖的毛泽东已经拥有谋划未来政治的时运和力量,获取天下的雄心、信心和决心正在与日俱增;一个职业革命家的思虑和立场,断然有着自己特立独行的品质,也具备着掌控和影响未来局势的能力和条件。而作为一介书生或思想家的梁漱溟,凭借自己浓厚的学识思想和对于历史、现实的深度把握,对民族文化和国家建设提出具有自己独特见解的方案或实施路径。他只有学术和思想,或者只有基于思想的社会影响和感召力——当然作为思想领袖的他也不乏许多崇拜者和追随者。显然,从对于整个国家形势和政局的操控、影响与基于思想影响未来的久远价值而言,二者并不处于相同的等高线上。

但是,双方论争触及的时代性命题却具有超越眼前利益和短期时势的意义与价值。毛泽东代表共产党人坚持的农村革命选择,与梁漱溟为代表的乡村建设选择,既不应简单地归结为革命与改良的主义对立,也不能机械地以建设为革命(破坏)的否定关系。近代以来,无论从社会思潮的趋向,还是从实践运行的历程,其实都经历了

①汪东林编:《国共在重庆政治协商　梁漱溟呼吁停止内战》,http://china.com.cn,截止日期:2007年11月13日。

②汪东林编:《梁漱溟问答录》,第158页。

从革命到建设的历史性转变，尽管这一转变的历史轨迹和时序演化，因政党和权力主体之不同而有不同的呈现方式和理论诠释。革命与建设是共生共存于整个近代中国历史进程之中的命题，而且就客观历史顽强而执着的指向性（目标性）而言，建设最终构成了时代的主导方向。因而，中国共产党和毛泽东创建的农村包围城市的革命实践的成功，并不成为乡村建设思想的否定性史证。

毛泽东与梁漱溟的思想论辩，尽管角度不同，着力点不一，但所关涉的论题却是时代性的命题：革命与建设。这一命题在直面现实中被提出，但它却发端于深层历史文化的根基，也具有指向未来的价值和意义。近代以来，叱咤风云的“革命党”一旦获取政权后，革命话语终归让位于建设话语，革命的实践终归让位于建设的实践（国民党与共产党皆然）。因而，从近代历史的进程来看，在革命仍然构成那个时代的主导选择时，当民国建设思潮开始涌起时，梁漱溟等一代学人或思想家们精心建构的乡村建设理论及其推动的社会运动，它所包含的社会文化内涵和实践理性，在当代新农村建设的时代主题下，也许更值得我们再认识和再反思！往事虽然如烟，思想成果的凝结却留存久远！

二　社会建设：乡建思想的主导方向

1930年代之际，近代中国乡村建设思想在理论建构和区域实验方面磨砺既久，并且在各种主张、认识的互动和碰撞中，取得了相对的共识。在各种思想和社会改造方案竞相争锋的态势中，乡村建设思想自成体系，也影响深远。一如梁漱溟所言：“在不过有人想走近代资本主义的路，有人要学苏俄，有人要学意大利，所见种种不同。乡村建设亦是其中一种，并且亦许是渐渐要占势力的一种。”①其实，民国甫一成立，“新中国”建设的时代课题就摆在世人面前，尽管国内政局和国际大势还并未营造出有利建设的环境和条件。作为“革命之父”的孙中山认真思考和规划国家建设的方案——《建国方略》已

①梁漱溟：《乡村建设理论》，《乡村建设》1935年第5卷第10期。

在筹谋之中①。南京国民政府建立后，建设倡议和主张一时并起且已从某些实务层面上加以落实。建设的各种主张和实务已经被广泛关注，建设问题也呈现为时代问题。如何建设的问题，或者说建设的方向逐渐成为社会瞩目的焦点。“现在的中国人都正在徘徊歧路，有的指引他们走到苏俄去，有的指引他们走到美国去，有的指引他们走到德国或意大利去，真可谓纷歧之至”②。乡村建设思想的路向选择，旨在超越以上所谓“歧路”徘徊，别开蹊径，另谋一条“去求得中国问题的解决，而建设一中国新文化之运动”③的道路。

现实的生存景况和历史情状无疑是思想认识的基点，也是“乡村建设学派产生的社会背景”④。当时的经济匮乏和财赋窘迫无疑构成了建设方案或复兴农村主张最急迫的压力，国民政府1930年代开始大力倡导推进国民经济建设，显然也是针对这一现实问题的因应。1935年4月1日，蒋介石在贵阳的一次记者招待会上，首次提出开

①相关论述参见本书第五章中《建设告竣时　革命成功日——论孙中山建设思想的形成及其时代特征》一节内容。

②马芳若编：《中国文化建设讨论集》上编，上海书店出版社1935年版，“何序”第1页。

③黎康民：《乡村运动与政府农政之分际问题（中）》，《乡村建设》1936年第6卷第8期。

④郑杭生、李迎生：《中国早期社会学中的乡村建设学派》，《社会科学战线》2000年第3期。

展国民经济建设运动①，随后国民政府进行政府动员，加大了国民经济建设运动的力度。但以梁漱溟为代表的乡村建设学派，却超越了经济的诉求和政局的迷乱，而着力于长远的建构，谋求社会建设的主导方向。

乡村建设显然不是单向度的经济建设，“乡村建设运动实是图谋中国社会之积极建设的运动”②。这决定了“乡村建设天然是一种社会运动”③，作为社会运动，它并非源于思想家的个体诉求和主观实验，一定程度上它体现的是历史演进的客观进程及其对历史反思基础上的路向选择。梁漱溟认为，“过去一切革新运动，所以未见成功者，盖以过去一切，始终无外一种上层运动，而与下层民众无与。今后必须使大多数民众觉醒，献其心力，而后建设可期，民族复兴可致，而中国大多数的民众，固在乡村，此其一。中国旧日社会之组织结构，迄于今日，既已崩溃，而新者未立，一切政治、经济、社会等问题，俱悬而未决。所谓革新运动之中心工作，实应为解决各种问题，创建

①1935 年 4 月 1 日，蒋介石在贵阳首次提出开展国民经济建设运动，并作了简要解释。随后，南京政府立法委员会委员史维焕等发起组织国民经济建设协会。南京中国社会问题研究会召集国民经济建设座谈会，遍邀各地名流、专家座谈国民经济建设有关事宜，并将这次会议的结果，在该会季刊《中国社会》第 2 卷第 1 期上集中发表。国民政府主席林森也于 1935 年 9 月 22 日在国府纪念周上作了《国民经济建设的重要》之讲演。1935 年 12 月，国民党五届一中全会通过了《确立国民经济建设实施大纲案》，对国民经济建设，做了更为具体的规定。1936 年 6 月 3 日，国民经济建设运动委员会总章颁布。按照总章规定，应在首都设立国民经济建设总委员会，由蒋介石任会长，各省及直辖市设立分会，各县设立支会。在总会设立之前，先于实业部内设总会筹委会，以行政院副院长孔祥熙、实业部部长吴鼎昌、秘书翁文灏为筹备委员，吴鼎昌为主任委员。所有各分、支会应由各省政府主席、各直辖市长及行政督察员或县长派定筹备人员，并指定各省建设厅厅长或相当人员为主任筹备委员。6 月 8 日，总会筹委会正式成立。总、分、支会章程遂公布于世。经过一个月的筹备，7 月 8 日上午，国民经济建设总委员会成立大会在南京实业部大礼堂正式召开。会长蒋介石首先致辞，吴鼎昌报告了常务工作，委员孔祥熙、孙科也作了发言。总会成立后，拟定了关于宣传、训练建设人才、建设事业、副业四项工作的十一条基本方针。

②梁漱溟:《乡村建设理论》,《乡村建设》1935 年第 5 卷第 10 期。

③梁漱溟:《乡村建设理论》,《乡村建设》1935 年第 5 卷第 10 期。

吾民族社会新组织结构之工作。而凡此问题之解决、新组织结构之建设,必肇端于乡村,此其二”①。这是乡村建设运动与国家权力和政府行政范畴的“农政”不同之关节所在,也是乡村建设思想家们特别强调的内容之一。黎康民在检视乡村建设运动历程时认为,过去乡村建设之所以能开展,并转变近代中国政治形势中之破坏乡村的现政权,成为建设乡村的现政权,“使得它的政权性变质而发挥善良的功能,就是因为乡村运动本身有动力,而且发自社会,有其不竭的‘力源’”②。显然,以社会运动方式展开的乡村建设,在实践层面上揭示着乡村建设思想的主导方向在于整体的社会建设,而不是偏执于一端的建设事项。“乡村建设是整个新社会结构的建设,并非是头痛医头脚痛医脚的事,而是从根本上谋整个的建设事业,所有文化、教育、农业、经济、自卫等各方面工作都是互相连贯的,是由整个的乡建目的下分出来的,各方面工作的发展,合起来就是整个乡建事业的发展”③。

社会秩序的重构或社会关系体系的建设,构成了乡村建设思想的核心内容。因此消弭社会冲突和利益纷争是其社会建设的基本诉求,所以其着力点在于社会环境的改造或建构。乡建思想家们大多注重社会对于个体人的作用,认为对于社会而言,人的作用和影响微不足道。“我们应当看重社会关系与其历史的演变。个人在社会中的分量真是太小了,社会环境之力真是太大啊!昔时有人批评曹孟德为‘治世之能臣,乱世之奸雄’;为能臣,为奸雄,其权不在于他自己,而在于治世乱世的社会环境。”④作为具有系统理论与实践路径的社会思想,乡村建设思想尽管对现实中的革命、斗争和政权纷争主张或路线持否定和质疑立场,但却将其之所以如此的原因归结于社会本身。“社会上的一般人,有的以共产党为洪水猛兽,有的以军阀

①梁漱溟:《乡村建设理论》,《乡村建设》1935年第5卷第10期。

②黎康民:《乡村运动与政府农政之分际问题(上)》,《乡村建设》1936年第6卷第7期。

③晏阳初:《十年来的中国乡村建设》,宋恩荣主编:《晏阳初全集》第1卷,湖南教育出版社1989年版,第565页。

④《朝话:我们应有的心胸态度》,《乡村建设》1936年第5卷第20期。

为贪鄙糊涂，其实这都是因为隔膜的缘故。人与人彼此之间，都相差不多，距离是很近的；如果有距离，只是到末流时才大，开头是很小的。社会间的人需要彼此了解；彼此隔阂将增加社会的不安，是社会扰乱冲突的主要因素。”所以，从根本上来看，“其责任不在他自己……在此种社会中则如此，在彼种社会中则又将如彼，这真是最确实的话……因此，我们所要做的工夫，要紧的就是在转移社会之大势，把每一个人放在一个合适的场合中，使他们得以尽量发展其天才，俾各得所用。我的用心与认识就是如此。必能转移社会之大势，乡村建设运动，才有其意义”①。梁漱溟构建的一个理想的健全的社会，是人们互相依存，人尽其才，各尽所用的社会：“如果互相依存的一面，多有发挥的可能时，那么，这社会就平顺地向上进步；如果进步到满了那可能的限度，那么，其矛盾的一面就严重化、尖锐化，而免不了爆发革命。所有政治构造都是依此形势而建立，所有社会内各样的政治运动无非本着其为某种样、某部分、某方面势力的背景立场而向前竞争斗争……中国今日恰是落到一个散而且乱的情形，其社会内部没有清楚的分野，一切人的背景立场可以说都不同，又都差不多，其间的矛盾都不重大、不坚强；因此几乎无法形成一种政治构造，到只有一条可走，那就是尽着力量抛开各自特殊的背景、立场，而单纯地求调和、联合，以谋其社会内部的调整统一，而应付国际环境。”②

社会对于个人的巨大作用，既有传统文化观念的历史支撑，也有凝聚民族力量的现实诉求，故立足于社会建设就成为乡村建设思想建构的基本方向。梁漱溟坦言：“我深刻相信，人当初的动机都是好的——人情大情不相远。”“现在所要的是要合不要分，要通不要隔。谁能联合一切，打通一切，谁就是转移社会关系而让民族复活的。民族的生命就维系在这一点上。”③因此，乡村建设的主旨在于社会结构或社会组织的建设。这在卢作孚的乡建思想中也体现得十分鲜明。卢作孚主张，“公共理想的利益，是完全在公众身上的，个人只是在公众中间享受的一员，但绝不能由个人占有了”。他甚至认为，人

①《朝话：我们应有的心胸态度》，《乡村建设》1936年第5卷第20期。
②《朝话：我们应有的心胸态度》，《乡村建设》1936年第5卷第20期。
③《朝话：我们应有的心胸态度》，《乡村建设》1936年第5卷第20期。

类社会建设的目标就是这种公共理想的社会，所谓“人与人间乃不觉其妨，却觉其相需”，“它是人间可以实现的天国，圆满无缺。人都愿意实现它，而且实现了它之后，又把它重新创造”①。

当然，对中国历史文化的认识是乡村建设思想体系建构的基石之一。乡村建设主张者强调中国社会历史在世界历史演变趋势中的特殊性，认为“数千年之立国基础，既在农业，则其经济等，亦莫不根据于此。我们细查中国社会实不过三十万疏落之农村而已，其社会组织，密于家族，亲于乡里，或为伦理本位的社会；其在政治上，则自由太多，缺乏组织力量及国家观念，既不像封建国家，更不像近代国家”②。但是，面对西方势力向东方或中国的强力推进，传统中国固有的社会结构和社会组织骤然崩解，失去了维系社会生活的功能。梁漱溟说：“中国社会本来所具有的那全套组织构造，在近数十年内一定全崩溃，一切一切只有完全从头上起，另行改造……从那里改造起？何从理头绪？何处培养萌芽？还是在乡村。”③这就决定了乡村建设“就是启发社会的力量；使死的散漫的变成活的团聚的社会，没有力量变成有力量。要让社会有力量，须打通地方上有力量的人的心。现在最不了的是大家缺乏公共意识；要大家有公共意识，须先在地方上开出大家的公共意识”④。

此外，立足于中西比较也是乡村建设思想建构的基石之一。晏阳初认为，“中国自鸦片之战以后……忽而学东洋，忽而学西洋，今日忙这样，明日忙那样，但都没有把根本认清，所以仍然是束手无策”。因此，“今后我们必须拿定主意，下大决心，钻进农村深入民间，造就这8000万的农民青年，叫他们来担负这民族再造的使命”⑤。梁漱溟当看出“中国社会组织构造已属崩溃时，便在比较中西社会组织构造之不同中，一方面寻求西洋社会的组织构造，如何从历史之背景演

①卢作孚：《四川人的大梦其醒》，凌耀伦、熊甫编：《卢作孚文集》，北京大学出版社1999年版，第70—71页。

②李宪武：《中国教育之新动向》，《乡村建设》1933年第3卷第7期。

③《梁漱溟先生讲演·自述》，《乡村建设》1935年第5卷第8—9期合刊。

④《朝话：启发社会的力量》，《乡村建设》1934年第4卷第7—8期合刊。

⑤晏阳初：《中国农村教育与农村建设问题》，宋恩荣编：《晏阳初文集》，教育科学出版社1989年版，第120页。

变而来,我们何以不能成那样的社会。依之,过去是那样,现在当然另是一个样子,将来又是一个样子……我的主张更坚决不疑。在这些地方,得益于马克思和共产党各方面之启发不少;我的主张虽不同于马克思和共产党"①。作为一种社会思想的建构,乡村建设思想并不是拘泥于传统狭小的认识空间,而着眼于对近代以来西学引入和西制移入历史实践的审视,尽管这种审视有着特有的角度和局限性②。正是在比较中,梁漱溟认识到:"在此时候觉悟到一切现成的政治制度都无法拿来应用于中国。"③

基于对已有历史选择的反思,乡村建设思想对于西化路向选择发生质疑,开始立足于中国社会历史与现实的需求重新建构自己的发展道路。立足于历史审视和中西比较的视野,乡村建设思想的建构重心确立于中国乡村社会。这一重心的理论解说突出体现在梁漱溟关于乡村建设理论的演讲中:"因为我看的通体,看的整个……成熟了我今日乡治的主张。此项主张之成立,过去对于东西文化之研究,启发实在很多。""我提出'乡治'的主张是民国十七年的事,而主张之前后贯通,完全成熟,则近三年间事也。"④他强调,"我之用思过程,乃是从眼前实际问题起",虽然"我主张之乡村建设,乃是想解决中国的整个问题,非是仅止于乡村问题而已。建设什么?乃是中国社会之新的组织构造(政治经济与其他一切均包括在内),因为中国社会的组织构造已完全崩溃解体,舍重新建立外,实无其他办法。至若应用这个名词亦有几度修改。十七年我在广州时用'乡治',彼时在北方王鸿一先生等则用'村治',如出版《村治月刊》,在河南设立村治学院等皆是也。民国十九年……河南村治学院诸同人来鲁创办类似于村治学院性质之学术机关。我等来鲁之后,佥以'村治'与'乡

①《梁漱溟先生讲演·自述》,《乡村建设》1935年第5卷第8—9期合刊。

②如"西洋民主制度,不适宜于中国之民俗,既屡试而屡败矣。俄国共产党之说,尤属药不对症,服之无功。国运颠沛,至于今日,已咸知乡治为救亡之要道……恢复其本来之伦常社会,别无良法。"裴雪峰:《与蒙阴同学王意诚书》,《乡村建设》1932年第2卷第9期。

③《梁漱溟先生讲演·自述》,《乡村建设》1935年第5卷第8—9期合刊。

④《梁漱溟先生讲演·自述》,《乡村建设》1935年第5卷第8—9期合刊。

治'两名词不甚通俗,于是改为'乡村建设'"①。

即使侧重于乡农教育的乡村建设思想,也只是切入路径不同,其建设目标仍归于整体的社会建设,如"乡农教育,从一面看,是整个的人生教育,从他面看,也就是整个的乡村建设……人生教育的活动,大别可分为六项:即健康教育、生计教育、公民教育、精神教育、休闲教育及语文教育。乡村建设的活动可分为三大方面,就是经济一面、政治一面、文化一面……这两件事,实际就是一回事。是一而二,二而一的……我们的教育就是我们的建设,我们的建设也就是我们的教育。我们认为教育没有建设,是没有内容的;建设没有教育也没有生机。我们是在建设上实施教育,从教育里推动建设"②。因此,不能依字面意义上理解乡农学校的活动,它"不是囿于学校围墙以内。学校须尽社会指导的作用……乡农学校之在乡村社会,不只是一座学校,而且是一座区公所或乡公所;它不只干教育的事,也干政治的事,经济的事"③。乡农教育虽然从人生教育入手,却包含了社会生活的整体内容,如健康教育、生计教育、公民教育、精神教育、休闲教育、语文教育;并分列为三大体系,即经济建设、政治建设和文化建设,而归宗于乡村建设,因此乡村建设实为统括以上三大建设内容的系统的社会建设思想,如图 5-2。因此,1930 年代,社会建设作为乡村建设的主导方向或时代内容,已经被广泛认同。"现在我们应该知道建设的根本问题在哪里?不在经济,也不在教育……却在秩序,无论何种事业,秩序建设不起来,绝对不会有良好结果的",这实在"是乡村建设中不可避免亦不可疏忽的根本问题"④。卢作孚特别揭示,乡村建设内容虽然广泛,涉及六大方面建设(乡村教育建设、乡村经济建设、乡村交通建设、乡村治安建设、乡村卫生建设、乡村自治建设),但社会建设尤其是社会秩序或社会结构的建设是根本,国家政权也须着重于维系社会结构或社会秩序的建设,"此后,国家只须控制两个武器:第一是法律;第二是计划。两者都是维持秩序,法律从

①《梁漱溟先生讲演·自述》,《乡村建设》1935 年第 5 卷第 8—9 期合刊。

②杨效春:《乡农学校的活动》,《乡村建设》1933 年第 2 卷第 24—25 期合刊。

③杨效春:《乡农学校的活动》,《乡村建设》1933 年第 2 卷第 24—25 期合刊。

④卢作孚:《乡村建设》,凌耀伦、熊甫编:《卢作孚文集》,第 101 页。

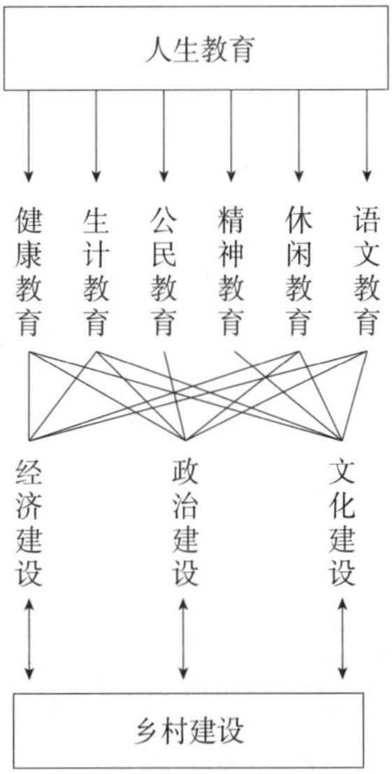

图 5-2　人生教育与乡村建设关系图

资料来源：杨效春：《乡农学校的活动》，《乡村建设》1933 年第 2 卷第 24—25 合刊。

消极方面规定了人民行动的范围，计划更从积极方面规定了人们行动的方向和途程……我想中国的十年计划，必比苏联的几个五年计划，规模更大，进步更〈速〉”①。

尽管早期的乡村建设主张和实践各有不同侧重，或以乡村自治为要，或以乡村自卫为重，或侧重于平民教育，或着力于乡村合作等等，但在发展演变趋向上最终却落归于社会建设的主导方向上。“无疑的，中国的乡村建设运动，已形成了现阶段一切社会运动之主潮。”②“真正的教育，如果想如此，非归到乡村建设不可。”③因为以培养“自动组织”或“共同的力量”的教育的目标，仍落实于“创立新的

①卢作孚：《国际交往与国家建设》，凌耀伦、熊甫编：《卢作孚文集》，第 579—580 页。

②齐植璐：《现阶段中国乡建运动之检讨》，《农村建设》1936 年创刊号。

③《梁漱溟先生讲演·自述》，《乡村建设》1935 年第 5 卷第 8—9 期合刊。

生活方式,建设新的社会结构”①。以社会建设和社会运动为导向的乡村建设思想,吸纳和融汇了众多各式各样的改造乡村、救治乡村、重建乡村的思想和力量,最终汇集为颇具声势的乡村建设思想大潮。“今日社会中心人士来从四面八方各不相同的方向,无一不趋归于一处,即是趋归于乡村建设”②。

“乡村建设实非建设乡村,而意在整个中国社会之建设。”③梁漱溟揭橥的旗帜,对于众多从事各种乡村实验、乡村教育、乡村运动的团体和个人而言,具有了一种方向性意义。

三　以乡建为固本:建设路径选择的再思考

当然,值得深思和进一步追问的问题是,既然定位于“整个中国社会建设”事业,又何以特别标示为乡村建设?而且沛然勃发的乡村建设思潮踵接于1920年代末国民政府大规模的建设规划之后,又如何把握和认识其间的历史关联和时代特征?任何不得不直面的现实问题,其实也都是历史的问题。

1930年代的乡村建设思想,事实上是近代以来更是民国以来建设发展路向的一个的历史性反拨。如果说孙中山《建国方略》的完成标志着对《革命方略》的超越,从而开始实现其从革命诉求向建设诉求转变的话④,那么南京国民政府的成立就预示着国民党及其政权开始以建设谋取未来的选择。“自从国民政府在南京成立以来,距今已整整十年了……在这纷争凌乱的时期以谋建设,实有许多阻碍和困难,然而,在国人共同要求下,建设事业在这十年来,虽未见有其整个计划,但也零零碎碎地有一点进步的活跃的气象。”⑤问题在于,近

---

①晏阳初:《十年来的中国乡村建设》,宋恩荣主编:《晏阳初全集》第1卷,第561页。

②《梁漱溟先生讲演·自述》,《乡村建设》1935年第5卷第8—9期合刊。

③晏阳初:《十年来的中国乡村建设》,宋恩荣主编:《晏阳初全集》第1卷,第561页。

④相关论述参见本书第五章中《建设告竣时　革命成功日——论孙中山建设思想的形成及其时代特征》一节内容。

⑤晏阳初:《我为什么第二次回到祖国》,宋恩荣主编:《晏阳初全集》第2卷,湖南教育出版社1992年,第559页。

代以来的整体建设却基本依循“以都市支配农村”的方向展开，“在以都市支配农村的经济组织系统下，抛却了都市与农村的关系”①。这一取向逆转了传统中国社会运行的路线。“从前现代城乡协调交换的观点看，中国就是一种稳定的样板。城乡之间被一条鸿沟截然划开的问题，并未变得十分明显”。因而，“中国城市没有变成既吸引穷人又吸引富人的磁石……城市只在很少几方面有别于农村”②。但是，1912 年之后“10 年到 20 年代初，中国的民族资产阶级就开足了马力，出身了新一代从事工业生产和采用工资雇佣制的企业家”③。而现代工业、企业、事业的成长或现代政权建构的展开，总是伴随着城市化的推进。“沿海城市现代企业的增长，只是企业更加普遍发展的一个方面，无疑这是最显著的一个方面。从 1912 年至 1920 年，中国现代工业的增长率达到 13.8%(这样迅速的增长，只是在 1953 年至 1957 年的第一个五年计划时期才再度遇到)。”④近代工业在工农业总产值中所占比重也大幅变动，“由 1920 年的 4.9%提高到 1936 年的 10.8%”⑤。正是在“中国民族工商业的‘黄金时代’方才到来”的同时，“随着经济繁荣而来的是加速的都市化。城市人口的年增长率，大大超过了人口的总增长率”⑥。这体现着一种时代性的发展，在 19 世纪期间，城市人口总数以极缓慢的速度增长，其增长率和中国总人口的人口增长率大体相当。而在 1900—1938 年之间，城市人口的增长显然加快，其增长率几乎是总人口增长率的 2 倍。尤其“在中国 6 个最大的城市——上海、北京、天津、广州、南京、汉口”，“在

---

①《乡运者的话：对于农村建设的意见》《乡村建设》1936 年第 6 卷第 5 期。

②[美]吉尔伯特·罗兹曼主编，沈宗美译：《中国的现代化》，第 208、209 页。

③[美]费正清编、费维恺编，杨品泉等译：《剑桥中华民国史(1912—1949 年)》上卷，第 735 页。

④[美]费正清编、费维恺编，杨品泉等译：《剑桥中华民国史(1912—1949 年)》上卷，第 737 页。

⑤王先明主编：《中国近代史(1840—1949)》，第 529 页。

⑥[美]费正清编、费维恺编，杨品泉等译：《剑桥中华民国史(1912—1949 年)》上卷，第 736、740 页。

30年代，每年以2%—7%的人口增长率在发展”①。1930年代后期，人口100万—200万的城市增长33%，人口10万—50万的城市增长61%，人口5万—10万的城市增长35%②。可以说，“1900年后城市工厂和欧洲意义上的无产阶级的兴起，才产生了这样一种运动”，即“农村贫困家庭向核心区移动”③。持续了30年之久的这种逆向移动过程，事实上也是引发1930年代中国乡村危机爆发能量的聚积过程。

这一现代性的建设进程，却导致传统时代城乡一体化进程的逆转，在工业化、城市化和现代化趋向中，中国城乡背离化趋势隐然发生。“这种情况的发展，加深了城市绅商和一直占支配地位的社会名流之间的裂痕；同时，也扩大了城乡之间的鸿沟，迫使农村为城市的各种事业提供资金”④。到1928年末，“现代经济部门又经历了一个新的繁荣时期”⑤，亦即到1930年代，随着近代中国工业化、城市化和现代化发展，城乡背离化趋势的负效应累积，已经十分突出。

在乡村建设主张者看来，这是从根本上决定农村、农业和农民地位的急剧下滑的时代性致因。“到了近来，工商业一天一天的发达，工商的地位也逐渐提高。从前的工匠，现在变成了工程师和制造家，从前的市侩，现在变成了商业家庭资本家。但是农民呢，他们的生活一天一天的变坏，他们的地位一天一天的降低，被旁的阶级的同胞压迫和讪笑了。”⑥无疑，引起乡村社会动荡和农业困境直接原因的地方摊派，也是伴随着现代化进程出现而不断加剧，所谓“近数年来，举

---

①[美]费正清编、费维恺编，杨品泉等译：《剑桥中华民国史(1912—1949年)》上卷，第36页。

②王先明主编：《中国近代史(1840—1949)》，第532页。

③[美]彭慕兰著，史建云译：《大分流：欧洲、中国及现代世界经济的发展》，第234页。

④[美]费正清编、费维恺编，杨品泉等译：《剑桥中华民国史(1912—1949年)》上卷，第744页。

⑤[美]费正清编、费维恺编，杨品泉等译：《剑桥中华民国史(1912—1949年)》上卷，第809页。

⑥杨开道：《我国农村生活衰落的原因和解救的方法》，《东方杂志》1927年第24卷第16期。

办新政甚多，需款甚殷”，“地方摊款不须呈报到省，不受法令之限制……而漫无限制”；从而，“地方不肖官吏，横加摊派以自肥”。其各项“新政”“经费多在人民身上”①。以新政为名的各种税费，层层叠加为农民的负担并从根本上危及农民的生存。晚清以来直到民国时期，近代民族—国家权威始终处于重新建构的过程之中，国家权威对于乡村社会的利益调整和控制基本处于失位状态。这加重了乡村社会秩序重建的成本，也延缓了消弭乡村危机的过程。“现在横在中国社会面前的整个生存问题，比之三十年以前(1901，笔者)更是迫切紧张。”②可以说，现代性政府机构的建设与运作，也实际上加大了从乡村束聚资源力度与强度，尤其南京政府“由于放弃了对创造国民总产值 65%的农业部门的任何财政权力，这样也就放弃了对不公平的土地税制进行彻底改革的任何努力”③。农民负担的加重、农村社会的失序与此在在相关。“这不是一个矛盾吗？一方面农村是极度的疲敝，另一方面都市却反有它突飞猛进的发展。”④

因此，当人们面对 20 世纪 30 年代爆发的乡村危机时，不得不从历史演变的进程中寻源探因，也不得不对已经展开的所谓建设的历史取向进行反思。通常，对于现实问题的思考和未来方向的选择，始终取决于对于历史的反思——尽管这种反思的着力点和价值取向既是多元的也是多向的。但是，乡村建设思想却通过对历史的梳理和未来的建构，一定范围内聚集并引导了人们对于社会现实的种种困惑、不满和亟待更弦易辙的期盼，从而汇聚为一种特定的社会性思潮。

人们在反思中对于现代化建设的取向产生了质疑：在工业化和

①程树棠：《日趋严重的农村摊款问题》，《东方杂志》1935 年第 32 卷第 24 期。

②许涤新：《农村破产中底农民生计问题》，《东方杂志》1935 年第 32 卷第 1 期。

③[美]费维恺：《中华民国的经济趋势》，转引自罗荣渠：《现代化新论——世界与中国的现代化进程》，第 327 页。

④千家驹：《救济农村偏枯与都市膨胀问题》，陈翰笙、薛暮桥、冯和法合编：《解放前的中国农村》第 2 辑，第 408 页。

现代化取向下,无疑“产业界根本的变动,件件是发展都市的”①。因此,乡村危机是对应于城市发展或城市繁荣的具有特定区位性的一种危机,“农村则终年勤苦生产,完全供给都市人们之生活费,至其本身破灭而止……结果都市日愈繁荣,农村日益衰落”。“从都市到农村切断了农工商相互间的纽带”,“大都市作了病态的繁荣”,“农村相继破产”②。所以,近代中国的乡村危机并不仅仅是一个经济的问题,而是“中国旧社会构造遭到破坏”之后,“就是文化失调——极其严重的文化失调”③的问题。“的确,中国农村的衰落是整个的衰落,破产是整个的破产……既是物质的衰落也是精神的衰落,是经济的破产也是文化的破产;经济问题是急待解决,教育问题也是急待解决,其他种种方面,种种部分亦莫不如是。”④乡村危机显然也是传统时代城乡一体化发展模式破解后的必然结果,它是城市发展和繁荣的另一极的负效应。“中国目前都市正方兴未艾的发展,都市文化,也正在方兴未艾的发展。但农村却仍是寂寞荒凉。这便构成现在一般人所谓是中国社会之畸形的发展。”⑤因此,“中国都市正在发展之时,农村不独荒凉寂寞,且进一步大大的崩溃起来了”,由此“城乡两区,一个迈进,一个落后,形成一种畸形的现象”⑥。然而,在传统时代中国社会文化是城乡一体化的,“所有文化,多半是从乡村而来的,又为乡村而设,法制、礼俗、工商业莫不如是”⑦。城市和乡村的建筑物及日常生活其他方面差别极小⑧,甚至连印刷业都是城乡一体化的⑨。正如美国汉学家费正清所言,中国直到近代,“上流社会人士仍力图维持一个接近自然状态的农村基础。在乡村,小传统并没使

①周谷城:《中国社会之变化》,第7页。

②周谷城:《中国社会之变化》,第45—47页。

③《梁漱溟全集》第2卷,第213页。

④李景汉:《中国农村问题》,第125页。

⑤周谷城:《中国社会之变化》,第85页。

⑥傅葆琛:《乡建运动总检讨》,陈侠、傅启群编:《傅葆琛教育论著选》,第86页。

⑦《梁漱溟全集》第2卷,第150页。

⑧[美]吉尔伯特·罗兹曼著,沈宗美译:《中国的现代化》,第660页。

⑨张鸣:《乡土心路八十年》,第220页。

价值观和城市上流社会的大传统产生明显分离"①。城乡文化一体，人才始终不脱离草根，所谓"绅出为官，官退为绅"②，既形象又典型地概括了传统中国城乡社会文化一体化模式的特征。

近代中国乡村遭受严重破坏，一定程度上是近代以来的建设路向选择偏于都市化或工业化而促成的。总而言之，"中国近几十年都市发展的事实，恰恰是破坏农村的。农村加速度的崩溃，便促成了都市的发展……过去几十年的事实却是如此的"③。梁漱溟概括说，世界历史上"可以称得起乡村破坏史的"，"有之，那唯独一部中国近百年史"；而近代中国之所以如此，"关键全在要走都市文明的路而未成之一点"④。从某种意义上看，乡村建设思潮的勃兴可谓直接导源于对于破坏乡村的建设取向的反思与纠谬。"乡村运动的声浪，已渐渐的振荡起来了，人们的视线，已渐渐由都市回转到乡村来了，许多头脑敏锐思想深沉的先知先觉，经过了不少的怀疑与苦闷，都已觉悟了中国摹仿西洋之未必有成；而我们社会组织的机构，既自有其树立之道，我们民族前途的开辟，亦自有其应循之辙。即所谓人类正常文明的创造，必须从这三十万个乡村作起，并须靠此百分之八十五的农民自动的肩负[直]这个责任来。"⑤

因此，新社会的建设取向究竟是指向工业化、城市化建设，还是倚重于乡村社会重建？乡村建设思想家们的答案尽管也是各式各样，但主导方向却落归于乡村社会建设。"中国不是城市化的国家，而是由许多小小的县或乡行政区组成的。在全国 1835 个县中，生活着占总人口 85%的人民。"因此，中国建设的基点应该"以'县'，而不是以'城市'为基本单位。任何一个熟知中国生活的人都知道，这些省的划分在很大程度上是人为的。虽然某省的一个县在文化和生活

①[美]费正清编、费维恺编，杨品泉等译：《剑桥中华民国史(1912—1949年)》上卷，第 33 页。

②《江苏学务总会文牍》，第 84 页，转引自王先明：《近代绅士——一个封建阶层的历史命运》，第 157 页。

③周谷城：《中国社会之变化》，181 页。

④梁漱溟：《乡村建设理论》，《乡村建设》1935 年第 5 卷第 1 期。

⑤仲安：《乡村运动与乡村运动者》，《乡村建设》1932 年第 2 卷第 9 期；《乡运者的话：对于农村建设的意见》，《乡村建设》1936 年第 6 卷第 5 期。

方式上可能有自己的特点，但众本质上看，它与其他省的县是相同的"①。这是晏阳初在1929年就已坚持的乡村建设理念。梁漱溟将各种乡村运动的主张、实践提升到学理层面，形成了相对完整的乡村建设思想理论。他提出，中国的建设之路不能走西方工业化、城市化建设道路，中国社会构造的特殊性，决定了中国建设要以乡村建设为本。"中国最大的问题，为旧社会的崩溃与新社会构造的如何确立"，而这个"社会构造"就是人与人的关系体系，以及由以形成的社会制度②。"中国最大的问题，就是内战内乱"，由以造成"社会没有秩序"；同时，"而所以有内战，也可以说正是由于社会没有秩序而来的——内战是社会没有秩序的因，也是社会没有秩序的果"。最终导致"一切事业都停止了"，"社会日渐向下沉沦"，"近几十年来经济上所以失败"。问题的关键还在于，中国处在"旧的被破坏了，而新的又未能建立；旧制度被废弃了，而新的办法又不合适；在此新旧交替，青黄不接的过渡时期，社会就乱了"③。因此，社会构造或社会结构的重建（即社会建设），就成为时代赋予的历史使命。但是，近代以来的建设却疏离了中国社会历史实况，在一味追摹西化的歧路上前行。"今日的美国是他们认为很好的世界，个人主义，自由主义，近代工商业文明，是他们所满意憧憬的东西。"但是这美好的向往和个人主观选择并不合乎中国社会构造的客观需要，从经济条件上看，"没有一分可能"。至于有人希望中国走"另外国的经济建设"之路（社会主义的路，笔者），尽管"如单从经济问题的立场来看，这条路实有十分的可能与必要……无奈因为政治条件的不合"，"在中国同样的不可能"。因此，"我们的乡村建设乃此二者之外有第三条路"④，这不是

---

①晏阳初：《中国的新民》，宋恩荣编：《晏阳初文集》，第44页。

②梁漱溟认为，人与人的方方面面关系，政治的、经济的、教育的各种制度，即叫社会构造、社会秩序、社会机构等，名词虽不同，实在是一回事。见梁漱溟、侯子温：《中国社会构造问题》，《乡村建设》1936年第6卷第3期。

③梁漱溟、侯子温：《中国社会构造问题》，《乡村建设》1936年第6卷第3期。

④梁漱溟：《往都市去还是到乡村来？——中国工业化问题》，《乡村建设》1935年第4卷第28期。

我们"主张如此,而是事实将要如此"①。

"除非真在乡村的里面作功夫,将新制度的种子,撒遍全中国,然后从中国乡土里现再生长出来者,才能真发生作用。"②正是基于对近代以来尤其是民国以来现代化建设路径选择教训的总结,乡村建设思想家们才重新规划现代化建设的路向,以乡村建设为其"固本之方"。"处在农村经济破产,乡村秩序紊乱的今日,应该复兴农村以恢复经济的繁荣,挽救垂危的国本,这是谁也不能否认的。"乡村建设就是要将整个建设的"社会重心,从都市中移到乡村来"③。

晏阳初执着地说:"我们从事乡村工作主要的一个哲学是'民为邦本,本固邦宁。'本不固邦不宁。"④这一选择受示于中国传统文化的思想影响,即"儒家的民本思想和天下一家的观念",将"平民教育运动、乡村建设运动",以为"民本思想的实践"⑤。故而新中国之建设,必须走乡村建设的固本之路,"建设政治的'权',经济之'富',总操之于社会,分操之于人人的社会制度"⑥。当然,乡村建设思想中的"固本"主张并不只是对传统儒家"民本思想"的简单汲取,而是"对民本思想赋予了社会本位的现代化改造的崭新意义。同时,晏阳初还将传统民本思想发展为社会本位的教育思想,主张对各顾身家的中国农民施以社会化的公民教育,将社会的进步,民族的兴盛,国家的富强作为教育的奋斗目标,将老圃老农改造为'新民'"⑦。传统"民本"思想在乡村建设思想体系中被赋予了新的时代内涵,建设新

①梁漱溟:《往都市去还是到乡村来?——中国工业化问题》,《乡村建设》1935 年第 4 卷第 28 期。

②清居:《给乡村运动者之第二封讯》,《乡村建设》1932 年第 2 卷第 3 期。

③吴承洛:《复兴农村声中一个重要问题——乡村建设和划一度量衡标准》,《乡村建设》1934 年第 4 卷第 1 期。

④晏阳初:《我为什么第二次回到祖国》,宋恩荣主编:《晏阳初全集》第 2 卷,第 489 页。

⑤晏阳初:《九十自述》,宋荣恩主编:《晏阳初全集》第 2 卷,第 495 页。

⑥清居:《给乡村运动者之第二封讯》,《乡村建设》1932 年第 2 卷第 3 期。

⑦宋恩荣:《晏阳初教育思想初探》,宋恩荣编:《晏阳初文集》,第 415 页。

社会的路径是“要建国,先要建民;要强国,先要强民,要富国,先要富民”①。

乡村建设思想萌生于对近代以来现代化建设历程的历史反思,也是在对建设实践的批判中凝练出自己的理论思考。同时,它也召唤了一定的社会现实力量并汇集为具有相当声势的社会运动。

四 历史转折:乡建思想的时代价值

历经激变和动荡的近代中国社会文化和政治结构,风运际会的时势和迷离扑朔的时局,成就并构成了政党或政治家们活动的特定场域,同时也是社会大众“从众行为”的基本动因。但是,思想启示或文化先觉的引领作用,却总是在超越时流和从众的社会行为中呈现出自身的价值。在全社会的文化自觉中,最先自觉的应是知识分子。如果放眼于历史演变的整体进程,而不拘泥于时势的优劣强弱之运转,我们则不难发现,在20世纪以来的社会变迁和思想演变进程中,乡村建设思想预示并体现着两大历史性转折。

(一)从革命到建设的历史性转折。鸦片战争以来,面对内忧外患的危机和历史发展的机遇,近代中国也曾面临多次选择,以求力挽历史的沉沦而实现民族—国家的崛起。“自从‘鸦片战争’以后,在中国掀起过很多次全国性的改良运动,但它们都少有成效。”②进入20世纪后,革命风潮迅速成为时代主潮,以至于社会舆论“预言20世纪乃革命之世纪”③。革命已然成为历史的选择。当辛亥革命“把戴了几千年的皇冠打落在地,敲响了封建制度的丧钟”后,“从立宪转向革命的张謇敏锐地觉察出这场革命与中国历史上一切‘革命’的本质区别:‘起而革命者,代不乏人;然不过一朝之姓之变革而已,不足为异。孙中山之革命,则为国体之改革,与一朝一姓之变更迥然不同’”。然而,革命之后的中国社会现实却陷入另一种困境:“不良之政府虽倒,

①晏阳初:《乡村改造的十大信条——在IIRR国际乡村改造研讨会上的讲话》,宋恩荣主编:《晏阳初全集》第2卷,第557页。

②晏阳初:《定县实验(节选)》,宋恩荣编:《晏阳初文集》,第64页。

③相关论述参见王先明:《从风潮到传统:辛亥革命与“革命”话语的时代性转折》,《学术研究》2011年第7期。

而良政治之建设则未尝有也。”①革命之后，宋教仁曾发此浩叹。划时代的革命为何并未带来“一个新时代的黎明”？对于已然构成历史的革命的反思，同样成为社会思想面对现实和走向未来选择的重大课题。

对此，革命党领袖孙中山悟觉在先：“夫去一满洲之专制，转生出无数强盗之专制，其为毒之烈，较前尤甚。于是而民愈不聊生矣！”②如何从革命走向建设，以及如何建设诸问题就成为一个时代主题。“是故当满清之世，予之主张革命也，犹能日起有功，进行不已；惟自民国成立之日，则予之主张建设，反致半筹莫展，一败涂地”。在孙中山看来，民国共和之未成的根本在于建设之未成，即“视吾策为空言，遂放弃建设之责任……然七年以来，犹未睹建设事业之进行，而国事则日形纠纷，人民则日增痛苦……夫民国之建设事业，实不容一刻视为缓图者也”③。因此，由革命转向建设显然是时代提出的新课题，也是历史转折的新趋向。

建设思潮以至于乡村建设思潮的涌现，是近代中国历史演进的必然取向。历史运行的基本轨迹昭示，它是革命之后或踵接革命的一个必然的历史选择。“中国革命为近百年世界大交通所引发出来的，其问题背景在东西文化之冲突比较，其前途使命为世界新文化之创造”④。“依通例应以社会改造运动的团体（革命党）掌握政权，施行建设，完成社会改造（革命），中国亦不能外此；但以中国革命本质的不同，社会形势的有异，所以解决政治问题的途径随之而两样。”⑤因此，乡村建设思想本质上并非对立于革命，而是革命的历史逻辑的必然归趋。“盖乡建运动起于中国革命运动之后，其任务正为完成中

①见任仲平：《开启民族复兴的百年征程》，《人民日报》2011年10月8日。

②孙中山：《建国方略》，张岱年主编：《中国启蒙思想文库》，第2页。

③孙中山：《建国方略》，张岱年主编：《中国启蒙思想文库》，第3页。

④梁漱溟：《乡村建设理论提纲（初编）》，《乡村建设》1933第2卷第22—23期合刊。

⑤梁漱溟：《乡村建设理论提纲（初编）》，《乡村建设》1933第2卷第22—23期合刊。

国革命。”①因此梁漱溟认为，近十年乡村建设运动的事实，经过如政治改造、经济建设、教育改造、社会改造，“概括言之，其手段近于社会改良，而其使命则在完成中国革命”，而“所谓完成（中国）革命，即指辟建新社会，求得一历史演变应有之结局”②。

辛亥革命之后尤其是国民革命之后，关于革命与建设的思考就凸显为时代性问题。单纯地选择“破坏之革命”，并未达到人们期望的民主共和。社会失序、政治动荡、文化失范、经济崩溃的严酷现实，不能不促使知识分子在发展路向问题上的深层思考和理论建树。无疑，革命与建设的历史关联和内在关系势必在思想领域和理论建构上提上日程。

将革命与建设整合为一个统一的历史进程，从而消解建设与革命相对立的人为的矛盾冲突，是乡村建设思想中对历史反思的重要思想成果之一。“人都以为革命问题是先破坏后建设；亦就把它截成两个时期：一个是破坏期，一个是建设期。在破坏期中，只努力破坏，只训练人怎样去破坏。因为破坏有了若干回训练之后，这一段工程亦或许终于成功了，便绝不是革命成功了。革命还有一段重要的工程是建设，到这时才开始，而且每每没有法开始——因为向来只在破坏，没有经过建设的训练，于是失败紧跟于成功之后，革命人物循此错路，每不觉悟。”③即使实现清除旧制度、旧文化的“破坏”，也不能简单地诉诸武力，因为历史已经告知我们，“破坏的实力是建设，绝不是枪炮，亦不是军队……就令目的为了破坏，手段亦当采自建设方面”④。

建设与革命应该是统一的历史进程，而且建设是革命的必然归宿。革命目标的最终达成期待于建设之完成。梁漱溟提出“中国必

①梁漱溟：《乡村建设理论提纲（初编）》，《乡村建设》1933第2卷第22—23期合刊。

②梁漱溟：《乡村建设理论提纲（初编）》，《乡村建设》1933第2卷第22—23期合刊。

③卢作孚：《四川人的大梦其醒》，凌耀伦、熊甫编：《卢作孚文集》，第71页。

④卢作孚：《四川人的大梦其醒》，凌耀伦、熊甫编：《卢作孚文集》，第72页。

将‘从进步达到平等，以建设完成革命’”①，并在其《乡村建设理论提纲》中从50个方面（问题）展开，论证了只有通过建设才可真正实现革命的目标：“乡村建设为中国民族自救运动之最后觉悟。将以完成过去维新运动，革命运动所未了之任务。”②建设事业之成功，“中国革命于是完成；而自近百年世界大交通所引起中国历史从来未有之剧变，至是乃得其结局”③。这其实也是孙中山“建设告竣时，革命成功日”④思想的深度阐释。

革命与建设，这一思想命题既是历史的产物，也是指向未来的思想启示。这一历史性转折的思想成果，一定程度上体现和凝结在乡村建设思想体系之中。

（二）从都市建设到乡村建设的历史性转折。就近代经济（工业）建设历程而言，可以远溯自洋务运动，“我国机器工业，肇始于同光，建设于清季”⑤。即使从制度层面上的现代性建设而言，从清末新政也已发端了。面向工业化或现代化的建设历史，“抗日战争前的半个世纪，中国经历了一个工业化过程。中国经济取得的进步，无论在规模还是在影响上，与包括日本在内的其他几个增长速度很快的国家相类似。1914—1918年及1931—1936年期间，中国经济增长的速度甚至超过日本。因此中国是少数几个取得成功增长的不发达国家中的一个”⑥。经济学家们的研究表明，1912—1936年，中国工业年

①梁漱溟：《乡村建设理论提纲（初编）》，《乡村建设》1933第2卷第22—23期合刊。

②梁漱溟：《乡村建设理论提纲（初编）》，《乡村建设》1933第2卷第22—23期合刊。

③梁漱溟：《乡村建设理论提纲（初编）》，《乡村建设》1933第2卷第22—23期合刊。

④相关论述参见本书第五章中《建设告竣时　革命成功日——论孙中山建设思想的形成及其时代特征》一节内容。

⑤龚骏编：《中国新工业发展史大纲》，商务印书馆1933年版，“绪言”第1页。

⑥王玉茹、刘佛丁、张东刚：《制度变迁与中国近代工业化——以政府的行为分析为中心》，陕西人民出版社2000年版，第390—第391页。

增长率9.4%①。从19世纪后半期开始,中国资本主义生产关系迅速扩大,到抗战前在工矿交通业中已占据优势。仅就工业化或者现代化建设成就而言,"在抗战前达到了旧中国经济史上的最高峰"②。1930年代是"国民政府大力推动经济建设的时期,建设经费来自税收,而田赋仍系岁入的最大宗"③。然而,建设之本位却在都市而疏离了乡村,"三十年来的结果,只有把一批批的农家子弟,麇集于都市而不能返回乡村……以至于一面农村中空虚涸竭,一面都市中人满为患"④。对于这一建设偏向,学者们在20世纪二三十年代已经开始关注并不时针砭。"外人在中国设厂制造,亦以通商口岸为限,不论其工业之性质是否适合于此等都市,亦不论此等口岸是否可以发展工业,凡所投资,弥不以此为目标。益以国人醉心外力,以为租界等等,足以保障投资之安全,因之中国之通商都市,往往为各种工业发达之区……都市工业化之在中国,则有特殊显著之现象焉。"⑤现代化建设之重要部分即工业化与都市化,绝对优势意义上集中于通商口岸都市,"无论何项工业,均以上海占绝大之势力,似有过分畸形之发展耳"⑥。辛亥革命以至于国民革命之后,历史演进渐露转轨机缘,"北伐告成,训政开始,吾人继志述事,应如何努力于三民主义之新建设,而奠国家有道之基"⑦。但民国政府的建设之重心仍在都市之一途,"中国目下最重要的工作是建设,尤其是以机器为中心的建

①王玉茹、刘佛丁、张东刚:《制度变迁与中国近代工业化——以政府的行为分析为中心》,第358页。

②王玉茹、刘佛丁、张东刚:《制度变迁与中国近代工业化——以政府的行为分析为中心》,第382页。

③谢国兴:《农业经济的困局:近代安徽的土地问题》,台北"中研院"近代史研究所编:《近代中国农村经济史论文集》,1989年版,第268页。

④李宪武:《中国教育之新动向》,《乡村建设》1933年第3卷第7期。

⑤龚骏:《中国都市工业化程度之统计分析》,商务印书馆1933年版,《引言》第3页。

⑥龚骏:《中国都市工业化程度之统计分析》,第28页。

⑦《发刊词》,《中国建设》1930年第1卷第1期。

设”①。“吾国现正谋都市之发达，及交通之利便。”②不仅如此，“政治机关的种种设施，亦自然的首先从城市起，或竟不设施到乡村。所以城市地位十分重要，甚重要的乡村地位反因此降低”③。

然而，1930 年代，都市建设路向及其实践效果招致越来越多的质疑和反思。“近数十年来一切的改革建设失败的经验，已经给我们认识这个问题的根本性与严重性了。”④近代以来，致力于建设的历史，“自鸦片战争以至现在，已经有了 90 余年”，“国家日日都在危急存亡之秋，国人未尝不忙，忙学东洋，忙学西洋，忙办这样，忙办那样，结果怎样？没有把根本认清，瞎忙了几十年”⑤。因此，新中国建设当从方向上逆转，“苟欲建设近代国家亦必有其根本趋赴之道，曰：建设乡村”⑥。正是适应这一历史性反思的基本朝向，乡村建设思想迅速成为一种代表性社会思潮逆势而出，一定程度上代表了——其实也诠释了——近代中国社会历史和思想历史转向的意义和价值。

以梁漱溟和晏阳初为代表的乡村建设思想，虽然在建设乡村的侧重点方面各自不同，但却有着共同的努力方向，即从根本上逆转都市化建设的发展偏向，“其纲领则在如何使社会重心，从都市移植于乡村”。“乡村建设运动，实为从新建设中国社会组织构造之运动。”⑦1939 年的《乡村建设运动共同信念初草》再次申明：“我们深信：乡村建设运动在使农业和工业达到合理的建设乡村和城市，泯除畸形的发展。”⑧

在国共两党的政治、军事对垒和思想体系的对峙态势中，乡村建设的思想建构及其社会实践不仅别有创获，且也自成体系。他们试

①志知：《机器与中国》，《中国建设》1934 年第 10 卷第 4 期。

②李心庄：《急须解决的国民衣食住行问题》，《中国建设》1930 年第 1 卷第 1 期。

③卢作孚：《乡村建设》，凌耀伦、熊甫编：《卢作孚文集》，第 87 页。

④晏阳初：《农村运动的使命》，宋荣恩编：《晏阳初文集》，第 87 页。

⑤晏阳初：《农村运动的使命》，宋荣恩编：《晏阳初文集》，第 69 页。

⑥清居：《给乡村运动者之第二讯》，《乡村建设》1932 年第 2 卷第 3 期。

⑦王湘岑：《荷泽实验县宝镇乡乡农学校（下篇）》，《乡村建设》1935 年第 4 卷第 25 期。

⑧《乡村建设运动共同信念初草》，转引自《卢作孚研究》2013 年第 1 期。

图超越社会政治权力较量的血火搏击的现实困境，以“第三条道路”的思想建构，力图从根基上求取积极建设的长远之途。然而，在整个历史格局以及影响历史局势的布局中，它只是其中之一——尽管也是不容忽视的力量，在历史前行的进程中，它对于未来的规划影响和对于局势的掌控却是有限的。

五　留待未来：一个必须面对的时代课题

1938年间，晏阳初也见到毛泽东并有过深长的晤谈①。持续两个钟头的谈话结束时，毛“最后庄严地表示，对晏先生及本会同志，以宗教家的精神努力平教运动，深致敬佩”，“共产党愿做你们的朋友!”②当然，这次谈话自然涉及与梁漱溟的那次会晤内容。毛泽东对晏阳初说：“梁来过这里，自认他的工作失败了。我看他失败的原因，就是站在政府与人民之间而希望得到一点政府力量，去为人民做事。”③晏描述说：“谈到这里，毛先生的兴致，陡然增高”，“继续滔滔不绝发表他对于政治问题的卓见”。毛特别强调说：“政治的问题主要是对人民的态度，看你是想和老百姓做朋友还是要站在老百姓的头上压迫他们。只要和他们接近和他们打成一片，他们自然相信你，随你要他们的钱，要他们的命，都可以办得到。”④这番谈论表明，毛泽东对梁漱溟的异见未必全在所谓改良主义的乡村建设理论上，恐怕更在意梁与当政者的关系上。

在乡村建设思想和实践的历史进程中，晏阳初也是一个标领时代的人物。与梁漱溟不同，他更多地从现代西方的思想文化资源中汲取思想的力量，但却反对抄袭和简单移植西学，力主在中国乡村实践中创造出自己发展的道路。“不是抄袭外人的法子或者抄袭中国的老法子可以收效的，必得一点一滴由实地里创造出来，用汗血去体验认识出来，然后才算是我们的东西，才是解决中国问题的东西，是

①晏阳初：《毛泽东先生会见记》，宋荣恩编：《晏阳初文集》，第395—400页。
②晏阳初：《毛泽东先生会见记》，宋荣恩编：《晏阳初文集》，第400页。
③晏阳初：《毛泽东先生会见记》，宋荣恩编：《晏阳初文集》，第397页。
④晏阳初：《毛泽东先生会见记》，宋荣恩编：《晏阳初文集》，第397页。

要从干中找出来。”①而且，他始终以农民为改造或建设中国的社会动力，坚信“我们越和农民在一起，就越认识到他们是中国未来的希望”②。就此而言，他的立足点与选择农村革命的中共领袖毛泽东几乎一致。

往事成追忆，前事后世师。历史事实的枝蔓随着漫长的时光枯萎后，我们会在沉静地思索中捕捉到具有久远意义的思想主干。1938 年间发生在中共领袖毛泽东与乡村建设思想家梁漱溟、晏阳初之间的两次谈话主题，都是围绕着革命与建设命题展开的。从某种意义上说，他们的思想主张或论辩其实是当时整个社会思潮涌动的基本朝向。“在野名流方面，有三个学者的意见引起若干人的兴趣，一是梁漱溟的乡村建设，一是马寅初的提倡农村工业，一是胡适之的裁官、省事(停止一切所谓建设事业)、裁兵以减轻捐税。”虽然，基于中共农村革命立场，认为“这些办法，大抵是头痛医头，脚痛医脚，并没有搔着农村问题的痒处”。从根本上治疗中国，只有“反帝反封建”之革命斗争的选择③！但是，我们清晰地发现，一个最基本的思想认同或历史共识却在时而激越时而平缓的论辩中最终浮现：乡村是决定中国未来的基础。掌握中国历史进程的任何力量，都不能不依赖或汲取于乡村。无论是导向农民运动的国民革命进程，还是大革命失败后中共农村革命的选择，以及 1930 年代之际建设思潮中的乡村建设取向，在历史运行的曲折和反复轨迹中，顽强地展示着具有内在规定性的客观规则——如果不能轻易地认同为规律的话。

尤其是他们的思想论辩触及一个无法回避且注定要面对的时代命题：从革命到建设的历史性转折。梁漱溟《乡村建设理论提纲》对此命题有过思考。他提出，乡村建设与中国革命并不矛盾，而是一个统一的历史进程。近十年乡村建设运动经历了政治改造、经济建设、教育改造、社会改造，“概括言之，其手段近于社会改良，而其使命则

---

①晏阳初：《乡村运动成功的基本条件(节选)》，宋荣恩编：《晏阳初文集》，第 78 页

②晏阳初：《中国的新民》，宋荣恩编：《晏阳初文集》，第 47 页。

③钱亦石：《中国农村的过去与今后》，陈翰笙、薛暮桥、冯和法合编：《解放前的中国农村》第 1 辑，第 511 页。

在完成中国革命”①。乡村建设运动是革命运动发展的必然结果，“盖乡建运动起于中国革命运动之后，其任务正为完成中国革命”②。显然，对于尚在全身心致力于夺取政权的中共及其领袖毛泽东而言，建设或乡村建设的问题还未能真正提上自己的日程，但它却是近代中国历史发展的必然诉求。梁漱溟也曾断言：“依通例应以社会改造运动的团体（革命党）掌握政权，施行建设，完成社会改造（革命），中国亦不能外此。”③对于当时的中共而言，这是一个留待未来的却不容回避的时代命题。

附记：关于这一问题，毛泽东1957年3月19日在《在南京、上海党员干部会议上讲话的提纲》中指出：“现在处在转变时期：由阶级斗争到向自然界斗争，由革命到建设……”并且向全党提出，“我们必须学文化（科学、技术），学建设”④。他特别强调说：“过去干的一件事叫革命，现在干的叫建设，是新的事，没有经验。”他认为自己从革命向建设的真正转向，是在1958年。他说：“我们真正认真搞经济工作，是从去年八月才开始的。我就是一个。去年八月前，主要不是搞建设，而是搞革命。”⑤

（原载《人文杂志》2014年第8期）

---

①梁漱溟：《乡村建设理论提纲（初编）》，《乡村建设》1933第2卷第22—23期合刊。

②梁漱溟：《乡村建设理论提纲（初编）》，《乡村建设》1933第2卷第22—23期合刊。

③梁漱溟：《乡村建设理论提纲（初编）》，《乡村建设》1933第2卷第22—23期合刊。

④《在南京、上海党员干部会议上讲话的提纲》，《毛泽东文集》第7卷，人民出版社1999年版，第289—290页。

⑤《经济建设是科学，要老老实实学习》，《毛泽东文集》第8卷，人民出版社1999年版，第72页。

乡建运动的歧路与历史宿命

——民国乡建运动的历史转向及其原因

20世纪二三十年代之际，因应着学术理论界乡村危机的社会呼声，以社会实践为基本路径的乡村建设运动持续展开，其规模声势颇为雄壮，为一时聚焦点，并在一定程度上触发了人们救治乡村危机乃至中国建设前途的另一企盼。那些原本动机不同、背景不一的社会组织、社会团体几乎不约而同地交汇于此，竞相从事乡村建设，遂使力倡乡建运动的梁漱溟颇多感怀。1934年10月10日在定县乡村工作讨论会上他信心满怀地声言："四面八方的来到一块，这证明今日乡村运动好像是天安排下的，非出偶然。"①即使对乡村建设运动持激烈批判的中国农村派学者，也难以否认其"时来天地皆助力"的运势②。促成此社会运动最基本的推动力，既非政府的自觉行为，亦

①《梁漱溟全集》第5卷，山东人民出版社2005年版，第578页。

②李紫翔尽管对乡建批驳甚烈，也承认其"是一个时代的产儿，不管理论有怎样的不一致，步骤有怎样的分歧，但在现阶段的中国社会自有其一定的意义和作用……农村运动所以蓬勃起来的原因完全是应乎一种'时势的要求'"。见李紫翔：《中国农村运动的理论与实际》，千家驹等编：《中国乡村建设批判》，新知书店1936年版，第27页。

非乡村精英个人力量所能，实得力于近代新式社会组织①的发动推助，如平教会、中华职教社、华洋义赈会、村治学院②等等。当然，严格意义上的社会组织是与公民社会紧密相连的，但这不意味着在公民社会并不成熟的民国时期没有属于自己时代的社会组织。事实上，依据哈贝马斯理论③，上述团体（即参与乡村建设的机构）均具有哈贝马斯所说的社会组织的一般特性。当乡村建设成为社会运动的大潮时，“乡村工作的团体，始如春笋初发”。“乡村建设机关或团体的数目太多，发展太快”，一时竟至于“有了一千零五个”之多，这一发展态势不免引发了“这个运动的危险预兆”④。“危险的预兆”引发乡建运动方向上的歧变，以至于抗战之后竟形成根本性逆转之势，“乡建工作遂于县政建设打成一片，变成了县单位的建设”⑤，以至于从社会运动导入了政府农政轨辙。

近代以来，社会与国家关系的历史纠葛与博弈，本是极为复杂而

---

①“社会组织又称非政府组织，特指那些具有一定社会公共属性、承担一定社会公共职能、代表一定社会群体共同利益或公共利益的社会组织，其中不包括企业等营利性的组织……各种形式的社会组织致力于所在社会的各种社会问题，发挥资源动员、社会服务、社会治理和政策倡导等功能，成为推动所在社会繁荣进步的重要力量。”王名：《社会组织论纲》，社会科学文献出版社2013年版，第7页。

②《乡村建设旨趣》，《梁漱溟全集》第5卷，第577—578页。

③哈贝马斯强调，具有组织、社团与运动三种形式的公民社会是公共领域的载体。他说：“公民社会的核心机制是由非国家和非经济组织在自愿基础上组成的。这样的组织包括教会、文化团体和学会，还包括了独立的传媒、运动和娱乐协会、辩论俱乐部、市民论坛和市民协会，此外还包括职业团体、政治党派、工会和其他组织等。”[德]哈贝马斯、曹卫东等译：《公共领域的结构转型》，学林出版社1999年版，第29页。

④陈序经：《乡村建设的组织与方法的商榷》，天津《大公报·经济周刊》1937年4月21日。

⑤傅葆琛：《乡建运动总检讨》，陈侠、傅启群编：《傅葆琛教育论著选》，第408页。

丰富的历史主题，学界已有较多研究①。然聚焦于乡村建设运动并具体而清晰地揭示社会与国家关系的演变、转化轨迹及其历史缘由，并由此凝练出值得深刻思考的成果尚不多见。本文试图由此切入，不揣浅陋，以引学界深察明鉴之论！

一　歧路之问：发展中的困惑

现在乡村建设的动势已临到了重大歧路，即不能振起其已微的社会运动的生机，就将发展到成为国家的整个农政，及普遍的社会事业，而走到了它最高可能的极大限度了②。

就在全国乡村建设工作第三次讨论会落幕后，举国瞩目的乡村建设运动势头正隆时，黎康民著文提出了这一质问。显然这不是个别人的担忧，宋廷栋、亦农③、徐宝谦等也有类似的忧虑。徐宝谦在《乡村建设运动的精神基础》中说："乡村建设运动，近来已成为一种很普遍很重要的运动……乡村建设运动，是要用科学的技术，去组织民众，藉以达到民族复兴的目标。得当这个任务的，自然是知识分子。"④问题在于，由知识分子社会团体发动的乡村建设运动，却遭遇现实的障碍：一方面，在历次全国乡村工作讨论

①马敏：《官商之间——社会剧变中的近代绅商》，天津人民出版社 1995 年版；朱英：《转型期的社会与国家——近代中国商会为主体的历史透视》，华中师范大学出版社 1997 年版；王笛：《街头文化：成都公共空间、下层民众与地方政治，1870—1930》，中国人民大学出版社 2006 年版；李德英：《城市公共空间与城市社会生活：以近代城市公园为例》，张利民主编：《城市史研究》第 10 辑，天津社会科学院出版社 2000 版；张志东：《中国学者关于近代中国市民社会问题的研究：现状与思考》，《近代史研究》1998 年第 2 期。

②黎康民：《乡村运动与政府农政之分际问题（上）》，《乡村建设》1936 年第 6 卷第 7 期。

③宋廷栋：《最近嘉兴县乡村建设事业之动向》，《乡村建设》1937 年第 6 卷第 20 期；亦农：《乡村建设到那里去》，《乡村建设》1936 年第 6 卷第 7 期。

④徐宝谦：《乡村建设运动的精神基础》，《乡村建设》1936 年第 6 卷第 3 期。

会中，许多代表主张组织全国乡村工作协会，却始终未能实现①；另一方面，乡村建设运动应当利用政治的力量，似乎已经成为一个公认的结论。但颇多纠结的是，“利用政治力量，有极大的危险。因为，政治是重事不重人的。一条公路要修，一种工程要做，在政治家的眼光看来，大可征集民夫，强迫去做”②。徐是大学教授，因觉时势之需要，故毅然辞去大学教书生活，以从事乡村建设之实验。他以自己的亲身经历和感悟提出的两个问题，其实无非是同一个问题的两个方面而已。乡村建设是全方位的社会建设，而不是侧重于某项具体事务的政府业务，从根本上说“乡村建设的对象，到底是在人不在事”。而且“因怕被利用而不敢组织，中国又何贵有这样一个消极的乡建运动?”③

歧路之问既是基于历史的思考，也是面对未来的忧虑。如果从本源中探寻其萌生、发展的进向的话，则不难判断乡村建设的歧路并非与生俱来，因为它最初的源头来自乡村社会力量或社会组织。当然，在分散聚居的乡村社会，显然不仅仅只有米迪刚父子的乡村社会重建的努力，晏阳初平民教育促进会之在定县、陶行知之在晓庄、彭禹廷之在镇平等，虽然各自的侧重点不同，实践路径也显然有别，然其重建乡村社会的基本诉求却大体相同。但是，这些分散的互不关联的乡村重建实践，早期基本处于“孤岛”效应而未能成为社会聚焦，当然也不能推演为社会运动。“中国社会散漫无力，以致国家权力亦建立不起来”，故“必恃有一动力为之推进始可”④的社会期待一定意义上表达了时代的诉求，即乡村重建呼唤着社会组织或社会团体力量的推动。“此动力为何？即为中国社会中坚的知识分子大联合，而形成的社会总脑筋是。”因此，规模性的乡村

①“主持大会的乡建领袖们，力主审慎，未付诸实施。一是因为乡运各领导机关，如定县、邹平、无锡各团体，大有自顾不暇之势，不愿多挑担子。二是因此种全国的组织，容易被政客利用。”徐宝谦：《乡村建设运动的精神基础》，《乡村建设》1936年第6卷第3期。

②徐宝谦：《乡村建设运动的精神基础》，《乡村建设》1936年第6卷第3期。

③徐宝谦：《乡村建设运动的精神基础》，《乡村建设》1936年第6卷第3期。

④翟茂林：《中国农村金融问题的解决途径》，《乡村建设》1936年第6卷第7期。

建设的展开以及成为运动，“多在乡村运动中为学术团体所倡导，自非偶然之事”①。

事实上，早期之米氏父子兄弟在翟城村、晏阳初平民教育促进会之在定县，其后陶行知在晓庄、彭禹廷之在镇平、村治学院之在河南的乡建运动，均源于社会力量或社会组织之发动。“及近年山东乡村建设研究院之在邹平与荷泽”，也大体循同一进向或路径，“都是从社会起来，由有志之士发动的……是由一些乡村工作团体及一些学术机关（主要如无锡教育学院、燕京大学、华洋义赈总会、金陵大学等）协力倡导所致”②。这种发自基层社会力量的乡村建设运动及其超越地域社会的影响力，从不同角度对现政权形成了压力，并对其有所触动，即“推动了政权，而转变了现代中国政治形势中之破坏乡村的现政权，成为建设乡村的现政权，便得它的政权性质变而发挥善良的功能”③。其根本原因就在于“乡村运动本身有动力，而且发自社会，有其不竭的‘力源’”④。但是，黎康民深切地担忧说：目前乡村建设的动力，有点“力源”不明而且有些浅涸了，而且有些变质了。现在的问题就是乡村建设要到何处去呢？“是一直向着政府方面去呢？抑是折回来，向着社会去呢？或竟有一‘执两端而用中之道’呢？”⑤梁漱溟对于“在南方闹得很热闹”的“政教合一”乡村建设亦颇多忧虑：“许多地方正在实验，如此结果下去，有让乡村工作行政化的趋势——乡村工作变成地方下级行政。”这将从根本上逆转了乡村建设的主旨，即社会建设或整体建设。“果真如此，那还有什么社会改造

①翟茂林：《中国农村金融问题的解决途径》，《乡村建设》1936 年第 6 卷第 7 期。

②黎康民：《乡村运动与政府农政之分际问题（上）》，《乡村建设》1936 年第 6 卷第 7 期。

③黎康民：《乡村运动与政府农政之分际问题（上）》，《乡村建设》1936 年第 6 卷第 7 期。

④黎康民：《乡村运动与政府农政之分际问题（上）》，《乡村建设》1936 年第 6 卷第 7 期。

⑤黎康民：《乡村运动与政府农政之分际问题（上）》，《乡村建设》1936 年第 6 卷第 7 期。

可谈呢？这是一个大的问题。”①向何处去？——乡村建设的歧路之问成为一个急迫而具有历史转折的问题。

原本作为社会运动的乡村建设正在转向“不像是种运动”的路途。“两个系统，文化运动团体与现政权系统”现正趋于“合成一个”②，走向所谓政府推展的阶段。亦农从另一个角度提出了同样的问题：乡村建设本是源起于民间，在时间上一年一年地逐步开展，在空间上一地一地地推广延伸，这确实具有一种社会运动的性质与姿态；但它整体上既没有全国性的阵势，始终未能唤起与动员农民群众广泛地参与；也没能对于国家政治与社会变动发生决定的影响，所以从这一方面看却又构不成社会运动的阵势，“或者也可以说，它未成功为一种社会运动”③。如果从其原发的动力和组织结构上看，其社会运动的特性显然不错，不仅它的“发动与领导上”是由上而下的，是由外引入乡村的，是由知识分子主动的；其发动主体“是散在这里那里的文化性质的社会团体，大大小小的教育机关及经济机关，或知识分子的三五个人，而非由一个政治运动的集团或社会改造运动的集团来策划与领导的”④。问题在于，发展至今的乡村建设“工作方式上”却更多地趋向于行政化，即“在社会团体者，则用行政机构以工作”⑤，而其社会运动的特性却趋于消退，“遂以各种机缘的凑合及社会的政治的形势之‘逼成’与‘推演’，乃就向着容易走过去的路子去发展，于是形成今日这样的局面”。“现在问题就是乡村建设向何处去呢？是一直向着政府方面去呢？或是折回来向着社会去呢？”亦农也对此深以为忧⑥。

乡村建设运动这一发展进向的困窘，令社会组织与国家权力、社会运动与政府农政的分际成为必然，乡村建设运动者们不得不面对这一现实问题。如图所示：

---

①梁漱溟：《乡村建设理论》，上海人民出版社2006年版，第369页。

②晏阳初：《十年来的中国乡村建设》，宋恩荣编：《晏阳初文集》，第179页。

③亦农：《乡村建设到那里去》，《乡村建设》1936年第6卷第7期。

④亦农：《乡村建设到那里去》，《乡村建设》1936年第6卷第7期。

⑤亦农：《乡村建设到那里去》，《乡村建设》1936年第6卷第7期。

⑥亦农：《乡村建设到那里去》，《乡村建设》1936年第6卷第7期。

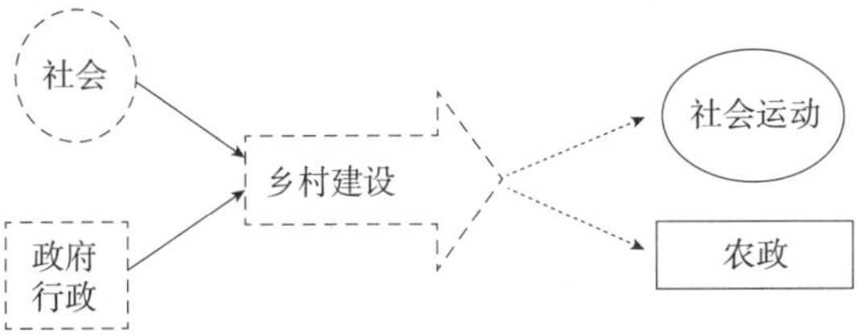

图 5-3　乡村建设运动发展进向图

然而,无论从性质上还是从发展方向上看,社会运动与国家农政都有着根本的不同:

首先,作为社会运动的乡村建设,是以农民为主体,以乡村为本位的社会或文化重建运动。虽然各地的乡村建设事业侧重点不同,入手处也各自有别,但主旨却是"从乡村入手,去求得中国问题的解决","建设一中国新文化运动也"。它意味着国家建设基石之所在,即"国家重心的力点要放在乡村,新的建设要以乡村为本,而不以都市为基;新的社会组织要从乡村萌芽、生长出来"①。而所谓农政在狭义上仅是指农业政策,亦即是关于农业的经济政策,可以与工业政策、商业政策等对立而言;即使广义的农政也不过是指对农业、农民及农村所采用的一切政策之总称,其内容可以十分广泛(包括农业经济、农村自治、农村教育、租税、卫生、娱乐等项)。"凡政府对农村所实行的政治设施而影响于农民生活者都可一概名之为农政……乃是由国家权力所设施出来的;它的类性可以归到国之中央或地方行政范畴内。"②

其次,作为社会运动的乡村建设其动力源于社会力量,而政府之农政设施则由于国家权力。"乡村运动天然要以农民作基础力量,而向前开展……不能代表乡村的要求,不能发动乡村的力量,那怎么能行呢!"③乡村运动重在发动社会力量(不限于乡村),养育乡村社会发展的内驱力,形成源于乡村社会本身的持久动力;政府农政则重在执行政府设施,计程督功,以实现其政策或计划为导向。因而农政或

①黎康民:《乡村运动与政府农政之分际问题(中)》,《乡村建设》1936 年第 6 卷第 8 期。

②黎康民:《乡村运动与政府农政之分际问题(中)》,《乡村建设》1936 年第 6 卷第 8 期。

③梁漱溟:《乡村建设理论》,第 370 页。

以政府机关为主，或退而以行政官吏个人为主①，不免落入人亡政息之困。几年前，晏阳初在南京与蒋介石晤谈时也曾忧虑于此。当蒋提出“要把定县乡村实验工作收回政府办理”时，晏认为应保持乡建运动的社会主导性，对蒋说：“假使政府为乡民为乡建着想，请蒋先生不要用政府的名义去办乡村实验。”②

再次，作为社会运动的乡建组织机构和作为农政的行政机构，对于乡村民众而言，具有完全不同的地位。与充满生机的社会组织相比，政府机构尤其是地方行政，梁漱溟认为是“最代表那惰性、不进步性的；而大凡新的潮流、新的运动、新的假造，都是从社会发生的”③。从事乡建运动的社会工作者，“与一般做官拿钱而不做事，尤其是做官拿钱而为老百姓做许多坏事的人，是不可同年而语的”④。因此，从政治改造，或地方行政方面来看，以县为试验的对象，固有相当的理由，而“从乡村建设或社会改造来看，未免太过勉强”⑤。行政力量富于强制性与机械性，其强制的压力，“对于民众很容易发生离心的作用；换言之，民众对运用行政力量的乡村运动团体或乡村工作者不能有亲切的同类感，而会在情绪上发生迁就、畏惧、躲闪或甚至憎恶与怨怼”⑥。

还在乡村建设运动声势正隆时，对其发展前景危机的预断已然不乏其人。“这不但是我们的缺陷，而且是我们很大的一个危机。”乡村建设运动的历史走向，在其现实的运行或实践中的行迹分明可辨：“我们已经很深刻感觉到有‘人存政举，人亡政失’之恐怕。”社会组织与政府行政“天然不能归为一个系统，否则‘则全盘都要毁坏了’。”⑦在如潮涌的乡村建设运动中，行政力量是一个既矛盾又复杂的难题。

---

①黎康民：《乡村运动与政府农政之分际问题（中）》，《乡村建设》1936年第6卷第8期。

②陈序经：《乡村建设运动》，大东书局1946年版，第64页。

③梁漱溟：《乡村建设理论》，第368—369页。

④袁植群：《青岛邹平定县乡村建设考察记》，开明书店1936年版，第127页。

⑤陈序经：《乡村建设运动》，第57页。

⑥黎康民：《乡村运动与政府农政之分际问题（上）》，《乡村建设》1936年第6卷第7期。

⑦黎康民：《乡村运动与政府农政之分际问题（中）》，《乡村建设》1936年第6卷第8期。

在实践过程中行政力量的深度参与确曾带来了显著的效应，如“以三种特殊姿态出现的”①青岛市之乡村建设运动，之所以能在很短的时间内全面推开，显然正是“利用政府机关之人力财力，以推动乡村建设工作，则可以解决目前各地乡村建设运动之人才缺乏与经费短绌两项困难”，终有“进行顺利，表现相当成绩”之实效，以至于时论称其“为中国乡村建设运动另开一种新方向”②。但这一趋向的转变引人深思，因为它既关涉到运动的性质，也决定其历史的运势：“而今乡村运动团体套上了行政机构，立于一种官的或半官的地位，所有的工作都是由上面下去要农民接受的，有时甚至与农民相对起来；这样就失了乡村运动者应有的立场。不能不说是有问题的。”③

二　社会组织：乡建兴起的社会动力

我国农村运动的历史，可以远溯至 1904 年米迪刚先生在定县翟城村的村治，民国以后山西“模范省”的村治，“五四”后的新村运动，平民教育运动及晓庄乡村教师等。1925 年后，另一政治性质的农民运动的发展，反促了“改良派的农村运动”，并以“民族自救”“民族改造”的新姿态，广泛地在各处活动起来④。

---

①“第一，此种乡村建设运动，系由都市而推广于乡村，利用都市之已有力量，扩大其工作范畴，以建设乡村。第二，此种乡村建设运动，系由政治力量深入乡村，以形成由上而下的乡村建设。第三，此种乡村建设，系利用政府机关之人力财力，以推动乡村之建设工作，藉以增加效能，而收事半功倍之利益。”见陈序经：《乡村建设的组织与方法的商榷》，天津《大公报·经济周刊》1937 年 4 月 21 日。

②陈序经：《乡村建设的组织与方法的商榷》，天津《大公报·经济周刊》1937 年 4 月 21 日。

③黎康民：《乡村运动与政府农政之分际问题(上)》，《乡村建设》1936 年第 6 卷第 7 期。

④李紫翔：《中国农村运动的理论与实际》，陈翰笙、薛暮桥、冯和法合编：《解放前的中国农村》第 2 辑，第 502 页。

20 世纪初年，无论米氏在翟城村①的社会重建，还是彭禹廷在镇平村的乡村自卫，抑或是沈定一在萧山的乡村自治，无疑都是立足于乡村建设的区域实践，其动力均源于非政府的社会力量。彭禹廷在镇平推行"由绅治到自治"②的乡村重建，"在初步一切责任，均由地方正绅担负"。作为总揽乡村自卫、教育及地方建设的"十区自治办公处"的"该处之成员，多数为县中绅士"③。1920 年代，沈定一在萧山衙前村，"整理各种民众组织，使完全归属于自治会，并举办诸种事业，以期达到乡村改造的理想"，力主"要用社会的力量促进社会的进步"④，并不与地方政府发生直接关系。但是，翟城村治、河南镇平乃至于浙江萧山的乡村自治等，其基本动力均源于乡村地方领袖或士绅等社会强势力量，尚没有形成相对稳定的社会组织或团体发动的持久性和扩张性作用，以至于它们各自都处于割离型的"孤岛"效应，既少了扩张型社会影响，也没有形成连锁型扩展或递进型的社会运动。因此，乡村建设如何从根本上突破孤岛型村治而走向社会运动，显然期待着具有现代性的社会组织或团体力量的发动。

"社会组织是集团行动的标准规矩。"⑤在旧的社会结构崩解而新社会结构未能成型的近代转型时期尤其如此。即使在具体的经济活动中，分散的乡村民众也必须依赖于社会组织的动员和引导。费孝通观察江村经济变动过程时说："在社会变革的过程中，为组织集体行动，对社会情况需要有一个多少为大家所接受的分析和定义以

---

①茹春浦认为，近代乡村自治运动"如河北定县之翟城村，在清末即开始新村运动，近年各处仿行者日多"。见茹春浦：《关于区乡镇自治公约问题之讨论》，《乡村建设》1932 年第 2 卷第 2 期。并参见李伟中：《20 世纪 30 年代县政建设实验研究》，人民出版社 2009 年版，第 310 页。

②丁宝福：《镇平县地方自治始末》，镇平县志总编室 1986 年版，第 31 页。

③李腾仙等：《彭禹廷与镇平自治》，镇平县十区自治办公处 1936 年编印，第 203 页。

④孔雪雄：《沈定一先生及其主办的乡村自治》，《乡村建设》1932 年第 2 卷第 7—8 合刊。

⑤《文化的特质面与精神面》，《费孝通文集》第 4 卷，群言出版社 1999 年版，第 294 页。

及一个系统的计划。”①这与梁漱溟的认识基本一致：“中国人非从团体组织，确无从自救，也无从引入科学技术。”②尽管梁漱溟深知中国以前的士人，既“脾气很大”，又“个性越大”，因此要想在士人阶层中组织成功一个团体（党），实有莫大的困难；但在旧社会结构或社会组织崩解之际，“做社会运动，必须以团体来做才行”③。作为一个具有相当规模运动的乡村建设的动力必定源于社会组织，“依现在的社会运动言，亟需要有组织，所以现在组织团体，一面须合现社会的需要，一面又须无背乎中国人的心理”④。这显然并不是一个理论认知问题，从根本上说其实只是一个历史事实。

其中，主持定县实验工作的平民教育促进会颇多影响。成立于1923年的平民教育促进会，于1926年即在定县开展乡村平民教育实验，“以十五至十九年为准备时期，十九年以后为实验时期。他们以愚、穷、弱、私，为中国社会的基本缺点，以农村建设为工作之最终目标。定县是他们实验之中心区，由定县之实验而推广全省以至全国”，“使农村复兴得到具体进行的方案，使国家得一条基本建设的新路，使中华民族能于建设工作之中，创造一个新的革命”⑤。此外，“虽然晏阳初、梁漱溟的乡建工作更为人熟识，但基督教的乡村建设工作比其领先，在20世纪20年代初即已开始。最著名的就是华北公理会的胡本德（Hugh W. Hubbard）和亨利（James A Hunter），他们领导了美国公理会在民国通县、保定的乡村建设运动”⑥。1901年后公理会用庚子赔款“重建南关教堂，以此为中心，向保定东南

①《江村经济——长江流域农村生活的实在调查》，《费孝通文集》第2卷，群言出版社1999年版，第3页。

②梁漱溟：《中国民众的组织问题》，《乡村建设》1936年第5卷第20期。

③梁漱溟：《谈组织团体原则》，《朝话：梁漱溟讲谈录》，安徽文艺出版社1997年版，第113—114页。

④梁漱溟：《谈组织团体原则》，《朝话：梁漱溟讲谈录》，第113—114页。

⑤千家驹：《定县的实验运动能解决中国农村问题吗——兼评〈民间〉半月刊孙伏园先生〈全国各地的实验运动〉》，陈翰笙、薛暮桥、冯和法合编：《解放前的中国农村》第2辑，411页。

⑥毕晓莹：《美国公理会与民国保定乡村建设述论》，《古今农业》2012年第1期。

亚发展”，并在定县、博野、清苑、束鹿、无极设立分会，清河、威县、南宫、广宗也有零星分会。“20 世纪初 20 年代非基督教运动兴起后，教会的教育、医疗等活动大受影响，教会开始的关注中国的乡村社会，开展乡村建设运动。”①此后，在华教会把工作重心从城市转向了农村。在华教会纷纷在经济、智识、宗教、健康等方面开展乡村建设运动。1923 年开始，公理会甚至与晏阳初所办的中华平民教育促进会建立密切联系。1924 年，第一年成立的平民学校就有 250 所，学生 2500 名，毕业者 1050 名。到 1929 年，保定公理会连续开办 6 年平民学校，自 1925—1933 年这 8 年间，37000 人参加平民学校，8900 人毕业，并能与二千余名非基督徒的农村领袖合作，更与近 40000 名乡村青年发生良好的友谊，协助了农村改造工作②。公理会开展乡村建设活动，注意与民间乡建设组织及地方政府合作。由华北公理会发起，长老会、美以美会、伦敦会等相继加入成立了华北基督教农村事业促进会，集中力量，建立乡村建设中心，成为传教组织团体的共识③。1933 年，全国基督教农村建设研究会又在定县举行。

作为社会运动规模的乡村建设的确得力于社会组织的推动。1929 以后数年之间，到“乡村工作讨论会在邹平开第一次集会时，这种团体之参加者有了三十余个”④。正是在平教会、山东乡村建设研究院、中华职教社之乡村改进会、华洋义赈会等社会组织的推动下，“始自前清末年之村治”才由村域推展为县域，并迅速扩展，促成“各省县政建设实验，一时风起云涌，争先恐后，全国乡建实验场所，大小百余处，蔚然壮观”，最终发展成“中国的乡建运动”⑤。在全国乡村

①毕晓莹:《美国公理会与民国保定乡村建设述论》,《古今农业》2012 年第 1 期。

②“The North China Mission”, *The Missionary Herald*, No. 2, 1927, p. 69.

③毕晓莹:《美国公理会与民国保定乡村建设述论》,《古今农业》2012 年第 1 期。

④李竞西:《参加乡村工作讨论会记》,《乡村建设》1934 年第 4 卷第 10—11 期合刊。

⑤傅葆琛:《乡建运动总检讨》,陈侠、傅启群编:《傅葆琛教育论著选》,第 403 页。

工作第一次讨论会召开时，梁漱溟就已经明确指出社会组织或社会团体的推动作用，所谓"四面八方，皆于不知不觉中"殊途同归走上乡村建设之路。当时救济农村破产的呼声高唱入云，"在政府方面有农村复兴委员会之组织……在学术团体方面，有中华平民教育促进会在定县的实验工作，有山东乡村建设研究院在邹平的乡村建设运动，有各省各处风起云涌的合作社组织"①，而其最初之发动实源于社会组织。"我们现在要创造一个推动社会的动力，这动力是集团生活……必须创造一个新的集团生活，才能作现代社会的动力。"②乡村社会的重建——无论是基于文化建设、社会建设还是经济建设，都期待着社会组织提供基本的动力。"近来吾国乡村运动，日见发达。公私团体之组织，南北各地，所在多有。"③

尤其在乡村建设运动早期，参加者主要是一些社会团体以及大中专院校，除山东乡村建设研究院得到山东省政府的资助外，其他团体一般很少与官方发生直接联系，既不反对官方，也不主动与官方合作④。这些从事于"乡村运动团体之组织，乡村服务机关之设置，南北各地，所在多有，不可区数"⑤。惜乎这些分散的彼此隔膜的团体或组织，既难以形成合力，又工作效率有限，规模影响均局促于一隅。鉴于此，为整合乡建社会组织的力量，王怡柯、李景汉、梁耀祖、梁漱溟、晏阳初、高践四、章元善、许仕廉、仝启、张鸿钧、杨开道、严慎修等遂积极倡导，呼吁自动地广事联合，协力以图乡村事业之发展进行，发起乡村建设协进会。⑥ 这就直接促成了全国乡村建设工作讨论会的召开。这一以个人名义发起的乡村建设协进会(后改为乡村工作

---

①千家驹:《中国农村建设之路何在——评定县平教会的实验运动》，陈翰笙、薛暮桥、冯和法合编:《解放前的中国农村》第2辑，第416页。

②卢作孚:《社会的动力与青年的出路(上)》，凌耀伦、熊甫编:《卢作孚文集》，第383页。

③《乡运消息》，《乡村建设》1934年第4卷第1期。

④陈礼江:《民众教育的回顾与前瞻》，《教育与民众》1934年第5卷第8期。

⑤公竹川:《全国乡村建设协进会将在邹平开成立会》，《乡村建设》1933年第2卷第30期。

⑥公竹川:《全国乡村建设协进会将在邹平开成立会》，《乡村建设》1933年第2卷第30期。

讨论会)，其背后“却代表一个实际的乡村服务团体，似是个人的联合，实是多数团体的联合”①。这种分散的各种乡建团体渐趋整合的进程，与彼此隔离的乡村建设实践走向联合互动的历史进程是完全一致的。因此，我们通过三次全国乡村工作讨论会参会代表状况，大体上可以展现社会组织与政府权力在乡村建设运动中的地位与作用(如图示)：

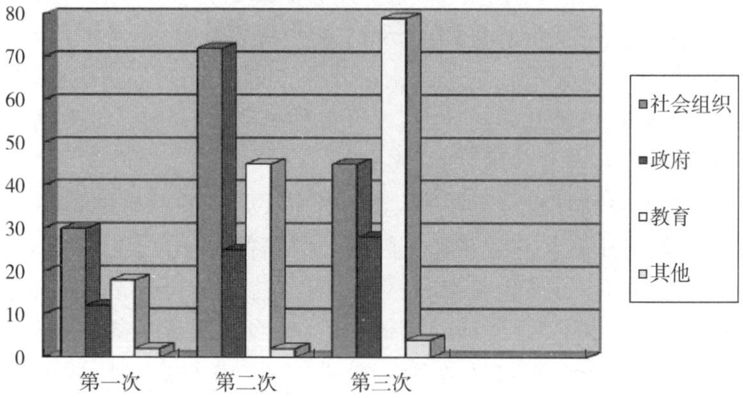

图 5-4　三次全国乡村工作讨论会参会代表身份比例图

上图中，教育机关代表包括了大中专学校和一些教育团体，而他们都是以知识分子的社会群体或社会团体身份参与的，如“燕大社会学的团体，以研究乡村社会为目标”，“亦变成了做乡村建设工作的机关”②，其本质上也是属于国家权力体系之外的社会力量(即非政府组织 NGO)。因此，真正的政府代表与社会组织及其社会群体的代

①公竹川:《全国乡村建设协进会将在邹平开成立会》,《乡村建设》1933 年第 2 卷第 30 期。

②梁漱溟:《社会教育与乡村建设之合流》,《乡村建设》1934 年第 4 卷第 9 期。

表,第一次会议之比值为 0.25,第二次会议为 0.21,第三次会议则为 0.20①。所以,许仕廉曾评论道:“过去中国乡村建设运动缺乏一致系统,而为各种不同的社会势力之综合成绩。故运动之目标亦各异其趣,颇不一致。”②

在乡村建设由思潮走向实践,由个案实验走向社会运动的历史进程中,显然是以社会组织为主要动力。其间“私人团体活动,多半负着创始和实验的责任”③,尽管政府权力的参与、认同和支持也十分重要。以个人身份及其权力资源介入乡村建设,其影响力虽不可小觑,却仍然处于体制或权力建构之外(如梁漱溟主持山东乡村建设事业与韩复榘之关系,其间既有过一段师生之谊,也有韩个人改革地方基层权力结构的意愿),如此因素的交集促动可以成就乡村建设区域个案或典型示范作用,却并不具有整体上的行政主导性,它与其后的政府“农政化”趋向属于完全不同的演变态势。

三　1935 年:乡建运动转向的关节点

面对日趋破败的乡村社会,救治或重建乡村的努力多为“学术团体所倡导”④。乡村建设运动的发轫和启动之初,国家政权的反应相对迟缓和被动,即使是国民政府亦复如此。尤其是南京政府建立后,国民经济建设运动次第展开,然其建设之侧重在于“各重要都市,政

---

①第一次乡建会议:政府代表 12 人,教育机关代表 18 人,社会团体组织 30 人,其他代表 2 人;第二次乡建会议:政府代表 25 人,教育机关代表 45 人,社会团体组织代表 72 人,其他代表 2 人;第三次乡建会议:政府代表 28 人,教育机关代表 79 人,社会团体组织代表 45 人,其他代表 4 人。据《乡村工作讨论会到会人员一览表》,王伯平、宋乐颜等:《乡村工作讨论会纪略》,《乡村建设》1933 年第 3 卷第 1 期;《乡建工作讨论会第二次集会记》,《乡村建设》1934 年第 4 卷第 9 期;《全国乡村工作讨论会第三次大会经过》,乡村工作讨论会编:《乡村建设实验》第 3 集,上海书店出版社 1989 年版,第 3—15 页;李紫翔:《“乡村建设“运动的评价》,陈翰笙、薛暮桥、冯和法合编:《解放前的中国农村》第 2 辑,第 495 页之数据综合而成。

②许仕廉:《中国之乡村建设》,《实业部月刊》1937 年第 2 卷第 6 期。

③许仕廉:《中国之乡村建设》,《实业部月刊》1937 年第 2 卷第 6 期

④翟茂林:《中国农村金融问题的解决途径》,《乡村建设》1936 年第 6 卷第 7 期。

府已遵国父遗教积极筹划矣”,“至若乡村之建设,则不能不由各村自谋。非政府之不顾,实鞭长莫及,势不能也”①。此番说辞虽意在为政府开脱,却也道出了实情。1932 年国民政府教育部社会教育司司长李云亭到邹平的乡村建设研究院视察时有一番演讲,表明了政府的姿态。他说:“贵院目的,是在建设乡村。中国大部分民众在乡村,文化亦在乡村。乡村有办法,国家自然可以有办法。”但是他话锋一转:“不过中国最大势力,最大力量,还是在政治……政治无办法,恐怕乡村事业难办到好处。”②因此对于乡村建设研究院的立场,他的结论是:“政治上轨道,建设才可着手。同时城市建设,乡村建设,整个才有办法……在政府方面以为欲中国一切有办法须从教育入手……自民国十六年以来,各方对此均极注意。”③

就客观历史进程而言,“政府倒是受乡村建设的影响,而有一些农政或乡政设施出来”。简言之,“乡村建设起自社会,初期的工作单在社会方面,而由于工作的进展遂触到政治方面,而尤其是直接的县政;于是乃进而从事于县政实验,县政改革的工作”。其他如“政教合一”“建教合一”“管教养卫合一”的口号背后之具体事实,都是指出了这个乡村建设的运动是将行政的(或说政治的)改造,放在社会改造之中,或由行政的改造以改造社会④。由民间社会发起的平民教育运动到 1925 年已经遍及全国,到 1926 年时教育部才命令在全国设立民众教育馆,遂使以前政府不闻不问的事业,一变而为政府极为关注的事项。所以黎康民认为,乡村建设之所以能开展且推动政权由“破坏乡村的现政权,成为建设乡村的现

①周达:《建设乡村计划大纲叙言》,《乡村建设计划草案》,台北中国国民党党史馆藏档案,档案号:625—21。

②王志智记录:《教育部社会教育司长李云亭先生讲演辞》,《乡村建设》1932 年第 1 卷第 21—30 期合刊。

③王志智记录:《教育部社会教育司长李云亭先生讲演辞》,《乡村建设》1932 年第 1 卷第 21—30 期合刊。

④黎康民:《乡村运动与政府农政之分际问题(上)》,《乡村建设》1936 年第 6 卷第 7 期。

政权"，"就是因为乡村运动本身有动力，而且发自社会"①。或许，我们也可以通过当时各种乡村建设社团组织的建立情况，作进一步的解说(如下表)：

表 5-1　1930 年代后乡村建设社会组织、团体成立简况表

社团	时间	地点	理事及负责人	章程要旨及重点	备注
中国乡村建设研究社	1931 年	南京沐府西门 41 号	彭昭贤、姚遂亢、陆世益为理事	以研究乡村建设促进地方自治为宗旨	1930 年 12 月获颁"人民团体组织许可证"*
全国乡村建设协进会	1933 年 7 月 14 日	邹平	晏阳初、梁漱溟等	后改名为乡村建设工作讨论会，集会时无宣言主，也无决议案	《乡村建设》1933 年第 2 卷第 30 期；吴相湘编著：《晏阳初传——为全球乡村改造六十年》，第 241 页。
乡村建设学会	1933 年 7 月		发起人晏阳初、许仕廉等	切磋之团体，以便随时往还聚会	《乡村建设》1933 年第 3 卷第 1 期
江西农村改进社	1933 年 7 月		王枕心、苏邨甫	以安义县万家埠为实验区	《乡村建设》1933 年第 3 卷第 12 期
山西乡村建设研究会	1933 年 10 月 11 日	办事处设首义门街青年会	严敬斋、薛觉民等 7 人为委员	以研究试验实施乡村建设方法为宗旨	《乡村建设》1933 年第 3 卷第 13 期

①黎康民：《乡村运动与政府农政之分际问题(上)》，《乡村建设》1936 年第 6 卷第 7 期。

（续）

社团	时间	地点	理事及负责人	章程要旨及重点	备注
北夏乡村建设协进会	1933年12月17日	无锡第二区实验民校	王琳、谢半农等执行委员5人，区公所职员、小学教员、商界领袖、乡镇长副	共同研究乡村建设各项问题，合力推行乡村建设事业	《乡村建设》1934年第4卷第6期
江苏徐属八县农村建设协进会	1934年6月23日	铜山县党部	蓝渭滨主持（江苏党务第七区指导员）	对于农村经济、合作、教育、卫生、水利、农林，乃至一切农村副业，本会决与地方政府鼓吹建设，共谋有成	《乡村建设》1935年第5卷第1期
湖北农村建设协进会	1934年		张难先、孔庚等21人为理事		《乡村建设》1935年第5卷第1期
四川农村建设协进会	1935年5月22日	重庆青年会	吕一峰、叶雨苍等15人为理事	赞助政府复兴四川农村	《乡村建设》1935年第5卷第1期
湖南农村建设研究会	1935年				《乡村建设》1935年第5卷第1期
南京农村改进会	1935年8月		社会局长及第二科长、市府专员及南京中大、金大之农业专家等担任委员	以改良农村组织，改良品种、农具，以及一切副业为重心	《乡村建设》1935年第5卷第3期

（续）

社团	时间	地点	理事及负责人	章程要旨及重点	备注
湖南农村建设协进会	1936年5月29日	长沙湖南省党部	周方、向隋阶等11人为理事	因民之所利而利之，为本会之铁则	《湖南乡村建设协进会周年概况》，1936年
河北博野农村建设辅导委员会	1936年		常委5人，轮值为主席，总干事1人；第三县县长为当然委员，余为教育界人士；地方士绅为名誉委员	促进政教合一，建设农村，复兴民族	《乡村建设》1936年第6卷第8期
四川乡村建设研究会	1937年6月28日	成都平教会川分会	卢子鹤、杨伯钦、潘从理为常务理事	以研究乡村建设之理论与实际为宗旨	《乡村建设》1937年第7卷第1期
平原县刘夫寨改进会	1937年1月	本村小学	小学教员	重在乡村教育、合作、生产、卫生、自卫，农民组织，会内经费自筹及捐助	《乡村建设》1937年第6卷第13期

资料来源：表中所列除特别注明者外，均来源于《乡村建设》杂志。

＊见《中国乡村建设研究社呈请立案》，台北"中研院"近代史研究所档案馆藏实业部全宗农业司档案，档案号：17—21—79—1，1931年。

上表资料显示，新兴的乡村建设社团组织以1935年为分界，前后有着明显的变化。此前的乡建社团及其活动更多体现为社会性质，行政化色彩或特征相对微弱。中国乡村建设研究社成立较早，3名理事虽均为国民政府公务人员（分别内政部统计司司长、江苏电信职工会常务委员、江苏省公路局副局长），其在社团中的地位却与其公务身份毫无关联，社团本身与政府也无牵连，“此项社团系公益人性质”①。其他如拟筹设的全国乡村建设协进会、乡村建设学会和正式成立的江西农村改进社、山西乡村建设研究会等，也都属于非政府社会组织。即使有政府人员为理事，也只是协助工作而已，并不居于主导地位（如北夏乡村建设协进会、江苏徐属八县农村建设协进会等）。但是，1935 年后成立的乡村建设组织机构，却基本以政府为主导。如南京市农村改进会就是“社会局延揽农业专家”筹组成立，且由“社会局长及第二科长、市府专员及本京中大、金大之农业专家等担任委员”，“以改良农村组织，改良品种、农具，以及一切副业为重心”②。如嘉兴县也于此时大幅调整乡村建设机构，即“于编组保甲之后分别按照各地方之交通情形，文化程度，经济关系，与自治编制沿革，采管教养卫合一办法，于城区、王江经、新胜、王店、风桥、新丰等区，一律成立乡镇建设联合办事处。办事处组织分子，为辖区内之镇公所、公安局、中心小学、民教馆、农民银行及县府派赴各乡镇工作人员或机关等”。处内设主任 1 人，副主任 1 人，或 2 人，“秉承县政府之命，依据联席会议之决议，指导各协助各机关，推进各项事务，以其为县以下横的联合之处级组织”，将“均已具有规模”的乡建机构“为适应时代需要，复将联合办事处组织，略加变更，由联合办事处主任，一律兼任公安局长，以谋行政之敏捷”③。所谓“乡村建设事业之动向”不外是以乡建其名，行保甲行政其实而已。

江西省乡建机构的演变过程亦大致如此。1933 年 7 月成立的江西农村改进社以其“组织之立”，江西属第一。尽管“赞助最力之人物，即是江西省政府主席熊式辉氏。而该社实际上工作负责者，为王枕心、苏邨甫二氏”④，仍属于非政府的社会组织。但是，1936 年 2 月成立的江西省政府农村改进事业委员会，却将原分属于各公私机

①《中国乡村建设研究社呈请立案》，台北“中研院”近代史研究所档案馆藏实业部全宗农业司档案，档案号：17—21—79—1，1931 年。

②《乡运消息》，《乡村建设》1935 年第 5 卷第 3 期。

③宋廷栋：《最近嘉兴县乡村建设事业之动向》，《乡村建设》1937 年第 6 卷第 20 期。

④徐伯康：《江西省主持乡村事业各特殊机关概述》，《乡村建设》1936 年第 5 卷第 20 期。

关(江西省特种教育处、江西农村改进社、全国经委会江西办事处等)的各项事业,收归属下,"乃一切事业之总领,可视为今后江西乡村事业之最高领导机关"①。不仅熊式辉自任主席,省府各长官任委员,还指定经委会服务区管理专员张福良兼任总干事。这导致江西乡村建设事业完全行政化。如 1934 年成立的江西农业院,是相对独立于政府行政的一个体系(见下图):

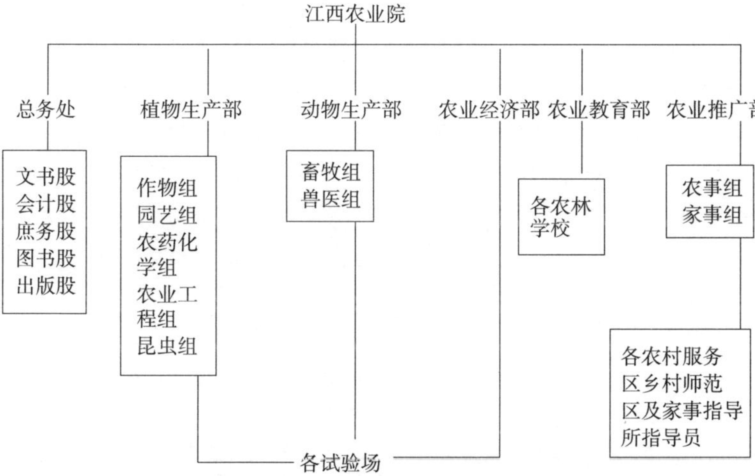

图 5-5　1934 年江西农业院组织体系图

资料来源:吕芳上:《抗战前江西的农业改良与农村改进事业(1933—1937)》,台北"中研院"近代史研究所编:《近代中国农村经济史论文集》,第 526 页。

江西农业院组织体系的定位是,虽直隶于省政府但行政上并不受他机关之牵连,"农业院本非官署,也有别于农学院,它是一面研究、一面实行的农业机关"②。尽管江西的乡村建设机关较多,"有政府主办的,有学术团体创设的,有社会团体经营的,也有宗教团体主持的,各有各的理想和主张"③,但主体仍为非政府的社会组织。首先,农业院有一个明确的主旨,以农民为对象,以农业经济为主题,要

①徐伯康:《江西省主持乡村事业各特殊机关概述》,《乡村建设》1936 年第 5 卷第 20 期。

②西岑:《农业院是什么?》,《江西农讯》1935 年第 1 卷第 1 期。

③吕芳上:《抗战前江西的农业改良与农村改进事业(1933—1937)》,台北"中研院"近代史研究所编:《近代中国农村经济史论文集》,第 533 页。

创造一个"促进农业时代化"的总目标。其次,有独立的人事与经费,也是成功的要素。江西农业院由一个理事会作为领袖机构,省主席与有关厅、会首长,虽也列名其间,但从不干涉院务。本院同时带有社会性质,省政府主席及财、教两厅长参加理事会,不是以长官名义,而系以公民资格。再次,是用专家,多人才。董时进为院长,院内用人唯才,且多是农业专家。专家一百七十余人,其中技师 12 人,技士 14 人,技术员 39 人,指导员 15 人。留学生 17 人,国内大学毕业生 35 人,农业专科毕业生 39 人。"最值得注意的一个条件是政治力量的拿捏,农业院既是政府机关,又是研究机关,又是实行机关,对象是农人。一般乡村人在当时既不喜欢不懂农事的'读书人',更讨厌'衙门'来的人。"①然而 1936 后,随着 10 个农村服务区的完成,江西省的乡村建设统归于政府管辖,其组织系统如下表:

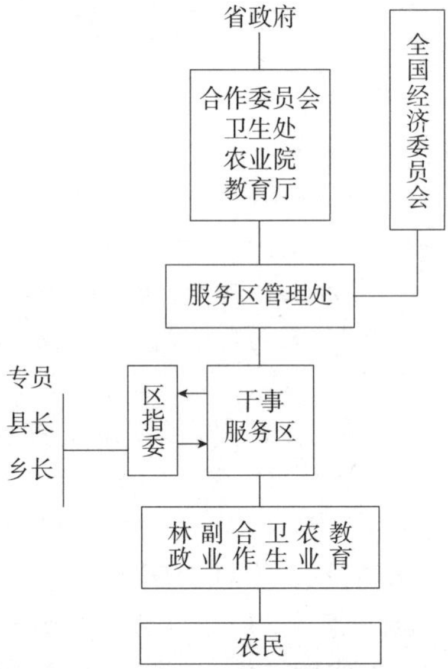

图 5-6 1936 年后江西省乡村建设组织机构体系图

资料来源:吕芳上:《抗战前江西的农业改良与农村改进事业(1933—1937)》,台北"中研院"近代史研究所编:《近代中国农村经济史论文集》,第 536 页。

①吕芳上:《抗战前江西的农业改良与农村改进事业(1933—1937)》,台北"中研院"近代史研究所编:《近代中国农村经济史论文集》,第 552 页。

面对行政权力的资源优势和强势介入，主导乡村建设运动的社会力量既怀着希望也深感忧惧。对此，吕芳上不无感慨地说："经济现代化中的政府角色，是有其正面的功能和意义的；但从服务区'干事'角色变化看，使人体会到政治力量的积极介入，却又形成乡村改造工作的阻力。这个例子或许正说明了从传统走向现代化过程中，政治、经济与社会之间微妙而复杂的关系。"①

四　走向农政：乡建运动的历史宿命

1935 年全国乡村工作第三次讨论会上，乡村建设由社会运动向政府农政的历史转向初露端倪。这次会议的到会代表中，中央部院、地方省厅与乡村建设有关者大都派员出席，以政府行政力量实施乡村建设的代表受到特别关注。青岛市市长沈鸿烈特由天津赶来参会，被"推为吾国政治当局以政治力量躬行乡建工作之首出人物"②。江宁县政建设实验县县长梅思平还作了关于乡村建设问题的演讲。他说，他们所做的工作显然不同于定县和邹平，"江宁、兰溪与社会运动不生关系的，它是用政府的力量来做……故我们用政府的力量推动乡村，不是用社会的力量去促进乡村组织"。因此，在物质建设上，江宁、兰溪远胜于社会组织推动下的定县和邹平。即使如此，梅思平也不得不承认，"江宁是有钱有势"，"但我们的力量都作到物质上了"③。但他也坦率地承认，"邹平的棉业合作，组织的完善，中央的法令也没有这样的好"④。就现况而言，可以说有三种乡村建设的实验或进向：邹平侧重于精神方面；定县则重在除文盲，作新民；而江宁则在用政治的力量。梅认为三种取向可谓"道不同，应相为谋"⑤。他承认政府主导的乡村建设有足够的财力、人力资源支持，故见效快，办事易；但行政力量在社会建设上也有其最大的限度，过此限度

---

①吕芳上：《抗战前江西的农业改良与农村改进事业（1933—1937）》，台北"中研院"近代史研究所编：《近代中国农村经济史论文集》，第 555 页。

②梅思平：《中国五个实验县的比较》，《乡村建设》1934 年第 4 卷第 12 期。

③梅思平：《中国五个实验县的比较》，《乡村建设》1934 年第 4 卷第 12 期。

④梅思平：《中国五个实验县的比较》，《乡村建设》1934 年第 4 卷第 12 期。

⑤梅思平：《中国五个实验县的比较》，《乡村建设》1934 年第 4 卷第 12 期。

则穷。“我们现在所最感缺陷的，为民众自动建设力量之未能培养。江宁现在所有建设事业可说百分之百是以政府为唯一的推动机。江宁的县政府确然能够做到令出必行的程度；人民对于政府号令，也确然能够不怀疑的服从。政府自身也确然有充分的力量，健全的组织，和灵敏的活动。但是民众自身则完全处于被动的服从的地位；自动的力量不但是没有培养，并且是几乎完全的消失了。我们已经极透彻地认识到：政府的力量必有时而穷，政府的工作确乎有相当的限度。超乎一定的限度，不但是效能减退，并且有时是不可能。”①

《全国乡村工作讨论会第三次大会经过》一文对此问题进行概括时，重点突出了晏阳初演讲的立场：“乡村运动是民本的，建设是包括科学的技术和内容……已往以至今日下的乡村建设运动还是在研究实验的阶段，如何将研究实验的东西推广出去，决不是私人团体所能为力。”因此，目前需要的是将乡村建设制度化，即“现在是需要这一套乡村建设的办法，装入制度里去，大规模的推广出去，这就要从亲民政治的地方自治入手。县政是真正老百姓的政治，现在就该从县政着眼，如何运用县单位制度的机构来运用乡村建设的方案”②。其实，此前定县的乡村建设已经与县政建设合二为一，晏阳初会议上的演讲只是对其行为实践的总结陈述而已，其发展的指向性清晰可辨：“乡村建设需一全国计划，且为全国建设计划之一部分，因乡村建设必随经济建设而行，而经济建设又须以全国为单位也。”③

因此，这一问题被凝练为“乡村建设运动向何处去？”的质问，并引起了热烈的争论。梁漱溟在大会总结时将此归结为“总与分的问题”。他说：“所谓总，大概是政府或国家，用统一的计划，整个的力量，来推行乡村建设。所谓分，就是指现在，零零碎碎，东一实验区，西一实验区，办法既不一致，事业又很散漫……很明显地，用总的办

①黎康民：《乡村运动与政府农政之分际问题（中）》，《乡村建设》1936年第6卷第8期。

②《全国乡村工作讨论会第三次大会经过》，乡村工作讨论会编：《乡村建设实验》第3集，第24页。

③《全国乡村工作讨论会第三次大会经过》，乡村工作讨论会编：《乡村建设实验》第3集，第48页。

法，实行统制，容易见效……二十余年，全国扰乱不定，政象污浊，都是因旧辙已经破坏，新轨尚未建立……1911 年以后，至今国家的国权尚未建立。目前我们所受的一切痛苦，都由此点——国权未建立。”①与前两次会议不同，这次梁漱溟特别强调了政府在乡村建设中的作用。他还特别提出，没有国家法律有效，社会秩序安定，强有力的政府，并且清明的政府，运用国家权力总持经济建设之事，“乡村建设决建设不出什么来”②。当然，梁也提出了政府行政对于乡村建设的负面影响问题：“凡事一落国家行政，就是太机械化，不能发现缺点，不能随时修正，而有进步。唯社会运动，较为有学习精神。乡村建设必须是一社会运动，而必不可全靠政治力量来做。”③徐宝谦也提出，既然“农村建设的目标，是为农民兴利除弊”，必然“要用政治的力量，作建设的工具”，以使“宗教、科学、教育与政治四者，必须合一炉而冶之，才能完成我们的使命”④。

显然，由社会运动走向政府农政的历史转向已然发生，尽管它是在波澜不惊的状态中展开的。会议引发的论争尽管热烈，却并不影响这一演变的基本趋势。不仅晏阳初在定县的努力早在此前已有“学术政治化，政治学术化”⑤的趋向，“终于牵入了政治性的漩涡里去”⑥。梁漱溟于邹平的“政学合一的主旨”也有了更趋明显的行政化态势，即整合乡村建设研究院、乡村教育机关、县政研究会、农业金融机关、农业改良试验推广机关，成立“乡村建设委员会——这是为上列几方面机关谋其沟通汇合的一个机构”。虽然梁漱溟刻意强调

---

①梁漱溟：《乡村运动中的三大问题》，《乡村建设》1935 年第 4 卷第 27 期。

②梁漱溟：《乡村运动中的三大问题》，《乡村建设》1935 年第 4 卷第 27 期。

③梁漱溟：《乡村运动中的三大问题》，《乡村建设》1935 年第 4 卷第 27 期。

④徐宝谦：《黎川实验区建设农村的几个基本原则》，《乡村建设》1937 年第 6 卷第 16 期。

⑤晏阳初：《十年来的中国乡村建设》，宋恩荣编：《晏阳初文集》，第 179 页。

⑥《评晏阳初〈开发民力建设乡村〉》，《费孝通文集》第 5 卷，群言出版社 1999 年版，第 510 页。

"他们站在社会运动的立场,推动一切"①,却也无法掩饰其行政化的特征(如下图):

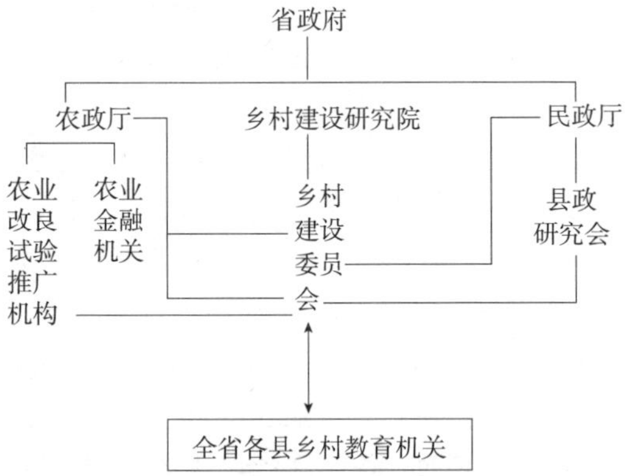

图 5-7 邹平乡村建设机构行政组织关系图

因此,随着统一抗战的现实需求和战时统制体制的实施,国民政府也加大了对乡村建设运动的统合措施。1937 年实业部会拟中央政治委员会会议交议的关于彭学沛等 18 委员所提《促进乡村建设方案》后,并最终形成决议(据 1937 年 5 月 8 日下午 3 时教育部会议室《乡村建设方案第二次讨论会纪录》):1. 乡村建设所需人才,如农业推广、农村经济、乡村卫生等类……由教育部会同实业部及卫生署拟订之。2. 农业推广人员,农村经济指导人员、乡村卫生指导员之任用与工作范围及其他有关事项,除依照农业推广规程及县卫生行政实施办法纲要等办理外,其尚未规定者,由主管部署酌量实际需要情形分别拟订之。3. 各项乡村建设人才,由教育部根据乡村建设事业之需要,就现有各级学校养成之。4. 各项乡村建设人员与县市政府之关系,除公布之法规已有规定者外,由主管部署与内政部商订之。5. 原方案所列 500 万元,拟请建议中央归入经济建设 5 年计划内统

①这个"以委员十三人组织之:民政厅长或其代表居其一,农政厅长或其代表居其一,乡村建设的研究或训练机关代表居其一,县政研究会代表居其一,农业金融机关代表居其一,农业技术机关代表居其一,再从下面乡村教育机关同时亦变是乡村组织的乡学村学,合省联合推选七个代表"。见梁漱溟:《中国之经济建设(续)——乡村建设理论第三段》,《乡村建设》1937 年第 6 卷第 16 期。

筹核定①。

值得注意的是，该案特别指明“即使乡村建设工作亦能取得为公务员之资格”，乡村“各项指导员在县市政府管区内工作其须服从县长市长之指导自无疑义”；同时，这些乡村建设工作人员“最好即定住该地成为该地方之绅士，一面经营其个人之农业、医院、商店等等，一面为公众服务”②。比照“政府公务员资格”和打造“乡村新绅士”的利益设定，成为国民政府收拢乡村建设人才的制度导向。“国民党政权试图将多种力量、资源整合进体制内，以强化自己执政能力”，“甚至平教会的许多重要人物都被网罗进政权中”③。从而，乡村建设的社会运动终于导入政府行政规范。“现阶段的乡建运动，已由理论而实际；由社会事业变为国家政策。”④尤其自新县制实施之后，乡建工作遂与县政建设打成一片，完全变成了县单位建设，构成县政的内容之一。由此，“现时中国的乡建运动已经走上统一的方向”⑤。“乡村建设是一种有悠久性和根本性，普遍性和远大性的工作，它的性质成为重要的国策，不仅只是一个社会事业，我们应当使它走上政治之路，统制之途。”⑥当初人们的担忧不幸成真，即乡村建设运动“发展到成为国家的整个农政”⑦，竟至于“变成无声无息，蹈以往诸运动的覆辙了”⑧。

---

①《会拟彭学沛等提议促进乡村建设方案意见》，台北“中研院”近代史研究所档案馆藏实业部全宗农业司档案，档案号：17—21—88—2，1937 年。

②《会拟彭学沛等提议促进乡村建设方案意见》，台北“中研院”近代史研究所档案馆藏实业部全宗农业司档案，档案号：17—21—88—2，1937 年。

③李在全、游海华：《抗战时期的乡村建设运动——以平教会为中心的考察》，《抗日战争研究》2008 年第 3 期。

④张鉴虞、蓝名诂：《乡村建设的新认识》，《农村经济》1937 年第 4 卷第 2 期。

⑤陈侠、傅启群编：《傅葆琛教育论著选》，第 408 页。

⑥张鉴虞、蓝名诂：《乡村建设的新认识》，《农村经济》1937 年第 4 卷第 2 期。

⑦亦农：《乡村建设到那里去》，《乡村建设》1936 年第 6 卷第 7 期。

⑧晏阳初：《中华平民教育促进会定县实验工作报告》，宋荣恩编：《晏阳初文集》，第 161 页。

五 深刻的历史反思

作为乡村建设运动领袖的梁漱溟曾经有过足够的自信:“如其代表社会的此一大势力形成了,则盼望方不是空盼望,而构成势力可以发生结果;有机会加入政府固能发挥抱负;政府将顺着社会的要求走。”①然而历史的结局却正好相反。虽然梁漱溟、晏阳初等乡村运动的领袖们为此做了多方面的努力和尝试,却无从改变这一基本的运势。

“在财政紧缺的现代化中,政府不仅无力救济乡村,而且政府本身已成为导致和扩大乡村灾难的直接原因。因此,当乡村建设派试图在政府无能的地方有所‘能’时,将不可避免地会触犯某些禁忌,甚至会面临某种危险。既不能像政府一样无能,又不能像共产党领导的农民暴动那样‘能’,一旦超出有限的活动空间,乡村建设就可能遭遇它无法承受的冲突。”②尽管在乡村建设运动兴起之初,国民政府并无真正的介入和参与,但对于这一运动背后的社会组织力量的成长和影响却倍加关注。1933年7月18日,当乡村建设工作第一次全国会议开幕不久,蒋介石就接到了来自韩复榘的详报。报告称:“乡村建设研究院长梁仲华邀集全国乡村建设运动之学术团体及社会事业机关组织乡村建设协进会,于本月寒日在邹平举行第一次会议”,这次“会议参加者计有梁漱溟、王怡柯、龚玉贤、李炳衡、钱伯显、王印佛、江恒源、黄任之、李石曾及其夫人等五十余人,均系研究乡村建设或服务社会事业团体之名人,会期三日,将以研究乡村建设为范围。伏查农村破产为吾国亟须救济之问题,该院长约集名流共同研究于国家振兴农村政策,或有可供采择之处……”③显然,对于来自山东地方当局的这份陈报,国民政府最高层面并不放心,因此次年即

①梁漱溟:《中国之经济建设(续)——乡村建设理论第三段》,《乡村建设》1937年第6卷第16期。

②曹立新:《走向政治解决的乡村建设运动》,《二十一世纪》2005年总第91期。

③《韩复榘电蒋中正饬乡村建设研究院详报乡村建设协进会第一次会议再行摘要转陈》,第148—149页,台北“国史馆”藏蒋中正档案,典藏号:002—08020000108—070,入藏登录号:002000001497A。

有李宗黄亲历考察各地乡村建设情形之举。但是,李宗黄的这次考察报告却提出了足以让国民政府警惕的问题。报告说,所谓乡村建设运动,"除去青岛外,各处都有畸形发展,尤以邹平梁漱溟本一介书生,不谙治术,遇事矜奇立异,颇有自辟门径之事实,于本党主义政令,多有违反"①。报告还对政府主导的县政建设与社会力量主导的乡村建设作了比较,谈及江宁自治县经过情形时说:"此县为钧座创办……有非常之进步……现已做到'党政合一'、'政教合一'、'官民合一',若努力不懈,本党政治前途,此为一线曙光。"②当然,报告也提出邹平有两点现象值得钦佩:"一,他们以文弱书生,都市中人,能跳入农村,为乡民服务,其刻苦精神,应为吾人楷模;二,邹平农场中如改良牧畜、蚕种、棉花及成立合作社等工作,颇著成效。"③来自内部系统的调查资讯显示,如果听任乡村建设运动中社会组织力量的发展,显然有碍于党国体制的运作和稳定。尤其是抗战期间的一份陈报,将梁漱溟的乡村建设力量直视为一种异端了,"政治部部长陈诚呈军事委员会委员长蒋:据新二十三师邹麟密报,查梁漱溟所领导之中国乡村建设同盟会欲在抗战统一运动中完成其所谓革命的建设,现在一部分在鲁西荷泽、兖城、鄄城一带活动"。这些散布于各地乡村的青年,"企图掌握各县自卫团,联乡会等地方武力,以为建立政权之基础,并成立战时生活团、抗日救国同盟会、抗日自卫团、联合自卫团等之组织,以为吸收群众,训练干部之手段,扬言中国国民党建设而不革命,共产党革命而不建设,言论实多谬

---

①《李宗黄呈蒋中正考察邹平荷泽青岛定县经过及暑期军官团请加授国术等》,第 244 页,台北"国史馆"藏蒋中正档案,典藏号:002—08020000173—180,入藏登录号:002000001562A。

②《李宗黄呈蒋中正考察邹平荷泽青岛定县经过及暑期军官团请加授国术等》,第 244 页,台北"国史馆"藏蒋中正档案,典藏号:002—08020000173—180,入藏登录号:002000001562A。

③《李宗黄呈蒋中正考察邹平荷泽青岛定县经过及暑期军官团请加授国术等》,第 244 页,台北"国史馆"藏蒋中正档案,典藏号:002—08020000173—180,入藏登录号:002000001562A。

误，苟听其自由发展，难保不生后患”①。这或许是国民政府最终将乡村建设运动推向政府主导的农政的深层原因，因为类似的问题也曾在陶行知所办的晓庄学校发生过②。显然，乡村建设运动及其社会力量的“自由发展”将被视为国民政府的“后患”，其注定被消解的历史宿命其实无可避免，只是战时体制为其提供了一个更为便捷的路径罢了！

然而，由此而生发的历史思考却令人深省。近代中国是“旧者已破坏而新者未建立，正是一个社会机构饥荒，文化失调之青黄不接的时期”。因此，民国国家建设乃至社会文化“要建设则必有赖于社会力量。乡村建设即是发动与培养社会力量的运动，正为政府所必需”③。乡村建设运动之动力既源于社会，其活力与前景也必将根植于社会之中。“将乡村建设运动与政府农政百分之百的合一，由政府全部统制来作”，将最终断送乡村建设的命运。“仅有行政的力量，而忽略民众的训练组织自动力量之培养，则直是无源之水，时过即逝，故社会运动必须在行政为掩护及辅导，行政亦必须以社会运动为先驱及保持其永久性。”④在民国政治、社会以及文化转型和重建的历史时期，“乡建运动，是一个应运而生的社会运动”⑤。而且它也确乎构成整个国家建设和社会文化建设的根基所在。“乡村建设，乃是想解决中国的整个问题，非是仅止于乡村问题而已……建设什么？乃

①台北“国史馆”藏陈诚档案，典藏号：008—010202—00028—001，入藏登录号：008000001855A。

②“蒋介石本人曾短暂地对晓庄学校的进展感兴趣，但在1930年下半年下令关闭，可能因为他认为该校有社会方面激进的可能性。”见[美]费正清编、费维恺编，杨品泉等译：《剑桥中华民国史（1912—1949年）》下卷，中国社会科学出版社1993年版，第354页。

③黎康民：《乡村运动与政府农政之分际问题（中）》，《乡村建设》1936年第6卷第8期。

④黎康民：《乡村运动与政府农政之分际问题（中）》，《乡村建设》1936年第6卷第8期。

⑤陈侠、傅启群编：《傅葆琛教育论著选》，第403页。

是中国社会之新的组织构造(政治经济与其他一切均包括在内)。”①乡村建设运动兴起之际,人们已经认识到国家、社会与学术力量的合作互助的正面意义,即“应有三种力量:(一)学术力量,(二)政治力量,(三)社会力量。没有学术力量,乡建不能发动,不能进行;没有政治力量,乡建不能普遍,不能彻底;没有社会力量,乡建不能巩固,不能持久。学术力量由专家负责,政治力量由政府负责,社会力量由人民负责……这样,专家、政府、人民三方面共同努力,然后乡建才有成功的希望……若这三个条件有一个没有办到,乡建的目的就不能达到”②。

首先,乡村运动是一个原动的力量,而政府则是被动者。乡村运动的工作机构与国家中下级行政机构混为一体后,乡村建设的动力一变而为行政的力量,其力源缺少社会的滋养亦将随之枯竭。“其危险将致乡村运动不动,政府农政亦将失其推动而莫能进展。”乡村运动与政府农政事务虽同有一性,却差别显然;即使有所交集,却各有侧重,用力不同。乡村运动工作的最大目标是“造人”,“有了人才,然后才能推动农村”③。然唤醒农民的民众教育,“站在教育行政机关一面,可运用强硬的行政力量,强迫民众受教;而站在乡村运动者一面,则应着重民众求学向上的内心要求,可于民众的精神上多用工夫,而忌用权威(合作事业复亦如此,笔者)”④。

其次,基于政治而推展的事情,大都注重形式而缺乏内容,流于表面应景而少有扎实持久之谋。“因此政治上的力量用的越大,而民众越成被动的;越强推他动,他越不能自动。长此以往,势将演成大推大动,小推小动,最后推亦不动之局面。”⑤行政主导后的乡村建设

---

①梁漱溟先生讲演:《自述》,山东乡村建设研究院出版股 1935 年印行,第 62 页。

②陈侠、傅启群编:《傅葆琛教育论著选》,第 406 页

③晏阳初:《乡村运动成功的基本条件(节选)》,宋恩荣编:《晏阳初文集》,第 77 页。

④黎康民:《乡村运动与政府农政之分际问题(中)》,《乡村建设》1936 年第 6 卷第 8 期。

⑤王湘岑:《荷泽实验县宝镇乡乡农学校(下篇)》,《乡村建设》1935 年第 4 卷第 25 期。

消失了社会建设的意义，一变而为农政，“失了因机肆应的能动性与随地发动的扩展性”，从而“乡村建设的动力就成了很大的问题了”①。当乡村建设事业被行政化后（如江西的乡村建设的干事兼任区长后），乡建设工作者与乡民之间的隔膜自然加深，其结果必然导致乡村建设运动走向“乡村不动”的窘境。而且，一般乡民与所谓高高在上不懂农事的“读书人”颇多疏离，更讨厌“‘衙门’来的人”②。村民对于官府隔膜犹深，“乡间政府，平时有事去请教他们，则一味敷衍搪塞，等他们受了上司的命令时，就利用我们的一番苦心所培养起来的活跃的农村，不顾一切地一五一十来硬做——简直是捣乱，以获取上峰的好感与嘉奖，弄得农民叫苦连天”③。当江西乡村建设实验区的乡建干事兼任区长后，老百姓的感觉是“‘服务区变坏了！’‘老师变心了！”④

在作为社会运动的乡村建设中，社会组织与行政权力曾各守界域且相互促动。1935年成立的湖南农村建设协会，以管教养卫“为本会建设农村四大任务，而以生产教育为中心，以推动其他自治事项”。由于“政府另有自治机构之法定组织”，故“农建协会”之乡建内容与政府行政各有侧重，并有“相得益彰之效也”。但其不久折入农政化轨辙，“扩大由市政府、农民教育馆及本会三机关合组”后，遂将保甲教育卫生合作及小本借贷各项计划纳为一体⑤，实为政府事务，与社会运动或社会建设内容相去已远。显然，在由传统社会向现代社会转型的历史进程中，国家、社会及至学术的共同动员和参与，乃

①黎康民：《乡村运动与政府农政之分际问题（上）》，《乡村建设》1936年第6卷第7期。

②吕芳上：《抗战前江西的农业改良与农村改进事业（1933—1937）》，台北“中研院”近代史研究所编：《近代中国农村经济史论文集》，第552页。

③施中一：《服务中的农村生活》，徐宝谦编：《农村工作经验谈》，青年协会书局1936年版，第49页。

④吕芳上：《抗战前江西的农业改良与农村改进事业（1933—1937）》，台北“中研院”近代史研究所编：《近代中国农村经济史论文集》，第554页。

⑤《湖南农村建设协进会周年概况》，湖南农村建设协进会1936年印行，第18页，台北“中研院”近代史研究所档案馆藏湖南农村建设协进会档案，档案号：20—16—12—25。

至如何在合作互动中适度区分社会与国家的界域,以保持社会运动或社会力量久远的活力和目标之实现,不仅仅在于乡村建设运动之一端而已。

这是一个时代性命题! 直至今天,仍然值得我们深长思之。

(原载《史学月刊》2016 年第 1 期)

从社会运动到学科建设的转向

——试论私立乡村建设学院与民国乡村建设运动

抗日战争胜利后才创设的私立乡村建设学院，当时曾引起社会各界的高度关注。蒋梦麟在视察该院时称赞其："在乡村做的才是真正的治国平天下工作。真是在以天下为己任，中国的问题在乡村，乡村的问题不能住在南京上海去解决。"①就乡村建设运动的历史进程而言，与此前从社会思潮走向社会运动的演进轨迹显然有别，它竟于波澜不惊中别开新局——转向学科建设一途——故亦有人称之为民国时期"新教育的摇篮"②；或谓在"中国教育史上被认为'学术'的新纪元"③。

然而，学术界既有研究对此问题甚少关注。主要研究成果或者集中于乡村建设运动本身以及其对农村社会变迁的深度影响方面④，或

---

①《宝贵的指示和鼓励》，乡村建设学院编纂委员会主编：《乡建院刊》1948年第2卷第2期。

②李靖东：《新教育的摇篮——重庆乡村建设学院》，《新教育》1947年第1卷第1期。

③梁仲华：《本院创办之旨趣——民国三十六年九月十七日对全体师生讲》，《乡建院刊》1947年第1卷第1期。

④郑大华：《民国乡村建设运动》，社会科学文献出版社2000年版；李国忠：《苏维埃运动、乡村建设运动与中国农村的社会变迁比较》，《赣南师范学院学报》2002年第5期；王先明、李伟中：《20世纪30年代的县政建设与乡村社会变迁——以五个县政建设实验县为基本分析样本》，《史学月刊》2003年第4期；张海英：《"县政改革"与乡村建设运动的演进》，《河北师范大学学报(教育科学版)》2004年第3期；温铁军、熊景明、黄平、于建嵘：《中国大陆乡村建设运动》，《开放时代》2003年第2期。

者侧重于乡村建设代表人物思想与实践探讨①;学术研究的热点和焦点更多地集中在关于乡村建设运动和相关人物的历史评价上②。这一境况几乎与乡村建设运动兴起之际的社会评说态势相类似。正如徐秀丽所指出的:"学术研究回归常态后,当年的两歧评价依然存在,主要观点也似乎并不比当年更为深刻。"③甚至在民国教育史研究视域中,关于私立乡村建设学院的研究也几乎付之阙如④。本文在梳理相关档案资料基础上,拟就私立乡村建设学院与乡村建设运动和新学教育的内在联系加评析,诚望识者批评指正。

一　历史转向中的乡村建设运动

早期乡村建设的展开各有不同侧重,或以乡村自治为要,或以乡

---

①郑大华:《梁漱溟传》,人民出版社 2001 年版;吴相湘:《晏阳初传——为全球乡村改造奋斗六十年》,岳麓书社 2001 年版;[美]艾恺著、郑大华等译:《梁漱溟传》,湖南出版社 1992 年版;马勇:《梁漱溟评传》,安徽人民出版社 1992 年版;朱汉国:《梁漱溟乡村建设研究》,山西教育出版社 1996 年版;熊吕茂:《梁漱溟的文化思想与中国现代化》,湖南教育出版社 2000 年版;贾可卿:《梁漱溟乡村建设实践的文化分析》,《北京大学学报(哲学社会科学版)》2003 年第 1 期。

②何建华、于建嵘:《近二十年来民国乡村建设运动研究综述》,《当代世界社会主义问题》2005 年第 3 期。

③徐秀丽:《民国时期的乡村建设运动》,《安徽史学》2006 年第 4 期。

④相关研究主要有:西南师范大学校史编写组编:《西南师范大学史稿》,西南师范大学出版社 1990 年版;乡村建设学院校史研究会等编:《中国乡村建设学院在北碚》,西南师范大学出版社 1992 年版;王超:《晏阳初与中国乡村建设学院(1940—1952)》,四川师范大学硕士学位论文 2013 年;谢健:《抗战后乡村建设的复兴:中华平民教育促进会华西实验区研究》,西南大学硕士学位论文 2015 年;袁爱雪:《乡村建设学院对地方高校的发展启示》,《西部教育发展研究》2011 年第 2 期;张颖夫:《晏阳初"平民教育"理论与实践研究——基于当代中国社会转型期的视角》,西南大学博士学位论文 2009 年;李在全、游海华:《抗战时期的乡村建设运动——以平教会为中心的考察》,《抗日战争研究》2008 年第 3 期;张颖夫、田冬梅:《论晏阳初在重庆北碚对大学教育的改革及其当代价值》,《西南大学学报(社会科学版)》2012 年第 1 期。以上研究主要讨论私立乡村建设学院的建立过程以及晏阳初关于高等教育的思想,却未真正论及其与乡村建设运动的内在关系。

村自卫为重,或侧重于平民教育,或着力于乡村合作等等,但在发展演变趋向上最终却落归在社会建设的主导方向上。① “无疑的,中国的乡村建设运动,已形成了现阶段一切社会运动之主潮。”②真正的乡村教育“如果想如此,非归到乡村建设不可”③。所以私立乡村建设学院甫一成立,人们已经领悟到它与乡村建设运动的密切相关:“乡村教育与乡村建设,来路不同,去路则一,二者志趣合一。”④然而,这一层面上的相关也只是表象的关联;只有将其置于乡村建设运动演进轨迹中,体悟这一社会运动的变动趋向,我们才能真正洞悉其深层的内在相关性。

就历史演进趋势而言,乡村建设运动经历了几次大的转折和变向。首先,从早期的社会实验到社会运动的形成可为其第一次转折。“我国农村运动的历史,可以远溯至一九〇四年米迪刚先生在定县翟城村的‘村治’,民国以后山西‘模范省’的‘村治’,‘五四’后的新村运动,平民教育运动及晓庄乡村教师等。一九二五年后,另一政治性质的农民运动的发展,反促了‘改良派的农村运动’……就以‘民族自救’、‘民族改造’的新姿态,广泛地在各处活动起来。”⑤事实上,早期的翟城“村治”、河南镇平乃至于浙江萧山的乡村自治等,其基本动力均源于乡村地方领袖或士绅等社会强势力量,尚没有形成相对稳定的社会组织或团体发动的持久性和扩张性作用,以至于它们各自都处于割离型的“孤岛”效应,既少了扩张型社会影响,也没有形成连锁型扩展或递进型的社会运动⑥。直到 1929 以后数年之间,到“乡村

---

①王先明:《历史转折与时代诉求——对近代中国乡村建设思想的再思考》,《人文杂志》2014 年第 8 期。

②齐植璐:《现阶段中国乡建运动之检讨》,嘉兴县政府合作事业推广委员会编行:《农村建设》1936 年创刊号。

③《梁漱溟先生讲演·自述》,《乡村建设》1935 年第 5 卷第 8—9 期合刊。

④杨效春:《中国乡村教育运动(续)》,《乡建院刊》1948 年第 1 卷第 8 期。

⑤李紫翔:《中国农村运动的理论与实际》,陈翰笙、薛暮桥、冯和法合编:《解放前的中国农村》第 2 辑,第 502 页。

⑥王先明:《民国乡村建设运动的历史转向及其原因探析》,《史学月刊》2016 年第 1 期。

工作讨论会在邹平开第一次集会时，这种团体之参加者有了三十余个”①。正是在平教会、山东乡村建设研究院、中华职教社之乡村改进会、华洋义赈会等社会组织的推动下，“始自前清末年之村治”才由村域推展为县域，并迅速扩展并促成“各省县政建设实验，一时风起云涌，争先恐后，全国乡建实验场所，大小百余处，蔚然壮观”，最终发展成“中国的乡建运动”②。虽然“农村运动的方针和步骤，还是与它们的动机”确是千差万别，“其主张和办法之复杂，‘新旧两派之分’”，但是当“各种不同的动机和立场”，“四面八方集中到农村运动”③后，乡村建设就从彼此隔离分散的“村治”实验扩展为广泛的社会运动了。在全国乡村工作第一次讨论会召开时，梁漱溟就已经明确指出社会组织或社会团体的推动作用，所谓“四面八方，皆于不知不觉中”殊途同归走上乡村建设之路④。“那个时期全国搞乡村工作，作乡村建设的人很多，形成一种社会运动。”⑤

其次，由社会运动转向政府农政是乡村建设运动的第二次重大转向。作为社会运动规模的乡村建设的确得力于社会组织的推动。“社会运动的产生和发展，‘公论’是一个很大的助力，因为它可以代表一个时代社会公众的态度与力量，它可以反映时代的要求和潮流，于是它可以启发社会运动，支援社会运动，以达成其‘革故鼎新’的目的。”⑥晏阳初强调说：“乡村运动是民本的，建设是包括科学的技术和内容……已往以至今日下的乡村建设运动还是在研究实验的阶段，如何将研究实验的东西推广出去，决不是私人团体所能为力。”因此，目前需要的是将乡村建设制度化，即“现在是需要这一套乡村建

①李竞西：《参加乡村工作讨论会记》，《乡村建设旬刊》1934 第 4 卷第 10—11 期合刊。

②傅葆琛：《乡建运动总检讨》，陈侠、傅启群编：《傅葆琛教育论著选》，第 403 页。

③李紫翔：《中国农村运动的理论与实际》，千家驹等编：《中国乡村建设批判》，第 9 页。

④千家驹：《中国农村建设之路何在——评定县平教会的实验运动》，陈翰笙、薛暮桥、冯和法合编：《解放前的中国农村》第 2 辑，第 416 页。

⑤吴相湘：《晏阳初传——为全球乡村改造奋斗六十年》，第 387 页。

⑥赵守忠：《成见、公论、与社会运动》，《乡建院刊》1948 年第 1 卷第 9 期。

设的办法，装入制度里去，大规模的推广出去，这就要从亲民政治的地方自治入手。县政是真正老百姓的政治，现在就该从县政着眼，如何运用县单位制度的机构来运用乡村建设的方案”①。此后，随着政府力量的介入和其主导性的强化，乡村建设运动开始向着政府“农政”方向演变。1935年全国乡村工作第三次讨论会上，乡村建设由社会运动向政府农政的历史转向初露端倪。由社会运动走向政府“农政”的历史转向已然发生②。

随着统一抗战的现实需求和战时统制体制的实施，国民政府也加大了对乡村建设运动的统合措施。“国民党政权试图将多种力量、资源整合进体制内，以强化自己执政能力。”“甚至平教会的许多重要人物都被网罗进政权中。”③从而，乡村建设的社会运动终于被导入政府行政规范。“现阶段的乡建运动，已由理论而实际；由社会事业变为国家政策。”④尤其自新县制实施之后，乡建工作遂与县政建设打成一片，完全变成了县单位建设，构成县政的内容之一。由此，“现时中国的乡建运动已经走上统一的方向”⑤。“乡村建设是一种有悠久性和根本性，普遍性和远大性的工作，它的性质成为重要的国策，不仅只是一个社会事业，我们应当使它走上政治之路，统制之途。”⑥问题在于，由社会运动而折入政府农政轨辙的乡村建设，还能保持其持久的活力和发展方向吗？“现在问题就是乡村建设向何处去呢？是一直向着政府方面去呢？或是折回来向着社会去呢？”⑦这是在第

①《全国乡村工作讨论会第三次大会经过》，乡村工作讨论会编：《乡村建设实验》第3集，第24页。

②相关论述参见本书第五章中《乡建运动的歧路与历史宿命——民国乡建运动的历史转向及其原因》一节内容。

③李在全、游海华：《抗战时期的乡村建设运动——以平教会为中心的考察》，《抗日战争研究》2008年第3期。

④张鉴虞、蓝名诂：《乡村建设的新认识》，《农村经济》1937年第4卷第2期。

⑤陈侠、傅启群编：《傅葆琛教育论著选》，第408页。

⑥张鉴虞、蓝名诂：《乡村建设的新认识》，《农村经济》1937年第4卷第2期。

⑦亦农：《乡村建设到那里去》，《乡村建设》1936年第6卷第7期。

二次转折开始时就产生的“歧路”之问①。

“乡建运动，是一个应运而生的社会运动。”②乡村建设运动兴起之际，人们已经认识到国家、社会与学术力量的合作互助的正面意义，即“应有三种力量：(一)学术力量，(二)政治力量，(三)社会力量。没有学术力量，乡建不能发动，不能进行；没有政治力量，乡建不能普遍，不能彻底；没有社会力量，乡建不能巩固，不能持久。学术力量由专家负责，政治力量由政府负责，社会力量由人民负责……这样，专家、政府、人民三方面共同努力，然后乡建才有成功的希望……若这三个条件有一个没有办到，乡建的目的就不能达到”③。“歧路之问”是作为社会运动的乡村建设发展的根本性问题，当然也是其领袖们必须面对的现实之困。

梁漱溟当然意识到了社会力量与政府力量之间的博弈关系。他说：乡村建设运动牵涉三个方面，即我们与政府间的问题，我们和乡下人之间的问题，我们自己(乡村运动者)彼此间的问题。“这三个问题要讨得好，而不致自毁前途”，首要一点是“我们要守定社会运动的立场，绝对不自操政权。这样才能代表社会，唯能代表社会，才能形成一大力量”④。他认为社会运动才是乡村建设的方向：“乡村运动会要形成一个代表中国大社会的力量；待此力量形成，则中国局面决定。那时政府与农民皆被转移过来，往前去完全是坦途了。不过事情总不是容易的。”⑤但是全国抗战爆发后，“定县、邹平、无锡等相继沦陷，乡建研究及训练根据地多已丧失……无以为继。此实目下乡建之绝大危机”⑥。许多乡建领袖包括梁漱溟等人也撤退四川。梁漱溟从此“没有再搞乡村建设，除参加政治活动外，办了一所中学，目

①相关论述参见本书第五章中《乡建运动的歧路与历史宿命——民国乡建运动的历史转向及其原因》一节内容。

②陈侠、傅启群编：《傅葆琛教育论著选》，第403页。

③陈侠、傅启群编：《傅葆琛教育论著选》，第406页

④梁漱溟：《乡村建设理论》，第377页。

⑤梁漱溟：《乡村建设理论》，第377页。

⑥晏阳初：《中国乡建运动的重心》，宋荣恩主编：《晏阳初全集》第2卷，第89页。

的是使我的朋友在四川有一个落脚的地方”①。而乡村建设运动的另一领袖晏阳初却持之以恒地坚守着乡村建设事业，并努力保持其社会运动方向，为乡村建设的持久发展和深入拓展创造条件。由此，乡村建设运动的转向势在必行。乡村建设学院的创设，可以说标志着乡村建设运动的第三次重大历史性转向：“过去的乡建运动成一段落。现在，我们创办中国乡村建设学院，这是乡建运动新阶段的开始。”②

乡村建设的领导者们正是在全民抗战的实践中认识到：“中国的力量在农村，在广大农民大众。”③战前声势颇隆的乡村建设派的思想主张，经历战争的磨砺更形坚挺。抗战期间，中国对外换取各种军需民用物资，对内所有战费的负担、粮食的供应、兵源的补充或扩充亦无不仰仗于农业，倚畀于农民。战后，农业对于国家财政、经济，乃至产业发展、社会安宁，更具有不可忽视的支柱功能。战争本身实证了中国建设的路线选择应该在乡村。梁仲华提出：“八年的抗战，更提出了有力的事证。抗战时，出粮当兵，前方流血者，后方流汗者，大都是农民……同时抗战期间，沿海各大都市，全遭敌人破坏了，胜利后，正应积极建设乡村，以便在中国广大领土内生了根的乡村建设中，去重建新中国。”④

“凡是一种运动，自身要有远大悠久普遍根本的意义，然后这种运动，才有继长增高进展扩大日新不已的动力；否则要犯‘其兴也勃，其亡也忽’的毛病。”⑤实际上在全民抗战爆发之际，晏阳初已经致力于战时民众动员与乡建事业的密切配合，并开始为乡建运动的持久赓续进行谋划。他提出：“必须不断地加以研究，加以深刻而彻底的学修工夫，同时尤须作育此道之领袖人才，增殖门人及同志，庶使乡

①梁漱溟：《乡村建设理论》，第 308 页。

②晏阳初：《实习区的意义》，宋恩荣主编：《晏阳初全集》第 2 卷，第 128 页。

③晏阳初：《致中国乡村建设育才院全体师生》，宋恩荣主编：《晏阳初全集》第 3 卷，湖南教育出版社 1992 年版，第 630 页。

④梁仲华：《“志”“欲”之辨——民国卅六年九月廿二日周会讲词节要》，《乡建院刊》1948 年第 1 卷第 2 期。

⑤晏阳初：《农村运动的使命》，京城印书局 1935 年版，第 1 页。

建事业‘质’与‘量’皆臻于高峰!”①从根本上避免乡村建设事业“兴勃亡忽”的困窘,首在于创建乡建人才培育的制度性机制,使其获得源源不断的持久动力。“我坚信,我们创建一个中心机构以致力于造就中国乡村新一代的领导人。”②因此,将这一持续既久的社会运动导向学科建设方向以做久远之图,就成为战时及战后乡村建设运动的重大历史转折。“为完满实现上述之理想起见,吾人需设置一较永恒的、独立的、不受时潮起伏影响的达能固坚实的学术机关,以为学问及人才之渊泉。”③对此,晏阳初充满自信和期许:“本院是造就乡村建设人才的唯一学府,对乡村,对大局都负有非常重大的任务……今天乡村建设远重于从前,我们应该加倍努力。”④

二 架构高等教育与乡村建设的桥梁

历经“村治”等区域性社会实验后,在“民族自救”“民族再造”或“农村复兴”“民族复兴”的旗帜下,乡村建设扩展为广泛的社会运动⑤。“时贤对于乡建工作见解似乎并不一致:有的重视政治,有的偏向民众自卫,有的高唱惟有教育可以救国,有的特别强调农业。这些都甚重要,但乡村建设不是任何一面可以单独解决的,而是联锁进行的全面的建设。”⑥单就乡村教育与乡村运动关系而言,二者的历史关联可谓与生俱来,如影相随。乡村建设兴起伊始,“注重二件事:一为教育,一为劝农”⑦。“全国上下似乎有一种共同的觉悟,就是要

---

①晏阳初:《中国乡建运动的重心》,宋荣恩主编:《晏阳初全集》第2卷,第89页。

②晏阳初:《致金淑英》,宋恩荣主编:《晏阳初全集》第3卷,第606页。

③晏阳初:《中国乡建运动的重心》,宋荣恩主编:《晏阳初作集》第2卷,第89页。

④晏阳初:《目前乡村建设的重要性》,《乡建院刊》1948年第2卷第2期。

⑤李紫翔:《中国农村运动的理论与实际》,千家驹等编:《中国乡村建设批判》,第1页。

⑥晏阳初:《开发民力建设乡村》,《乡建院刊》1948年第1卷第10期。

⑦方悴农:《中国农村建设运动的总检讨》,《农村建设实施纪》,大华书局1935年版,第121页。

救济中国，必先救济中国的乡村，要建设中国，必先建设中国的乡村”，而在政治、经济、教育三种建设之中，“教育是这三种建设连锁的工具，而且又是各种乡村事业的中心事业”①。近数十年来“乡村逐渐而加速的破坏”，“乡村要求建设”，而乡村建设要求村民“自动”，不能专靠“代动”。如何训练培养乡村的自动的力量不能不做教育的工夫。乡村教育运动或者直接发展为乡村建设运动②，或者“乡村建设与民众教育之合流，乃是必然的倾向”③。但从近代中国教育制度的变革进程看，新教育的基本取向却与乡村社会颇多疏离——这是乡村建设运动发起者或领导者们比较一致的立场。

近代以来中国面临危急之秋，“国人未尝不忙，忙学东洋，忙学西洋，忙办这样，忙办那样，结果怎样？没有把根本问题认清，瞎忙了几十年”④。因为我们未能完成“民族再造的使命”。晏阳初认为，“要实现‘民族再造’的使命，最有效的方法，莫若‘教育’”。但是关键在于“要怎样的教育”⑤？晚清以来新式教育体制及其教育内容，从根本上脱离了中国社会实际，晏阳初认为此为近代中国发展路向选择中的最大错误。“中国近几十年来教育上最大的错误，在一切制度方法材料多半从东西洋抄袭来的，那工商业发达国家的都市人的教育，如何能适合犹滞在农业时代的中国社会的需要？”⑥尤其对于“以农为本”的中国而言，农村的青年“未入学校以前，尚能帮助他的父母”，助力农耕，“不失为一个生产者”，可是一旦入了学校，受了一些都市文明的教育，他简直变成一个在乡间不安，到都市无能，不文不武的无业游民⑦。当然，固守于中国传统的教育也不能适应于时代的需求，如此“与民族生活不相干，只能造成三家村的乡学究”⑧。因此，

①傅葆琛：《乡村运动中之乡村教育》，陈侠、傅启群编：《傅葆琛教育论著选》，第303，307页。

②陈侠、傅启群编：《傅葆琛教育论著选》，“本卷前言”第9页。

③瞿菊农：《中国乡村教育运动》，《乡建院刊》1948年第1卷第7期。

④晏阳初：《农村运动的使命》，第6页。

⑤晏阳初：《农村运动的使命》，第7页。

⑥晏阳初：《农村运动的使命》，第11页。

⑦晏阳初：《农村运动的使命》，第12页。

⑧晏阳初：《农村运动的使命》，第8页。

如何从教育体制上实现改造，确立新的发展方向，以改变现实中国既“事事求不到人”又“人人求不到事”的矛盾，必须“将研究实验、训练人才和表证推广三个步骤统合进行”①，从而将具有社会运动特质的乡村建设适度导向学科建设方向。因而，私立乡村建设学院的创建，不仅仅是乡村建设运动本身的需要，而且也蕴含着新式教育制度发展取向的调适，一定意义彰显了乡土中国社会现实的内在需求。

早在1933年7月，国民政府正式核定各省设立实验县办法后，乡建领袖们已经体察到政府力量的进入将导致其社会运动方向的改变：“当年年底全国计有五个实验县。南方二县是由下而下，利用行政力量推动。北方三县纯以社会力量由下向上推动，不重形式、不求速效。”②虽然从参与乡村建设的团体组织数量上看，源于社会组织的力量仍然居于多数③，但从实际效应上看，政府主导的乡村建设实验区的成效和影响更为突出。乡村建设领袖们的忧虑不无道理：“社会力量数量上略占优势，却难以主导方向。”④因而，在1934年10月乡村工作讨论会第二次集会上，关于乡村建设的“人才训练”开始“获得若干公认结论”：一是乡村建设人才应分为间接人才与直接人才，包括行政与技术二类；二是除普通科目外应设置农村调查学、农村社会学、农民心理学等学理性科目；三是训练人才不以资格为重，不注意教育制度的地位如何。“乡村工作人员应有牺牲的精神与宗教家的信仰。”⑤只有通过乡村建设专门人才的培养才可能保证乡村建设社会运动的方向。

这一关乎乡村建设人才的培养规划，在晏阳初、傅葆琛等人努力下不断推进，并逐步导向制度建设方向。其一，1936年春，平教会的

---

①晏阳初：《湘赣川乡建工作的现状和任务》，宋恩荣主编：《晏阳初全集》第2卷，第109页。

②吴相湘：《晏阳初传——为全球乡村改造奋斗六十年》，第240页

③相关论述参见本书第六章中《乡建运动的歧路与历史宿命——民国乡建运动的历史转向及其原因》一节。

④晏阳初：《湘赣川乡建工作的现状和任务》，宋恩荣主编：《晏阳初全集》第2卷，第109页。

⑤吴相湘：《晏阳初传——为全球乡村改造奋斗六十年》，第243页。

陈筑山到广西在李宗仁支持下成立“设计委员会”。此设计委员会通过改组广西大学,“使其在全省建设计划工作进行时更能发挥有效率的配合”①。1936年10月,晏阳初筹备多时的农村建设育才院在定县正式开学(在这以前二、三月,长沙、成都两中心也宣告成立),以落实“内容、方法、人才三者是相倚为用、不能或缺的联锁”②式乡村建设人才的培育。其二,在正规高等教育体制内,创设乡村建设人才培养机制。1939年,傅葆琛③出任华西大学教授兼文学院院长后,力主创设了乡村教育系,并经过数年努力于1944年夏“奉教育部令:改为乡村建设系”,以“为中国储备乡建人才、研究乡建学术、实验乡建方法、提倡乡建事业、推动乡建工作、编刊乡建读物、供给乡建方法”④。

将乡村建设内容纳入高等教育体制,是近代中国教育学科建设中的一项创举。乡村建设运动展开后,乡村建设领袖们曾向政府竭力呼吁:“乡村建设工作是多方面的,凡与人民生活有关的无不包括在内……关键之所在,那就是:建乡须先建民。”⑤但要在新教育体制中设置乡村建设科目,仍然经历了一个艰难的历程。1928年5月,第一次全国教育会议所产生的决议案中,就有提倡乡村教育设立乡村师范案。1935年3月,教育部颁布乡师及建议师范课程标准,从此为培养乡村教育与建设人才的教育学科开始逐步由理想转换为现实。从1927—1937年的10年间,全国共有五十余处乡村师范,但这些师范还只是停留在对乡村教师的训练层面。

1934年燕京大学成立农村建设科,把社会、经济、政治、教育、家事、化学、生物等系所有关于农村的研究和工作集中起来,各系通力合作以救济了解中国农村和促进农村建设。但这是高校内设的一个专门管理乡村建设的机构,并非一个学科设置。在近代中国教育体

①吴相湘:《晏阳初传——为全球乡村改造奋斗六十年》,第281页。

②吴相湘:《晏阳初传——为全球乡村改造奋斗六十年》,第279页。

③按傅葆琛是“平教总会”初创时,乡村教育部主任,“定县实验”的开路先锋。

④傅葆琛:《华西大学乡村建设系概况》,陈侠、傅启群编:《傅葆琛教育论著选》,“附录三”第423页。

⑤晏阳初:《开发民力建设乡村》,宋恩荣主编:《晏阳初全集》第2卷,第341页。

系中，尤其是在高等教育体系中，华西大学的乡村建设系确为“全国公私立大学惟一之系。因系创设，尚无部定课程标准可以遵循”①。因此，无论对于乡村建设运动还是对于近代教育制度建设而言，“这一世界所无、历史未有、听起来非常陌生的华大乡建系，实具有充分的创造性”。它将使建设与教育合二为一，“它将使乡村建设作为大学教育的广泛的内容，它将使大学生的研究实验工作与新中国的建设工作密切扣合起来，以求得社会的改造，文化的复兴”，“实为今后大学教育开出一光辉灿烂之远景”②。

但是，华西大学的乡村建设系仅仅是一个系科。在整个高等教育的人才培养学科体系中，它占有分量和地位极为有限，远不能适应整个乡村建设人才的需求。尤其是抗战胜利后，国家建设将成为时代主题，以晏阳初为代表的乡建派又力主乡村建设乃国家建设之根本。一方面，“抗战建国，我们的凭借，究竟在哪里”？实践证明，“我们的决胜点，不在城市，而在广大的乡村”③。另一方面，抗战胜利的结果恰恰是“这百分之八十五的乡村生产大众，已经把中国高举为五强之一”。因而胜利后，“正应积极建设乡村，以便在中国广大领土内生了根的乡村建设中，去重建新的中国”④。故而，乡村建设专门人才的培养，亟须创立一所专门的高等教育学校。它是“建设大学教育与乡村建设的桥梁”，是将乡村建设与高等教育有机融合的新式学校，即“采用所谓‘即讲，即学，即习，即能’的教育程序，使知识与工作打成一片。使大学从图书实验室与课堂里下乡去”⑤。因此，“乡村

①吴相湘:《晏阳初传——为全球乡村改造奋斗六十年》，第 423 页。

②马秋帆:《〈华西乡建〉创刊旨趣》，转引自吴相湘:《晏阳初传——为全球乡村改造奋斗六十年》，第 336 页。

③晏阳初:《抗战建国的基本问题》，宋恩荣主编:《晏阳初全集》第 2 卷，第 101—103 页。

④梁仲华:《“志”“欲”之辨——民国卅六年九月廿二日周会讲词节要》，《乡建院刊》1948 年第 1 卷第 2 期。

⑤季纪生:《论乡村社区生产合作》，《乡建院刊》1948 年第 1 卷第 5 期。

建设学院，非办不可”①。这是为“明天的新中国打下基础”②的具有战略意义的长远谋划。

三　学术新纪元：从“育才院”到独立学院

“中国高等教育最严重的失败，在盲目模仿西洋大学，极少顾及中国本身文化背景或中国人生活的需要。尤其以书本作教学主要凭借，以致毕业学生大多学不适用，而国内各种事业人材缺乏。”③将社会实验与学术研究、实践经验与学理探索、社会建设与学科建设完整地统一起来，是晏阳初创建“乡村建设学院”的目标。自1933年开始，连续召开的三次全国乡村建设工作讨论会将乡村建设运动逐步推向了高潮。晏阳初发现，乡建工作专门人才的缺乏是制约乡村建设运动的深入发展的瓶颈，将最终导致这一社会运动昙花一现④。乡建人才的来源，一方面依靠招募有研究、有经验的专门人才；一方面则是训练青年人士⑤。而训练人才又有缓急之分，当时全国大多数相关团体及实验区都是创立短期人才训练的机构。这种举措或能解燃眉之急，但不能从根本上解决乡建人才短缺的问题⑥。

乡建人才，是具有专门学识和实践经验的领袖型人才⑦。当时高等学校毕业的学生，与社会实际要求脱节，造成一方面大学毕业生没有合适的地方发挥作用，另一方面这些学生没有经过合适的训练

---

①晏阳初：《湘赣川乡建工作的现状和任务》，宋恩荣主编：《晏阳初全集》第2卷，第109页。

②晏阳初：《致布德罗》，宋恩荣主编：《晏阳初全集》第3卷，第598页。

③吴相湘：《晏阳初传——为全球乡村改造奋斗六十年》，375页。

④晏阳初：《农村建设育才院的捐启稿》，宋恩荣主编：《晏阳初全集》第1卷，第424页。

⑤晏阳初：《对育才院研习生训话纪要》，宋恩荣主编：《晏阳初全集》第2卷，第2页。

⑥《中华平民教育促进会农村建设育才院缘起》，《民间》1935年第2卷第4期。

⑦晏阳初：《农村建设育才院的捐启稿》，宋恩荣主编：《晏阳初全集》第1卷，第425页。

不能胜任农村工作，致使乡村建设事业难以真正开展。为此，平教会“本历年的宗旨，应现时的需要”，决定于1935年7月开始筹划在定县创办“农村建设育才院”①。晏阳初提出：“一切力求配合国情。院内四系且相互联系：社会系应认识问题，为乡村工作开其端；农业与水利两系应针对人民需要，展开建设工作，力求致其用；乡村教育系研究推动致用技术，用以总其成。各系分工合作，同归于乡村改造。全部教学都谨守理论与实际结合一体的最高原则而进行。”②该院以招生大学毕业生为研究生，分别实施学术的和实践的训练。农村建设育才院的办理是平教会开始兴办大学教育和促进乡村建设学术化探索的开始。

1936年10月12日，农村建设育才院在定县正式开学。根据筹备时的计划，首次预备招收人数为60人，但受限于报考人数和质量保证要求，开学时第一批到定县的实际人数只有13人，且主要来自为湖南。在随后的几个月中，又相继有二十余名学生前来学习（以来自四川的学生为主）③。1937年7月之后，由于抗日战争的全面爆发，平教会在华北地区的工作基本停止，农村建设育才院的工作也基本中断。

随着华北局势的日益紧张，1936年6月平教会设办事处于长沙，计划在华中、华西推广定县实验成果并准备南迁事宜④。次月，衡山实验县举行成立大会，衡山县也就成为平教会以定县实验作为表征来推广经验的第一个县⑤。为训练乡建人才，湖南省成立了衡山乡村师范学校，于1936年10月1日正式开学，学校培养的目标是“以培养乡村小学师资及农村改造、民众教育实施人才”。在招生要求上主张考试要“初中毕业，熟悉乡村情形及农民生活，志愿终生在

①《中华平民教育促进会农村建设育才院缘起》，《民间》1935年第2卷第4期。

②吴相湘：《晏阳初传——为全球乡村改造奋斗六十年》，第375页。

③《农村建设育才院开学》，《民间》1936年第3卷12期；《育才院学生继续到定》，《民间》1936年第3卷13、15期。

④《中华平民教育促进会成立经过、组织情形、工作计划、经费收支概况、会员名单》，重庆市档案馆藏中华平民教育促进会档案，档案号：89—1—7

⑤吴相湘：《晏阳初传——为全球乡村改造奋斗六十年》，第285页。

乡村服务，身体强健能吃苦耐劳”①。第一期开学时人数为98人，分别来自湖南省的46个县。定县和衡山县两处学校开办时间大致相当，工作中心都是以训练乡村建设人才，并着力探索乡村建设运动与大学教育相结合的新路径。

全面抗战爆发后，晏阳初和平教会的高级成员分散四处。在战时体制下，如何有效地完成抗战救亡与乡村动员，成为乡村建设运动的重中之重，乡村工作人才需求及其训练更为紧迫。此时，成立于1936年4月的“华北农村建设协进会”迁渝后改组扩大为“中国农村建设协进会”，晏阳初被推举为理事会主席，梁漱溟等为理事。为保证乡村建设人才的“力源”，晏阳初、梁漱溟等在长沙集会，联合各地从事乡建的同人，积极筹设中国乡村建设学院，研究乡建整套学术，以开创诚朴仁勇之学风为目标②。此项提议于1939年3月通过后，协进会决定设筹备委员会而付诸实施③。筹备委员会于1939年6月1日开始办公，并指定瞿菊农、谢扶雅、陈志潜、陈行可、马博厂、姚石庵为筹备委员会常务委员（瞿菊农兼办事处主任并负责常务委员会事务）④。为争取社会各界支持和联络师资人才，晏阳初又组织成立了私立中国乡村建设育才院董事会，以张群为董事长，蒋梦麟、翁文灏、甘乃光、蒋廷黼、康心如、何廉、黄炎培、卢作孚、梁漱溟等19人为委员；设董事会书记1人，由晏阳初担任；会计1人，由卢作孚担任⑤。董事会的卢作孚、张群、张治中等积极劝募捐款，共筹集国币38.8万元。其中蒋介石捐款10万元用作购买学院院址，其余为后方各省政府捐助。除董事会募集的经费外，美国洛克菲勒基金会也

①《一个新型的学校——湖南省立衡山乡村师范学校参观后的感想》，《民间》1936年第3卷第16期。

②《中华平民教育促进会筹设中国乡村建设学院》，《申报》1938年12月3日。

③筹备委员会由晏阳初负责，主要从事购地、修建学院等事务，并在重庆市内设立通讯处和郊区设立筹备处。筹备委员会除晏阳初任主任委员外，还有瞿菊农、谢扶雅、陈志潜、孙则让等长期从事乡村建设的16人任委员。

④《筹备中国乡村建设学院的意见》，宋恩荣主编：《晏阳初全集》第2卷，第197页。

⑤西南师范大学校史编写组编：《西南师范大学史稿》，第302页。

补助了17.6万元。

但由于大学教育科目中未曾有“乡村教育”专业，主管审查的人员始终以“于法无据”为由，拒绝备案。在晏阳初的多方活动和力争下，乡建学院的筹划幸得教育部长陈立夫和高等教育司长吴俊升的支持，经数次会议和辩论后才被批准为初级学院（设立乡村教育、农村经济两个专修科），于1940年7月以“私立中国乡村建设育才院”为名在教育部备案，并于同年10月28日正式在巴县的歇马场开学①。“育才院”首次招收8名大学毕业生为研究生，学制2年。1941年，教育部又批准设立了水利、社会两个专修科②。

“私立中国乡村建设育才院”成立于战时，其“经费、师资、设备都欠充足，必须扩充一切，才能成为第一流的乡村人才训练所”。为此，晏阳初曾几度赴美，组织“平民教育运动中美委员会”进行募捐并访求热心合格的优秀教师、购置图书仪器设备等，以期早日完成扩充“育才院”的计划，有效率地培养较多的乡村人员③。他积极物色留美优秀人才回国，还聘请美国专家组织图书馆顾问委员会，由哥伦比亚大学师范学院教授 Dr. Edmunddes Brunner 主持，选购各种适当的新书期刊，充实乡村建设学院教师学生的精神食粮④。为适应战后国家建设的急切需求，晏阳初甚至提出将“乡村建设学院”扩充为平民大学，拟设置四个学院，（一）平民教育学院，（二）平民生计学院，（三）平民卫生学院，（四）平民政府学院，一则以为储备平民教育及社会与经济建设各种特殊服务人材，以供中国以及其他国家的需要；二则协助发展学生之间的国际合作与世界联合的精神⑤。1945年1月18日，晏以中国战后建设问题函复新任代理行政院院长兼外交部部长宋子文谓：“民国成立已逾三十

①晏阳初：《致 M.C. 鲍尔弗》，宋恩荣主编：《晏阳初全集》第4卷，湖南教育出版社2013年，第571—572页。

②《私立乡村建设学院简明材料》，重庆市档案馆藏中华平民教育促进会档案，档案号：89—1—53。

③吴相湘：《晏阳初传——为全球乡村改造奋斗六十年》，第354页。

④吴相湘：《晏阳初传——为全球乡村改造奋斗六十年》，第368页。

⑤吴相湘：《晏阳初传——为全球乡村改造奋斗六十年》，第365页。

年，全国至少仍有百分之七十人民是文盲，实在是一耻辱。”①1945年5月25日，乡村建设育才院董事会召开，会议决定将育才院扩充为乡村建设学院。同年8月，此议终获经教育部批准，正式更名为私立乡村建设学院，设乡村教育、社会、农学、农田水利四系，并筹备设立乡村卫生系②。

无论从教育制度建设还是教学内容建设上看，它都是“中国教育史上划时代的一桩事”。中国过去“是不把乡村建设纳于正规教育，当做正规教育看的；现在国家正式承认乡村建设是国家正规教育中高等教育之一部门”③。由此，这一新型高等学院的成立，“是‘乡村建设’在中国教育史上被认为‘学术’的新纪元”④。

四 体制创新：乡村建设学院的时代特色

如果仅仅着眼于近代教育或高等教育体系的建设而言，增加一所私立的独立学院本无足轻重。“仅从名称上看，乡村建设学院所设四系即社会、乡村教育、农学、农田水利，其他大学也有，真可谓‘有之不多，无之不少’。”⑤但是，私立乡村建设学院却又完全不同于一般高校，它“要学生求得从事实地乡村建设的‘学’‘术’，决不是‘办之不多，不办不少’”的学院。其主旨在于摆脱当时大学设置或和办学方向上的“恩足以及禽兽，而功不至于百姓”的误区，扭转所谓“宁去研究金鱼，不屑研究蝗虫”⑥的学科导向。某种意义上而言，它是对现有大学教育学科建构方向的反叛。

---

①吴相湘：《晏阳初传——为全球乡村改造奋斗六十年》，第353页。

②《中华平民教育促进会工作简述》，重庆市档案馆藏中华平民教育促进会档案，档案号：89—1—65。

③晏阳初：《在中国乡村建设学院纪念周上的报告》，宋恩荣主编：《晏阳初全集》第2卷，第249—250页。

④梁仲华：《本院创办之旨趣——民国三十六年九月十七日对全体师生讲》，《乡建院刊》1947年第1卷第1期。

⑤梁仲华：《本院创办之旨趣——民国三十六年九月十七日对全体师生讲》，《乡建院刊》1947年第1卷第1期。

⑥梁仲华：《本院创办之旨趣——民国三十六年九月十七日对全体师生讲》，《乡建院刊》1947年第1卷第1期。

晏阳初认为必须一改当前的大学教育体制。首先要改变的是师资力量，教师招聘不能东拼西凑，要整批的训练，要自己培养①。其次教育精神上应树立诚朴仁勇的学风；发扬传统的讲学精神，重视师生互动；注重学术与行动融合为一②。其三是改造教学方法，重实践，鼓励下乡找材料、发现问题，“技术不妨是西洋的，材料则必须在国内找”③。乡建学院与一般大学的理念和精神不同：一般大学“肩负着文化传播的使命”④，在学校里“所讨论的，大都是理论方面的知识，是属于理想的……不是现实，结果造成教育与社会脱节的现象”⑤。晏阳初力主将乡建学院办成一所“有崭新的内容，有前进的创造，以为领导社会之先锋，屹立一革命的新兴大学”⑥；一个以现实社会为“它的实习场所”的“开门的学校”⑦。它突出六大教育目标：一、劳动者的体力；二、专门家的智能；三、教育家的态度；四、科学家的头脑；五、创造者的气魄；六、宗教家的精神⑧。其主旨是为战后大规模的建设事业储备人才。“建国是一个艰巨的工作，必须有大批人才。乡建学院就是为培育建国人才而创立。”⑨学院院址不设于都市而设于乡村，即是从乡村社会生活实际中，“用科学方法，求得真理”。

---

①晏阳初：《把乡建院办成一个革命性的大学》，宋恩荣主编：《晏阳初全集》第2卷，第204页。

②《中国乡村建设学院学术纲领》，乡村建设学院校史研究会等编：《中国乡村建设学院在北碚》，第18页。

③晏阳初：《农民抗战与平民教育运动之溯源》，宋恩荣主编：《晏阳初全集》第2卷，第57—58页。

④志平：《略谈本院学程之研习》，《乡建院刊》1948年第1卷第10期。

⑤《理想与现实——教育部唐督学惜分对本院全体师生讲》，《乡建院刊》1948年第1卷第6期。

⑥晏阳初：《中国乡建运动的重心》，宋荣恩主编：《晏阳初作集》第2卷，第90页。

⑦晏阳初：《乡建工作中“作之师”与“作之君”的关系》，宋恩荣主编：《晏阳初全集》第2卷，第115页。

⑧梁仲华：《本院创办之旨趣——民国三十六年九月十七日对全体师生讲》，《乡建院刊》1947年第1卷第1期。

⑨晏阳初：《把乡建学院办成一个革命性的大学》，宋恩荣主编：《晏阳初全集》第2卷，第119页。

它坚持屏弃两个“理障”：其一，即“六经注我”的治学方法，“全盘西化”的国是主张。其二是无偏见超越党派的学术立场，甚至连“学派”这一名词也不能让它存在心中①。

尤其是它的研习体制具有鲜明特色——这是与一般大学完全不同的教程制度。时人对当时民国之教育颇多诟病，莫不以不切实际，学非所用为词。“中国社会的历史发展与国际文化的现存内容失调脱节，固是原因，但缺截学程研习的完整体式，忽视‘习’‘能’，也是主要症结。”所谓“‘熟读王叔和，不如临症多’应是从事教育工作者的警语”。乡村建设学院务求各系学程应以乡村建设为总目标：“建设不是空谈，必须在现实社会中绘其图式，寻其作法。”②在“社会实验室”中厘定其学程，建树研与习辩证交融的学科教育程式。“我们应该以‘讲、学、习、能’的学程研习体制，在社会实践中，以发现问题，研究问题，解决问题的方式，去开辟教育的新途向。”③乡建学院所立文、教、农、工四个学系，都有分年应习的课程；除在教学上讨论一些理论方面的知识外，“习”“能”的培养训练构成研习学程的主体内容。“理想的学术研习，必须完成这四个阶段，不能有所偏重。”④

“‘研习’是‘即讲、即学、即习、即能’的一贯教育活动体式的缩称，它与一般学校的教学不同，与一般学校的实习不同。‘研习’是教学与实习无分界际无分轩轾的总称。”在整个民国高等教育体系中，这一学程体式是独一无二的。“‘研习’一词，目前成了本院学风的一个特有名词。”⑤为此，学院专设研习指导部作为推动各系有关研习工作的机构，并形成系统的运作模式，如图：

---

①梁仲华：《本院创办之旨趣——民国三十六年九月十七日对全体师生讲》，《乡建院刊》1947年第1卷第1期。

②志平：《略谈本院学程之研习》，《乡建院刊》1948年第1卷第10期。

③李纪生：《我对本院“研习制度”的意见》，《乡建院刊》1948年第1卷第10期。

④赵作雄：《本刊的回顾和前瞻》，《乡建院刊》1948年第2卷第1期。

⑤梁仲华：《“志”“欲”之辨——民国卅六年九月廿二日周会讲词节要》，《乡建院刊》1948年第1卷第2期。

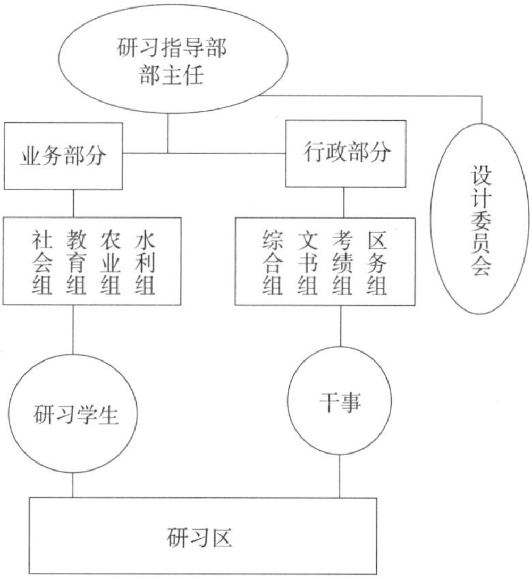

图 5-8　乡村建设学院研习指导部系统运作模式图

资料来源:《研习指导部工作报告》,《乡建院刊》1948 年第 1 卷第 10 期。

这一学程体式真正体现了乡村建设学院独具的价值和特色。首先,“我们的‘乡村建设’是要从根本上去发现问题,解决问题,仔细诊脉,审慎处方,我们需要湛深的学理,来帮助我们认病候……我们的‘学院’既号称‘乡村建设’,那么我们所要求的学是有用之学,不要‘高头讲章’,更不要‘标语口号’,我们要论病知源,更要对症下药”①。其次,“本院既名学院,当然要研究高深学术,又冠名乡村建设,当然又要适应乡村建设的需要,所以对乡村建设的纯理的‘学’与致用的‘术’都要研究”②,从而使“知识与工作打成一片,使大学从图书实验室与课堂里下乡去”③。

当然,乡村建设学院的管理体制也是独特的。“一个突出的特色,是学校自治的实践。”④学院融教育与自治为一体,以“四自教育”

①陈行可讲、晏升东笔记:《我们如何学》,《乡建院刊》1948 年第 1 卷第 2 期。

②陈行可讲、晏升东笔记:《我们如何学》,《乡建院刊》1948 年第 1 卷第 2 期。

③季纪生:《论乡村社区生产合作》,《乡建院刊》1948 年第 1 卷第 5 期。

④晏阳初:《抗战以来的平民教育》,宋恩荣主编:《晏阳初全集》第 2 卷,第 325 页。

(自习、自治、自给、自主)实施管理制度创新。“在其他学院里一般的规律是加强统治和严格管理;但是在我们的学院中,我们正在学生中间建立一种绝对自治的管理方式……如果我们不能在学院里培养民主力量与实际应用,我们还能在其他什么地方来推行民主呢?”①尤其是在各大学普遍设立训导处以强化“党统”教育时,乡村建设学院却完全“废除训导处,而代之以学生自治会。让学生自己自由地选举他们的领袖”。通常以几名教员作为学生的辅导员(而“这些教员也是学生自己选举的”),借以“培养和训练青年引导文盲大众走向民主形式的政府自治道路”②。

“更为有效地形成一种新的精神和新的学院气氛,尽管遍及全国的许多教育机构存在着几乎全面的道德崩溃。”③在创立不过5年之际,这所私立乡村建设学院即在“学术自由”“研习体制”和“自治管理”多方面特放异彩。无论是从乡村建设运动角度还是从近代教育历史取向上而言,它都有值得深入探讨的价值和意义。

(原载《安徽史学》2018年第2期)

---

①晏阳初:《致汤静怡》,宋恩荣主编:《晏阳初全集》第3卷,第705页。

②晏阳初:《抗战以来的平民教育》,宋恩荣主编:《晏阳初全集》第2卷,第326页。

③晏阳初:《致汤静怡》,宋恩荣主编:《晏阳初全集》第3卷,第705页。

村选运动与乡村民主建政的制度绩效

——1945年晋绥边区[①]乡村民主建设的历史审视

近代以来，无论就思想的历史还是社会—政治的历史而言，对于民主的诉求和实践都是贯穿始终的一个时代性命题。抗战时期，中共在根据地开展的以村选为形式的乡村民主建政，是近代中国民主建设历史进程中极为重要的社会实践[②]。陕甘宁边区在1937年，晋察冀边区在1940年，晋绥、晋冀鲁豫边区在1941年都进行过村选。随着抗战胜利曙光的到来，各根据地于1945年春在已解放的新、老

①晋绥本来是当时山西与绥远(今内蒙古中部)两省的合称。全面抗战爆发后，贺龙率120师抵达晋西北和内蒙古一带，建立了晋绥敌后抗日根据地。1940年2月，在蔡家崖成立了晋西北行政公署，后改名为晋绥边区行政公署。1942年，晋绥军区司令部暨120师师部移驻此，同时成立了中共中央晋绥分局，从此蔡家崖成了当时晋绥政治、军事、文化中心，时人誉称“小延安”。

②研究当代村选的政治学者或社会学者，忽略了中共历史上的乡村民主建设实践，竟然认为1988年开始的以村选为标志的村民自治是“静悄悄的革命”。甚至认为1998年10月25日湖南安阳上庄村村选时，候选人双腿跪下呼唤“给我一个机会，我想说两句!”是村选民主的时代最强音。并提出:“试想，千百年来的泥腿子什么时候有过这样公平机会呢?”见吴重庆、贺雪峰主编:《直选与自治:当代中国农村政治生活》，羊城晚报出版社2003年版，第45页。这其实是对中共乡村民主建政及其村选历史的无知。早在1930年代中共就进行了“乡苏”村选，抗日战争时期在根据地也多次进行了如晋绥边区类似的村选运动。

解放区又进行了一次普遍性的村选，尤其是晋绥边区的村选运动，颇具研究价值。对此问题，学界论述较多①。但是，以往的研究更多的是立足于革命史视角，侧重于围绕新政权更替旧政权的历史意义以及巩固中共根据地的作用而展开的论证，对于乡村民主建设的制度绩效的考量着墨不多，甚少深入讨论。因此，本文以此切入，试图从中凝练进一步值得深入思考的问题。

一 村选序幕

1940年2月1日，晋西北行署（山西省第二游击区行政公署）在兴县蔡家崖召开第一次会议，正式宣布行署成立。1940年春，兴县召开全县各界代表大会，正式成立了新的兴县政府，并委派了新区长。由于县区政权刚刚建立，在人员与编制上还不健全，这时政府工作重心主要在县区级上，村级政权虽然进行了改选，但没有彻底改变过去的制度，“并未造成群众的民主运动，与真正的民主村选还有相当距离”②。1940年9月11日，晋西北行署召开第二次行政会议，首先把健全村政权作为1940年以后三大中心工作的头一项。会议总结了过去半年来村选工作的成绩和不足，确认了健全村政权的特殊重要性。会议颁布了《晋西北村选暂行条例》和《晋西北村政权组织暂行条例》。

两《条例》规定：选举采取平等无记名的投票选举方式。同时规定：凡边区境内的人民，年满18岁者，不分民族、阶级、党派、信仰、性别、职业、文化程度、居住年限等，皆有选举权与被选举权，均有提出候选人与自由竞选之权；少数民族得自己选举代表并单独成立公民小组。按照中共晋西区党委的指示和要求，按照两个《条例》的规定，各级党政领导机关立即投入到村选的准备工作中。从1941年3月起，晋西北从行署到区逐级召开了选举准备会议，成立了由政、民机

①韩振国：《抗战初期村选政权结构探析——以晋绥边区首府兴县几个村庄为例》，《学海》2005年第1期；《浅论晋绥边区农会的历史作用》，《前沿》2010年第18期。

②中共晋西区党委：《晋西北政权发展史》，晋绥边区财政经济史编写组、山西省档案馆编：《晋绥边区财政经济史资料选编（总论编）》，山西人民出版社1986年版，第323页。

关共同组织的村选指导委员会，各村都建立了村选委员会，并确定了22个行政村为试选单位。10月，经过试选取得经验后，拉开了整个晋西北村选运动的序幕①。

1944年，敌后抗日根据地转入局部反攻，“晋西北部队共收复据点106处，解放村庄3100余个，人口40余万”②，根据地的经济条件和社会环境大为改善。经过几年的减租减息和生产运动，村民的物质生活水平不断提高，政治参与意识也显著增强。有些地区还进行了反对旧政权遗留下的残余影响（如贪污、不民主）的斗争，罢免了一部分不称职和违反群众利益的干部。同时，乡村社会中涌现出各种类型的英模和积极分子，成为重构中的乡村社会的榜样。吸收群众运动中形成的英模参加政权，从根本上改造和健全乡村政权；并由下而上的检查政权工作，充分发扬民意贯彻民主作风，改进各方面的工作，使村民利益与村政权直接相关，晋绥行署决定于1945年春在全边区普遍开展村选运动。

这次村选经历了广泛的民主动员。行署民教处的《村选运动总结》为我们提供了一个基本概况。首先，村选作为群众运动，其方式展开的与以往不同，是在村干扩大会会后，经过较长时间的自我批评，接受了群众意见，“检查总结了几年来为群众服务的成绩与工作中脱离群众的错误，干部的民主作风有了很大的进步，群众中酝酿着民主热潮”③前提下开始的。这为村选运动奠定了基础。

其次，通过村干扩大会讨论并澄清了对村选的几种错误认识：1. 单纯的换人观点。即认为选举就是“调换干部”，“好的高升，坏的下台”。忽视了健全乡村领导的重要性。2. 主任代表中有推脱工作的情绪。有些干部反映当主任代表是要粮、要草、跑腿、吼人。雇人误工，有职无权，吃力不讨好。当代表是“吃头子”的事情（甚至还有人提出让奸顽者当，认为这是苦差）。3. 领导干部在村选中重视村长，

①王先明：《变动时代的乡绅——乡绅与乡村社会结构变迁（1901—1945）》，第411—412页。

②王绘林主编：《中国现代史》，高等教育出版社1995年版，第398页。

③晋绥边区行政公署：《村选运动总结》，山西省档案馆藏档案，档案号：A89—1—20—4，第3页。

轻视主任代表等等①。

这次村选的绝大部分都是群众已经发动起来的村庄。群众在经济上翻身后，在政治上就积极要求管理政权，因此开展了蓬勃的群众参选参政运动。当选的干部大都是各项群众运动中产生的群众领袖；村政权就建筑在广大群众的基础之上。“这就是这次村选运动中的特点，也是与四一年村选运动的不同之处。”②

二 公民参选

在工作队的推动下，乡村民主建设以群众运动的方式展开。某种意义上，群众运动既是村民民主动员的方式，也是乡村民主政权建设的方式。就村选达成的目标（村政权的结构性更易）而言，其实践效果是十分明显的③。

这首先体现在乡村公民选举的参与度上。经过充分动员后的村民们，“他们以主人翁的地位去审查干部，挑选干部，检查工作，以极大的注意力关心村政权”，他们说“一家全说一个当家人，一村全说一个好主任”，“可要选一个为大家办事的，不选顶上压下的”。选举前通常都在农会进行了充分的讨论④。“在任何社会中，民主的有效范围是由两个因素来确定的：(1)全社会实际参与决定的问题有多少，有多大重要性；(2)社会成员如果愿意的话，通过间接控制的正常体制在影响或改变决定方面能起多大作用。”⑤据30个行政村的公民

①晋绥边区行政公署：《村选运动总结》，山西省档案馆藏档案，档案号：A89—1—20—4，第3页。

②晋绥边区行政公署：《村选运动总结》，山西省档案馆藏档案，档案号：A89—1—20—4，第9页。

③晋绥边区行政公署民教处事后的工作总结归纳为五个方面的成就：即村政权质量提高、干部作风有了新的改进、广大农民以极大的注意力关心村政权、各阶层人民参选参政、初步的改进了村政权的组织领导与工作。见晋绥边区行政公署：《村选运动总结》，山西省档案馆藏档案，档案号：A89—1—20—4，第9页。

④晋绥边区行政公署：《村选运动总结》，山西省档案馆藏档案，档案号：A89—1—20—4，第11页。

⑤[英]迈克尔·曼著，刘北成、李少军译：《社会权力的来源》第1卷，上海人民出版社2002年版，第27页。

参选统计,参选公民平均达到村民总数的64%(如下表):

表5-2 晋绥边区6县30个行政村参选公民统计

项目＼数量	县别	兴县	岚县	宁武	偏关	岢岚	五寨	总计
	行政村	9	6	7	6	1	1	30
人口	男	8557		5127	930		488	
	女	7942		2884	894		436	
	小计	16499		9011	1824		924	
公民	男	5610	1746	3560	3122		251	14288
	女	5282	1461	3071	2612		233	12659
	小计	10892	3207	6631	5594	626	484	27434
参选公民	男	4089	1288	2288	1915		179	9761
	女	3874	999	1455	975		125	7428
	小计	7963	2287	3743	2892	370	304	17534
占比(%)	男	72.8	73.7	64	61		71	68
	女	73.3	68	47	37		53	59
	小计	73	71	56	50	59	62	64

资料来源:晋绥边区行政公署:《村选运动总结》,山西省档案馆藏档案,档案号:A89—1—20—4,第18页。

这个数值在乡村民主选举中这应该是很高的比率了。即使在当代农村一次村选中(1998年末川东T市肖村村选),投票当天的参选率也不过86.9%,而这个比例,据调查者统计,“这已经是一个比较高的数字”。因为通常而言,“实际到会参选率超过选民的一半已经是一个不低的数字”①。

其次,还体现在村民参政的广泛性上。各阶层人民都程度不同地参加了村选,即使是处于被革命地位的地主与富农阶层。兴县杨家坡村选时,“该村地主、富农参加了村选委员会,积极下乡宣传村

①吴重庆、贺雪峰主编:《直选与自治:当代中国农村政治生活》,第94、102页。

选”。木耳崖富农王炳惠宣扬自己在抗战中主动减租、退约、借粮、组织变工等功劳、参与公开竞选，甚至动员他的弟媳帮他竞选①。从参选的阶层分布情况看(见下表)，几乎涵盖了乡村社会中的各个阶层。

表5-3 各阶层参选情况表

阶层 \ 参选情况	公民	参选公民	占比(%)
地主	465	250	53
富农	2368	1556	65
中农	9342	6087	65
贫农	14244	9150	64
雇农	415	254	61
工人	563	213	28
商人及其他	37	24	64

资料来源：晋绥边区行政公署：《村选运动总结》，山西省档案馆藏档案，档案号：A89—1—20—4，《各阶层参选比例表》第19页。

上表中，地主、富农成分的参选公民分别达到53%和65%，与其他阶层的参与量几乎相当(平均为64%)。甚至，还有“地主、富农被群众民主选入政权积极工作”②。

当然，村选的目标是对乡村政权的根本改造，以彻底打破传统乡村政权始终被社首村霸控制的局面，以民主建政的革命方式根除“天子不压村社”③的权力传承。对此，边区政府在选举条件设定和群众动员方面，做了比较充分的准备。根据1944年8月劳动英雄选举条件，可以了解第四届劳模选举中当选的劳模身份。兴县出席边区级

①晋绥边区行政公署：《村选运动总结》，山西省档案馆藏档案，档案号：A89—1—20—4，第12页。

②晋绥边区行政公署：《村选运动总结》，山西省档案馆藏档案，档案号：A89—1—20—4，第12页。

③地主及乡村权势阶层“差不多都把持着村(公所)社(奉神的组织)”，村规社约由村社制定，全体村民遵守。地主社首对于违反村规社约的村民具有捆绑、吊罚压迫的权力，所谓“天子不压社”。《武乡农民阶级意识与民族意识的初步研究》，山西省档案馆藏档案，档案号：A181—1—1—45—1，第4页。

第四次群英会的劳动英雄共 29 人,无一例外的都是各行政村的各种变工组、合作社的组织者、领导人。这样,乡村社会出现了集群众组织的领导者、变工互助的组织者、劳动英雄"三位一体"的核心人物,他们成为重组后的乡村社会的新式领导。

1945 年村选,在革命老区是以变工组、纺织组为单位进行的。以这些组织为基础组成的公民小组所选出的基层政权领导人,基本上就是那些"三位一体"的新式领导了。如下表:

表 5-4 兴县试选村当选村长、副村长表

试选村		廿里铺	杨家坡	康宁镇	贾家沟	魏家滩	合计
总数		2	2	2	2	2	10
成分	地主						
	富农					1	1
	中农	1	2		1	1	5
	贫农	1		2	1		4
	雇农						
	商人						
英模	边区			1		1	2
	县		1				1
	行政村		1				1
工作	农会秘书	1				1	2
	农会组长		1				1
	中队长				1		1

资料来源:沈越:《兴县六个行政村试选的总结及今后如何普遍开展普选运动》,《抗战日报》1945 年 5 月 17 日。

在上述试选村中,参选的正副村长中有 4 个是各级英雄模范,2 个是农会秘书,1 个是农会干事;新选的 191 个主任代表中,有 105 个英雄模范及农会、武委会干部，很多都是变工组长①。在魏家滩，“民众认为劳英康成仲领导二个变工组搞得好，还开了四十垧河滩地，解决贫苦群众土地的困难，并积极领导大家突击种棉；妇女康桂英等四人尽力开展本村妇女纺织事业，拥军也很好”。在村选中，“村劳英康同朱当选为村长，边区劳英康成仲为副村长，妇英康桂英、赵娥儿、贾花蝉、刘毛蝉当选为村代表”②。兴县全县新选的“村长、副村长中，英雄模范有十八名，主任代表中有英雄模范一百四十八名”③。

落选的人基本上都是工作懒惰、不给民众办事、自私自利、奸顽偷巧的人。黑峪口落选的 11 个主任代表中，不做工作的 4 人、账目不清自私的 2 人、做事不公道的 3 人、作风不好的 2 人④。这些落选人中有很多是长期在政权系统内任职的人员，尤其是在旧政权时代养成了营私、取巧、专断的作风与习气的人。在磁窑沟有人为毛提竞选，一个寡妇提出说：“毛提过去常拿着绳子站在老百姓头上，不是打就是捆，哪能为老百姓办事。”⑤结果，毛提落选了。

1945 年的村选运动，使晋绥边区乡村政治权力结构发生了根本变化。以各级劳模英雄和群众组织领袖为主体的新式领导逐渐控制了乡村政权，并占据了乡村政治、经济、社会生活的中心地位。乡村社会传统权势阶层的立足之基已经不复存在。

三　村选的成效

村选运动在乡村权力重建和村政工作改进方面取得了成效，尤其在具体工作的落实和推动方面。《村选运动总结》认为，除了领导

①沈越：《兴县六个行政村试选的总结及今后如何普遍开展普选运动》，《抗战日报》1945 年 5 月 17 日。

②《兴县魏家滩村选结束，男女英雄模范当选》，《抗战日报》1945 年 5 月 9 日。

③《兴县村选胜利完成，县政府布置县选参选》，《抗战日报》1945 年 7 月 24 日。

④晋绥边区行政公署：《村选运动总结》，山西省档案馆藏档案，档案号：A89—1—20—4，第 10 页。

⑤晋绥边区行政公署：《村选运动总结》，山西省档案馆藏档案，档案号：A89—1—20—4，第 6 页。

作风民主化改进之外,村政权的分工合作界限有了明确规定:村政权主要任务为组织人民生产(在战争时期领导人民参战);主任和代表分工负责,统一领导,主任领导全面特别是领导生产,代表分担具体任务,如生产、文教、粮秣、合作社、妇纺等①。尤其是在广泛的群众动员过程中,乡村政权的各种工作制度普遍经受了检查并接受群众广泛的批评。许多工作制度得以改进和落实,如招待制度、抗勤、村款等,根据群众的意见加以整理健全,甚至几年来“久悬未决之问题也解决了”。兴县全县统计解决了土地、工资贪污、合作社、婚姻、盗窃、公粮、义仓等问题3410件②。尽管这些总结内容不免夸大的成分,但仅就其民主参与的广度而言,其民主建政的社会实践成效也是值得肯定的。

这场颇具规模的民主建政实践之所以获得成功的经验,不外乎有以下几点:第一,在干部中进行了建设村政权的思想教育,改进村政权的组织领导。第二,放手发动群众检查工作,并展开互相比的竞选运动。第三,与群众当前的切身利益结合起来。事实上,其中在运动式民主的可操作性上,主要有两个方面的实践成效显著。

首先,开展了群众性的竞比动员,“把村政工作放到群众中去讨论,根据群众最关心的问题,抓住其中大家共同利害相关者,开展民主检查,并求得解决,以调动群众热情”③。许多村庄的群众对村长的不公道提出了批评,要求参与的热情趋于高涨。在选举中发扬民主的好办法之一,是挑选干部的比。比是群众性的竞选运动,通过比,选出好人,同时又能检查工作,教育干部。交城大计沟村选时,地主、富农推选王长龙当村长,比的条件是“态度好,有文化,办事公道”。所有的候选人都经过群众的比;领导干部为比召开群众会,由漫谈村选到比人。临县龟峁村、磁窑沟,兴县贾家沟,宁武新堡的村

①晋绥边区行政公署:《村选运动总结》,山西省档案馆藏档案,档案号:A89—1—20—4,第12页。

②晋绥边区行政公署:《村选运动总结》,山西省档案馆藏档案,档案号:A89—1—20—4,第13页。

③晋绥边区行政公署:《村选运动总结》,山西省档案馆藏档案,档案号:A89—1—20—4,第5页。

选，都是在工作队比人的过程中，村落中强势力量推选的人落选了。“选举的结果符合大多数人的意见。群众反映说：‘四一年的选举是干部澄金，这次是老百姓澄金’，‘今年是好的里面比好的。’”①

其次，将村选和民主建政与群众当前利益结合起来。1. 将村选组织与生产组织结合。一切活动，如登记公民、酝酿候选人、比较候选人，都应通过变工组、纺织组及一切生产会议来进行。公民组可以与变工组、纺织组结合，以变工组、纺织组为中心，组织公民组。没有参加变工组、纺织组的编到各生产小组去，通过生产活动进行村选运动。2. 更重要的是将村选运动与生产运动相结合。在村选运动中检查生产的领导，解决存在问题及发展与巩固生产组织；在检查生产中发现与提出候选人，把竞选落实在实际工作中。如交西温家庄等村，行政村干部参加到变工组里，听取群众的意见，开会检讨，整理变工组织，启发引导群众酝酿村选，在变工组中让群众提候选人，比较好坏，因而村选成功②。

诚如上述所列，村选的民主功效更多地体现在群众运动层面，无论是群众性的竞比的开展，还是与群众当前利益结合的公民小组的具体操作，其民主诉求的动力源于外在于乡村共同体的工作队的领导组织。虽然民主运动的主体是村民，而主导却是秉承上级权力旨意的工作队。

然而，一个最基本的问题是，即群众运动式的村选民主如何落实为制度性民主，在乡村政权制度建设上真正保障村民的民主权利和民主权力的运行方面，却无有实质性成效。群众运动式民主形式遮蔽了制度民主建设的实质内容。村选就是换人调干部，这一目的无论对村民还是对干部，甚至对工作队来说都是不言而喻的。虽然在村选动员过程中，针对村选就是换人的认识进行了民主的教育，但实践意义上的成效不大。“结果是只换了一些人，有的干部身量提高了，但村里的工作没改进，有的是换汤不换药。”宁武北正沟3天完成

①晋绥边区行政公署：《村选运动总结》，山西省档案馆藏档案，档案号：A89—1—20—4，第6—7页。

②晋绥边区行政公署：《村选运动总结》，山西省档案馆藏档案，档案号：A89—1—20—4，第7页。

了1个行政村的选举；交西崖底村村长听区长说上半年要完成选举，一个人下乡5天功夫就选完了3个自然村，虽然程式上也都经历村选民主动员大会、公民小组操作、投票选举等等过程①。

制度建设的绩效是长效性的，通常会在此后相当的时间内展示其价值与作用。群众运动式民主则是即时性的，甚至只是在场式效应，难以产生持续性的制度绩效。“起先，大家对选举都很感兴趣，在第一回选举时，一个村庄往往有百分之八九十的人参加投票；后来，这股新鲜劲儿一过，有些人就觉得把下地干活的时间花费在选举上实在不值得。农民们没有长期的民主传统，因而选举一结束，他们就认为万事大吉，不再去监督他们的官员。”②这虽是对于太行根据地村选的描述，却也符合晋绥边区的事实。

村选运动后仅仅两年，即1947年晋绥边区开展了轰轰烈烈的土改运动。在这场更为猛烈的革命风暴中，村选民主政权却几乎遭受到全面的排斥，“贫农委员会代替政府、代替党，统治了乡村一切，一切权力归贫农委员会”③。踵接而起的仍然是以群众运动为形式的大民主风暴，它不仅仅从根本上否定了村选运动民主建政的成效，而且将晋绥边区政府中知名绅士和开明人士几乎损毁殆尽④。甚至将民主选举产生的边区临时参议会的副议长刘少白揪押回村斗争，由农会提出撤掉刘的副议长职务。“农会就有这样的权利，可以撤工作人员的职，甚至可以开除党员的党籍。”⑤在后续的历史实践进程中，我们没能发现经过村选后的乡村民主制度的效能和作用。作为保障公民基本权力和权益的民主制度，也还是留诸未来的一个基本命题。

---

①晋绥边区行政公署：《村选运动总结》，山西省档案馆藏档案，档案号：A89—1—20—4，第15页。

②[美]杰克·贝尔登著、邱应觉等译：《中国震撼世界》，北京出版社1980年版，第105页。

③山西省史志研究院编：《山西通史》第9卷，《下编·专论》，第376页。

④《篙槿堂自叙》，上海古籍出版社1999年版，第157页；山西省史志研究院编：《山西通史》第9卷，《下编·专论》，第401页。

⑤鲁顺民：《“左”倾风暴下的黑峪口》，《山西文学》2005年10期。

四　基层民主的历史思考

轰轰烈烈的村选运动并没有达到乡村民主制度建设的目标。尽管民主集中制动员教育过程中，特别批评了村选就是换人的思想，但实践中仍不免落入换人之困。“由于草率从事单纯换人的结果，工作没有改进，干部和群众关心的问题没有解决。”甚至有的村落选出12个主任，只有5个愿意担任①。这不仅仅是动员者或主导者对于民主理解认识的问题。

其实，从对于干部进行村选动员的前期教育中，不难看出当时主导者对于民主制度建设的认识是既有深度也有高度的。为克服干部中村选只是换人的认识，行署工作队首先在干部中深入进行民主集中制的教育，强调民主制度建政的意义：1. 村代表会是村政权的最高权力机关，村代表闭幕期间村公所就是最高权力机关；2. 村政权任务是管理和组织人民的生产；3. 更重要的是将目前村政权的组织领导加以改进，健全代表制；4. 代表会有议事行事的职权，重大工作要召开代表会讨论，必要时代表会可扩大为扩干会，吸收各方面的干部参加，现在村里经常召开的扩大会也应吸收主任及主任代表参加，提高代表在村中的政治地位；5. 改进村政权的工作内容，明确村行政与主任代表的分工：行政主要任务是领导人民生产，主任代表分工负责，减轻杂务负担②。“民主是一种社会管理体制，在该体制中社会成员大体上能直接或间接地参与或可参与影响全体社会成员的决策。”③但是，任何社会中全体直接参与一切或大多数有关决定是不可能的，技术性操作的规则便成为解决此类复杂社会问题的必要手段，所以代表制实际上就成为民主管理体制的重要的制度设计。

20世纪40年代中叶，在偏远落后的中国乡村的民主建政实践

---

①晋绥边区行政公署：《村选运动总结》，山西省档案馆藏档案，档案号：A89—1—20—4，第15页。

②晋绥边区行政公署：《村选运动总结》，山西省档案馆藏档案，档案号：A89—1—20—4，第5页。

③[英]迈克尔·曼著，刘北成、李少军译：《社会权力的来源》第1卷，第10页。

中已经将村代表会作为村政权的最高权力机关，并对村代表会与村行政权力的关系与地位作了如此准确和清晰的界定。这样的民主思想的确难能可贵，某种意义上甚至不逊于今天的时代高度①。其实，“人民民主建设一直是中共孜孜以求的目标”②。在中共早期的苏维埃政权建设过程中，村代表主任制的建设和村选举措就已经是乡村民主建政的重要内容之一。“中央苏区的苏维埃政权创造了中共历史上值得书写的民主范本。”③无论是中共早期的苏维埃基层政权的村选，还是1945年抗日根据地开展的村选运动，这都是“一场中国历史上崭新的基层民主实验”④。

就其对于基层民主的制度建设的思想认识而言，其思想的深度和时代的高度，即使对于今天乡村权力的民主建设也不无价值。但是，这一富于久远价值的思想却无法落实于乡村民主制度建构的实践中。村选运动的民主效应，更多地甚至只是体现为群众运动式动员机制和村选的操作形式上。群众运动的绩效得到充分的发挥，甚至主导者的意图得以体现或实现；真正的制度绩效却不甚彰显，以至于能够产生久远或持续影响的民主制度运行的惯性和惯习，更是不甚了了。“民主制引入基层社区的真正效用在于可试图使民主作为生活方式，甚至是生存方式，从而给予村民一个全新的空间，然而这一空间的营造需要让民主在社区内重生，即关注民主的内生性问题。”⑤思想认识与实践距离反差如此之大，而且在以后的历史行程

---

①对此，我们可以与今天相关的认识作比较：“村民代表会议制度是由村民选举产生代表组成村的权力机关，代表村民行使民主权利的政治制度。在村民会议难以经常召开的条件下，由村民选举村民代表，村民代表会议代行村民会议的基本职权，讨论决定村民重要事务，行使村民们的民主决策、民主管理和民主监督的权力，是村民参与村级社区事务的重要渠道和必要条件。”方向新：《农村变迁论——当代中国农村变革与发展研究》，湖南人民出版社1998年版，第233页。

②黄道炫：《中央苏区的革命（1933—1934）》，社会科学文献出版社2011年版，第111页。

③黄道炫：《中央苏区的革命（1933—1934）》，第126页。

④黄道炫：《中央苏区的革命（1933—1934）》，第118页。

⑤方向新：《农村变迁论——当代中国农村变革与发展研究》，第241页。

中，这一困惑曾反复出现。黄道炫的研究表明，在早期中共乡村民主建政中，即使经过了村选民主宣传和动员，事实上村民也并不知道代表会与苏维埃政权的关系，“他们以为选出几个人坐在机关里，就叫做苏维埃，所以各级机关时常只有执委会议（甚至执委会还少开，只有主席、财务、赤卫或秘书只几个人处理一切）而没有代表会议”，“代表会议制度也往往流于形式”①。

“窳劣的代表机构，甚至会阻碍、挫伤既有智力又关心国事的公民。但如公民自甘堕落、毫不关注或蒙昧无知，最好的代表制度也不能发挥作用，因为代表制度本身并不能提供贤明治者。归根到底，要代表而且要领导他们的选民。”②尤其是，村选运动或民主建政的动力来源于外在力量推动（无论是早期苏维埃政权，还是抗战时期的村选运动），而不是根源于乡村社会内在主体力量。“主导型民主建设不利于村的自治能力的提高以及建设一种健康的农村民主环境。……不把权力真正地归还村民，就无法实现村民的真正自治。”③因此，运动的成效及其进程，更多地取决于领导者或主导者本身，而缺少了作为主体的村民内在动力的驱动。“每个杰出人物都认为只能委托他去认识群众的真正利益，因为群众自己不能认识。这种论点包含着一项基本错误。”事实上“公民的利益大部分取决于他们对手边的问题各自作出的决定。这种利益任何人也无法事先预知。”④

此外，“乡村民主制度作为一种制度创新，具有外来性、植入性的特点，这种外来、植入的特点在乡村选举的前期更为明显，如何使外来的民主制度和乡村固有的权力结构相融合”⑤？外驱力量的强势推助可以短期造成群众运动式民主声势，但是如果乡村社会缺乏民主建设的内驱动力，民主建设的制度绩效仍无法彰显。直至今日，这

①《杨克敏关于湘赣边苏区情况的综合报告（1929年2月25日）》，江西省档案馆、中共江西省委党校党史教研室选编：《中央革命根据地史料选编》上册，第49页，转引自黄道炫：《中央苏区的革命（1933—1934）》，第119—120页。

②[美]科恩著，聂崇信、朱秀贤译：《论民主》，商务印书馆1988年版，第81页。

③方向新：《农村变迁论——当代中国农村变革与发展研究》，第241页。

④[美]科恩著，聂崇信、朱秀贤译：《论民主》，第226页。

⑤方向新：《农村变迁论——当代中国农村变革与发展研究》，第254、241页。

仍然是乡村民主建设进程中的难题之一:即“民间领袖缺席,吸纳低下;利益意向模糊,动员成本高昂;村民是游散的个体,是沉默的大多数,他们不知道谁是自己的利益代表,他们投票的意向是模糊的”①。

乡村民主建设的根基在哪里?怎样保障乡村民主的制度建设及其持久运行?在百年来近代中国历史进程中,在不同时空的乡村社会曾经经历过多种多样的社会实践的反复尝试。足令我们警醒的是,曾经的历史教训和今天乡村民主建政中所面对的困惑有时竟然如出一辙。关于民主的理论解说,关于民主的释义曾经有过多种,关于民主制度构建的历史实践也几番尝试。经历了半个多世纪革命与建设社会运动的反复洗礼后,为何仍然不能清晰、明白地应对这同一个社会问题?艰苦探索中,为什么还没能寻找到乡村民主建设制度运作的长效机制?这是值得深长思之的问题。

(原载《福建论坛》2016 年第 4 期)

---

①方向新:《农村变迁论——当代中国农村变革与发展研究》,第 254、241 页。

第六章　新道路：社会主义新农村建设

新中国建设路向选择与城乡重心的转移

——试析中共领导层从革命到建设思想的历史转折

"'革命',是不是二十世纪的一个专有名词呢?"①这是20世纪二三十年代之际,人们面对革命现象日趋"普泛化"时的发问。面对这样的世纪性质问,答案可能不尽相同,甚至会截然相反。但是就话语层面而言,我们不难发现,在20世纪以来的中国历史进程中,确实还没有任何话语能比"革命"这一话语更广泛、更久远,更刻骨铭心地影响或制约着人们的生存状态和心态②。然而,从革命走向建设或者说以建设完成革命,又是革命历史及其思想逻辑的必然进程。"建设告竣之时,而革命收功之日也!"③是孙中山对这一历史进程的高度凝练。作为乡村建设社会运动领袖的梁漱溟则从另一角度诠释了同样的命题:"依通例应以社会改造运动的团体(革命党)掌握政权,施行建设,完成社会改造(革命),中国亦不能外此。"④

"所谓'革命',是指政治制度和社会制度的改变,其目的是要实

---

①胡行之编著:《太平天国与国民革命》,上海生路社1929年版,第1页。

②王奇生在《革命与反革命:社会文化视野下的民国政治》(社会科学文献出版社2010年版,第70页)中说:"一旦'革命'代替了'民权','革命'却找不到别的替代,从此历久而不衰。"

③《孙中山选集》上册,第211—212页。

④梁漱溟:《乡村建设理论提纲(初编)》,《乡村建设》1933第2卷第22—23期合刊。

现无产阶级在政治上和经济上的‘翻身’，而无产阶级夺取政权、上升成为统治阶级、实现私有制向公有制的转化（即通常所说的‘物的共产’）等等，都是‘革命’的手段。所谓‘建设’是指实现‘环境与人的改变’，其目的是实现人自身的‘解放’”。“‘革命’和‘建设’的统一构成了马克思主义的完整主题。”①当中国共产党领导的革命历经艰难曲折而终见胜利曙光时，走向建设的历史转折自然而然地摆在了革命党的面前。还是在 1947 年 10 月 10 日，“建立新中国”②即成为伴随着“打倒蒋介石”而传遍大江南北的行动口号。因此，当毛泽东庄严地宣告中华人民共和国中央人民政府成立时，走向建设的历史序幕事实上也已拉开。“随着经济建设高潮的到来，不可避免地将要出现一个文化建设的高潮。”“全国规模的经济建设工作业已摆在我们面前。”③刘少奇也较早地提出了这一问题：“新民主主义国家建设就要开始了。我们现在需要讨论如何来建国？建一个什么样子的国？先在党内讨论。暂时不要公开发表，以免过早地警觉资产阶级。”④

历史的跨越既出乎意料又如期而至⑤：由革命转向建设的时代转折已然到来。

一　历史转折：以建设为中心思想的形成

1947 年 12 月中共中央会议上，虽然对最终胜利的时间预估还有所保留，但国共之间战略决胜的态势已经基本底定。毛泽东明确指出：“二十年来未解决的力量对比的优势问题，今天解决了。”当然，

---

①王学荣：《从“革命”到“建设”：马克思主义话语体系的转变》，《中共山西省直机关党校学报》2011 年第 6 期。

②沙健孙：《毛泽东与新中国建设》，中国社会科学出版社 2009 年版，第 3 页。

③《中国人民从此站立起来了》，《毛泽东选集》第 5 卷，人民出版社 1991 年版，第 345 页。

④《新中国经济的性质与经济建设方针》，《刘少奇论新中国经济建设》，中央文献出版社 1993 年版，第 44 页。

⑤1948 年 11 月 14 日，毛泽东为新华社所写《中国军事形势的重大变化》中认为：“原来预计，从一九四六年七月起，大约需要五年左右时间，便可能从根本上打倒国民党反动政府。”《毛泽东选集》第 4 卷，第 1361 页。

“战争的时间还要准备四五年，也可能还要长些”①。即使如此，关于转向建设的战略性思考也开始提上了党的议事日程。1948年9月8—13日召开的中共中央政治局会议（史称“九月会议”）集中讨论了关于新中国建设的问题，从思想认识上为走向建设的历史转折预做准备。

毛泽东侧重论述的是社会经济形态和新中国政权性质及其组织问题，对国体与政体问题作了进一步说明，并提出了人民民主专政的概念②，同时对新民主主义社会与社会主义社会的关系作了阐释。刘少奇则主要论证建设问题尤其是经济建设问题，并提出了“整个国民经济，包含着自然经济、小生产经济、资本主义经济、半社会主义经济、国家资本主义经济以及国营的社会主义经济。国民经济的总体就叫做新民主主义经济。新民主主义经济包含着上述各种成分，并以国营的社会主义经济为其领导成分”。在新民主主义经济中，“基本矛盾就是资本主义（资本家和富农）与社会主义的矛盾……这就是新社会的主要矛盾”。主要矛盾的性质决定了经济建设中与资本家的斗争方式发生新的变化，“斗争的方式是经济竞争。这种竞争是贯串在各方面的，是和平的竞争”。因此，“革命就可以和平转变，所谓和平转变，是指无须经过政权的推翻而完成一个革命，并不是不要斗争，而要进行各方面的斗争”③。

在“九月会议”上，虽然某些重大问题还存在进一步探讨的必要④，但对建设新中国的问题形成了基本共识。经济建设即新的时代任务，随后成为党的主要领导在不同场合下的共同表述。刘少奇明确提出党面临着一个新的时代任务：“经济建设，新民主主义国家建设就要开始了。我们现在需要讨论如何来建国？建一个什么样子

①《毛泽东选集》第4卷，第329页。

②在《新民主主义论》和《论联合政府》中已有过详尽阐述，见沙健孙：《毛泽东与新中国建设》，第8页。

③中共中央文献研究室编：《刘少奇年谱（1898—1949）》下卷，中央文献出版社1996年版，第162页。

④关于新中国经济成分的构成，怎样对这些经济成分进行分析，毛泽东认为“还要考虑”，并建议先由刘少奇研究，并草拟文件，以便在七届二中全会上进行讨论。

的国？先在党内讨论。”他强调，虽然战争还在进行，敌人没有完全被打倒，但是“经济建设作为党的总任务”已经被提上日程。这样，关于新中国建设方针的思路已经初步形成，并为七届二中全会作了必要准备。1949 年 1 月，毛泽东很明确地指出：“经济建设方针，去年九月会议讨论了一下，基本方针是决定了的。”①在《目前形势和党在一九四九年的任务》中，毛泽东再次强调：“北平解放后，必须召集第七届第二次中央全体会议。”这次会议的任务之一就是“决定经济建设方针”②。

1949 年 3 月 5 日，中国共产党于河北平山县西柏坡村召开七届二中全会。毛泽东在这次会议上所作的报告，提出了“促进革命迅速取得全国胜利和组织这个胜利的各项方针”，并且就社会历史发展方向作了详尽的解说。毛泽东的这个报告和他在同年六月所写的《论人民民主专政》一文，构成了为中国人民政治协商会议第一届全体会议所通过的、在新中国成立初期曾经起了临时宪法作用的《共同纲领》的政策基础③。从历史发展的进程来看，它标志着一个时代性转折的开始。

其一，开启了从革命转向建设的历史进程。毛泽东在报告中明确提出，全国革命胜利后，“同时即开始我们的建设事业”，人民解放军将从“战斗队转化为工作队”，党和军队“必须用极大的努力去学会管理城市和建设城市”。尽管全国各地区情况不同，但在已经取得胜利的地区，必须实现由革命向建设的历史转折，“党在这里的中心任务，是动员一切力量恢复和发展生产事业，这是一切工作的重点所在”。而且在一些解放区，“我们已经进行了广泛的经济建设工作，党的经济政策已经在实际工作中实施，并且收到了显著的成效”。尤其在已经占领的城市区域，一切工作“都是围绕着生产建设这一个中心

---

①《毛泽东文集》第 5 卷，人民出版社 1996 年版，第 236 页注释 8。

②《目前形势和党在一九四九年的任务》，《毛泽东文集》第 5 卷，第 235 页。

③《在中国共产党第七届中央委员会第二次全体会议上的报告》，《毛泽东选集》第 4 卷，第 1424 页注释。

工作并为这个中心工作服务的”①。

其二,党的工作重心开始由乡村转向城市。毛泽东的报告明确宣告:“在全国胜利的局面下,党的工作重心须由乡村移到城市,城市工作必须以生产建设为中心。”②其实在此之前(即1949年2月8日),毛泽东已经发出指示,认为历史性转折已经开始,“今后将一反过去二十年先乡村后城市的方式,而改变为先城市后乡村的方式。军队不但是一个战斗队,而且主要地是一个工作队”,“如果我们的干部不能迅速学会管理城市,则我们将会发生极大困难”③。在七届二中全会上,毛泽东再次强调党的工作重心的转移,指出革命时代由乡村包围城市的方式已经完结,“从现在起,开始了由城市到乡村并由城市领导乡村的时期。党的工作重心由乡村移到了城市”。面对历史转折和新的时代需求,毛泽东在报告中阐明,城乡必须兼顾,必须使城市工作和乡村工作、工人和农民、工业和农业紧密地联系起来。“我们决不可以丢掉乡村,仅顾城市”,但是,“工作重心必须放在城市,必须用极大的努力去学会管理城市和建设城市”④。

其三,新中国建设的方向是使中国从农业国转变为工业国,由新民主主义社会转变为社会主义社会。报告指出,党必须领导人民“在革命胜利以后,迅速地恢复和发展生产,对付国外的帝国主义,使中国稳步地由农业国转变为工业国,把中国建设成为一个伟大的社会主义国家”⑤。在同一天的发言中,就工业化问题,任弼时强调说,政治上、军事上取得了独立自主,“还必须在经济上取得独立自主,才能算完全的独立自主”。他认为,新中国要逐步转向社会主义,工业的

---

①《在中国共产党第七届中央委员会第二次全体会议上的报告》,《毛泽东选集》第4卷,第1427—1429页。

②《在中国共产党第七届中央委员会第二次全体会议上的报告》,《毛泽东选集》第4卷,第1424页注释。

③《把军队变为工作队》,《毛泽东选集》第4卷,第1405—1406页。

④《在中国共产党第七届中央委员会第二次全体会议上的报告》,《毛泽东选集》第4卷,第1427页。

⑤《在中国共产党第七届中央委员会第二次全体会议上的报告》,《毛泽东选集》第4卷,第1437页。

比重至少要达到30%以上①。

在思想认识上，中共领导层已经形成了由革命向建设的时代性转向，由此，走向建设的基本共识已经在党的领导层形成。其后，党的主要领导人从不同角度阐述了有关建设以及在新的历史条件下乡村建设与城乡关系的问题。周恩来提出："现在，全国的工作已经开始从军事方面转向建设方面，财经计划就体现了在这种形势下政府采取的一些政策。"②他分别阐述了经济建设、文教建设、地方建设的关系，并强调了"在谁领导谁的问题上，今天我们确定了城市领导乡村、工业领导农业的方针"。他认为这是现代化建设中具有普遍性的方向："城市领导乡村，工业领导农业，资本主义社会就是如此，社会主义社会更是如此。"在走向建设时代后，"农业不能作为重点心，它必须在工业的领导下才能发展。必须把城市工业组织起来发挥作用，才能使农业现代化、机械化"。并再次强调了七届二中全会以建设为中心的指导思想的历史转折③。刘少奇于1949年5月发表《中国就要进入建设时期》，提出："中国就要进入建设时期，特别是经济建设。"④要求党和军队做好转向建设的准备。在《过渡到社会主义社会的步骤》中也再度强调，七届二中全会决定党的工作中心由乡村转到城市，实行新民主主义制度，恢复发展经济。他特别提出："经济建设现已成为我们国家和人民的中心任务。"⑤而且，国家的民主化是工业化和建设事业的重要保障，"因此，我们的基本口号是民主化与工业化！在我们这里，民主化与工业化是不能分离的"⑥。

---

①《任弼时传》，转引自沙健孙：《毛泽东与新中国建设》，第26页。

②《当前财经形势和新中国经济的几种关系》，《周恩来选集》下卷，人民出版社1981年版，第2页。

③"党的七届二中全会决定，今后党的工作重心应该转向城市，应该把主要精力放在城市，恢复与发展工业以促进农业的发展。"周恩来：《当前财经形势和新中国经济的几种关系》，《周恩来选集》下卷，第8—9页。

④《刘少奇论新中国经济建设》，第112页。

⑤《在北京市第三届人民代表会议上的讲话》，《建国以来刘少奇文稿》第3册，中央文献出版社2005年版，第128页。

⑥《为增强党的团结而斗争》，《建国以来刘少奇文稿》第6册，中央文献出版社2008年版，第128—129页。

“全国规模的经济建设工作业已摆在我们面前……建设一个繁荣昌盛的国家”①，成为革命胜利后中国共产党人新的历史使命。建设的目标和任务远比革命更为繁重、艰巨，道路也更为漫长。毛泽东着重指出：“中国的革命是伟大的，但革命以后的路程更长，工作更伟大，更艰苦。”对于更为宏大的建设事业和历史进程而言，革命的历史“好像只是一出长剧的一个短小的序幕。剧是必须从序幕开始的，但序幕还不是高潮”②。与历史上的革命显然不同，建设的时代内涵、发展路径乃至特殊历史条件和国际环境下所具有的规律性和时代性，对于已经拥有革命历史和富于革命经验的革命党——中共来说，或许是具有更大挑战性和探索性的命题。当然，中国共产党及其领袖毛泽东对此充满自信：“我们不但善于破坏一个旧世界，我们还将善于建设一个新世界。”③

二 建设思想的主导取向：乡村重心的时代性转移

“广大农民所在的广大乡村，是中国革命必不可少的重要阵地（革命的乡村可以包围城市，而革命的城市不能脱离乡村）。”④在中国革命的历史进程中，乡村始终是中国共产党战略选择的重心。“从一九二七年到现在，我们的工作重点是在乡村，在乡村聚集力量，用乡村包围城市，然后取得城市。”⑤关于“中国革命的基本问题是农民问题”⑥的思想构成了毛泽东思想的重要部分，中国革命走向胜利的

---

①《中国人从此站立起来了》，《毛泽东文集》第5卷，第345页。

②《在中国共产党第七届中央委员会第二次全体会议上的报告》，《毛泽东选集》第4卷，第1438页。

③《在中国共产党第七届中央委员会第二次全体会议上的报告》，《毛泽东选集》第4卷，第1439页。

④《附录：关于若干历史问题的决议》，《毛泽东选集》第3卷，人民出版社1991年版，第974—975页。

⑤《在中国共产党第七届中央委员会第二次全体会议上的报告》，《毛泽东选集》第4卷，第1426页。

⑥赵秀玲、剧义文：《中国乡村城市化概论》，河南大学出版社1997年版，第21页。

道路选择正立足于此，并凝结为中国共产党的革命理论和指导思想①。随着革命向建设历史进程的转折，中共在七届二中全会上确定建设新中国的主导思想是以城市为重心，以工业化为主导，战略决策重点发生了时代性转移。毛泽东、刘少奇等主要领导人对这一重心转移分别从思想理论上作了说明，以统一全党的认识。

第一，这是由中国社会经济结构及其基本形态所决定的。在取得政权的地区，“广泛的经济建设工作”已经展开，但是面对这一历史性转折，党内在建设方面存在着“许多糊涂思想”。如何面对这一时代任务——大规模的建设，确立正确、统一的思想认识？毛泽东立足于中国社会经济结构历史与现状，指出工业和农业在当时中国国民经济中的比重，现代性的工业占10%左右，农业和手工业占90%左右，“这也是在中国革命的时期内和在革命胜利以后一个相当长的时期内一切问题的基本出发点。从这一点出发，产生了我党一系列的战略上、策略上和政策上的问题”②。这一点早在党内领导层经过反复讨论形成了基本共识：“新中国的经济构成，首先是国营经济，第二是由个体经济向集体发展的农业经济，第三是私人经济，国营经济是领导成分。”③其后，刘少奇提出了新中国五种经济成分并存的特点，其中“小商品经济和半自然经济占着绝对的优势”④，由此决定了新中国建设思想的主导取向。刘少奇认为，经济建设方针“必须以发展国营经济为主体。普遍建立合作社经济，并使合作社经济与国营经济密切地结合起来。扶助独立的小生产者并使之逐渐地向合作社方向发展”⑤。在走向建设的战略选择上（包括乡村与城市、农业和工

---

①毛泽东说：“一九二八年党的六大后，中国革命运动，从此有了正确的理论基础。”《中国革命战争的战略问题》，《毛泽东选集》第1卷，第188页。

②《在中国共产党第七届中央委员会第二次全体会议上的报告》，《毛泽东选集》第4卷，第1430页。

③《在中共中央政治局会议上的报告和结论》，《毛泽东文集》第5卷，第140页。

④五种经济成分即国营经济、合作社经济、国家资本主义、私人资本主义和小商品经济和半自然经济。《关于新中国的经济建设方针》，《刘少奇选集》上卷，人民出版社1981年版，第426—427页。

⑤《关于新中国的经济建设方针》，《刘少奇选集》上卷，第428页。

业的关系)，刘少奇提出了两个“只有”思想，即“只有在经过长期积累资金，建设国家工业的过程之后，在各方面有了准备之后，才能向城市资产阶级举行第一个社会主义的进攻，把私人大企业及一部分中等企业收归国家经营。只有在重工业大大发展并能生产大批农业机器之后，才能在乡村中向富农经济实行社会主义的进攻，实行农业集体化”①。这份党内报告提纲的很多内容只是建设性提议，还待进一步研究和探索，但其中以城市为重点，以工业化为主导的思想，却在党的领导层形成共识，并通过七届二中全会统一为党的工作中心由乡村转到城市的战略性转移。

第二，这是由新中国经济的主导力量及其发展趋向所决定的。虽然新中国的经济成分复杂多样，但“在我们社会经济中起决定作用的东西是国营经济、公营经济，这个国家是无产阶级领导的，所以这些经济都是社会主义性质的。农村个体经济加上城市私人经济在数量是大的，但是不起决定作用”②。中共取得全国政权后，“大工业、大银行、大商业，不管是不是官僚资本，全国胜利后一定时期内都是要没收的……而只要一没收，它们就属于社会主义部分”。农村的合作社是个体农民在私有财产基础上组织的合作社，不完全是社会主义的，但它带有社会主义性质，是走向社会主义的③。在随后发表的《论人民民主专政》一文中，毛泽东特别指出，农村或农业的发展“必须和以国有企业为主体的强大的工业的发展相适应。人民民主专政的国家，必须有步骤地解决国家工业化的问题”④。

第三，这是由中共革命的目的所决定的。中共领导的新民主主义革命虽然坚持走以农村包围城市的道路，革命力量虽然也以农民为主体，但是革命的目标是“解放农民，建立近代工业社会”，“由农业

---

①《关于新中国的经济建设方针》，《刘少奇选集》上卷，第 430 页。

②《在中共中央政治局会议上的报告和结论》，《毛泽东文集》第 5 卷，第 139 页。

③《在中共中央政治局会议上的报告和结论》，《毛泽东文集》第 5 卷，第 141 页。

④《毛泽东选集》第 4 卷，第 1477 页。

基础到工业基础,正是我们革命的任务"①。毛泽东、刘少奇等党的领导者曾多次批评"农业社会主义"思想②。毛泽东在"九月会议"上特别强调:"我们反对农业社会主义,所指的是脱离工业、只要农业来搞什么社会主义,这是破坏生产、阻碍生产发展的,是反动的。"③社会主义不是依靠小生产或小农经济可以建设起来的,而是必须依靠社会化的大生产,首先是工业的大生产来从事建设。早在 1948 年 5 月,毛泽东就指出:"应将工业生产问题放在领导工作的重要位置。有了工业生产的条件,党如果不注意恢复及发展工业,党的领导人员如果缺乏工业方面的知识,如果不用力去学会这一方面的知识,那就会要犯错误。"④因此,在"九月会议"上,毛泽东专门向党的干部提出"关于学习工业和做生意"的任务,主张"全党要提出这个任务来,还要写文章做宣传,在全党提倡学习工业和做生意",因为"我们已有城市和广大地区,这个任务必须解决"⑤。现代工业是社会主义社会的基础,也是新民主主义通往社会主义社会的必由之路。这一建设思想后来被高度凝练在"五四宪法"中:"中华人民共和国依靠国家机关和社会力量,通过社会主义工业化和社会主义改造,保证逐步消灭剥削制度,建立社会主义社会。"⑥

历史进入新时代后,"开始工业化,这是城市工作中最本质的问题"⑦。在中共思想理论、政策决策的战略构架中,"城市领导乡村、

①薄一波:《回忆刘少奇同志建国前后的一些经济建设思想》,中共中央文献研究室二部编:《刘少奇自述》,解放军文艺出版社 2003 年版,第 158 页。

②1948 年 4 月 1 日,毛泽东在晋绥干部会议的讲话中对农业社会主义提出批评,后来新华社在《关于农业社会主义的问答》中又论述了社会化大生产与社会主义的关系。

③《在中共中央政治局会议上的报告和结论》,《毛泽东文集》第 5 卷,第 139 页。

④《晋绥分局应将工业生产放在领导工作的重要位置》,《毛泽东文集》第 5 卷,第 95 页。

⑤《在中共中央政治局会议上的报告和结论》,《毛泽东文集》第 5 卷,第 138 页。

⑥《过渡到社会主义社会的步骤》,《刘少奇论新中国经济建设》,第 251 页。

⑦《任弼时传》,转引自沙健孙:《毛泽东与新中国建设》,第 26 页。

工业领导农业的作用"日趋突出,因此七届二中全会提出党的工作重心亦即国家建设重心的时代性转折:"农业不能作为重心,它必须在工业的领导下才能发展。必须把城市工业组织起来发挥领导作用,才能使农业现代化、机械化。"①在整体战略构架中,乡村的"失重"态势开始形成,这决定了新中国建设思想理论与政策的基本取向。

三　三大建设的展开:新中国建设的基本内容

在七届二中全会上,尽管大规模建设事业的展开及其进程的规划尚还未来得及完全落实,但毛泽东在提出工作重点由乡村转向城市的同时,也预断了新中国建设的前景。当时,在中国共产党人的信念里,苏联的模式即中国的方向,"他们已经建设起来了一个伟大的光辉灿烂的社会主义国家。苏联共产党就是我们最好的先生,我们必须向他们学习"。"不但会革命,也会建设",成为中国共产党走向新时代的信心与经验。"中国经济建设的速度将不是很慢而可能是相当地快的,中国的兴盛是可以计日程功的。"②

但是,建设的确不同于革命。对中国共产党而言,这是很艰巨的任务,"我们不可能一朝一夕完成这种改造"③。从某种意义上说,建设是比革命更为复杂也更为艰巨的任务。④ 毛泽东也曾多次强调说,以前我们仅仅做了一件事,"这就是取得了革命战争的基本胜利",而建设摆在面前,"我们熟习的东西有些快要闲起来了,我们不熟习的东西正在强迫我们去做"⑤。在1948年1月8日会议上,毛泽东申明:"中共二十八年,再加二十九年、三十年两年,完成全国革

---

①《当前财经形势和新中国经济的几种关系》,《周恩来选集》上卷,人民出版社1981年版,第9页。

②《在中国共产党第七届中央委员会第二次全体会议上的报告》,《毛泽东选集》第4卷,第1433页。

③《过渡到社会主义社会的步骤》,《刘少奇论新中国经济建设》,第252页。

④《关于增强党的团结的决议》,《建国以来刘少奇文稿》第6册,第98页。

⑤《在中国共产党第七届中央委员会第二次全体会议上的报告》,《毛泽东选集》第4卷,第1480页。

命任务，这是铲地基，花了三十年。但是起房子，这个任务要几十年工夫。”①党的领导者较充分地估计到中国经济的落后性，认识到在革命胜利后的长时期内应当允许多种经济成分同时存在，允许私人资本主义中一切有益于国民经济的部分有所发展，“我国进入社会主义的新时期，将是一个稳步前进、逐步过渡的过程，还是将来才能实现的事情”②，因此在新中国成立之初设定了三年恢复、十年建设的计划③。

走向建设的开端并不顺畅。问题的复杂性在于，“一方面敌人还没有完全打倒，另一方面又提出经济建设作为党的总任务”④。1950年6月七届三中全会上，“党仍然认为我国当时‘还没有获得有计划地进行经济建设的条件’，并因而决定在三年左右的时间中在全国范围内完成土地改革、调整工商业和大量节减国家机构的费用，以便顺利地完成经济恢复任务，转入有计划的经济建设”⑤。

在经济建设与革命战争交错进行的时期，“新政府曾设想，1951年的经济工作要走上和平建设的轨道，要减少军费，增加经济建设和文教费用”。1950年下半年抗美援朝战争的爆发，使得军费大增，迫使经济建设一定程度上让位于革命战争。即使在如此艰险的环境下，“新中国政府还是咬紧牙关，挤出部分资金，开始了经济的建设”⑥。在1950年度全国财政收支概算中，经济建设的投资占支出

①《目前形势和党在一九四九年的任务》，《毛泽东文集》第5卷，第236页注释8。

②《薛暮桥回忆录》，天津人民出版社1996年版，第213页。

③“毛主席讲过，大体上是三年准备，十年建设。三年准备从前年十月一日算起，即中华人民共和国成立以后，头三年做准备工作，以后十年就是建设，这是我们自己心里的算盘。”见《“三年准备，十年建设”》，《刘少奇论新中国经济建设》，第178页。

④《新中国经济的性质与经济建设方针》，《刘少奇论新中国经济建设》，第44—45页。

⑤《为增强党的团结而斗争》，《建国以来刘少奇文稿》第6册，第64页注释1。

⑥虞和平主编：《中国现代化历程》第3卷，江苏人民出版社2001年版，第972页。

概算的23.9%，建设资金所占比重不大，“但在战争时期能有这样的百分比，也算不错了。为要保证这一百分比，需要九百万人节衣缩食，精打细算，一文一文地挤出来”①。1951年3月，政务院召开第一次全国工业会议，政务院财经委副主任兼重工业部部长李富春就当年的工业生产、基本建设、地方工业等工作做了统一部署，具体规定了1951年国营工业主要产品产量较1950年增长的数字。会议报告强调首先集中资金和力量搞好几项国防和民生最需要的建设工程，并积累经验为今后的长期建设准备必要的条件。会议明确国家建设投入的重点是重工业与铁路交通运输②。

此外，从1952年3月起到同年底，国家银行的存、放款和汇兑业务增加5倍以上，掌握全国98%的存、放款，余下的2%存入由私营银行、钱庄联合组成的公私合营银行。在国家政权的强力作用下，金融业率先引导私营银行走上国家资本主义道路。到1952年12月，除少数华侨银行外，私营银行实行合并，转为公私合营，对金融业全行业进行了社会主义改造。由国家资本主义这一过渡形式对资本主义工商业实行社会主义改造，是中国国民经济社会主义改造的一个重要特点，也是一种较为成功的实践③，为整个国家建设事业的进行奠定了基础。国营工商业和私营工商业的产值比例也发生了根本性变化。“一九四九年中国工业生产总值的公私比例是，国营占百分之四十三点八，私营占百分之五十六点二，到一九五二年，国营上升到百分之六十七点二，私营下降到百分之三十二点七，国营经济已经超过了私营经济。”到1952年夏秋之交，中国社会经济的发展超出了预料，“在以巨大财力支持抗美援朝战争的情况下，恢复国民经济的任务奇迹般地提前完成。在新中国建立刚刚三周年之际，传来了工农业主要产品超过建国前最高水平的喜讯。工农业总产值比建国前最

①薄一波：《关于一九五〇年度全国财政收支概算草案的报告》，中共中央文献研究室编：《建国以来重要文献选编》第1册，中央文献出版社1992年版，第60页。

②《中央批发李富春在第一次全国工业会议上结论的通知》，《建国以来刘少奇文稿》第3册，第387—388页。

③《薛暮桥回忆录》，第213页。

高水平的一九三六年增长百分之二十”①。三年经济恢复的预想基本获得了实现，大规模建设的时代如期而至。

1952 年 11 月 18 日，《人民日报》发表题为《把基本经济建设放在首位》的社论，宣告了新中国“新的大规模的建设即将开始”，中国的历史进程从革命转入建设的新时代。“我国前所未有的规模巨大的对于我国工业化有决定意义的某些复杂的现代化企业，将在今后逐渐地建设起来。”社论对三年来经济恢复中的建设事业作了总结，认为并不尽如人意，一方面是建设的机构及体制没有形成，“基本建设的机构还没有建立起来。这种严重的情况是不容许继续下去的”。另一方面是建设力量“十分薄弱”，尤其缺乏优秀的专业技术人员。社论提出，今后几十年间的时代任务就是建设，“基本建设工作在整个国家工作中就被提到了首要的地位。我们能不能建设一个工业化的国家，首先要看我们是否能够保证基本建设的成功。一切忽视基本建设的观点和做法，都必须受到严格的批判”。社论认为，这一建设步骤将决定我国工业化的程度和速度。新时代提出的建设任务，不仅是经济问题，更“是一个严重的政治任务”，因此“我们必须动员全国人民的力量，来保证这个任务的完成”，“把基本建设放在首要地位，这必须成为今后全国共同执行的方针”②。

“革命胜利，建设开始”，建设“成为党政机关的工作中心”③。1953 年起，新中国的建设时代正式开启，经济建设成为国家的首要任务④。中共为此制定了基本上实现国家工业化和对农业、手工业、

①逄先知、金冲及主编：《毛泽东传（1949—1976）》上册，中央文献出版社 2003 年版，第 240 页。

②中共中央文献研究室编：《建国以来重要文献选编》第 3 册，中央文献出版社 1992 年版，第 428—433 页。

③《领导农业生产的关键所在》，中共中央文献研究室编：《建国以来重要文献选编》第 4 册，中央文献出版社 1993 年版，第 109 页。

④周恩来说：“一九五三年起，我国就开始了经济建设的第一个五年计划，着手有系统地逐步地实现国家的社会主义工业化和对农业、手工业和资本主义工商业的社会主义改造。经济建设工作在整个国家生活中已经居于首要地位。”见《政府工作报告》，中共中央文献研究室编：《建国以来重要文献选编》第 5 册，中央文献出版社 1993 年版，第 585 页。

资本主义工商业的社会主义改造的过渡时期的总路线。此外,为保证建设事业的实现,在国家制度层面上尽速建构了管理经济建设的权力运行体制。

首先,中央调整、改变大行政区建制,同时调整省、区建制,增设中央人民政府机构。通过精简政权层次以加强中央和省市的领导,并改变大行政区的机构与任务,以适应"即将开始的全国大规模的有计划的经济建设与文化建设的新形势和新任务"①。其次,加强国家经济的计划性。"对于经济建设的有计划的领导,乃是新民主主义和社会主义国家经济优越性的集中表现。我们必须根据计划经济的原则来组织我们的生产。"而计划又必须通过中央权力的统一和集中得以实现②。最后,编制五年建设计划纲要,各经济、文教部门实行首长负责制,亲自动手,真正掌握国家的建设方针,编制各部门的建设计划。

随着1953年第一个五年建设计划的实施,新中国的国家建设全面展开。"国家建设包括经济建设、国防建设和文化建设,而以经济建设为基础。"而经济建设的目标或者总任务,"就是要使中国由落后的农业国逐步变为强大的工业国……工业化——这是我国人民百年来梦寐以求的理想"③。

四 建设方针:重点建设城市的政策取向

"中国工人阶级的任务,不但是为着建立新民主主义国家而斗争,而且为着中国的工业化和农业近代化而斗争。"④"建设新中国,必须发展工业。"⑤毛泽东把实现工业化看作新民主主义社会的中心任务,这一思想一直贯穿于他的新民主主义理论之中。1944年8

①《中央人民政府关于改变大行政区人民政府(军政委员会)机构与任务的决定》,中共中央文献研究室编:《建国以来重要文献选编》第3册,第421页。

②《加强国家工作的集中性迎接大规模经济建设》,中共中央文献研究室编:《建国以来重要文献选编》第3册,第425页。

③《迎接一九五三年的伟大任务》,中共中央文献研究室编:《建国以来重要文献选编》第4册,第2页。

④《论联合政府》,《毛泽东选集》第3卷,第1081页。

⑤《论联合政府》,《毛泽东选集》第3卷,第1080页。

月，毛泽东在致博古的信中指出："新民主主义社会的基础是机器，不是手工，我们现在还没有获得机器，我们就永远不能胜利，我们就要灭亡。现在的农村是暂时的根据地，不是也不能是整个中国社会的主要基础。由农业基础到工业基础，正是我们革命的任务。"①

彻底改变百年来中国落后挨打的地位，从根本上消除中国的城乡差别，解决农民问题，必须要走工业化的道路，走农村城市化的道路。"在目前条件下，我们国家的发展，首先要求工业必须有迅速的发展，特别是要发展和建立我国的重工业。"②因此，随着新中国的建立和国体、政体的确立，以工业化带动城市化的建设取向就成为不容置疑的战略选择。

根据毛泽东的指示，1951 年 5 月间，5 个中央局的城市工作会议先后召开，重点研究了城市建政问题，加强城市工作的领导，逐渐把党的工作重心转移到城市。城市工作会议提出，城市工作的中心是生产建设③。党的中央局领导人从不同角度检讨了各地"党委经常忽略对城市工作的领导"的问题，批评了"仍然用乡村观点对待城市工作，造成各方面工作步调不一致，中小城市工作方针尤其不明确"的现象，强调大规模工业化的建设必须"要克服农村作风，建立城市观点"④。

城市工作会议后，中央发出了关于农村与城市工作的指示，从两个方面突出了以城市为重心的精神：一是从农村土改工作中抽调一批干部出来，"有计划地分配他们到城市中工作，以便加强所有大中小城市中的工作"；二是再次申明"城市是乡村的领导中心，一般的应以乡村对城市的要求来规定城市的任务"。提出"发展市内生产，发

---

①《毛泽东书信选集》，转引自杨之兴等：《工业化方向：毛泽东解决中国农民问题的实践探索》，《山东农业大学学报(社会科学版)》2003 年第 4 期。

②《在中国工会第七次全国代表大会上的祝词》，《建国以来刘少奇文稿》第 5 册，中央文献出版社 2008 年版，第 136 页。

③《转发五个中央局城市工作会议报告的批语和电报》，《建国以来刘少奇文稿》第 3 册，第 403 页注释 2。

④《建国以来刘少奇文稿》第 5 册，第 404 页注释 4。

展城乡物资交流，是城市一切工作的中心任务”①。随后，刘少奇特别指出：“在建设时期，除开必要的国防外，一切工作和其他建设均配合经济建设。一切以经济建设为中心。”②

1953 年开始执行的第一个五年建设计划纲要表明，国家建设的方针十分明确：“工业化的速度首先决定于重工业的发展，因此我们必须以发展重工业为大规模建设的重点。”③这从实践层面上“说明我国已经开始进入大规模有计划的，以发展工业首先是重工业为中心的经济建设的新阶段”④。国家建设计划要求 5 年基本完成鞍钢等一批大工业基地的建设，并开始一批新的工业基地的建设，使 1957 年的工业生产比 1952 年提高一倍到一倍半。第一个五年计划规定限额⑤以上的工业建设项目，施工 694 个，完工 455 个。实际上，施工的项目将达到 800 个左右，而可以完工的项目则将接近 500 个⑥。第一个五年建设计划时期，用于经济文化建设的费用及其部分总预备费，达总支出的 60%以上⑦。在 1953 年的国家预算支出中，国家建设费为 1383351 亿元，占总支出的 59.24%，其中国民经济建设支出 1035276 亿元，占 44.34%，社会文教建设支出 348075

---

①《中央关于土改后农村与城市工作等问题给华东局的指示》，《建国以来刘少奇文稿》第 4 册，中央文献出版社 2005 年版，第 664—665 页。

②《中国共产党今后的历史任务》，《建国以来刘少奇文稿》第 3 册，第 539 页。

③《中共中央关于编制一九五三年计划及五年建设计划纲要的指示》，中共中央文献研究室编：《建国以来重要文献选编》第 3 册，第 449 页。

④薄一波：《关于一九五三年国家预算的报告》，中共中央文献研究室编：《建国以来重要文献选编》第 3 册，第 39 页。

⑤我国在第一个五年计划时期，为了便于各级主管机关对建设项目的计划、设计、施工等工作实行分级管理，按基本建设项目总投资的多少确定为一个数额，这个数额称为限额。1954 年规定钢铁工业的投资限额为 1000 万元，纺织工业的投资限额为 500 万元，其他各项轻工业的投资限额为 300 万—400 万元。限额以上的项目一般为国家重点建设项目。见《刘少奇论新中国经济建设》，第 568 页注释 86。

⑥《社会主义建设问题》，《刘少奇论新中国经济建设》，第 296 页。

⑦薄一波：《关于一九五三年国家预算的报告》，中共中央文献研究室编：《建国以来重要文献选编》第 3 册，第 40 页。

亿元,占 14.9%。在国民经济建设中,工业比重最大,占总支出 20.4%,其中农林水利占 5.04%,铁路交通邮电占 6.36%,贸易、银行占 1.92%,其他占 10.62%①。第一个五年建设计划的基本建设投资总额为 427.4 亿元,占国家对经济事业和文化教育事业总支出的 55.8%,超过财政支出总额的 1/3。这一投资总额超过了中国近百年现代化过程中形成的固定资产总和(到 1949 年,工业固定资产总额为 128 亿元)。可见,在国家整个建设投资取向上,工业是重点②。

以工业化为主导的建设重点当然落归于城市而非乡村。第一个五年建设计划启动之始,城市建设问题就成为整个国家建设中的重要内容。刘少奇根据中南局关于城市建厂建议请示报告提出:“现在国家建设中存在着一个极大的矛盾,就是工厂建设有计划,城市建设无计划,工厂建设有人管,城市建设无人管。”③要求立即研究解决城市建设问题。随后中央发出关于加强城市建设的指示,提出工业建设与城市建设的一体性。一方面,随着国家工业建设的开展,工业城市的建设工作已日益迫切和重要。不少重要工业城市因没有城市总体规划,对城市发展缺乏整体布局和统一领导,影响了工厂、住宅、交通运输等方面的合理布置和建筑用地的正确分配,由此导致的建设方面各自为政、混乱、盲目、分散等问题将会造成将来建设中的更大困难和严重浪费。另一方面,工业建设所需的自然资料和经济资料与城市以及城市建设资料密切相关,应尽可能由城市建设委员会组织各有关建设部门统一进行规划④。根据第一个五年计划对工业布局的意见,分别就不同城市的性质和自然条件,研究工业建设比重较大的城市的发展规模及其发展远景,然后由有关城市拟订城市建设的指标。

---

①薄一波:《关于一九五三年国家预算的报告》,中共中央文献研究室编:《建国以来重要文献选编》第 3 册,第 50 页。

②虞和平主编:《中国现代化历程》第 3 卷,第 1006 页。

③《中南局对城市建厂工作的几项建议的请示》,《建国以来刘少奇文稿》第 4 册,第 338 页。

④《中共中央关于城市建设中几个问题的指示》,《建国以来刘少奇文稿》第 4 册,第 338—339 页。

1950—1954 年间，国家一共支出十万多亿元来修建城市公用事业和改善环境卫生。截至 1953 年底，据 20 个城市的统计，城市自来水管线共增加了 1900 公里，下水道增加了一千四百多公里，各城市的公共汽车、有轨及无轨电车增加了近千辆①。

1954 年，中央通过《人民日报》社论宣告国家建设以城市为重点的方针。其一，国家将对旧社会遗留下来的城市进行改造。人民政权改变了城市的性质，“在社会主义城市中，一切建设都是为劳动人民的利益服务的。保证劳动者特质文化生活水平的不断提高，是社会主义城市的基本特征”，“要按照社会主义城市的标准改造旧城市和建设我国的新城市，是我们坚定不移的奋斗目标。”其二，坚持重点建设、稳步前进的方针。随着工业企业的建设，一些商业城市或工业很少的城市“将逐步变成一座座拥有新的近代化的大工业城市。许多规模较小的城市，将要改造扩大成为规模很大的城市”。“有计划地扩建和建设起来的新城市”将按照社会主义城市建设的原则，成为“完全新型的城市”。其三，工业化是城市化的基础。“在社会主义社会中，城市所赖以发展的特质基础可能是工业、运输业、卫生疗养事业”等，但是“其中最重要最基本的乃是工业”。因此，新中国的城市建设和发展，“必然要从属于社会主义工业的建设和发展；社会主义城市的发展速度必然要由社会主义工业发展速度来决定”。其四，城市建设工作必须保证国家的工业建设、为社会主义工业化服务的方针，亦即必须首先集中力量建设有重要工程的新工业城市。而原来有一定工业基础的近代化城市，要扩建和新建许多工厂，列“我国城市建设工作的第二位”②。

工业建设必然落归于城市建设，城市建设依托并服务于工业建设，是新中国建设初期的基本方针。这一选择正是近代中国历史演变内在诉求的体现。因为工业化与城市化以及工业建设与城市建设其实就是贯串整个近代中国发展趋向的基本命题。“夫工业化者，系

---

①《贯彻重点建设城市的方针》，中共中央文献研究室编：《建国以来重要文献选编》第 5 册，第 438 页。

②中共中央文献研究室编：《建国以来重要文献选编》第 5 册，第 438—439 页。

专指因机器之助，用雄厚之资本，完美之组织，以实行大规模生产之制造业是也……此等新式工业因种种原因，麇集于一定之都市，于是都市方面乃日趋于工业化之一途焉。”①尽管近代以来，社会变动剧烈，政权更迭频繁，但潜伏在繁杂变乱之面相之下的现代化进程仍然顽强地表达着它的必然性诉求：“经济之都市，自兴工业有极大关系。政治性质之都市，则不尽然……工业都市化，似较都市工业化为重要……通商都市往往为各种工业发达之区，例如上海、天津、武汉等处。”②都市工业化与工业都市化“已有不可分离之趋势，因都市之工业化，工业即因之而都市化，又工业之都市化，都市往往亦随之工业化焉。凡重要之工业，殆无不集中于都市，而重要之都市，亦即工业发达之中心也”③。

“城市化是工业化所引起的社会结构变动的一个重要侧面。以城市化来命名与工业化相并行的城乡格局的巨大变动这种社会现象，城市化才有所特指……”④第一个五年建设计划期间，工业化的全面展开，尤其是在落后地区布局大中型项目，带动了工业、交通运输业、商业、服务业的兴起，同时也带动了新中国的城市化建设。“我国的城市建设，是按照为工业建设、为生产、为劳动人民服务的方针进行的。”⑤某种程度上，新中国经济建设的启动实质上就是工业建设进程的启动，也就是工业城市化和城市工业化进程的启动。“我国城市建设只能而且必须采取重点建设的方针。”⑥在第一个五年建设计划的推动下，一部分农村劳动力进入城市骨干工业投入国家建设。这一时期，农村每年平均净迁移 300 万人口到大中城市，全国城镇人口增加了 2786 万，至 1957 年达 9949 万人，城市人口占全国人口的

①龚骏：《中国都市工业化程度之统计分析》，第 1 页。

②龚骏：《中国都市工业化程度之统计分析》，第 2 页。

③龚骏：《中国都市工业化程度之统计分析》，第 3 页。

④邹农俭：《中国农村城市化研究》，广西人民出版社 1998 年版，第 29 页。

⑤薄一波：《当前基本建设中的几个问题》，中共中央文献研究室编：《建国以来重要文献选编》第 5 册，第 127 页。

⑥薄一波：《当前基本建设中的几个问题》，中共中央文献研究室编：《建国以来重要文献选编》第 6 册，中央文献出版社 1993 年版，第 128 页。

15.4%①。工业建设与城市建设同趋并行，构成新中国建设时代发展运行的轨辙。

显然，在以蒸汽机为标志的工业建设或城市建设快速发展之时，中国乡村建设却未能同步。在走向现代化的历史进程中，撕裂工业与农业、乡村与城市一体性发展的现象并不是特例，而是具有普遍意义的趋向。“蒸汽机在很大程度上是将它的逻辑强加工业的，并继而将这一逻辑强加给整个社会……空间和时间是田野劳动的两个重要约束条件，蒸汽在这儿不会一路凯旋……与一切等级权威不相干的农业经营者仍然是自己的企业、劳动和时间的主人。农业生产的社会组织与工业生产的社会组织在各个方面都形成鲜明的对比。”②在大规模进入建设时代的“国民经济恢复时期”，党的领导重心和国家建设重心基本上都定位于城市，相对于革命时代而言，整个中国乡村开始处于“失重”态势。

五 集体化：乡村重建与农业改造

1953 年，我国开始执行国家建设的第一个五年计划。标志着“经济建设工作在整个国家生活中已经居于首要的地位”③。

1949 年七届二中全会上，明确了革命胜利后党的一个根本任务是“稳步地促进相互联系的两个转变：一是由农业国向工业国的转变，一是由新民主主义社会向社会主义社会的转变”④。经过 3 年经济恢复和部分建设实践后，党中央根据形势的变化和发展对曾经的设想、勾画进行了新的思考和研究。“到 1953 年 6 月，中央政治局会议对过渡到社会主义的方法、途径和步骤等问题正式进行了讨论”，适时提出了国家建设的构想，形成了党在过渡时期的总路线和总任务：“要在一个相当长的时期内，基本上实现国家工业化和对农业、手

①邹农俭：《中国农村城市化研究》，第 85 页。

②[法]H. 孟德拉斯著、李培林译：《导论·关于农民的研究》，《农民的终结》，中国社会科学出版社 1991 年版，第 10 页。

③中共中央党史研究室编：《中国共产党历史》第 2 卷(1949—1978)上册，中共党史出版社 2011 年版，第 206—207 页。

④中共中央党史研究室编：《中国共产党历史》第 2 卷(1949—1978)上册，第 182 页。

工业、资本主义工商业的社会主义改造。”①这一总路线于同年 12 月得到最后确定，并载入 1954 年《中华人民共和国宪法》②。“一化三改”“一体两翼”(工业化是主体，两翼分别是指对个体农业、手工业的改造和对资本主义工商业改造)的总路线③，从根本上决定了与城市建设不同步的乡村建设与发展的方向和道路。

“革命胜利，建设开始”，发展生产成为全体人民的迫切要求，也理所当然地成为党的中心工作④。关于乡村建设思想或理论，基本上围绕着“国家工业化，工业国有化，农业集体化”思路展开，并在实践的进程中不断地加以调整、修正和完善。新中国建设伊始，中共关于乡村建设和发展的思考，侧重于如何使农业、农民、农村尽快地配合并适应国家工业化(重点建设城市)的需求，从而完成由农业国向工业国的历史转变。这也是在七届二中全会上确定的基本政策和方针。毛泽东在会议上指出，在一个相当长时期内，中国的农业和手工业的基本形态，仍将是大量分散的和个体的。这当然不能适应国家工业化的需求，必须谨慎、逐步而又积极地经过合作社经济，引导它们向着社会化方向发展⑤。因此，基于“小农经济大量存在”的现实，党关于乡村建设的思想十分明确：“我们必须随着国家工业化的过程，把农业集体化当作农村中主要的建设任务”，农村集体化建设的途径则是“按照中央指示，领导农民积极而又稳步地开展互助合作运动，逐步地过渡到社会主义制度”⑥。对农业或农村的社会主义改造，构成了新中国建设初期乡村建设的主导思想。

---

①中共中央党史研究室编：《中国共产党历史》第 2 卷(1949—1978)上册，第 185 页。

②《薛暮桥回忆录》，第 216 页。

③《一切为了实现国家的总路线——一九五四年元旦献辞》，中共中央文献研究室编：《建国以来重要文献选编》第 5 册，第 2 页。

④《领导农业生产的关键所在》，中共中央文献研究室编：《建国以来重要文献选编》第 4 册，第 109 页。

⑤《在中共中央政治局会议上的报告和结论》，《毛泽东文集》第 5 卷，第 139—141 页。

⑥《领导农业生产的关键所在》，中共中央文献研究室编：《建国以来重要文献选编》第 4 册，第 112 页。

其一，乡村政权建设和社会重构是这一时期乡村建设思想的主要内容。进入建设时期后，党对乡村的指导思想也随即进行调整改变。首要的任务是建立、健全党和政府在乡村的权力体系，以保证党对乡村社会的政治领导、组织领导和思想领导。因此，1951年中央对农村与城市工作作出指示，要求除继续完成土改外，“对土改后的农村，应以提高农村生产和提高农民政治觉悟为中心任务去布置一切工作”。“其中建立健全的各级人民代表会议（在区乡即农民代表会议）和人民政府机关，建立以推销土产品为中心任务的各级合作组织，普遍地组织劳动互助组，依照全国组织工作会议的决议建立农村中党的组织等项，应作为当前的中心工作去布置。”①显然，消除旧的社会势力和结构因素，植入或建构新的制度要素，成为党改造乡村的着力点。针对全国解放进程的不平衡性所形成的新老区的差别和城乡的分别党的中心工作的侧重点也有所不同：城市工作的中心任务“是发展市内生产，发展城乡物资交流，农村老区则是以整党工作当作一项中心工作”，新区则继续完成土改②。统一的整体制度建设和国家权力结构建设还有待进一步完成，建设事业的展开自然呈现出不均衡的态势。以“先工建设”的战略启动了国家建设，以农村改造、重建配合工业化建设的总体目标。就此而言，恰好印证了梁漱溟的灼见：“今日中国问题在其千年相沿袭之社会组织构造既已崩溃，而新者未立；乡建运动实为吾民族社会建设一新组织构造之运动——此其真意所在。”③

其二，乡村改造的方向——集体化，构成这一时期中共乡村建设思想的主体内容。“没有农业社会化，就没有全部的巩固的社会主义。农业社会化的步骤，必须和以国有企业为主体的强大的工业的发展相适应。”④建设时期，党在农村的中心任务是发展农业生产，而

①《中央关于土改后农村与城市工作等问题给华东局的指示》，《刘少奇论新中国经济建设》，第664页。

②《中央关于土改后农村与城市工作等问题给华东局的指示》，《刘少奇论新中国经济建设》，第664—665页。

③梁漱溟：《乡村建设理论提纲（初编）》，《乡村建设》1937年第2卷第22—23期合刊。

④《论人民民主专政》，《毛泽东选集》第4卷，第1477页。

发展农业生产（尤其是为工业国有化和国家工业化提供保障的农业生产）的前提，是“必须对小农经济实行社会主义改造”。小农经济无法适应和满足国家建设对“农产品的迅速地不断增长的需要”，因此“农业的社会主义改造必须逐步实现，必须经过互助合作的道路”，“其发展前途就是农业集体化”①。1948年刘少奇就提出，农村合作社是实现无产阶级领导农民，巩固和发展工农联盟的组织形式，这在“新中国的经济建设中是一个带决定性的问题”②。使个体农业生产经过集体化的道路改造成为具有近代机器设备的大生产，是“中国共产党和人民政府力求实现的最基本的任务”③。通过互助合作形式的过渡而走向集体化是中共领导层的共识性思想。④

乡村改造不仅是对制度本身，也包括对农民主体本身的改造和教育。显然，与革命时期将农民视为“天然革命动力”或“革命先锋”⑤有所不同，进入建设时代后，毛泽东提出“严重的问题是教育农民”⑥。刘少奇也特别注意到对农民的教育问题，要求“我们的党委、教育工作者要善于教育农民，使农民认识集体经济是优于个体经济的，以便于将来组织集体农庄”⑦。这一思想共识通过《人民日报》社论成为指导党对农村改造工作的具体政策：“当我们向互助合作道路上前进时，切不要忘记前进的出发点乃是小农经济，工作对象是小私有者。”作为小私有者的农民“有较多的保守性和患得患失心理”，最

①邓子恢：《在全国第一次农村工作会议上的总结报告（节录）》，中共中央文献研究室编：《建国以来重要文献选编》第4册，第282页。

②《新中国经济的性质与经济建设方针》，《刘少奇论新中国经济建设》，第54页。

③《国家的工业化和人民生活水平的提高》，《刘少奇论新中国经济建设》，第169页。

④邓子恢：《在全国第一次农村工作会议上的总结报告（节录）》，中共中央文献研究室编：《建国以来重要文献选编》第4册，第163页。

⑤“所谓国民革命运动其大部分即是农民运动。”见《国民革命与农民运动——〈农民问题丛刊〉序》，《毛泽东文集》第1卷，第38页。“没有贫农，便没有革命。若否认他们，便是否认革命。若打击他们，便是打击革命。”见《湖南农民运动考察报告》，《毛泽东选集》第1卷，第21页。

⑥《论人民民主专政》，《毛泽东选集》第4卷，第1477页。

⑦《春耦斋讲话》，《刘少奇论新中国经济建设》，第220页。

关紧要的是“他们的切身利益能否得到保护和发展的问题”。没有长期而细致的社会改造,农业社会化和农村集体化几乎不可能完成,因为“没有一个农民会相信当前强迫他们和侵犯他们利益的互助合作社,可以在未来满足他们的利益的”。对农业的改造和对农民的改造是一个问题的两个方面,它构成了新中国建设早期中共乡村建设思想的主体内容:“把农业集体化当作农村工作中主要的建设任务。”①

其三,乡村建设以农业建设为重点,并以服务于工业建设和城市建设战略为根本方向。农村工作的基本任务是发展生产,与整个国家工业化和建设的总任务相适应。发展农业生产的主要目标之一,是“为了保证国家对于粮食和工业原料的需要”②。在整个国家建设战略规划中,对乡村建设或农业建设的投入十分有限,乡村建设事实上是乡村的自主建设:“农村要不要做建设工作叫呢?要的。水利是要兴修的……应该从当时当地人民的需要与可能出发,量力而行。”所谓“量力而行”既是量国家之力,即“国家财政主要是搞工业,工业是重点建设,这样用在农村的钱当然就不能那样多了”,更是量农村之力或农民之力,因为大规模的建设,“就是国家出钱也还要靠农民出力的”,如兴修水利和造林等等,“必须估计人民的负担能力”,还要估计干部的能力③。其中,水利建设构成了农业建设具有长期战略性的重要内容④。

以农业为代表的非优先发展地区必须服务和服从于优先产业、优先地区发展的需要,其实现途径“就是通过以农支工,人为地扩大工农业产品价格的‘剪刀差’,以牺牲农业的代价实现了工业初步积累的快速完成”⑤。

---

①《领导农业生产的关键所在》,中共中央文献研究室编:《建国以来重要文献选编》第4册,第111—112页。

②邓子恢:《在全国第一次农村工作会议上的总结报告(节录)》,中共中央文献研究室编:《建国以来重要文献选编》第4册,第279页。

③邓子恢:《在全国第一次农村工作会议上的总结报告(节录)》,中共中央文献研究室编:《建国以来重要文献选编》第4册,第163—164页。

④《中共热河省委对发展农村中小型水利的几点意见》,中共中央文献研究室编:《建国以来重要文献选编》第4册,第266页。

⑤薛蒙林:《剖析“三农”问题的历史逻辑》,《社会科学研究》2013年第2期。

为加强党对农村工作的领导，1952 年建立中央农村工作部——这从另一个侧面恰恰提示了建设时期乡村“失重”的基本态势。《中共中央关于建立农村工作部的决定》明确提出，正是为了适应各级领导重心必然放在城市工业建设上的需要，“为了在这种情况下不减弱党对农村工作的领导”，决定在省级以上的党委领导下，建立农村工作部，“中心任务是组织与领导广大农民的互助合作运动，以便配合国家工业化的发展，逐步引导农民走向集体化的道路”①。农村工作的各项具体业务，应由政府的农林、水利等部门及合作社分别负责，而农村党务则由党委的组织和宣传部门负责，不列为农村工作部的任务。从 1952 年刘少奇对中南局的文件批示中也显示出这一基本导向：为了配合“全党即将转入以城市为重点，以工业为中心的经济建设”，需要加强党在农村的阵地，组织方面拟在“地级以上党委内部专设农委机构，在政府机关，也设立一个综合指导农村工作的机构，名为农村工作委员会(或农村经济委员会)”②。显然，农村工作部及其相应的有关农村工作机构的建立，其实就是领导和改造乡村以服务于工业化建设和重点建设城市而特设的领导机构和行政管理机构。

六　新探索：工业化道路与乡村建设问题

土地改革曾经以暴风骤雨之势摧毁中国乡村固有的社会结构和权力体系，成为革命时代中共在农村获得社会动员的有效途径。1950 年 6 月，中央人民政府正式颁布了《中华人民共和国土地改革法》，实行农民土地所有制，借以解放农村生产力，发展农业生产，为新中国的工业化开辟道路。到 1952 年底和 1953 年春，除西藏等少数民族地区外，历史上规模最大的土地改革胜利完成，“耕者有其田”在中国成为现实。通过土地改革得到经济利益的农民(包括老解放

---

①《中共中央关于建立农村工作部的决定》，中共中央文献研究室编：《建国以来重要文献选编》第 3 册，第 410 页。

②《对中南局关于在地级以上党委设农委与政府设农村工委问题的批语》，《建国以来刘少奇文稿》第 4 册，第 236 页。

区在内)有3亿多人,他们分得了约7亿亩土地和其他大量的生产资料①,还免除了过去每年要向地主交纳的350亿公斤粮食②。

土地改革后,个体农户拥有土地并自主经营,在落后的生产力条件下获得了最大的生产效率。“土地改革满足了农民对土地制度变迁的强烈要求,改变了土地所有和土地使用相分离的状况,实现了农业生产者与生产资料的直接结合”,激发了农民生产的积极性,促使农业生产获得显著提高。农业总产值1952年比1949年增加了53.4%,年均增长15.3%;粮食总产量1952年比1949年增长44.8%,年均增长13.1%,比1949年前的最高年生产水平增长了9.3%③。“土地改革不仅迅速恢复和提高了农业生产力,而且为国家工业化的起步奠定了基础。”④然而,土地改革所带来的生产效益相当有限,甚至很大部分是战乱结束进入和平时期且生产恢复正常状态下的结果,其释放的土地增产绩效是短时效益。尤其是大规模工业化建设开展以后,国家工业化、工业国有化的战略发展与以小农经营为主体的农业、农村之间的制度、体制和需求冲突骤然突显,成为中共领导层深思并着力解决的切要问题。1951年12月至1953年12月,党中央先后发出了关于农业生产互助合作的决议和关于发展农业生产合作社的决议,作为“指导农村工作的基本文件”⑤,提出超越土地改革对农业、农村和农民进行改造的发展方向⑥。

此外,1951年时粮食紧张问题已出现并呈现愈来愈严重之

①《为增强党的团结而斗争》,《建国以来刘少奇文稿》第6册,第67页。

②方向新:《农村变迁论——当代中国农村变革与发展研究》,第13—14页。

③方向新:《农村变迁论——当代中国农村变革与发展研究》,第14—15页。

④方向新:《农村变迁论——当代中国农村变革与发展研究》,第15页。

⑤当然,在关于农村社会主义改造步骤问题上,一开始中央领导层还未形成共识,刘少奇认为不能马上超越历史阶段建立社会主义,“有了工业的国有化和土地的国有化,然后农民才能集体化,才能供给农民大量的机器,这样农业才能普遍的集体化”。见《为增强党的团结而斗争》,《建国以来刘少奇文稿》第6册,第67页。

⑥《“三年准备,十年建设”》,《刘少奇论新中国经济建设》,第183页。

势①。1953 年,国家开始大规模经济建设,基本建设投资从 1952 年的 43.56 亿元增加到 94.4 亿元,就业人员随之大增,城市和工业用粮也成比例增加。但小农经济的农业不能与工业化新阶段同步,当年度国家未能完成粮食收购任务,粮食赤字 40 亿斤,并预计下个粮食年度还可能赤字 117 亿斤。如不采取坚决措施,粮食市场必将出现严重混乱局面,导致物价全面波动、工资上涨,进而波及工业生产,使建设计划将受到影响。毛泽东要求陈云解决粮食的紧张问题,陈云提出:对于粮食问题,必须在农村实行征购,在城市实行配售,严格管理私商,在坚持统一管理的前提下调整内部关系②。对此,毛泽东给予了全力支持③。

统购统销政策的目的不仅是为征购农民手中的余粮,更关键的是用集体化改造小农,把分散的小农经济纳入国家计划机制,使大量的农业剩余为可能。这一政策与互助合作体制改造相结合,构成了改造农业、农民和农村的重要步骤。正如毛泽东所言:“分土地的好处有些农民已开始忘记了”,小农经济“不好,但是个现实”。因此,必须通过改造使他们由个体经济转向集体经济④。尤其是总路线确定后,毛泽东再次强调对农业的改造是保证工业化主体发展两翼中尤为重要的一翼,粮食的“计划收购和计划供应”与“互助合作运动”是对社会主义建设的“很大的推动”⑤。

土地改革后的农业生产、农村发展或农民生活,仍然“还有许多困难的条件限制”。在第一次全国农村工作会议上,邓子恢特别讲到了这一情况:“虽然国家运用了很大的力量,如大批的贷款,兴修水利,提供新式农具、喷雾器、杀虫剂,有些地方还派了飞机去杀虫,等等”,但仍然无法解决根本性问题。因此,新中国的农村存在着两条

---

①陈云:《实行粮食统购统销》,中共中央文献研究室编:《建国以来重要文献选编》第 4 册,第 446 页。

②陈云:《实行粮食统购统销》,中共中央文献研究室编:《建国以来重要文献选编》第 3 册,第 454 页。

③《粮食统购统销问题》,《毛泽东文集》第 6 卷,人民出版社 1999 年版,第 295、297 页。

④《粮食统购统销问题》,《毛泽东文集》第 6 卷,第 295—296 页。

⑤《关于农业互助合作的两次谈话》,《毛泽东文集》第 6 卷,第304 页。

道路:一条是让个体农民向富农高利贷者借贷,去当雇工,让少数人发财致富,多数人破产贫困;另一条是领导农民组织起来,通过互助合作而集体化,走"大家富裕的道路"①。但是,当时更为现实和紧迫的问题是,小农经济无法生产大量的农业剩余,导致在中国内部不能产生工业革命和城市化的物质条件,使中国社会长期停滞在农业阶段。新中国建立后大规模工业化进程迅速展开,小农经济与工业化的矛盾日益尖锐。"个体所有制的生产关系与大量供应是完全冲突的。个体所有制必须要过渡到集体所有制。"②要发展农业生产,必须对小农经济实行改造,因为"这种有计划地大量增产的要求和小农经济分散私有的性质以及农业技术的落后性质之间的矛盾,是越来越明显了,困难越来越多了"。农业增产是国家建设的前提保障。就机械性的农业增产而言,所谓的措施和方法不只一端。主管经济的陈云认为,"农业增产有三个办法:开荒、修水利,合作化","但见效最快的,在目前,还是合作化"③。而"合作化"其实只是过渡,由互助合作完成农业集体化或社会主义化才是最终的目标。对此问题,尽管党内曾有不同认识,但在党的过渡时期总路线形成时已经取得了基本共识。1953 年 2 月中共中央通过决议,将"合作运动纳入党中央所指出的正确的轨道,有计划地逐步地完成改造小农经济的工作,使农业在社会主义工业的领导下,配合着社会主义工业化的发展,而胜利地过渡到全国的社会主义时代"④。

将农民的个体所有制改造为"社会主义所有制"是新中国建政后乡村建设的基本方向,这是党的总路线的实质性要求,即"使生产资料的社会主义所有制成为我国国家和社会的唯一的经济基础"。因

①邓子恢:《在全国第一次农村工作会议上的总结报告(节录)》,中共中央文献研究室编:《建国以来重要文献选编》第 4 册,第 147—148 页。

②《关于农业互助合作的两次谈话》,《毛泽东文集》第 6 卷,第301 页。

③陈云:《关于第一个五年计划的几点说明》,中共中央文献研究室编:《建国以来重要文献选编》第 5 册,第 338 页。

④《中国共产党中央委员会关于发展农业生产合作社的决议》,中共中央文献研究室编:《建国以来重要文献选编》第 4 册,第 681 页。

为只有完成这一改造，才具备了社会主义建设的前提条件①。在新中国建设战略规划中，国家对于整个乡村而言基本上是“重改造而轻建设”，在建设资金和财力投入方面尤其如此。

对此，陈云是有所认识的。他在说明第一个五年计划时，提出过“农业投资是否太少”的问题，对农业（包括林业和水利）投资为 49 万亿元，仅占经济建设支出的 9.5%。当然，相对于工业建设、城市建设的投资的巨大反差，陈云也有所解释：5 年内直接或间接对农业的投资还有地方农业水利投资 5 万亿元，军垦费用 5 万亿元，农村救济费 15 万亿元，治理黄河可能将有 5 万亿元，银行长期农贷 10 万亿元，共计 40 万亿元。将这些全部加上后，“就决不止仅占经济建设总支出的百分之九点五，而是在百分之十五以上，并不算低。对农业，可以准备几个后备计划，争取在年度中增加投资”②。然而事实上，陈云所说的“占经济建设支出的百分之九点五”的比例也没有真正落实。1955 年李富春报告中列举的数字表明，农业、水利和林业部门投资为 32.6 亿元，仅占 7.6%，而城市建设方面，仅公用事业建设就为 16 亿元，即占到 3.7%。所以，李富春的报告并不讳言“农业的发展过分落后于工业发展的矛盾”和“农民太苦”的社会呼声③。

“农业是保证工业发展和全部经济计划完成的基本条件。”④农业生产供应全国人民的食粮，同时用农业品作原料的工业产品占全国工业总产值的 50%以上，而且进口工业设备和建设器材所需要的外汇大部分也是农产品出口换来的。“放在我们面前的是这样一个问题：用必要的财力来保证国家建设，以便建立人民生活改善的物质基础好呢？还是减少和推迟建设，而不合理地随便增加工资或者随意开销好呢？我们认为，从全国人民整体的长远的利益来考虑，应该

①《革命的转变和党在过渡时期的总路线》，《毛泽东文集》第 6 卷，第 316 页。

②陈云：《关于第一个五年计划的几点说明》，中共中央文献研究室编：《建国以来重要文献选编》第 5 册，第 339—340 页。

③李富春：《关于发展国民经济的第一个五年计划的报告（节录）》，中共中央文献研究室编：《建国以来重要文献选编》第 5 册，第 289、300、305 页。

④李富春：《关于发展国民经济的第一个五年计划的报告（节录）》，中共中央文献研究室编：《建国以来重要文献选编》第 5 册，第 321 页。

首先用必要的财力来保证国家的建设。"①

新中国建设时期，必须由农业、农村与农民对工业化和国家建设提供基本保障，并付出牺牲。因此，对于乡村建设，国家更多地侧重于农业建设（以增产为目的以保证工业建设和城市建设基本物质需求），即"当前农村工作的基本任务是开展以互助合作为中心的农业增产运动"，以及体制建设（通过对小农经济的集体化改造以保证国家对农业剩余的有效获取），即"逐步进行对农业的社会主义改造"和"不断提高农民的社会主义觉悟"②。

不仅如此，1955年，毛泽东提出农村建设的全面规划问题，包括合作社的规划、农业生产的规划和全部的经济规划（其中包括副业、手工业，多种经营，综合经营，开荒、移民，信用合作，银行，技术推广等）。"绿化荒山和村庄"也是农村建设规划中应特别加以注意的方面，"南北各地在多少年以内，我们能够看到绿化就好。这件事情对农业，对工业，对各方面都有利"。还有文化教育规划，包括识字扫盲，办小学，办适合农村需要的中学，出版适合农民需要的通俗读物和书籍，发展农村广播网、电影放映队，组织文化娱乐等。此外，还包括乡村合作社的规划、全乡的规划、全县的规划和全省的规划。③

"社会主义是不能建立在大量文盲的基础上的。因此，适应当前农村新情况和新任务的需要，积极地开展农民业余文化教育，扫除文盲，克服我国农村文化落后状态，已成为当前一项重要的政治任务。"④但是，乡村文化建设并没有纳入国家建设规划之中，而是除少

---

①李富春：《关于发展国民经济的第一个五年计划的报告（节录）》，中共中央文献研究室编：《建国以来重要文献选编》第5册，第347页。

②《中华人民共和国国务院关于加强农民业余文化教育的指示》，中共中央文献研究室编：《建国以来重要文献选编》第5册，第261页。

③《农业合作化的全面规划和加强领导问题》，《毛泽东文集》第6卷，第475—476页。

④《中华人民共和国国务院关于加强农民业余文化教育的指示》，中共中央文献研究室编：《建国以来重要文献选编》第5册，第261页。

数专职人员的开支、教师训练费等外，“都应当由群众自筹”①。即使是关涉农业增产的农田水利建设，也“要农民派工，按照受益户派工、派粮、派款，要动员农民来搞”②，由乡村自主或自筹经费建设。“一个世纪以来，我国乡村社会的变迁是一种‘规划的社会变迁’，这种规划出自于国家对乡村社会的有目的有意识的改造，改造的目标和主要手段是国家政权建设。随着国家政权建设的深入基层，国家基层政权组织广泛建立并对社会进行着日渐深入的动员，乡村社会结构也由此而发生了深刻的变化。”③为了支持重工业超前的战略，国家保持了高强度的积累。这一积累方式的特点是通过“农产品国家定价的形式，从农民手中低价收购，又向城市居民和企业低价销售，用以维持大工业低工资和低原料成本，提供不断产生超额工业利润的条件，最后又通过大工业利税上缴，集中起国家工业化的建设基金。高强度的积累方式是造成以后城市化畸形运转的原因之一。”④过度依靠农业的积累支撑城市高速工业化，引发农业的衰落和农村商品经济的萎缩。尽管1949—1957年，农业生产发展较快，农业产值年平均递增7%，但农产品商品率却呈下降趋势。农民通过集市出售的农产品占全部农产品收购额的比重，从1952年的8%下降到1957年的6%。农民收入与城市居民收入的差距进一步拉大。许多农村集镇凋敝，这给城乡关系的协调带来了较大困难⑤。

“积极工业化的政策”⑥，即以工业建设为中心、以城市建设为重点的战略决策，决定了工业（城市）建设与农业（农村）改造的主导思路，也就形成了国家重点建设城市与乡村建设立足于自主或自筹的

①《中华人民共和国国务院关于加强农民业余文化教育的指示》，中共中央文献研究室编：《建国以来重要文献选编》第5册，第265页。

②邓子恢：《在全国第一次农村工作会议上的总结报告》，中共中央文献研究室编：《建国以来重要文献选编》第5册，第164页。

③龙太江：《国家政权建设与乡村发展》，《衡阳师范学院学报（社会科学版）》2002年第1期。

④邹农俭：《中国农村城市化研究》，第85页。

⑤邹农俭：《中国农村城市化研究》，第85页。

⑥《中华人民共和国发展国民经济的第一个五年计划（一九五三——一九五七）》，中共中央文献研究室编：《建国以来重要文献选编》第6册，第407页。

思路。某种意义上说，这是一个时代性选择，工业化进程以及由此引发的工业建设与城市建设的主导性，不仅是近代以来进步的中国人民的自觉追求，也是整个世界历史进程的基本诉求。20世纪中叶以后，“缓慢的农业被动摇了，它开始以工业的步伐前进，并利用工业的能源和最新发现……一切农业生产者都受消费者的欲望和市场的变化所支配。像其它生产领域一样，农业也必须服从工业社会中技术和经济变化的节奏”①。赢得政权的中国共产党的选择亦是如此。从而，乡村建设即国家建设，或者说国家政权建设或制度建设与乡村建设高度一致，构成了这一时期的主要内容，乡村社会变迁就是国家政权建设在乡村的展开和深入。

（原载《社会科学战线》2015年第4期）

①[法]H. 孟德拉斯著、李培林译：《导论·关于农民的研究》，《农民的终结》，第11页。

从工业先行到优农发展的战略转变

——新中国建设路向的选择与调整

新中国建设伊始，工业化建设就成为一个主导的方向。如何实现工业化或者说如何尽快实现社会主义的工业化，亦即中国工业化道路的探索，就成为已经赢得全国政权的中国共产党领导层的新的时代任务。道路探索的艰难和曲折显然超过了原初的预想，尽管毛泽东以及中央领导人曾反复提及这一困难（建设的“大跃进”，急速的人民公社化运动以及各种建设指标的层层加码，从另一个侧面体现了对这一困难的整体认识的不足）。

一　工业先行的战略选择

关于新中国建设方向问题，在全国胜利前夜召开的中共中央政治局会议上（1948 年 9 月 8—13 日）就集中讨论过，开始从思想认识上为走向建设的历史转折预做准备；在不久召开的七届二中全会上（1949 年 3 月 5 日），就确定了“经济建设方针”①，明确新中国建设的方向是使中国从农业国转变为工业国，由新民主主义社会转变为社会主义社会。会议报告指出，党必须领导人民“在革命胜利以后，迅速地恢复和发展生产，对付国外的帝国主义，使中国稳步地由农业国

①《目前形势和党在一九四九年的任务》，《毛泽东文集》第 5 卷，第 235 页。

转变为工业国，把中国建设成为一个伟大的社会主义国家”①。

中共领导的新民主主义革命，虽然坚持走以农村包围城市的道路，革命力量虽然也以农民为主体，但是革命的目标却是“解放农民，建立近代工业社会”，“由农业基础到工业基础，正是我们革命的任务”②。毛泽东、刘少奇等党的领袖曾多次批评“农业社会主义”思想③。毛泽东在“九月会议”上特别强调说：“我们反对农业社会主义，所指的是脱离工业、只要农业来搞什么社会主义，这是破坏生产、阻碍生产发展的，是反动的。”④社会主义不是依靠小生产或小农经济可以建设起来的，而是必须依靠社会化的大生产，首先是工业的大生产来从事建设。早在 1948 年 5 月，毛泽东就指出：“应将工业生产问题放在领导工作的重要位置。有了工业生产的条件，党如果不注意恢复及发展工业，党的领导人员如果缺乏工业方面的知识，如果不用力去学会这一方面的知识，那就会要犯错误。”⑤因此，在“九月会议”上，毛泽东专门向党的干部提出“关于学习工业和做生意”的任务，主张“全党要提出这个任务来，还要写文章做宣传，在全党提倡学习工业和做生意”，因为“我们已有城市和广大地区，这个任务必须解决”⑥。现代工业是社会主义社会的基础，也是新民主主义通往社会主义社会的必由之路。这一建设思想后来被高度凝练在“五四宪法”中：“中华人民共和国依靠国家机关和社会力量，通过社会主义工业

---

①《在中国共产党第七届中央委员会第二次全体会议上的报告》，《毛泽东选集》第 4 卷，第 1327 页。

②薄一波：《回忆刘少奇同志建国前后的一些经济建设思想》，中共中央文献研究室二部编：《刘少奇自述》，第 158 页。

③1948 年 4 月 1 日，毛泽东在晋绥干部会议的讲话中对农业社会主义提出批评，后来新华社在《关于农业社会主义的问答》中又论述了社会化大生产与社会主义的关系。

④《在中共中央政治局会议上的报告和结论》，《毛泽东文集》第 5 卷，第 139 页。

⑤《晋绥分局应将工业生产放在领导工作的重要位置》，《毛泽东文集》第 5 卷，第 95 页。

⑥《在中共中央政治局会议上的报告和结论》，《毛泽东文集》第 5 卷，第 138 页。

化和社会主义改造，保证逐步消灭剥削制度，建立社会主义社会。”①

1952 年 11 月 18 日，《人民日报》发表题为《把基本经济建设放在首位》的社论，宣告了新中国“新的大规模的建设即将开始”，近代中国的历史进程从革命转入建设的新时代。“我国前所未有的规模巨大的对于我国工业化有决定意义的某些复杂的现代化企业，将在今后逐渐地建设起来。”②社论提出，今后几十年间的时代任务就是建设，“基本建设工作在整个国家工作中就被提到了首要的地位。我们能不能建设一个工业化的国家，首先要看我们是否能够保证基本建设的成功”③。社论认为，这一建设步骤将决定我国工业化的程度和速度。

随着 1953 年第一个五年建设计划的实施，新中国的国家建设全面展开。“国家建设包括经济建设、国防建设和文化建设，而以经济建设为基础。”而经济建设的目标或者总任务，“就是要使中国由落后的农业国逐步变为强大的工业国……工业化——这是我国人民百年来梦寐以求的理想”④。既然“目前我们全国人民的最高利益就是实现国家的社会主义工业化”，那么，建设的步骤也必须“分别轻重缓急，必须随着工业的发展逐步地进行”⑤。过渡时期的总路线于同年 12 月最后确定，并载入 1954 年《中华人民共和国宪法》⑥。这个“一化三改”“一体两翼”的总路线⑦，从根本上决定了与城市建设不同步的乡村建设与发展的方向和道路。

---

①《过渡到社会主义社会的步骤》，《刘少奇论新中国经济建设》，第 251 页。

②《把基本经济建设放在首位》，中共中央文献研究室编：《建国以来重要文献选编》第 3 册，第 428—433 页。

③《把基本经济建设放在首位》，中共中央文献研究室编：《建国以来重要文献选编》第 3 册，第 428 页。

④《迎接一九五三年的伟大任务》，中共中央文献研究室编：《建国以来重要文献选编》第 4 册，第 2 页。

⑤《贯彻重点建设城市的方针》，中共中央文献研究室编：《建国以来重要文献选编》第 5 册，第 411 页。

⑥《薛暮桥回忆录》，第 216 页。

⑦《一切为了实现国家的总路线——一九五四年元旦献辞》，中共中央文献研究室编：《建国以来重要文献选编》第 5 册，第 2 页。

“社会主义建设的主体是国家的社会主义工业化，而工业化的中心是发展重工业。工业领导农业，城市领导乡村，工人领导农民，这是社会主义的确定不移的根本原则。”①因此，“工业先行”的建设战略选择，决定了“积极工业化的政策”②的全面实施。以“优先发展以基础原材料工业、装备制造业和国防工业为代表的重工业，加快城市建设步伐就顺理成章地成了国家的战略抉择”。以农业为代表的地区必须服务和服从于优先产业、优先地区发展的需要，其实现途径“就是通过以农支工，人为地扩大工农业产品价格的‘剪刀差’，以牺牲农业的代价实现了工业初步积累的快速完成”③。

第一个五年计划的超额完成，带来了空前高涨的积极性和创造性的预期，在工业化建设上设定了赶超英国和美国的目标。“十五年赶上英国，我看完全可能。十五年就看今年开始的这五年，第二个五年计划就看前三年，三年就看头年，头年就看头月。”④由此，全国上下的工业“大跃进”和人民公社化运动急速展开，“一个全面跃进的新形势”⑤迅速到来。

“大跃进”和人民公社化运动，其实仍是以群众动员方式开展的另一场革命：技术革命。“我们的革命是一个接一个的。从一九四九年在全国范围内夺取政权开始，接着就是反封建的土地改革，土地改革一完成就开始农业合作化，接着又是私营工商业和手工业的社会主义改造。社会主义三大改造，即生产资料所有制方面的社会主义革命，在一九五六年基本完成，接着又在去年进行政治战线上和思想战线上的社会主义革命……现在要来一个技术革命，以便在十五年

①廖鲁言：《关于一九五六年到一九六七年全国农业发展纲要的说明》，中华人民共和国国家农业委员会办公厅编：《农业集体化重要文件汇编（1949—1957）》上册，中共中央党校出版社1981年版，第782页。

②《中华人民共和国发展国民经济的第一个五年计划（一九五三——一九五七）》，中共中央文献研究室编：《建国以来重要文献选编》第6册，第407页。

③薛蒙林：《剖析“三农”问题的历史逻辑》，《社会科学研究》2013年第2期。

④《在第十四次最高国务会议上的讲话提纲》，《建国以来毛泽东文稿》第7册，中央文献出版社1998年版，第43页注1。

⑤《在第十四次最高国务会议上的讲话提纲》，《建国以来毛泽东文稿》第7册，第67页。

或者更多一点的时间内赶上和超过英国。”①在这个大变动的时期里，时代带给我们巨大的历史任务

二 工业与农业的失衡

通过“大跃进”式的群众运动和人民公社的制度创设，“全党全民办工业”，“乡乡社社办工业”的情势迅速形成。它以“一种新兴的生产力”②面貌出现，不仅省、专、县办工业，而且乡乡社社都在千方百计地办工业，土制化肥厂、农具修配制造厂、砖瓦厂、石灰厂、煤矿、制糖厂、榨油厂、发电厂、铁厂等中、小型企业，便如雨后春笋一般，蓬蓬勃勃地发展起来。“根据国家统计局的材料，今年全国各地已经动工兴建的这些中、小型企业约八十多万个。这在我国社会主义建设上将具有伟大的历史意义和国际意义。”③

事实上，以工、农、商、学、兵五位一体的“政社合一”的公社体制，也是工业化“大跃进”的产物，或者二者如影相随，或者相伴而生。“乡社办工业对工业大跃进更有巨大的作用。全国二千多个县几万个乡，几十万个社，如果大家都动手办起工厂来，它有产品、产量，它的创造发明将是不可限量的。”它本质上是“‘全民办工业’这条方针”④的体现。人民公社是工业化“大跃进”的一大支撑点，它是动员农村劳动力资源投入工业化进程的制度性要求，而“大跃进”作为快速工业化战略则内含了重工业优先的资源分配顺序。

然而，预期的目标（即一、加速国家工业化的进程；二、加速农业机械化的进程；三、加速缩小城乡差别的进程）⑤并没有在“大跃进”和公社化进程中得以实现，反而出现工农业产量急速下降和生产力

---

①《工作方法六十条（草案）》，《建国以来毛泽东文稿》第7册，第51页。

②天津市五金交电公司：《关于帮助社街工业健全生产管理制度加强成本核算工作的汇报（初稿）》，X85—Y—76—59，《天津市人民委员会关于城市人民公社工作的文件材料（1964.05—1964.08）》，天津市档案馆藏档案，档案号：X53—C—1996。

③邓子恢：《乡办工业的伟大意义》，《邓子恢文集》，人民出版社1996年版，第518页。

④邓子恢：《乡办工业的伟大意义》，《邓子恢文集》，第520页。

⑤邓子恢：《乡办工业的伟大意义》，《邓子恢文集》，第520页。

衰退情势。许多工业建设项目“由于布点多,材料和调和设备供应不足,到现在还没有建成一个”。实践证明,曾经“缺乏充分根据的”①“大跃进”式的工业建设不仅没有促成工业化的推进,反而造成极大负面影响。“劳动生产率下降,产品质量降低,企业之间原有的协作关系很多被破坏了”②。仅工业总产值一项在1961年就下降了百分之四十多③。而且,“最近不仅农业减产,工业生产也落下来了”④。1959—1960年,全国16亿多亩耕地分别受灾几乎达16亿亩,以至于“1960年的农业生产计划和依靠农业供应的轻工业生产计划都没有能够完成”⑤。正常的社会生活受到极大影响,“许多地方日用工业品产量下降,供应紧张,甚至人民生活中每日不可缺的一些必需品和用具,如食盐、火柴、锅、盆、碗、筷之类,也买不到”⑥。这一紧张局面的形成,恰恰是“大跃进”和人民公社化运动强势推进的两年期间⑦。

“大跃进”和人民公社化运动曾经以诗画般的奇迹展开。正如毛泽东所说:“现在有些人总是想在三五年内搞成共产主义……大跃进把有些人搞得糊里糊涂,到处都是诗。”⑧这种“诗意化”建设行为造成的教训,值得珍记。国家建设需要的不是诗情,而是科学。毛泽东

①陈云:《加速发展氮肥工业》,中共中央文献研究室编:《建国以来重要文献选编》第14册,中央文献出版社1997年版,第340页。

②《中共中央关于当前工业问题的指示》,中共中央文献研究室编:《建国以来重要文献选编》第14册,第614页。

③刘少奇:《在扩大的中央工作会议上的报告》,中共中央文献研究室编:《建国以来重要文献选编》第15册,中央文献出版社1997年版,第21页。

④刘少奇:《当前经济困难的原因及其克服的办法》,中共中央文献研究室编:《建国以来重要文献选编》第14册,第359页。

⑤《团结一致,依靠群众,争取世界和平和国内社会主义建设的新胜利》,中共中央文献研究室编:《建国以来重要文献选编》第14册,第6页。

⑥《中共中央批转轻工业部党组关于紧急安排日用工业品生产的报告》,中共中央文献研究室编:《建国以来重要文献选编》第14册,第11页。

⑦《中共中央批转轻工业部党组关于紧急安排日用工业品生产的报告》中说:“根据两年来的经验教训,我们提出如下意见。”见中共中央文献研究室编:《建国以来重要文献选编》第14册,第16页。

⑧《关于社会主义商品生产问题》,《毛泽东文集》第7卷,第436页。

于1959年向全党干部提出，经济建设是科学，要老老实实学习。这是一个新的时代任务。“过去干的一件事叫革命，现在干的叫建设，是新的事，没有经验。”①

经验只能来源于实践。从1956年全面建设的展开之始，毛泽东及其党和国家的主要领导人，就开始探索和寻找一条适合中国的路线，适合自己国家建设的道路，其中包含着对中国农村建设与发展的理论思考。所谓工业化道路问题，其实主要是指重工业、轻工业和农业的关系问题。毛泽东专门就此强调，“我国的经济建设是以重工业为中心，这一点必须肯定。但是同时必须注意充分发展农业和轻工业”②。正是在这个时期毛泽东特别号召党的领导层一方面要读书，一方面要调查研究。“书上得来终觉浅，绝知此事要躬行。”而教训，惨痛的教训尤其可以结晶为具有引导未来的思想。“过去三年的经验教训很有帮助，吸取这些经验教训，就可以转化为积极因素。”③

“大跃进”的赶超式目标发展教训深刻。这一阶段是由国家以计划经济手段建立独立完整的现代工业体系——这是国家的、城市的工业化阶段。这一阶段必然需要农业提供的原始积累，需要农产品的保障供给，需要农业的合作化和农民的组织起来，切断资本和农村的联系。而这种靠组织起来的农民的劳动积累，既支持着国家的工业化进程，同时又极大地改造了农业落后的生产条件，提高了农业的生产水平。很显然，在这一历史阶段，或国家的工业体系尚未建立起来之前、在农业的粮食保障等问题基本解决之前，是不可能过早地推进农村的工业化进程，或过快地大量转移农民进入城市的。1958年“大跃进”以后陷入的经济困难，实际上就是这种比例关系破坏的结果。

毛泽东认为，“大跃进”的重要教训之一，主要缺点是没有搞平衡。“从1953年起，第一个五年计划的基本任务，在于集中力量发展重工业，为国家的工业化建立基础，并保证国民经济中社会主义成分

---

①《经济建设是科学，要老老实实学习》，《毛泽东文集》第8卷，第72页。

②《关于正确处理人民内部矛盾的问题》，《毛泽东文集》第7卷，第240—241页。

③《坚决退赔，刹住“共产风”》，《毛泽东文集》第8卷，第231页。

的比重稳步增长。”①三年连续“大跃进”产生了新的不平衡，特别是工业和农业之间的不平衡。这促使中央迅速采取措施，在广泛调查研究之后，从实际出发，“正确地处理以农业为基础和以工业为主导的关系，国家建设和人民生活的关系，中央集权和地方分权的关系”②，以保证经济和社会的正常合理运行。毛泽东在1959年提出的“要把农业放在国民经济的首要地位，要按照农业、轻工业、重工业的次序安排经济生活”③的意见，于1961年开始得以贯彻和落实。

在“工业化先行”或者“以重工业为中心”发展的战略引导下，“优先发展生产资料的生产”，其重点是重工业的生产。虽然不能放松生活资料生产本身，但是以农业为基础的粮食生产，首先是一个“养活工人”保障生产资料生产的问题。“说了两条腿走路、并举，实际上还是没有兼顾。在整个经济中，平衡是个根本问题，有了综合平衡，才能有群众路线。有三种平衡：农业内部农、林、牧、副、渔的平衡；工业内部各个部门、各个环节的平衡；工业和农业的平衡。整个国民经济的比例关系是在这些基础上的综合平衡。”④对于曾经的学习苏联建设的经验问题，教训也的确不少。毛泽东提出，要吸取苏联或东欧教训，总结和发现自己特色的规律。“我们把这个规律具体化为：在优先发展重工业的条件下，工农业同时并举……统计局的材料，说我国日用品销于农村的占百分之六十三左右。不实行工农并举，这怎么能行？我们在一九五六年提出工农业并举，到现在已经四年了，真正实行是在一九六〇年。”“从一九六〇年起，我们要

---

①《对财政部关于全国农业税法会议请示的批语和对中央指示稿的修改》，《建国以来毛泽东文稿》第4册，中央文献出版社1990年版，第219页注3。

②李富春：《关于安排一九六一年国民经济计划的意见》，中共中央文献研究室编：《建国以来重要文献选编》第14册，第27页。

③李富春：《关于安排一九六一年国民经济计划的意见》，中共中央文献研究室编：《建国以来重要文献选编》第14册，第28页。随后，李富春这个报告说：“经过三年的伟大实践，我们更加深刻地体会到毛泽东同志这个观点的正确性。”见李富春：《关于安排一九六一年国民经济计划的意见》，中共中央文献研究室编：《建国以来重要文献选编》第14册，第30页。

④《庐山会议讨论的十八个问题》，《毛泽东文集》第8卷，第80页。

增加农业所需要的钢材。”①

1959年和1960年反复碰了钉子后，中央领导层开始更多地反思和总结，同时也形成更多不同认识和思想上的碰撞。这促成了“马克思主义基本原理与中国具体实际情况的‘第二次结合’”②。

三 优农政策的调整

优农建设（即优先发展和建设农业）的思想，毛泽东在1950年代末的《论十大关系》中曾有所提示：“我们现在的问题，就是还要适当地调整重工业和农业、轻工业的投资比例，更多地发展农业、轻工业”③，但当时还没有一个确定的、完整的考虑。在遭遇1960年代初重大挫折后，中央领导层才在反复讨论和研究中得以形成相对共识。“现在看来，陈云同志的意见是对的。要把衣、食、住、用、行五个字安排好，这是六亿五千万人民安定不安定的问题，安排好了之后，就不会造反了。什么叫不造反，就是要使他们过得舒服，有利于建设，同时国家也可以积累。”④毛泽东开始从国家建设战略高度提出：农业关系国计民生极大。农业关系到人民的吃饭问题，即基本生存问题。

农业既是轻工业原料主要来源、轻工业的重要市场，又是重工业的重要市场。农产品是重要出口资源，是工业化建设所需的外汇重要依赖。农业是国家积累的重要来源，是国家工业化建设和发展的根基所在。因此，他提出：“在一定意义上可以说，农业就是工业。”“农业是工业的基础，没有农业就没有基础。”当时还没有形成优农建设思想，只是提出两手抓，即一手抓工业，一手抓农业。并要求说服工业部门面向农业，支援农业。到1959年时，毛泽东明确提出：“过去是重、轻、农、商、交，现在强调把农业搞好，次序改为农、轻、重、交、

①《读苏联〈政治经济学教科书〉的谈话（节选）》，《毛泽东文集》第8卷，第121、124页。

②沙健孙：《毛泽东与新中国建设》，第245页。

③《毛泽东文集》第7卷，第24页。

④丛进：《中国曲折发展的岁月：1949—1976年》，人民出版社2009年版，第143页。

商。这样提还是优先发展生产资料，并不违反马克思主义。”①优农建设思想开始形成。“毛泽东在1959年首次提出以‘农业为基础’的方针，但是直到1960年秋季才实施。”②中央开始提出“‘吃饭第一’的方针”③。等到1962年9月的八届十中全会上，正式将“农业为基础，工业为主导”的思想，确定为国民经济建设的总方针。

建设战略上的优农思想及其方针，强调把“领导重点放在农业生产上，吃饭第一，市场第二，建设第三。总的说来，缩短工业战线，延长农业战线”，在发展工业必须和发展农业同时并举的战略规划下，优先保证农业发展和农田水利建设的投资。毛泽东特别指出：“没有农业，就没有轻工业。”④“重工业要为轻工业、农业服务……要把衣、食、住、用、行五个字安排好，这是六亿五千万人民安定不安定的问题……这样有利于建设，同时国家也可多积累……现在讲挂帅，第一应该是农业，第二是工业。”⑤显然，至此“全党全民大办农业、大办粮食的方针”⑥，一定意义上取代了1958年提出的“全党全民办工业”的方针。

“把农业放在首要地位”⑦，即农业发展优先的思想及其方针，实际上是面对国民经济建设困境而被倒逼出来的。正如《人民日报》社论所说，两年多来，我们调整思路后，把优先发展工业尤其是重工业转变为“把发展农业放在首要地位，正确地处理工业和农业的关系，

---

①逄先知、金冲及主编：《毛泽东传 1949—1976》下册，中央文献出版社2003年版，第962—963页。并见沙健孙：《毛泽东与新中国建设》，第285页。

②[美]R. 麦克法夸尔、费正清编：《剑桥中华人民共和国史》上卷，《革命的中国的兴起(1949—1965年)》，中国社会科学出版社1990年版，第339页。

③《关于提粮食收购价格问题的报告》，中共中央文献研究室编：《建国以来重要文献选编》第14册，第61页。

④《坚决退赔，刹住“共产风”》，《毛泽东文集》第8卷，第241页。

⑤《庐山会议讨论的十八个问题》，《毛泽东文集》第8卷，第78页。

⑥《中国共产党第八届中央委员会第九次全体会议公报》，中共中央文献研究室编：《建国以来重要文献选编》第14册，第85页。

⑦《奋发图强，勤俭建国——庆祝中华人民共和国成立十四周年》，中共中央文献研究室编：《建国以来重要文献选编》第17册，中央文献出版社1997年版，第137页。

坚决地把工业部门的工作、交通部门的工作和整个经济部门的工作转移到以农业为基础的轨道上来”①。这一特点体现在陈云所作《目前财政经济情况和克服困难的若干办法》中，“增加农业生产，解决吃、穿问题”事实上成为当时的重中之重；而“必须以农业为基础，必须按照‘农轻重’的次序来安排计划”②则是这“重中之重”任务得以缓解和解决的前提条件。因而，陈云代表中央所提出的“先抓吃穿用，实现农轻重”，实现国民经济的综合平衡思想，就成了1960年代中国国家建设的基本方略。“工业部门、交通运输部门的工作在一九六二年逐步转向以农业为基础的轨道。”③而且，工业部门应当“把支援农业、支援集体经济放在第一位”④。

“我们要把农业放在第一位，全力支援，从水利、机械、化肥、劳动力、供应各方面来支援农业。”⑤优农思想及其方针提出后，国家建设计划一定程度上向农业部门倾斜，“计划机关的主要注意力，应该从工业、交通方面，转移到农业增产和制止通货膨胀方面来，并且要在国家计划里得到体现”⑥。因此，在1961年国家基本建设计划中，突出地提出“首先是根据农业为基础的方针，把支援农业放在第一位”⑦。在国民经济计划实施上进行重大调整，而调整的中心内容即是“要先安排农业的需要，其次安排轻工业和手工业的需要，然后安

---

①《奋发图强，勤俭建国——庆祝中华人民共和国成立十四周年》，中共中央文献研究室编：《建国以来重要文献选编》第17册，第137页。

②薄一波：《若干重大决策与事件的回顾》下卷，中共党史出版社2008年版，第736—738页。朱佳木主编：《陈云与当代中国》第1辑，当代中国出版社2010年版，第262页。

③《巩固伟大成绩，争取新的胜利》，中共中央文献研究室编：《建国以来重要文献选编》第16册，中央文献出版社1997年版，第2页。

④《薄一波在全国工业工作会议上的总结发言》，中共中央文献研究室编：《建国以来重要文献选编》第16册，第37页。

⑤周恩来：《当前建设中的几项任务》，中共中央文献研究室编：《建国以来重要文献选编》第14册，第243页。

⑥朱佳木主编：《陈云与当代中国》第1辑，第261页。

⑦《国家计划委员会党组关于安排一九六一年基本建设计划的报告》，中共中央文献研究室编：《建国以来重要文献选编》第14册，第260页。

排重工业的需要”①。国家对农业扶持力度也逐步加大，1957—1978年，国家对农业投资占全部国家投资的百分比从7.8%上升到12.5%，对农业工业投入品生产的投资占全部国家中工业投资的百分比从3.0%增长到11.1%，而农业税占全部国家收入的百分比从9.6%下降到2.5%。农业与工业产品的交易价格比也逐步向有利于农业的方向改善，工农业产品剪刀差逐步缩小。由于“动员和集中了全党全国的力量，在物质方面、技术方面、财政方面，在组织领导方面、人力方面，积极地支援了农业，支援了人民公社集体经济”，到1965年，工农业生产都完成和超额完成了年度计划。粮食产量3891亿斤，基本恢复到1957年水平。钢、煤、化肥产量均有大幅增长。国民经济经过5年调整，已经得到全面恢复和发展。直到1965年新的一年到来时，《人民日报》社论仍然突出以农业为基础，以工业为主导的总方针；要求集中优势力量，有计划地进行农田水利等基本建设；认为“这是我国人民当前最重要的建设任务”②。

“规律自身不能说明自身。规律存在于历史发展的过程中。应当从历史发展过程的分析中来发现和证明规律。不从历史发展过程的分析下手，规律是说不清楚的。”③1963年，中共中央《关于工业发展问题》中对于“四个现代化”的表述是：“把我国建设成为一个农业现代化、工业现代化、国防现代化和科学技术现代化的伟大的社会主义国家。”④1964年12月，周恩来在三届全国人大政府工作报告中正式提出的“四个现代化”中，也将农业现代化置于首位。

新中国乡村建设思想或战略，既是整个国家现代化建设中的组成部分，同时又成为国家整体建设的前位⑤。优农思想或战略构想

---

①《关于第二个五年计划后两年补充计划(控制数字)的报告》，中共中央文献研究室编:《建国以来重要文献选编》第14册，第718页。

②《乘胜前进》，中共中央文献研究室编:《建国以来重要文献选编》第18册，中央文献出版社1998年版，第2页。

③《读苏联〈政治经济学教科书〉的谈话(节选)》，《毛泽东文集》第8卷，第106页。

④《奋发图强，勤俭建国——庆祝中华人民共和国成立十四周年》，中共中央文献研究室编:《建国以来重要文献选编》第17册，第137—138页。

⑤沙健孙:《毛泽东与新中国建设》，第270页。

的出现，是国家建设面临重大挫折后的一个历史性调整。在中国实现社会主义工业化是中共七届二中全会就提出的国家建设方向；但在具体发展的战略规划上或者说道路选择上，一直实施的是“先工建设”的战略，即先行发展和建设工业尤其是以重工业为目标。1954年最早提出的“四个现代化”的表述是：“建设一个具有现代工业、现代农业、现代科学文化的社会主义国家。”将工业现代化置于“四化”之首位，这是整个1950年代国家建设战略构想的基本路线。显然，优农思想体现的是国家建设战略路线的一个历史性变化。在中共八届十中全会上，它被高度凝练为以“农业为基础，工业为主导”的“发展国民经济建设的总方针”。

（原载《河北学刊》2019年第4期）

集体化时代新农村建设思想的孕育与形成

在思想与时代之内在关系上，梁启超曾论述：凡能成“潮”者，则其“思”必有相当之价值，而又适合于其时代之要求者也①。实际上，思想——尤其是具有恒久诉求的社会思想，常常是时代命题的凝练，或者集中地表达着时代的诉求。在新中国建设发展的道路探索中，乡村建设是一项既关乎全局又立足根本的历史任务，中共领导层对此问题进行了长期的思考和探索，也有着不同的思想认识；同时也经过了不同层面上的论辩和讨论，在经验与教训的双重鉴戒中，达成共识，并通过政策、方针和措施得以落实在具体的实践之中。其中，新农村建设思想②的提出

---

①梁启超：《清代学术概论》，朱维铮校注：《梁启超论清学史二种》，复旦大学出版社 1985 年版，第 1 页。

②近年来这一论题的研究颇为热烈，但主要集中于 2005 年后的新农村建设思想与实践（见贺聪志、李玉勤：《社会主义新农村建设研究综述》，《农业经济问题》2006 年第 10 期；陈锡文：《加快社会主义新农村建设》，《求是》2010 年第 21 期）。温铁军的《中国新农村建设报告》（福建人民出版社 2010 年版），也是集中讨论新时期的新农村建设问题。而事实上，社会主义新农村建设提法早在 20 世纪五六十年代已经出现。但是，学界只是在评述《高级农业生产合作社示范章程》和《全国农业发展纲要》时，提及其是社会主义新农村建设的法规或纲领，并没有对新农村建设思想或理论的提出及其形成历史做出阐述或必要的说明。显然，对于这一人们耳熟却未必能详的概念和思想内涵的梳理和揭示，实属必要。

及其时代特征，尤其值得我们进行历史梳理和深入思考。

20世纪五六十年代，社会主义新农村建设成为中国农村追求美好生活的目标，也成为当时农村、农业、农民工作的重要话题。初始提出的思想内容很简略，但却在其纲领性引导的社会实践中得以充实，并逐步形成更具体的多样性认识。1960年代各地着力推行的知识青年上山下乡活动，被普遍视为“建设社会主义新农村”的社会活动①；“楼上楼下，电灯电话”②，无疑代表着乡村村民对新农村建设内涵质朴而形象的理解。新农村建设奋斗目标的提出，意味着一个全然不同于旧乡村的新时代的展开。“我们现在是处在一个社会大变动的时期……现在的变动比过去的变动深刻得多。”③这是一个“迅速地改变了旧中国的面貌”④的新时代。

一 新农村建设话语的生成

1955年11月，毛泽东与15个省、自治区的党委书记就加快农业、农村发展问题共同研究、商讨；其后在广泛征求意见的基础上，最终形成定了《一九五六年到一九六七年全国农业发展纲要(草案)》⑤(下文简称《纲要》)，其主要任务正如“序言”所说，是“在我国第一个到第三个五年计划期间，为着迅速发展农业生产力，以便加强我国社会主义工业化、提高农民以及全体人民生活水平的一个斗争纲领”。《纲要》要求，各级党委和政府“必须在合作化的基础上，采取各种积极的合理的措施，并且有准备地有步骤地适合情况地积极推广农业的机械化，充分发掘农业的这种潜在力量，反对保守主义，为着实现纲要的要求而斗争”。毋庸讳言，《纲要》包含着超越社会实际的“大

---

①http://www.southcn.com，截止日期：2009年9月8日。

②陈永贵：“那会儿讲得新农村就是要建成楼上楼下，电灯电话”。见孙丽萍主编：《口述大寨史——150位大寨人说大寨》上册，南方日报出版社2008年版，第34页。

③《在中国共产党全国宣传工作会议上的讲话》，《建国以来毛泽东文稿》第6册，中央文献出版社1992年版，第378页。

④《关于正确处理人民内部矛盾的问题》，《建国以来毛泽东文稿》第6册，第316页。

⑤先提出的是十七条，随后又经多方讨论、补充扩展为四十条。

跃进”思想因素。《纲要》明确提出“要求有关农业和农村的各方面工作在十二年内都按照必要和可能，实现一个巨大的跃进”，甚至在具体的农业产量规定中，提出增量“五倍、六倍到七倍、八倍”①的指标。某种意义上可以说，“大跃进”运动由《纲要》引动和推助而成为全民性运动，也不无道理。

从《纲要》本身内容来看，在其四十条方案设计中并没有明确提出新农村建设的概念，只是在第三十七条中要求发挥复员军人“建设社会主义农村”的积极性的表述；在第三十八条中，要求城市中、小学毕业的青年学生，应当积极响应国家的号召，下乡上山去参加农业生产，参加“社会主义农业建设”的伟大事业。《纲要》本身没有明确提出新农村建设的话语及其思想，它关于农村建设的具体内容显然更多地侧重于农业建设方面；而其“总纲”则明确为巩固农业合作化制度，并保障其建设道路的选择（合作化方向被认为是农村建设和发展的社会主义道路，个体化及其趋向以及导致的贫富分化被确定为资本主义道路）。但是，《纲要》确定的集体化体制的确从根本上改变了传统小农的生产方式与生活方式，从制度上标志着中国农村进入一个新的时代。同时，《纲要》就农村生产、教育、科学、文化、卫生、社会保障体系以及农村生态环境方面作了较为详细的规划，作为党带领中国农民进行社会主义新农村建设的思想成果，很快付诸社会实践。正如《大公报》社论所揭示的：“在这个大变动的时期里，时代带给我们巨大的历史任务。”②

1956年2月29日到3月6日，山西省委召开“全省农村社会主义建设积极分子大会”。出席会议的是农业合作化运动中农业、畜牧、林业、水利、水土保持、文化卫生等各方面的1728名积极分子，以及省、专（区）、市县的农村工作负责干部2200人。会议目的十分明确，是为实现中央政治局提出的“1956年到1967年全国农业发展纲

---

①《建设社会主义农村的伟大纲领》，《人民日报》1957年10月27日。

②这是1957年4月13日《大公报》社论《在社会大变动的时期里》中的一段评论。毛泽东对此充分肯定，并批示说：“可惜《人民》缺乏这样一篇文章。”《建国以来毛泽东文稿》第6册，第423页。

要(草案)”做出良好的开端①。会议已经明确地提出了社会主义新农村建设话语。在“这次大会上,为了鼓舞大家全面建设社会主义新农村的热情,交流和推广的先进经验范围比较广泛,内容也比较丰富,同时也抓住了粮棉增产这个中心环节。会议特别提出集体化的优越性,集体劳动所创造的奇迹,得到特别推崇:水利设施及其建设,植树造林,发展畜牧,举办托儿所,建立保健站等等”。会议提出“农村社会主义建设是多方面的,而中心是搞好生产”。②

1956 年 6 月,在一届全国人大三次会议上通过的《高级农业生产合作社示范章程》,提出了“建设社会主义新农村”的奋斗目标。在这次会议中,邓颖超指出《高级农业生产合作社示范章程》是“建设社会主义新农村的法规”③。1957 年 10 月,《人民日报》针对《纲要》的公布发表社论,标题为《建设社会主义新农村的伟大纲领》。社论明确提出,“这是建设我国社会主义农村的伟大纲领,它给五亿农民指出了今后十年的奋斗目标,规定了实现这些目标的基本方法”。在对《纲要》讨论和贯彻基础上,要求各地“制订和修订自己的长期规划和分批分期的具体规划”④。

1959 年 9 月,农业部部长廖鲁言在《十年来农业战线的光辉成就》一文中指出:“随着国家工业化的迅速发展,工业对农业的技术支持毫无疑问将不断地扩大……几亿农民的物质生活水平和文化生活水平,也将在生产高度发展的基础上,达到世界最先进的水平。这就是我国社会主义新农村的光明前景。”⑤1959 年 10 月 18 日,《人民日报》发表邓子恢的文章《中国农业的社会主义改造》,文章指出:“党中央根据毛泽东的建议,适时地提出‘全国农业发展纲要’,描绘出一幅光明灿烂的前景,通过展开全民讨论,给广大农民以深刻的前途教育,这实际上是一次建设社会主义新农村的全民大动员。”同时,党又

①山西省委农村工作部:《关于全省农村社会主义建设积极分子大会情况的报告》,山西省档案馆藏档案,档案号:C29—1—48,第 1 页。

②山西省委农村工作部:《关于全省农村社会主义建设积极分子大会情况的报告》,山西省档案馆藏档案,档案号:C29—1—48,第 3 页。

③《高级农业生产合作社示范章程》,《人民日报》,1956 年 6 月 24 日。

④《建设社会主义农村的伟大纲领》,《人民日报》1957 年 10 月 27 日。

⑤廖鲁言:《十年来农业战线的光辉成就》,《人民日报》,1959 年 9 月 26 日。

“在农村中广泛地进行建设社会主义新农村的前途教育”。

《纲要》中提出了当时农村工作的任务、规划及长远的奋斗目标。当然，毛泽东本人并没有提出新农村建设这一概念，但在他一系列关于农村建设和发展问题的讲话中，已经包含着新农村建设的许多新思想内容和谋划。随着人民公社化运动的不断加速，该《纲要》被定位为建设中国社会主义新农村的纲领性文件。在1960年4月10日二届人大二次会议通过《全国农业发展纲要》的决议中，已经明确地指出：这个《纲要》“是高速度发展我国社会主义农业和建设社会主义新农村的伟大纲领”①。在这一背景下，党中央文件和领导人讲话中就频频出现了关于社会主义新农村建设的话语和内容。

1960年4月，谭震林副总理在二届全国人大二次会议上作了《为提高实现全国农业发展纲要而奋斗》的报告。报告指出：“事实完全证明，这个纲要(《全国农业发展纲要》)是一个群众性的纲领，它能够调动最广大群众的积极性来发展我国的农业，建设我国的社会主义新农村。”②大会还通过了关于为提前实现《全国农业发展纲要》而奋斗的决议。决议指出：“中共中央制定的一九五六年到一九六七年全国农业发展纲要，是高速发展我国社会主义农业和建设社会主义新农村的伟大纲领。提前实现全国农业发展纲要，对于我国社会主义建设的继续跃进具有极其重大的意义。”③

显然，社会主义新农村建设，通过《纲要》发布和贯彻很快成为全社会所接受的一个特定话语，并在社会实践和思想认识上逐步获得更为丰富的内涵。

---

①《中华人民共和国第二届全国人民代表大会第二次会议关于为提前实现全国农业发展纲要而奋斗的决议》，中华人民共和国国家农业委员会办公厅编：《农业集体化重要文件汇编(1958—1981)》下册，中共中央党校出版社1981年版，第298页。

②谭震林：《为提前实现农业发展纲要而奋斗》，《人民日报》1960年4月7日。

③《第二届全国人民代表大会第二次会议决议》，《人民日报》1960年4月11日。

二 新农村建设思想阐释

邓颖超等领导人虽也早有社会主义新农村建设的表述，却基本上是对《纲要》和《高级农业生产合作社示范章程》作用的一种评价，并没有思想内容方面的展开。作为中共中央农村工作部部长的邓子恢，是始终思考并着力于新中国农村发展和建设问题研究的领导者。相对而言，他也是较早提出社会主义新农村建设思想的领导人之一。在1957年8月间《论农村人民内部矛盾和正确处理矛盾的方针办法》一文中，他已经提出："进一步对农民进行爱家、爱社、爱国和勤俭持家、勤俭办社、勤俭建国的教育，以团结广大农民，办好合作社，发展农业生产，建设社会主义新农村。"①

在农业合作化基本完成、"大跃进"及人民公社化运动开展之前，邓子恢带一个工作组先后在江西、福建、广东农村进行调研。调研发现，"农业合作化完成后，农民走上了社会主义道路，开始摆脱小农经济的种种制约，生产得到发展，生活也得以改善"。但是，农民退社问题仍然不时发生，且有蔓延之势。理论上的道路优越性与农民实践上的直接感触差距不小。因此，他先后6次向毛泽东和中央发出报告，汇报调研情况和自己的思考。毛泽东高度关注报告所呈现的问题，于1957年2月27日发表《关于正确处理人民内部矛盾的问题》讲话。当个体农业体制转向集体化体制（即进入合作化时期）后，国家、合作社、农民利益的矛盾调节问题，纷纷以不同的方式集中呈现。邓子恢《论农村人民内部矛盾和正确处理矛盾的方针办法》即是根据毛泽东的讲话写成。在此基础上，邓子恢提出了在新的历史条件下（即进入合作化时期）的农村建设问题，即立足于民主办社，"实行生产民主化，分配民主化，财务民主化"②的农村管理制度建设。社会主义新农村建设思想已经在孕育中。

但是，据现有公开文献资料看，中央领导层中最早提出社会主义

---

①邓子恢：《论农村人民内部矛盾和正确处理矛盾的方针办法》，《邓子恢自述》，人民出版社2007年版，第331页。

②邓子恢：《论农村人民内部矛盾和正确处理矛盾的方针办法》，《邓子恢自述》，第340页。

新农村建设概念并加以思想阐述的是刘少奇。早于邓子恢4个多月，1957年4月8日刘少奇在《关于中小学毕业生参加农业生产问题》中提出："全国五亿多农民正在党和政府的领导下，辛勤劳动，积极生产，为争取今年的大丰收，为建设社会主义的新农村而努力奋斗。"针对城市里中小学毕业生就业困难而被动员下乡参加农业生产劳动的疑惑和阻碍，刘少奇特别强调参加新农村建设的意义和价值。他提出问题说："难道全国从上到下，从领袖到群众，这样重视农村工作和农业经济，都是在做着没有前途的事业么？不，他们都是在做着具有伟大前途的事业……在新社会里面，每件有益于人民的事业都有前途，每个忠于人民利益的人也都有前途。中国第一代有文化的新式农民，这就是下乡种地的学生的前途，这个前途是光明的、伟大的，然而必须经过艰苦的努力和锻炼，才可能达到。"①

在这里，他特别强调新农村之新的内涵在于制度之新、时代之新。这是在中共领导下完成"两件大事"后的新的时代任务："第一件就是推翻帝国主义和封建主义统治，建立人民政权，实现中国的独立和统一，消灭地主阶级及其一切封建残余势力，从而在城市和农村中解放已有的生产力。"②第二件事情就是利用政权和人民民主专政工具，"来发展一切有益于人民的生产及其他经济事业。首先用一切办法在现有基础和现有水平上来提高每一个劳动者的劳动生产率，提高生产品的数量和质量，节省原料和材料，消灭浪费，降低生产品的成本，然后逐步地提高生产技术，建设新的事业。并使手工业和个体农业生产经过集体化的道路改造成为具有近代机器设备的大生产。这就是使中国逐步地走向工业化和电气化。只有工业化和电气化，才能建立中国强大的经济力量和国防力量"③。尤其是在论述革命与建设的关系时，刘少奇提出：建设才是革命的最终目的；革命只具有阶段性和工具性的价值与意义。"当我们做第一件事时，我们的目

①《关于中小学毕业生参加农业生产问题》，《刘少奇选集》下卷，人民出版社1981年版，第291页。

②《国家的工业化和人民生活水平的提高》（1950年），《刘少奇选集》下卷，第2页。

③《刘少奇选集》下卷，第3—4页。

的就是为了要做好第二件事。因为生产是更基本的，永远需要的。如果我们在做好第一件事情之后，不能接着把第二件事情做好，那我们的革命就没有什么大的意义了，我们的革命就不能说是已经胜利了，相反，我们还要遭受可耻的失败。”①这一思想与孙中山关于革命与建设的历史关系的认识基本一致②。

新的历史条件下的社会主义新农村建设，是整个国家建设的重要部分，也是探索新中国建设发展道路的核心命题。对于这一时代性命题，刘少奇有着系统的思考。就建设事业的步骤而言，他认为：首先，必须恢复一切有益于人民的经济事业，并使那些不能独立进行生产的已有的工厂尽可能独立地进行生产。其次，要以主要的力量来发展农业和轻工业，同时建立一些必要的国防工业。再次，要以更大的力量来建立重工业的基础，并发展重工业。最后，要在已经建立和发展起来的重工业的基础上，大大发展轻工业，并使农业生产机器化。中国工业化的过程大体要遵循这样的道路前进③。在建设方略谋划中，刘少奇较早地提出了以农业和轻工业为重心的思想。他认为，在恢复中国的经济并尽可能发挥已有的生产能力之后，“第一步发展经济的计划，应以发展农业和轻工业为重心。因为只有农业的发展，才能供给工业以足够的原料和粮食，并为工业的发展扩大市场。只有轻工业的发展，才能供给农民需要的大量工业品，交换农民生产的原料和粮食，并积累继续发展工业的资金……把劳动人民迫切需要提高的十分低下的生活水平提高一步”。这一思想显然与第一个五年计划时期的“先工建设”的战略或“优先发展重工业”的道路选择有所不同。刘少奇认为，首先保证农村建设的成效，才有条件和基础进行工业化建设，尤其是重工业建设。“只有在这一步做得有了成效之后，我们才有可能集中最大的资金和力量去建立重工业的一切基础，并发展重工业。只有重工业建立之后，才能大大发展轻工业，使农业机器化，并大大地提高人民的生活水平。”因此，“中国人民

①《刘少奇选集》下卷，第4页。

②相关论述参见本书第五章中《建设告竣时　革命成功日——论孙中山建设思想的形成及其时代特征》一节内容。

③《国家的工业化和人民生活水平的提高》，《刘少奇选集》下卷，第4页。

的生活水平，只能循着经济发展的步骤来提高”①。

新中国农村建设和发展的道路选择，是通过对个体所有制改造、完成集体所有制来实现的。集体化的大农业才是新农村建设的方向。“发展农业，使农业过关，使粮食过关，只能是大农业……不是资本主义的大农业，就是社会主义的大农业……小农经济是不能使农业过关的……要使中国的农业过关，使农民走社会主义道路，而且能够发展生产，就要创造中国的经验。”因此，到1960年代经过历史的挫折后，中央在建设道路的认识上才形成更多的共识，并确定了新的建设思路。“毛泽东同志提出以农业为基础，农、轻、重的次序，就是感到这个任务的重大……派你们下去，到农村去，就是为了解决这个任务。”②

社会主义新农村建设不仅仅是农业建设，从根本上来说主要还是“新人”的建设即“新农民”的培养和改造。毛泽东也提出，与革命时代不同，那时“劳动人民大多数是文盲，文化水平很低”，只要他们的阶级觉悟逐步提高，“就能够打倒帝国主义和封建主义的统治”；而建设时代就要解决劳动人民中的文盲问题，“要进行建设，就要有文化，建设愈向前发展，对文化的要求也愈迫切”③。刘少奇提出，要实行半工半读的学制，认为由这种工读结合制度中培养出来的“中等技术学校或者大学毕业出来的人，是一种新人。这种人跟我们不一样，跟现在的工人、农民也不一样，跟现在的知识分子也不一样，而是一种新的人了”④。“把中国五亿多农民引导到社会主义、共产主义的轨道上来，这个工作是一项头等重要的、光荣的工作……毛泽东同志讲过，严重的问题是教育农民。教育农民干什么呢？教育农民干社会主义。”⑤因此，20世纪60年代开始的农村社会主义教育运动以及动员青年学生下乡的举措，也是新农村建设探索中的一种努力。

---

①《刘少奇选集》下卷，第5页。

②《加强基层领导，改进工作作风》，《刘少奇选集》下卷，第463页。

③《对中共八大政治报告稿的批语和修改》，《建国以来毛泽东文稿》第6册，第159页注4。

④《半工半读，亦工亦农》，《刘少奇选集》下卷，第466页。

⑤《加强基层领导，改进工作作风》，《刘少奇选集》下卷，第461页。

显然,“消灭了城乡差别,工农差别,脑力劳动和体力劳动的差别”的理想构图,是当时中共领导层致力于社会主义新农村建设的目标。

三 集体化:制度建构的基本内涵

在新中国建国初期,中国共产党人在中国经济建设的艰难探索中,对大规模的农场经济必然会产生规模效益的看法,不仅是毛泽东个人的观点,刘少奇与邓子恢等一代领导人对此也有着基本认同。刘少奇和毛泽东一样,在逐步引导个体农民组织起来走集体化的道路、走社会主义道路的问题上认识一致。1943 年毛泽东在《组织起来》的讲话中说:“在边区,我们现在已经组织了许多的农民合作社,不过这些在目前还是一种初级形式的合作社,还要经过若干发展阶段,就会在将来发展为苏联式的被称为集体农庄的那种合作社。”①刘少奇也认为:“在农业中,在土地改革后,我们已在农民发展互助合作运动……我们准备在今后大力地稳步地发展这个运动,准备在今后十年到十五年内将中国多数农民组织在农业生产合作社和集体农场内,再基本上实现中国农业经济集体化。”②但是,在具体实行合作化进程的步骤、时间上,他们有着明显的不同。毛泽东主张,现在就可以把一些老区中已有的互助合作组织进一步提高到以土地入股形式为主的半社会主义的农业生产合作社;而刘少奇认为不要现在就去动摇农村中互助组织的私有基础,而要继续等待一段时间,待“条件成熟”时再说。

对此,邓子恢也有着基本认同。1951 年 12 月邓子恢在《在中南军区委员会第四次会议上的工作报告》中论及这条发展道路时说:“这就是毛主席提倡的‘组织起来’发展农业生产的道路,就是我们今天已经存在,今后要着重提倡的合作社经济,也叫做半社会主义经济。通过这种互助合作经济,来解决农民生产资料困难,减少私人剥削,增强对自然灾害的抵抗力,以逐步提高农业生产力,以后在国家工业化的条件下逐步转入农业集体化的社会主义前途,这就是我们

---

①《毛泽东选集》第 3 卷,第 885 页。

②《关于中国怎样从现在逐步过渡到社会主义去的问题》,中共中央文献研究室编:《建国以来重要文献选编》第 3 册,第 370 页。

中国发展农业生产的具体道路。"①从互助合作到集体化道路，是中国农业发展和农村建设的制度保证。中国农村建设和发展的"新道路"，实质上就是"领导农民组织起来，靠大家互助合作的力量"，使得农民"富裕比较平衡上升，也限制了富农的发展"的道路，即以集体化制度保障农民共同富裕的道路②。"将来的集体化，在国家工业化帮助之下，实现机械化，也是为了发展农业生产，使农业生产大大的发展。"③

"土地改革完成后，我国农业要实行社会主义改造，要走社会主义道路，在这个基本问题上，我们党内是没有争论的。当时大家所理解的农业社会主义道路目标模式，也大都是苏联的集体农庄，在这一点上也没有实质性的争论。"④所以，刘少奇在1960年代初多次强调要巩固集体化制度，这是实现工业化和实现农业现代化的制度基础。"搞好中国的农村，办好集体经济，实现农业的技术改造，这是我们党的一项光荣的、伟大的任务。要使我们国家的经济好转，要使中国发展起来，实现工业化，就要抓农业。农业不发展，国家工业化没有希望。"⑤在毛泽东看来，通过合作化走向集体化的历史进程完结后，"社会经济面貌全部改观"，中国农村就"由半社会主义发展到全社会主义"⑥。邓子恢对于集体化的快速发展和人民公社化运动，也有了新的态度："农业从个体到集体，从小集体到大集体，再从大集体到全民所有制，这是必经之路。"⑦因为，"合作化完成了，这就解决了我国

①转引自蒋伯英：《邓子恢与中国农村变革》，福建人民出版社2004年版，第316页。

②邓子恢：《在全国第一次农村工作会议上的总结报告》，中共中央文献研究室编：《建国以来重要文献选编》第4册，第148页。

③黄道霞等主编：《建国以来农业合作化史料汇编》，中共中央党校出版社1992年版。《农村工作的基本任务和中心环节》，《邓子恢文集》，第338页。

④薄一波：《若干重大决策与历史问题回顾》上卷，中共中央党校出版社1991年版，第18页。

⑤《加强基层领导，改进工作作风》，《刘少奇选集》下卷，第461、464页。

⑥《关于农业合作化问题》，《毛泽东文集》第6卷，第438页。

⑦邓子恢：《依靠农民发展生产》，《邓子恢自述》，第355页。

社会主义工业化同个体农业经济之间的大矛盾”①。制度决定了社会的性质和特色，全民所有制经济和集体所有制经济决定了“我国现在的社会制度比较旧时代的社会制度要优胜得多”②。新制度的确立，是进入新时代的历史标志，同时新时代也提出了新的矛盾：“在国家同合作社之间，在合作社内部，在合作社同合作社相互之间，都有一些矛盾需要解决。”③新农村建设实质上就是面对新的时代问题而提出的长远构想和战略规划。因此，《一九五六年到一九六七年全国农业发展纲要（草案）》，被定位于社会主义新农村建设的指导纲领，就在于它是在中国农村已经完成了由旧到新的制度性变动后，对于农村建设和发展的纲领。因此，新农村建设思想中“新”的含义，实质上就是集体化完成的制度之新。

四　新农村建设与“四化”

革命与建设是近代中国历史进程中的基本命题。建设的目标及其对于革命的意义和价值而言，更具有决定性价值。革命本身不是革命者的追求目标，革命的动机也不能从革命本身获得真正的诠释。所以，面临新中国的建设任务时，毛泽东特别提出：“革命是为建设扫清道路。革命把生产关系和上层建筑加以改变，把经济制度加以改变，把政府、意识形态、法律、政治、经济、文化、艺术这些上层建筑加以改变，但目的不在于建立一个新的政府、一个新的生产关系，而在于发展生产。”④新中国政权建立后迅速确立了国家建设的目标：“国家建设的总任务，就是要使中国由落后的农业国逐步变为强大的工业国。”并于 1953 年召集全国人民代表大会通过国家建设计划，“国

---

①《关于正确处理人民内部矛盾的问题》，《建国以来毛泽东文稿》第 6 册，第 333 页。

②《关于正确处理人民内部矛盾的问题》，《建国以来毛泽东文稿》第 6 册，第 327 页。

③《关于正确处理人民内部矛盾的问题》，《建国以来毛泽东文稿》第 6 册，第 334 页。

④《同工商界人士的谈话》，《毛泽东文集》第 6 卷，第 182 页。

家建设包括经济建设、国防建设和文化建设”①。在现代化建设道路上,“长期落伍于日、俄两国之后,中国终于在20世纪50年代开始缩短它与这两个先进邻国的距离”②。

经过理论思考和实践总结,国家建设的战略构想最终落实在“四个现代化”的目标上。1954年9月23日周恩来在《政府工作报告》中首次明确提出:“建设起强大的现代化的工业、现代化的农业、现代化的交通运输业和现代化的国防。”③显然,“四化”建设中的现代化的农业已经包含着新农村建设的思想内涵。但是,当国家建设遵循“工业领导农业,城市领导乡村,工人领导农民”④这一“社会主义的确定不移的根本原则”时,乡村建设或新农村建设的战略构想当然地服从或遵从于这个“根本原则”。

在新中国工业化建设迅速启动的同时,中国农村以社会改革为主导,进行生产关系调整和所有制变革,快速完成个体所有制向集体所有制的历史变动;农村的经济、文化和技术建设严重滞后。毛泽东看到了这一问题,认为农村经济条件和技术改革,“比较社会改革的时间,会要长一些”,甚至“需要四个至五个五年计划,即二十年至二十五年的时间”⑤。但是,农村建设的严重滞后性不仅导致工业建设的顿挫,而且也从根本上影响到国家政体即工农联盟的根基的稳固。1950年代末,这一矛盾表现已经十分突出。如何统筹农村建设尤其是加强农业建设,显然是具有全局性的战略谋划,《一九五六年到一九六七年全国农业发展纲要(草案)》的提出则着眼于此。因此,《纲要》一经提出即被定位为社会主义新农村建设的纲领。

当然,新农村建设思想是整个国家建设即“四化”建设中的内容

①《迎接一九五三年的伟大任务》,中共中央文献研究室编:《建国以来重要文献选编》第4册,第3—4页。

②[美]吉尔伯特·罗兹曼主编、沈宗美译:《中国的现代化》,第641—642页。

③周恩来:《政府工作报告》,中共中央文献研究室编:《建国以来重要文献选编》第5册,第584页。

④《中华人民共和 国发展国民经济的第一个五年计划(一九五三——一九五七)》,中共中央文献研究室编:《建国以来重要文献选编》第6册,第479页。

⑤毛泽东:《关于农业合作化问题》,中共中央文献研究室编:《建国以来重要文献选编》第7册,中央文献出版社1993年版,第81页。

之一，或者说“四化”建设思想天然地包含着新农村建设思想内容。新农村建设思想的立足点仍在于“社会主义建设的主体”即“国家的工业化，而工业化的中心是发展重工业”①。20 世纪五六十年代社会主义新农村建设，目的是要求农业支援工业、农村支持城市，是为了从农村得到更多农业剩余以获取工业化资金，推进社会主义工业化建设。毛泽东认为《全国农业发展纲要》的任务，就是中国农村建设的远景和奋斗目标，是“要在几十年内，努力改变我国在经济上和科学上落后状况，迅速达到世界上的先进水平”的“一个远大规划”②。

“围绕工业起步资本原始积累的线索，可以解释 50 年中国农村发展的所有重大步骤和事件。”③当“四化”首次提出时，国家实施工业化尤其是重工业优先发展战略，工业化置于“四化”之首位。1950 年代末农村建设的滞后性成为国家建设的瓶颈时，农业现代化建设问题一时成为焦点，党内关于此问题的讨论也十分热烈。1957 年 10 月 9 日毛泽东发表《关于农业问题》谈话，“讲到农业与工业的关系，当然，以重工业为中心，优先发展重工业，这一条毫无问题，毫不动摇。但是在这个条件下，必须实行工业与农业同时并举，逐步建立现代化的工业和现代化的农业。过去我们经常讲把我国建成一个工业国，其实也包括了农业的现代化。现在，要着重宣传农业”④。

现实中矛盾的呈现无疑在一定程度上也揭示着国家建设战略构想的缺陷。“我国工业建立了相当大的基础以后，在工业和农业关系方面存在的一个很大的矛盾。解决这个矛盾的出路，是积极地推进农业的技术改革，使我国农业现代化的步骤和我国工业现代化的步

---

①廖鲁言：《关于〈关于一九五六年到一九六七年全国农业发展纲要（草案）〉的说明》，中共中央文献研究室编：《建国以来重要文献选编》第 15 册，中央文献出版社 1997 年，第 72 页。

②《社会主义革命的目的是解放生产力》，中共中央文献研究室编：《建国以来重要文献选编》第 16 册，第 2 页。

③蒋东生：《“历史将最终澄清在本书的结论上”——程漱兰著〈中国农村发展：理论和实践〉评介》，《管理世界》2001 年第 2 期。

④毛泽东：《党内通信》，中共中央文献研究室编：《建国以来重要文献选编》第 12 册，中央文献出版社 1996 年版，第 310 页。

骤相适应。”①工农业建设与发展的不平衡性及其矛盾的聚集，将农村建设问题提上了党调整国家建设战略构想的日程上，“国家工业化，必须有农业发展与之相适应，而要农业有巨大的发展”②。刘少奇也明确指出：“要使我们国家的经济好转，要使中国发展起来，实现工业化，就要抓农业。农业不发展，国家工业化没有希望。”③

社会主义新农村建设思想或战略构想的提出，是在新中国国家建设起步后面对工业与农业、城市与乡村发展矛盾的历史进程中提出的命题。这一命题并不完全独立地存在，而是新中国现代化建设道路探索中的重要命题之一。或者说，它实质上就是社会主义现代化建设题中应有之义。旨在揭示新中国十大矛盾的“十大关系”论述，就是党在建设道路中经验和教训的理论总结和提升的重要思想成果。其中关于工农关系、城乡关系矛盾的论述，已经触及现代化建设道路中的新农村建设的论题。

发展经济学家在工、农两部门模型中所忽略的因素，也正是新中国现代化主导者所不能正视的因素。新中国的实践已经证明，在这一特定时期，农业只能以被人为压低的价格供应城市工业食品；发展之初的剩余，不是用来增加人们即期消费的，而必须用于积累。如果不是这样，不以农业服从工业的格局建立两部门模型，工业还会为农业所累。在国家建设历史进程中，农业建设或者说农村建设，要从根本上服从于工业建设，尤其是重工业建设。尽管“任何一个社会决不能没有农业，决不能没有粮食”，但是，“国家工业化是我国全体人民最大的利益”④。归根到底，社会主义新农村建设思想的提出，是国家“四化”建设进程中战略调整的历史必然。“农业现代化要以工业现代化为条件，没有工业的现代化，也就没有农业的现代化。但是，工业现代化和农业现代化是一个统一的不可割裂的过程。我们在逐

①《薄一波在全国工业工作会议上的总结发言》，中共中央文献研究室编：《建国以来重要文献选编》第 16 册，第 38 页。

②中共中央文献研究室编：《建国以来重要文献选编》第 4 册，第 282 页。

③《刘少奇选集》下卷，第 464 页。

④中共中央文献研究室编：《建国以来重要文献选编》第 4 册，第 293 页。

步完成工业现代化的过程中，积极推进农业的现代化。”①这涉及中国工业化道路问题。至少在20世纪五六十年代，党中央已经充分认识到：“从发展农业着手，来开展我国的社会主义建设，国民经济的发展速度就能够快一些。”②新中国建设的基本经验教训之一，就是必须正确处理工业和农业的比例关系，“以农业为基础来发展我国国民经济，是我们的一个根本方针”③。甚至在“四化”的表述上，也开始将农业现代化提到了“四个现代化”的首位：“实现我国的农业现代化、工业现代化、国防现代化和科学技术现代化。”④

此外，中央还在农业科学发展规划中提出了农业建设的“四化”目标：即农业的机械化、电气化、水利化、化学化，并在国务院下设全国农业科学技术委员会加以研究和利用⑤，以与国家整体的“四化”相匹配。随后，国家倡导“建设现代化的农业，建设社会主义的新农村”，动员和组织大批城市知识青年下乡上山，将推行农业“四化”与国家建设“四化”融为一体⑥。农业“四化”构成社会主义新农村建设主要内容，同时也是整个“四化”建设内容一个方面的细化。

对乡村建设和工业化建设的任何分离性评论，其实都无法真正触及新中国建设发展的历史本质，至多只能在众多看似矛盾、冲突的现象和面相中完成一种文本叙述的逻辑统一。事实上，真正的矛盾和冲突本身就是现实，同时也就是历史；没有矛盾和冲突的现实生活

---

①《薄一波在全国工业工作会议上的总结发言》，中共中央文献研究室编：《建国以来重要文献选编》第16册，第38页。

②《薄一波在全国工业工作会议上的总结发言》，中共中央文献研究室编：《建国以来重要文献选编》第16册，第40页。

③刘少奇：《在扩大的中央工作会议上的报告》，中共中央文献研究室编：《建国以来重要文献选编》第15册，第362页。

④《奋发图强，勤俭建国——庆祝中华人民共和国成立十四周年》，中共中央文献研究室编：《建国以来重要文献选编》第17册，第141页。

⑤《中共中央、国务院批转谭震林、聂荣臻〈关于全国农业科学技术工作会议的报告〉》，中共中央文献研究室编：《建国以来重要文献选编》第17册，第181页。

⑥《中共中央、国务院关于动员和组织城市知识青年参加农村社会主义建设的决定（草案）》，中共中央文献研究室编：《建国以来重要文献选编》第18册，第39页。

和历史进程从来就不曾存在。

跨入新世纪后，2005 年党的十六届五中全会通过了《中共中央关于制定国民经济和社会发展第十一个五年规划的建议》，规划全面系统地提出了建设社会主义新农村的重大历史任务。《中共中央国务院关于推进社会主义新农村建设的若干意见》，标志着作为国策的社会主义新农村建设战略的形成。这也标志着新农村建设思想的一个时代性跨越。但是，要真正洞悉这一跨越的时代高度和深度，还不得不探源于集体化时代新农村建设思想孕育和形成的历史进程。对于现实思想和时代的认知，还须借助于历史纵深的梳理与思想源流的探寻。

（原载《广东社会科学》2017 年第 2 期）

历史演进与时代性跨越

——试述新农村建设思想的历史进程

革命与建设是共生共存于整个近现代中国历史进程中的命题。20世纪以来，从革命到建设的转向既是一个客观演进的历史进程，也是承载着厚重思想内涵的一个时代命题。在以建设为主导话语的思想与历史演变进程中，各种理论、主张和社会改造方案竞相面世，程度不同地影响着中国社会历史的发展。在这些主张、思想和理论交互论争碰撞的历史进程中，新农村建设的主张和思想开始涌现。

新农村建设并不是今天才提出来的思想命题，它既是过去百年来中国乡村建设运动在新的历史阶段的一个延伸，同时也是历史上新农村建设思想的一个历史性跨越。正是这种跨越，丰富和深化了其特定的时代内涵，从而也历史地诠释了这一命题的思想价值和意义。在社会历史和时代演变进程中，新农村建设的思想内涵与时俱进，实现了其跨越性的时代变迁。然而，在思想演进与历史剧变的动态进程中，我们又不难体察其相对执着而恒定的基本要义和诉求。因此，对其思想脉线的梳理和时代特征的剖析，于今而言，至为必要。

一　新农村建设思想的历史源起

从思想溯源上，新农村建设可追溯到19世纪初空想社会主义思想中“新村”设想。后来代表性思想是法国和日本的“新村主义”，它幻想通过“和平的社会改造的办法”，通过“共产村”试验，最终实现

“理想的社会——新村”。五四时期,这一思想在中国知识界开始传播,在青年知识群体中引起轰动和共鸣。1920年代后期新村主义的农村建设尝试失败后,新农村建设的理想仍然成为改造中国社会和一种渴望,一种探索。在某种意义上,晏阳初、梁漱溟的乡村建设运动也包含着新农村建设的内容,但是乡村建设思想的内容和范围更为宽泛,其基本思想旨趣与建设新农村的主导方向显有不同。

1926年,在国民革命与农村大革命高潮之际,王骏声较早提出建设中国的新农村的思想命题。显然,中国社会结构的历史与现状是这一思想命题的基本立足点,因为“中国素以农业立国……中国的中坚人民,不是工商人,是赤足的农民”。他认为,“中国的社会问题不是工商业问题,是农业问题,所以要建设新中国,先决问题在于建设新农村”①。同时,王骏声还认为,“建设新农村”的思想也是世界历史的大势所趋,即“自欧战以后,世界各强国,都唱‘归农运动’,所以对于模范农村建设的方针,及改革的实际,不绝地着着进行,这确是二十世纪时代精神上最足令人注意的地方”②。因此,建设新农村思想的提出,是建立在顺应世界历史潮流与中国社会现实的双重基点上。王骏声的《教育中心中国新农村之建设》应该是20世纪以来较早直接以建设新农村而立论的著作。

时至1940年代之际,唐瑛等人又对新农村建设问题进行了更为深入的探讨。唐瑛将其十多年来关于新农村建设的言论汇编成册,于1943年出版了《新农村体制建设之原理》一书。该书提出新农村建设之基础工作有三项,即新农村建设的指导原理、逐渐改进自然地理条件、撤除人为障碍等;新农村建设的指导原理是“互助协力的,其经济的基础不可营利排他的,而应建设于利用更生之基础上”。在新农村建设的具体措施上,作者主张将全国村落重新整顿为最合理的经济村落,“不必以行政区划为标准,而应以各地方因自然的、经济的、地理的条件而生之密切关系,并同时处同农业经营上之经济的必

①王骏声编:《教育中心中国新农村之建设》,商务印书馆1929年版,“自序”第1页。

②王骏声编:《教育中心中国新农村之建设》,“自序”第1—2页。

要之地区，作为产业的自主的一部分而编入一定组织体系中”①。另一方面，该书提出协同互助农业的方案，即在一定组织下有机地协同经营农业及相关各种产业，使其生产及消费合理化，成为有目的有计划的产业。《新农村体制建设之原理》问世后立即引起关注，同时批评之声也不绝于耳。其中，最主要的批评意见认为，中国当时最重要而困难的问题是农村建设问题；农村建设既不能完全资本主义化，社会主义化也面临极大困难，因此唐瑛的农本主义的农村建设计划能否施行，还要看将来的客观环境如何而定。

抗战胜利后，关于新农村建设问题再次被关注。1947 年 1 月 25 日《益世报》刊发《农村建设》社论，提出“无论为国防，为经济，为民生，为工业，都不可不着眼于农村建设”，认为农村建设乃牵一发而动全身之根基，所以“农村建设，须从政治、经济、社会、教育和卫生，一齐下手”②。此后，王艮仲等在《为建设新农村而奋斗》一书中提出了规模化农场建设问题；认为“中建农场”的大目标“就是农业社会的改造，就是新农村建设，并且就是创造三民主义革命建设的道路和规模”③。他们提出，变革细碎化经营与争取集体化的道路，是农业改造、农村建设以及整个农民问题彻底解决的一项主要内容，亦即“以集体化的生产克服农村社会的封建特性，以生产方式的变革来促进农民生活之观念形态的转变，这是农村建设的一个主要课题”④。而且“为了扫荡封建经济与殖民地经济，就必须发展自由经济，为防止因发展自由经济而发生的资本主义流弊，就要实行三民主义的节制资本与平均地权”。

当时的新农村建设思想尽管十分粗疏简略，所引起的思想论争的影响也相当有限，但它所提出的命题和思想内涵，却体现了对于传统复兴农村或以农立国思想的超越。

---

①唐瑛：《新农村体制建设之原理》，中国农民教育协会 1943 年版，第 58 页，转引自王先明：《走近乡村——20 世纪以来中国乡村发展论争的历史追索》，第 246 页。

②《农村建设》，《益世报》1947 年 1 月 25 日。

③王艮仲等：《为建设新农村而奋斗》，中国建设出版社 1947 年版，第 3 页。

④王艮仲等：《为建设新农村而奋斗》，第 5 页。

二　新农村建设思想的制度建构

1949 年中华人民共和国的成立也标志着民族—国家权威的建立，并以此为经济、社会、文化的发展提供了强大的政权支持。赢得政权的中国共产党人，面对已经土改后的中国农村社会结构的重建，党在农村工作的重心已经开始转到如何尽快发展农村经济方面来。“如何改造落后的小农经济，开始成为土地改革以后的主要问题。”①

1950 年代后，随着“一化三改”的完成，国家全面建设提上日程，社会主义制度下新农村建设构想开始孕育。1953 年全国第一次农村工作会议召开，虽然当时国家实行工业化先行的战略，但“现代化的工业，必须有现代化的农业，同时并进，要逐步改造农业。就是说，把现在小生产、小私有的农业改变成大规模的机械化的农业。生产力改变了，与之相适应的生产关系也要改变。使用机器耕种了，农民的私人所有制就必须改变为集体所有制的集体农场，不然拖拉机用不上。这就是说，农业要社会主义化”②。从而，新农村建设的思想和基本方向已经蕴含在国民经济建设规划之中。因此，在第一个国民经济五年建设计划中，配合工业化建设先行的战略抉择，农村建设的内容被划定为四个方面：合作社建设、农业技术建设、农林副业建设、水利建设。同时，新农村建设一开始即注重农村基层民主管理制度的建设，以“三大民主建设”（生产民主化，分配民主化，财务民主化）落实在农村的管理体制上③。1956 年党的八大后，社会主义建设全面展开，发展道路的探索进入新的历史阶段，党开始明确提出建设社会主义新农村的思想。邓子恢在《论农村人民内部矛盾和正确处理矛盾的方针办法》中提出：“团结广大农民，办好合作社，发展农业生产，建设社会主义新农村。”④这是国家领导人首次正式出现建设社会主义新农村的提法。

---

①武力：《中国共产党与 20 世纪的三次农民浪潮》，《河北学刊》2005 年第 3 期。

②《邓子恢文集》，第 340 页。

③《邓子恢文集》，第 340 页。

④邓子恢：《邓子恢自述》，第 331 页。

陈锡文认为，根据我们现在查找到的资料，至少在 1956 年，全国人民代表大会审议通过《高级农业生产合作社示范章程》（这个章程是当时为了引导农民举办高级农业生产合作社）。在通过审议这个章程的时候，中央领导同志就指出，这个《高级农业合作社示范章程》是关于建设社会主义新农村的一个重要的法规。此后，中央开始制定《一九五六年到一九六七年全国农业发展纲要（草案）》，提出“向农民指出实现农业社会主义改造的具体计划和关于发展农业的长期奋斗的目标，也描画出我国农村的繁荣幸福的明天”①。中共中央提出的《全国农业发展纲要》，就是以发展农业合作化和发展农业生产为中心，对于农民的提高物质生活和文化生活的各项要求都做了规划。“因此，这个纲要一经公布，就必将发生巨大的号召作用和动员力量，就必将推动农业合作化的高潮和农业生产的高潮进一步地向前发展。”②1960 年党中央、国务院对于农业、农村发展提出了更高更全面的要求，1960 年全国人民代表大会审议通过了《全国农业发展纲要》。当时主管农村工作的谭震林副总理向人民代表大会介绍这个《纲要》的时候就指出，这个《纲要》是一个群众性纲领，它能够调动最广大群众的积极性来发展我国的农业，建设我国的社会主义新农村。从那以后党的很多重要文件多次提到过“建设社会主义新农村”。因此，陈锡文特别指出，2005 年 10 月提出的新农村建设与以前的要求是一脉相承的③。

尽管“左”、右摆动的意识形态和历次政治运动的冲击，未能使得社会主义制度下新农村建设的规划得以完善，也未能在实践中形成稳定持续的推进，但这一构想和规划却获得了制度性支撑；同时，它的基本内容和发展方向与整个中国的现代化建设战略融为一体。1954 年 9 月，中共中央提出：“准备在几个五年计划之内，将我们现

---

①廖鲁言：《关于〈关于一九五六年到一九六七年全国农业发展纲要（草案）的说明〉》，中共中央文献研究室编：《建国以来重要文献选编》第 15 册。又见《人民日报》1956 年 1 月 26 日。

②廖鲁言：《关于〈关于一九五六年到一九六七年全国农业发展纲要（草案）的说明〉》，中共中央文献研究室编：《建国以来重要文献选编》第 15 册，第 66 页。

③陈锡文：《新农村建设的历史背景》，http://www.people.com.cn，截止日期：2009 年 9 月 4 日。

在这样一个经济文化落后的国家，建设成为一个工业化的具有高度现代文化程度的伟大的国家。”此后中央一再提出，“要把中国建设成为一个具有现代工业、现代农业和现代科学文化的社会主义国家”①。中共中央开始把农业现代化与中国发展的战略思想联系在一起，这构成中国共产党人和中国人民共同的梦想：“我们要为实现我国的农业现代化、工业现代化、国防现代化和科学技术现代化的目标而奋斗。”②新农村建设的诉求被容纳在社会主义制度建设之中，因而，从根本制度、时代内容和道路发展上，这一构想实现了对民国时期新农村建设思想的历史性超越。

三 新农村建设思想内涵的时代性跨越

跨入新世纪不久，在新的历史背景下党的十六届五中全会再次提出建设社会主义新农村思想，具有更为深远的意义和更加全面的要求。陈锡文认为，从解决“三农”问题到新农村建设提出，有两个特殊的时代背景：一是我国实现了人均GDP和GDP总量比1980年翻两番，进入了由总体小康向全面建设小康的新阶段；二是中国的国情国力也发生了变化，“使得政府、整个社会有可更大的力量去支持和帮助农村的发展”③。时代的进步，为新农村建设思想提出了新的要求，注入了新的内容。

面对新的形势和当代“三农”问题的持续发展，2003年胡锦涛提出：“根据全面建设小康社会的要求和进展，统筹安排和推进各项改革……城市改革和农村改革相协调，努力促进社会主义物质文明、政治文明和精神文明协调发展。”④在认真总结我国二十多年来改革开放和现代化建设实践经验基础上，党中央提出了适应新时代发展要

---

①《毛泽东选集》第5卷，第366页。

②中共中央统一战线工作部、中共中央文献研究室编：《周恩来统一战线文选》，人民出版社1984年版，第447页

③陈锡文：《新农村建设的历史背景》，http://www.people.com.cn，截止日期：2009年9月4日。

④胡锦涛：《在党的十六届三中全会第二次全体会议上的讲话》，中共中央文献研究室编：《科学发展观重要论述摘编》，中央文献出版社、党建读物出版社2009年版，第47—48页。

求的“科学发展观”，强调：“要以实现人的全面发展为目标，让发展的成果惠及全体人民；就是要以经济建设为中心，实现经济发展和社会全面进步；就是要统筹城乡发展、统筹区域发展、统筹经济社会发展、统筹人与自然和谐发展、统筹国内发展和对外开放，推进生产力和生产关系、经济基础和上层建筑相协调；就是要促进人与自然和谐，走生产发展、生活富裕、生态良好的文明发展道路。”①在党的十六届四中全会上，胡锦涛特别讲了“两个趋向”的问题：“即在工业化初期，农业支持工业，是一个普遍的趋向；在工业化达到相当程度上，工业反哺农业、城市支持农村，也是一个普遍的趋向。我国现在总体上已达到了以工促农、以城带乡的发展阶段。我们应当顺应这一趋势，更加自觉地调整国民收入分配格局，更加积极地支持‘三农’发展。”②到2005年，中共中央、国务院正式提出了社会主义新农村建设的战略思想：“全面建设小康社会，最艰巨最繁重的任务在农村。加速推进现代化，必须妥善处理工农城乡关系。构建社会主义和谐社会，必须促进农村经济社会全面进步……‘十一五’时期，必须抓住机遇，加快改变农村经济社会发展滞后的局面，扎实稳步推进社会主义新农村建设。”③

新世纪的新农村建设，是指社会主义条件或社会主义制度下反映一定时期农村社会以经济发展为基础，以社会全面进步为标志的社会状态。虽然“生产发展、生活宽裕、乡风文明、村容整洁、管理民主”成为新时期许多农村发展的一般追求，但新农村建设的内涵却不局限于此，尽管对其内涵的认识存在多种多样的理解。更多的人认为社会主义新农村建设是要通过发展生产力，提高农民生活水平，建设农村物质文明和精神文明，推动农村基层民主建设，最终实现缩小

①胡锦涛：《在中国科学院第十二次院士大会、中国工程院第七次院士大会上的讲话》，中共中央文献研究室编：《十六大以来重要文献选编》中册，中央文献出版社2006年版，第113—114页。

②胡锦涛：《在中央经济工作会议上的讲话》，中共中央文献研究室编：《科学发展观重要论述摘编》，第49页。

③《中共中央、国务院关于推进社会主义新农村建设的若干意见》，中共中央文献研究室编：《十六大以来重要文献选编》中册，中央文献出版社2006年版，第140页。

城乡差距、小康社会,构建和谐社会的要求。它既包含了农村经济基础,也包括农村上层建筑,涵盖经济、社会、文化、政治、生态等在内的全面建设,是一个包括物质文明、精神文明和政治文明的多元化目标体系。

新世纪的新农村建设是在我国总体上进入以工促农、以城带乡的发展新阶段后面临的崭新课题,是时代发展和构建和谐社会的必然要求。2006年2月21日,《中共中央国务院关于推进社会主义新农村建设的若干意见》下发,即改革开放以来中央第八个一号文件。2007年1月29日,再度出台《中共中央国务院关于积极发展现代农业扎实推进社会主义新农村建设的若干意见》,即改革开放以来中央第九个一号文件。文件要求,发展现代农业是社会主义新农村建设的首要任务,要用现代物质条件装备农业,用现代科学技术改造农业,用现代产业体系提升农业,用现代经营形式推进农业,用现代发展理念引领农业,用培养新型农民发展农业,提高农业水利化、机械化和信息化水平,提高土地产出率、资源利用率和农业劳动生产率,提高农业素质、效益和竞争力。随着社会主义新农村建设规划的科学制定,各地按照统筹城乡经济社会发展的要求,把新农村建设纳入当地经济和社会发展的总体规划,使之成为党和政府战略布局中的重中之重。"让农民的晚年更幸福"的社会舆论几乎成为全社会关注的焦点①。

21世纪以来新农村建设的远航已经扬帆启动。人们清醒地意识到,在这一"历史性跨越"过程中,不仅许多历史问题的累积要面对,而且随着新农村建设的开展新的"三农"问题也会随之产生和发展——机遇与挑战共存,虽然是一句已经俗化了的时语,却也符合情势!在这种发展态势下,社会主义新农村建设的内涵,在社会主义物质文明、精神文明、政治文明、社会文明和生态文明五大文明建设中,获得了属于自己时代的新内涵。可以说,它在思想内容和时代特色上再次实现了历史性超越。

①2010年3月6日,国家发展和改革委员会主任张平在记者会上,用"一个历史性跨越"的说法,评价农村养老保险试点。http://www.snzg.cn,截止日期:2010年3月8日。

四 历史演变进程的比较与省思

20世纪以来，新农村建设的思想命题三度聚焦，其思想内容在不同历史时期具有各自的时代内涵与特色；它的历史演进本身从一个侧面呈现着近代中国历史发展的基本趋向，也深刻地诠释着这一发展进程中历史与逻辑的复杂互动关系。

首先，新农村建设思想源起于20世纪二三十年代，大体上与国民政府推动的国民经济建设运动和其后由社会力量推动的乡村建设运动同时并起。但是，从总体上看，新农村建设的思想却主要局限于知识界的倡导和构想层面上，并没有获得国家权力或地方行政的强力支持。正如方显廷所说那样，“现在的政府也竞计议了许多经济建设计划”，除全国性的经济建设计划外，“尚有许多经各部长官”所制订的“各种地方的及特殊的计划”①，但这些建设计划中却无有建设新农村的内容。因此，建设新农村的构想、方案并未在社会实践层面取得实验价值，并由此形成历史经验累积。

中华人民共和国成立后及至1950年代，社会主义新农村建设构想的提出本身就是国家行为。《一九五六年到一九六七年全国农业发展纲要(草案)》作为新农村建设的纲领，草案在1956年1月间就已由中国共产党中央委员会提出，在实际生活中起了积极的作用。其后根据两年来一些事实的变化和工作的经验，作了一些必要的修改和补充，提交中国共产党全国代表大会通过，然后提交国务院讨论通过，最后提交全国人民代表大会讨论通过，作为正式文件公布。因此，这一时期建设新农村的思想不仅仅具有制度保障，而且超越了一般思想与构想的局限，成为整个国家建设规划的有机组成。至1960年代，国家甚至开始动员大批城市知识青年下乡参加新农村建设，为“进一步加强农业战线，建设现代化的农业，建设社会主义的新农村，中共中央、国务院认为，在今后一个相当长的时期内，有必要动员和

---

①方显廷：《中国乡村工业与乡村建设》手稿，1933年，第4页。

组织大批的城市知识青年下乡参加农业生产”①,并且试图“要使他们从思想上把建设社会主义新农村当作自己的终身事业”②。

当然,这一时期的新农村建设也有值得汲取的经验和教训:把建设社会主义新农村作为一种动员手段,其目的是要求农业支持工业、农村支持城市,城乡差别越来越大,对农村建设很少投入,地方和农民没有资金投入到新农村建设中去。“农村中的基本建设迅速地发展了。解放初期,全国灌溉面积只有二亿四千万亩;由于过去十年来兴建了大量农田水利和水库工程,灌溉面积已经达到了十亿亩以上。农村中还兴建了大量的主要是为农业服务的小工厂。跟农业有密切关系的林业、牧业、副业、渔业也有了显著的发展。”③建设的投入集中于农业生产方面,意在为工业化提供保障,但并没有真正落实在新农村建设方面。再者,在新农村建设中强化意识形态,把阶级斗争扩大化,把大寨经验教条化,抹杀了区域差别和自然条件差别,因此,新农村建设的真正成效并不显著。但是,其构想、方案已经体现为国家建设的规划,并在实践中落实,其经验与教训最终成为建设新农村思想与历史的宝贵财富。

十六届五中全会提出:建设社会主义新农村任务,是十六大以来党在“三农”问题上认识的进一步深化。与新中国成立后历次新农村建设运动不同,新世纪新农村建设是我国重启现代化进程以来二十余年的经济积累,有着新时期领导层对当代“三农”问题深刻定位的全面政策措施。因此,2006年党的十六届五中全会再次明确提出建设社会主义新农村的时代命题时,历史上新农村建设的思想成果和历史鉴镜,无疑成就了这一思想的时代高度。

其次,新农村建设思想的缘起与发展演变,始终与时代发展主题

---

①《中共中央、国务院关于动员和组织城市知识青年参加农村社会主义建设的决定(草案)》,中共中央文献研究室编:《建国以来重要文献选编》第11册,中央文献出版社1995年版,第38—39页。

②《中共中央、国务院关于动员和组织城市知识青年参加农村社会主义建设的决定(草案)》,中共中央文献研究室编:《建国以来重要文献选编》第11册,第40页。

③周恩来:《伟大的十年》,中共中央文献研究室编:《建国以来重要文献选编》第10册,中央文献出版社1994年版,第593页。

和演进轨迹密切相关，或者本身即构成时代主题内容之一。20世纪二三十年代传统中国农村经济、社会与文化的整体衰败，触发了社会各界对于重建农村、复兴农村的高度关注，建设新农村的吁求成为当时救治危机和复兴民族的一种思想走向；同时，以现代化、工化业与城市化为导向的国家建设取向，无疑也是推动新农村建设思想的内在动因。随着时代的变迁与历史发展，新农村建设思想的内涵也日渐深化和提升，不断在思想演进的累积、汲取中充实和丰富。20世纪20年代王骏声之《教育中心中国新农村之建设》内容仅仅立足于农村教育建设，试图以新的农村教育改造农民，达到民国新农村建设的目标。20世纪三四十年代的建设新农村的思想、方案，普遍地侧重于经济方面而未关注农村社会与文化建设内容。国民党及其国民政府对于农村问题的关注，“是以全国农业生产实际情形的全国农民生活实际状况为基础”①，更多侧重于农业建设及产业增产方面。南京国民政府在国民经济建设的规划中，虽然列有相关涉农内容，却并不触及农村建设而仍然侧重于农业建设，亦即关注农业增产以为工业化提供积累。所谓“确定农业政策，为发展工商业之基础”一案，“已由三全大会规定大纲，复经行政院训令各部，拟定详细计划”。其具体方案无非是：第一移民垦殖；第二增加产量；第三注重农业推广，而最终是为了“促进城市工业的兴起”②。1928年后，国民党由国民革命时期对农民的革命动员，转向了“以扶植农村教育，农村组织，合作运动及灌输农业新生产方法为主要之任务”的政策，在其后的第四、第五次全国代表大会上均集中议决的是农业建设问题③。

“中华人民共和国成立之后，大规模的工业建设提上了日程。”④1956年代后新农村建设的时代命题获得了新的内容，即社会主义制度变革决定了其建设新农村的社会主义的方向与性质，尽管“中国工业化的整体性起步，事实上是从计划经济的办法和集中办工业的路

---

①朱子爽：《中国国民党农业政策》，国民图书出版社1940年版，第2页。

②《中国建设》1930年第1卷第6期。

③朱子爽：《中国国民党农业政策》，第48—49页。

④《中国农村工业化和城市化问题》，《费孝通文集》第14卷，群言出版社1999年版，第414页。

子着手……不仅没有带动起农村工业化局面的兴起，反而加深了城乡差别的鸿沟”①。国家建设重点投资集中在工业化和城市化方向："目前我们全国人民的最高利益就是实现国家的社会主义工业化。”②重点建设城市成为国家建设的基本方针。从1950年到1954年的五年中，国家一共支出了10万多亿元来修建重点城市公用事业和改善环境卫生③。

但是，由于新农村建设目标，既获得了国家政权和制度保障，也纳入了国家建设规划，发展中的不平衡性，必将在发展中获得新的平衡。因此，随着“三农”问题的呈现和国家应对政策的落实，新农村建设命题至2005年再度聚焦，成为全面推进农业农村工作的总纲领。更重要的是，新农村建设思想获得了新的时代内涵，即以经济建设、政治建设、文化建设以及生态文明建设为内容，完成了其近百年思想演变的时代性跨越。

五　主导方向与基本诉求

然而，适时而变的新农村建设的思想命题在历史的演变中也有着特定的主导方向与基本诉求。以新农村建设为标示的发展道路选择，其新农村之新在何处？应该是具有超越意识形态和制度属性的指属性。这使得这一命题在历史变迁进程中既具有恒定的特质，也有着传承和累积提升的思想价值。

首先，农业生产的工业化或机械化方向，是新农村建设思想形成以来恒定不变的基本诉求。因此，我们不难发现，20世纪三四十年代的“工业下乡”思想，以及“使分散在农村里的工业，技术上逐渐现代化，脱离纯粹的手工和人力基础”，建设“部分机器化了的乡村工业”④的主张与1950年代新的历史条件下提出的“逐步建立现代化

①《中国农村工业化和城市化问题》，《费孝通文集》第14卷，第414页。

②《贯彻重点建设城市的方针》，中共中央文献研究室编《建国以来重要文献选编》第5册，441页。

③《贯彻重点建设城市的方针》，中共中央文献研究室编《建国以来重要文献选编》第5册，440页。

④《小康经济——敬答吴景超先生对〈人性和机器〉的批评》，《费孝通文集》第5卷，第429—431页。

的工业和现代化的农业”和“农业的根本出路在于机械化”①等思想，存在着共识性的思想和历史脉线。当然，工业化的诉求不仅仅局限于农业生产本身，乡村工业也是新农村建设的题中应有之义。“乡村工业，在现代工业发达的国家，还是一样占据国民生活重要的地位，而与大工业同样存在。”②因此，乡村工业建设既包括机器生产之工业在乡村者，也包括那些“没有动力机器的运用”，“可以远离都市交通中心区域”而“适合于乡村人民的生活”③的工业。显然，乡村工业建设也构成当时新农村建设的重要方面。因此，在民国时期的乡村工业建设与新中国成立后的社办企业、乡镇工业的发展进程中，应该有着难以断裂的历史脉线。

其次，农业集约化或规模化生产，也是建设新农村思想的共识性诉求之一。费孝通很早就提出，旧农村的小农经营即各家各户经营的小块土地，“在这种土地上机械很少用武之地”。因而新中国成立后的实行的农村集体所有制成为“引进农业机械的基本社会条件”。因为“原来的小块土地有了合并成大农场的条件，很多地方确已经过合并和平整出现了可供拖拉机驰骋的大面积耕地”④。就此而言，其基本思路与 1940 年代刊发在《益世报》上的《农村建设》社论主张亦可谓异曲同工。《农村建设》一文提出农村建设的方向在于合作农场，“假定每家农人的耕地为三十亩，则合千家以组织合作农场，则其地可达三万亩……因是而发展交通，兴办水利，改良品种，购置机器，相其土宜，分工合作，则其生产所得，必较以前为优。更进而运用资金，节省人力，延聘专家，增加生产，均非不可能。一面并建设附属工厂”，因地制宜兴办农村工业，“可容纳节余的人力，减少都市对农村的剥削，而增加农村的富力”。农业生产的工厂化、合作化，与农村工业化、机械化的建设融而为一，是其基本的方向。“农村以这种农场工厂建设的骨干，则农业的工业，不难落实。”集体合作化经营的现实

①《关于农业问题》《党内通信》，《毛泽东文集》第 7 卷，第 310、50 页。

②陈启天：《非常时期乡村工业之建设》，汗血书店 1937 年版，第 23 页。

③陈启天：《非常时期乡村工业之建设》，第 23 页。

④《略谈中国的现代化》，《费孝通文集》第 8 卷，群言出版社 1999 年版，第 24—25 页。

趋向也十分显然：这种合作农场组织对于农民而言，“犹之公司组织之对于工商业，所不同者有二：(一)工商业的股票所记载的数目为货币，而合作农场证券所记载的数目为粮食的石斗升合。(二)公司股票的持有人无限制，而合作农场证券的持有人则限于农场区域内的地主、自耕农、半自耕农与佃农”，“凡此一切，由农场选举的理监事公平处之。使一个农场，成为一个政治基层单位，以代替原来的乡村单位，而补其空疏之弊”，“这一理想如能实现，则农村建设问题，可得到根本解决”①。

其三，农村城市化或者城乡一体化发展是新农村建设诉求的主导方向。在20世纪三四十年代思想论争中，“使农村都市化”，这样“近代文明也连带下乡，也带给在乡村中的人民一种更有趣的生活，更丰富的享受”的主张已经得到知识界的广泛认同。这一基本的思想认识在新中国之后的新农村建设中仍然得以持续实践，尤其是在1980年代农村巨大变革的历史进程中。费孝通在做江南乡镇企业发展的调查时就已有深切的体会：“如果说，社会前进的目标之一是消灭城乡差别，他们正是在消灭这个差别上起着现实的促进作用……他们确实是当前中国社会前进的原动力。”②这一思想演进的指向，在今天的“科学发展观”中以五个统筹的内容获得了时代性跨越，即“实现经济发展和社会全面进步；就是要统筹城乡发展、统筹区域发展、统筹经济社会发展、统筹人与自然和谐发展、统筹国内发展和对外开放，推进生产力和生产关系、经济基础和上层建筑相协调；就是要促进人与自然和谐，走生产发展、生活富裕、生态良好的文明发展道路。”③

如此等等，可待深入挖掘和探索的问题显然不仅于此。

新农村建设思想属于历史范畴，不同的历史阶段，具有不同的思想内容。同时，它也是20世纪以来在工业化、城市化和现代化进程

---

①《农村建设》，《益世报》1947年1月25日。

②《农村工业化的道路》，《费孝通文集》第9卷，群言出版社1999年版，第87页。

③胡锦涛：《在中国科学院第十二次院士大会、中国工程院第七次院士大会上的讲话》，中共中央文献研究室编：《十六大以来重要文献选编》中册，第113—114页。

中形成的时代性命题。今天，新农村建设思想与实践已经构成“我国现代化进程中的重大历史任务”①，成为国家发展战略的重要组成部分。不仅如此，它事实上成为决定我国现代化强国建设成功与否的关键之所在。正如胡锦涛指出的：“我国能否由发展中大国逐步成长为现代化强国，从根本上取决于我们能不能用适合我国国情的方式，加快改变农业、农村、农民的面貌，形成城乡经济社会发展一体化新格局。我们必须正确地处理工业和农业、城市和农村、城镇居民和农民的关系，加大以工促农、以城带乡的力度，使稳妥推进城镇化和扎实推进社会主义新农村建设成为我国现代化进程的双轮驱动，从而逐步解决城乡二元结构矛盾。”②

在历史的比较与审视中，我们可以动态性地梳理和把握新农村建设思想的历史轨迹与演变趋势。尤其是，当我们透过时代印记捕捉到其恒久的思想价值和基本诉求时，我们能够获得的认知会超越时流的遮蔽而指向久远！

（原载《史学月刊》2014年第2期）

---

①《中共中央关于制定国民经济和社会发展第十一个五年规划的建议》，中共中央文献研究室编：《十六大以来重要文献选编》中册，第1066页。

②胡锦涛：《在中央经济工作会议上的讲话》，中共中央文献研究室编：《科学发展观重要论述摘编》，第55页。